Dello stesso autore in edizione Garzanti:

Se avessero

L'ombra di Dante

Il Purgatorio di Dante

Il Paradiso di Dante

VITTORIO SERMONTI

L'INFERNO DI DANTE

Supervisione di
GIANFRANCO CONTINI

Garzanti

Prima edizione: settembre 1988
Prima edizione negli Elefanti Bestseller: marzo 2021

ISBN 978-88-11-81822-9

Printed in Italy

www.garzanti.it

L'INFERNO DI DANTE

LEGGERE DANTE
di Gianfranco Contini

La parola "dantista" la udii la prima volta nella mia infanzia, applicata a un alto funzionario (alto relativamente alla cittadina di frontiera che abitavamo) del quale non ho scordato il nome, che in famiglia veniva citato con ammirazione per la sua passione verso la Divina Commedia *(l'epiteto allora era d'obbligo). In quel tempo non era prevedibile che un giorno avrei frequentato più o meno tutti gli specialisti scientificamente designati con quel vocabolo, per nessuno dei quali, e meno che mai per il loro principe, naturalmente Michele Barbi, Dante deteneva il monopolio (proprio a me doveva toccare, cucendo insieme le centinaia di appunti vergati su altrettante cedoline, l'onore di dare una mano al Barbi nel riunire in un discorso metodologico* La nuova filologia*). Ma per il signor M. Dante non aveva concorrenti: Dante era letteralmente il suo* livre de chevet*, al quale tornava in tutte le sue veglie, non so se per rinnovare la conoscenza d'una tappa di quel viaggio per terra e per cielo o invece ad apertura di libro come i pionieri dei libri d'avventura facevano della Bibbia (certo quella di re Giacomo) per ricavarne ispirazione e consiglio. La* Commedia *in funzione di* livre de chevet *stava infatti sulla linea di successione dalla Bibbia, anche se questa era un sacro acervo di scritture storiche o giuridiche, senza un autore fisso riconoscibile né un piano affabulatorio, mentre il* sacrato poema *si circoscriveva in bronzei confini, guidato da una mano implacabile. Ma l'idea stessa del* livre de chevet *(invero non suscettibile di traduzione italiana) sembra perenta, e* *la nozione di libro, in quanto applicata alla* Commedia*, appare paradossalmente non priva di difficoltà ed è stata effettivamente contestata (in favore della memoria).*

Il discorso si trova dunque ormai a vertere sulla natura di libro che possa assumere la Commedia*. Il testo puro è un ideale che oserei dire giansenistico e comunque mal proponibile a caso vergine: è perlomeno un sussidio alla mente che erra. E nel reale il numero delle edizioni commentate séguita a moltiplicarsi vertiginosamente, e non a scapito della qualità, come corollario del fatto che nel gigantesco incremento della bibliografia specifica c'è quasi sempre, merito certo più dell'oggetto che degli eventualmente mediocri produttori, qualcosa d'inedito da registrare. Eppure l'invasione della prosa esegetica, quasi inevitabilmente di grado zero, nella pagina dove il "poema sacro" tollera di esser ridotto a minuscole trance (e la situazione, al suo limite per Dante, è però di carattere generale) costituisce un motivo di perplessità, non dirò proprio di rimorso, al tramonto di chi a operazioni siffatte ha dedicato una larga parte della sua or declinante vita. E non è una questione di mera estetica tipografica, a cui ormai si riconosce avvinghiata la filologia: è funzione della sostanza. E la sostanza è l'"esecuzione" di quel gran testo, in cui l'invenzione procede a catena, sempre dinamico (la terza rima dello scopritore produce realtà, dove quella statica dei successori riempie ed occupa di sillabe, accenti, rime, luoghi prefissati, se non forse in poche spanne del* Triumphus Mortis *e del* Primo amore *leopardiano).*

Per intanto una soluzione soddisfacente appare quella proposta da Vittorio Sermonti. Essa muove da una lettura, tanto più fededegna in quanto al nostro secolo è toccato l'onore di fissare una lettera, se non definitiva, sempre meglio approssimata a questo limite; e si può sottolineare che la suddivisione in piani di riposo non è tanto ovvia e di mero comodo neppure per l'autore se egli ne introduce una volta la menzione nella carne della scritura stessa, «al ventesimo canto / de la prima canzon», più ridottamente «questa cantica seconda», a segnare, quella volta per tutte, attraverso l'aritmetica, la sostanzialità della costruzione. Ma la lettura o esecuzione non può essere fatta in prima istanza. La precede un insegnamento dell'affabulazione, sia per quanto è frammento della linea generale, sia per quanto è nodo linguistico e nozionale che, in via negativa, è opportuno aver già sciolto al momento dell'ascolto (la necessità di questa seconda metà della glossa è posta dall'attenzione che l'autore mette agli aspetti anche più effimeri e contingenti delle cronache ospitate). La nostra guida d'oggi ha il vantaggio di non appartenere ad alcuna setta di dantologi, sicché gli risulta più facile non soltanto spalmare di grigio, se si ama ricorrere a una famosa immagine crociana, le parti non penetrabili, ma confessare la sua equidistanza dove sul fondo dell'alambicco restino dei secolari chimismi più precipitati probabili. Di più la guida è uno scrittore, che imprime icasticità al suo "racconto" e si fa dare conforto e coraggio dall'ironia.

Non occorrerebbero altri preliminari: salvo la registrazione di qualche riflessione sorta nel commercio con queste carte.

Lo spazio entro cui si svolge la Commedia *è esattamente delimitato: il salto dall'aldiquà nell'aldilà ha un registro perfettamente calendariale e si giustifica in una totalità insieme astronomica e teologica che lo circoscrive. Periodicamente si fissa il punto temporale del viaggio; i parametri delle sfere cosmiche si traducono in uno schema poematico a cui alludono sparsamente i termini visti più sopra,* canto, canzone *o* cantica*; e quest'ultima ha un segnale demarcativo, la parola terminale* stelle, *che garantisce la perifericità rispetto all'aiuola che si calpesta. La parola è anche quasi iniziale nelle prime due cantiche, come si trattasse di* coblas capfinidas *o qualcosa di molto prossimo: sul principio dell'*Inferno *«E 'l sol montava 'n su con quelle stelle...», nella situazione mista di disperazione e speranza, porta la speranza (e altro ausilio, antipodale, recano sul principio del* Purgatorio *le* *“quattro stelle”), e insieme indica che il taglio della favola replica il principio della totalità dei tempi. A questa entrata nel tempo eccezionale (che un po’ ricorda il tema, anche kierkegaardiano, del privilegio che ebbero i contemporanei del Cristo) si oppone, all’egresso, la resa effabile dell’ineffabilità («E cede la memoria a tanto oltraggio», «Un punto solo m’è maggior letargo...»). Accade così che qualunque passo, anche casualmente desunto, dell’ingranaggio abbia una posizione geometricamente descrivibile. In questo senso la definizione della* Commedia *quale collana di liriche, per la relativa immobilità delle liriche, non rende giustizia a quel moto scorrente ad arbitraria apertura.*

Se ci si chiede quale altra opera abbia, nella somma delle lettere, una tipologia comparabile, non sovviene alla nostra conoscenza che la Recherche du temps perdu. *Come mostra il saggio antico, ma tuttora non superato, del Feuillerat, Proust ha scritto l’estremo iniziale e l’estremo finale della sua opera, intercalando il resto del libro che viene in tal modo a costituire un immenso* entredeux. *(Si noti che nessuno dei due autori è* homo unius libri. *Se Dante diminuito della* Commedia *rimane un maestro dell’Italia delle origini, Proust come autore edito e inedito può rivendicare anche senza* Recherche *un posto importante nella Francia del primo Novecento.) Una conferma dell’affinità si dà nella natura dell’eroe. Quello della* Commedia *si sdoppia in individuo ineffabile e in portatore dell’umanità intera (ciò che giustifica, anche se con altre modalità dalla sua teoria, una pluralità di esegesi). Il nome “di necessità qui si registra” assai tardi; e tardi il personaggio che dice Je si rivela come Marcel. Questo ritardo è funzionale e non sembra aver nulla di comune col ritardo enunciativo di Chrétien de Troyes, che è centrale al narrato dello squisito romanziere oitanico.*

A questo proposito ci si può chiedere se, e in che misura, Dante sia pure un autore medievale. Anche prescindendo dal tipo della sua cultura, dati minuti sembrano allontanarcelo: l’ignoranza in cui siamo del giorno esatto di nascita, le lacune della biografia, le controversie circa le date di composizione e pubblicazione, la mancanza fosse pur d'una molecola della scrittura (elemento particolarmente traumatico, tanto più che il secolo dopo un alto burocrate è ancora in grado di descrivercene la foggia, presto incenerita dalle fiamme di un incendio), finalmente la scomparsa della prima generazione di codici della Commedia *(che si sarebbe tratti ad assegnare a una vita di travagli, "dolorosa povertade", e al materiale cartaceo inerente a tale inopia, se da una medesima caduta non fosse afflitta la prima generazione della* Rose*) sono bastanti causali di allontanamento, che vuol dire una sorta di proiezione nel mito. Ma queste motivazioni esterne nulla possono contro la prossimità che l'autore ha il vigore di infondere ai propri oggetti. Individui ed eventi anche minori del tempo di e messi in scena da Dante sono stati irrevocabilmente consegnati a memorie e culture perfino modeste. Certo il contatto di persone dei più vari periodi storici (e in essi del più diverso livello sociale) e, perfettamente assimilate, procedenti dalle più varie opere poetiche è inconcepibile dalla prospettiva storica della modernità, ma frattanto è un unicum anche dal rispetto medievale. Come a nessuna Nékya, a nessuna visione o a nessun poema allegorico la* Commedia *può essere assimilata; quel tanto che li ricorda non è di primissima scelta. Ma ciò che allontana Dante dai grandi medievali è, stilisticamente, l'assenza di manierismo: si pensi ad Alano, a Jacopone; questo è forse il più vero motivo dell'avversione a Guittone (che varrà per il prosatore oltre che per il versificatore) e del silenzio sotto cui passano figure di altrettanto rilievo come Monte Andrea e Chiaro Davanzati (con cui forse aveva scambiato una piccola corrispondenza), senza parlare della parodia vernacolare, dell'*improperium *(Cielo, Castra...) che analizza il* De vulgari*, portando indietro di secoli la "poesia dialettale riflessa" e descrivendo quella che oggi si direbbe una forma di espressionismo. Oserei staccare Dante, nonostante le apparenze,* *dall'illustrazione che connota il basso medio evo: lasciando stare la* Biblia pauperum, *l'opera volgare più diffusa dopo la* Commedia, *il* Roman de la Rose, *perlomeno quello di Guillaume de Lorris, è un libro con ogni probabilità nato illustrato; ma l'illustrazione, spesso nobilissima (oggi si arriva a parlare di Pietro Lorenzetti), di Dante è fomentata dalla straordinaria visibilità in cui si traduce una pungente realtà solo mentale. Le imprese manzoniane sono da questo rispetto un vero infortunio gnoseologico.*

Una doppia ipostasi dirige il corteo ultraterrestre, la poesia e l'amore. E anzitutto: essere fatto "della loro schiera", diventare "sesto fra cotanto senno" fin dalla rocca che sormonta l'aldilà, inserisce Dante nel catalogo dei classici, catalogo dominato dal suo autore, e ciò significa esser letto come loro (anzi in fortunata concorrenza coi minori, "Taccia... Ovidio", "Taccia Lucano"), esser letto come Virgilio, perennemente stralciabile in auctoritates; *se dalla bocca d'un altro poeta latino ne fa tradurre un campione in volgare: "Secol si rinova...". Come Stazio egli può ripetere: «Per te poeta fui, per te cristiano». Virgilio è infatti prescelto ad assegnargli la funzione di rifondatore dopo la parte di fondatori, dell'Impero e della Chiesa, gestita da Enea e da Paolo. Funzione enunciata in figura di negazione («Io non Enea, io non Paolo sono»), figura affine alla preterizione di cui soccorre almeno un altro individuo, in sede retorica, "perch'io non l'abbo" (detto delle "rime aspre e chiocce", inserite non per niente in un verso di sillabismo sghembo). Fondatore e profeta sono ruoli appartenenti, bene v'insiste Sermonti, a Dante-personaggio. Il quale può ripetere per proprio conto la sublime terzina: «Facesti come quei che va di notte...», dove si noterà la totale intattezza linguistica del primo verso, la cui finale uncina con* dotte *un ripristino oltre la comparazione. E in qualità di poeti Stazio e Dante (che a mente della* Vita Nuova *è dei "volgari poete", ma qui in volgare appare l'unico) sono i primi a subentrare dopo Virgilio (e Omero, ma consacrato fiduciariamente da Virgilio come "sovrano"). Se Dante fa confidenze al lettore (più studiosi hanno specillato tali sue apostrofi), ciò è nello* status nascendi *del suo libro, mentre tacitamente si muove verso la memorabilità. Comunque l'autoproclamazione (o vagheggiata coronazione per "cappello" laurino) di Dante* poeta *si verifica da ultimo, talché il sostantivo assume come la portata d'un participio perfetto, 'chi è riuscito (e riesce) a poetare'. Previamente le Muse sono state, cantica per cantica, invocate a invaderlo e possederlo ("vostro sono" dice nella seconda); e finalmente il "sacrato poema" è composto (ma nella figurazione del paradiso deve "saltare"), detto poco oltre "sacro poema" dove il facitore sogna sé rimpatriato e coronato sul fonte dove fu fatto cristiano. Come Stazio è congiuntamente* poeta *(verbalmente, si ripete, qui la prima volta) e cristiano. Occorre trascrivere, o richiamare dalla memoria, un altro gruppo di terzine da qualificare di sublime, "Se mai continga...", con quell'attacco di latinismo di eventualità che rende timido il delirio di augurio; e sottoporlo all'analisi che tocca al Dante supremo avanzante (sé nella nuova rima tornato ad* agnello, *e retrocedendo preso nel massimo stato d'innocenza,* dormii, *e ancora retrocedendo nell'habitat della sua fase metaforica,* ovile; *la grande, quasi insopportabile rima del tropo* vello, *graduato da* voce*). Al "poema sacro", è detto con alta equivocità non sfuggita a qualche commentatore più intelligente, "ha posto mano cielo e terra", quasi non fossero oggetto ma responsabile soggetto, anziché il soggetto umano fatto "macro" nella lunghezza del suo tempo umano ("per più anni"). Se egli è agito, quasi schiacciato dal duplice regno, l'elucubrato "participio perfetto" che è* poeta *valica la distinzione di attivo e passivo.*

Il vettore, o meglio la vettrice, dell'amore è l'analogo dell'amore divino. Ma la domanda più urgente che una constatazione tanto bonaria pone è sullo stato dei sentimenti che l'enciclopedia dantesca accoglie. Occorre riconoscere che i sentimenti umani vi stanno, per così dire, di sbieco; non presenti, ma registrati come pre-noti. Questo velo o intervallo dietro cui sta pure l'inventario dei pathos umani è, sotto altra piega, l'unicum che il poema costituisce in quanto romanzo. La passione di Francesca, l'amor paterno di Cavalcante e Ugolino e così di séguito sono sentimenti, se non indiretti, allontanati, chiarendo di candore lo stupore dei semplici per l'assenza di ogni menzione famigliare che non appartenga alla radice dinastica (la "piota" degli Alighieri) o, più di corsa, la faida consortile (Geri del Bello). Ciò si collega all'accezione in cui è presente la realtà in questo libro stipato di realtà.

Gru, stornelli, lucciole, ramarro sotto la frusta della canicola, castoro che si attrezza e tutto il prodigioso bestiario che alligna in queste pagine, neve in montagna, brinate, pleniluni e tutti gli spettacoli naturali che così infallibilmente ci rapiscono, per solito dal rispetto logico, più spesso anzi anche da quello grammaticale, non hanno autonomia. L'acquistano nell'istante che la lettura o la memoria li estraggono dal contesto e fanno stupire della loro inarrivabile coincidenza tutte le volte che la nostra esperienza ci riporta ai punti legati a quelle rappresentazioni, le quali nella lettera servono a comunicare altro dei mondi oltramondani, iscritte in un vero o ideale come*; ovvero sono sottoposte a una fenomenologia che non è la normale quotidiana; vivono cioè in uno stato letterale e in uno stato metaforico, l'uno frammentario e poetico, l'altro continuo e strutturale: stati come i fisici dicono degli stati della materia. Lo stato che gli amatori di poesia tendono a distaccare, è però saldamente inchiavardato (Dante parlerebbe di "chiovi"); ma nel senso opposto tende a crescere su se stesso, al minimo mediante un attributo,* superbo *Iliòn, tedeschi* lurchi, *poi mediante relative, incidentali, parentetiche. Dove un lettore moderno dà sfogo al proprio impressionismo, giova tuttavia sapere che l'originale è sottoposto a due tensioni bilaterali.*

Una schiera speciale (e sommamente importante) della crescente realtà è nell'evocazione dei nomi propri, sia di luogo che di persona. La genialità toponimica (che, è stato osservato, trova un concorrente solo nella Storia d'Italia *del Guicciardini, vero albo d'oro della geografia italiana) lascia l'unico dubbio se l'esperienza così evocata sia fisica, traccia d'una conoscenza diretta anche plurima («Vassi in Sanleo, e discendesi in Noli, / montasi su in Bismantova e 'n Cacume», per tacere del grandioso tracciato delle acque mantovane), o mentale, deposito d'un "Baedeker" magari orale. Chi non è stato tentato almeno una volta di pensare che il "loco varo" degli Aliscamps o la lettura di Sigeri nel "vico degli Strami" o la pur magra menzione di "Doagio, Lilla, Guanto e Bruggia" (e "tra Guizzante e Bruggia") risalgono a un pellegrino per Oltralpe, più d'una volta avanzato? Ma la scissione è probabilmente arbitraria e ha il solo fondamento comune d'un'immaginazione ardente: Kant non lasciò mai Königsberg e fu un geografo espertissimo nel seguire le tracce dei viaggiatori. Quanto agli antroponimi, chi rammenta gl'infiniti che costellano a costo d'iper- o ipometria il bolognese* Serventese dei Lambertazzi e dei Geremei, *«signur Caçanimixi e Prindiparti, / Galuci, Lambertini cum li Paxi» e via torrenzialmente, sarà forse indotto a pensare che, delle liste dantesche, non è in tutto casuale l'*Ubi sunt? *di Guido del Duca, che sfiora Bologna per spaziare in Romagna. Grande poesia è pur la poesia dei nomi.*

Non si può più qui ripetere la dimostrazione particolare dei giochi timbrici e ritmici "firmati" da Dante e perciò da lui rinnovati, partendo da formule iniziali e finali di verso per gradatamente complicarle. La dimostrazione includeva anche i rapporti col significante della Commedia *di quello d'un'opera famigerata, il cosiddetto* Fiore, *cospicuo e sospetto esperimento in stile comico. Chi ne scriveva non nutriva nessuna simpatia per questa scrittura in sé e per sé. Ma se l'economia del ragionamento finisce per portare nell'area dantesca questa parafrasi della* Rose, *ciò che è servito a fare la* Commedia *merita a ogni modo rispetto. «Poiché questi semidei terreni hanno il privilegio che qualunque cosa sia stata sfiorata dal loro alito d'ambrosia, fruisce di una particella della loro immortalità» (Ernesto Giacomo Parodi).*

AVVERTENZA ALLA PRIMA EDIZIONE

La prima estate di guerra mio padre lesse e spiegò l'*Inferno* di Dante ai gemelli, che avevano quattro anni più di me, e si accingevano alla prima liceo. Vanagloria o rassegnazione (non ricordo), mi trovai associato all'ascolto. Nelle estati successive *Purgatorio* e *Paradiso* si aggiunsero all'*Inferno*, mentre era sopravvenuta la fame. Le cicale concertavano nel fico, il fumo della Macedonia di mio padre sbandava rampicando per l'aria, le nostre motosiluranti solcavano invitte il golfo della Sirte, e io, praticamente, non capivo nulla. Né concetti, né simboli, né molte parole.

Capivo però, con uno sbalordimento reso tollerabile soltanto da una rada ovatta di noia, che il mondo stava irrompendo nel mio campo percettivo. Tutto il mondo creato nella sua portentosa concretezza. Le parole incomprese assumevano la arbitraria e irrevocabile proprietà dei nomi propri. I nomi di persona, di fiume o di città si iscrivevano in una mappa minuziosamente sconfinata, eppure conclusa in una sua teatrale dolcezza di camposanto. Credo fosse la storia. Nella secessione della mia undicennità pativo la passione di un popolo e della sua antichissima lingua. Ero un po' smanioso, molto triste e assolutamente felice. E non c'era (ricordo) abbinamento fortuito cui non mi arrendessi subito, cui non mi fossi già arreso: il violoncello delle cicale e la romanza del conte Ugolino, le forme del fumo e il provenzale di Arnaldo Daniello, la fame e l'acume lacerante della luce di Dio, mio padre e Dante, Dante e io.

Conto che quasi mezzo secolo di accertamenti mi consenta di specificare che cosa mi succedesse allora, convinto come sono che a succedermi, allora, fosse né più né meno che la *Divina Commedia*.

Questo libro qui (e i due che, se Dio permette, gli terranno dietro), nasce per l'esecuzione radiofonica, con la quale condivide l'obbiettivo essenziale: consentire a un qualsiasi italiano dotato di cultura media, intelligenza e un po' di passione di percorrere il più gran libro scritto in italiano senza interrompere continuamente l'avventura per approvvigionarsi di notizie, delucidazioni e varianti nei battiscopa di note che spesso rasentano il soffitto della pagina. Semplice da enunciare, l'obbiettivo si dimostrò in corso d'opera difficilissimo da cogliere, e nessuno sta dicendo che sia stato colto «assai o poco». D'altronde, sui metodi adottati di volta in volta non ho titolo per pronunciarmi, né mi permetterei di tediare preventivamente l'onesto lettore.

È comunque innegabile che la destinazione radiofonica lasci tracce apprezzabili nell'edizione a stampa. In primo luogo il passo discorsivo, direi meglio 'vocale', cui andrà imputato, ad esempio, l'eccesso di parentesi (prego chi dovesse indispettirsene, di contare quante parentesi occorrerebbero per trascrivere la prosa della sua conversazione quotidiana): d'altronde i canti di Dante son poi lì a pretendere la vostra voce, o almeno – direbbe Contini – il sussidio della vostra esecuzione mentale. In secondo luogo, l'omissione delle referenze bibliografiche, e della stessa menzione onomastica degli studiosi da cui ho attinto cognizioni e idee (canone interminabile). Questa scortesia obbligata, come del resto il tono asseverativo con cui mi capita di enunciare spesso ipotesi che scientificamente non valgono più di altre, credo mi fossero ingiunti non meno dalle finalità divulgative del lavoro che dai suoi modi colloquiali e pomeridiani.

Ma di derivazione radiofonica è anche il criterio tipografico, in forza del quale l'uso del corsivo è circoscritto alla trascrizione di versi interi o di minimi estratti, prelevati dal canto in questione, quando mi pareva reclamassero qualche chiarimento lessicale.

Non altrimenti la voce che leggeva al microfono, sfornita di segnaletiche accessorie, variava poco o nulla trascorrendo dal testo dantesco alla prosa che lo parafrasa e racconta. Sarei matto se avessi mai presunto di produrre una prosa alla quota della versificazione di Dante. Penso però che questo mélange possa aiutare il lettore a riconoscere sperimentalmente come la comunità nazionale cui appartiene continui a adoperare (livellandola e depauperandola) la lingua inappellabile e battesimale di un poeta vissuto sette secoli fa: evento stupefacente ed unico nell'orizzonte delle lingue storiche.

Senza violare il benemerito precetto della brevità imposto dalla programmazione radiofonica e dalla inesauribile fretta di Dante, questo libro ripristina peraltro qualche parola, riga o capoverso che ho dovuto amputare a malincuore dal dattiloscritto o dal nastro registrato, per attenermi all'inflessibile tassametro della Siae.

Il testo adottato, che nella parafrasi patisce naturalmente qualche aggiornamento grafico e prosodico, è quello predisposto da Giorgio Petrocchi per l'Edizione Nazionale a cura della Società Dantesca Italiana (D.A., *La C. / secondo l'antica vulgata*, Milano 1966-1967), salvo qualche ritocco nel friabile e opinabile campo della punteggiatura.

Non voglio ora attardarmi nel lungo catalogo delle gratitudini. Ma almeno due amici debbo ringraziarli: Fabio Borrelli, che ha capito il progetto (subito e un po' meglio di me), ed ha poi pilotato con infaticabile gentilezza la produzione di Radiotre; e Saverio Vertone, che oltre ad aver messo in moto l'operazione editoriale, convincendone editore e autore con la oculata veemenza della sua convinzione, da trent'anni mi aiuta a essere un po' meno stupido di me.

Non so come, ma non credo si chiami gratitudine l'affetto che ho maturato per Gianfranco Contini. Pretendevo timidamente da lui la sanzione di un maestro, e mi ha insegnato la famelica, ilare e meticolosa umiltà d'uno scolaro sublime. Solo a lui, naturalmente, l'onesto lettore deve se in questi libri non abitano svarioni o futilità. Ma gli deve anche, se i libri esistono. Perché esistessero, almeno a me dovevano piacere. E al genio della sua generosità devo se piacciono almeno a me.

Credo invece di sapere come si chiama la non-gratitudine che porto a Ludovica Ripa di Meana. Poco è dire che mi ha costretto a questa follia, liberando un desiderio impronunciabile nella dolcezza intercalare d'un settembre a Praiano. E dedicarle questi libri sarebbe un abuso. Sono suoi, e lei lo sa. Li ho sottratti – se posso fare il verso al poeta – «aus dem Besitze der Marquise». Spero che me li dedichi in cuor suo.

Roma, ottobre 1987

V.S.

AVVERTENZA ALLA SECONDA EDIZIONE

Credo che la nuova edizione, largamente emendata e integrata, reclami qualche precisazione.

Gli emendamenti in genere eccedono appena la correzione dei refusi di stampa o la rimozione di inesattezze puntuali; quando invece si configurino in giunte o sostituzioni apprezzabili (per limitarci all'*Inferno*, nei canti I, IV, V, XIII, XVI, XXVI, XXXIII), andranno accreditati tanto a un cauto aggiornamento bibliografico e all'applicazione scrupolosa alla materia lessicale e metrica che ha comportato la stesura dell'edizione annotata per le scuole (Bruno Mondadori, 1996), quanto all'esperienza maturata lungo una dozzina d'anni di pubbliche «letture» in mezzo mondo – cruciali, quella dell'intera *Commedia* nella basilica di San Francesco a Ravenna, a ridosso della tomba del poeta (1995-1997), e quella in corso a Roma –, o al fatto stesso che col passare degli anni possa succedere di imparar pensando.

Quanto alle referenze bibliografiche, scartato il partito di inocularle nel testo (espediente tipografico stimabilissimo, che avrebbe però conferito alla mia prosa discorsiva un ridicolo spolvero erudito), a tutta prima avevo pensato di richiamarle con numeretto esponenziale e raggrupparle in fondo alla lettura di ogni canto, ridotte all'osso, tanto per soddisfare la legittima aspirazione del lettore a sapere dove sta scritto quel che il mio testo trascrive tra virgolette e, quando manchi l'indicazione esplicita, chi l'abbia scritto. Ma una considerazione, che non escludo sposi l'onestà intellettuale con la pigrizia, mi ha convinto in corso d'opera ad ometterle del tutto, queste referenze, e a lasciar le cose come stavano: accanto a un subisso di canonicissimi e reperibilissimi rimandi ai classici (Virgilio, *Eneide*, VI vv. 392-396...) o alle Scritture (*Luca*, 11 27...) o alle opere minori di Dante (*Convivio*, IV, vi 11-12...), e ad una serie di rinvii a testi di disagevole abbordaggio, se non per chi li pratichi già meglio di me (Tommaso d'A., *Summa Theol.* I, q. lxi, a. 3...), mi trovavo a menzionare in nota studiosi e studi selezionati fortuitamente, assecondando l'andazzo del discorso, senza che la cosa sottendesse un qualsiasi criterio di valore o gerarchia di predilezione. Come talora mi è capitato di citare virgolettandola qualche insigne sciocchezza, mi è capitato spesso di far tesoro di contributi critici rilevantissimi sul piano filologico, filosofico, storiografico o metodologico, senza riportarne alla lettera un capoverso, una proposizione, un sintagma. Così le noticine, non che compensarla, avrebbero aggravato l'omissione d'un quadro equanime di note bibliografiche che segnalavo (e tentavo di giustificare) nell'Avvertenza del 1997. I dantisti citati e non menzionati, come quelli designati per epiteto, dovessero prendersi il disturbo di leggermi, avranno la bontà di riconoscersi e di perdonarmi. Lo sgarbo calcolato, mentre confessa i limiti scientifici di questi libri, non cancella, anzi rincara, la gratitudine di chi li ha scritti.

Ferma restando la mia perfetta incompetenza ecdotica, mi accorgo che la presente lezione del testo di Dante registra una accentuata insofferenza per talune costanti dell'edizione Petrocchi nell'uso della punteggiatura e dei segni diacritici. In particolare, con tutto l'affetto e tutta l'ammirazione che nutro da sempre per lo studioso e l'amico, del suo testo confesso di non amare né l'abuso di un segno d'interpunzione servizievole e piatto come il punto e virgola (rimpiazzabile talora con i due punti, talaltra col punto fermo o con la virgola), né la profusione di dieresi, spesso superflue, e alle volte del tutto insufficienti a soccorrere la presunta sordità prosodica del lettore.

Milano, marzo 2001

V.S.

AVVERTENZA ALLA TERZA EDIZIONE

Non aggiungerò alle due nutrite avvertenze dell'ottobre 1987 e del marzo 2001 più di tredici righe. Questa edizione, che ha tutti i titoli per essere la «definitiva», integra e varia in modo apprezzabile le precedenti, accentuandone il registro colloquiale e diretto in ordine all'esperienza di una impressionante serie di letture pubbliche, che andranno sommate a quelle che, appunto, segnalavo di sopra: e vorrei almeno ricordare le letture integrali che ho fatto fra il 2003 e il 2005 a Milano (Santa Maria delle Grazie) e a Firenze (Cenacolo di Santa Croce). L'attenzione, la stanchezza, il silenzio, la tosse, il piacere, la passione dei miei muti interlocutori mi hanno insegnato – e non esagero – almeno quanto io cercavo di insegnare loro.

Roma, aprile 2015

V.S.

L'INFERNO DI DANTE

a Pietro

I

«*Nel mezzo del cammin di nostra vita / mi ritrovai per una selva oscura, / ché la diritta via era smarrita. // Ahi quanto a dir qual era è cosa dura / esta selva selvaggia*», e via dicendo...

Così comincia, come tutti sanno – senza ricordar nemmeno da quanto lo sappiano –, il più gran libro scritto da un cristiano. Nel quale si dice del pellegrinaggio attraverso i tre regni dei morti compiuto, per singolare privilegio conferitogli dalla grazia divina, dall'autore in primissima persona: Dante Alighieri, «fiorentino di nascita, non di costumi», secondo definizione dell'interessato. Pellegrinaggio che, figuratamente parlando, significa qualcosa come il duro tirocinio morale e conoscitivo di ogni essere umano per liberarsi dallo stato di colpa e disperazione che gli compete in quanto essere umano, e per aver pace nel breve tratto di questa vita e, nella successiva ed eterna, la felicità sconfinata della visione di Dio. Ma anche, più in generale, significa l'itinerario di tutta la cristianità verso il comune riscatto nella giustizia.

Una prima elementare curiosità: 'ma Dante, questo viaggio nell'oltretomba, crede di averlo fatto per davvero? o, almeno, è questo che vuol farci credere?', non consente risposte elementari.

Il libro non ha titolo, o, meglio, ha per titolo un sottotitolo di genere: 'commedia'; al quale un tipografo veneziano ha apposto, due secoli e mezzo dopo la morte dell'autore, il fortunato epiteto di 'divina'.

Su questo libro – come tutti sanno – sono stati scritti centinaia di migliaia fra libri, saggi, articoli, apparati di note, dizionari. Contiene, questo libro, passi, versi, aggettivi, pronomi, punti e virgola, per ciascuno dei quali sono state fornite nel corso di quasi settecento anni moltitudini di versioni e di interpretazioni perfettamente inconciliabili fra loro. Nel suo insieme, il libro è stato letto e rubricato come una visione estatica, come il romanzo teologico di un qualsiasi cristiano, un'epopea allegorico-didattica, un massimario di scienze occulte, un breviario della liturgia pasquale, il manifesto in cifra d'una setta iniziatica, ecc. ecc.; ma anche come la blaterazione di un eretico cavilloso, e anche come una sacra scrittura. È più che legittimo il sospetto che molte di queste letture abbiano sovrapposto alla *Divina Commedia* un sedimento di significati secondi, terzi e quarti che Dante stesso ignorava, e che non capirebbe nemmeno. Ma certo è che molti altri segnali minuziosamente orditi sotto la trama del poema, noi li abbiamo perduti per sempre.

Tuttavia, la candida pretesa di leggere questo libro come si legge una antologia di emozioni liriche o drammatiche, di leggerlo, diciamo così, col cuore (e se non si capisce subito, peggio per il libro...), è una pretesa un po' gretta: anche il cuore ha i suoi pregiudizi e una sua saccenteria.

Francesco Petrarca – come ben noto – rinfacciava a Dante, morto da meno di quarant'anni, l'entusiasmo dozzinale degli osti e dei tintori che ne blateravano le terzine storpiandole. Senza misconoscere il sangue rosso di quei poveri bisnonni, e mettendo in preventivo qualche storpiatura involontaria, tenteremo, col sussidio di qualche informazione collaterale e – va da sé – di tanti e benemeriti aggiornamenti di specialisti che ne sanno più di me... tenteremo di sbirciare lo sterminato tesoro di sapienza, d'arte e di passione che questi antichi versi svelano e nascondono.

Ma non cercheremo il passe-partout ermeneutico buono a

forzare tutte le serrature. Ci limiteremo a leggere, a raccontarci che cosa stiamo leggendo, e – quando capita – che cosa ci succede a leggerlo. Leggeremo: non come i mercanti immagazzinano, ma come i marinai vanno per mare. Ma «noi», chi?

"Pensa, lettor", scrive Dante quando il discorso si fa più denso ed enigmatico (mai: "pensate, lettori! occhio, gente!"): perché l'io che scrive non si indirizza a una massa indistinta e impersonale, e al senso comune o, magari, ai luoghi comuni che condivide, tanto più angusti quanto più circoscritta la collettività che li condivide, ma ad un unico lettore attuale e concreto s'indirizza l'io che scrive: o meglio, a una molteplicità di lettori unici e interi: al tu che ciascuno di noi è, e che, nell'atto di leggere i versi della *Commedia*, li anima di tutta la propria minima e insostituibile esperienza dello stare al mondo, quest'unica volta, nell'unico modo che gli tocca.

Noi è tu ed io, io e te. Consentitemi, amici, di fare il verso al poeta, e darvi del tu.

E veniamo alla favola.

Dunque, il poeta Dante Alighieri ci sta raccontando che, giunto alla metà del cammino della vita umana (della *nostra*, non solo della sua), si accorse di essere capitato in una selva tenebrosa, avendo smarrito la strada maestra.

Sapremo subito che è notte; a tempo debito, che è una notte di luna piena. Nel IV libro del *Convivio* «lo punto sommo» della vita dell'uomo è fissato «nel trentacinquesimo anno» d'età, in base al calendario della vita di Cristo, alle stime mediche correnti, e a una congiura di simboli numerali. Nella selva oscura Dante si ritrova dunque intorno ai trentacinque.

L'anno di Grazia – e scusami se riepilogo lo stranoto – è il 1300, come constateremo più avanti e come, d'altronde, la data di nascita dell'autore (1265) ci consentirebbe di stabilire fin d'ora; la notte è quella del Venerdì Santo – anche questo constateremo –, che nel 1300 cadde sull'8 aprile (ma c'è chi opta per il 25 marzo: se ne discute da secoli). Siamo, comunque, in prossimità dell'equinozio di primavera.

Il luogo, invece, è un luogo geograficamente indeterminato dell'emisfero boreale, distante da Gerusalemme il raggio massimo dell'imbuto dell'inferno. In termini figurati, sappiamo però che questa selva selvaggia e aspra e *forte* (cioè, compatta, impenetrabile), difficile da rappresentare quanto spaventosa da ricordare, significa un periodo torbido e infelice della vita dell'autore e, insieme, una fase di disordine istituzionale e di degradazione morale della sua Firenze, dell'Italia, dell'universo cristiano.

Selva così amara, che la morte non è molto più amara. Quale morte? la morte eterna cui l'anima approda dopo un lungo bighellonaggio nel peccato? o magari anche la morte corporale, che l'autore aveva avuto qualche buon motivo per temere negli anni intercorsi fra la data del viaggio oltremondano e il giorno in cui scrisse questi versi? Per ora contentiamoci di dire: la morte (che non è dir poco). E solo per trattare del *ben* che finì per trovarvi – e sarà, questo bene, la salutare consapevolezza delle proprie colpe, il recupero della ragione, o qualcosa del genere – ...solo per trattare di questo bene, il poeta afferma di prestarsi a menzionare anche le spaventevoli visioni che lo visitarono in quella selva oscura. O, per l'esattezza, sull'orlo di quella selva.

Infatti, se Dante-poeta non sa dirci come fece a cacciarsi nella tetra boscaglia, tale era il suo torpore nel momento in cui lasciò la diritta via (dice che ci si ritrovò, e basta), non ci dirà nemmeno come fece a venirne fuori. E il racconto inizia proprio nel momento in cui Dante peccatore itinerante, sbucato appena dalla valle boschiva che gli aveva trafitto (*compunto*) il cuore di paura, si affaccia su una piaggia spoglia e deserta, guarda in alto, e scorge il crinale di un colle vestito dalle prime luci dell'alba, cioè dai *raggi del pianeta / che mena dritto altrui per ogne calle.*

Naturalmente si tratta del sole, che nella cosmologia geocentrica di Tolomeo, cui Dante e il suo tempo si attenevano, figura quarto dei sette pianeti che ruotano intorno alla terra. E tanto vale dirci subito che, nella simbologia cristiana, il sole significa (o forse significava) la grazia divina, la quale orienta gli uomini alla felicità, per qualsiasi sentiero si siano incamminati, insomma, qualsiasi tipo di attività svolgano rettamente a questo mondo. Chiaro, comunque, che queste luci che sagomano il colle di primo mattino adombrano il timido rialbeggiare della grazia sull'orizzonte morale del peccatore Dante.

Adesso un po' si acquieta la paura che s'era depositata *nel lago del cor*, cioè nel fondo concavo del cuore del pellegrino per tutta la notte che aveva trascorso in tanto sgomento (*in tanta pièta*). E sul momentaneo sollievo fiorisce la prima similitudine della *Divina Commedia*, famosa: «*E come quei che con lena affannata*... come colui che, col fiatone, scampato appena al mare in burrasca e approdato sulla riva, si gira verso l'acqua minacciosa e *guata* (e la sbircia angosciato)», così il suo animo, in cui perdurava l'istinto di fuga, si volse indietro *a rimirar lo passo / che non lasciò già mai persona viva.* Il pellegrino sosta un attimo a riposare il corpo spossato. Poi subito lo vediamo avviarsi per il brullo falsopiano che precede l'erta del colle, zoppicando controluce. Senza perderlo di vista (non andrà lontano), noi possiamo sostare un attimo di più.

Inutile nasconderci che, uscendo dalla allegorica selva, ci siamo immessi in un labirinto di allegorie. Si vorrebbe almeno sapere che cosa valga, allegoricamente parlando, questo *passo* letale, che non è mai stato traversato, superato, forzato da essere umano in carne ed ossa (sempre che '*persona viva*' significhi proprio questo, e sia soggetto della subordinata...).

Accolta con la massima circospezione l'ipotesi preliminare che, in termini fisici, il 'passo' non sia tanto l'inestricabile selva, quanto il passaggio dalla selva alla piaggia deserta, prendiamo atto che varcarlo e, affardellati dal corpo come affardellato è Dante, scalare il bel colle (o *dilettoso monte*) è proibito, anzi, è impossibile. E anche se Dante, bene o male, lo ha varcato – esperienza senza precedenti –, vedremo subito che, così su due piedi, la scalata non riuscirà nemmeno ad avviarla.

Ora, a quanto pare, il colle – o, meglio, il suo crinale profilato dalla luce – è figura allegorica della vita contemplativa...

Un attimo: la parola 'contemplazione' con i suoi derivati tornerà molto spesso nel nostro discorso, ma vale forse la pena di specificare subito come nel lessico di Dante non abbia il senso di «imbambolamento estatico» che ci verrebbe fatto di assegnarle. Trasferita nel nostro, di lessico, significherà qualcosa come: 'la vita dello spirito, la disinteressata azione del pensiero, la felicità mentale che procura l'apprendimento di frammenti di verità', prima di significare, più tecnicamente, 'la visione di Dio, di cui fruiscono angeli e beati'... senza che l'un significato escluda l'altro.

Dicevamo: se la cima del colle è figura allegorica dell'attività contemplativa, il famoso «passo» dovrebbe allegoricamente significare il transito diretto dalla vita di peccato (la selva) alla «contemplazione». E perché mai questo transito diretto, questo «corto andar» – come sarà definito il canto prossimo –, insomma questa ripida scorciatoia è impraticabile?

Anche se è un po' rischioso – come avremo modo di constatare – cercar negli scritti antecedenti di Dante significati nascosti della *Commedia*, torna comodo a questo punto estrarre dal *Convivio* la pagina in cui l'autore ci informa «che noi potemo avere in questa vita due felicitadi, secondo due diversi cammini»: l'uno, «buono», è il cammino della vita attiva, che mena i più, fra mille negozi e mille turbamenti, al «miele» della felicità morale (e sarà questa la «diritta via» che Dante ha smarrito perdendosi nel bosco); l'altro, «ottimo», è l'itinerario che conduce i meno alla «cera» della felicità contemplativa. Ma per attingere a questa «cera» – materia più elaborata e raffinata del «miele», per gli apicultori metaforici che saremmo noi uomini – sarà necessario depurarsi dalle passioni che appesantiscono la nostra povera carne infiltrata dalla lussuria, imbevuta dalla superbia, tarata dall'avarizia; affinarsi nell'esercizio della speculazione; macerare nel cuore l'esperienza di tutte le colpe, di tutte le pene, della speranza più disperata. Altro che scorciatoia!

E poi, parliamoci chiaro: se il peccatore Dante fosse riuscito nella maldestra e sbrigativa ascensione cui si sta disponendo, il poeta Dante – bel guaio!... – non avrebbe avuto di che raccontarci il suo portentoso viaggio attraverso i primi due regni dei morti. Infatti, la vera specola della conoscenza e della contemplazione celeste non confina con la selva della perdizione e dell'angoscia: anzi, come avremo modo di verificare, è agli antipodi, sulla cima del monte impervio del purgatorio. Forse questo colle qui non è che un miraggio antipodale, la sagoma illusoria d'una promessa. Per ora raccontiamocela così. Comunque sarà bene insistere sul punto che annaspiamo fra ipotesi, tanto più labili, quanto meno nitido è il supporto letterale (grammaticale e fisico) su cui riposa il soprasenso allegorico.

Il soprasenso o, meglio, i soprasensi. Infatti tre ne segnala Dante nel II libro del *Convivio*, trattando – con la terminologia dei teologi – dei modi secondo cui «le Scritture si possono intendere e dèonsi esponere»: segnatamente, l'«allegorico», il «morale», l'«anagogico» (ovvero ordinato ai fini ultimi, escatologico). D'altro canto, nell'epistola dedicatoria del *Paradiso* a Cangrande della Scala, Dante stesso – o chi per lui –, sebbene accenni ad applicare la laboriosa ermeneutica scritturale alla stessa lettura della sua *Commedia* – ne riparleremo – consentirà che i tre sovrasensi mistici, «in quanto si distinguono dal senso letterale o istoriale, possono dirsi cumulativamente 'allegorici'». Prendiamolo in parola, e atteniamoci di massima al termine cumulativo 'allegoria', senza complicar troppo l'intricatissima materia con ulteriori distinzioni categoriali, che hanno affaticato tanti dantisti, quantunque spesso esulino dalla cultura medievale.

Del termine 'allegoria' (perdonami, amico, ma questa prima... queste prime letture pretendono che ci mettiamo d'accordo sul senso di alcune parole-chiave)... allora: del termine 'allegoria' – stavo dicendo – basterà per ora ricordare l'etimo dantesco («dal greco 'alleon', che in latino suona 'alienum', ossia 'diverso'») e la definizione invalsa presso i Dottori della Chiesa: «allegoria è dire una cosa per significarne anche un'altra». Definizione semplicissima e pressoché esauriente; che peraltro calza benissimo anche alla metafora. Infatti, sotto il profilo retorico-stilistico, l'allegoria non è che una metafora protratta, e la *Divina Commedia* figura, insieme, come una macroallegoria che contiene uno sciame di microallegorie, e come un'ingente scatola cinese di metafore.

Tanto premesso, non ci avventureremo fra le sottili e spericolate interpretazioni che, collazionando testi di almeno tre santi esperti in podologia mistica, gli specialisti spillano dal verso che sembra indicare la fatica con cui Dante, claudicando in falsopiano, tenta di guadagnare le falde del colle inaccessibile: «*sì che 'l piè fermo sempre era 'l più basso*». Verso che non ha riscontro nell'esperienza fisica (anche se trascini un piede su per un pendio, sarai comunque costretto a caricare il peso ora su un piede ora sull'altro; mentre, se cammini in piano, il piè fermo, cioè il piede d'appoggio, sarà il più basso comunque); e non avendo riscontro, nasconde il suo significato allegorico dietro un significante allegorico: occulta, insomma, allegoria con allegoria.

In Francia, ai passaggi a livello di campagna, un cartello ammoniva: «Attention! Un train peut en cacher un autre». Le allegorie non sono meno pericolose dei treni. Raccomandiamoci la massima prudenza, specie all'inizio d'un viaggio quasi interminabile. E cerchiamo, nei limiti del possibile, di stare alla favola.

E la favola racconta che, appena il nostro si avvia, gli si para davanti, materializzata dal nulla, l'immagine di una lonza snella, svelta e di pelo maculato. E gli taglia la strada, tanto che lui è più volte tentato di tornare sui suoi passi. Ma l'ora mattutina e la dolcezza della stagione – seguita la favola – per un momento lo rinfrancano e gli lasciano sperar bene di quella fiera dalla pelle elegantemente screziata (*a la gaetta pelle*: fra i tanti gallicismi che costellano il canto, questo è un gallicismo doppio: insomma, un provenzalismo aggravato da un francesismo). Insomma, il sole sta crescendo sull'orizzonte in congiunzione con la medesima costellazione cui era congiunto quando, per puro atto d'amore, Dio impresse, creandole, il primo moto alle *cose belle* del firmamento (alle stelle, cioè); e cento altri passi di questo libro ci impediranno di dimenticare come – in forza d'una tradizione ubiqua e millenaria – la creazione decorra dall'equinozio di primavera, cioè dall'ingresso del sole nel segno dell'Ariete.

Dunque, l'ora e la stagione rinfrancano il pellegrino... ma non tanto – seguita la favola – non tanto che non lo atterrisca la vista di un leone che gli si fa incontro a testa alta, furente di fame, così che l'aria stessa pare tremarne; e quella di una lupa, che nella sua magrezza sembrava oppressa da bramosie d'ogni genere. Con l'orrore che sprigiona il suo aspetto, questa lupa, *che molte genti fé già viver grame* (diremmo noi: che da sempre rovina la vita a un sacco di gente), affiorata anche lei dal nulla come dal fondo catramoso di un incubo, trasmette a Dante *tanto di gravezza*, insomma un tal carico d'angoscia, che egli… «*ch'io perdei la speranza de l'altezza*». Verso semplice e supremo.

È pacifico che le tre fiere, che costituiscono un ostacolo proibitivo per l'ascesa del colle, cioè per il pentimento e la completa conversione del peccatore, siano emblemi di un bestiario allegorico. Meno pacifica è l'assegnazione ad ogni singolo animale di uno specifico vizio, o peccato, o mala disposizione. Tanto varrà rimetterci alle interpretazioni più antiche e conclamate, che sembrano le meno tortuose, e non è affatto detto siano le più banali.

Così la lonza, che dovrebbe essere una lince o, magari, un ghepardo (per quel che vale l'informazione, risulta che un felino di questa risma fosse esposto ai cittadini di Firenze nel palazzo del Comune, quando Dante aveva vent'anni)… la lonza, dunque, elegante e maculata, significherebbe la Lussuria; il leone rabbioso, la Superbia; la lupa, l'esosa e insaziabile Avarizia.

Ma c'è chi insiste sul significato politico delle tre fiere, e punta specialmente sulla lupa, la quale, d'altronde, col suo apparire cancella le altre due e sembra, in qualche modo, compendiarle. Potrebbe essere, questa bestia senza pace, un'altra figurazione di Firenze, sbranata dalla propria cupidigia; potrebbe, forse meglio, essere la Curia di Roma, tanto più che, a suo tempo, Dante aveva sicuramente visto di persona la famosa lupa capitolina, che troneggiava allora in tutta la sua geometrica ferocia, senza i due lattanti sotto, nella sala di giustizia del palazzo lateranense. E in effetti, dà da pensare il fatto che, avendo estratto manifestamente le sue tre bestie da un oracolo del *Libro di Geremia*, dove appare il famelico trio del pardo, del leone e del lupo, Dante abbia cambiato sesso al lupo. Comunque, dedurne che – conforme l'uso latino, che associava il vocabolo 'lupa' più alla 'puttana' che alla 'femmina del lupo' – nella lupa Dante avrebbe significato la Lussuria, sembra peraltro una timorata scemenza. Sull'argomento torneremo a tempo debito.

Davanti alla lupa, il pellegrino Dante batte dunque in ritirata. E, nello stato d'animo di chi, avaro o giocatore d'azzardo, non pensa che ad accumulare (*volontieri acquista*), e quando arriva il momento che perde tutto, piomba in una tetraggine ossessiva… insomma, in uno stato d'animo di questo genere, egli si vede risospinto da quella bestia ingorda e irrequieta nell'oscurità della selva: *là dove 'l sol tace*.

Non un rumore, fin qui: il buio è silenzio del sole. Tacciono anche le immagini. E se, nella rovinosa ritirata, si offre d'improvviso alla vista di Dante-pellegrino una figura soccorrevole, Dante-poeta la ricorda, con una correlazione acustica, come qualcuno che *per lungo silenzio parea fioco*: cioè, forse, come una figura umana che appariva fievole, indefinita, scontornata, quasi affiorasse da una lunga assenza. Appena la scorge nel deserto della piaggia, il pellegrino grida: "Abbi pietà di me, chiunque tu sia, *od ombra od omo certo* (concreto, in carne ed ossa)!".

Piana e minuziosa, l'ombra risponde: "Non sono uomo, *fui* uomo. I miei genitori erano dell'Alta Italia (questo significava '*lombardi*'), mantovani tutti e due. Nacqui sotto Giulio Cesare, *ancor che fosse tardi*; e vissi a Roma sotto il grande Augusto, *al tempo de li dèi falsi e bugiardi* (in tempo di paganesimo, cioè). Fui poeta, e cantai di Enea, il giusto figlio di Anchise, il quale venne da Troia dopo l'incendio della rocca superba della città (del *superbo Ilïon*). Ma tu perché torni indietro? Perché vuoi ricacciarti in *tanta noia* (e ricorderai che nell'italiano antico 'noia', spalleggiato dal provenzale 'enojar', aveva significati molto più tormentosi che non oggi)? Perché non tenti la salita del dilettoso monte, principio e causa di compiuta felicità?".

A scanso di equivoci, sarà bene anticipare che sulle modalità di questa ascesa del colle – che abbiamo appena detto assolutamente impraticabile – l'ombra sarà molto più precisa di qui a poco. Intanto ci ha fornito dati bio-bibliografici più che sufficienti per individuarla.

È – chi non lo sa? – l'anima scorporata di P. Virgilio Marone, sommo poeta latino, nato ad Andes, in quel di Mantova, 70 anni prima di Cristo. A spiegare il '*Nacqui sub Iulio, ancor che fosse tardi*', ricorderai come, quando Cesare fu assassinato (44 a.C.), Virgilio, da poco sistematosi a Roma, fosse ancora alle prime armi: metterà mano alle *Bucoliche* un paio d'anni dopo e, in effetti, tutta la sua produzione poetica fiorirà nell'egida di Ottaviano Augusto. Ma per cominciare a capire il ruolo crucialissimo che coprirà nel libro che stiamo leggendo, sarà bene tu tenga conto da subito che la leggenda medievale accreditava Virgilio d'un sapere così sconfinato ed arcano da rasentare la magia nera (sì, anche la magia nera), e tuttavia percorso da un brivido premonitore della Buona Novella.

Per intanto, Dante l'ha riconosciuto, e avvampa di venerazione: "Sei tu quel Virgilio, quella copiosissima sorgente di eloquenza?". E si raccomanda: "*O de li altri poeti onore e lume*, l'assiduità e la passione con cui ho letto e riletto e rovistato il tuo libro mi valgano la tua benevolenza".

Virgilio non gli è solo maestro, ma anche *autore* (parola-chiave del lessico dantesco, che per ora semplificheremo in 'autorevole fonte di verità'); ed è il poeta con cui Dante si sente in debito del *bello stilo* che gli ha fatto onore.

'Bello stilo', si noti, è termine tecnico, e vale 'stile tragico'. Nel *De Vulgari Eloquentia* Dante scheda tre livelli stilistici: il 'tragico' o illustre, il 'comico' o medio, l''elegiaco' o dimesso. Al 'tragico', che esige gravità di pensiero e splendore di versificazione, si addicono solo argomenti elevati e difficili. Somma tragedia è l'*Eneide*. E 'tragico', cioè 'illustre' o – come qui si semplifica – 'bello' è anche lo stile delle canzoni sapienziali e morali che Dante aveva dettato nella prima maturità.

Ma, non foss'altro perché il poema si fregia dello pseudotitolo *Commedia*, un discorso sui tre stili non possiamo bruciarlo in tre formulette. Ci torneremo. Per ora basterà togliersi dalla testa l'impressione che 'tragedía' e 'comedía' (così accentava il Duecento) fossero all'epoca generi teatrali; anche se l'uso dei termini sembra confermare in Dante una concezione, anzi, meglio, una percezione fondamentalmente vocale della poesia. Torneremo anche su questo.

Procediamo nella favola. Dante addita a Virgilio la lupa, e lo supplica di salvarlo da quella bestia, che gli fa tremare *le vene e i polsi* (diremmo noi: 'il sistema cardiovascolare'). E, tremando, il nostro si mette a piangere.

Virgilio lo conforta con circostanziata eloquenza: "Se vuoi scampare a questa selva senza incappare nella lupa, devi tenere *altro vïaggio* (eccolo qui, l'«ottimo cammino»!). Infatti, questa bestia che ti fa gridare aiuto, *non lascia altrui passar per la sua via* (diremmo: 'non si lascia attraversare la strada da chicchessia'), anzi, tanto lo ostacola, che l'uccide. Ha indole così perfida e dannata che non si sazia mai, e dopo il pasto ha più fame di prima. Molti sono gli animali con cui s'ammoglia, e saranno sempre di più, finché non verrà il *veltro*, che la farà morire straziandola".

E chi sarà mai, questo veltro ammazza-lupa?

Virgilio fin qui si è espresso con grande chiarezza, in modo molto piano. E quantunque la lupa di cui sta parlando sia quel groppo di allegorie che quasi sette secoli non son bastati a sbrogliare del tutto (chi siano, ad esempio, i molti animali con cui s'accoppia, se vizi o persone, non è ancora assodato), questa lupa, almeno, è anche la bestia patita e affamata che la paura di Dante ci lascia intravedere... Il veltro, no: è un puro emblema, nascosto nell'oscurità deliberata della profezia: "*Questi non ciberà terra né peltro, / ma sapïenza, amore e virtute, / e sua nazion sarà tra feltro e feltro*"...

Il veltro, d'accordo, in natura, è una specie di levriero da caccia agile e spietato, provetto cacciatore di lupi. Ma se i requisiti imperscrutabili che il poeta gli accredita non producono immagine, come potremo mai sapere con sufficiente certezza a cosa alluda, a chi? Chi caccerà dall'Italia e dal mondo cristiano la cupidigia che li deturpa? un imperatore? o quel tal principe ghibellino? o un qualche ordine di frati mendicanti? o, magari, Dante stesso, come ormai sostiene più d'uno con accanita dottrina?

Tuttavia sull'identità di questo redentore dell'ordine terreno, peraltro oscuramente e ostinatamente pronosticato da tutto il profetismo mistico del Duecento, i più preferiscono ormai non pronunciarsi. Preferiscono, anzi, pensare che lo stesso Dante non intendesse alludere a una persona storica determinata. Dopotutto, fra tante profezie che costellano la *Divina Commedia*, questa è forse l'unica che riguarda un evento non ancora accaduto nel momento in cui Dante scrive: insomma, l'unica profezia vera e propria: la Profezia di Dante.

Nell'indeterminatezza, basterà ricordare che il 'peltro' è una lega metallica utilizzata nella fusione delle monete (dunque varrà 'denaro', se non proprio 'denaro adulterato'); che 'sapienza', 'amore' e 'virtute' sono prerogative identitarie delle tre persone della Trinità (sapienza-Figlio, amore-Spirito Santo, virtute-Padre); e che la 'nazione', cioè la nascita del veltro, avverrà probabilmente fra poveri panni: *tra feltro e feltro* (a meno che col primo 'feltro' non s'intenda la città di Feltre, o una sfera celeste, o magari il berretto frigio di Castore, ecc. ecc.; e col secondo, ecc. ecc. ecc.).

Di sicuro, questo veltro è destinato a salvare quell'*umile* Italia ('umile', che nel virgiliano 'humilis Italia' indica la piattezza della costa salentina che i profughi troiani vedono affiorare appena dall'acqua, qui varrà 'misera, oppressa'), per la quale Italia morirono in battaglia gli eroi della mitica guerra fra Italici e

Troiani: guerra che Virgilio canta nell'*Eneide*, e qui commemora intrecciando con imparziale pietà i nomi dei vinti con quelli dei vincitori (*la vergine Cammilla, / Eurialo e Turno e Niso...*). E di sicuro, questo veltro incalzerà la lupa di borgo in borgo (*per ogne villa*, altro francesismo), finché non l'avrà ricacciata nell'inferno, *là onde 'nvidia prima dipartilla*, da cui, in altre parole, l'ha scatenata all'inizio dei tempi l'invidia: l'Invidia per antonomasia: l'invidia di Lucifero.

Qui Virgilio comunica a Dante di aver preso per il suo bene (per il tuo meglio: *per lo tuo me'*) la ponderata decisione di condurlo attraverso spazi senza tempo, nei quali udrà strida disperate, e riconoscerà gli antichi spiriti dolenti che invocano la seconda morte, cioè, forse, l'annientamento definitivo nello stagno di fuoco che il libro dell'*Apocalisse* promette ai dannati come estremo e disperato sollievo.

Lungo il viaggio, Dante vedrà anche coloro che, nelle fiamme del purgatorio, espiano in letizia le proprie colpe, perché contano di essere assunti, presto o tardi, fra le beate genti. "Per salire alle quali", conclude il famoso saggio, "sempre che tu abbia l'ardire di desiderarlo, avrai bisogno d'una guida più degna di me. Con lei ti lascerò, congedandomi. Infatti, l'imperatore che lassù regna – dacché, se l'impero di Dio spazia dappertutto, in cielo è la sua reggia, è il suo trono – non vuole che io acceda alla città celeste, poiché fui *ribellante* (diciamo 'renitente') alla sua legge. Felice chi Dio sceglie per il suo regno!".

E Dante incalza trafelato: "Poeta, ti supplico, per quel Dio che tu non hai conosciuto: scampami da questo male e, peggio, dalla dannazione. Conducimi dove hai detto, così ch'io possa vedere *la porta di san Pietro*, e coloro che mi hai rappresentato immersi in tanta disperazione".

L'antico poeta si muove, il poeta moderno lo segue.

Se per 'porta di San Pietro' qui s'intenda, come par proprio, la porta del purgatorio (anche se, come vedremo, sulla porta del purgatorio non c'è nessun san Pietro) o quella del paradiso (dove, come vedremo, non ci sono porte), è l'ultimo e forse il più blando dei mille dilemmi innescati da questo primo canto di *Commedia*: canto indovinoso, discontinuo, tangibilmente irreale, talora sottratto al principio d'identità e non-contraddizione, come la sintassi di un sogno.

E in effetti, come nei sogni (e nelle favole per bambini) la narrazione è elementare e irragionevole, la dinamica psicologica bordeggia fra terrori ciechi ed effimeri sollievi, e – se è vero che ogni terrore nasconde una pulsione inconfessata e un rimorso inconfessabile – ogni immagine ne maschera e nasconde un'altra. Ma a differenza di quanto accade nei sogni (e nelle favole), sai che qui il sistema delle allusioni schermate è deliberato. Favola e sogno adombrano la propria interpretazione. Si attiva, insomma, il congegno delle allegorie. E anche se, a farci l'orecchio, potresti accorgerti che il congegno non è sempre astruso come minaccia, per orientarti bene nel labirinto di questi primi 136 versi forse non hai che da leggere sino alla fine il gran libro, il libro-mondo al quale preludono. Che non è poi un progetto così oneroso, una scommessa così assurda. No, amico mio, non ti spaccerò la famosa antologia di canti, terzine, versi memorabili. Anzi, ti suggerisco, ti prego, di fidarti di Dante, e abbandonarti al suo racconto folle e rapinoso. Quanto a me, lucrerò il vantaggio di poter distribuire informazioni e riflessioni nella continuità di una narrazione in cento puntate, tentando di non farla troppo lunga, per non perdere il passo dell'inesauribile fretta del poeta.

Intanto, amico mio plurale, cominciamo a leggerla forte dal principio, questa *Commedia*, con l'impudenza della prima volta, col batticuore dell'ultima.

CANTO PRIMO

Nel mezzo del cammin di nostra vita
mi ritrovai per una selva oscura,
ché la diritta via era smarrita.

Ahi quanto a dir qual era è cosa dura
esta selva selvaggia e aspra e forte
che nel pensier rinova la paura!

Tant'è amara che poco è più morte;
ma per trattar del ben ch'i' vi trovai,
dirò de l'altre cose ch'i' v'ho scorte.

Io non so ben ridir com'i' v'intrai,
tant'era pien di sonno a quel punto
che la verace via abbandonai.

Ma poi ch'i' fui al piè d'un colle giunto,
là dove terminava quella valle
che m'avea di paura il cor compunto,

guardai in alto, e vidi le sue spalle
vestite già de' raggi del pianeta
che mena dritto altrui per ogne calle.

Allor fu la paura un poco queta,
che nel lago del cor m'era durata
la notte ch'i' passai con tanta pièta.

E come quei che con lena affannata,
uscito fuor del pelago a la riva,
si volge a l'acqua perigliosa e guata,

così l'animo mio, ch'ancor fuggiva,
si volse a retro a rimirar lo passo
che non lasciò già mai persona viva.

Poi ch'èi posato un poco il corpo lasso,
ripresi via per la piaggia diserta,
sì che 'l piè fermo sempre era 'l più basso.

Ed ecco, quasi al cominciar de l'erta,
una lonza leggiera e presta molto,
che di pel macolato era coverta;

e non mi si partia dinanzi al volto,
anzi 'mpediva tanto il mio cammino,
ch'i' fui per ritornar più volte vòlto.

Temp'era dal principio del mattino,
e 'l sol montava 'n sù con quelle stelle
ch'eran con lui quando l'amor divino

mosse di prima quelle cose belle:
sì ch'a bene sperar m'era cagione
di quella fiera a la gaetta pelle

l'ora del tempo e la dolce stagione;
ma non sì che paura non mi desse
la vista che m'apparve d'un leone:

questi parea che contra me venisse
con la test'alta e con rabbiosa fame,
sì che parea che l'aere ne tremesse.

Ed una lupa, che di tutte brame
sembiava carca ne la sua magrezza,
e molte genti fé già viver grame:

questa mi porse tanto di gravezza
con la paura ch'uscia di sua vista,
ch'io perdei la speranza de l'altezza.

E qual è quei che volontieri acquista,
e giugne 'l tempo che perder lo face,
che 'n tutti suoi pensier piange e s'attrista;

tal mi fece la bestia sanza pace,
che, venendomi 'ncontro, a poco a poco
mi ripigneva là dove 'l sol tace.

Mentre ch'i' rovinava in basso loco,
dinanzi a li occhi mi si fu offerto
chi per lungo silenzio parea fioco.

Quando vidi costui nel gran diserto,
"Miserere di me", gridai a lui,
"qual che tu sii, od ombra od omo certo!".

Rispuosemi: “Non omo, omo già fui,
e li parenti miei furon lombardi,
mantoani per patrïa ambedui.
Nacqui sub Iulio, ancor che fosse tardi,
e vissi a Roma sotto ’l buono Augusto
nel tempo de li dèi falsi e bugiardi.
Poeta fui, e cantai di quel giusto
figliuol d’Anchise che venne di Troia,
poi che ’l superbo Ilïón fu combusto.
Ma tu perché ritorni a tanta noia?
perché non sali il dilettoso monte
ch’è principio e cagion di tutta gioia?”.
“Or se’ tu quel Virgilio e quella fonte
che spandi di parlar sì largo fiume?”
rispuos’io lui con vergognosa fronte.
“O de li altri poeti onore e lume
vàgliami ’l lungo studio e ’l grande amore
che m’ha fatto cercar lo tuo volume.
Tu se’ lo mio maestro e ’l mio autore,
tu se’ solo colui da cu’io tolsi
lo bello stilo che m’ha fatto onore.
Vedi la bestia per cu’io mi volsi:
aiutami da lei, famoso saggio,
ch’ella mi fa tremar le vene e i polsi”.
“A te convien tenere altro vïaggio”,
rispuose, poi che lagrimar mi vide,
“se vuo’ campar d’esto loco selvaggio;
ché questa bestia, per la qual tu gride,
non lascia altrui passar per la sua via,
ma tanto lo ’mpedisce che l’uccide;
e ha natura sì malvagia e ria,
che mai non empie la bramosa voglia,
e dopo ’l pasto ha più fame che pria.

Molti son li animali a cui s'ammoglia,
e più saranno ancora, infin che 'l veltro
verrà, che la farà morir con doglia.

Questi non ciberà terra né peltro,
ma sapïenza, amore e virtute,
e sua nazion sarà tra feltro e feltro.

Di quella umile Italia fia salute
per cui morì la vergine Cammilla,
Eurialo e Turno e Niso di ferute.

Questi la caccerà per ogne villa,
fin che l'avrà rimessa ne lo 'nferno,
là onde 'nvidia prima dipartilla.

Ond'io per lo tuo me' penso e discerno
che tu mi segui, e io sarò tua guida,
e trarrotti di qui per loco etterno;

ove udirai le disperate strida,
vedrai li antichi spiriti dolenti,
ch'a la seconda morte ciascun grida;

e vederai color che son contenti
nel foco, perché speran di venire
quando che sia a le beate genti.

A le quai poi se tu vorrai salire,
anima fia a ciò più di me degna:
con lei ti lascerò nel mio partire;

ché quello imperador che là sù regna,
perch'i' fu' ribellante a la sua legge,
non vuol che 'n sua città per me si vegna.

In tutte parti impera e quivi regge;
quivi è la sua città e l'alto seggio:
oh felice colui cu'ivi elegge!".

E io a lui: "Poeta, io ti richeggio
per quello Dio che tu non conoscesti,
a ciò ch'io fugga questo male e peggio,

che tu mi meni là dov'or dicesti,
sì ch'io veggia la porta di san Pietro
e color cui tu fai cotanto mesti".
Allor si mosse, e io li tenni dietro. 136

II

Il giorno che – come ricorderai, amico mio plurale – avevamo visto spuntare dietro il bel colle inaccessibile, già se ne va, e l'imbrunire solleva dalle loro fatiche gli esseri viventi di questo mondo ('*animai*', come il latino 'animalia', vale appunto 'esseri viventi')... tutti, tranne uno: il pellegrino Dante. Il quale si dispone a sostenere, e con la durezza del cammino che lo aspetta e con la misericordia cui lo tenteranno le anime dannate, un doppio combattimento, di cui darà conto la sua memoria infallibile: la *mente che non erra*. Come 'mens' nel latino dei Padri della Chiesa, 'mente' sta per 'memoria' qui e altrove (ad esempio fra due versi); quanto all'infallibilità mnemonica che il poeta vanta, non possiamo dimenticare che a garantirla è la committenza stessa di questo libro: committenza celeste, come finiremo per sapere prima che finisca questo canto.

Il quale canto, secondo una tradizione che rimonta all'antica Vulgata, «fa proemio a la prima cantica la quale si chiama Inferno», mentre il canto precedente farebbe «proemio a tutta l'opera». Se ti dicessi che la distinzione mi convince, mentirei.

A questo punto, comunque, il poeta Dante invoca le muse e, con le muse, il proprio *alto ingegno* (e 'alto' varrà 'profondo', come profondo è l'alto mare) e, ancora, la memoria (*mente*), che ha registrato quel che ha visto il pellegrino dell'aldilà, e alla quale il poeta lancia la famosa sfida: *qui si parrà la tua nobili-*

tate (qui, insomma, si misurerà la tua idoneità a un compito che si profila proibitivo).

L'appello alle muse nel poema cristiano non è né empio né protocollare; con lo scorrere dei canti troverà il suo spazio nell'orizzonte culturale di Dante; qui basterà assumerlo per quello che operativamente è: la richiesta di un supporto tecnico, formulata nell'atto di gettare le fondamenta d'una portentosa architettura linguistica, e rincalzata da una singolare autosfida. Tanto – nota – proprio all'avvio d'un canto magistralmente ordito di retorica: diciamo pure, il canto della Retorica Celeste.

Parentesi: nel nostro uso corrente, 'retorica' è termine sommariamente spregiativo, che evoca il rintrono d'una verbosità ad effetto, inautentica e misera di sostanza. Dato che rintroni di questo genere costituiscono uno dei nostri assilli quotidiani, dovevamo pur dargli un nome... Ma – se ci pensi – chiamarlo 'retorica', che in senso proprio vale né più né meno che 'arte del dire', sottintende il pregiudizio che esista un modo del tutto naturale e personale per esprimere qualsiasi concetto per quanto complesso, qualsiasi emozione per quanto rapinosa e ambigua. Ormai diffidiamo dell'idea stessa che per comunicare fra noi possa occorrere l'esercizio di un'arte.

Tutt'altro, il concetto e l'uso lessicale del Medioevo inoltrato. «Soavissima di tutte l'altre scienze» e sorella della poesia – che nel *De Vulgari Eloquentia* è definita, appunto, «finzione agita secondo arte retorica e musicale» –, la retorica appariva a Dante strumento fondamentale per educarsi agli ardui rigori della ragione e, insieme, per fondare sulla persuasione anziché sul sopruso la convivenza civile. Ragionando sul fatto che lui, come peraltro tutti i suoi contemporanei, usasse scriverla con due 't' ('rettorica'), verificheremo presto quest'ordine di idee.

Deposito delle figure e dei ritmi dell'arte retorica era ancora il latino, lingua «perpetua e non corruttibile», che consentiva di comunicare fra loro alle persone colte di tutta la cristianità. E proprio in quanto si era assegnato il compito altissimo di disciplinare le mille parlate municipali e contadine d'Italia in un'unica lingua eletta, scorrevole e urbana, che avesse pari dignità del latino, Dante si conosceva erede e discepolo di Virgilio, della fonte – ricordi? – che spande «di parlar sì largo fiume». D'altronde, lo stesso Virgilio, come vedremo fra poco, sarà abilitato in cielo a soccorrere Dante e avviarlo alla salvezza proprio grazie alla sua «parola ornata», alla sua elaborata eloquenza, alla sua arte retorica, insomma.

All'inizio di questo canto senza moto, sospeso nell'intervallo crepuscolare fra la scomparsa del sole e l'avvento della notte, una remora e un paio di dubbi angustiano il pellegrino Dante. Che li espone a Virgilio con grande perizia oratoria: "Poeta che mi guidi, considera bene se le mie risorse siano adeguate, prima di affidarmi *all'alto passo* (all'arduo transito che ti riprometti). Tu hai scritto che il genitore di Silvio (*di Silvïo il parente*), ancora vivo e dotato di tutti i sensi, andò *ad immortale secolo* (diciamo: nel mondo immortale dei morti)"... Un attimo.

È famoso che nel VI libro dell'*Eneide* Virgilio racconta come Enea, quasi al termine del viaggio che dalle mura di Troia in fiamme lo avrebbe condotto sulle spiagge del Lazio, ligio al destino scendesse con la Sibilla Cumana nel regno dei morti. Ricordiamo per sommissimi capi il racconto di questa discesa agli Inferi, tanto più che Dante lo aveva stampato nella mente verso per verso, parola per parola (insomma: lo sapeva a memoria).

Dunque: traghettato di là dal fiume Acheronte, Enea traversa lo sterminato pianoro che ospita le anime dei morti-prima-del-tempo; rasenta il triplice muro del Tartaro, l'orrenda città degli empi che sprofonda dentro la terra due volte l'altezza del cielo; accede agli immensi prati dell'Elisio bagnati da una luce di por-

pora, dove i beati vagano sereni ripetendo le pratiche della vita; oltre un verde crinale, gli si apre la vista della valle del fiume Lete, che raccoglie a sciami le anime di quelli che debbono esaurire il ciclo delle reincarnazioni per recuperare lo stato originario di «pure scintille celesti», e aspettano, affamati di luce. Sul complesso e complicatissimo ordito di credenze e di miti filosofici su cui è tramato l'oltretomba di Virgilio, non ci dilunghiamo: non mancheranno occasioni per tornarci su. Comunque, nell'Elisio Enea incontra il padre Anchise, che gli mostra a dito le innumerevoli generazioni future del suo sangue: primo, e più prossimo alla luce, appunto, Silvio, il figlio che Enea avrà da Lavinia, destinato a fondare Albalonga, città progenitrice di Roma; ultimo, Marco Claudio Marcello, nipote di Augusto. E per ora contentiamoci di questo sommarietto.

Dante stava ragionando così: "...Peraltro, se Dio, avversario d'ogni male, fu benigno con Enea, tanto la sua persona quanto la qualità del suo rango (*e 'l chi e 'l quale*) non sembreranno inadeguati a chi è dotato d'intelletto, solo che consideri gli esiti grandiosi delle sue gesta. Infatti egli era stato scelto nell'alto dei cieli a progenitore di Roma e del suo impero: della Roma imperiale cioè, designata, secondo verità, come sede santa *u' siede il successor del maggior Piero* ('u", forma ridotta del latino 'ubi', come 'où' francese vale 'dove': e dunque '*u' siede*' eccetera varrà 'dove risiede il successore del più grande dei Pietri': insomma, di san Pietro). Per quest'andata nell'oltretomba – stava dicendo Dante – che tu, Virgilio, gli accrediti a titolo di gloria (*onde li dai tu vanto*), Enea intese cose che propiziarono la sua vittoria nella guerra d'Italia, nonché – in prospettiva – il *papale ammanto* (alla lettera: 'i paramenti pontifici'; per traslato 'la potestà del papa romano')".

Dante incalza: "Andò poi nell'aldilà *lo vas d'elezïone* – «vas electionis», cioè 'ricettacolo della scelta di Dio' è detto san Paolo negli *Atti degli Apostoli* –, e vi andò per portare a noi certificato e incremento a quella fede che apre la via della salvezza. Ma io... io, a che titolo dovrei venirci? Chi mi autorizza? Non sono Enea, non sono Paolo, io. Né io, né altri mi considera degno di tanto. Per modo che, abbandonandomi all'avventura di questo viaggio, *temo che la venuta non sia folle*". Il costrutto solennemente latineggia; oggi a noi verrebbe detto: 'ho paura di fare il passo più lungo della gamba'. Ma l'aggettivo 'folle' – come vedremo – è parola-chiave dell'etica e dell'antropologia dantesca, perché designa tutto quanto si associa alla smodata fiducia dell'uomo nelle proprie capacità, o all'abbandono cieco alle passioni: il mondo di Dante è una fabbrica, l'inferno di Dante è un magazzino di follie...

Il povero pellegrino conclude trepidando: "Tu, Virgilio, che sei saggio, intendimi meglio di quanto io non riesca a esprimermi".

Il ragionamento di Dante non fa una piega: è un esempio di chiarezza e di misura oratoria. Vediamo di esaminarne i materiali, partendo dal fondo.

Quanto al viaggio in paradiso del «vas electionis», san Paolo lo registra con intrepido pudore nella *II Lettera ai Corinzi*, dove scrive, parlando di sé in terza persona: «So che quest'uomo, se col corpo o senza non lo so, lo sa Dio, fu rapito in paradiso e udì parole ineffabili, che uomo non può proferire (...). Di lui io mi vanterò, ma quanto a me, non mi vanterò che delle mie debolezze». Allo scopo di non farlo montare in superbia per la «grandezza delle rivelazioni» che versava in lui, il Signore aveva detto infatti all'apostolo: "Ti basta la mia grazia, perché la potenza si perfeziona nella debolezza". E l'apostolo soggiunge: «Ben volentieri dunque preferisco gloriarmi delle mie debolezze, affinché abiti in me la potenza di Cristo». Così Paolo si arrende ai paradossi della grazia. Per la verità l'apostolo non parla affatto di un viaggio agli inferi; ma leggende del Medioevo, cui pare Dante dia credito, integrano il volo celeste di Paolo con la favola di una sua visita all'inferno.

Altre leggende raccontano san Paolo in lacrime sulla tomba di Virgilio a Posillipo. Anche nella credenza popolare Virgilio è dunque cooptato in qualche modo all'epopea cristiana. E il fatto che cristiano non fosse, fa piangere i santi. Tuttavia è legittimo domandarsi: come mai un uomo dell'intelletto di Dante può credere alla verità storica della leggenda di Enea, al punto di aggiudicare al VI libro dell'*Eneide* lo stesso valore assoluto di testimonianza che per un cristiano compete alle sacre scritture?

Tentiamo una prima risposta, molto semplificata: nel nostro modo di pensare, che ci fa formulare questa stessa domanda, la nozione di verità è completamente assorbita da quella di realtà. Per noi la verità – quando non funge da funzione discorsiva della sincerità ("dimmi la verità!") – è una sanzione simbolica di ciò che chiamiamo con deferenza 'il Reale': sanzione, che peraltro non manca di insospettirci per una sua minacciosa pretesa all'assoluto. Dante e il suo tempo seguivano il procedimento inverso. La realtà non era che una delle possibili manifestazioni simboliche grazie alle quali l'uomo può intravedere, presentire la verità. Verità che è, in eterno, presente in Dio. E ogni opera attraversata dallo spirito di profezia è parola di verità.

Così l'*Eneide*, che prefigura l'avvento nel mondo della pace di Augusto, condizione indispensabile per l'avvento di Cristo – punto cruciale dell'ideologia dantesca, su cui torneremo cento volte –, appare a Dante attraversata dallo spirito di profezia, percorsa dal fiato di Dio. Allora il problema della realtà documentale dei fatti che Virgilio ci racconta non si pone nemmeno: essi sono reali, perché misteriosamente tracciati dalla verità.

Per Dante, dopotutto, gli stessi dèi del mito pagano non sono propriamente irreali. Sono «falsi e bugiardi», semmai. Tanto che, ove assunti in una scrittura visitata dalla verità, divengono emblemi, allusioni truccate, schegge pazze di verità. Come constateremo a partire dal canto prossimo; come per tutto l'*Inferno* non faremo che constatare.

Riepilogando: se san Paolo ed Enea si sono arresi alle arcane ingiunzioni della provvidenza, Dante si attarda in uno scrupolo. Potremmo formularlo così: 'che titoli ho io, povera anima in peccato, per meritare da Dio il doppio e sovrumano privilegio di traversare in carne ed ossa il regno dei morti, e di renderne poi testimonianza per iscritto? per assommare in me i contrassegni divini di Enea e di Virgilio, del santo rapito nei cieli e dell'apostolo che scrive ai Corinzi? Sono degno, io, di farmi pellegrino dell'eternità e poeta della verità, cioè strumento della profezia?'.

Scrupolo non da poco, tanto per il poeta quanto per il pellegrino.

E lo scrupolo sembra ormai sopraffare il pellegrino-poeta in quella *oscura costa* (è l'unico e vago indizio topografico di questo canto). Come colui che disvuole ciò che ha voluto, e per nuovi pensieri cambia proposito (*proposta*), tanto che rinuncia del tutto a quanto aveva intrapreso (*dal cominciar tutto si tolle*): così Dante s'era ridotto – dice –, perché nel pensiero aveva consumato, esaurito l'impresa *che fu nel cominciar cotanto tosta* (che aveva, insomma, affrontato con tanta precipitazione: dove 'tosta' dall'avverbio 'tosto' = 'sùbito', vale 'immediata', come il francese 'tôt').

Qui si dispiega, sontuosa e mossa, la risposta dell'ombra magnanima di Virgilio. Seguiamola: "Se ho ben capito quel che hai detto, la tua anima mi sembra menomata dalla viltà (*da viltade offesa*); viltà che spesso inceppa l'uomo fino a distoglierlo da un'impresa onorevole, come una percezione alterata inceppa le bestie quando si adombrano (*come falso veder bestia quand'ombra*). E perché tu *ti solve* (ti sciolga, ti affranchi) da questa paura, ti dirò per quale motivo io sono qui, e ciò che intesi nel punto in cui, per la prima volta, sentii pena di te (con dolcezza: *di te mi dolve*). *Io era tra color che son sospesi* (ero tra gli spiriti del Limbo, che oscillano – come presto vedremo – fra desiderio e disperazione), e lì mi chiamò una donna talmente beata e bella, che la pregai di impartirmi ordini. Splendevano i suoi occhi come splende lo stellato; e cominciò a parlarmi in modo pacato e soave, con voce angelica, *in sua favella*: '*O anima cortese mantoana, / di cui la fama ancor nel mondo dura, / e durerà quanto 'l mondo lontana, // l'amico mio, e non de la ventura, / ne la diserta piaggia è impedito / sì nel cammin, che volt'è per paura; // e temo che non sia già sì smarrito, / ch'io mi sia tardi al soccorso levata, / per quel ch'i' ho di lui nel cielo udito*'. E soggiunse: 'Ora muoviti, e aiutalo *con la tua parola ornata* e con quant'altro ti sembrerà necessario al suo scampo, per mia consolazione'...".

Decisamente, quest'anima celeste si esprime con la chiarezza degli angeli, e senza rinunciare alla più consumata perizia oratoria: l'esordio, che la retorica cataloga come «captatio benevolentiae», si lascia perfezionare dalla circostanza che, nell'indirizzarsi a Virgilio, la donna beata e bella gli usi la delicatezza di evocare qualche esametro dell'*Eneide*; mentre l'endecasillabo famoso con cui designa il nostro Dante come 'l'amico mio, e non de la ventura' (cioè: 'chi mi è stato amico vero, e non accidentale'), squisitamente richiama concetti caldeggiati da Brunetto Latini, maestro carissimo di Dante.

Ma c'è un'altra constatazione che sarà bene spremere dalla chiusa del prezioso indirizzo: la commissione celeste pare tutt'altro che rigida e circostanziata (*...or movi, e con la tua parola ornata / e con ciò c'ha mestieri al suo campare, / l'aiuta...*), a segno che l'idea del viaggio nell'oltremondo sembrerebbe dell'antico poeta, o, per lo meno, sembrerebbe infusagli direttamente dalla grazia, senza parole (d'altra parte, non diceva lui stesso il canto scorso: "...ond'io per lo tuo me' penso e discerno / che tu mi segui..."?): constatazione apprezzabile, per definire prerogative e responsabilità allegoriche di Virgilio. Vedremo meglio, assecondando il racconto fino al giardino dell'Eden.

Qui la beata donna si dichiara: "*I' son Beatrice che ti faccio andare; / vegno del loco ove tornar disio; / amor mi mosse, che mi fa parlare*".

Sì, è lei – non lo sapevi? –: è la famosa Beatrice, figlia (parrebbe) di tal Folco Portinari, moglie (forse) di tal Simone di Geri dei Bardi banchiere, morta a ventiquattro anni nel 1290.

Parrebbe, forse... Sebbene intorno al suo nome e alla sua persona amatissima ruoti, come sanno tutti, tutta l'opera di Dante Alighieri, almeno a datare dalla *Vita Nova*, sulla consistenza anagrafica di Beatrice più d'un dubbio è stato sollevato fin dai tempi del Boccaccio e di Pietro, figlio e buon chiosatore di Dante. E proprio la sovrannaturale caratura emblematica che il poeta innamorato le assegna, prima in questo, poi nell'altro mondo; l'intreccio di cifre simboliche in cui irretisce la sua breve esistenza; il suo nome stesso, così madornalmente beatifico, hanno indotto cultori accaniti dell'esoterismo dantesco ma anche medievisti di primissimo rango a propugnare la tesi che questa Beatrice personifichi da sempre una complessa sindrome allegorica, senza esser mai oggettivamente esistita.

Farraginosa semplificazione. D'accordo: non è possibile farsi una ragione delle mansioni che la beata Beatrice svolge in questo preambolo d'*Inferno*, né d'altronde di quelle che svolge Virgilio dal canto scorso, insomma capire che diavolo ci facciano questi due nel libro che stiamo leggendo, senza ragionarne le distinte prerogative mistico-allegoriche. Infatti sull'argomento torneremo spessissimo, ora con una mezza precisazione, ora con un dubbio intero. Tuttavia, a mio sommesso ma fermissimo avviso – convinto come sono che alla *Divina Commedia* vada lasciata la sua irredenta ambiguità –, né Beatrice né Virgilio si esauriscono nell'espletamento dei loro mansionari sublimi, anche se spesso ne figurano oberati, e incidentalmente cancellati perfino.

Beatrice, insomma, non è mero soprannome della Fede che illumina la Ragione, o della Teologia, o della Scienza della Rivelazione, o della Grazia Cooperante: è, prima, l'anima santa della giovane gentildonna che Dante aveva amato con infinito tremore e sgomento. Questo vuol farci credere il poeta, e non c'è l'ultima delle ragioni per non credere ai poeti. E così Virgilio non sarà uno pseudonimo di comodo della Ragione Naturale sottomessa alla Fede, o della Filosofia, o dello Stile Tragico, perché continua a essere, prima di tutto, l'antico saggio che Dante aveva amato con devozione e ardore infiniti. Lui è nato a Mantova, lei a Firenze. L'esser morti entrambi, lei da dieci anni, lui da milletrecentodiciotto, rende più labili le loro immagini, ma più integre e vere le loro persone. Esistono ora, nell'oltremondo, con una concentrazione di identità che a nessuno è data su questa terra.

E parlano fra loro.

In sua favella (forse, cioè, non tanto 'nel metalinguaggio d'un simbolo personificato', quanto 'con la sua lieve calata fiorentina') Beatrice ha concluso formulando una promessa di sovrumana gentilezza: "Quando sarò davanti al mio signore, *di te mi loderò sovente a lui*".

E Virgilio prende la parola: "*O donna di virtù, sola per cui*... o signora di quella virtù che, sola, consente al genere umano di eccedere tutto quanto è contenuto (*contento*) sotto il cielo della luna (che è quello di minor circonferenza: *c'ha minor li cerchi sui*), tanto il tuo ordine mi è gradito che, se subito ti ubbidissi, mi parrebbe di farlo in ritardo. *Più non t'è uo' ch'aprirmi il tuo talento* ('t'è uo", latino 'tibi opus est', con troncamento di 'uopo'): insomma, non hai che da esprimermi i tuoi desideri".

Nell'arte di captar benevolenza Virgilio non è secondo nemmeno ai santi. Capta, e poi, previa avversativa di rispetto, chiede: "*Ma dimmi*, come mai non ti pèriti di scendere dagli ampi spazi del cielo empireo, dove ardentemente desideri tornare, quaggiù *in questo centro?*" (se la terra, nell'immagine aristotelico-tolemaica, è il nocciolo dell'universo, l'inferno è il centro cavo e buio del nocciolo). Avremmo detto noi: 'ma chi te l'ha fatto fare?'.

Non facile, definire con esattezza da vocabolario il senso della 'virtù' di cui Virgilio accredita a Beatrice la signoria. Qui basterà ricordare che nella *Vita Nova* Beatrice è data per «regina de le virtudi».

D'altronde è stato opportunamente osservato come, nel lessico dello Stilnovo e – verosimilmente – di questo canto, 'virtù' figuri in antagonismo con 'viltade'. Varrà allora, più o meno, questa virtù, l''*ardire*' e la '*franchezza*' che Virgilio ingiunge sul finire del canto a Dante pellegrino, insomma quel 'coraggio morale' che consente alla creatura-uomo di eccedere la condizione terrena; che lo fa testimone intrepido del creatore, recipiente della grazia; e che, fino a questo punto, al pellegrino Dante, «da viltade offeso», sembra far difetto.

La risposta di Beatrice è così soave e piana che quasi non pretende delucidazioni. Visto che Virgilio vuole addentrarsi nella questione, la santa donna esordisce spiegandogli brevemente e in termini generali perché non ha avuto la minima paura di scendere nell'inferno: solo le cose che ci possono nuocere ci spaventano; le altre, perché dovrebbero? E lei, per grazia di Dio, è in una condizione in cui la miseria delle anime perse non la sfiora (*non* la *tange*), ed è immune dal fuoco dell'inferno. Indi trascorre a narrare da chi e come le è stato trasmesso il mandato di prestare soccorso al poeta-peccatore impedito ai margini della selva oscura.

Dunque, in cielo, una donna gentile (è manifestamente la vergine Maria, ma Beatrice non fa il nome), la quale tanto si accora (*si compiange*) di quell'impedimento, da adoperarsi a mitigare il rigore del giudizio di Dio, ha convocato santa Lucia e le ha detto: "Un tuo fedele ha bisogno di te. Te lo affido".

Ma Beatrice come lo sa? Evidentemente santa Lucia glielo ha riferito.

Il racconto scorre più soave e piano che mai, ma tu rifletti un attimo alla incredibile sofisticazione del congegno narrativo: Dante, insomma, ci sta dicendo che in un'oscura costa Virgilio gli ha detto, che nel limbo Beatrice gli ha detto, che nell'alto dei cieli Lucia le ha detto, che la Madonna le ha detto di correre in soccorso di Dante... Oh, scatola cinese della grazia!

Che poi il poeta sia *fedele* di Lucia, martire siracusana accecata dai suoi aguzzini e protettrice della vista, a causa del mal d'occhi che lui lamenta nel *Convivio* – una blefarite cronica, a quanto pare – ...be', è possibile, ma non indispensabile.

E Lucia, *nemica di ciascun crudele* ('crudele' sostantivato per 'crudeltà'), insomma la pietosissima Lucia raggiunge Beatrice che siede in paradiso accanto a Rachele, alla contemplativa Rachele, moglie di Giacobbe, e la esorta a soccorrere chi la ha tanto amata e, ispirato da lei, si è distinto dalla gente volgare. "*Non odi tu* l'angoscia del suo pianto? *Non vedi tu* (iterazione retorica) la morte con cui sta combattendo *su la fiumana ove 'l mar non ha vanto?*".

La dotta e recente ipotesi che in questo vessatissimo endecasillabo legge – sulla scorta di un grande mistico parigino – l'immagine del fiume della vita umana che, reso alluvionale dalle bramosie del mondo, gettandosi nel mare dell'eternità fa gorgo di dannazione, non ne attenua la prodigiosa oscurità.

"Nessuno al mondo", conclude Beatrice, "è stato così pronto a seguire il proprio vantaggio e a fuggire il proprio danno, come fui io, ascoltate quelle parole, a volare quaggiù dal mio seggio beato, fiduciosa nel tuo *parlare onesto* (appunto, nella tua nobile eloquenza), che fa onore a te e a chi ti ascolta".

Detto questo, gli occhi della beata Beatrice si colmano di lacrime... Stimolo in più per Virgilio a precipitarsi nella piaggia deserta, e sottrarre Dante alla minaccia della lupa che gli ostruisce la scorciatoia per salire al bel monte (il *corto andar*, ricordi?).

"*Perché, perché*", prorompe l'antico saggio, "esiti ancora? *Perché* (e tre) ti compiaci di accogliere nel cuore tanta viltà? *Perché* (e quattro) ardire e franchezza non hai? Non ti basta che quelle tre donne benedette si prendano cura di te nella corte del cielo, e che la mia eloquenza ti prometta un premio così grande?".

È chiaro che il protocollo celeste, di cui Virgilio dà minuziosamente conto a Dante, nasconde un sovrasenso allegorico.

Per quanto uno propenda a dar credito alla consistenza biografica di Beatrice, ricuserà comunque di pensare che «l'amor che l'ha mossa» coincida con un suo penchant per «l'uomo che, dopotutto, le ha voluto tanto bene», e che quell'ipotetico penchant basti a spiegare tutta questa mobilitazione di energie salvifiche.

Secondo l'interpretazione più largamente accreditata, le tre donne del cielo significherebbero qui tre livelli della grazia divina: Beatrice, che la santa di Siracusa interpella '*loda di Dio vera*' (insomma, 'testimonianza autentica della gloria di Dio'), varrebbe per allegoria la grazia cooperante; Lucia, accecata per testimonianza di fede, la grazia illuminante; Maria, la grazia preveniente, cioè la grazia che «liberamente al dimandar precorre» – come sarà detto nell'alto dei cieli –, che, insomma, anticipa spontaneamente le preghiere dei peccatori.

Questioni – e sarà bene ripeterlo – tutt'altro che accessorie nell'immaginazione culturale di Dante. E tuttavia Beatrice, la sua figura, le sue parole, conservano il barbaglio della preziosa stilizzazione con cui l'amico suo l'aveva sublimata nel famoso libretto dove, alle soglie della trentina, aveva esposto in versi e prose elegantemente enigmatici la fragile e portentosa storia del suo amore per quella benedetta, e la morte di lei... certo, nella *Vita Nova*.

Preziosa e stilizzata è l'immagine con cui Dante disegna ora il sollievo che il resoconto di Virgilio gli procura: figurazione non meno famosa che mirabile d'una convalescenza dell'anima: «*Quali fioretti dal notturno gelo / chinati e chiusi, poi che 'l sol li 'mbianca, / si drizzan tutti aperti in loro stelo...*».

Il pellegrino ha capito che l'investitura della grazia legittima di per sé il privilegio sovrumano cui è stato convocato, e che non c'è nessun bisogno di giustificarlo, quel privilegio, di fronte alla pedanteria della ragione. E l'entusiasmo lo trascina. Pietosa Beatrice a prendersi pena di lui; cortese Virgilio ad ubbidirla subito. Le parole che ha appena ascoltato lo han restituito al suo proposito iniziale. E ora è lui che esorta la guida a mettersi in cammino, infilando euforicamente tre 'tu' (*tu duca, tu segnore e tu maestro*) in un verso che sigla questo canto della Retorica Celeste con l'ennesima replica della figura retorica della «replicatio».

Dopodiché, sulle orme di Virgilio, si avvia per l'itinerario arduo e tremendo che gli è stato promesso, con una determinazione e una baldezza di cui non c'era davvero traccia nella chiusa del primo canto. Trottiamogli dietro.

Lo giorno se n'andava, e l'aere bruno
toglieva li animai che sono in terra
da le fatiche loro; e io sol uno
m'apparecchiava a sostener la guerra
sì del cammino e sì de la pietate,
che ritrarrà la mente che non erra.
O muse, o alto ingegno, or m'aiutate;
o mente che scrivesti ciò ch'io vidi,
qui si parrà la tua nobilitate.
Io cominciai: "Poeta che mi guidi,
guarda la mia virtù s'ell'è possente,
prima ch'a l'alto passo tu mi fidi.
Tu dici che di Silvio il parente,
corruttibile ancora, ad immortale
secolo andò, e fu sensibilmente.
Però, se l'avversario d'ogne male
cortese i fu, pensando l'alto effetto
ch'uscir dovea di lui, e 'l chi e 'l quale
non pare indegno ad omo d'intelletto:
ch'e' fu de l'alma Roma e di suo impero
ne l'empireo ciel per padre eletto:
la quale e 'l quale, a voler dir lo vero,
fu stabilita per lo loco santo
u' siede il successor del maggior Piero.
Per quest'andata onde li dai tu vanto,
intese cose che furon cagione
di sua vittoria e del papale ammanto.
Andovvi poi lo Vas d'elezïone,
per recarne conforto a quella fede
ch'è principio a la via di salvazione.
Ma io, perché venirvi? o chi 'l concede?
Io non Enea, io non Paulo sono;
me degno a ciò né io né altri 'l crede.

Per che, se del venire io m'abbandono,
temo che la venuta non sia folle.
Se' savio: intendi me' ch'i' non ragiono".
E qual è quei che disvuol ciò che volle
e per novi pensier cangia proposta,
sì che dal cominciar tutto si tolle,
tal mi fec'ïo 'n quella oscura costa,
perché, pensando, consumai la 'mpresa
che fu nel cominciar cotanto tosta.
"S'i' ho ben la parola tua intesa",
rispuose del magnanimo quell'ombra,
"l'anima tua è da viltade offesa;
la qual molte fïate l'omo ingombra
sì che d'onrata impresa lo rivolve,
come falso veder bestia quand'ombra.
Da questa tema a ciò che tu ti solve,
dirotti perch'io venni e quel ch'io 'ntesi
nel primo punto che di te mi dolve.
Io era tra color che son sospesi,
e donna mi chiamò beata e bella,
tal che di comandare io la richiesi.
Lucevan li occhi suoi più che la stella;
e cominciommi a dir soave e piana,
con angelica voce, in sua favella:
'O anima cortese mantoana,
di cui la fama ancor nel mondo dura
e durerà quanto 'l mondo lontana,
l'amico mio, e non de la ventura,
ne la diserta piaggia è impedito
sì nel cammin, che vòlt'è per paura;
e temo che non sia già sì smarrito,
ch'io mi sia tardi al soccorso levata,
per quel ch'i' ho di lui nel cielo udito.

Or movi, e con la tua parola ornata
e con ciò c'ha mestieri al suo campare,
l'aiuta sì ch'i' ne sia consolata.
I' son Beatrice che ti faccio andare;
vegno del loco ove tornar disio;
amor mi mosse, che mi fa parlare.
Quando sarò dinanzi al segnor mio,
di te mi loderò sovente a lui'.
Tacette allora, e poi comincia'io:
'O donna di virtù, sola per cui
l'umana spezie eccede ogne contento
di quel ciel c'ha minor li cerchi sui,
tanto m'aggrada il tuo comandamento,
che l'ubidir, se già fosse, m'è tardi;
più non t'è uo' ch'aprirmi il tuo talento.
Ma dimmi la cagion che non ti guardi
de lo scender qua giuso in questo centro
de l'ampio loco ove tornar tu ardi'.
'Da che tu vuo' saver cotanto a dentro,
dirotti brievemente', mi rispuose,
'perch'i' non temo di venir qua entro.
Temer si dee di sole quelle cose
c'hanno potenza di fare altrui male:
de l'altre no, ché non son paurose.
I' son fatta da Dio, sua mercé, tale,
che la vostra miseria non mi tange,
né fiamma d'esto 'ncendio non m'assale.
Donna è gentil nel ciel che si compiange
di questo 'mpedimento ov'io ti mando,
sì che duro giudicio là sù frange.
Questa chiese Lucia in suo dimando
e disse: – Or ha bisogno il tuo fedele
di te, e io a te lo raccomando –.

Lucia, nimica di ciascun crudele,
si mosse, e venne al loco dov'i'era,
che mi sedea con l'antica Rachele.

Disse: – Beatrice, loda di Dio vera,
ché non soccorri quei che t'amò tanto,
ch'uscì per te de la volgare schiera?

Non odi tu la pieta del suo pianto,
non vedi tu la morte che 'l combatte
su la fiumana ove 'l mar non ha vanto? –.

Al mondo non fur mai persone ratte
a far lor pro o a fuggir lor danno,
com'io, dopo cotai parole fatte,

venni qua giù del mio beato scanno,
fidandomi del tuo parlare onesto,
ch'onora te e quei ch'udito l'hanno'.

Poscia che m'ebbe ragionato questo,
li occhi lucenti lagrimando volse,
per che mi fece del venir più presto.

E venni a te così com'ella volse:
d'inanzi a quella fiera ti levai
che del bel monte il corto andar ti tolse.

Dunque: che è? perché, perché restai,
perché tanta viltà nel core allette,
perché ardire e franchezza non hai,

poscia che tai tre donne benedette
curan di te ne la corte del cielo,
e 'l mio parlar tanto ben ti promette?".

Quali fioretti dal notturno gelo
chinati e chiusi, poi che 'l sol li 'mbianca,
si drizzan tutti aperti in loro stelo,

tal mi fec'io di mia virtude stanca,
e tanto buono ardire al cor mi corse,
ch'i' cominciai come persona franca:

“Oh pietosa colei che mi soccorse!
e te cortese ch’ubidisti tosto
a le vere parole che ti porse!
Tu m’hai con disiderio il cor disposto
sì al venir con le parole tue,
ch’i’ son tornato nel primo proposto.
Or va, ch’un sol volere è d’ambedue:
tu duca, tu segnore e tu maestro”.
Così li dissi; e poi che mosso fue,
intrai per lo cammino alto e silvestro.

III

Usava nel Medioevo che le città vantassero le proprie prerogative in versi scalpellati sull'architrave d'una porta della cinta muraria. Un'epigrafe del genere sormonta anche il portone largo, vorace e senza battenti dell'inferno. Tre terzine tremende e memorabili. Prima di rileggerle, però, vediamo un momento che cos'è questa terzina.

La terzina o «terza rima» è una strofa che si è inventato Dante Alighieri appositamente per scrivere la *Commedia* (proposizione un po' troppo semplice, ma sarà bene contentarsene): strofa che consta appunto di tre versi endecasillabi, rimati secondo lo schema ABA (*per me si va ne la città dol**ente**, / per me si va ne l'etterno dol**ore**, / per me si va tra la perduta g**ente**...* ente - ore - ente: ABA). Facile, no? Senonché, la terzina successiva rimerà il primo e il terzo verso con il secondo della precedente continuando ad assegnare al verso centrale una rima nuova (avevamo *dol**ore***, avremo *fatt**ore*** - *podest**ate*** - *am**ore***; poi, di seguito: *cre**ate*** - *d**uro*** - *intr**ate***, ecc.). Insomma, una terzina non è una terzina se non produce un'altra terzina; la quale a sua volta, per essere terzina, è tenuta a produrne una terza: BCB, CDC, DED... e via che vai, fino all'ultima terzina del canto (qui fa: *la terra lagrimosa diede v**ento**, / che balenò una luce verm**iglia**, / la qual mi vinse ciascun sentim**ento***): terzina tamponata da un verso scempio (gli antichi dicevano «rilevato»), che naturalmente s'accoppia con l'ultimo verso interno (*...vermiglia - e caddi come l'uom cui sonno piglia*). Senza quest'espediente del verso scempio, la serie delle terzine sarebbe perpetua. Che la terzina alluda in qualche modo all'eternità?

Credono i cristiani – ma, per la verità, non soltanto loro – che nel numero tre l'unità di Dio viva in eterno l'atto della creazione.

Nella *Vita Nova*, Dante aveva scritto che «lo fattore per se medesimo de li miracoli è tre»; e – deducendo da una serie di dotti riscontri numerali operati sulla data di morte di Beatrice «ch'ella era uno nove, cioè uno miracolo, la cui radice è solamente la mirabile Trinitade» – aveva adombrato la pia certezza che nei multipli del tre il Creatore uno e trino si manifesti misteriosamente alle sue creature attraverso le sue creature. Ora distribuisce il poema sacro in tre cantiche, di trentatré canti ciascuna (il primo dell'*Inferno* facciamo conto che sia soprannumerario)... canti scanditi a loro volta in strofe di tre endecasillabi, per un totale di trentatré sillabe a strofa, con rime ripetute tre volte. Forse sì: l'inesauribile fecondità della terzina allude alla presenza perpetua dell'atto della creazione nel mondo creato, del tempo dell'Eterno nel tempo effimero e dirotto delle nostre vite. D'altra parte, sarà bene ricordare come per Dante il numero tre assolva anche a basilari funzioni filosofiche, fondando tanto il modello del sillogismo (premessa maggiore - premessa minore - conclusione), quanto la cellula del discorso dialettico (tesi - antitesi - sintesi). E via dicendo...

Ma per ora basta così. In paradiso ne riparleremo. Ora andiamo all'inferno!

Cioè, diciamo, nella *città dolente*. Dove 'città', sullo stampo del latino 'civitas', varrà 'stato, comunità stabilmente insediata su un dato territorio'; e in antitesi alla 'città di Dio', regno della beatitudine, questa 'città dolente' sarà il regno della pena e del lamento (per indicare il territorio urbano che oggi chiamiamo, appunto, 'città' Dante userà di preferenza il termine 'terra', spesso 'villa' alla francese, e talora anche 'città'...).

Le *parole di colore oscuro*, che Dante legge sulla porta dell'inferno, non richiedono troppi chiarimenti: sono infatti tenebrose, minacciose, forse anche materialmente scritte col fiele dei diavoli (come vorrebbe una vecchia fantasia), ma non sono affatto difficili da decifrare.

È chiaro che l'*'alto fattore'*, il sommo architetto mosso da giustizia a progettare la porta e il baratro sottostante, è Dio. Come chiarissimo era ai primi lettori che *'divina podestate'*, *'somma sapïenza'* e *'primo amore'*, che realizzarono il progetto, sono i tre attributi di Dio nelle tre persone del Padre, del Figlio e dello Spirito Santo, come accennavamo – se ricordi – a margine della profezia del veltro. Riecco, al centro delle tre terzine della funesta iscrizione, troneggiare «la mirabile Trinitade».

Ora, secondo la tradizione cosmogonica ebraico-cristiana – che Dante, come constateremo sul fondo dell'abisso, accoglie e non accoglie – l'inferno è un cratere aperto nell'informe impasto della terra dall'urto di Lucifero e del suo codazzo d'angeli ribelli, quando il Signore li scaraventò giù dal cielo (aperto, e poi risoffittato dalla crosta terrestre): evento che, a rigore – anche questo vedremo –, dovrebbe precedere la creazione di ogni forma vivente, e quindi destinata a morire. Dunque, dice bene la porta: *'dinanzi a me non fuor cose create / se non etterne, e io etterno duro'*, purché all'aggettivo 'etterne' si dia qui il valore restrittivo di 'destinate all'eternità ma generate nel tempo', insomma 'imperiture'... valore che aveva nel latino dei classici e dei Padri della Chiesa. D'altronde, anche l'uso avverbiale di 'etterno' è latinismo ('etterno duro' vale 'duro in perpetuo').

Compitata la nera epigrafe, Dante confessa al maestro che il significato di quelle parole, specie delle ultime e inappellabili (*lasciate ogne speranza, voi ch'intrate*), lo colpisce e lo angustia: "*Maestro*", dice, "*il senso lor m'è duro*".

E Virgilio, con accortezza: "Qui tu devi lasciare ogni *sospetto*, diciamo 'ogni titubanza' (ricorda che nella radice latina di 'sospetto', 'suspicio', 'dubbio, diffidenza e paura' si assommano a 'soggezione'). Non c'è più tempo per la *viltà*. Ormai siamo venuti nel luogo dove – come ti dicevo – tu vedrai le turbe dolenti di quelli che hanno perduto *il ben de l'intelletto*, cioè (più o meno) la percezione, la fruizione della verità".

Ciò detto, con un viso sereno che rasserena Dante, il maestro lo prende per mano, e lo introduce nel mondo occulto, remoto, segregato delle anime dannate: *mi mise dentro a le segrete cose*; e 'segrete' per 'segregate' è ancora un latinismo...

Qui propriamente si avvia il lungo viaggio d'iniziazione di Dante nei tre regni dei morti.

Di norma, la lingua della *Commedia* – come notissimo e anche fisiologico – aderisce all'impronta latina molto più della lingua che parliamo noi. Ma in questo canto i ricalchi sono eccezionalmente frequenti e marcati. Come mai?

Fatto è, che forse in nessun altro canto come in questo (e nel successivo) Dante si tiene tanto addossato al suo Virgilio. Non si contano i versi che meriterebbero di esser letti con il testo del VI libro dell'*Eneide* a fronte. Meriterebbero: infatti le variazioni che Dante apporta nel travaso da lingua a lingua, da cultura a cultura, minime spesso, sono sempre, comunque, decisive. Un esempio.

Rasentando il triplice bastione del Tartaro – ne parlavamo in margine al secondo canto –, Enea aveva ascoltato levarsi dall'inaccessibile città degli empi sibilo di staffili, stridore di ferri, strascinìo di catene. Naturalmente non vedeva nulla, perché la cinta di mura e le fiamme del fiume che la lambisce gli ostruivano completamente la visuale. E ristava, l'eroe in armi, statuario nel raccapriccio.

Dante-poeta travasa e varia. Come Enea a ridosso del Tartaro, nemmeno Dante-pellegrino, a tutta prima, vede. Ma ad impedirgli di vedere non è un muro che lo taglia fuori: è *l'aere sanza stelle*, è *l'aura sanza tempo tinta* (nera sempre, senza vicenda di giorno e notte), è la tenebra dell'immane androne rimbombante in cui s'è cacciato. Il pellegrino è immerso nella propria cecità. E la bagna di lacrime, a tutta prima. È sgomento, frastornato dallo sgomento (ha *d'error la testa cinta*), non è atterrito. Infatti non sta ascoltando il raccapricciante repertorio acustico del penitenziario infernale di Virgilio, ma voci, solo suoni di bocche umane: sospiri, pianti, grida stridule e lamentose come guaìti (*alti guai*); e poi, quasi sabbia che turbina nel vento, lingue discordi, pronunce contraffatte, parole di dolore, accenti d'ira, voci alte e fioche, mescolate allo schiocco delle mani (il famoso «suon di manconèlle» del dizionario liceale). Polifonia sgangherata della dannazione.

Dalla turba dei dannati che ondeggia nel buio non s'alzano due voci che s'accordino. Ognuno soffre per sé. La solitudine è l'estrema sanzione della pena. Ma nessuna paratìa di pietra o di fuoco, nessun raccapriccio statuario tagliano fuori Dante-pellegrino dalla indistinta baraonda di tante solitudini dannate: ormai tagliato *dentro a le segrete cose*, al mondo della segregazione infernale, la sua stessa cieca solitudine di peccatore lo commuove e lo sopraffà. E si appella a Virgilio, riassumendo all'osso l'appello del suo Enea alla Sibilla: "*Maestro*, che è quel che sento? La folla che sembra così arresa al dolore… chi sono?".

E Virgilio: "Questo è il *misero modo* che tengono le anime sordide di coloro che vissero senza meritarsi né infamia né lode": e 'misero modo' varrà 'contegno miserabile', ma io non escluderei che col termine 'modo' – che nella polifonia del Duecento sta per 'schema ritmico' – Virgilio si riferisca specificamente al comportamento vocale dei dannati: peraltro l'unico che, al momento, lui e Dante siano in grado di avvertire.

Si tratta della moltitudine sterminata degli Ignavi: di quanti, cioè, per apatia e viltà, non hanno mai preso partito, rischiato una scelta; e che ora, nelle tenebre, si mescolano al cattivo coro (*coro*, appunto) degli angeli che, all'atto della rivolta di Lucifero, non si schierarono né con i ribelli né con l'armata di Dio, *ma per sé fuoro*: si appartarono, cioè, nel loro imbelle egoismo. I cieli li bandiscono per non macchiare la propria bellezza; e nemmeno il fondo dell'inferno li ospita, ché le anime dell'abisso potrebbero dal confronto con loro trarre *alcuna gloria*, cioè qualche argomento di vanto.

Di questa storia degli angeli neutrali non è cenno nelle Scritture, e nemmeno nella letteratura edificante. Dove mai Dante l'abbia pescata, se sulle pagine d'un Dottore della Chiesa alessandrino o in un romanzo popolare di sacre avventure, non si sa bene. Si potrà tuttalpiù ipotizzare che, nella sua faziosità magnanima, non abbia sacrificato allo scrupolo teologico l'occasione di sanzionare biblicamente l'infamia degli Ignavi di questo mondo, associandola alla turpitudine assoluta di questi angeli vigliacchi.

"*Maestro*", smania Dante (è la terza volta che attacca con 'Maestro'), "cos'è che tanto li opprime, da farli lamentare così forte?".

Virgilio taglia corto: "Te lo spiego in due parole: questi nemmeno nella morte hanno da sperare...". Ma in quale morte? nell'annientamento della «seconda morte» – ricordi? –, o nella perfetta dannazione del profondo inferno? "...D'altronde – continua a tagliar corto Virgilio – la loro cieca esistenza è così infima, che non c'è destino che non invìdino. Della loro memoria il mondo non porta traccia. Non solo la pietà, ma anche la giustizia di Dio se ne disinteressa. *Non ragioniam di lor, ma guarda e passa*".

E Dante passa. E guarda. E riguarda, finché gli occhi, abituatisi al buio, cominciano a decifrarlo. E vede ora un'insegna che mulinando vola via così rapida, che a lui sembra incapace (*in-*

degna) d'una qualsiasi tregua: che, insomma, ferma, lui non riesce nemmeno a immaginarsela. E dietro a quella insegna (insomma a quello straccio di bandiera, emblema del «prender partito», cui si son sottratti in vita questi vigliacchi)... dietro a quella insegna si affanna *sì lunga tratta*, una tale sfilza di gente, che Dante confessa non avrebbe mai creduto che la morte ne avesse liquidata tanta.

Infinita è la turba anonima dei vili. Tuttavia, Dante ora qualcuno comincia a riconoscere... Finché vede e individua *l'ombra di colui / che fece per viltade il gran rifiuto*.

Chi sia quest'anima dannata – la prima che il pellegrino mette a fuoco –, non si può dire con certezza assoluta. Ma se il poeta ce la addita così, senza nominarla, è ragionevole supporre si tratti di quella d'un suo contemporaneo famoso; e che questo «gran rifiuto» sia contrassegno sufficiente per mettere i lettori dell'epoca in grado di individuarlo. Dal canto loro, i commentatori più antichi si pronunciano generalmente, se pure con qualche titubanza, per papa Celestino V, al secolo Pietro del Morrone. Chi era?

Basterà procurarsi, in qualsiasi edicola della Città del Vaticano, il dépliant con i medaglioncini dei Sommi Pontefici Romani, per leggere sotto la barba bianca del duecentesimosecondo la didascalia seguente: «San Celestino V. Nato ad Isernia. Eletto il 29.8.1294, morto il 19.5.1296. Uomo di eccezionale rettitudine e semplicità, resosi conto di essere uno strumento in mano ai potenti di quel torbido Medioevo, rinunziò al pontificato». L'essenziale!

Senonché, nella didascalia del papa successivo, Bonifacio VIII, al secolo Benedetto Caetani, molto lodato per aver istituito l'Anno Santo e per diverse altre benemerenze, è omessa la notizia che fu lui – potentissimo fra i potenti di quel torbido – ...che fu proprio lui a istigare Celestino all'abdicazione, dopo nemmeno quattro mesi di pontificato. Ai tempi della *Commedia*, però, lo sapevano tutti. E correva anche voce che, per impressionare il povero papa del Molise, il cardinal Caetani usasse presentarglisi in capo al letto, travestito da angelo, soffiando trucemente in una tromba. Era poi di pubblico dominio che, dopo l'abdicazione, ne avesse accelerato la morte, relegandolo a soggiorno obbligato in una rocca della Ciociaria.

Di fatto, modalità e conseguenze delle dimissioni di papa Celestino avevano messo a subbuglio la cristianità, ed erano destinate a lasciare nei decenni uno strascico di furiose vertenze giuridiche e dottrinali. Perché? Perché, di fatto, sul papato di quel dimesso e pio eremita avevano puntato tutti quanti contestavano il primato politico dei papi sui popoli e sui regni della terra, e sognavano il ritorno della Chiesa all'essenziale povertà evangelica. In prima fila, gli ardenti «fraticelli spirituali», che – Celestino consenziente – s'erano appena scissi dall'ordine francescano, inquinatosi in pochi decenni di opulenza e di arroganza; e che, a cose fatte, proclamarono «papa Bonifacio non esser papa», e «tutti quelli che per papa lo obbediscono, essere sinagoga di Satana».

Giudizi, che Dante Alighieri condivideva nella sostanza. Vero, che Celestino sarà canonizzato nel 1313, e che il poeta, prima di licenziare la *Commedia*, l'avrà pur saputo. Ma avrà anche saputo che a canonizzarlo, e per motivi non illibatissimi, era stato papa Clemente V de Got, dietro pressione di re Filippo il Bello di Francia: due tipi che – come avremo occasione di constatare – il nostro magnanimo fazioso detestava non meno di Bonifacio, e disprezzava di più. D'altronde, l'elezione di papa Caetani, brigata con la frode e l'intimidazione, e dalla quale, secondo Dante, procedevano tutte le recenti sciagure per la Chiesa, per l'Italia, per Firenze e per lui di persona, era – anche secondo lui – usurpatoria, se non proprio canonicamente nulla. Dunque, avrà valutato le dimissioni di Pietro del

Morrone un evento catastrofico sotto il profilo istituzionale e, sotto il profilo morale, l'inammissibile e spropositato atto di viltà di chi si sottrae all'appello della grazia. Più «gran rifiuto» di così!...

Sotto questo profilo – e sarà bene segnalare fin dal vestibolo d'inferno che non c'è peccato punito nell'abisso, o risarcito sulle coste del monte Purgatorio, che non interferisca, in un modo o nell'altro, con l'esperienza morale di Dante-pellegrino, e non concorra a purificarla – ...sotto questo profilo forse non sarà futile evocare la riluttanza a investirsi dei privilegi della grazia che il pellegrino-peccatore – come ricorderai – segnalava a Virgilio il canto scorso, e magari siglarla con la formula mnemonica di «piccolo rifiuto».

In tutti i casi, fosse proprio il povero Celestino, o non piuttosto – come qualche dotto pretende – Diocleziano, Esaù, Ponzio Pilato, o chi per essi, certo è che, come Dante lo riconosce, subito (*incontanente*) e senz'ombra di dubbio prende atto trattarsi della setta delle anime succubi e vili (i *cattivi*: etimologicamente 'i prigionieri [del diavolo]'), che fanno ribrezzo tanto a Dio quanto ai suoi nemici.

L'esasperazione gli aguzza la vista. E rincara compiaciuto: «questi disgraziati, che non hanno avuto il coraggio e la dignità di vivere, erano tutti nudi, e mosconi e vespe a sciami li pungolavano, molto li pungolavano, e rigavano le loro facce di sangue, sangue che si mescolava alle lacrime e colava giù fino ai piedi, dove un tappeto di vermi se ne imbeveva».

Sinistra, la congruenza fra colpa e pena ('contrapassum' nel latino di Tommaso d'Aquino, 'contrapasso' nell'italiano di Dante): refrattari in vita agli stimoli della passione morale e ai rischi della scelta, questi senza-bandiera son dannati per l'eternità a galoppare freneticamente dietro un qualsiasi straccio al vento (ma c'è chi per l'insegna ha pensato perfino alla croce di Cristo), pungolati e torturati da insettacci, sdrucciolando su un macabro tappeto di vermi: schifosamente morti, loro «che mai non fur vivi».

Anche se sul contrapasso e sulle sue tipologie torneremo spesso a ragionare nel corso del viaggio per i primi due regni dei morti, sarà bene a questo punto dir quattro parole sui termini generali del problema.

La dantistica ama distinguere netto fra «contrapasso per analogia» (ripetizione perpetua del proprio peccato o, meglio, d'una sorta di parodia allegorica del proprio peccato) e «contrapasso per contrasto o antitesi» (ripetizione perpetua di un comportamento iperbolicamente opposto a quello praticato peccando). Nel caso nostro – il primo della serie – è più che ragionevole optare per il secondo tipo (contrapasso per antitesi).

Ma tanto vale tu sappia subito che non sempre le cose si presenteranno con altrettanta evidenza. Consigliabile, non incaponirsi troppo su questa discriminazione tipologica, che tanto più ha affaticato i chiosatori, quanto meno la sbalorditiva fantasia morale di Dante sembra preoccuparsene.

Ragiona, amico mio: la legge del taglione, che, con le sue ascendenze nella dottrina veterotestamentaria e le sue applicazioni nella giurisprudenza – diciamo così – «barbarica», fonda il principio etico-giuridico del contrapasso, e si compendia nella ben nota formula «occhio per occhio, dente per dente», non integra perfettamente i due tipi? È abbastanza «analogica», in quanto a occhio corrisponde occhio; ma in quanto l'occhio che hai cavato tu è di un altro, e quello che, per ritorsione, ti cavano è tuo, si direbbe spietatamente «antitetica». Ragiona...

Più rilevante semmai, sotto il profilo teologico, è un'altra distinzione. In ordine alla quale sarà bene notare come per i dannati (altro discorso vogliono le anime di purgatorio) il tormento sensibile che realizza il contrapasso – «poena sensus» – costituisca, sì, la porzione più specifica e vistosa dei diversi generi di tormento, ma non la sostanziale: che consisterà invece nella «poena damni», cioè nel danno della privazione di Dio, irrevocabile e condiviso da tutte le anime d'inferno. Agli ospiti del limbo – come leggeremo il canto prossimo – non tocca altra pena che quella, e non si danno pace, e sospireranno in eterno.

Basta così. Dante gira la testa, e il canto ruota.

L'immenso circuito degli Ignavi digrada verso il letto di un gran fiume. Sulla riva si accalcano moltitudini. E Dante, a Virgilio: "*Maestro*, puoi essere così cortese da spiegarmi chi sono quelli, e quale abitudine e norma li fa così smaniosi di trapassare il fiume, per quel po' che riesco a vedere in questa luce fioca?". È la quarta volta che lo interpella, assillandolo, 'Maestro'...

E il maestro: "Calma! Te ne renderai conto quando saremo arrivati sulla trista riviera d'Acheronte!".

Dante abbassa gli occhi mortificato. Nel timore di molestare la guida parlando a sproposito, fino al fiume non apre più bocca.

L'Acheronte – come ben noto – è il fiume che segna il confine dell'Averno degli antichi, e naturalmente figura nel VI dell'*Eneide* in termini che Dante riprende e varia col massimo scrupolo. D'altronde sappiamo bene che, per Dante, il ruolo di guida dell'oltretomba, Virgilio comincia a svolgerlo sulle pagine della sua «tragedìa», ben prima di apparirgli nella «piaggia diserta»...

Ed ecco un vecchio peloso e poderoso fendere le acque su un suo battello, e attraccare gridando: "Guai a voi, anime depravate! Il cielo, toglietevelo dalla testa! Io vengo a traghettarvi all'altra sponda, nella tenebra perpetua, fra fiamme e ghiaccio. E tu che sei costì, anima viva, pàrtiti da codesti che son morti!".

Chiamato in causa, Dante non si muove. E il vecchiaccio nocchiero: "Da tutt'altro porto, per tutt'altra rotta sei destinato ad approdare su tutt'altra spiaggia, tu, con una barca molto più leggera".

Virgilio si fa sentire: "Sta' calmo, Caronte! *Vuolsi così colà dove si puote / ciò che si vuole, e più non dimandare*" (in parole particolarmente povere: 'questa è la volontà dell'Onnipotente, e chiudi il becco!'). La formula solenne ammansisce il passatore della livida palude, che ha gli occhi cerchiati di fuoco. Le sue gote lanose si afflosciano.

Vecchio figlio di Erebo e di Notte, Caronte traghetta anime dal vestibolo al bordo dell'abisso infernale, spingendo con una pertica il suo barcone sulle acque melmose del mitico fiume Acheronte, fin dai tempi remoti di Eracle e di Orfeo (perfino gli antichi Etruschi pare ne sapessero qualcosa). Dante lo assume dalle favole antiche fra i demòni che pattugliano il suo inferno – primo d'una lunga serie –, confortato dalla tradizione patristica, che vuole i mostri e gli dèi sotterranei fallaci emanazioni di Satana, smascherati per tali dalla discesa all'inferno del Cristo risorto.

Da sempre canuto, ispido e rissoso, ma scrupolosissimo nel controllo dei salvacondotti, Caronte deve la sua fama soprattutto alla descrizione particolareggiata che ne fornisce, appunto, Virgilio.

E Dante, a proposito di Caronte, non si permette variazioni lessicali: non spende una parola che non traduca una parola dell'*Eneide*. Asciuga. Asciuga e sgrana il fluido ritratto virgiliano in tre flashes, in tre impressioni a strappo, intercalate dagli urli sguaiati del vecchiaccio. E, francamente, fa più impressione Dante.

Sulla falsariga del VI dell'*Eneide* sono imbastite anche le ultime immagini dei defunti che si affollano all'imbarco. Ma lì erano ombre accomunate e quasi cancellate tutte insieme dallo sgomento della morte: qui sono anime isolate dalla solitudine della dannazione. E nell'ordito classico sbuca qua e là il filo rosso dell'Antico Testamento: il *Libro di Giobbe*, il *Libro di Geremia*.

Ascoltate appena le parole feroci che ha indirizzato loro il traghettatore, le anime, nude e spossate, sbiancano e battono i denti. E cominciano a bestemmiare Dio, i genitori, il genere umano, il luogo e il tempo della loro concezione e della loro nascita. Poi si ammassano singhiozzando sulla riva infernale, che aspetta chiunque non abbia vissuto nel timore di Dio. Caronte fa cenno a tutti, uno per uno, lampeggiando con gli occhi di brace, e li carica. Su chiunque esiti o si sdrai sul fondo della barca, brandisce il remo.

Come d'autunno si staccano le foglie una per una, finché l'albero rimane spoglio: così, uno per uno, i malvagi figli d'Adamo si spiccano da quella sponda al muto appello di Caronte, come uccelli da caccia all'apposito segnale del cacciatore (*per cenni, come augel per suo richiamo*).

E va il barcone del vecchio diavolo su per l'onda bruna. Prima che abbia sbarcato il carico alla riva opposta, già un'altra folla si è adunata all'imbarco.

Dante e Virgilio sono rimasti a terra. È un attimo sospeso. E il maestro, affabile, dandogli per la prima volta del 'figlio' (o 'figliolo'), spiega al discepolo quel che aveva tanta smania di capire: "*Figliuol mio*, tutti quelli che muoiono nell'ira di Dio convengono qui da ogni parte della terra. E se li vedi così pronti a passare il fiume, è perché la giustizia divina tanto li pungola, che la paura del castigo si muta in desiderio (*la tema si volve in disio*). Di qui non è mai transitata anima buona: *e però...*" (e sarà bene ricordare, una volta per tutte, come nella lingua del Due-Trecento la congiunzione 'però' conservi in genere il valore causale dell'etimo latino 'per hoc': dunque 'e però' valeva 'e perciò', 'e ben per questo', non – secondo un vezzo semidotto oggi diffuso – 'e invece', 'e d'altro canto')... dunque, stava dicendo Virgilio: "ben perciò, se Caronte ti ha fatto storie, ora puoi renderti conto di cosa intendesse dire". Dante, il punto è questo, non è destinato all'inferno, ma alla spiaggia del monte

Purgatorio, sulla quale lo sbarcherà un angelo nocchiero vestito di bianco, secondo la soave procedura che conosceremo nel II canto della cantica seconda.

Ma il maestro ha appena finito di parlare, che la buia campagna trema così forte, che la memoria dello spavento (*de lo spavento / la mente*) ancora bagna il poeta di sudore. La *terra lagrimosa* – calco dei 'lugentes campi', dei 'campi piangenti' di Virgilio – sprigiona un turbine, mentre balena una luce vermiglia che fa perdere i sensi, tutti i sensi (*ciascun sentimento*) al nostro pellegrino.

E quello, povero Dante, piomba giù come investito e subissato dal sonno.

'Per me si va ne la città dolente,
per me si va ne l'etterno dolore,
per me si va tra la perduta gente.
Giustizia mosse il mio alto fattore;
fecemi la divina podestate,
la somma sapïenza e 'l primo amore.
Dinanzi a me non fuor cose create
se non etterne, e io etterno duro.
Lasciate ogne speranza, voi ch'intrate'.
Queste parole di colore oscuro
vid'ïo scritte al sommo d'una porta;
per ch'io: "Maestro, il senso lor m'è duro".
Ed elli a me, come persona accorta:
"Qui si convien lasciare ogne sospetto;
ogne viltà convien che qui sia morta.
Noi siam venuti al loco ov'i' t'ho detto
che tu vedrai le genti dolorose
c'hanno perduto il ben de l'intelletto".
E poi che la sua mano a la mia puose
con lieto volto, ond'io mi confortai,
mi mise dentro a le segrete cose.
Quivi sospiri, pianti e alti guai
risonavan per l'aere sanza stelle,
per ch'io al cominciar ne lagrimai.
Diverse lingue, orribili favelle,
parole di dolore, accenti d'ira,
voci alte e fioche, e suon di man con elle
facevano un tumulto, il qual s'aggira
sempre in quell'aura sanza tempo tinta,
come la rena quando turbo spira.
E io ch'avea d'error la testa cinta,
dissi: "Maestro, che è quel ch'i'odo?
e che gent'è che par nel duol sì vinta?".

Ed elli a me: "Questo misero modo
tegnon l'anime triste di coloro
che visser sanza 'nfamia e sanza lodo.
Mischiate sono a quel cattivo coro
de li angeli che non furon ribelli
né fur fedeli a Dio, ma per sé fuoro.
Caccianli i ciel per non esser men belli,
né lo profondo inferno li riceve,
ch'alcuna gloria i rei avrebber d'elli".
E io: "Maestro, che è tanto greve
a lor che lamentar li fa sì forte?".
Rispuose: "Dicerolti molto breve.
Questi non hanno speranza di morte,
e la lor cieca vita è tanto bassa,
che 'nvidïosi son d'ogne altra sorte.
Fama di loro il mondo esser non lassa;
misericordia e giustizia li sdegna:
non ragioniam di lor, ma guarda e passa".
E io, che riguardai, vidi una 'nsegna
che girando correva tanto ratta,
che d'ogne posa mi parea indegna;
e dietro le venìa sì lunga tratta
di gente, ch'i' non averei creduto
che morte tanta n'avesse disfatta.
Poscia ch'io v'ebbi alcun riconosciuto,
vidi e conobbi l'ombra di colui
che fece per viltade il gran rifiuto.
Incontanente intesi e certo fui
che questa era la setta d'i cattivi,
a Dio spiacenti e a' nemici sui.
Questi sciaurati, che mai non fur vivi,
erano ignudi e stimolati molto
da mosconi e da vespe ch'eran ivi.

Elle rigavan lor di sangue il volto,
che, mischiato di lagrime, a' lor piedi
da fastidiosi vermi era ricolto.
E poi ch'a riguardar oltre mi diedi,
vidi genti a la riva d'un gran fiume,
per ch'io dissi: "Maestro, or mi concedi
ch'i' sappia quali sono, e qual costume
le fa di trapassar parer sì pronte,
com'i' discerno per lo fioco lume".
Ed elli a me: "Le cose ti fier conte
quando noi fermerem li nostri passi
su la trista riviera d'Acheronte".
Allor con li occhi vergognosi e bassi,
temendo no 'l mio dir li fosse grave,
infino al fiume del parlar mi trassi.
Ed ecco verso noi venir per nave
un vecchio, bianco per antico pelo,
gridando: "Guai a voi, anime prave!
Non isperate mai veder lo cielo:
i' vegno per menarvi a l'altra riva
ne le tenebre etterne, in caldo e 'n gelo.
E tu che se' costì, anima viva,
pàrtiti da cotesti che son morti".
Ma poi che vide ch'io non mi partiva,
disse: "Per altra via, per altri porti
verrai a piaggia, non qui, per passare:
più lieve legno convien che ti porti".
E 'l duca lui: "Caron, non ti crucciare:
vuolsi così colà dove si puote
ciò che si vuole, e più non dimandare".
Quinci fuor quete le lanose gote
al nocchier de la livida palude,
che 'ntorno a li occhi avea di fiamme rote.

Ma quell'anime, ch'eran lasse e nude,
cangiar colore e dibattero i denti,
ratto che 'nteser le parole crude.

Bestemmiavano Dio e lor parenti,
l'umana spezie e 'l loco e 'l tempo e 'l seme
di lor semenza e di lor nascimenti.

Poi si ritrasser tutte quante insieme,
forte piangendo, a la riva malvagia
ch'attende ciascun uom che Dio non teme.

Caron dimonio, con occhi di bragia
loro accennando, tutte le raccoglie;
batte col remo qualunque s'adagia.

Come d'autunno si levan le foglie
l'una appresso de l'altra, fin che 'l ramo
vede a la terra tutte le sue spoglie,

similemente il mal seme d'Adamo
gittansi di quel lito ad una ad una,
per cenni, come augel per suo richiamo.

Così sen vanno su per l'onda bruna,
e avanti che sien di là discese,
anche di qua nuova schiera s'auna.

"Figliuol mio", disse 'l maestro cortese,
"quelli che muoion ne l'ira di Dio
tutti convegnon qui d'ogne paese;

e pronti sono a trapassar lo rio,
ché la divina giustizia li sprona,
sì che la tema si volve in disio.

Quinci non passa mai anima buona;
e però, se Caron di te si lagna,
ben puoi sapere omai che 'l suo dir suona".

Finito questo, la buia campagna
tremò sì forte, che de lo spavento
la mente di sudore ancor mi bagna.

La terra lagrimosa diede vento,
che balenò una luce vermiglia
la qual mi vinse ciascun sentimento;
e caddi come l'uom cui sonno piglia. 136

IV

Adesso, amico mio plurale, proviamo a riraccontarci di fila la favola del IV canto dell'*Inferno.*

Atterrito dalla luce vermiglia d'una folgore, Dante è stramazzato nel sonno sul rudimentale imbarcadero del battello che traduce le anime dannate dal buio vestibolo al buio ciglione dell'abisso. Ora lo schianto d'un tuono lo sveglia brutalmente. Si tira sù, gira tutt'intorno l'occhio ristorato e riattivato alla vista per capire dove sia. Fatto sta, che è sull'altra sponda.

Questo transito di cristiano in carne ed ossa di là dalle acque dell'Acheronte non ha precedenti. Se ne ignora la dinamica. Il prodigio è manifesto ma sigillato, come il sonno di un altro. Sappiamo solo che è durato l'intervallo fra lampo e tuono.

Sull'altra sponda, *per ficcar lo viso a fondo* (e 'viso' vale qui e altrove 'vista', come il 'visus' dei latini e dei nostri oculisti... insomma: 'per quanto aguzzi la vista') a scrutare la tenebra brumosa che traspira dallo sconfinato cratere, serbatoio di gemiti infiniti, Dante non distingue nulla.

La voce del maestro lo sollecita: "Forza! scendiamo in questo mondo cieco. Vienimi dietro!". Ma per quel po' che il buio lascia trapelare, Virgilio è pallidissimo.

"Come faccio", replica Dante, "se anche tu ti sgomenti, che hai il compito e l'uso di infondere coraggio alla mia titubanza?".

E Virgilio: "Il tormento di questi sventurati mi dipinge sul viso quella compassione che tu scambi per timore. Andiamo, ché la strada è lunga".

Intanto si sono avviati attraverso il primo cerchio che orla l'abisso dell'inferno (e che, delimitato all'esterno dal corso dell'Acheronte, all'interno dal baratro, sarà complanare al vestibolo dove trottano gli Ignavi). Non va per l'aria altro lamento che un immenso tremito di sospiri. Ciò che è dovuto – spiega il nostro poeta – a turbe innumerevoli di neonati, di donne, di uomini adulti (qualche immagine comincerà a filtrare nel buio), che soffrono senza essere sottoposti a tortura fisica. Dante tace allibito.

"Perché non mi domandi che anime son queste?" domanda Virgilio, forse con un'ombra di rammarico: "Io subito voglio tu sappia che non hanno peccato. Ma i loro meriti non sono sufficienti, perché non han ricevuto il battesimo, accesso alla tua fede" (spiegazione canonica, asciutta, ma penosamente sillabata: nota come la scansione dell'endecasillabo «*non basta, perché non ebber battesmo*» obblighi a scaricare tutta la tensione ritmica sul 'non', o, forse meglio, a staccare le due sillabe del 'perché', accentando anche la prima: «*non basta pérché nón ebber battesmo*»). Virgilio soggiunge: "E, se vissero prima dell'avvento di Cristo, non adorarono Dio come gli è dovuto. Io sono uno di loro. Per tale omissione, non per altra colpa, siamo perduti. E nostra sola pena è questa: che senza speranza viviamo nel desiderio".

Dante ora si rende conto che su quella balza d'inferno (*'n quel limbo*) vivono in ansia perpetua ottime persone; e gli si stringe il cuore: "Dimmi, maestro mio, dimmi, signore", si informa con delicatezza trafelata, per confermarsi in un articolo di fede, e forse nella speranza che quell'articolo tolleri qualche deroga: "di qui, per merito proprio o per merito d'altri, è uscito mai qualcuno alla volta del cielo?".

E Virgilio, che ha colto l'allusione del discepolo, che, insomma, ha capito quel che voleva dire senza dirlo, subito riponde:

"Ero io stesso in questa condizione da non molto, quando vidi venire un possente fregiato dalle insegne della vittoria, il quale trasse di qui Adamo, padre di tutti, suo figlio Abele, Noè e Mosè, legislatore ossequente alla Legge; il patriarca Abramo, re David e Giacobbe (detto 'Israèl') col padre Isacco, con i dodici figli e con la moglie Rachele, per la quale tanto s'era prodigato; e molti altri; e tutti associò alla beatitudine eterna. Prima di loro – questo tu devi saperlo – nessun essere umano aveva conosciuto la salvezza".

Il fatto che Virgilio parli non impedisce ai due poeti di procedere per quella selva: selva, nel senso di ressa d'anime. Ma non hanno percorso gran tratto di strada, che Dante scorge, assediato dalla tenebra, un emisfero luminoso.

Per quanto gli è dato intuire a distanza, l'emisfero dà asilo a gente molto onorevole (*orrevol*): "Tu che *onori* scienza ed arte, chi sono questi che meritano tanto onore (*onranza*, alla provenzale), da godere, appartati, di una condizione che li distingue da tutti gli altri?" domanda a Virgilio.

E Virgilio: "L'onorata (*onrata*) fama che han lasciato lassù nel vostro mondo ottiene loro questo privilegio presso la corte celeste".

"*Onorate* l'altissimo poeta, che torna fra noi!". Dall'emisfero di luce una voce s'è levata, e si isola nel proprio alone sonoro.

Dante vede ora quattro ombre solenni portarsi verso di loro, superando il limite della zona illuminata, controluce. All'aspetto, non tradiscono né tristezza né letizia. Virgilio – cui evidentemente s'era indirizzata la voce – si affretta a spiegare: "Quello che impugna la spada e incede davanti agli altri con tratto regale è Omero, sommo fra i poeti; gli altri: Orazio, Ovidio, Lucano. E solo in quanto ciascuno di loro condivide con me il nome di poeta che quell'unica voce ha proclamato, hanno ragione di rendermi *onore* (insomma: solo in quanto onorandomi onorano sé, fanno bene ad onorarmi)".

Dante si entusiasma a veder raccolto quell'eletto drappello di poeti sotto l'egida del sovrano dell'epica (nobilissima fra tutte le forme poetiche), il quale sembra sovrastar gli altri tre come aquila in volo. Tanto più che, dopo avere scambiato quattro parole con Virgilio, essi rivolgono a lui, Dante, un cenno di saluto, e Virgilio se ne compiace. Anzi, per colmo d'*onore*, lo accolgono (ma sì!) nella loro sacra corporazione, così che egli adesso si trova sesto fra poeti di tanta fama e saggezza (*fra cotanto senno*: a noi verrebbe detto 'in quel concentrato di sapienza', per non dire 'in quel brains trust'). Così, conversando, riguadagnano la zona in luce: conversazione alta e lusinghiera, di cui – a sentir Dante – non è comunque il caso di dar conto.

Ed eccoli tutti e sei a piè d'un nobile castello, cinto da sette ordini di mura, e protetto giro giro da un piccolo corso d'acqua, che essi peraltro passano a piedi come fosse terra battuta. Traversano sette porte. Accedono a un grande prato smaltato di verde. Sul prato, persone dallo sguardo pacato e severo, dal portamento autorevole, dall'eloquio sobrio, dalla voce soave. I poeti ora si portano in luogo elevato e luminoso, da cui si gode di un'ampia visuale. E di lì vengono mostrati a Dante frontalmente i grandi ospiti del castello: vista che interiormente lo esalta.

Ecco, sul fondo del prato, Elettra, madre di Dardano e progenitrice della dinastia reale di Troia, circondata dalla sua lunga progenie: riconosciamo Ettore ed Enea, e Cesare in armi con occhi grifagni (di uccello rapace). Ed ecco la vergine Camilla e l'amazzone Pentesilea; ecco il re Latino e Lavinia (sua figlia) sedere appartati. Ecco i grandi romani: Giunio Bruto, quello che cacciò dalla città l'ultimo re etrusco, Lucrezia (consorte di Collatino stuprata e suicida), Giulia (figlia di Cesare e prima moglie di Pompeo), Marzia (sposa a più riprese di Catone Uticense) e Cornelia (ultima moglie di Pompeo, sempre che non sia la celeberrima madre dei Gracchi). Ecco, solitario, il Saladino (sultano d'Egitto).

Facendo scorrere appena lo sguardo su per il pendio, Dante poi riconosce, seduto al centro della famiglia dei filosofi, oggetto di deferenza universale, il maestro di tutti i sapienti, Aristotele. Ai suoi lati, Socrate e Platone; e poi Demòcrito, che ritiene il mondo un aggregato fortuito di atomi, e – in successione – la rosa dei cosiddetti «presocratici»: Anassàgora e Talete; Empedocle ed Eràclito (ma anche Diogene e Zenone, stoici); e ancora, Dioscòride, grande classificatore del mondo botanico in ordine alla qualità medicamentosa delle piante (il *quale*); e Orfeo e Lino (poeti mitologici); Marco Tullio Cícerone e Seneca, maestro di etica; e poi, Euclide geometra e Tolomeo (astronomo); Ippòcrate e Galeno (medici insigni); Avicenna, e Averroè, autore del gran commento…

Ma Dante-poeta non può riferire tutto quanto ha visto da pellegrino: tanto lo incalza la vastità della sua materia, che non sempre riesce a adeguare il racconto alla somma dei fatti da raccontare.

Qui il gruppo dei sei poeti torna a sdoppiarsi, e la saggia guida conduce Dante fuori da quell'atmosfera immota e sospesa, nel gran tremito dei sospiri, dove non è traccia di luce (*ove non è che luca*).

Esaurita la parafrasi, non resterebbe che leggere il canto. Ma anche questo IV dell'*Inferno*, che pure presenta un decorso narrativo abbastanza lineare e modiche difficoltà lessicali, non si esaurisce sulla superficie delle suggestioni che trasmette.

Obbligatoria, qualche riflessione sul catalogo dei magnanimi antichi, imponente quanto incompleto – lo vedremo integrato dai 17 ospiti insigni enumerati nel XXII del *Purgatorio* – …catalogo che include 15 eroi, promiscuamente leggendari e storici, e la bellezza di 21 tra filosofi, medici e poeti, in ordine sparso. La constatazione che non c'è canto della *Commedia* così gremito di nomi propri (con i patriarchi menzionati in testa da Virgilio, tocchiamo i 48, compressi in undici terzine, poco meno d'un nome e mezzo a verso!) esonera me dall'incombenza di compilare uno sciame di schedine incolori, te, dalla malinconia di ascoltarle.

Semmai c'è un argomento laterale, ma apprezzabile non foss'altro sotto il profilo metrico-prosodico, che tanto varrà toccare a questo punto, una volta per tutte: «grafia e pronuncia dei nomi antichi nella *Divina Commedia*». Stabilire una norma univoca e tassativa è impossibile. Ma in linea generalissima registreremo di qui al sommo dei cieli una certa tendenza alla «ossitonizzazione dei nomi non latini»: in parole povere, ad accentare sull'ultima sillaba i nomi propri che non vengono dal latino, o troncandoli (Carón, Abèl, Abraàm, e via dicendo), o lasciando slittare in fondo l'accento tonico (Davìd, Ettòr, Diogenès, Empedoclès, ma anche Averoìs e quanti altri ne incontreremo a partire dal canto prossimo: Semiramìs, Cleopatràs, Parìs...). Peraltro, i nomi di origine greca presentano talora un'accentazione piana alla francese (qui per 'Ippòcrate' avremo un 'Ipocràte' da 'Hipocrate'; in *Purgatorio* per 'Pisìstrato', un 'Pisistràto' da 'Pisistrate', eccetera).

Tanto premesso, vale la pena di domandarsi con che criterio siano stati selezionati e dislocati negli strani spazi di questo lembo d'inferno tanti magnanimi antichi. E le turbe di anonimi che vagano fuori dal castello, al buio, sospirando?

Ripercorriamo il canto a ritroso.

Dunque, abbiamo visto che all'interno del castello abitano due gruppi distinti di anime: un primo, sul piano verde-smalto, raccoglie figure eminenti della leggenda troiana e della storia di Roma; un secondo, disposto un po' più in alto sul pendio, annovera, diciamo così, i grandi autori della biblioteca classica di Dante. Che i due gruppi siano dislocati in quota secondo l'ordinamento gerarchico che premia l'esperienza contemplativa e speculativa rispetto all'attività pratica, non sembra dubbio. Discutibile, invece, che ai due vada istituzionalmente sovrapposto un terzo gruppo, costituito dai poeti, e in particolare dalla *bella scola* capitanata da Omero, che ascende la collina per godere d'un buon angolo visuale.

Discutibile, non certo improponibile, se nella lingua di Dante i poeti figurano effettivamente accreditati di una specialissima caratura di saggezza, a segno che l'epiteto 'saggio' funge di norma come sinonimo araldico di 'poeta' (Virgilio non è, definitoriamente, il «famoso saggio»?). Ciononondimeno, l'idea che la Poesia costituisca sintesi e superamento di Azione e Contemplazione, sia insomma Contemplazione in Atto, a me – e non a me solo, per fortuna – par modellarsi piuttosto sulla dialettica dello Spirito dei dantisti di scuola idealistica, che non sul simbolismo mistico del numero tre, cui Dante, come sappiamo, era devoto. Sbaglierò...

E veniamo ai quattro poeti che passeggiano sui prati del castello e sulle acque del fossato, conversando sobriamente come anziani signori nei vialetti di uno stabilimento termale: quattro, anzi cinque, dato che Virgilio è certamente membro effettivo della «sacra corporazione». Perché così pochi? E perché proprio loro?

Si è pensato che i quattro, anzi cinque, siano stati scelti come esponenti di distinti gradi o livelli stilistici. Congettura delle più ragionevoli. Purtroppo non è facile capire, per esempio, che cosa distinguerebbe, in ordine allo stile, Omero da Virgilio, il *segnor de l'altissimo canto* da *l'altissimo poeta*, tanto più che Dante assegna certamente al superlativo 'altissimo' il significato tecnico di 'epico', forma insigne del 'tragico'. Rassegniamoci al dubbio, e passiamo agli altri tre poeti oberati da *cotanto senno*.

Ovidio e Lucano sono sicuramente, con Virgilio e Stazio (quest'ultimo lo incontreremo in purgatorio), i poeti latini che

Dante ha frequentato meglio e più. Dalla *Farsaglia* di Lucano, come dalle *Metamorfosi* di Ovidio – ma non solo dalle *Metamorfosi* –, Dante miete immagini e favole per la sua *Commedia*. Qui sotto, nella bolgia dei ladri, li chiamerà direttamente in causa tutti e due, tacitandoli. Comunque, su Ovidio e Lucano avremo innumerevoli occasioni di tornare.

Torneremo, viceversa, poco su *Orazio satiro*, cioè autore delle *Satire* (e delle *Epistole*), poemetti discorsivi che il Medioevo preferì di gran lunga ai suoi componimenti lirici e ai suoi inni cerimoniali. Ecco, per esempio: che l'inclusione di Orazio satiro nel minimo canone dei sommi sia dovuta a un criterio di classificazione stilistica, sembrerebbe ragionevolissimo; tanto più che, di Orazio, Dante forse non aveva letto che i 476 esametri dell'*Epistola ai Pisoni* (o *Ars Poetica*): circa quanti ne leggeva il millennio scorso uno studente dei nostri licei classici.

Ma se è per questo, di Omero, il nostro aveva letto molto meno. Ignorava il greco. Traduzioni integrali in latino dell'*Iliade* o dell'*Odissea* non ne circolavano, e comunque Dante ne avrebbe diffidato, persuaso com'era che fosse impossibile travasare un testo poetico da lingua a lingua «sanza rompere tutta sua dolcezza e armonia». Del grande greco, insomma, il grande fiorentino non conosceva se non qualche coriandolo citato da Cicerone, da Seneca o dallo storico Paolo Orosio, e qualche campione esemplificativo prelevato da versioni di Aristotele. Ma, principalmente, conosceva gli sconfinati elogi che quegli autori e altri gli tributavano. E all'autorità degli autori Dante e il suo tempo si rimettevano con devozione intera. Come mai? Ne riparleremo.

D'altronde, lo stesso Aristotele, *maestro di color che sanno*, universalmente ritenuto, dalla metà del Duecento alle soglie del Rinascimento, non tanto il massimo dei filosofi, quanto «il Filosofo» (infatti col termine 'filosofia' s'intendeva allora né più né meno che il sistema speculativo e conoscitivo elaborato da

Aristotele senza soccorso di verità rivelate)... bene: lo stesso Aristotele, Dante lo praticò in saltuarie e discutibili traduzioni latine – solo dell'*Etica Nicomachea* pare avesse conoscenza integrale –, ma soprattutto, per interposto pensiero, specularmente, sulle pagine di Tommaso d'Aquino, di Alberto Magno, di Sigieri di Brabante.

I quali, dal canto loro (e li troveremo tutti in paradiso), avevano rivisitato i testi aristotelici nel commento di un rigorosissimo erudito e pensatore arabo-andaluso del XII secolo, Abū al-Walīd Muhammād ibn Ahmād ibn Muhammād ibn Rushd, più sbrigativamente noto in Occidente come Averroè o Averoìs: commento con cui si misurarono tutti, chi con fervore chi con diffidenza, e che comunque ebbe un ruolo determinante nel sanzionare l'inappellabile primato della filosofia aristotelica nel tardo Medioevo cristiano. Già un secolo e mezzo prima, peraltro, su quegli stessi testi aveva esercitato il suo sottile e conciliante misticismo Abū Alī al-Husayn ibn Abdallāh ibn Sinā (in una parola, Avicenna), gran medico e filosofo di Buchara.

E Dante li colloca entrambi nel mirabile castello fra gli spiriti magni... Due musulmani!

D'altra parte, sul bel prato verde-smalto, al livello degli spiriti sommi della storia e della leggenda romana, se pure un po' sulle sue, non vediamo Al-Malīq al-Nasīr Salāh al-Din, ecc. ecc., insomma, proprio lui: il famoso Saladino, che aveva sbaragliato eserciti crociati in Terrasanta, mozzato la testa a migliaia di Templari, strappato alla cristianità Gerusalemme nel funestissimo 1187? C'è da dire che la proverbiale equanimità, le gran virtù cavalleresche, lo stesso fervore coranico del Saladino godevano e godranno di ottima stampa in tutta Europa: Dante, nel *Convivio*, lo addita ad esempio di liberalità; ancora mezzo millennio dopo, G.E. Lessing ne magnificherà la patetica munificenza.

Sì. Ma, in termini generali, resta il fatto che Dante Alighieri relega in questo lembo appartato dell'inferno tanti spiriti eminenti solo perché *non ebber battesmo*, perché l'acqua del battesimo, cioè, non li ha lavati del peccato originale. Intolleranza? integralismo?... Il lessico corrente non parrebbe fornirci altri lemmi. Tuttavia, se riflettiamo appena a quanta insofferenza razziale e culturale ci consente la sinecura della nostra conclamata e obbligatoria e distratta tolleranza, dovrebbe almeno turbarci l'onore che Dante rende, senza la minima discriminazione di cultura e di razza, alle grandi persone che il suo – diciamo pure – «integralismo cristiano» condanna inappellabilmente.

Che poi, quanto a musulmani – anche a tacere per il momento delle innumerevoli e basilari nozioni di tecnica astronomica ma anche di matematica e di chimica di cui Dante si professa debitore agli arabi –, c'è di più...

Infatti, secondo il convincimento ormai quasi concorde dei migliori specialisti, fra le fonti precipue della *Divina Commedia* va annoverato un testo arabo dell'VIII sec. che racconta in prima persona del viaggio oltremondano di Maometto, scortato dall'arcangelo Gabriele: il famoso *Libro della Scala*, tradotto in latino a Toledo intorno al 1270, e avidamente assimilato dall'immaginario erudito dell'Occidente cristiano. Sebbene agisca in prevalenza sull'impianto generale dell'*Inferno* e del *Paradiso* di Dante, e verosimilmente anche su struttura fisica e ubicazione del suo monte Purgatorio – sull'argomento torneremo a tempo debito –, la fonte islamica sembra contagiare di singolari analogie d'ordine narrativo e perfino lessicale, fra i tanti, proprio il canto che stiamo leggendo.

Due assaggi: a) come nel IV capitolo del *Libro della Scala* Maometto è investito profeta dai profeti dell'Antico Testamento nel tempio di Gerusalemme, così in questo IV d'*Inferno* Dante è investito poeta dai massimi poeti dell'antichità in un'enclave di luce nelle tenebre; b) tre volte, nelle poche righe addette all'episodio, la versione latina del *Libro della Scala* che

Dante doveva aver avuto per le mani ripete e varia il vocabolo 'honor': e 'onore', ripetuto e variato otto volte, è il vocabolo-chiave di questo canto.

In effetti, gli *spiriti magni* che popolano il castello – assimilabili alla categoria dei «megalopsychoi» di Aristotele e dei «magnanimi» di Tommaso d'Aquino – sono appunto coloro che si rendono degni di grande onore, perché consapevolmente onorano in sé la dignità dell'uomo (certo, anche la tua e la mia). L'opposto simmetrico dei pusillanimi per poco rispetto del proprio esser persone umane, che abbiamo lasciato nel vestibolo trafelati dietro a uno straccio di vessillo su un putrido tappeto di vermi.

Nella relativa indeterminatezza del destino ultimo che la dottrina della Chiesa medievale aggiudicava ai buoni esclusi dalle predilezioni della grazia, molti commentatori hanno attribuito a Dante la speranza inespressa di veder questi buoni destinati, dopo il giudizio universale, agli ariosi frutteti dell'Eden.

A dir la verità, non mancano nel nostro canto immagini che in qualche modo ripetano la segnaletica allegorica del I dell'*Inferno*, prefigurando quella degli ultimi sei del *Purgatorio* (i canti, appunto, dell'Eden): ed è verosimile che anche qui il «sonno», la «selva» (*la selva, dico, di spiriti spessi*), il «passo» sul fiumicello, il «colle» *aperto, luminoso e alto* all'interno del castello adombrino un itinerario orientato alla beatitudine contemplativa del paradiso terrestre.

Ciononondimeno, assegnare a Dante l'aspirazione ad un'amnistia umanistico-umanitaria per gli innocenti macchiati del peccato originale ha tutta l'aria d'un pio anacronismo, laddove la scienza teologica dell'epoca consentiva una qualche speranza di gloria dilazionata tuttalpiù ai lattanti...

Ma di questo riparleremo molto, molto più sù, con i beati del sesto cielo e con san Bernardo.

Dopotutto, la virtù dei grandi antichi, che abbiamo visto quanto Dante onori, è pur sempre quella di chi ha perseguito l'unico fine «di rigidamente (...) la giustizia seguire, di nulla mostrare dolore, di nulla mostrare allegrezza, di nulla passione aver sentore», come è detto di Zenone stoico nel IV libro del *Convivio*. Ora vagano in perpetuo nel bel castello, e la loro magnanima impassibilità è trafitta da una disperata passione di fede. Il loro strazio è non avere scelto, non essere stati scelti (la formula misteriosa, il paradosso dell'esclusione è forse proprio questo – ne parleremo in purgatorio con il vecchio Catone –: «non avere scelto di essere scelti»). In questo senso, sotto un contegno opposto a quello degli Ignavi, forse i limbicoli tradiscono, nella segreta affinità del tormento, una tragica simmetria di colpa.

«Lume non è, se non vien dal sereno / che non si turba mai; anzi è tenèbra / od ombra de la carne o suo veleno», canteranno le anime beate disposte in figura d'aquila nel sesto cielo. Invece, la calotta luminosa che copre il castello è proprio una nicchia nella tenebra: non la illumina il fulgore spiegato e immutabile dei cieli. Il neon della saggezza e della gloria umana isola nella notte il lindo soggiorno di un cronicario.

A questo punto, non ci attarderemo nell'analisi dell'ingente fiotto di spunti che la cultura del basso Medioevo latino e romanzo – imbevuta a sua volta di modelli classici, primissimo l'Elisio virgiliano – riversa nella figurazione del nobile castello; e tanto meno, nella esposizione della immemorabile vertenza sui soprasensi allegorici connessi alla sua struttura.

Sebbene non si tratti affatto di questioni trascurabili (anzi!), non vorremmo lasciarci soffocare nel viluppo di problemi ermeneutici, che il trascorrere dei secoli e la stessa stratificazione delle indagini rendono sempre più inestricabile. Insomma: i sette giri di mura o, alternativamente, le sette porte stanno a significare le sette parti della Filosofia, o non piuttosto la somma delle Arti del Trivio e del Quadrivio, o magari delle quattro Virtù Morali e delle tre Speculative? E il fiumicello pedonale ('rio terrà' direbbero a Venezia) varrà l'Esperienza o l'Eloquenza, l'Abito al bene operare o la Ricchezza o la Celebrità? Ignoriamo.

Certo è che questo assetto territoriale del Limbo non ha precedenti nella teodicea cristiana. La materia, regolata da un articolo del Simbolo niceno che ha dubbi riscontri scritturali, ma avrà gran fortuna nelle fantasie teologiche del XIII secolo e sanzione di dogma nel Concilio di Lione del 1274, è ancora piuttosto indeterminata. Per dire: nemmeno sul numero dei 'limbi' i teologi della Sorbona si erano ancora messi d'accordo. E Dante – noterai – usa il termine una sola volta, nel verso '*conobbi che 'n quel limbo eran sospesi*', conservandogli – si direbbe – il valore del nome comune greco da cui deriva: 'límbos', cioè 'balza d'abito', 'balza', 'lembo', 'limbo'.

Tuttavia, pur nell'indeterminatezza della tradizione teologica, possiamo star sicuri che un teologo sommo come fra' Tommaso d'Aquino, tra il «limbo dei padri», da cui Cristo avrebbe tratto i patriarchi dell'Antico Testamento, e il contiguo «limbo dei bambini», morti prima del battesimo, non trovava né cercava posto per i grandi antichi, e tanto meno per i musulmani. Dante, sì.

Oltre a onorarli, Dante li amava, massimo degli onori. E, su tutti, amava il suo Virgilio.

L'irrevocabile malinconia degli spiriti del castello e della anonima ressa *d'infanti e di femmine e di viri* che sospirano nella tenebra ripete la condizione delle anime nel pianoro transacherontico e nell'Elisio dell'*Eneide*. E Virgilio, il buon Virgilio, pallido di pietà, assimila il proprio destino al destino di tutti: tanto al destino di Omero, di Aristotele e di Giulio Cesare, quanto a quello d'una bambina morta appena nata ("*e di questi cotai son io medesmo*", dice, non sotto la calotta luminosa, ma proprio nell'oscurità rigata di sospiri). Lui, che – secondo la figura agostiniana che sarà ripresa in *Purgatorio* – aveva camminato nella notte tenendo una lanterna dietro la schiena, tanti aveva illuminato senza farsi luce, e ora conforta il pellegrino Dante e gli fa strada alla salute eterna, eternamente malato.

Il poeta Dante, d'altronde, non poteva certo aggiornarsi alle recentissime deduzioni dottrinali della Cattedra di Pietro: le quali deduzioni, commutando una favola tragica in un pio sillogismo, escludono la misericordia divina possa incorrere nell'iniquità di condannare in eterno innocenti senz'altra imputazione a carico che il peccato originale; e abrogano il limbo.

Ma che il limbo, in concreto, esista o no (problema che forse non ci assilla abbastanza), il peccato originale, la colpa senza responsabilità, il male irredento e innocente di esser venuti al mondo condannati a morte... magari fosse una vecchia intimidazione di secoli bui! È il buio che ci portiamo dentro tutti. E la pietà che Virgilio prova per i suoi dolci compagni di disperazione, e Dante prova per Virgilio, è forse la pietà che ognuno di noi si merita nascendo.

Ruppemi l'alto sonno ne la testa
un greve truono, sì ch'io mi riscossi
come persona ch'è per forza desta,
e l'occhio riposato intorno mossi,
dritto levato, e fiso riguardai
per conoscer lo loco dov'io fossi.
Vero è che 'n su la proda mi trovai
de la valle d'abisso dolorosa
che 'ntrono accoglie d'infiniti guai.
Oscura e profonda era e nebulosa
tanto che, per ficcar lo viso a fondo,
io non vi discernea alcuna cosa.
"Or discendiam qua giù nel cieco mondo",
cominciò il poeta tutto smorto.
"Io sarò primo, e tu sarai secondo".
E io, che del color mi fui accorto,
dissi: "Come verrò, se tu paventi,
che suoli al mio dubbiare esser conforto?".
Ed elli a me: "L'angoscia de le genti
che son qua giù, nel viso mi dipigne
quella pietà che tu per tema senti.
Andiam, ché la via lunga ne sospigne".
Così si mise e così mi fé intrare
nel primo cerchio che l'abisso cigne.
Quivi, secondo che per ascoltare,
non avea pianto mai che di sospiri
che l'aura etterna facevan tremare;
ciò avvenia di duol sanza martìri,
ch'avean le turbe, ch'eran molte e grandi,
d'infanti e di femmine e di viri.
Lo buon maestro a me: "Tu non dimandi
che spiriti son questi che tu vedi?
Or vo' che sappi, innanzi che più andi,

ch'ei non peccaro; e s'elli hanno mercedi,
non basta, perché non ebber battesmo,
ch'è porta de la fede che tu credi;
e s'e' furon dinanzi al cristianesmo,
non adorar debitamente a Dio:
e di questi cotai son io medesmo.
Per tai difetti, non per altro rio,
semo perduti, e sol di tanto offesi
che sanza speme vivemo in disio".
Gran duol mi prese al cor quando lo 'ntesi,
però che gente di molto valore
conobbi che 'n quel limbo eran sospesi.
"Dimmi, maestro mio, dimmi, segnore",
comincia'io per volere esser certo
di quella fede che vince ogne errore:
"uscicci mai alcuno, o per suo merto
o per altrui, che poi fosse beato?".
E quei che 'ntese il mio parlar coverto,
rispuose: "Io era nuovo in questo stato,
quando ci vidi venire un possente
con segno di vittoria coronato.
Trasseci l'ombra del primo parente,
d'Abèl suo figlio e quella di Noè,
di Moïsè legista e ubidente;
Abraàm patrïarca e Davìd re,
Israèl con lo padre e co' suoi nati
e con Rachele, per cui tanto fé,
e altri molti: e feceli beati.
E vo' che sappi che, dinanzi ad essi,
spiriti umani non eran salvati".
Non lasciavam l'andar perch'ei dicessi,
ma passavam la selva tuttavia,
la selva, dico, di spiriti spessi.

Non era lunga ancor la nostra via
di qua dal sonno, quand'io vidi un foco
ch'emisperio di tenebre vincìa.

Di lungi n'eravamo ancora un poco,
ma non sì ch'io non discernessi in parte
ch'orrevol gente possedea quel loco.

"O tu ch'onori scïenzia e arte,
questi chi son c'hanno cotanta onranza,
che dal modo de li altri li diparte?"

E quelli a me: "L'onrata nominanza
che di lor suona sù ne la tua vita,
grazïa acquista in ciel che sì li avanza".

Intanto voce fu per me udita:
"Onorate l'altissimo poeta;
l'ombra sua torna, ch'era dipartita".

Poi che la voce fu restata e queta,
vidi quattro grand'ombre a noi venire:
sembianz'avevan né trista né lieta.

Lo buon maestro cominciò a dire:
"Mira colui con quella spada in mano,
che vien dinanzi ai tre sì come sire:

quelli è Omero poeta sovrano;
l'altro è Orazio satiro che vene;
Ovidio è 'l terzo, e l'ultimo Lucano.

Però che ciascun meco si convene
nel nome che sonò la voce sola,
fannomi onore, e di ciò fanno bene".

Così vid'i' adunar la bella scola
di quel segnor de l'altissimo canto
che sovra li altri com'aquila vola.

Da ch'ebber ragionato insieme alquanto,
volsersi a me con salutevol cenno,
e 'l mio maestro sorrise di tanto;

e più d'onore ancora assai mi fenno,
ch'e' sì mi fecer de la loro schiera,
sì ch'io fui sesto tra cotanto senno.
Così andammo infino a la lumera,
parlando cose che 'l tacere è bello,
sì com'era 'l parlar colà dov'era.
Venimmo al piè d'un nobile castello,
sette volte cerchiato d'alte mura,
difeso intorno d'un bel fiumicello.
Questo passammo come terra dura;
per sette porte intrai con questi savi:
giugnemmo in prato di fresca verdura.
Genti v'eran, con occhi tardi e gravi,
di grande autorità ne' lor sembianti:
parlavan rado, con voci soavi.
Traemmoci così da l'un de' canti,
in loco aperto, luminoso e alto,
sì che veder si potien tutti quanti.
Colà diritto, sovra 'l verde smalto,
mi fuor mostrati li spiriti magni,
che del vedere in me stesso m'essalto.
I' vidi Eletra con molti compagni,
tra ' quai conobbi Ettòr ed Enea,
Cesare armato con li occhi grifagni.
Vidi Cammilla e la Pantasilea;
da l'altra parte vidi 'l re Latino
che con Lavina sua figlia sedea.
Vidi quel Bruto che cacciò Tarquino,
Lucrezia, Iulia, Marzia e Corniglia;
e solo, in parte, vidi 'l Saladino.
Poi ch'innalzai un poco più le ciglia,
vidi 'l maestro di color che sanno
seder tra filosofica famiglia.

Tutti lo miran, tutti onor li fanno:
quivi vid'ïo Socrate e Platone,
che 'nnanzi a li altri più presso li stanno;
Democrito che 'l mondo a caso pone,
Dïogenès, Anassagora e Tale,
Empedoclès, Eràclito e Zenone;
e vidi il buono accoglitor del quale,
Dïascoride dico; e vidi Orfeo,
Tulio e Lino e Seneca morale;
Euclide geomètra e Tolomeo,
Ipocràte, Avicenna e Galieno,
Averoìs che 'l gran comento feo.
Io non posso ritrar di tutti a pieno,
però che sì mi caccia il lungo tema;
che molte volte al fatto il dir vien meno.
La sesta compagnia in due si scema:
per altra via mi mena il savio duca,
fuor de la queta, ne l'aura che trema.
E vegno in parte ove non è che luca.

V

Per sedare vecchi rancori, due potenti famiglie guelfe di Romagna (Polenta da Ravenna e Malatesta da Rimini) patteggiano un'alleanza, e pensano bene di ratificarla con un matrimonio. Bellissima è la Francesca da Polenta; brutto e sciancato, il Malatesta, Giovanni detto 'il Ciotto', cioè 'lo Zoppo'. Avendo di che temere una ripulsa della giovane, si conviene fra gli anziani delle due famiglione di celebrare il matrimonio per procura. Ulteriore raggiro o delicato quiproquò, si forma per un attimo in Francesca l'illusione che il procuratore sia lo sposo promesso. E un attimo è sufficiente per far attecchire in lei la primissima favilla dell'amore; tanto più che questo procuratore, Paolo, fratello minore di Gianciotto, è una meraviglia d'uomo sotto tutti i profili. In ogni caso, a Rimini, la trepida Francesca si trova nel letto le smanie d'uno storpio. Costumata qual è, si sottomette al vincolo. Ma come scongiurare che la promiscuità col bellissimo cognato, il quale – a norma d'amor cortese – l'ama inappellabilmente anche lui, moltiplicando le tentazioni, non travolga alla buonora i fragili argini del pudore e della convenienza? E una sera stregata di maggio, in una loggia panoramica della rocca di Gradara (o in altra loggia opportunamente segnalata dagli enti di soggiorno e turismo), basterà la lettura a due della pagina di un famoso romanzo erotico-cavalleresco, in cui si narrano gli esordi d'una rapinosa vicenda extraconiugale, perché i cognati si arrendano alle ingiunzioni della carne, e si bacino insaziabili. Qui irrompe il marito, messo sul chi vive dalle circostanziate maldicenze d'un terzo fratello, Malatestino il guercio, le cui avances Francesca aveva a suo tempo rintuzzato... irrompe, sorprende i due in flagranza di bacio adulterino, e li infilza in un'unica stoccata.

Il punto è questo: noi italiani non condividiamo racconti. A conti fatti, nel repertorio di modelli narrativi delle tre-quattro generazioni che, all'atto, convivono nella penisola, non figurano più d'una ventina di storie contratte in aneddoti. Naturalmente, fra le venti, non manca un mazzetto di episodi della *Divina Commedia*. E nel mazzetto, spicca la vicenda patetica e funesta di Paolo e Francesca, più o meno nei termini in cui ho tentato di riassumerla. Ma quel plot – variante romagnola della storia di Tristano e Isotta, che rimonta al Boccaccio, e s'è poi appesantita di retroscena melodrammatici e di capziosità erotico-psicologiche nell'immaginario di poeti risorgimentali e fin de siècle – ...quel plot ha nelle terzine di questo canto, come controlleremo, un riscontro vaghissimo.

Così, però, attraverso i secoli l'elegante segnaletica morale e la tragica reticenza di versi supremi si sono diluite via via, e han finito per amalgamarsi agli schemi di quel sentimentalismo un po' lagnoso e un po' esibizionistico che, sposando le ragioni del «buon cuore» con quelle dei «cattivi pensieri», ci assolve tutti nel nome del «vero amore».

Tutt'altra, l'idea del «vero amore» che coltivava Dante. Vedremo. Cominceremo prestissimo a vedere.

Quanto alla cronaca dei cognati romagnoli, c'è giusto da aggiungere che la documentazione d'epoca integra l'asciutto racconto del poeta Dante con pochi dati anagrafici del tutto accessori: una figlia lei, due figli lui (anche lui era sposato)... Sui tempi e sui modi della relazione adulterina, come sul fatto di sangue, nulla: in archivio non risulta assolutamente nulla.

Di Paolo di Malatesta da Verucchio (detto 'il Bello') andrà semmai segnalato che fu capitano del popolo a Firenze fra il marzo del 1282 e il febbraio successivo; verosimile, che in quel torno di tempo Dante ragazzo lo abbia visto di persona, e che la circostanza abbia aggravato il suo turbamento alla notizia del doppio omicidio, avvenuto, pare, di lì a due anni nemmeno.

Quanto poi alle famiglie Malatesta e Polenta, alle potentissime consorterie che aggregano e alle complementari strategie politico-dinastiche, che il matrimonio fra Gianciotto e Francesca, celebrato intorno al '75, tonifica nelle rispettive giurisdizioni di Rimini e di Ravenna, qui basterà segnalare come quelle nozze instaurino fra le due casate un'alleanza talmente vantaggiosa per ambo le parti, che il contrattempo dell'uxoricidio non sembra averla sciupata più di tanto; anzi, se vogliamo spiegarci in qualche modo l'inusitato silenzio degli archivi, siamo autorizzati a sospettare che l'abbia saldata con un omertoso patto di sangue.

Ciò premesso, proviamo a ricompitare il canto da principio.

Dante, dunque, è disceso dal primo cerchio giù nel secondo, il quale è contenuto in una circonferenza un po' più stretta, ma tanto più dolore contiene, dolore *che punge a guaio* (che istiga a gemere). Come è disceso?

«*Così*», scrive lui, senza raccontarci come.

Sta Minosse piantato sull'entrata... E chissà cos'è l'entrata di questa immensa cava circolare senza porta? Forse il punto dello zoccolo di roccia per dove passa la fenditura provocata dal terremoto che ha lesionato l'intera struttura dell'inferno all'atto della morte di Cristo; forse, no. Lì, comunque, son convogliate tutte le anime dei dannati, e lì Minosse *giudica e manda secondo ch'avvinghia*...

Spiegazione: «quando l'anima *mal nata* (nata, cioè, alla propria dannazione) gli capita davanti, confessa tutto. E lui, Minosse, nella sua gran competenza di peccati, individua il comparto dell'inferno che fa per lei, e glielo notifica *secondo ch'avvinghia*: avvolgendosi, cioè, nella coda un numero di volte pari all'ordinale del grado o cerchio in cui l'anima deve precipitare». Ottavo cerchio: otto giri di coda. Se il giudice caudato pratichi un unico avvolgimento multiplo o singoli avvolgimenti successivi, il poeta non dice; ma, in assenza di controargomenti probanti, non è male immaginare Minosse che, dovendo spedire qualcuno in fondo al baratro, mima la struttura dell'inferno, insomma, si traveste da inferno con la sua stessa coda. Incessante è il flusso delle anime: a turno, atone, vanno a giudizio, depongono a proprio carico, ascoltano la sentenza, e sull'istante son frullate di sotto a capofitto.

Come vede Dante in carne ed ossa, Minosse, interrompendo *l'atto di cotanto offizio*, lo diffida alzando la voce: "Tu che te ne vieni in quest'asilo di dannati, sta' attento a dove ti stai cacciando, e bada a non far troppo conto di quello lì. Mica ti farai ingannare dalla ampiezza dell'accesso…".

"*Perché pur gride?*" gli ribatte quello lì, cioè Virgilio ('possibile, tu non sappia far altro che gridare?', diremmo noi): "Non tagliargli la strada! *Vuolsi così colà…*", e ripete alla lettera la formula che, due canti fa, aveva fatto cascare la faccia a Caronte.

Il mitico re di Creta, figlio di Giove e della bambina Europa, che siede nell'antinferno di Virgilio, dove emette sentenze inappellabili con la solennità d'un dio ctonio e il rigore d'un giudice del processo penale romano, qui è ridotto un tetro e animalesco funzionario della burocrazia di Satana: più direttore d'una colonia di ergastolani, che magistrato. Con meticolosa rabbia di vendetta applica sentenze di morte eterna irrogate da una legge della quale ignora i disegni, e che ha condannato anche lui. Mansione improba, ma – diciamocelo – priva di una qualsiasi maestà. Forse '*cotanto offizio*' non significa altro che 'quel po' po' di lavoro'. Chiuso con Minosse.

Qui Dante viene al nocciolo del racconto, e passa al presente: «*or incominciàn le dolenti note* (il suono, il rombo del dolore) / *a farmisi sentire; or son venuto / là dove molto pianto mi percuote* (mi investe e mi turba)».

Nel buio, il pellegrino percepisce il mugghio d'un mare in tempesta sotto la furia di venti antagonisti... e il buio è ancora silenzio della luce: *loco d'ogne luce muto*. La bufera infernale che non s'arresta mai trascina le anime dei dannati nella sua rapina e, sbatacchiandole, le tormenta. Quando esse giungono davanti *a la ruina*, si scatena il coro discorde delle strida, dei singhiozzi e dei lamenti, e delle bestemmie (ma che cosa sia di preciso questa 'ruina', se il bocchettone da cui fuoriescono i venti, o l'accesso franoso del cerchio di cui si diceva prima, ignoriamo).

A questo punto, si viene a sapere – il pellegrino se ne rende conto, e il poeta ce lo riferisce – che i dannati sottoposti a quello strazio sono *i peccator carnali, / che la ragion sommettono al talento*, cioè che subordinano l'ordine della ragione ai disordini del desiderio. Perifrasi un po' protocollare per 'Lussuriosi'. Trasparente, il contrapasso: arresi alla furia delle passioni da vivi, da morti questi Peccator Carnali saranno strapazzati per i secoli dei secoli in una bufera furibonda.

Qui il racconto si anima di due famose similitudini aeree. Gli *spiriti mali*, paragonati allo stormo largo e pieno degli storni (*stornèi*), sono la totalità dei Lussuriosi, i quali, nella massa compatta, turbinano alla rinfusa; mentre le ombre che, travolte dalla medesima tormenta (*da la detta briga*), striano gemendo quel volo di storni, come gru che disposte in lunga riga *van cantando lor lai* ('*lai*', nel francese antico, è una forma poetico-musicale cui risale etimologicamente il tedesco 'Lied': nella lingua di Dante, assunto a plurale, evoca la musicalità dei lamenti)... dunque, queste gru lamentose son le anime selezionate *ch'amor di nostra vita dipartille*, cioè, che han perso la vita a causa dell'amore. Causale che però – lo vedremo subito – non sembra sempre così evidente e stringente da giustificare l'iscrizione sotto quest'unica rubrica di tutti i personaggi che incontreremo.

Allora: chi sono queste anime-gru? A domanda di Dante, Virgilio risponde con affabile onniscienza. Così apprendiamo che la prima è Semiramide, la leggendaria imperatrice poliglotta, la quale, succeduta al marito Nino, regnò sulla *terra che 'l Soldan corregge*, cioè sulla città che ora è retta dal sultano d'Egitto (equivoco toponomastico: in effetti il Soldano «coreggeva» la Babilonia egiziana, che è poi il vecchio Cairo; lei, a suo tempo, la Babilonia mesopotamica): donna talmente depravata, questa Semiramide, che per abrogare l'ignominia a cui s'era ridotta, decretò la liceità di qualsiasi sfrenatezza; insomma, come si dice: *lìbito fé licito in sua legge*. Tanto è scritto nelle *Storie* di Paolo Orosio, divulgatissime e accreditatissime per tutto il Medioevo. La truce fiaba menzionata da antichi chiosatori, secondo la quale Semiramide sarebbe stata assassinata da suo figlio, con cui avrebbe intrattenuto rapporti incestuosi (fiaba che spiegherebbe la sua inclusione nel novero dei morti per amore), non sappiamo dove Dante possa averla letta, se mai l'ha letta.

Seconda fra le anime in riga è colei che si uccise per amore, dopo aver rotto il patto di fedeltà giurato sulle ceneri del marito Sichèo: cioè la vedova Didone, fondatrice e regina di Cartagine; la quale – come si sa – folle di Enea, una volta che, per dar corso ai suoi fati sacrosanti, lui si vide costretto ad abbandonarla, si ammazzò sulla propria pira. Virgilio pudicamente omette il nome della sua eroina.

Segue, sfregiata dalle dieresi, *Clëopatràs lussurïosa*: la celebre Cleopatra, amante di Cesare, di Marco Antonio e di quanti altri, la quale – serve dirlo? – finì per suicidarsi lasciandosi mordere da un àspide, anche se non esattamente per ragioni di cuore.

Segue Elena, *per cui tanto reo / tempo si volse* (e saranno i dieci anni della guerra greco-troiana); probabile, che Dante la immaginasse sgozzata durante il sacco di Troia. Probabilissimo, che conoscesse la redazione medievale della leggenda del *grande Achille*, che voleva quell'invitto assassinato in un'imboscata, nella quale si era lasciato adescare dalla prospettiva di stipulare il contratto di nozze con Polissena, che egli amava «di bollente affetto», quantunque figlia del re nemico, il vecchio Priamo.

Ultimi del lotto, chiamati in causa con la sola menzione del nome: Paride (*Parìs*), il vanitoso e calamitoso amante di Elena, trafitto – si narrava – da una freccia avvelenata del greco Filottete, e lasciato morire da una ninfa gelosa; e Tristano, il famosissimo Tristano, che – a norma di leggende tutt'altro che univoche – preleva la bella Isotta in Irlanda per tradurla sposa a suo zio Marco, re di Cornovaglia; i due bevono un filtro d'amore, o simili; finché re Marco mette a morte l'infido nipote, o qualcosa del genere... Ignoriamo a quale versione di questa storia (come della sua imponente variantistica) Dante si attenesse.

Quanti racconti, invece, condivideva lui con i suoi contemporanei! con le persone di lettere, ma anche con gli artigiani e i venditori ambulanti destinati a storpiare le sue terzine canticchiandole... L'intelligenza psicologica, la moralità, il comune sentimento della storia e della vita si abbeveravano nel Medioevo avanzato ad una inesauribile falda di narrazioni. Le idee correnti non erano dedotte con pigra saccenteria definitoria da schemi ideologici: spaziavano nell'emozionante ambiguità delle favole esemplari.

L'elenco dei sette morti in odor di lussuria, completato da mille altri nomi di donne antiche e cavalieri, sgomenta il pellegrino Dante, e pietà lo coglie... quand'ecco, nella costellazione delle storie e delle favole del tempo andato irrompere l'attualità. Non senza fulgore.

"*Poeta*, mi piacerebbe parlare", mormora Dante a Virgilio, "con quei due che volano insieme e sembrano così leggeri al vento" (non lo ha chiamato 'maestro', come di norma: l'ha chiamato 'poeta').

"Quando saranno più vicini, pregali in nome dell'amore che li trascina, e vedrai che verranno", risponde Virgilio.

E Dante li interpella con sommo riguardo: "*O anime affannate, / venite a noi parlar, s'altri nol niega*" ('se nessuno lo vieta', cioè: 'se non lo vieta Dio').

Un mareggiare di storni. Nel mareggiare, una riga di gru (*la schiera ov'è Dido*). Dalla riga di gru si staccano ora, quasi colombe che planino *con ali alzate e ferme* verso il nido portate dal desiderio, i due, tratti dalla forza dell'appello affettuoso. Immagine incantevole... anche se nell'immaginario medievale due colombe abbinate non evocano tanto l'idea d'una palpitante tenerezza, quanto quella di una vera e propria abnegazione erotica. E parlano, le colombe. Con la voce di lei.

Languida e cortese come una gran dama di romanzo, Francesca da Polenta si dice disposta a dir tutto quello che la creatura che li sta convocando e il suo compagno vorranno sapere da loro, nella precaria e circoscritta interruzione dell'urlio del vento: *mentre che 'l vento, come fa, ci tace* ('ci' è locativo, e vale 'qui').

Ravenna era allora a ridosso del mare, fra due rami del delta del Po. E Francesca, per designare la sua città, si dichiara nata sulla marina dove sfocia il Po *per aver pace* con i suoi affluenti (*co' seguaci sui*). Se qualche udienza lei e Paolo avessero nei cieli, *pace* pregherebbero per il pellegrino commosso dalla smodatezza della loro pena. Pace e nient'altro, è la disperata aspirazione di questa giovane signora che, con l'amante, tinse il mondo di *sanguigno*, e ora mulina furiosamente nell'*aere perso* del secondo cerchio d'inferno.

'Perso' è colore di stoffe persiane «misto di purpureo e di nero, ma vince lo nero», come è scritto nel *Convivio*; 'sanguigno' è 'color sangue'. Termini entrambi da tintoria, che indicano quasi il medesimo punto di granata: nella voce di Francesca, delicati eufemismi merceologici a adombrare la condizione atroce di morti ammazzati, che hanno abbrunato di sangue tanto la terra quanto lo spazio della loro dannazione.

E qui, per consentirle di tracciare la parabola del suo colpevole amore senza scampo, il poeta assegna a Francesca otto versi fra i più famosi della poesia occidentale: *Amor, ch'al cor gentil ratto s'apprende...*

Questi versi – non è una scoperta – enunciano ed esemplificano alcuni fra i precetti codificati sul finire del XII secolo in un manuale di dottrina erotica in lingua latina da tale Andrea, cappellano del re di Francia assai versato peraltro negli studi teologici. Il manuale, per niente ovvio (di lì a sei secoli lo tradurrà in francese nientedimeno che Stendhal, in appendice al suo trattatello *De l'Amour*), fu probabilmente il libro più letto, dibattuto, chiosato e applicato nel bel mondo cristiano del Duecento, dove sviluppò una vera e propria giurisprudenza dell'amor cortese. E sugli articoli del codice di Andrea Cappellano, diffuso da noi col titolo di *Gualtieri*, tramarono variazioni infinite molti trattatisti e moltissimi rimatori romanzi: primo per rango, qui in Italia, Guido Guinizelli; non ultimo, il giovane Dante. Infatti, Francesca non mancherà di arieggiare versi dell'uno e dell'altro.

Ora arrischiamo una parafrasi del suo memorabile teorema.

"Amore, che in un cuore nobile attecchisce subito (coup de foudre!), prese questo Paolo del bel corpo di cui sono stata privata, *e 'l modo ancor m'offende*" (passaggio vessatissimo: quantunque l'interpretazione 'e il modo, anzi, la smodatezza della passione di Paolo mi tiene ancora in sua balìa' vanti qualche buon titolo, sarà forse meglio intenderlo all'antica: 'e il modo dell'ammazzamento continua a offendermi, a menomarmi', insomma: 'e son qui ammazzata in perpetuo'). "Amore", riprende Francesca in anafora, "che non esonera nessuna persona amata dall'amare a sua volta, prese me *del costui piacer* (in nota è scritto: 'della bellezza di quest'uomo'), e con tanta forza mi prese, *che, come vedi, ancor non m'abbandona*. Amore ci coinvolse in un'unica morte. Chi ci ha tolto la vita è atteso nel fondo del baratro". La Caìna, di cui Francesca fa parola nell'ultimo verso (*Caina attende chi a vita ci spense*), è la zona del lago di ghiaccio che chiude il cratere infernale, riservata ai traditori dei parenti.

A questo punto, senza pretender di liquidare in quattro parole l'argomento di cosa fosse «vero amore» per il poeta della *Commedia*, inquadrandone la dinamica concettuale nella storia delle idee al trapasso fra Medioevo tardo-feudale e Medioevo borghese, direi che una prima, elementare riflessione psicologica in materia, il teorema di donna Francesca la reclami anche da noi (posteri che non siamo altro), e in ispecie il famosissimo assunto del verso 103: *Amor, ch'a nullo amato amar perdona*.

Carte in tavola, amico mio: bene che gli sia andata nella vita, chi può affermare di essere stato sempre e fulmineamente e inappellabilmente riamato da qualsiasi essere di cui gli sia capitato d'innamorarsi, per il fatto stesso di essersene innamorato? Chi?... Nessuno di noi, e neanche Dante Alighieri, a quel che non fa che raccontarci. C'è caso, allora, che quella reciprocità d'amore, così istantanea e perfetta, non sia roba di questo mondo. E in effetti, se per l'autore di questi versi, come per i suoi teologi, amare Dio ed essere amati da Dio è un'unica cosa, modello del «vero amore» (di quello, appunto, «ch'a nullo amato amar perdona») sarà l'«Amor Dei», detto altrimenti 'carità'. Sul tema torneremo abbondantemente a tempo debito, dato che costituirà la ragione giudiziale del *Purgatorio* e l'impianto teologico del *Paradiso*. Ma fin d'ora sarà bene chiarirci che questo amore non è fantasma deduttivo, aforisma mistico, né, tanto meno, sublimazione sentimentale. Anzi, proprio la nozione di mutuo desiderio che implica sembra sostanziata più che dall'abitudine a un soave volersi bene, dall'esperienza carnale della passione d'amore: dall'esperienza, cioè, di amare non un mero oggetto, ma un oggetto-soggetto di desiderio: insomma, una persona intera, desiderata e desiderante. Così, per tenerci ai termini del nostro teorema, il «piacere» di Paolo (il *costui piacer*) che seduce in perpetuo Francesca, forse non è tanto la sua avvenenza – come leggevamo in nota –, quanto il suo desiderio della *bella persona* di lei e, insieme, il piacere, la passione di piacerle, che fanno tutt'uno, nell'anima e nel corpo della cognata tremante, con la passione di piacergli. Ma allora – ti domanderai – se il loro amore è «vero amore», amore intero d'anima e di carne, e se, proprio perciò, ha bene o male per modello l'«amor Dei», dov'è la colpa di Francesca e di Paolo?

In via di dottrina, la risposta rischia l'ovvietà: la colpa è l'adulterio (aggravato dal vincolo parentale). In via di letteratura, i termini del discorso, per fortuna, si complicano un po'. È quel che vedremo.

Torniamo sul testo. All'ascolto di quelle anime *offense* (menomate, lese: analogamente oggi parliamo di 'arto offeso'), Dante abbassa gli occhi, e tanto li tiene bassi, da indurre Virgilio, designato ancora come '*poeta*', a domandargli cosa mai gli passi per la testa. E lui fa una considerazione assai triste: "Ahimè, *quanti dolci pensier, quanto disìo / menò costoro al doloroso passo!*". Poi si rivolge a Francesca: "Francesca, le tue pene mi impietosiscono fino alle lacrime". E le sottopone un quesito che gli sta molto a cuore: "*Ma dimmi*: nella fase del linguaggio tenero e indistinto dei sospiri, per quali indizi e in quali circostanze vi ha consentito Amore di conoscere i vostri titubanti e mutui desideri?". Domanda che sottintende il giudizio (giudizio che sentiremo sviluppare in purgatorio) secondo cui non esiste pulsione d'amore colpevole in sé; ma che colpevole possa essere, ove contravvenga ai comandamenti VI e IX, confessarla e lasciarsene sopraffare.

Premesso che nulla fa più male che ricordarsi del tempo felice nella miseria, "*e ciò*", specifica la dama, "*sa 'l tuo dottore*" – il quale sarà senz'altro Virgilio, anche se la massima è di Severino Boezio –, visto che il pellegrino cortese manifesta tanto trasporto di conoscere l'inizio (*la prima radice*) della loro passione, Francesca si dispone a raccontare piangendo: dice per l'esattezza: '*dirò come colui che piange e dice*'... «falsa similitudine», secondo i canoni della retorica, che andrebbe parafrasata: 'dirò come direbbe chi piangendo dicesse'; tu noterai però come questa figura, adibita di norma a distanziare chi parla dalle parole che si accinge a dire, nell'*Inferno* di Dante tradisca l'identificazione totale del parlante con il dolore che pronuncia.

Basta: sulla lacrimevole storia d'amore e di morte, noi ce ne siamo raccontate fin troppe... Francesca non ha cuore che per l'essenziale. Limitiamoci ad ascoltarla. E lei dice solo che un giorno, per svago, senza essere insospettiti da alcun presentimento, lei e Paolo leggevano insieme un romanzo francese, dov'era narrata la storia d'amore di Lancillotto del Lago e Ginevra la Bella, moglie di re Artù (e sarà la voluminosa compilazione in prosa del primo Duecento, che andava sotto il titolo di *Lancelot dou Lac*). Più d'una volta la lettura costrinse i loro sguardi ad incrociarsi (*li occhi ci sospinse*), i loro visi a scolorare; ma a sopraffarli fu una pagina, e proprio quella: una pagina, un paragrafo, *un punto*... Quando lessero il desiderato sorriso di donna Ginevra esser baciato da cosiffatto amante, "*questi*", singhiozza intrepida Francesca, "*che mai da me non fia diviso* (non sarà mai diviso da me), */ la bocca mi basciò tutto tremante*". Scritto settecento anni fa, esattamente come lo diremmo oggi noi, questo verso sfila la voce di bocca, e fa tremare.

Il verso successivo può sembrare inessenziale, ma non lo è. Il Galeotto di cui si parla è il siniscalco Galehaut, che nel romanzo francese istiga spudoratamente il leale Lancillotto a dichiarare il suo amore a Ginevra; e sotto i suoi occhi, Ginevra prende Lancillotto per il mento e lo bacia a lungo. '*Galeotto fu 'l libro e chi lo scrisse*' significa, nel lessico fine ed elusivo della dama dannata: 'il libro, o meglio il suo autore, ci ha fatto da mezzano'. E Francesca conclude indimenticabilmente: "*quel giorno più non vi leggemmo avante*".

Mentre Francesca parla, Paolo – il timido, il silenzioso Paolo – continua a piangere, e il pellegrino tramortisce.

Nello schema di racconto che abbiamo tracciato all'inizio, la lettura, interrotta dal bacio, sarebbe stata immediatamente e definitivamente troncata dall'irruzione del marito zoppo e dal doppio omicidio. Fra i due, dunque, un bacio, niente più che un bacio... E con tanti altri dettagli immaginari (esempio: il matrimonio per procura), la venialità di quel bacio – a sentir moltissimi esteti di buon cuore – concorrerebbe ad accumulare attenuanti per i due poveri cognati, in sintonia con la supposta propensione del poeta a perdonarli...

Ma – mi domando – è mai possibile che la relazione adulterina, che costerà a Paolo e Francesca morte violenta e pene dell'inferno, sia durata, dalla prima radice alla catastrofe, il tempo di un bacio lasciato a metà? Non è più sensato supporre che il verso memorabile si riferisca al fatto che, da quel giorno, i due abbiano accantonato le perlustrazioni letterarie sul tema dell'amor cortese, per abbandonarsi alle corvées della passione? Dettagli, pettegolezzi, d'accordo... ma l'idea che Dante Alighieri, uomo e poeta, propenda a perdonare dei peccatori nell'atto stesso di destinarli alla dannazione eterna non sta francamente né in cielo né in terra (tanto meno all'inferno).

Vero, che il pellegrino d'oltretomba si prodiga con gli adulteri cognati in espressioni riguardose e compassionevoli, come non gli capiterà spesso là sotto (ma gli capiterà...). Vero, che in chiusa, alle ultime parole di Francesca e alla vista di Paolo muto, in lacrime, vien meno e cade *come corpo morto cade*. Vero... Ma se non isoliamo con un procedimento abusivo d'identificazione sentimentale o, peggio, ideologica questo canto e la bella persona di Francesca dal libro che li contiene, dovremo convenire che in queste terzine Dante-poeta ci sta raccontando il primo incontro e il primo colloquio fra un'anima perduta e Dante-peccatore: la prima tappa della sua conversione, la prima tentazione debellata. E dovremo anche constatare come questa tentazione, evocata ed esemplificata dai due amanti di Romagna, non fosse mera vertigine dei sensi, puro sbando di passione: infatti Francesca, nell'esporre al pellegrino affettuoso la parabola obbligata che ha tratto lei e Paolo all'adulterio, alla morte e al castigo eterno, ripete con una qualche rigidezza sillogistica tracciati mentali e sentimentali in cui lui stesso s'era attardato e compiaciuto da giovane. E addita la letteratura come ruffiana.

Dante, dunque, è doppiamente implicato nella storia peccaminosa e funesta degli amanti romagnoli: perché, in concorso col cappellano del re di Francia e con «chi scrisse» il *Roman de Lancelot*, figura – come giovin poeta – mandante ideologico dell'adulterio; e perché – come comune cristiano coniugato – ha applicato alla lettera anche lui l'articolo I del breviario di André Chapelain («la scusa del matrimonio non esonera dall'amore»), e vi ha conformato, alla maniera di Francesca e Paolo, un bel segmento d'esistenza.

Certo, il fatto che per i due cognati quel segmento sia stato l'ultimo e irrevocabile confonde di misericordia il pellegrino e lo induce in una straziante complicità emotiva. Ma questo non significa che il poeta perdoni in deroga alla sentenza celeste: anzi, ci sta proprio raccontando che a prezzo di quel compassionevole strazio, fra lacrime, balbettii e tramortimenti, è scampato da pellegrino al peccato d'amore: alla Lussuria... insomma, a quella congestione dell'anima e dei sensi che la medicina dell'epoca inquadrava fra l'infermità melancolica e la licantropia; mentre la letteratura ne magnificava l'incurabilità, con capziosa eleganza introspettiva, ratificando la resa incondizionata alla tirannide della passione che ci esonera dall'esercizio della libertà morale. È dunque la letteratura ad attivare la sottile mistificazione del «vero amore» che frastorna e danna in eterno Francesca e Paolo.

Però – si obbietta – Dante condanna al ghiaccio di fondo inferno il marito zoppo, che ha assassinato di spada la moglie adultera: segno che per lui è tradimento più grave assassinare una moglie innamorata di terzi che non tradire un marito zoppo. Ma certo!... ci mancherebbe altro... anche se c'è più d'un motivo per pensare che Gianciotto sia destinato alla Caina non tanto in qualità di uxoricida, quanto di fratricida: perché, come Caino, ha ucciso suo fratello alla sprovvista.

Però Francesca – si obbietta – ama ancora, non ha rimorsi. All'inferno, però, nessuno ha rimorsi, tranne Dante; tutti, semmai, hanno rimpianti. E Francesca rimpiange, eccome, la pace che ha perduto in eterno per quel capoverso di romanzo e per quel bacio sillogisticamente ineluttabile. Continua ad amare, d'accordo, innamorata in eterno del suo Paolo Malatesta e, più ancora, del «segnore di pauroso aspetto che è Amore» (come si legge nella *Vita Nova*). Ma questo non costituisce attenuante, né allevia la pena: è la pena, cioè il perpetuarsi della colpa nell'impossibilità di conoscerla come colpa, e di chiederne perdono. Quale amante, per adultero che sia, vorrebbe esser perdonato della follia di amare? Sbatacchiati in eterno da una ciclonica bramosia, Francesca e Paolo né vogliono né possono.

Dio, però, che tormento costa al pellegrino d'oltretomba abiurare ai dolci pensieri in rima della propria adolescenza (tormento che Virgilio è chiamato a testimoniare e mitigare in veste, appunto, di *poeta*)! E abiura, Dante penitente, certo che abiura!... Ma noi?

Se una precettistica capziosa e velleitaria (tipo: «al cuore non si comanda») e un best seller «rosa» han sopraffatto i due amanti trascinandoli a dannazione eterna, perché noi, se una volta nella vita abbiamo provato la vertigine della passione e l'agonia del desiderio... perché non dovremmo lasciarci sopraffare noi dalle terzine supreme che cantano quell'atroce fatto di cronaca, perpetuandone lo scandalo di là dalla morte? dalla melodia languida, contegnosa e lancinante del Lied di Francesca da Rimini?

Così discesi del cerchio primaio
giù nel secondo, che men loco cinghia,
e tanto più dolor, che punge a guaio.
Stavvi Minòs orribilmente, e ringhia:
essamina le colpe ne l'intrata;
giudica e manda secondo ch'avvinghia.
Dico che quando l'anima mal nata
li vien dinanzi, tutta si confessa;
e quel conoscitor de le peccata
vede qual loco d'inferno è da essa;
cignesi con la coda tante volte
quantunque gradi vuol che giù sia messa.
Sempre dinanzi a lui ne stanno molte:
vanno a vicenda ciascuna al giudizio,
dicono e odono e poi son giù volte.
"O tu che vieni al doloroso ospizio",
disse Minòs a me quando mi vide,
lasciando l'atto di cotanto offizio,
"guarda com'entri e di cui tu ti fide;
non t'inganni l'ampiezza de l'intrare!".
E 'l duca mio a lui: "Perché pur gride?
Non impedir lo suo fatale andare:
vuolsi così colà dove si puote
ciò che si vuole, e più non dimandare".
Or incomincian le dolenti note
a farmisi sentire; or son venuto
là dove molto pianto mi percuote.
Io venni in loco d'ogne luce muto,
che mugghia come fa mar per tempesta,
se da contrari venti è combattuto.
La bufera infernal, che mai non resta,
mena li spirti con la sua rapina;
voltando e percotendo li molesta.

Quando giungon davanti a la ruina,
quivi le strida, il compianto, il lamento;
bestemmian quivi la virtù divina.
Intesi ch'a così fatto tormento
enno dannati i peccator carnali,
che la ragion sommettono al talento.
E come li stornèi ne portan l'ali
nel freddo tempo, a schiera larga e piena,
così quel fiato li spiriti mali
di qua, di là, di giù, di sù li mena:
nulla speranza li conforta mai,
non che di posa, ma di minor pena.
E come i gru van cantando lor lai,
faccendo in aere di sé lunga riga,
così vid'io venir, traendo guai,
ombre portate da la detta briga;
per ch'i' dissi: "Maestro, chi son quelle
genti che l'aura nera sì gastiga?".
"La prima di color di cui novelle
tu vuo' saper", mi disse quelli allotta,
"fu imperadrice di molte favelle.
A vizio di lussuria fu sì rotta,
che lìbito fé licito in sua legge,
per tòrre il biasmo in che era condotta.
Ell'è Semiramìs, di cui si legge
che succedette a Nino e fu sua sposa:
tenne la terra che 'l Soldan corregge.
L'altra è colei che s'ancise amorosa,
e ruppe fede al cener di Sichèo;
poi è Clëopatràs lussurïosa.
Elena vedi, per cui tanto reo
tempo si volse, e vedi 'l grande Achille,
che con amore al fine combatteo.

Vedi Parìs, Tristano"; e più di mille
ombre mostrommi e nominommi a dito,
ch'amor di nostra vita dipartille.

Poscia ch'io ebbi 'l mio dottore udito
nomar le donne antiche e ' cavalieri,
pietà mi giunse, e fui quasi smarrito.

I' cominciai: "Poeta, volontieri
parlerei a quei due che 'nsieme vanno,
e paion sì al vento esser leggieri".

Ed elli a me: "Vedrai quando saranno
più presso a noi; e tu allor li priega
per quello amor che i mena, ed ei verranno".

Sì tosto come il vento a noi li piega,
mossi la voce: "O anime affannate,
venite a noi parlar, s'altri nol niega!".

Quali colombe dal disio chiamate
con l'ali alzate e ferme al dolce nido
vegnon per l'aere dal voler portate;

cotali uscir de la schiera ov'è Dido,
a noi venendo per l'aere maligno,
sì forte fu l'affettüoso grido.

"O animal grazïoso e benigno
che visitando vai per l'aere perso
noi che tignemmo il mondo di sanguigno,

se fosse amico il re de l'universo,
noi pregheremmo lui de la tua pace,
poi c'hai pietà del nostro mal perverso.

Di quel che udire e che parlar vi piace,
noi udiremo e parleremo a voi,
mentre che 'l vento, come fa, ci tace.

Siede la terra dove nata fui
su la marina dove 'l Po discende
per aver pace co' seguaci sui.

Amor, ch'al cor gentil ratto s'apprende,
prese costui de la bella persona
che mi fu tolta, e 'l modo ancor m'offende.

Amor, ch'a nullo amato amar perdona,
mi prese del costui piacer sì forte,
che, come vedi, ancor non m'abbandona.

Amor condusse noi ad una morte.
Caina attende chi a vita ci spense".
Queste parole da lor ci fuor porte.

Quand'io intesi quell'anime offense,
china' il viso, e tanto il tenni basso,
fin che 'l poeta mi disse: "Che pense?".

Quando rispuosi, cominciai: "Oh lasso,
quanti dolci pensier, quanto disìo
menò costoro al doloroso passo!".

Poi mi rivolsi a loro e parla' io,
e cominciai: "Francesca, i tuoi martìri
a lagrimar mi fanno tristo e pio.

Ma dimmi: al tempo d'i dolci sospiri,
a che e come concedette amore
che conosceste i dubbiosi disiri?".

E quella a me: "Nessun maggior dolore
che ricordarsi del tempo felice
ne la miseria, e ciò sa 'l tuo dottore.

Ma s'a conoscer la prima radice
del nostro amor tu hai cotanto affetto,
dirò come colui che piange e dice.

Noi leggiavamo un giorno per diletto
di Lancialotto come amor lo strinse;
soli eravamo e sanza alcun sospetto.

Per più fïate li occhi ci sospinse
quella lettura, e scolorocci il viso;
ma solo un punto fu quel che ci vinse.

Quando leggemmo il disiato riso
esser basciato da cotanto amante,
questi, che mai da me non fia diviso,
la bocca mi basciò tutto tremante.
Galeotto fu 'l libro e chi lo scrisse:
quel giorno più non vi leggemmo avante".
Mentre che l'uno spirto questo disse,
l'altro piangea; sì che di pietade
io venni men così com'io morisse.
E caddi come corpo morto cade.

VI

Rientrando in possesso delle funzioni sensoriali e della memoria che le registra, occluse (memoria e funzioni) dalla misericordia per i due cognati romagnoli, che lo ha tramortito di *trestizia* (nel lessico di Tommaso d'Aquino, «cognitio et recusatio mali», rimorso, insomma: ecco il motivo dello svenimento...), il pellegrino Dante si vede circondato, in qualsiasi direzione avventuri il passo o ficchi lo sguardo, da un nuovo genere di tormenti e da una nuova genìa di tormentati. E neanche il transito fra secondo e terzo cerchio ci viene raccontato.

Dunque, non si sa come, Dante si ritrova in mezzo al terzo cerchio, sul quale, tracciando le tenebre, si riversa una pioggia eterna, maledetta, fredda e spessa, mista di grandine grossa, di acqua torbida (*tinta*) e di neve, immutabile per ritmo e per qualità, atrocemente monotona. La terra, imbevuta di questa roba, puzza. Sopra i dannati a guazzo nella melma, latrando caninamente con tre gole, Cerbero li graffia, li scuoia e li trincia (*isquatra*: immagine che evoca a meraviglia lo scalco sul piatto di portata); e, come cani, urlano quei poveri reietti (*profani* è, a rigor di etimologia, 'esclusi dal santuario')... reietti che si rivoltolano incessantemente, per dar tregua al supplizio del fianco volta a volta esposto alla pioggia.

Proviamo a immaginarci questo Cerbero. Sappiamo che nell'Ade di Virgilio, accovacciato per tutta l'ampiezza dell'antro che fronteggia la riva interna dell'Acheronte, Cerbero controlla le operazioni di sbarco delle anime defunte: doganiere terrorizzante, inappellabile, sacro. Come la morte. La Sibilla, per prevenirne le furie alla vista di Enea sbarcato in carne ed ossa nel regno delle ombre, gli getta una focaccia impastata di miele e di erbe soporifere. Cerbero la divora, e si addormenta, placato dall'adempimento rituale. Ma che razza di bestia è?

Nelle favole antiche e sull'antico vasellame, Cerbero è un mostro a base canina, con un'ampia criniera di serpenti che incornicia una pluralità di teste (da un minimo di tre a un massimo di cinquanta). Virgilio, che si contenta di tre, insiste sulle dimensioni spropositate dell'animale.

Come Virgilio, tre gole assegna a Cerbero anche Dante, senza però far parola né di «immani terga» né di serpenti. Eppure, ce lo presenta per una fiera crudele e '*diversa*', cioè, diremmo, 'mostruosamente assortita'. Quindi cane, e cos'altro? Vediamo i connotati di questo Cerbero: *occhi* iniettati di sangue; *barba* unta e lercia; *ventre* dilatato; *mani* unghiate; faccia, anzi, *facce* imbrattate. Oltre che cane, questa bestiaccia è uomo!

E cosa si può immaginare di più malassortito e repellente d'una compatta pelliccia ferina che lasci trapelare il rosa liscio delle nostre facce, mani, pance? Se il Cerbero del mito classico è fratello dell'Idra, questo è un cugino declassato delle Arpie. Anche lui terrorizza con lo schifo che fa. Ma le sue frenesie di cane che trema e digrigna arrapato dalla golosità lo rendono anche un po' ridicolo, e sanzionano in eterno la sua promiscuità con i dannati che graffia, taglia e strappa, dannato anche lui, cagnaccio antropoide su un pattume di uomini che urlano come cani, demonio da almanacco popolare, viscido e truce (Dante gli dà anche del '*gran vermo*', epiteto altrove riservato a Satana, schifosissimo re sotterraneo). Né, francamente, le sue funzioni di trinciacarni hanno più molto di inappellabile e di sacro.

Infatti, per tacitarlo, Virgilio, invece della focaccia rituale, gli caccia nelle bramose canne manciate di melma, a piene *pugna*.

E come un cane che si avventa sul pasto abbaiando e smaniando (nell'atto di chi *agogna*), perché ad altro non s'accanisce più che ad ingozzarsene (*ché solo a divorarlo intende e pugna*), così si acquieta Cerbero ingollando quelle polpette infami. E esce di campo.

Qui forse viene a proposito uno stelloncino metrico. Dunque, 'pugna' sostantivo neutro plurale alla latina, e 'pugna' verbo ('combatte') si sono appena abbinati in una «rima equivoca» (così si chiama la rima fra due parole uguali ma di senso diverso). I due 'pugna', a loro volta, hanno rimato con 'agogna'; e qui si tratta d'una «rima siciliana», così detta perché trascrive il sistema fonologico dei poeti siciliani e dei loro adepti tosco-emiliani: sistema nel quale la /ó/ è assimilata alla /u/, la /é/ alla /i/ (così un /agógna/ che tende ad /agugna/ rimerà, appunto, con /pugna/). Ed è la terza rima del genere che incontriamo: nel I canto, 'désse - venisse - treméssе'; il canto scorso 'vói - fui - sui'; altre ne troveremo, specie in questi canti d'avvio, secondo una pratica documentata peraltro fino a Quattrocento avanzato.

Lo scrupolo di espellere dal sacro poema queste apparenti imperfezioni di rima – invalso nell'evo dell'autocrazia fonetica toscana – ha indotto molti editori, e prima di loro molti copisti, a introdurre nel testo protesi ortofoniche brutte non meno che arbitrarie. Il testo ormai adottato dalla generalità degli studiosi (e che adottiamo anche noi) può vantare, fra tante altre, la benemerenza di aver espunto, in base ad uno scrutinio minuzioso della tradizione manoscritta, questo genere di «normalizzazioni alla fiorentina», restituendo alla lingua della *Commedia* la sua asprezza di vino novello, e ripristinandone l'energia vocale, che Dante spilla da tutte (o quasi) le parlate d'Italia.

Cerbero, dunque, è uscito di campo. Ma dall'inquadratura simbolica le sue dimensioni di ordinario cagnaccio debordano nel buio unto e fetente del cerchio con l'ossessionante molestia dei suoi latrati, che intronano *l'anime sì, ch'esser vorrebber sorde*. Povere anime! La greve pioggia le schiaccia e spossa (*adona*, dal francese antico 's'adonner': 'arrendersi, darsi per vinto'), e formano un tappeto così fitto, che Dante e Virgilio son costretti a calpestarle: a calpestare la *lor vanità che par persona*. Se però – così ci sembrava di aver capito – queste anime trapassate non hanno peso né spessore, e la loro fisicità, per quanto passibile di tormenti, è vacua apparenza, vanità vana, come si fa a camminarci sopra?

Problema senza soluzione. Come i cento indizi che la *Commedia* fornisce in materia non collimino affatto, avremo modo di verificarlo. Solo sulla penultima balza del monte Purgatorio ne sapremo qualcosa di più, senza peraltro saperne abbastanza. Per il momento, contentiamoci di prendere atto che Virgilio e Dante poggiano effettivamente le piante dei piedi sulla melmosa labilità dei dannati; e che, come spiegherà il maestro in chiusa di canto, nella provvisorietà e imperfezione di tutti i morti fino al giorno del Giudizio, questi morti qui son particolarmente imperfetti e provvisori.

Al passaggio dei poeti, una delle anime sdraiate e impastate di fango si tira a sedere di colpo, e interpella Dante: "O tu che ti lasci pilotare *per questo 'nferno*, prova a riconoscermi: tu sei venuto al mondo prima che me ne andassi io (o, in termini grottescamente iperconcreti: *tu fosti, prima ch'io disfatto, fatto*)".

Dante però non lo riconosce: "Lo strazio che ti sfigura forse ti cava dalla mia memoria: fatto sta, che non mi sembra di averti mai visto. Dimmelo tu, chi sei, collocato in un posto così deplorevole e sottoposto a una pena tale che, s'altra è *maggio* (maggiore, dal nominativo latino 'maior'), *nulla è sì spiacente* (nessuna è tanto repellente e umiliante)".

Il dannato la gira così: "La tua città, che ormai trabocca d'odio, mi ospitò per il tempo della mia vita (bei tempi!). Voi concittadini mi chiamavate 'Ciacco'. Per il pernicioso peccato della gola, come tu vedi, alla pioggia *mi fiacco*, mi macero. E non sono il solo: tutti questi altri patiscono il medesimo castigo per la medesima colpa". E chiude.

Chi fosse questo Ciacco nella cronaca fiorentina del secondo Duecento, non possiamo far finta di saperlo. Il nome stesso non si sa che sia: come diminutivo di 'Iacobus' non torna; che valga 'porco' – come si è preteso – non risulta. Fragilissimamente fondata è, d'altronde, la tentazione di identificare il nostro con tal Ciacco dell'Anguillaia, di cui vecchi codici conservano il nome e un paio di contrasti villerecci. Mentre il Ciacco che compare nella IX giornata del *Decameròn* è certo lui, infatti manifestamente gli fa il verso: «uomo (…) dato tutto al vizio della gola», tanto che, «se chiamato era a mangiare, v'andava, e similmente se invitato non era (…). Fuor di questo, egli era costumato uomo, ed eloquente e affabile e di buon sentimento».

Insomma, un formidabile gourmand e sbafatore emerito, ma non privo di tratto. Nel terzo cerchio infatti è punita *la dannosa colpa de la gola*.

Aggiudicare alla Gola la sinistra grandezza del peccato capitale potrebbe sembrarci una vecchia esagerazione. Ma nell'Europa medievale, vessata da carestie ricorrenti, l'ostentazione mondana del vizio solitario della gola, quanto più si sapeva indecente, tanto più incorreva in eccessi oltraggiosi.

Dante, che da buon cristiano coltiva i valori simbolici della mensa, intitola '*Convivio*' il trattato in cui distribuisce agli illetterati le sue laboriose cognizioni, quasi briciole e molliche del pane degli angeli. E – sebbene, in consonanza con i Dottori della Chiesa, contesti l'opinione di quei Padri che rubricavano il peccato originale sotto il vizio della gola – l'egoismo viscerale e impudico dei golosi gli procura un ribrezzo lancinante, che acumina la sua intelligenza psicologica.

Oggi non c'è dubbio che caccerebbe sotto quel diluvio di fanghiglia non solo gli innumerevoli obesi che ingombrano con l'eccesso di sé i nostri spazi sempre più stretti, ma, per depravazione speculare, anche quanti, golosi del proprio corpo, praticano una «soperchievole astinenza» (parole sue), insomma, l'ascetismo fatuo delle diete integrali, esponendosi allo spettrale contrapasso terreno dell'anoressia.

E non andrà trascurato come, in questi versi di *Commedia*, l'abbrutimento dei Golosi, che la loro pena, «spiacente» quant'altra, perpetua in iperbole, chiami immediatamente in causa, per bocca d'un ghiottone fiorentino, l'abbrutimento di Firenze.

Messo in campana dall'ammicco spregioso del concittadino alla comune concittadinanza, il pellegrino Dante torna a rivolgergli la parola con la stessa ansiosa cortesia e quasi con le stesse parole con cui aveva interpellato Francesca ("*ma dimmi...*"). E gli pone tre quesiti: 1) dove andranno a parare i cittadini della città *partita* (divisa, spaccata a metà); 2) se lì c'è ancora qualche persona giusta; 3) per quale motivo Firenze è afflitta da tanta discordia.

Quesiti – dobbiamo ammetterlo – strani e male indirizzati. Già, infatti, se il primo riguarda il futuro di Firenze, e rientra (come vedremo meglio di qui a quattro canti) fra le competenze degli inquilini dell'aldilà, gli altri due, che vertono sullo stato attuale della città, sembrano proprio rivolti a un interlocutore sbagliato: che ne sanno i morti del presente? Assolutamente nulla (come ci spiegherà, appunto, di qui a quattro canti il grande Farinata), e comunque molto meno di un Dante che è appena arrivato dalla crosta della terra.

In ogni caso, dopo aver risposto dettagliatamente alla prima domanda, Ciacco sulle altre due non si dilunga: "Di personaggi come si deve ce n'è giusto un paio (ma chissà se '*giusti son due*' significa proprio questo): comunque nessuno li ascolta. Quanto ai motivi della discordia, be', le *faville c'hanno i cuori accesi* sono tre: superbia, invidia e avarizia" (che, nel caso, andrebbero forse ridotte di scala in 'arroganza, rancore e avidità'). E, pronunciate queste lagrimevoli parole, la voce del gentiluomo s'interrompe.

Lagrimevoli, le parole, e allarmanti. Specie quelle spese in risposta al quesito 1 (dove andranno a parare i cittadini della città partita?). Parole che contengono la prima delle funeste profezie formulate dai defunti a carico del pellegrino-poeta. Un po' sibillina, come tutte le altre, e, come tutte le altre, retroattiva.

Infatti, ragionevolezza insegna che le facoltà divinatorie attribuite da Dante ai suoi interlocutori d'oltretomba non possono esercitarsi che su eventi intercorsi fra la data dell'immaginario pellegrinaggio e il momento in cui il poeta ne détta il resoconto immaginario. Cioè – come abbiam visto – fra la prima primavera dell'anno 1300 e... Già: bisognerebbe almeno sapere quando Dante Alighieri ha messo mano alla *Divina Commedia*. Sia chiaro: non si sa.

Noi ci atterremo al buonsenso della tradizione, che suggerisce il 1306-1307. Senonché, il solito Boccaccio retrodata i primi sette canti dell'*Inferno* al 1301: tesi per la quale diversi specialisti, sedotti dalla elegante gracilità di alcuni indizi, non nascondono una certa propensione.

Visto che l'indizio più consistente starebbe proprio in questa profezia di Ciacco, verifichiamo il minimo necessario.

Dunque, il ghiottone ha asserito che i Fiorentini sono sul punto di passare a vie di fatto in capo a una *lunga tencione*, insomma all'interminabile vertenza che divide in due opposte fazioni i guelfi di Firenze, a far data dal 1280: da quando cioè la ricca consorteria dei Cerchi, appena immigrata dal contado ('*la parte selvaggia*' dice Ciacco: oggi diremmo 'il partito dei cafoni'), si insedia nel sestiere di Por San Piero, a ridosso delle case dei Donati, aristocratici di città, meno forniti di contante ma molto più ingegnosi e irruenti negli affari.

E sul finire del secolo, Cerchieschi e Donateschi – «Bianchi» e «Neri», come finiranno per chiamarsi – sono ancora lì a contendersi l'egemonia economica e il governo del Comune, nel quadro d'un rissoso bipartitismo.

Ciononondimeno Firenze, la disgraziatissima *città partita*, in quel giro d'anni è una delle più popolose città d'Europa – questa, la studieremo meglio in paradiso – e certamente la più ricca. Il suo fiorino d'oro è ormai da mezzo secolo la moneta-chiave dei pagamenti internazionali. E se, alla fine del Duecento, la borghesia emergente fiorentina (lei e tutto il mondo di artigiani e salariati che le bolle sotto) figura tutta, o quasi, di parte guelfa, questo, più che da considerazioni di principio, dipende dalla circostanza che fiorentini sono ormai in prevalenza gli esattori di tributi e crediti della Chiesa nell'universo cristiano; in altri termini, che industrie e traffici della città prosperano, irrorati dai flussi benefici della finanza dei papi e dei ricchi concessionari politici del Soglio.

Non è peraltro facile distinguere fra le posizioni dei due partiti guelfi: posizioni che, come in ogni bipartitismo bloccato, finiscono per risultare discretamente intercambiabili. Ciò che, di norma – come si sa – non attenua l'attrito fra le parti, anzi lo intorbida di pregiudizi demagogici, lo esaspera di rancori personali, lo trapunge di tradimenti incrociati. Non è facile... tuttavia un qualche discrimine ideologico fra Bianchi e Neri c'è.

Intraprendenti e senza troppi scrupoli civici, i guelfi neri, pur di accaparrarsi la sontuosa committenza pontificia e cavarsi dai piedi la concorrenza, son dispostissimi a concedere spazio nella gestione del Comune all'invadenza del papa, o di chi per esso. Mentre i guelfi bianchi, conservatori con moderazione e abbastanza gelosi dell'autonomia delle istituzioni cittadine, sollevano di tempo in tempo caute riserve di principio (e più sentite riserve di fatto) sulla subordinazione assoluta del potere temporale allo spirituale; tanto da incorrere, di tempo in tempo, nella presunzione di ghibellineria. E Dante, in tutto questo?

Entrato in politica nel '95 – nonappena gli statuti comunali, emendando i famigerati Ordinamenti di Giustizia promulgati due anni prima da Giano della Bella (torneremo sull'argomento), consentirono l'accesso alle cariche pubbliche anche agli aristocratici spiantati come lui, purché si iscrivessero a un'Arte (come dire, a un sindacato di categoria) – ...entrato dunque in politica nel '95, Dante Alighieri era bianco. E, fra i Bianchi, si segnalava per lo spiccato radicalismo ideologico, per l'accesa insofferenza nei confronti dei nuovi ricchi e del loro pragmatismo arrogante, e per un apprezzabile equilibrio giuridico-amministrativo.

Politicamente, però, fu sempre una mezza figura. Salvo per il bimestre in cui sedette nel Consiglio dei Priori delle Arti (suprema magistratura fiorentina: qualcosa di mezzo fra un consiglio dei ministri e un comitato d'affari) e mise bocca, non l'avesse mai fatto!...

Ma tralasciamo per ora il quadro generale, e riduciamoci al calendario della profezia di Ciacco: insomma, ai due anni di cronaca fiorentina che il goloso coperto di melma anticipa all'amico in carne, ossa e lucco.

Dunque: sappiamo che il viaggio di Dante nell'oltretomba e, quindi, l'emissione della profezia figurano datati fine marzo-primi di aprile 1300. Di lì a un mese, durante i festeggiamenti del calendimaggio, dalle parti della chiesa di Santa Trìnita una banda di teppisti a cavallo di parte donatesca provoca alla rissa una brigata di Cerchieschi festaioli. Tale Ricoverino dei Cerchi ci rimette il naso, mozzato di netto da arma da taglio. "*Verranno al sangue*", pronostica non per nulla Ciacco. La situazione prende una brutta piega.

Fra il 15 giugno e il 15 agosto (sempre del 1300), Dante siede appunto nel Consiglio dei Priori, e si adopera a spedire equamente al bando i caporioni più compromessi delle due parti. Equità, che gli vale il rancore indelebile dei nemici e la diffidenza degli amici. Il provvedimento avrà, d'altronde, scarsissima efficacia e tenuta.

In autunno, papa Bonifacio VIII nomina Carlo di Valois, fratello perdigiorno di re Filippo il Bello di Francia, «paciaro in Toscana»: carica quanto più indefinita tanto più minacciosa. Nel giugno del 1301 si scopre una trama sovversiva dei caporioni donateschi, «deliberati di cacciare i Cerchi». Bando duro a carico dei Donati, multe e confische. "*La parte selvaggia* (i Cerchieschi, appunto)", vaticina bene Ciacco, "*caccerà l'altra con molta offensione*".

Riparati presso parenti e consorziati titolari di istituti di credito alla corte pontificia, i Donati mestano nel torbido. "Firenze", borbottano, "è in mano ai ghibellini mangiapreti". Il papa ci crede, o fa finta. In ottobre, il Comune spedisce a Roma un'ambasceria, per tranquillizzare Bonifacio (anche i Cerchi hanno qualche santo in paradiso e qualche banchiere in Curia). Tre, gli ambasciatori: Maso Minerbelli, il Corazza da Signa e il nostro Alighieri, soggetto inaffidabile.

Ma il giorno di Ognissanti Carlo di Valois, assunto impegno solenne che, una volta in città, «né per titolo d'imperio, né per altra cagione, né le leggi (...) muterebbe né l'uso», fa il suo ingresso a Firenze con cavalli e fanti di picche. E puntualmente viola i patti: promulga leggi «aspre e forti»; esige tributi; e non batte ciglio quando i Donateschi, rientrati alla chetichella, si danno a uccidere, a saccheggiare, e a maritare «fanciulle a forza». La gente comune si perde di coraggio. Quanto alla parte dei Cerchi – come ben pronostica Ciacco –, *convien che questa caggia / infra tre soli* (è fatale che cada entro tre anni), *e che l'altra sormonti / con la forza di tal che testé piaggia*: e che l'altra prenda il sopravvento, grazie alla prepotenza di uno che, al momento, mena il can per l'aia... Di papa Bonifacio, appunto, il quale nel frattempo ha rispedito a casa gli ambasciatori fiorentini, tranne il nostro Alighieri, soggetto inaffidabile. E, a quanto sembra, lui non vedrà più il suo bel San Giovanni.

Infatti, i Neri di Corso Donati, insediati ormai in tutti gli uffici pubblici con la copertura dei Francesi e del papa, fra il gennaio e l'ottobre del 1302 espellono dalla città tutti gli esponenti bianchi di un qualche riguardo, e «più di seicento uomini andranno stentando per lo mondo, chi di qua chi di là», come scriveva Dino Compagni, gran cronista fiorentino che continuiamo a citare.

Il 27 gennaio Dante Alighieri è condannato in contumacia per peculato all'esilio temporaneo, all'interdizione dai pubblici uffici e ad una multa ingente; il 10 marzo, non avendo egli versato la somma prescritta, la precedente condanna è commutata in esilio perpetuo, nella confisca di tutti i beni e – ove mai rimettesse piede sul territorio comunale – nella pena di morte sul rogo.

Questa, più o meno, la materia della profezia di Ciacco.

Ora, il fatto che la profezia non contenga esplicita menzione dell'esilio di Dante ha indotto Boccaccio e altri a supporre che Dante la avesse scritta e messa in bocca a Ciacco prima dell'emissione della sentenza, cioè intorno alla fine del 1301. Supposizione debole, per una serie di elaborate considerazioni che possiamo risparmiarci. Basterà la più grezza: se Ciacco dice '*infra tre soli*', vuol dire che dalla primavera del 1300 (cioè, da quando lui parla con Dante) almeno due anni sono passati; e se profetizza che la parte vincente *alte terrà lungo tempo le fronti*, opprimendo con misure vessatorie la parte avversa, senza curarsi delle sue indignate rimostranze (*come che di ciò pianga o che n'aonti*), è chiaro che Corso Donati e la sua consorteria, quando Dante scrive, esercitavano una sfrontata egemonia sulla città già da un pezzo. C'è da pensare che l'esilio di Dante, assorbito dal fondo catramoso del quadro, debba aspettare quattro canti per affiorare alla superficie dell'iconografia profetica.

Basta. Voliamo alla conclusione del canto.

Ciacco chiude la bocca, e già Dante lo incalza, pregandolo di regalargli un'altra informazione: che fine hanno fatto certi eminenti personaggi della Firenze del passato prossimo, i quali molto degnamente si applicarono al bene pubblico (*a ben far puoser li 'ngegni*), ghibellini o guelfi che fossero? Ci terrebbe molto, Dante, a sapere se il cielo li ospita nella sua dolcezza, o l'inferno li avvelena. E fa cinque nomi: Farinata (degli Uberti), Tegghiaio (Aldobrandi degli Adimari), Iacopo Rusticucci, Arrigo (non si sa bene quale) e Mosca (dei Lamberti).

"*Ei* (cioè, questi tuoi galantuomini)", risponde Ciacco, "son fra l'anime più nere. Gravati da un assortimento di infamie, stanno tutti qui sotto. Scendi, e li incontri".

In effetti, tranne l'oscuro Arrigo, li incontreremo tutti nei cerchi del basso inferno. Per intanto, qui, Dante-poeta, tramite Ciacco, ci fa sapere che, presso la corte suprema di Dio, i nobili e accorati giudizi politici del cittadino Dante Alighieri lasciano il tempo che trovano. Non è ammissione da poco per quel fazioso «giustiziere della notte eterna», con cui alle volte saremmo tentati di identificarlo.

E Ciacco si congeda, raccomandando al pellegrino di ricordarlo ai vivi, una volta tornato sulla dolce crosta della terra. Poi chiude secco: "*Più non ti dico e più non ti rispondo*". Storce gli occhi, sbircia l'amico ancora un attimo di sbieco – chissà se supplice o rancoroso –, china la testa, e dietro il peso della testa ripiomba bocconi nel fango che lo acceca, *a par de li altri ciechi*.

Qui Virgilio prende la parola, e chiosa: "Questo non si alzerà più fino allo squillo della tromba del Giudizio, *quando verrà la nimica podèsta* (cioè, l'implacabile magistrato: cioè, Cristo). Allora ciascuno rivedrà la sua sordida tomba; riprenderà la sua carne e la sua figura; udrà la sua sentenza rimbombare per l'eternità".

Attraversando a passi lenti quel lurido impasto di pioggia, fango e materia psichica, i due discorrono un po' della vita futura. E Dante domanda se, una volta emesso il giudizio finale, i tormenti dei dannati cresceranno, si attenueranno o rimarranno cocenti tale e quale.

Assorto nel sacerdozio della ragione, Virgilio si appella alla dottrina di Aristotele e di Tommaso (*tua scïenza*), secondo la quale, quanto più una cosa è perfetta, tanto più è sensibile alla gioia e al dolore. "E anche se", precisa, "questa gente maledetta non incorrerà mai in una vera e propria perfezione, è destinata pur sempre ad essere meno imperfetta di là dal giorno del Giudizio che non di qua (*di là più che di qua essere aspetta*)".

Ma dato che Virgilio e Dante sfiorano appena il tema delicato e inestricabile delle due fasi della vita dei morti, almeno qui non c'è motivo – sarà inevitabile in purgatorio – che ci dilunghiamo noi; anche se il verso 113 (*parlando più assai ch'i' non ridico*), nella sua elusività, ha consentito a molti studiosi di attribuire al pensiero taciuto di Dante quello che pensavano loro.

Ormai i due, costeggiando a tondo il ciglio del terzo cerchio, sono arrivati al punto dove digrada nel quarto. E appena sottrattisi all'unto di cucina che sgronda su quell'immondo canile, un nuovo mostro gonfio e chioccio li punta: Pluto, *il gran nemico*.

Al tornar de la mente, che si chiuse
dinanzi a la pietà d'i due cognati,
che di trestizia tutto mi confuse,

novi tormenti e novi tormentati
mi veggio intorno, come ch'io mi mova
e ch'io mi volga, e come che io guati.

Io sono al terzo cerchio, de la piova
etterna, maladetta, fredda e greve;
regola e qualità mai non l'è nova.

Grandine grossa, acqua tinta e neve
per l'aere tenebroso si riversa;
pute la terra che questo riceve.

Cerbero, fiera crudele e diversa,
con tre gole caninamente latra
sovra la gente che quivi è sommersa.

Li occhi ha vermigli, la barba unta e atra,
e 'l ventre largo, e unghiate le mani;
graffia li spirti ed iscoia ed isquatra.

Urlar li fa la pioggia come cani;
de l'un de' lati fanno a l'altro schermo;
volgonsi spesso i miseri profani.

Quando ci scorse Cerbero, il gran vermo,
le bocche aperse e mostrocci le sanne;
non avea membro che tenesse fermo.

E 'l duca mio distese le sue spanne,
prese la terra, e con piene le pugna
la gittò dentro a le bramose canne.

Qual è quel cane ch'abbaiando agogna,
e si racqueta poi che 'l pasto morde,
ché solo a divorarlo intende e pugna,

cotai si fecer quelle facce lorde
de lo demonio Cerbero, che 'ntrona
l'anime sì, ch'esser vorrebber sorde.

Noi passavam su per l'ombre che adona
la greve pioggia, e ponavam le piante
sovra lor vanità che par persona.
Elle giacean per terra tutte quante,
fuor d'una ch'a seder si levò, ratto
ch'ella ci vide passarsi davante.
"O tu che se' per questo 'nferno tratto",
mi disse, "riconoscimi, se sai:
tu fosti, prima ch'io disfatto, fatto".
E io a lui: "L'angoscia che tu hai
forse ti tira fuor de la mia mente,
sì che non par ch'i' ti vedessi mai.
Ma dimmi chi tu se' che 'n sì dolente
loco se' messo, e hai sì fatta pena,
che, s'altra è maggio, nulla è sì spiacente".
Ed elli a me: "La tua città, ch'è piena
d'invidia, che già trabocca il sacco,
seco mi tenne in la vita serena.
Voi cittadini mi chiamaste Ciacco:
per la dannosa colpa de la gola,
come tu vedi, a la pioggia mi fiacco.
E io anima trista non son sola,
ché tutte queste a simil pena stanno
per simil colpa". E più non fé parola.
Io li rispuosi: "Ciacco, il tuo affanno
mi pesa sì, ch'a lagrimar mi 'nvita;
ma dimmi, se tu sai, a che verranno
li cittadin de la città partita;
s'alcun v'è giusto; e dimmi la cagione
per che l'ha tanta discordia assalita".
E quelli a me: "Dopo lunga tencione
verranno al sangue, e la parte selvaggia
caccerà l'altra con molta offensione.

Poi appresso convien che questa caggia
infra tre soli, e che l'altra sormonti
con la forza di tal che testé piaggia.
Alte terrà lungo tempo le fronti,
tenendo l'altra sotto gravi pesi,
come che di ciò pianga o che n'aonti.
Giusti son due, e non vi sono intesi;
superbia, invidia e avarizia sono
le tre faville c'hanno i cuori accesi".
Qui puose fine al lagrimabil suono.
E io a lui: "Ancor vo' che mi 'nsegni
e che di più parlar mi facci dono.
Farinata e 'l Tegghiaio, che fuor sì degni,
Iacopo Rusticucci, Arrigo e 'l Mosca
e li altri ch'a ben far puoser li 'ngegni,
dimmi ove sono e fa ch'io li conosca;
ché gran disio mi stringe di savere
se 'l ciel li addolcia o lo 'nferno li attosca".
E quelli: "Ei son tra l'anime più nere;
diverse colpe giù li grava al fondo:
se tanto scendi, là i potrai vedere.
Ma quando tu sarai nel dolce mondo,
priegoti ch'a la mente altrui mi rechi:
più non ti dico e più non ti rispondo".
Li diritti occhi torse allora in biechi;
guardommi un poco e poi chinò la testa:
cadde con essa a par de li altri ciechi.
E 'l duca disse a me: "Più non si desta
di qua dal suon de l'angelica tromba,
quando verrà la nimica podèsta:
ciascun rivederà la trista tomba,
ripiglierà sua carne e sua figura,
udirà quel ch'in etterno rimbomba".

Sì trapassammo per sozza mistura
de l'ombre e de la pioggia, a passi lenti,
toccando un poco la vita futura;

per ch'io dissi: "Maestro, esti tormenti
crescerann'ei dopo la gran sentenza,
o fier minori, o saran sì cocenti?".

Ed elli a me: "Ritorna a tua scïenza,
che vuol, quanto la cosa è più perfetta,
più senta il bene, e così la doglienza.

Tutto che questa gente maladetta
in vera perfezion già mai non vada,
di là più che di qua essere aspetta".

Noi aggirammo a tondo quella strada,
parlando più assai ch'i' non ridico;
venimmo al punto dove si digrada:

quivi trovammo Pluto, il gran nemico.

VII

Sta all'imbocco dello scivolo roccioso grazie al quale ci si può calare dal terzo al quarto cerchio, ma la sua mansione né si conosce né si riesce a immaginare. Anche il suo aspetto è totalmente imprecisato, salvo che per certe sue alterazioni patologiche: la rabbia gli enfia il grugno ('*la 'nfiata labbia*' varrà 'il ceffo congestionato'), glielo slabbra, e quando non riesce a sfogarla, quella tanto lo gonfia che lo rompe, e lui si affloscia tutto, come la velatura d'una nave quando il vento la carica al punto di spezzare l'albero di maestra.

Virgilio lo insulta, interpellandolo '*maladetto lupo*'; Dante, come si ricorderà, lo aveva definito 'gran nemico'.

Il suo nome è Pluto. Piomba anche lui quaggiù dalle favole antiche, tuttavia la sua posizione nell'anagrafe mitologica è delle più controverse: potrebbe essere 'Plutus, i', dio della ricchezza, figlio enigmatico e mistico di Demètra-Cerere e d'un cacciatore cretese; oppure 'Pluto, onis', re delle tenebre e fratello di Zeus-Giove. Optare per l'uno o per l'altro non sembra però prudente, anche perché è probabile Dante li confondesse, come d'altronde molte autorevoli fonti classiche, che associano il bagliore della ricchezza alle tenebre della morte. L'appellativo lupesco e la colpa delle anime dannate che in qualche modo sorveglia non consentono comunque il minimo dubbio sul fatto che il nostro Pluto abbia a che vedere con tematiche economiche.

Ma, alla resa dei conti, questo diavolo senza figura, senza compiti precisi e senza un preciso stato di famiglia sta tutto in un versaccio che gli scappa detto (o fatto), e che apre il canto: versaccio celeberrimo e incomprensibile: "*Pape Satàn, pape Satàn aleppe!*".

La circostanza che, a quanto pare, *quel savio gentil che tutto seppe*, cioè il dottissimo Virgilio lo capisca – tanto che, una volta esortato Dante a non lasciarsi menomare dalla paura, a quanto pare gli risponde a tono –, legittima la tentazione di decifrarlo.

Dopotutto, le parole sono tre: '*pape*' o '*papè*', '*Satàn*' e '*aleppe*'. E per '*Satàn*' non dovrebbero esserci problemi, anche se non mancano specialisti eruditi e diffidenti che di problemi se ne son fatti, eccome!, e li hanno pure risolti nei modi più assortiti… noi ci rassegneremo alla rudimentale equazione: *Satàn* = Satana. Quanto a '*pape*' (alla latina, o '*papè*' alla greca) potrebbe essere l'interiezione di stupore e stizza, attestata dai comici antichi, che sta più o meno per l''ohibò' dei nostri nonni (oggi pratichiamo interiezioni un po' più genitali).

Quanto poi a '*aleppe*', non sembra inverosimile deformi 'alef', prima lettera dell'alfabeto ebraico, come 'Giuseppe' deforma 'Yôsef'. Ma questo 'alef', che in ebraico vale altresì il 'numero uno', il 'principio che contiene il tutto', ed è un titolo della maestà di Dio, nel tardo Medioevo figura fosse anche adoperato in forma interiettiva: insomma, come una specie di 'oddìo!'.

Da questo schema elementare risulterebbe che Pluto si limita ad invocare Satana fra esclamazioni di stizza e di sgomento.

Ma se invece '*pape*' fosse genitivo latino di 'papa'? E poi, chi ha decretato che la lingua base di questo demonio crittoglotta sia il latino e non piuttosto il greco, o l'ebraico, o tutt'e tre insieme, o magari il francese – come pretendeva un orafo di genio suggerendo la traslitterazione: «Paix, paix, Satan, paix, paix, Satan, allez, paix!» –, o il turco, o il sardo?… «Arabum est», borbottavano avviliti certi vecchi chiosatori. E c'è oggi chi vibratamente propugna che proprio d'arabo si tratti.

Basta. Contentiamoci di registrare che, alla vista dei due poeti, Pluto, piuttosto contrariato e con voce chioccia, fa il nome di Satana e verosimilmente ne invoca l'aiuto.

Anzi, comincia ad invocarlo, perché Virgilio lo zittisce: "Taci, bestiaccia avara! Con la tua rabbia, róditici dentro... Questa discesa nel cupo dell'abisso ha le sue buone ragioni: *vuolsi...*". E qui la formula che aveva disarmato Caronte e Minosse patisce una variazione, forse in contrappunto all'appello cifrato, come a dire: "Che chiami aiuto a fare? Vuolsi così nei cieli, dove l'arcangelo Michele, alla testa dell'armata di Dio, castigò la brutale iattanza di voi angeli ribelli (*fé la vendetta del superbo strupo*: dove 'strupo', metatesi di 'stupro', starà, come il latino 'stupru[m]', per 'atto infamante, violenza cieca', prima di specializzarsi in 'violenza carnale')". Che fosse proprio Michele arcangelo a capitanare l'armata di Dio nella fulminea campagna contro gli angeli ammutinati deducevano da tre versetti dell'*Apocalisse* esegeti e mosaicisti medievali.

Tant'è: a sentire il nome di Michele, Pluto s'affloscia.

E i due scendono per il pendio roccioso che circoscrive il quarto cerchio ('*lacca*' è probabile lombardismo per 'depressione, avvallamento')... scendono – dicevo – guadagnando terreno giù per la dolorosa china, dove tutto il male dell'universo si accumula e si stipa.

«Ahi giustizia divina – esclama il poeta Dante –, chi, se non tu, immagazzina tutti gli insoliti supplizi (*nove travaglie e pene*) che mi toccò vedere? E perché la nostra colpa *sì ne scipa*, ci sciupa, ci deturpa così, insomma, ci riduce in questo stato?».

Quale stato? Immaginiamo la corrente dello Jonio che, nello stretto di Messina (*sovra Cariddi*), s'intoppa frangendosi contro quella del Tirreno: be', qui la gente fa una ridda (letteralmente: un ballo a tondo con renversé) di questo genere.

Quanta gente? Troppa. E qual è, di preciso, la pena di questi disgraziati?

Di preciso, divisi in due masse urlanti, rotolano macigni, spingendoli col petto (*per forza di poppa*) lungo i due semicerchi opposti di questo cerchio quarto, finché non si scontrano, e proprio lì, nel fare dietro-front, ciascuno col macigno suo, si scambiano improperi. Gli uni gridano: "*perché tieni?*", gli altri: "*perché burli?*", cioè, all'incirca: "che ti tieni stretto?" e "che ti mandi a rotoli?" (per 'burlare' suggerirei questa lettura, che media fra due ètimi possibili: il provenzale 'burlar', 'sperperare', e il milanese 'borlà', 'rotolare'). E ricominciano il loro mezzo circuito, per tornare a collidere e a scambiarsi quel ritornello oltraggioso (*loro ontoso metro*) al capolinea opposto, dove reinvertono la marcia e si riavviano al cozzo successivo (*a l'altra giostra*), e così via in perpetuo.

Vorrei tu avessi notato come risulta grottesca la asciuttezza idiomatica della formula '*per forza di poppa*', sul genere di un nostro 'a trazione anteriore'. Parafrasa che ti parafrasa, alla resa dei conti, sempre sul testo di Dante devi schiacciare il naso, amico mio.

Tanto più, che a questo punto, avrei deciso di affliggerti con qualche considerazione stilistica. D'altra parte, visto che è scritto in versi, sarà bene, di tanto in tanto, riflettere sulla espressività metrica del testo della *Commedia*, a costo di tirare in ballo qualche categoria tecnica. Dunque: per indicare la coincidenza fra il punto in cui le due masse di dannati si scontrano e quello in cui si scambiano improperi, Dante usa la forma avverbiale 'pur lì', 'proprio lì'. Ma questo 'pur lì' andrà letto bene o male /pùrli/, infatti rima con 'burli' e 'urli'. E si tratta della prima «rima composta» della *Divina Commedia*, così detta in quanto composta da un monosillabo a fondo verso e dalla sillaba accentata della parola precedente – monosillabica anch'essa o, comunque, tronca –, alla quale il monosillabo finale si accorpa rinunciando all'accento tonico.

Si è molto osservato quanto siano strambe e preziose – «care», nel lessico dell'epoca – le rime di questo attacco di canto (fra le prime dieci, ce ne sono ben quattro che non hanno riscontro nel poema); quanto suonino stridule e roche, in una parola, «chiocce»; come congiurino bene con una ressa di locuzioni basse o colloquiali a definire la tonalità rissosamente grottesca d'un canto che ha in chiave quel versaccio sibillino di Pluto.

Verissimo. Ma forse varrebbe anche la pena di notare che al verso cui siamo arrivati con la parafrasi (anzi, un po' dopo: al v. 42: «*che con misura nullo spèndio férci*») ci troviamo in capo a una serie di sette terzetti di «rime non-categoriali»: cioè? Cioè, di rime nelle quali a un medesimo suono non corrisponde una medesima categoria grammaticale e una medesima funzione logica. Pedanterie del caso? Non credo. Infatti, quando, in altra e più distesa parte del canto, Dante per bocca di Virgilio farà rimare, ad esempio, tre terze persone del presente indicativo come '*offende - trascende - splende*', o tre aggettivi come '*mondani - vani - umani*', i versi, per così dire, riposeranno sulla rima; la quale confermerà e ratificherà la simmetria fra struttura metrica e struttura logico-sintattica, assecondando la compassata musicalità della ragione. Ma se, come fa qui, mette in rima parole che hanno funzioni completamente diverse, come '*urli*' (sostantivo), '*pur li*' (gruppo avverbiale) e '*burli*' (verbo), oppure '*s'intòppa - troppa - poppa*', o '*chérci - guèrci - férci*', o – a fine canto, quando riprende la descrizione di orrori – '*summo*' (aggettivo sostantivato), '*fummo*' (verbo) e '*fummo*' (sostantivo, per 'fumo')... allora la rima turba le simmetrie, e il discorso non si assesta nel verso, anzi, per così dire, rotola giù di verso in verso incespicando nella rima e accelerando a scatti. Strano effetto dinamico, che si percepisce anche se non si ha la pazienza di analizzarlo.

Basta! Allo spettacolo di quelle masse di forsennati, Dante per poco non si contrista; e domanda al Maestro che gente sia mai quella, e se quei tipi con la chierica (*questi chercuti*) che spingono massi sulla sinistra son tutti prelati, tutti chierici (*cherci*).

"A sinistra e a destra, tonsurati o no, tutti quanti", risponde Virgilio, "nella loro vita precedente, sono stati *guerci* (diciamo pure: 'moralmente strabici'), tanto che *con misura nullo spèndio ferci* (non usarono lassù alcuna moderazione nello spendere). E lo abbàiano con sufficiente chiarezza quando arrivano ai due punti del cerchio, *dove colpa contraria li dispaia* (insomma, dove le loro colpe antitetiche e complementari li contrappongono separandoli. Questi poi che non hanno pelo sul cocuzzolo, sì, furono prelati, anche papi e cardinali furono, gente in cui l'avarizia celebra i suoi eccessi (*il suo soperchio*)".

Dante si dice convinto che, fra tanti figuri immondi di quei peccati lì, dovrebbe ben riconoscerne qualcuno... Ma il maestro lo scoraggia: "Coltivi illusioni: *la sconoscente vita che 'i fé sozzi / ad ogne conoscenza or li fa bruni*: in altri termini, la vita senza discernimento che li ha insozzati, ora li rende opachi al discernimento altrui, irriconoscibili. Replicheranno in eterno questa doppia collisione. Dopo il Giudizio, gli uni risorgeranno col pugno serrato, gli altri con la testa rapata (*coi crin mozzi*). Lo spendere oltre misura (*mal dare*) e l'accumulare oltre misura (*mal tener*) li han privati della magnificenza del paradiso (*mondo pulcro*), e li hanno condannati a questa zuffa. Sulle modalità della quale", taglia corto Virgilio, "*parole non ci appulcro*: insomma, non starò a farci tanti bei discorsi, a ricamarci sopra...".

Dunque, gli ergastolani di questo cerchio sono – secondo la partizione canonica – Avari e Prodighi.

Quanto agli Avari, basterà ricordare che nell'italiano antico, come nell'etimo latino, 'avaro' significa 'avido', prima di significare anche ‘tirchio’. D’altronde l’Avarizia – assimilabile alla ‘pleonexía’ di Aristotele, resa nel latino della *Monarchia* con ‘cupiditas’ – occupa nell’orizzonte etico-simbolico di Dante una posizione centralissima: ne accennavamo a piè del dilettoso monte, continueremo a parlarne fino in cima al paradiso. Per ora contentiamoci di verificare con quanta rabbia il poeta di Firenze disprezzi questi maledetti «figli-della-lupa». E il pugno serrato che commina loro per il Dopo-giudizio mima in perpetuo il vizio turpe di raspare soldi e di tenerseli stretti.

Il caso dei Prodighi è un po’ più intricato. E, sotto il profilo definitorio, non aiuta certo la circostanza che in tutta l’opera di Dante il vocabolo ‘prodigo’ non appaia mai.

Chi sono, di preciso, questi Prodighi? Dirai: saranno quelli che si son rovinati con le proprie mani dilapidando fortune: quelli che Aristotele censisce come ‘àsopoi’ (come ‘perduti’, insomma), e Tommaso d’Aquino giudica peggio degli avari, così come giudica i suicidi peggio degli omicidi... No. No, perché i dissipatori autolesionisti di questa risma, Dante li assegna al girone dei Violenti-contro-sé, dove li troveremo, appunto, in orrida promiscuità con i Suicidi. E tanto meno saranno, questi Prodighi, coloro che han profuso ricchezze per procacciarsi l’affetto del prossimo: il *Convivio* li addita ad esempi di liberalità; la *Commedia* li destina, mal che vada, al purgatorio. E meno ancora saranno quanti hanno alienato tutte le loro sostanze per sposare la vedova di Cristo, Povertà, ai quali, notoriamente, si spalanca il paradiso... E allora? chi compone la massa sterminata dei forzati che patiscono l’identica pena degli Avari, salvo il dettaglio della rasatura finale?

Forse la rasatura può fornire un indizio; anche se, in fin dei conti, non comporta che un’estensione all’intero cranio della tonsura che tradisce il passato pretesco di tanti Avari. In tutti i casi, a sentir sant’Ambrogio, «radere i capelli è recidere dal pensiero le cose mondane e superflue». Che, rapati in eterno, questi Prodighi siano destinati a scontare, appunto, la loro idolatria per le cose mondane e superflue, e i patrimoni mandati a rotoli per procurarsele? Come gli Avari, anche loro si son lasciati mettere i piedi in testa – 'sormontare', scrive Dante in una canzone – da ciò che avrebbe dovuto servirli: quelli dal denaro, questi dai beni voluttuari, rinunciando gli uni e gli altri alla misura, all'armonia nel 'dare' e nel 'tener' che rende l'uomo libero e signore di sé. Così gli uni e gli altri rotolano in perpetuo ammassi di materia inerte, pesi letteralmente morti, del tutto assoggettati a quelli, in una ronda inferocita e meccanica che cancella, abbruna le loro identità.

Nell'età di Dante – come si accennava il canto passato, e si vedrà molto meglio in paradiso – Firenze conobbe una serie di dinamismi economici, sociali e demografici (ad esempio: urbanizzazione di massa, lievitazione brusca e scompensata del tenore di vita, finanziarizzazione dell'economia, consumismo) che somigliano straordinariamente ai dinamismi del nostro tempo: molto più che a quelli della società industriale che abbiamo alle spalle.

E se un sommo dantista dell'Ottocento diffidava di questo canto, dove trovava «il descrittivo» ma non «il drammatico», sarà anche perché il suo secolo non praticava le euforiche mortificazioni della società affluente, i processi di identificazione collettiva nei simboli del consumo, e tanto meno – se posso permettermi la spudoratezza dell'anacronismo – la coazione all'improperio, alla rissa, allo scontro frontale che tiranneggia il nostro «Sisifo di massa» negli ingorghi di traffico.

Al Carlo Porta, per la verità, nel suo geniale e fortunoso travestimento in ottave milanesi di questo VII canto, la «ridda» di Avari e Prodighi ricordava la ressa furibonda delle carrozze nelle stradine intorno alla Scala la sera di una prima... Ma il Porta non era un dantista, era un poeta, e i poeti leggono nelle grinze del presente il futuro che il passato ci promette.

Piantiamola lì. I Prodighi, in parole povere, sono i consumisti di sette secoli fa: prodighi, amico mio, siamo noi.

Piantiamola lì, e torniamo al poeta-pellegrino. Povero e ideologicamente ostile al culto della borghesia emergente per il denaro e per i consumi indotti, Dante, a quanto sembra, non si lascia turbare più di tanto dal supplizio di questi anonimi dannati: dà un'occhiata, registra con la spigolosa stenografia del sarcasmo, e si chiama fuori... Ma è proprio, proprio così?

Lasciamo dire Virgilio (lo abbiamo interrotto) col suo eloquio fluente e pacatamente sdegnato, con le sue rime simmetriche e piane: "Figliolo mio, ora puoi constatare la farsa fugace, il breve inganno (*la corta buffa*) dei beni che sono affidati alla fortuna, per i quali l'umanità tanto si accapiglia (*si rabuffa*); infatti, tutto l'oro che c'è sotto la luna, o che ci sia mai stato, non basterebbe a comprare un attimo di riposo per una sola di queste anime spossate".

Dante ha un problema serio: "Maestro mio, dimmi bene: questa fortuna cui mi accennavi (*di che tu mi tocche*), e che abbranca tutti i beni del mondo, che è?".

E Virgilio: "*Oh crëature sciocche* (qui evidentemente l'antico saggio abbina la nostra alla dabbenaggine infantile di Dante), quanta ignoranza vi mortifica! Segno che, per farti assimilare il mio pensiero, t'imboccherò. Dunque, Colui il cui sapere tutto trascende, cioè Dio onnisciente, fece le sfere celesti e assegnò loro delle guide, dei responsabili (che son poi i cori degli angeli), così che *ogne parte ad ogne parte* splendesse, cioè, ogni coro rifrangesse luce sulla propria sfera; e la luce (che è luce di grazia) fosse distribuita armoniosamente per tutto il creato. Con analogo criterio, *a li splendor mondani / ordinò general ministra e duce* (nel lessico aziendale: nominò una amministratrice delegata e direttrice generale delle ricchezze e delle pompe di questo mondo), aggiudicandole la mansione di permutare a tempo debito quei beni effimeri di nazione in nazione, di famiglia in famiglia, senza che l'ingegno degli uomini possa opporle difesa (*oltre la difension d'i senni umani*). Ecco perché un popolo impera e un altro decade, in esecuzione dei suoi disegni, che sono occulti come il serpente nell'erba. *Vostro saver non ha contasto a lei* (come dire: la vostra esperienza non può tenerle testa; dove 'contasto' è vecchio toscanismo per 'contrasto'): lei predispone, decreta, ed esercita il proprio potere giurisdizionale (*e persegue / suo regno*), come le altre intelligenze celesti esercitano il loro (pensabile, che qui Virgilio-Dante conferisca agli angeli il titolo pagano di *dèi*, in quanto moltiplicano, riverberandola, la luce del Dio unico). *Le sue permutazion*, cioè i trasferimenti di beni disposti da lei non hanno tregua; necessità (cioè, conformità ai disegni divini)... necessità e non capriccio la fa esser veloce; *sì spesso vien chi vicenda consegue* (così capita spesso che qualcuno ottenga o patisca l'avvicendarsi della propria condizione). *Quest'è colei ch'è tanto posta in croce* proprio da coloro che dovrebbero lodarla, e invece la deplorano ingiustamente e la denigrano. Ma lei, *beata*, non li ascolta, e con gli altri angeli, primogeniti della creazione, fa ruotare la sua sfera, e se la gode, *beata*".

Coloro che biasimano la fortuna, e invece dovrebbero lodarla, sono manifestamente quelli che lei ha privato delle ricchezze e delle pompe del mondo, affrancandoli dall'illusione di conservarle e dal terrore di perderle.

Ancora nel *Convivio*, senonché, decantando la condizione di chi si sottrae alla signoria della fortuna, Dante aveva lamentato, autocommiserandosi, la «indiscrezione», l'arbitrarietà, insomma, degli andirivieni di quella lì, nei quali «nulla distributiva giustizia risplende, ma tutta iniquitade quasi sempre». Evidente, che le umiliazioni e i soprusi patiti nei primi anni dell'esilio mantenevano l'argomentare di Dante in sintonia con l'ascetismo ardente e sdegnoso di Severino Boezio, che, variando sullo stereotipo della dea bendata, alla fortuna aveva assegnato la perseverante mutevolezza d'una sgualdrina non priva di buonsenso. Ora, nelle parole di Virgilio, la fortuna è Intelligenza sublunare (ciò che, sia detto per inciso, è conforme alle tavole dell'astrologo arabo Al-Biruni), la sua volubilità angelica attua e nasconde un decreto immutabile di Dio. E nella *Monarchia*, il termine 'fortuna' figurerà sinonimo obsoleto di 'divina provvidenza'.

Come e quanto questa progressiva mutazione dell'immagine mentale della fortuna rifletta gli sviluppi del pensiero economico e sociale di Dante, non è tema da bruciare in quattro e quattr'otto. Qui basterà insinuare il sospetto che chi affida a una Intelligenza celeste le leggi nascoste che regolano la circolazione della ricchezza e il ricambio delle classi sociali, contestando la rigidità degli assetti patrimoniali e delle stratificazioni di casta su cui si fonda la società del tardo feudalesimo, potrebbe anche non essere quell'ideologo attardato, cocciutamente refrattario alla incipiente civiltà borghese, che tanti borghesi confusi e pentiti hanno idolatrato in Dante. Senza per questo dire che la teoria degli occulti disegni provvidenziali commessi alla Fortuna, esposta da Virgilio per conto del suo discepolo, prefiguri il teorema della «mano invisibile» che provvidenzialmente regola il libero mercato: teorema enunciato da Adam Smith mezzo millennio dopo, e che oggi entusiasma quasi tutti.

Detto questo, una domanda semplicissima s'impone: che c'entra, a questo punto della nostra storia – che è sempre, ricordiamolo, la storia del severo apprendistato morale e conoscitivo di Dante-pellegrino –, l'apologo dell'angelo della fortuna?

Prima di arrischiare un'ipotesi, sarà bene concludere il racconto.

Virgilio cambia discorso: "È tempo di discendere *a maggior piè-ta* (a pene più dure): tutte le stelle che, quando io mi mossi dal

Limbo, sorgevano sull'orizzonte iniziano a declinare": a conti fatti, insomma, è mezzanotte passata (e, come vedremo, le ventiquattro ore prescritte per la visita all'inferno non ammettono dilazioni).

I due, attraversato il cerchio quarto, son dunque pervenuti sopra una fonte che bolle e si riversa giù per un fossato che si è scavato lei stessa. «L'acqua era più nera che rosso-cupa (*buia assai più che persa*); *e noi,* – détta il poeta – *in compagnia de l'onde bige, / intrammo giù per una via diversa* (inusitata, cioè, e malagevole)». Ai piedi del pendio grigio e insidioso, quel tristo ruscello sbocca nella palude che ha nome Stige.

Tutto assorto a scrutare la superficie del pantano, Dante vede genti nude e impastate di fango, con aspetto stravolto (*con sembiante offeso*), percuotersi fra loro non solo con le mani, ma con la testa, col petto e con i piedi, e sbranarsi coi denti.

Paternamente, Virgilio riprende la parola: "Queste che vedi son le anime di coloro che si lasciarono vincere dall'ira. Ma ci tengo tu sappia che sotto l'acqua c'è gente che si lamenta, e fa pullulare la superficie della palude, come l'occhio ti dice dovunque si volga (*u' che s'aggira*). Immersi nel fango, dicono: 'nell'aria dolce, rallegrata dal sole, noi tristi siamo stati, portando dentro i fumi dell'accidia: *or ci attristiam ne la belletta negra*' (nella melma nera). Questa litania si gargarizzano nella gola, senza poterla pronunciare integralmente (*con parola intègra*)".

Dà da pensare il fatto che qui Virgilio tocchi appena *color cui vinse l'ira* e furibondi diguazzano a pelo d'acqua, per diffondersi su questi tristi, completamente sommersi nella fanghiglia che sedimenta sul fondo della palude, diciamo pure, nell'«umor nero della palude»... La tipologia scolastica li cataloga come «iracondi amari» o Accidiosi. Noi magari parleremmo di depressi cronici, o magari di ipocondriaci. In bollicine di fango esalano quaggiù la malinconia solitaria, la cupa condiscendenza allo scacco e all'infelicità, che Tommaso aveva deprecato come vuoto di carità e come ingratitudine radicale per quel tanto di dolcezza che spiove dal cielo sulla terra con la luce del sole.

Chissà che il maestro non voglia completare l'itinerario pedagogico avviato con l'apologo dell'angelo della fortuna, proprio ingiungendo al discepolo di meditare sulla colpa miseranda degli Accidiosi? Chissà che il discepolo-pellegrino non sia indotto a riconoscerne qualche traccia nella sua tetra depressione di fuoruscito? Chissà che il poeta, nella *via diversa* che il pellegrino percorre giù a fatica dal quarto cerchio al quinto, non ci stia raccontando come dentro di lui, angariato dai capricci della fortuna, in una tappa disperata del suo tirocinio terreno, le onde bige dell'autocommiserazione si fossero riversate, alimentandola, nella lorda pozza del rancore e della tetraggine? Dante accidioso? Chissà. È una timida ipotesi.

Ora maestro e discepolo percorrono un ampio arco di circonferenza sulla lista di terra che scorre fra il costone asciutto e il fradicio (*fra la ripa asciutta e 'l mézzo*), senza staccare gli occhi dai dannati che s'ingozzano d'acqua melmosa. E da ultimo (*al da sezzo* è forma avverbiale antica, dal comparativo latino '*setius*', letteralmente: 'al minimo', 'alla peggio')... e da ultimo arrivano ai piedi d'una torre.

“Pape Satàn, pape Satàn aleppe!”
cominciò Pluto con la voce chioccia;
e quel savio gentil, che tutto seppe,
disse per confortarmi: “Non ti noccia
la tua paura; ché, poder ch’elli abbia,
non ci torrà lo scender questa roccia”.
Poi si rivolse a quella ’nfiata labbia,
e disse: “Taci, maladetto lupo!
consuma dentro te con la tua rabbia.
Non è sanza cagion l’andare al cupo:
vuolsi ne l’alto, là dove Michele
fé la vendetta del superbo strupo”.
Quali dal vento le gonfiate vele
caggiono avvolte, poi che l’alber fiacca,
tal cadde a terra la fiera crudele.
Così scendemmo ne la quarta lacca,
pigliando più de la dolente ripa
che ’l mal de l’universo tutto insacca.
Ahi giustizia di Dio! tante chi stipa
nove travaglie e pene quant’io viddi?
e perché nostra colpa sì ne scipa?
Come fa l’onda là sovra Cariddi,
che si frange con quella in cui s’intoppa,
così convien che qui la gente riddi.
Qui vid’i’ gente più ch’altrove troppa,
e d’una parte e d’altra, con grand’urli,
voltando pesi per forza di poppa.
Percotëansi ’ncontro; e poscia pur lì
si rivolgea ciascun, voltando a retro,
gridando: “Perché tieni?” e “Perché burli?”.
Così tornavan per lo cerchio tetro
da ogne mano a l’opposito punto,
gridandosi anche loro ontoso metro;

poi si volgea ciascun, quand'era giunto,
per lo suo mezzo cerchio a l'altra giostra.
E io, ch'avea lo cor quasi compunto,
dissi: "Maestro mio, or mi dimostra
che gente è questa, e se tutti fuor cherci
questi chercuti a la sinistra nostra".
Ed elli a me: "Tutti quanti fuor guerci
sì de la mente in la vita primaia,
che con misura nullo spèndio ferci.
Assai la voce lor chiaro l'abbaia,
quando vegnono a' due punti del cerchio
dove colpa contraria li dispaia.
Questi fuor cherci, che non han coperchio
piloso al capo, e papi e cardinali,
in cui usa avarizia il suo soperchio".
E io: "Maestro, tra questi cotali
dovre' io ben riconoscere alcuni
che furo immondi di cotesti mali".
Ed elli a me: "Vano pensiero aduni:
la sconoscente vita che i fé sozzi
ad ogne conoscenza or li fa bruni.
In etterno verranno a li due cozzi:
questi resurgeranno del sepulcro
col pugno chiuso, e questi coi crin mozzi.
Mal dare e mal tener lo mondo pulcro
ha tolto loro, e posti a questa zuffa:
qual ella sia, parole non ci appulcro.
Or puoi, figliuol, veder la corta buffa
d'i ben che son commessi a la fortuna,
per che l'umana gente si rabuffa;
ché tutto l'oro ch'è sotto la luna
e che già fu, di quest'anime stanche
non poterebbe farne posare una".

“Maestro mio”, diss’io, “or mi dì anche:
questa fortuna di che tu mi tocche,
che è, che i ben del mondo ha sì tra branche?”

E quelli a me: “Oh creature sciocche,
quanta ignoranza è quella che v’offende!
Or vo’ che tu mia sentenza ne ’mbocche.

Colui lo cui saver tutto trascende,
fece li cieli e diè lor chi conduce
sì, ch’ogne parte ad ogne parte splende,

distribuendo igualmente la luce.
Similemente a li splendor mondani
ordinò general ministra e duce

che permutasse a tempo li ben vani
di gente in gente e d’uno in altro sangue,
oltre la difension d’i senni umani;

per ch’una gente impera e l’altra langue,
seguendo lo giudicio di costei,
che è occulto come in erba l’angue.

Vostro saver non ha contasto a lei:
questa provede, giudica, e persegue
suo regno come il loro li altri dèi.

Le sue permutazion non hanno triegue:
necessità la fa esser veloce;
sì spesso vien chi vicenda consegue.

Quest’è colei ch’è tanto posta in croce
pur da color che le dovrien dar lode,
dandole biasmo a torto e mala voce;

ma ella s’è beata e ciò non ode:
con l’altre prime creature lieta
volve sua spera e beata si gode.

Or discendiamo omai a maggior pièta;
già ogne stella cade che saliva
quand’io mi mossi, e ’l troppo star si vieta”.

Noi ricidemmo il cerchio a l'altra riva
sovr'una fonte che bolle e riversa
per un fossato che da lei deriva.

L'acqua era buia assäi più che persa;
e noi, in compagnia de l'onde bige,
intrammo giù per una via diversa.

In la palude va c'ha nome Stige
questo tristo ruscel, quand'è disceso
al piè de le maligne piagge grige.

E io, che di mirare stava inteso,
vidi genti fangose in quel pantano,
ignude tutte, con sembiante offeso.

Queste si percotean non pur con mano,
ma con la testa e col petto e coi piedi,
troncandosi co' denti a brano a brano.

Lo buon maestro disse: "Figlio, or vedi
l'anime di color cui vinse l'ira;
e anche vo' che tu per certo credi

che sotto l'acqua è gente che sospira,
e fanno pullular quest'acqua al summo,
come l'occhio ti dice, u' che s'aggira.

Fitti nel limo dicon: 'Tristi fummo
ne l'aere dolce che dal sol s'allegra,
portando dentro accidïoso fummo:

or ci attristiam ne la belletta negra'.
Quest'inno si gorgoglian ne la strozza,
ché dir nol posson con parola intègra".

Così girammo de la lorda pozza
grand'arco, tra la ripa secca e 'l mézzo,
con li occhi vòlti a chi del fango ingozza.

Venimmo al piè d'una torre al da sezzo.

VIII

«Io dico – dice il poeta tirando le fila del racconto (*seguitando*) –, che ben prima che fossimo giunti a piè della torre, i nostri occhi erano stati attratti alla sua cima da due fiammette, insomma, da due segnali di fuoco che avevam visto accendersi lassù, e da un altro fuoco che ai segnali aveva risposto, ma così di lontano che l'occhio l'aveva potuto cogliere appena».

Percorrendo, sulla lista di terra asciutta che orla la palude stigia, l'ampio arco di circonferenza che alla buonora li ha condotti sotto il torrazzo, maestro e discepolo, sebbene intenti ai dannati che s'ingozzano di fango, avevano dunque notato nei vapori del buio il dialogo fra quegli strani semafori. Ora, occupa tutto il campo della loro attenzione e della loro ansia.

Se ricordi, due canti fa accennavo al fatto che Giovanni Boccaccio, nella *Vita di Dante*, data la stesura dei primi sette canti dell'*Inferno* in epoca anteriore all'esilio (diciamo, estate 1301).

Racconta infatti come, diversi anni dopo (diciamo, estate 1306), un «parente» del poeta, rovistando in un armadio, avrebbe accidentalmente reperito il «quadernuccio» su cui eran trascritti in bella copia questi sette canti; lo avrebbe consegnato a Dino Frescobaldi, «famosissimo dicitore in rima», il quale, «maravigliatosi (...) per la profondità del senso [che] sotto la ornata corteccia delle parole gli pareva sentire», avrebbe inoltrato per plico il quadernuccio al marchese Moroello

Malaspina, presso cui l'esule alloggiava a quel tempo nel castello di Fosdinovo, in Lunigiana; il marchese, a sua volta, «uomo assai intendente», si sarebbe adoperato a che Dante non lasciasse «senza debito fine sì alto principio», ecc. ecc. Ora, secondo Boccaccio, la giuntura «dell'opera intermessa» si riconoscerebbe «assai manifestamente» nel gerundio 'seguitando'.

A lume di naso, la controprova del gerundio non sembra così schiacciante. Però anche autorevoli studiosi recenti hanno ripreso l'ipotesi, radicandola nella persuasione estetica che qui la *Commedia* abbia uno scarto, una sorta di ricominciamento, com'è vero che il canto VIII parrebbe compendiare e riproporre la materia dei primi sette, ma con ben altra maturità di stile e ben altra competenza di dolore. Opinione che andrà registrata anche da chi non si sognasse di condividerla. E intanto procediamo con la lettura.

Finora il pellegrino ha affrontato la ferocia episodica e maldestra di mostri-guardiani, subito debellata dalla sapienza formulare del suo maestro, e ha macerato dentro di sé misericordia e spavento, da protagonista, insomma da soggetto di una grande esperienza iniziatica. Qui, invece, intrappolato in una segnaletica militare, preso letteralmente fra due fuochi, avverte di essere oggetto di un'ostilità indecifrabile e organizzata. E, spaventato, si appella a Virgilio, *al mar di tutto 'l senno* (la trepidante iperbole anticipa la trepidazione delle domande che introduce): "Che significa questo fuoco? E quell'altro che cosa risponde? E chi li ha fatti?".

Virgilio: "Sulla superficie limacciosa dell'acqua, se il fumo che stagna sopra il pantano non te lo nasconde, già puoi scorgere *quello che s'aspetta*". Designazione doppiamente impersonale, per nulla tranquillizzante: quello che s'aspetta, chi? da chi?... Eccolo!

«*Corda non pinse mai da sé saetta*»... Famose, le due terzine che dicono d'un fiato il fulmineo sopraggiungere per l'acqua d'un barchino più rapido di qualsiasi freccia che mai guizzasse per l'aria, e chiudono col grido del vogatore solitario (*sol galeoto*): "*or se' giunta, anima fella!*" ('finalmente arrivi', o forse meglio, 'finalmente ti acchiappo, animaccia infame!').

"*Flegïàs, Flegïàs, tu gridi a vòto*", ribatte Virgilio, "*a questa volta* (cioè, 'stavolta')*: / più non ci avrai che sol passando il loto* (sotto la tua giurisdizione non ci avrai che per il tempo indispensabile ad attraversare il fango)".

Il comune mansionario di questo Flegiàs non sembra prevedere il servizio di traghetto per le anime destinate al basso inferno: anime che, d'altronde, appena udito il verdetto di Minosse, sappiamo proiettate nel cerchio di loro pertinenza. Qui non è traccia dell'immane flusso migratorio dei dannati che abbiamo visto accalcarsi in riva all'Acheronte. Non è un duplicato di Carón dimonio, questo Flegiàs. Suo compito, semmai, potrebbe essere quello di prelevare Iracondi e Accidiosi sulla riva dello Stige, tuffarli nell'acqua melmosa, piantonarli.

Figlio di Ares-Marte e re dei Flegrèi piromani, Phlegyas, nelle favole antiche, ha incendiato il tempio di Apollo a Delfi, per vendicarsi del dio che aveva sedotto e messo incinta sua figlia. Crivellato di frecce, piomba nel Tartaro, dove ingiunge urlando per l'eternità di attenersi alla giustizia e di non prender sottogamba gli dèi, con un famoso esametro virgiliano: «Discite iustitiam moniti et non temnere divos». Saettante e impalpabile sagoma di fuoco nelle brume di questo cerchio ('flegô', greco, e 'flagro', latino, valgono 'incendio, ardo', mentre il nome comune 'phlegyas' significa un tipo d'avvoltoio di piumaggio rosso), Flegiàs sarà emblema flagrante della fulminea collera di vendetta.

Seguitiamo a scorrere sui versi. *Qual è colui che grande inganno ascolta / che li sia fatto* (come chi si rende conto di essere stato beffato, e non se ne dà pace), Flegïàs ammutolisce cacciandosi dentro il rancore del disinganno. Virgilio s'imbarca, aiuta Dante a imbarcarsi, e solo sotto il peso del corpo vivo la navicella sembra carica.

Così, riprendendo il largo, l'antica prora solca l'acqua *più che non suol con altrui*, più a fondo, insomma, di quanto non faccia con la sua ordinaria zavorra (d'anime dannate – si suppone –, da caricare sulla riva e scaricare nella palude stigia).

Due parole su questa mitica palude. Le sue coordinate topografiche, nelle fonti classiche accessibili a Dante, sono molto indeterminate: nell'*Eneide* ora coincide con l'Acheronte, ora no; Lucano ne colloca le sorgenti nella Tessaglia «maledetta dai fati». Il nome comune greco 'styx' evoca il brivido e un tetro rigore.

Forse andrebbe detto che lo Stige degli antichi, come l'habitat funebre e acquitrinoso del Behemòth biblico e del Grendel della saga sassone, è l'aspetto palustre e irrevocabilmente melanconico dell'intero Averno: è il ristagno assoluto della morte... Comunque, sulla idrografia infernale di Dante torneremo sontuosamente fra sei canti. Qui basterà registrare come questo fiume pigro e nebbioso, tracciato da guizzi di fiamma, sia smisuratamente largo: un Mississippi di melma.

Dunque, mentre percorrono rapidi quella pozza d'acqua morta (*la morta gora*) sulla barchetta oberata dalla tara mortale di Dante, uno spettro di fango punta il pellegrino e lo apostrofa: "Chi sei tu, che vieni prima del tempo?".

Dante, secco: "Se io vengo, non è per restare. Chi sei tu, piuttosto, *che sì se' fatto brutto* (imbrattato, deturpato in quella maniera)?".

E quello: "*Vedi che son un che piango*" (dove 'piangere' vale 'espiare', e la proposizione, elusiva e tutt'altro che patetica, varrà più o meno: 'e chi vuoi che sia? non si vede che sono un dannato?').

E Dante: "Espiando e disperandoti, spirito maledetto, resta dove sei. Che credi? anche così lurido, t'ho riconosciuto".

Allora quello, di scatto, si aggrappa a due mani al bordo della barca. Ma Virgilio, che è sul chi vive, lo ributta nell'acqua insolentendolo: "Tórnatene giù con gli altri cani!"; poi abbraccia Dante, lo bacia, esclama: "*Alma sdegnosa* (che varrà: 'anima capace di sdegno, fedele al proprio sdegno'), */ benedetta colei che 'n te s'incinse!*". E séguita, come a specificare i termini del suo entusiasmo per il contegno del discepolo: "Quello lì fu al mondo un prepotente borioso, senza che d'una sola buona azione possa fregiarsi la sua memoria: *così s'è l'ombra sua qua furïosa* (perciò quaggiù la sua ombra è dannata a infuriarsi)". Platealmente analogico, il contrapasso che affligge questi Iracondi si spiega da sé; ma Virgilio vi appone anche un codicillo di genere antitetico: "Quanti son quelli che lassù si credono *gran regi* (praticano, cioè, l'arroganza banditesca di chi si considera al di sopra delle leggi), e qui staranno come porci nella mota, avendo lasciato di sé sulla terra atroci e spregevoli ricordi (*orribili dispregi*)!".

Se è duro Virgilio, Dante è durissimo: "Maestro, tanto che traversiamo, sarei proprio proprio felice di veder appozzare quello lì in questa broda".

E Virgilio, pronto: "Prima che l'altra riva si profili (*Avante che la proda / ti si lasci veder*), sarai contentato: è sacrosanto che tu ti prenda questa soddisfazione".

E subito il pellegrino Dante vede le anime della palude far tale strazio del disgraziato, che Dante-poeta ancora ne loda e ringrazia Dio. Gridano tutte in furibonda gazzarra il nome che quel rabbioso spirito fiorentino non aveva voluto pronunciare: "Dàgli, a Filippo Argenti!". E mentre lo pestano e lo cacciano sott'acqua, lui si morde da sé, pazzo di rabbia. Così i due viandanti d'oltremondo lo lasciano, e il poeta lascia di raccontarne.

Se ci pensi, amico mio, finora avevamo conosciuto solo tre modelli di rapporto drammatico: Dante-Virgilio, Dante-anima dannata, Virgilio-diavolo guardiano. Dialoghi, comunque, «a due», integrati da notazioni narrative di norma molto sobrie e rituali. Qui, nello scambio di battute spietatamente simmetriche fra dannato e pellegrino irrompe l'azione del reprobo, cui si accavalla repentina la reazione di Virgilio; il quale, subito poi, con gestualità effusa e belle parole, chiosa l'accaduto e ne illustra la moralità, autorizzando Dante a esprimere un desiderio e garantendogliene l'esecuzione; ed ecco che una massa di dannati-comparse, con mimica tumultuosa scandita a soggetto da uno slogan, esegue e chiude.

Episodio di sorprendente animazione teatrale. Sarà bene, però, sottrarsi alla tentazione di sceneggiarlo (sia pure mentalmente), di estrarne, cioè, le battute tra virgolette, declassando a corsivo didascalico i ragguagli d'azione o le semplici denotazioni del parlante. Sicuro: '*e io a lui...*', '*e io...*', '*ed elli a me...*' hanno la stessa incidenza metrica e la stessa dignità stilistica dei discorsi che introducono. Tra poche terzine constateremo la straordinaria irradiazione espressiva di un '*diss'io*' sapientemente inoculato nel discorso diretto.

Certo è che nel calibratissimo congegno teatrale dell'episodio di Filippo Argenti si sprigiona una violenza sbalorditiva.

Da poco meno di sette secoli, e non senza qualche buona ragione, lettori ordinari e studiosi eminenti continuano a trasecolare della brutalità con cui Dante rimbecca questo miserabile; come del fatto che Virgilio la aggravi con lo spintone e con l'ingiuria, la sanzioni con l'unico bacio che scocca nella *Divina Commedia*, la benedica con una formula che il *Vangelo di Luca* destina a Nostro Signore: «beatus venter qui te portavit»; e che Dante-pellegrino la esasperi, quella brutalità, manifestando smania e capriccio di veder Filippo attuffato nella melma. E perché poi Dante-poeta ringrazia ancora Iddio di averlo esaudito con lo spettacolo di quella efferata parodia dell'immersione battesimale?

Anche se non tutti i competenti han creduto di doversi scandalizzare per il comportamento inopinato del pellegrino (che pur si era lasciato commuovere dalle pene di quel lubrico egoista di Ciacco), quasi tutti hanno osservato come il bersaglio di tanta collera appaia troppo piccolo e volgare per la magnanimità dell'Alighieri. Basta a sanare la sproporzione l'ipotesi di un circostanziato rancore personale? Bastò, comunque, a indurre antichi chiosatori e novellieri nella tentazione di circostanziarlo.

Così, ci è stato raccontato che questo tanghero di Filippo dei Cavicciuli, ramo cadetto della famiglia Adimari, soprannominato 'Argenti' per il vezzo borioso di ferrare di quando in quando il suo cavallo con ferratura d'argento, «uomo grande e nerboruto, e (...) iracundo e bizzarro più che altro», e dotato di «pugna (...) che parevan di ferro», una volta prese a schiaffi Dante; che la sua famiglia si oppose sempre accanitamente alla revoca del bando a carico del poeta, e che avrebbe anche incamerato surrettiziamente parte dei suoi beni sotto confisca, ecc. ecc.

Il buon Filippo Sacchetti, agli sgoccioli del Trecento, riferisce, in un raccontino decorato di molti anacronismi, che «un giovane cavaliere» della famiglia Adimari (il nostro Filippo, con ogni verosimiglianza), avendo guai con la giustizia, pregò Dante, che era suo vicino di casa, di andar dal giudice a mettere una parola buona. Invece Dante – che detestava il giovane per il malvezzo che aveva di cavalcare a gambe aperte, costringendo chi lo incrociasse per via a forbirgli col viso la punta delle scarpette –, presentatosi al giudice, aggiunse ai capi d'accusa quella reiterata usurpazione di suolo pubblico; per modo che l'Adimari, il quale grazie alla deposizione di Dante contava d'essere prosciolto, si vide raddoppiata l'ammenda. Ciò che rimase sullo stomaco a lui e a tutta la sua casata, e fu, anzi, a sentire il Sacchetti, «la principal cagione» per cui, di lì a poco, Dante venne cacciato da Firenze come bianco, «e poi morì in esilio».

Storiella che, se non fosse palesemente confezionata per spiegare tutto, in effetti, almeno sotto il profilo psicologico, qualcosa spiegherebbe…

Non c'è dubbio, d'altronde, che per la famiglia degli Adimari, «piccola gente» di parte nera, recentemente imparentatasi coi Donati e montata in grandissima spocchia, Dante nutrisse un odio meticoloso. Sentiremo in paradiso Cacciaguida, il trisavolo crociato, bollare a fuoco quella «oltracotata schiatta che s'indraca / dietro a chi fugge, e a chi mostra 'l dente / o ver la borsa, com'agnel si placa».

Dunque, per capire lo sbocco di collera del pellegrino-poeta, bisognerà allargare il bersaglio, iscrivendo il rancore per un'eventuale umiliazione patita ad opera di questo capo-teppa rionale nell'odio contro la sua consorteria arrogante e vigliacca? O sarà meglio allargarlo ancora a tutti i magnati di Parte Nera, dai quali Dante aveva patito l'irremissibile sopruso dell'esilio? O ancora – ricomponendo tessere sparse nel poema – a tutti i Fiorentini che si son fatti renitenti all'ordine e alla giustizia dell'impero, e perciò han tentato di mettere le mani su Dante, come qui tenta Filippo, per modo che Virgilio, profeta della monarchia romana e cristiana, s'inalbera a proteggerlo con tanta materna ferocia, eccetera eccetera?

Forse. Perché escluderlo? Dante lo sapeva. Noi no.

In termini generali, varrà comunque la pena di osservare come il pellegrino-peccatore, per consumare l'esperienza morale e conoscitiva dell'Iracondia (o «ira mala») e mondarsene, non pratichi, quaggiù all'inferno, la virtù antagonista della mansuetudine, ma piuttosto quell'«ira per zelum» che Tommaso contrapponeva, appunto, all'«ira mala», lodandola, sulla scorta dell'*Etica Nicomachea*, come attestato di sensibilità per le offese patite dai giusti. E che cosa Virgilio accredita al discepolo dandogli dell'«alma sdegnosa», e ratificando l'epiteto con un bacio, se non «ira per zelum»?... quella collera sacrosanta, nell'esercizio della quale il cittadino Alighieri, come ben noto, non mancò occasione per distinguersi.

Verosimile, dunque, che con questo episodio il poeta voglia dirci chiaro e tondo: il fatto ch'io m'infurii tanto – nell'aldiquà come nell'aldilà – non significa ch'io sia iracondo, anzi, significa pressoché il contrario. E chi ha il coraggio di contraddirlo?

Torniamo in palude. Il barchino di Flegiàs ha appena doppiato l'intoppo di Filippo Argenti, che l'orecchio di Dante è percosso da un confuso suono di lamenti ('*duolo*', qui come spesso altrove, significa questo), e lui sbarra gli occhi a scrutare il fronte del buio nebbioso.

Il buon maestro spiega: "Ormai, figliolo, si avvicina la città c'ha nome Dite, con i suoi cittadini oberati dalle pene (*coi gravi cittadin*), col grande stuolo dei diavoli".

Il latino 'Dis, Ditis' (per esteso: 'Dis Pater') traduce il greco 'Plúton', e come quello – ricordi? – evoca insieme la tenebra e la ricchezza. Cesare vuole Dite progenitore dei Galli e garante della loro civiltà notturna. Per Dante, 'Dite' è sinonimo di 'Satana'. Le mura metalliche della città che porta il suo nome ('Ditoburgo' o 'Ditòpoli', verrebbe da chiamarla), e che recingono nell'*Eneide* la distesa erbosa dei Campi Elisii, nella *Commedia* orlano il baratro del basso inferno.

Dante ora vede nitidamente nell'avvallamento che borda il cerchio di là dalla palude (o, forse meglio, nella cinta fortificata, nel vallo) torri incandescenti rosseggiare sopra le mura dell'empia città, come minareti di moschee (*e io: "Maestro, già le sue meschite / là entro certe ne la valle cerno, / vermiglie come se di foco uscite // fossero"*)...

L'ansia del pellegrino sembra serpeggiare nei versi che la raccontano: ‘enjambement’ (letteralmente: ‘scavalcamento’, ‘sconfinamento’) si chiama questo effetto serpentino, che si ottiene non chiudendo il verso con una pausa sintattica. Quanto più serrato è il nodo sintattico che la fine del verso scinde, tanto più apprezzabile è l’effetto: apprezzabilissimo qui, dove la scissione si verifica fra due membri invertiti di un’unica forma verbale (fossero uscite: ‘*uscite // fossero*’), e la fine del verso coincide con la fine della terzina. Far caso agli enjambements, e registrarne, volta a volta, l’impatto espressivo, non è il più ozioso degli accorgimenti per sbirciare nel laboratorio del poeta.

“È il fuoco eterno che le arroventa dentro, a far apparire queste torri rosse così”, risponde il maestro, mentre la barca si immette nel profondo fossato-darsena che cinge quella città inconsolabile. Da vicino, le mura sembrano ferro.

Compiuto un ampio giro, Flegiàs sbarca i due poeti e si congeda, brusco fino alla villania: «*il nocchier, forte / “Uscìteci”, gridò: “qui è l’intrata”*» (che carico di villania, in questo ‘gridò’ staccato dal suo avverbio: ‘*forte*’!).

Il poeta racconta: «*Io vidi più di mille in su le porte / da ciel piovuti, che stizzosamente / dicean: “Chi è costui che sanza morte // va per lo regno de la morta gente?”*». La vista dell’esercito diavolesco schierato davanti all’ingresso della città – ecco! – fa scantonare i versi in frenesia di sgomento.

Virgilio fa cenno ai diavoli di voler parlare con loro in segreto. E i diavoli trattengono la rabbia: “Vieni tu solo, sì, e quell’altro sconsiderato se ne torni pur da solo *per la folle strada*, se è capace, senza di te: perché tu qui rimarrai, che l’hai scortato per questi tenebrosi paraggi (*che li ha’ iscorta sì buia contrada*)”.

Il poeta, allora, si rivolge a te, onesto e singolo lettore: «*Pensa, lettor, se io mi sconfortai / nel suon de le parole maladette, / ché non credetti ritornarci mai* (perché persi la speranza di tornare qui, sulla terra)».

Tre quattro volte, in questo canto sacro alla paura, Dantenarratore affiora col suo presente alla superficie della narrazione: all'inizio, quando tira le fila del racconto (*Io dico, seguitando...*); in chiusa dell'episodio di Filippo Argenti (*...Dio ancor ne lodo e ne ringrazio* e, quattro versi dopo, con soluzione più consueta: *...più non ne narro*); qui. E qui il presente della narrazione coincide col presente della lettura. Il singolo lettore è chiamato esplicitamente in causa – secondo una formula che il poema ripeterà con variazioni altre diciotto volte – a partecipare dei patemi del pellegrino, e spesso (qui, ad esempio) con un singolare effetto di straniamento, dato che l'atto stesso della lettura garantisce che la prova è stata superata e depositata nei verbali del poema sacro; mentre il pellegrino, annientato dal terrore, pare cercar sollievo di speranza nella scrittura che lo scriverà.

E supplica il maestro, che già tante volte (o, biblicamente parlando, '*più di sette / volte*') gli ha ridato coraggio e l'ha cavato dal pericolo, di non abbandonarlo: "*...non mi lasciar*", *diss'io*, "*così disfatto...*" (eccolo, il 'diss'io' «rubato», che, inserito al centro del verso e della battuta, li imbeve di sgomento). Lo supplica senza tirare il fiato, infilando enjambements: "...e se ci impediscono di andare avanti, torniamo sui nostri passi insieme, e subito (*ritroviam l'orme nostre insieme ratto*)".

Il maestro: "Non temere: nessuno può impedirci di proseguire nel nostro cammino: *da tal n'è dato* (da una tale autorità ci è stato concesso). Aspettami qui, e lo spirito provato conforta e ciba di speranza buona, ché io non ti lascerò nell'abisso".

E se ne va; e così lo abbandona, il *dolce padre*; e lui rimane in sospeso, combattuto fra il 'sì' della speranza e il 'no' della disperazione (*che sì e no nel capo mi tenciona*). Tanto più che non riusciva a sentire (*udir non pòtti*: non potei) quel che andava illustrando ai diavoli il maestro: forse una variante del canonico «vuolsi così...», o forse no; il negoziato è doppiamente segreto, visto che neppure la sua segretezza ci viene motivata.

Virgilio, peraltro, non si trattenne con loro per molto (‘*guari*’ vale il francese ‘guère’), che tutti quanti i diavoli corsero dentro *a pruova* (‘a gara’: insomma, ‘a chi faceva prima’), e gli chiusero i battenti della porta sulla faccia; e lui, rimasto fuori, ritornò con andatura titubante verso il povero discepolo. Aveva gli occhi a terra, le sopracciglia aggrondate, senz’ombra di baldanza, e sospirava fra sé: “Guarda tu, chi doveva impedirmi l’accesso alla città del dolore!”. Ma a Dante dice: “Non ti spaventare perché mi vedi crucciato e sdegnato (*perch’io m’adiri*): frenetica che sia la mobilitazione dei diavoli a difesa della città, io vincerò la prova. Questa loro tracotanza, d’altronde, non è una novità: la han già esercitata a una porta più esterna (*men secreta*) di questa, che è ancora lì scardinata”.

Naturalmente, Virgilio allude al tentativo protervo e maldestro di opporsi alla discesa di Cristo nel limbo, messo in atto dai diavoli sulla porta dell’inferno, sormontata dalla lugubre iscrizione (*scritta morta*). E soggiunge: “Già la ha varcata, già scende per il pendio del cratere, spedito e senza scorta, *tal che per lui ne fia la terra aperta*”, uno, insomma, dotato di tale potestà da spalancarci la città di Dite. E non è la prima volta – badaci, ne riparleremo – che Virgilio adopera il pronome indefinito ‘tal’ per designare il misterioso garante del viaggio oltremondano…

Povero Virgilio: i mostri-guardiani, piombati quaggiù dalla mitologia dei gentili, li aveva affrontati a viso aperto, soccorrendo il discepolo col rigore della sua saggezza e, spesso, con l’eco dei suoi versi nobilissimi. Ma questo esercito di diavoli piovuti dal cielo e dalle pagine dei Padri della Chiesa, dagli affreschi di basilica o di camposanto e dalle fobìe del popolo cristiano, lo rintuzza e lo mortifica. E, con lui, la ragione naturale torna ad appellarsi alla grazia divina, cui si sottomette disperatamente, cioè, senza poterla presentire nell’esercizio ascetico della speranza.

Così, alla fine di questo canto dilatato dalla paura e corso sensibilmente dall'ansia, come da fiammetta sui meandri d'una miccia, in questo immane teatro brumoso e lampeggiante, dove il poema sacro forse ricomincia (ma, forse, continua a cominciare), il gran saggio antico pare contrarsi tutto a personaggio del proprio grandissimo discepolo. E par quasi saperlo.

Io dico, seguitando, ch'assai prima
che noi fossimo al piè de l'alta torre,
li occhi nostri n'andar suso a la cima
per due fiammette che i vedemmo porre,
e un'altra da lungi render cenno,
tanto ch'a pena il potea l'occhio tòrre.
E io mi volsi al mar di tutto 'l senno;
dissi: "Questo che dice? e che risponde
quell'altro foco? e chi son quei che 'l fenno?".
Ed elli a me: "Su per le sucide onde
già scorgere puoi quello che s'aspetta,
se 'l fummo del pantan nol ti nasconde".
Corda non pinse mai da sé saetta
che sì corresse via per l'aere snella,
com'io vidi una nave piccioletta
venir per l'acqua verso noi in quella,
sotto 'l governo d'un sol galeoto,
che gridava: "Or se' giunta, anima fella!".
"Flegïàs, Flegïàs, tu gridi a vòto",
disse lo mio segnore, "a questa volta:
più non ci avrai che sol passando il loto".
Qual è colui che grande inganno ascolta
che li sia fatto, e poi se ne rammarca,
fecesi Flegïàs ne l'ira accolta.
Lo duca mio discese ne la barca,
e poi mi fece intrare appresso lui;
e sol quand'io fui dentro parve carca.
Tosto che 'l duca e io nel legno fui,
segando se ne va l'antica prora
de l'acqua più che non suol con altrui.
Mentre noi corravam la morta gora,
dinanzi mi si fece un pien di fango,
e disse: "Chi se' tu che vieni anzi ora?".

E io a lui: “S’i’ vegno, non rimango;
ma tu chi se’, che sì se’ fatto brutto?”.
Rispuose: “Vedi che son un che piango”.

E io a lui: “Con piangere e con lutto,
spirito maladetto, ti rimani:
ch’i’ ti conosco, ancor sie lordo tutto”.

Allor distese al legno ambo le mani;
per che ’l maestro accorto lo sospinse,
dicendo: “Via costà con li altri cani!”.

Lo collo poi con le braccia mi cinse;
basciommi ’l volto e disse: “Alma sdegnosa,
benedetta colei che ’n te s’incinse!

Quei fu al mondo persona orgogliosa;
bontà non è che sua memoria fregi:
così s’è l’ombra sua qui furïosa.

Quanti si tegnon or là sù gran regi
che qui staranno come porci in brago,
di sé lasciando orribili dispregi!”.

E io: “Maestro, molto sarei vago
di vederlo attuffare in questa broda
prima che noi uscissimo del lago”.

Ed elli a me: “Avante che la proda
ti si lasci veder, tu sarai sazio:
di tal disio convien che tu goda”.

Dopo ciò poco vid’io quello strazio
far di costui a le fangose genti,
che Dio ancor ne lodo e ne ringrazio.

Tutti gridavano: “A Filippo Argenti!”;
e ’l fiorentino spirito bizzarro
in sé medesmo si volvea co’ denti.

Quivi il lasciammo, che più non ne narro;
ma ne l’orecchie mi percosse un duolo,
per ch’io avante l’occhio intento sbarro.

Lo buon maestro disse: "Omai, figliuolo,
s'appressa la città c'ha nome Dite,
coi gravi cittadin, col grande stuolo".

E io: "Maestro, già le sue meschite
là entro certe ne la valle cerno,
vermiglie come se di foco uscite

fossero". Ed ei mi disse: "Il foco etterno
ch'entro l'affoca le dimostra rosse,
come tu vedi in questo basso inferno".

Noi pur giugnemmo dentro a l'alte fosse
che vallan quella terra sconsolata:
le mura mi parean che ferro fosse.

Non sanza prima far grande aggirata,
venimmo in parte dove il nocchier, forte
"Uscìteci", gridò: "qui è l'intrata".

Io vidi più di mille in su le porte
da ciel piovuti, che stizzosamente
dicean: "Chi è costui che sanza morte

va per lo regno de la morta gente?".
E 'l savio mio maestro fece segno
di voler lor parlar segretamente.

Allor chiusero un poco il gran disdegno,
e disser: "Vien tu solo, e quei sen vada
che sì ardito intrò per questo regno.

Sol si ritorni per la folle strada:
pruovi, se sa; ché tu qui rimarrai,
che li ha' iscorta sì buia contrada".

Pensa, lettor, se io mi sconfortai
nel suon de le parole maladette,
ché non credetti ritornarci mai.

"O caro duca mio, che più di sette
volte m'hai sicurtà renduta e tratto
d'alto periglio che 'ncontra mi stette,

non mi lasciar", diss'io, "così disfatto;
e se 'l passar più oltre ci è negato,
ritroviam l'orme nostre insieme ratto".

E quel segnor che lì m'avea menato,
mi disse: "Non temer; ché 'l nostro passo
non ci può tòrre alcun: da tal n'è dato.

Ma qui m'attendi, e lo spirito lasso
conforta e ciba di speranza buona,
ch'i' non ti lascerò nel mondo basso".

Così sen va, e quivi m'abbandona
lo dolce padre, e io rimagno in forse,
che sì e no nel capo mi tenciona.

Udir non pòtti quello ch'a lor porse;
ma ei non stette là con essi guari,
che ciascun dentro a pruova si ricorse.

Chiuser le porte que' nostri avversari
nel petto al mio segnor, che fuor rimase,
e rivolsesi a me con passi rari.

Li occhi a la terra e le ciglia avea rase
d'ogne baldanza, e dicea ne' sospiri:
"Chi m'ha negate le dolenti case!".

E a me disse: "Tu, perch'io m'adiri,
non sbigottir, ch'io vincerò la prova,
qual ch'a la difension dentro s'aggiri.

Questa lor tracotanza non è nova,
ché già l'usaro a men segreta porta,
la qual sanza serrame ancor si trova.

Sovr'essa vedestù la scritta morta:
e già di qua da lei discende l'erta,
passando per li cerchi sanza scorta,

tal che per lui ne fia la terra aperta".

IX

«Il colore che la paura mi aveva dipinto in faccia (o magari che aveva spinto fuori, facendomelo affiorare sul viso), insomma, *quel color che viltà di fuor mi pinse*, quando vidi il mio maestro girarsi e tornare sui suoi passi, indusse lui a ricacciar dentro subito *il suo novo* (color), il colore, cioè, che cruccio e sdegno avevano fatto affiorare sul viso suo». Così si apre il IX canto, rimontando a una situazione che precede la chiusa del canto precedente. Ad uno scacchista verrebbe detto che, qui, Dante arrocca. Forse Dante, avesse voluto esplicitare il procedimento, avrebbe usato, come in apertura del canto scorso – ricordi? – il verbo 'seguitare'.

Sul nuovo colore del viso di Virgilio manca l'accordo fra gli specialisti: rosso di cruccio? bianco di sdegno? C'è di sicuro, che la *viltà* fa pallido Dante. Una viltà tutt'altra, però, da quella che Virgilio gli rinfacciava nella oscura costa del II canto: dalla viltà che dettava al pellegrino – diciamo così – il suo «piccolo rifiuto» («se del venire io m'abbandono, / temo che la venuta non sia folle»... ricordi?). Lì era pusillanimità, irresolutezza morale, renitenza alla grazia; qui è disperazione di fronte a un pericolo concreto e incontrollabile. Lì la ragione sottomessa alla fede nella persona di Virgilio bastò a illuminare e rinfrancare il pellegrino-peccatore; qui tituba con lui.

E si pianta dov'è; e tende l'orecchio, perché l'occhio non può andar lontano (*menare a lunga*) per l'aria nera e per la nebbia folta; e (premesso fra noi che 'punga' sta per 'pugna' come, dopotutto, 'venga' sta per 'vegna'...) mormora fra sé: "*Pur a noi converrà vincer la punga / (...) se non... Tal ne s'offerse*". Versi torturatissimi, che un cauto buonsenso potrebbe diluire così: 'eppure è certo che supereremo la prova, a meno che... Ma come dubitarne, se un essere tale ci si è offerto a garante, ci ha preso insomma sotto la sua tutela?'. E non parrebbe irragionevole attribuire la perplessità di Virgilio al fatto che non sa spiegarsi il ritardo del personaggio salvifico annunciato alla fine del canto scorso; il superamento della perplessità, al pensiero di chi ha autorevolmente patrocinato quel pellegrinaggio oltremondano (di Beatrice, cioè, se non della Vergine mandante o di Dio stesso). Comunque, il protrarsi dell'attesa non risparmia all'antico poeta una risacca d'ansia: "*Oh quanto tarda a me ch'altri qui giunga!*" (qualcosa come 'non vedo l'ora che arrivi chi deve arrivare').

Dal canto suo, Dante-pellegrino si è accorto bene che il maestro ha interrotto una proposizione appena iniziata, coprendone gli sviluppi con parole di tutt'altro segno; e, per confortanti che fossero queste ultime, ciò che Virgilio ha detto tanto più lo impaurisce (*paura il suo dir diènne*, 'ci diede', cioè 'mi diede'), in quanto egli è portato a completare la frase tronca con un significato (*sentenzia*) forse peggiore di quello che in realtà non contenesse. E insinua un quesito: "Succede mai che nel fondo di questo catino infame (*trista conca*) scenda dal primo cerchio qualcuno di quelli che come unica pena hanno la mutilazione della speranza (*la speranza cionca*)?".

Laboriosa perifrasi per un sospetto un po' misero: 'siamo sicuri che quest'anima disperata del limbo sia capace di scendere fino al fondo dell'inferno? Abbiamo almeno un precedente? Non vorrei che quel *se non*... lasciato a mezz'aria tradisse il timore di aver sbagliato strada'.

E Virgilio: "Succede di rado, ma succede (*incontra*), che qualcuno di noi limbicoli faccia la strada che io sto percorrendo. Fatto sta, che già altra volta io son venuto quaggiù personalmente, *congiurato da quella Eritón cruda*, evocato, cioè, dagli scongiuri di quella efferata Eritone, che richiamava gli spiriti dei trapassati nei loro corpi. Da poco avevo lasciato esanime la mia carne, quando costei mi fece entrar dentro a quella cerchia di mura, per trarne un'anima dal *cerchio di Giuda*: cerchio che, essendo il disco centrale del Cocito, è appunto la zona più incassata e più buia dell'inferno, la più remota dal cielo *che tutto gira* (cioè dal nono cielo o Primo Mobile, che – come verificheremo lassù – tutto avviluppa e tutto fa ruotare). Perciò", stringe Virgilio, "puoi star tranquillo: la strada, la conosco bene. Questa palude, che esala tanto puzzo, cinge tutt'intorno la città dei dannati, dove ormai va escluso che possiamo entrare *sanz'ira* (diciamo pure: con le buone)". E disse altro – dice Dante –, ma lui non se ne ricorda...

Intanto, chi è questa efferata Eritone?

È Ericthо, la maga tèssala che, nel VI libro della *Farsaglia* di Lucano, rianima il cadavere d'un soldato appena caduto sul campo, convocandone l'ombra dalle soglie dell'Ade, perché predìca a Sesto, figlio di Pompeo il Grande, l'esito funesto della imminente battaglia. Ma non c'è articolo o comma della ingente legislazione infernale riposta nella dottrina dei teologi o nella paura dei popoli cristiani che preveda per gli ospiti del limbo mansioni di accompagnatori d'anime. Questa storia del precedente viaggio di Virgilio nel fondo del cratere, insomma, è una pensata di Dante.

Pensata ricca di incongruenze, fra l'altro. Difatti se, in via di principio, sembra inammissibile che il decreto dell'Onnipotente, che autorizza Dante a viaggiare i tre regni dei morti e Virgilio a scortarlo per i primi due, valga all'inferno meno dell'esorcismo di un'antica strega; c'è da dire che, nel merito, lo stesso episodio della *Farsaglia* chiamato in causa, più che legittimare la favola del primo viaggio di Virgilio, parrebbe escluderla: infatti dai versi di Lucano non risulta affatto che questa Erictho si serva di intermediari per estrarre dall'abisso anime di morti, anzi risulta il contrario.

Se tuttavia, ultimata la lettura di questo IX canto dell'*Inferno*, uno andasse a rileggersi i trecento e passa esametri che Lucano dedica alla maga di Tessaglia e alle sue pratiche scellerate, qualche non trascurabile dettaglio potrebbe farlo riflettere: il fatto, per esempio, che tardando l'anima del soldato a rientrare nel proprio cadavere gelido e sbrindellato, Erictho inveisca contro le Erinni, chiamandole «cagne dello Stige»; e le minacci; e che minacci Medusa – la più giovane delle tre Gorgoni, famosa per far di sasso chiunque incroci i suoi occhi – ...la minacci di convocare un dio magico ed enigmatico che può guardarla in faccia; e, per esempio, che questa Erictho abiti in un sepolcreto. Temi tutti e figure con cui faremo i conti nel seguito del canto.

Non contraddice, comunque, altri tracciati interpretativi l'ipotesi che la citazione di *Eritón cruda* sia un segnalato omaggio reso da Dante, per bocca di Virgilio, alla *Farsaglia*, il poema incompiuto del giovane poeta cordovano: poema che in questo canto, nel prossimo e, a intermittenze, in tutto il basso inferno fornirà al poeta fiorentino un repertorio di portenti e la tonalità fantastica di fondo, subentrando agli orrori nitidi e cerimoniali dell'Averno virgiliano con le sue allucinazioni tenebrose, con la sua baroccheria «mélancholique et déchirante», come la definirà Baudelaire...

In questo senso, che ad evocare la *Farsaglia* sia proprio Virgilio, conta.

Ma intanto, perché Dante-pellegrino si è distratto (e Dante-poeta si è dimenticato quel che Virgilio seguitava a dire)? Perché i suoi occhi avevano calamitato tutta intera la sua attenzione (*l'occhio m'avea tutto tratto*) sulla cima rovente della torre che presidia le porte di Dite, dove in un baleno e simultaneamente s'erano rizzate tre furie infernali: le tre Erinni, appunto, imbrattate di sangue, che avevan membra e tratto di donna, erano avviluppate da serpenti (grosse, velenose e verdissime, le *idre* son serpenti d'acqua), e per capigliatura avevano serpi e serpentelli cornuti (*ceraste*) che le serravano alle tempie.

Virgilio subito riconosce *le meschine / de la regina de l'etterno pianto*, le serve, cioè, di Prosèrpina, regina dell'Averno ('meschino' nel senso di 'servo' è provenzalismo, mentre il nostro 'meschino' per 'gretto, disgraziato' conserva il valore dell'etimo arabo 'miskîn'): le riconosce e le addita al discepolo: "A sinistra è Megera, a destra Aletto disperata, nel mezzo Tesìfone". Qui l'antico poeta tace. E Dante sgrana gli occhi sulle tre, e le vede fendersi il petto con le unghie, percuotersi con le palme delle mani, come prefiche nei riti funebri; le sente gridare alto; così che, dallo sgomento (*per sospetto*), si stringe al maestro.

Guardando in giù, le Erinni urlano: "*Vegna Medusa: sì 'l farem di smalto*" (così lo pietrificheremo); e soggiungono: "*Mal non vengiammo in Tesëo l'assalto*". Oscuro chiarimento, che dovrebbe significare: 'abbiam fatto male a non vendicarci di Tesèo per la sua irruzione' ('vengiare' è gallicismo patente). Chiaro, comunque, che le Furie alludono, prima, alle notissime proprietà pietrificanti della faccia di Medusa; poi, alla discesa di Tesèo agli Inferi per rapire Proserpina dal letto di Ade-Plutone, e al fatto che quella canagliata non fosse stata punita come meritava, così da consentire di lì a poco ad Ercole di liberare la canaglia (Tesèo), per di più strapazzando e ridicolizzando il cane Cerbero: eventi, enunciati nel VI dell'*Eneide*, sui quali torneremo con Dante fra una cinquantina di versi. 'Se ci fossimo vendicate a dovere su quel Tesèo lì – lasciano intendere le tre –, nessun vivo ci avrebbe riprovato, a irrompere quaggiù...'.

Qui il maestro grida: "Vòltati e tàppati gli occhi (*tien lo viso chiuso*)! ché se si mostra Medusa (*'l Gorgón*) e tu dovessi vederla, *nulla sarebbe di tornar mai suso*" (banalizzeremmo noi: 'di tornare sulla terra, non se ne parlerebbe più'). Grida, e lui stesso, materialmente, fa girare il discepolo, e non si fida delle mani con cui quello si copre gli occhi, finché non vi ha sovrapposto le proprie.

A questo punto Dante Alighieri rivolge al lettore un famosissimo appello: «*O voi ch'avete li 'ntelletti sani, / mirate la dottrina che s'asconde / sotto 'l velame de li versi strani*».

Il primo senso dell'appello è trasparente: 'voi che avete l'intelletto libero e orientato al vero, considerate la verità teoretica schermata dal velo di questi versi enigmatici, decifrate il significato segreto di queste antiche figure'. Molto meno accessibile, naturalmente, è questo secondo significato, almeno per noi posteri ennesimi. Rischiamo un'ipotesi? Rischiamola.

Se si estende il monito a tutta la situazione narrativa in cui siamo implicati dal momento dello sbarco sulla riva interna dello Stige, inclusa l'imminente irruzione di «tal che per lui ne fia la terra aperta» (ricordi come chiudeva il canto passato?), lo schema allegorico velato potrebbe essere, più o meno, questo: 'non basta l'ausilio della filosofia naturale (Virgilio) ad affrontare e padroneggiare i peccati di malizia, i peccati cioè perpetrati a mezzo della ragione, che vengono puniti dentro la cinta delle mura di Dite; infatti, l'accesso all'esperienza e al superamento puramente intellettuale della malizia è ostruito, prima, dal terrorizzante esercito delle tentazioni (i diavoli), poi dalle ossessioni del rimorso (le Erinni), infine dalla disperazione che consegue al rimorso, e irrevocabilmente impietrisce il cuore (Medusa); dalla quale disperazione la ragione naturale (Virgilio), assoggettandosi a una fede di cui non sa intravedere la luce, varrà a preservare il peccatore spaurito e debilitato (Dante), peraltro non più di quel tanto che gli consenta di umiliarsi al pentimento e di arrendersi ciecamente alla speranza (gli occhi due volte coperti), propiziando così il soccorso inesplicabile, drastico e semplicissimo della grazia (*e già venìa...*)'.

Schema assai povero, cui però converrà rassegnarci, non foss'altro perché il gran numero dei personaggi che animano questa allegoria ha dato adito nei secoli ad una quantità di combinazioni interpretative praticamente inesauribile. La sola Medusa, per la quale ci è parso sensato accettare il richiamo alla «obduratio cordis» (all'indurimento del cuore dovuto a disperazione di cui ragiona Tommaso d'Aquino), è sembrata di volta in volta ai chiosatori figura allegorica del Dubbio per carenza di fede, dell'Invidia accesa dai beni mondani, dell'Eccesso d'immaginazione, del Diletto dei sensi, dell'Ostinazione, dell'Eresia, e di quant'altro possa cospirare a dannarci l'anima.

Senonché, questo appello al lettore (anzi, per una volta, ad una comunità di lettori, per quanto la prerogativa di aver «l'intelletto sano» possa circoscriverla)... questo appello – dicevo – che tien dietro al «pensa, lettor» del canto scorso, e con quello avvia la serie, induce ad un altro ordine di riflessioni.

Amico mio plurale, conterei di infliggertele, moderatamente.

Dunque, *Divina Commedia*... proviamo a ricominciare da capo, e a leggerla tutta forte: «Nel mezzo del cammin di nostra vita / mi ritrovai»... Basta così: 'mi ritrovai'... chi? chi si ritrovò?

Fin qui, parafrasando e raccontando, abbiamo distinto fra un Dante-poeta e un Dante-pellegrino: in altri termini, fra «Dante autore» e «Dante protagonista» della *Commedia* (distinzione che, fra l'altro, ci capiterà di utilizzare anche in seguito, per comodità espositiva). Ma è ora che ci poniamo una domanda elementare: nel leggere (forte) la *Divina Commedia*, chi sei? che parte fai? insomma: chi è l'io che racconta di essersi ritrovato per una selva oscura e via dicendo?

Dirai: Dante, l'Autore.

Su Dante siamo d'accordo, sull'Autore meno. Mi spiego con un esempio che non mi sto inventando io.

Circa ai due terzi della *Recherche du temps perdu*, Albertine interpella per la prima e penultima volta il protagonista che figura narrare in prima persona l'immane romanzo, col suo nome proprio 'Marcel': «dando al narratore – nota argutamente Proust – lo stesso nome proprio dell'autore di questo libro». Arguta chiosa che, associandoli per omonimia, distingue radicalmente «autore» (cioè, la persona anagrafica di Marcel Proust, che in una stanza foderata di sughero, stremato dall'asma, scrive... ecc. ecc., e che firmerà il libro in copertina) e «narratore» (cioè, il Marcel che racconta in prima persona quel che gli è capitato in un tempo passato e perduto).

Distinzione elementare. Pensaci: se l'io che narra figura essere, a distanza di tempo, la stessa persona che ha vissuto da protagonista quelle storie fittizie, anche lui, l'io-narrante – per quanta autobiografia, per quanta privatezza circoli nella *Recherche* – è manifestamente e a pieno titolo una persona fittizia, un personaggio. Come personaggio era nel vivere quelle storie, continuerà a essere personaggio adesso che ce le racconta.

Ora, è noto che anche Dante verrà interpellato col suo nome proprio, a due terzi circa della *Commedia*, da donna Beatrice nel paradiso terrestre («Dante, perché Virgilio se ne vada, / non pianger anco, non piangere ancora!»). E quel Dante lì, per quanto omonimo dell'autore, per quanto «in antefatto» la sua biografia tenda a combaciare con quella dell'autore, non è l'autore (Dante Alighieri, nato a Firenze nel tale anno, esule immerito dal tal altro, e via dicendo): è semplicemente il protagonista della storia narrata, il quale, in capo a una interminabile trafila iniziatica, sarà promosso a raccontarcela, scrivendo quel che leggiamo noi.

Insomma, è un personaggio: il «personaggio-di-chi-scrive»,

secondo la formula geniale di Gianfranco Contini. E anche se la «fictio» della *Commedia* pretende che la *Commedia* non sia una «fictio» (ma, a conti fatti, non c'è racconto in prima persona che non pretenda qualcosa del genere); anche se, prendendolo in parola, tu fossi convinto che Dante Alighieri abbia realmente percorso in carne ed ossa i tre regni dei morti, nelle modalità indicate: il Dante protagonista della *Commedia* resta personaggio di «fictio», e dunque anche il Dante che ce la racconta monologando è personaggio di «fictio», o, come dire?, fittizio, inventato.

Ben perciò la distinzione canonica fra «Dante autore» e «Dante personaggio» confonde i termini del problema semplificandoli troppo. Infatti è chiaro – spero – che in quel «Dante autore» risultino abusivamente identificati Dante Alighieri e l'io narrante, cioè l'entità storico-anagrafica di una persona fisica e l'entità fittizia di un personaggio; mentre nel «Dante protagonista» il pellegrino mistico che ha traversato i tre regni dei morti risulta abusivamente scollato, scorporato dal personaggio che, consumata quella portentosa trafila iniziatica, assolve al mandato di riferircela.

È a quel personaggio lì, è al «personaggio-di-chi-scrive» che dai voce quando leggi la *Divina Commedia*.

E non starò a dire su due piedi – non facciamo che prenderne atto – come questo personaggio sia sbalorditivamente complesso e, insieme, poco caratterizzabile; quanto inestricabile sia l'ordito di ritrattazioni, abiure, interferenze e complicità fra il narratore-convertito e il protagonista-in-via-di-conversione.

Ma, già che ci siamo, mendico ancora un attimo della tua attenzione.

Tu sai che il viaggio nei tre regni dei morti figura consumarsi in un tempo storicamente determinato (prima primavera dell'anno 1300). Il tempo in cui l'io racconta è, invece, il presente fittizio della scrittura: è il tempo, insomma, in cui Dante Alighieri «finge» di scrivere il poema sacro, abilitato dalla visione del creatore. Ma ogni volta che chiunque dà voce a quei versi, è il presente in cui quel chiunque sta vivendo.

Infatti, il tu a cui quell'io si rivolge – di tratto in tratto interpellandolo espressamente – è il lettore: sei tu. Ma tu che ad alta voce dici "pensa, lettor", stai pronunciando parole di un monologo profetico in cui l'attimo e l'atto stesso della tua lettura figurano come simultanei all'atto e all'attimo della scrittura. Cioè, stai facendo teatro.

E per ora basta e avanza; anche se non abbiamo certo esaurito il discorso sul «genere teatrale» della *Divina Commedia*, timidamente avviato il canto scorso... Ma basta davvero. Ché l'io-che-scrive sta dicendo l'arrivo del messo del cielo, di colui che esaudisce ed eccede ogni speranza: «*E già venìa su per le torbide onde* un fragore terrorizzante, anzi – stupendamente – *il fracasso d'un suon, pien di spavento*, che faceva tremare l'una e l'altra sponda della palude, non dissimile da quello d'un vento che, scontrandosi con masse d'aria calda e rarefatta, cresce d'impeto, fende il bosco e, sfrenato, schianta rami, li abbatte e li trascina via. E avanza superbo in un nugolo di polvere, mettendo in fuga animali e pastori».

La procellosa irruzione celeste, che evoca l'avvento dello Spirito Santo nel giorno di Pentecoste, spaventa il pellegrino, il quale, gli occhi due volte sigillati, non percepisce se non quello che ascolta. Ma subito il maestro gli libera gli occhi, esortandolo: "*Or drizza il nerbo / del viso...* e ora punta pure l'energia della vista sulla superficie schiumosa, dove la nebbia è più densa e molesta".

Come rane davanti alla nemica biscia, l'io dice di aver visto una moltitudine d'anime annichilite dalla dannazione saettar via per l'acqua e rannicchiarsi abbarbicate al fondo (il verbo 'abbicarsi' varrà 'aggregarsi in covone, far mucchietto di sé'), *dinanzi ad un ch'al passo / passava Stige con le piante asciutte.*

Nel brulichio d'anime-rana, suggerito forse dal naturalismo meticoloso di Ovidio, soprannaturale e concreto incedeva sul pantano quell'uno, scostandosi dal viso con la mano sinistra l'aria unta e spessa, come si fa con le ragnatele in solaio; e non dava mostra d'esser provato da altro fastidio.

Ben si accorge il pellegrino che quello è inviato dal cielo, e si volge al maestro; e il maestro gli fa segno di tacere e inchinarsi. Ahi, quanto gli appare sprezzante di collera, quell'uno!...

Giunto alla porta, il messo celeste la apre col tocco d'una verghetta. Nulla gli si oppone. Ed eccolo, piantato sull'orribile soglia della città, inveire contro la turba spregevole dei diavoli (*gente dispetta*), dileguata verso il fondo del cratere con le pavide Erinni: "Ma perché vi compiacete tanto di questa tracotanza? Perché vi ostinate a recalcitrare a quel volere, cui mai può essere impedito il conseguimento dei fini, e che ogni volta vi ha rincarato la pena? A che pro, cozzare contro decreti irrevocabili (*ne le fata dar di cozzo*)? Il vostro Cerbero, se ricordate, ne porta ancora il segno sul mento e sulla collottola spelacchiati...".

E con quest'allusione pesantemente derisoria alla favola di Ercole – il quale (ne parlavamo un momento fa) si narra trascinasse via incatenato il cagnaccio che voleva opporsi alla sua discesa nell'Averno – il messo del cielo tronca il discorso, si gira e si riavvia per il cammino fangoso, senza rivolgere parola ai due poeti, col piglio di persona incalzata da ben altro pensiero (*cui altra cura stringa e morda*) che non quello di chi gli sta fra i piedi.

Rassicurati dalle parole sante, i due muovono verso la città di Dite.

Non è ragionevole dubitare che sia un angelo, questo inviato celeste che premia la cieca resa alla speranza del pellegrino sull'orlo della disperazione. Verosimile, sia lo stesso arcangelo Michele, il cui nome – se ricordi – era bastato a Virgilio per afflosciare la rabbia crittologica di Pluto: «vuolsi ne l'alto, là dove

Michele / fé la vendetta del superbo strupo»... Certo, la soprannaturale naturalezza del suo tratto, l'intangibile plasticità e la concretezza misteriosa della sua persona ripetono il paradosso cristiano dell'incarnazione di Dio.

D'altra parte, merita attenzione il gran numero di riscontri fra i modi dell'attesa e dell'avvento di questo messo celeste, e le roventi premonizioni di riscatto registrate in due epistole latine (la VI e la VII) che Dante dettò nella primavera del 1311, quando Arrigo VII di Lussemburgo, «santissimo, gloriosissimo e felicissimo, trionfatore e signore unico per volontà del Signore», disceso alla buonora in Italia, indugiava di là dal Po, senza darsi pensiero della povera Toscana.

Ma se i nessi forti fra l'VIII e IX canto dell'*Inferno* e le due epistole documentano la compattezza dell'universo fantastico e ideologico di Dante, l'incandescenza della sua visione escatologica, non sembrano autorizzare alcune lambiccate semplificazioni: che, ad esempio, il pronome 'tal', con cui Virgilio designa due volte nel canto scorso, una in questo, il garante (o forse meglio, i garanti) della grazia celeste sia l'acronimo di «Teutonicus (o Templaris) Arrigus Lucemburghensis» (cioè, di Arrigo VII di Lussemburgo); che la città di Dite sia Firenze tout court; e, tantomeno, che questi due canti dell'*Inferno* siano stati scritti dopo il 1311...

Il messo (latino 'missus', greco 'ángelos') è un angelo: un angelo redentore che, come il fragile principe lussemburghese santificato dalla speranza di Dante – e come l'enigmatico veltro –, replica l'avvento del Cristo, per attuare la pace dell'ordine terreno promessa dal Dio vivente, e minacciata dalle potenze e dalle seduzioni dell'abisso. Anche se non andrà presa sottogamba l'ipotesi che il tratto, la verghetta magica di quest'angelo, e – perché no? – la stessa sboccataggine con cui interpella diavoli ed Erinni lo associno in qualche modo a Mercurio.

Entrati i due poeti nella città, senza colpo ferire, Dante spedisce intorno lo sguardo ingordo a scrutare *la condizion che tal fortezza serra*, insomma che cosa contenga, all'interno della cinta muraria, il sesto cerchio d'inferno, che dobbiamo immaginare più o meno complanare del quinto.

E da ogni parte vede una *grande campagna*, una distesa lamentosa e tormentosa, che gli ricorda Arles, alla radice del delta paludoso del Rodano, o Pola (presso il golfo del Quarnaro, che bagna gli estremi confini dell'Italia), dove *fanno i sepulcri tutt'il loco varo*, dove, cioè, i sepolcri diversificano il terreno crivellandolo. E si tratta, appunto, dei sepolcri terragni di Porto Grande a Pola, ormai cancellati dal tempo, e di quelli della necropoli paleocristiana di Arles, della quale i turisti, se non c'è troppa ressa, riescono ancora a intraveder qualche traccia nel Cimitière des Alyscamps.

Ma più crudeli sembrano questi sepolcri d'inferno, circondati da fuochi che li arroventano al segno, che ferro più incandescente non richiede arte di fabbro (*che ferro più* [acceso] *non chiede verun'arte*). Le arche di pietra son tutte scoperchiate, ed esalano lamenti così strazianti, che non possono essere se non di sventurati sotto tortura (*di miseri e d'offesi*). Chi sono? Con una certa trepidazione, il discepolo lo domanda al maestro.

"Sono", spiega Virgilio, "i capi di sètte ereticali (*li eresïarche*) con i loro seguaci; e le tombe son molto più cariche di quanto non sembri. Ogni eretico è sepolto con gli eretici della medesima setta, e i singoli monumenti sepolcrali hanno diversi gradi di calore".

Qui il maestro si incammina verso destra (per la prima volta: finora si era mosso sempre in senso antiorario), e i due passano fra quegli strumenti di tortura (*i martìri*) e l'alta cerchia delle mura (*li alti spaldi*).

Così si chiude il IX canto, contro un fondale lugubre e accidentato, che, oltre alle necropoli della Provenza e dell'Istria, potrebbe ricordarci – come certamente avrà ricordato a Dante – il sepolcreto di Tessaglia, dove abitava e consumava i suoi irriferibili sortilegi la maga Erictho. 'Busta', chiama Lucano quelle tombe: 'luoghi della combustione', loculi di pietra dove i morti bruciano e giacciono in eterno senz'anima.

Quel color che viltà di fuor mi pinse
veggendo il duca mio tornare in volta,
più tosto dentro il suo novo ristrinse.
Attento si fermò com'uom ch'ascolta,
ché l'occhio nol potea menare a lunga
per l'aere nero e per la nebbia folta.
"Pur a noi converrà vincer la punga",
cominciò el, "se non... Tal ne s'offerse.
Oh quanto tarda a me ch'altri qui giunga!".
I' vidi ben sì com'ei ricoperse
lo cominciar con l'altro che poi venne,
che fur parole a le prime diverse;
ma nondimen paura il suo dir dienne,
perch'io traeva la parola tronca
forse a peggior sentenzia che non tenne.
"In questo fondo de la trista conca
discende mai alcun del primo grado,
che sol per pena ha la speranza cionca?".
Questa question fec'io; e quei: "Di rado
incontra", mi rispuose, "che di noi
faccia il cammino alcun per qual io vado.
Ver è ch'altra fïata qua giù fui,
congiurato da quella Eritón cruda
che richiamava l'ombre a' corpi sui.
Di poco era di me la carne nuda,
ch'ella mi fece intrar dentr'a quel muro,
per trarne un spirto del cerchio di Giuda.
Quell'è 'l più basso loco e 'l più oscuro
e 'l più lontan dal ciel che tutto gira:
ben so 'l cammin; però ti fa sicuro.
Questa palude che 'l gran puzzo spira
cigne dintorno la città dolente,

u’ non potemo intrare omai sanz’ira”.
    E altro disse, ma non l’ho a mente;
però che l’occhio m’avea tutto tratto
ver’ l’alta torre a la cima rovente,
    dove in un punto furon dritte ratto
tre furïe infernal di sangue tinte,
che membra feminine avieno e atto,
    e con idre verdissime eran cinte;
serpentelli e ceraste avien per crine,
onde le fiere tempie erano avvinte.
    E quei, che ben conobbe le meschine
de la regina de l’etterno pianto,
“Guarda”, mi disse, “le feroci Erine.
    Quest’è Megera dal sinistro canto;
quella che piange dal destro è Aletto;
Tesifón è nel mezzo”; e tacque a tanto.
    Con l’unghie si fendea ciascuna il petto;
battiensi a palme, e gridavan sì alto,
ch’i’ mi strinsi al poeta per sospetto.
    “Vegna Medusa; sì ’l farem di smalto”,
dicevan tutte riguardando in giuso;
“mal non vengiammo in Teseo l’assalto”.
    “Volgiti ’n dietro e tien lo viso chiuso;
ché se ’l Gorgón si mostra e tu ’l vedessi,
nulla sarebbe di tornar mai suso”.
    Così disse ’l maestro; ed elli stessi
mi volse, e non si tenne a le mie mani,
che con le sue ancor non mi chiudessi.
    O voi ch’avete li ’ntelletti sani,
mirate la dottrina che s’asconde
sotto ’l velame de li versi strani.
    E già venìa su per le torbide onde

un fracasso d'un suon, pien di spavento,
per cui tremavano amendue le sponde,
non altrimenti fatto che d'un vento
impetüoso per li avversi ardori,
che fier la selva e sanz'alcun rattento
li rami schianta, abbatte e porta fori;
dinanzi polveroso va superbo,
e fa fuggir le fiere e li pastori.
Li occhi mi sciolse e disse: "Or drizza il nerbo
del viso su per quella schiuma antica
per indi ove quel fummo è più acerbo".
Come le rane innanzi a la nimica
biscia per l'acqua si dileguan tutte,
fin ch'a la terra ciascuna s'abbica,
vid'io più di mille anime distrutte
fuggir così dinanzi ad un ch'al passo
passava Stige con le piante asciutte.
Dal volto rimovea quell'aere grasso
menando la sinistra innanzi spesso,
e sol di quell'angoscia parea lasso.
Ben m'accorsi ch'elli era da ciel messo,
e volsimi al maestro; e quei fé segno
ch'i' stessi queto ed inchinassi ad esso.
Ahi quanto mi parea pien di disdegno!
Venne a la porta e con una verghetta
l'aperse, che non v'ebbe alcun ritegno.
"O cacciati del ciel, gente dispetta",
cominciò elli in su l'orribil soglia,
"ond'esta oltracotanza in voi s'alletta?
Perché recalcitrate a quella voglia
a cui non puote il fin mai esser mozzo,
e che più volte v'ha cresciuta doglia?

Che giova ne le fata dar di cozzo?
Cerbero vostro, se ben vi ricorda,
ne porta ancor pelato il mento e 'l gozzo".
Poi si rivolse per la strada lorda,
e non fé motto a noi, ma fé sembiante
d'omo cui altra cura stringa e morda
che quella di colui che li è davante;
e noi movemmo i piedi inver' la terra,
sicuri appresso le parole sante.
Dentro li 'ntrammo sanz'alcuna guerra;
e io, ch'avea di riguardar disio
la condizion che tal fortezza serra,
com'io fui dentro, l'occhio intorno invio:
e veggio ad ogne man grande campagna,
piena di duolo e di tormento rio.
Sì come ad Arli, ove Rodano stagna,
sì com'a Pola, presso del Carnaro
ch'Italia chiude e suoi termini bagna,
fanno i sepulcri tutt'il loco varo,
così facevan quivi d'ogne parte,
salvo che 'l modo v'era più amaro;
ché tra li avelli fiamme erano sparte,
per le quali eran sì del tutto accesi,
che ferro più non chiede verun'arte.
Tutti li lor coperchi eran sospesi,
e fuor n'uscivan sì duri lamenti,
che ben parean di miseri e d'offesi.
E io: "Maestro, quai son quelle genti
che, seppellite dentro da quell'arche,
si fan sentir coi sospiri dolenti?".
E quelli a me: "Qui son li eresïarche
con lor seguaci, d'ogne setta, e molto

più che non credi son le tombe carche. 129
Simile qui con simile è sepolto,
e i monimenti son più e men caldi".
E poi ch'a la man destra si fu vòlto,
passammo tra i martìri e li alti spaldi. 133

X

Intorno al 1240, mentre Federico II Hohenstaufen rende più rigido il controllo imperial-svevo sulle città della Toscana, si affaccia alla vita pubblica Farinata degli Uberti, e in poco volger di tempo assume la guida della più potente consorteria ghibellina di Firenze, insediata nel cuore della città sotto la vecchia torre del Gardingo.

Dev'essere sui trenta. Nemmeno i cronisti di parte avversa (Matteo e Filippo Villani, ad esempio) gli negheranno «continenza grave, eleganza soldatesca, parlare civile, (...) consiglio sagacissimo» ed un'ingegnosa audacia «in fatti d'arme». Il curioso soprannome, che richiama un'infima pizza di farina cotta nell'acqua, già allora è sovrapposto a battesimale e patronimici: Manente di Iacopo di Schiatta. Negli scontri ininterrotti fra la sua parte e la parte guelfa, che costellano Firenze di cadaveri e macerie a cavallo del mezzo secolo, esercita la sua buia faziosità con alterigia gentilizia.

Né batte ciglio per la recrudescenza dell'Inquisizione, che in quegli anni molto si accanisce a spedire sul rogo eretici di ogni genere e ceto: tanto i pii vegetariani della setta patarina, che ricusano i sacramenti e accreditano al demonio la giurisdizione del mondo; quanto gli aristocratici epicurei come lui, i quali – senza speranza di premi o timore di castighi eterni, perché increduli nella sopravvivenza dell'anima individuale e in un Dio-persona sollecito della storia umana – «in ogni modo si industriano di primeggiare in questa vita breve».

Nel febbraio 1248, dopo un ennesimo e furibondo conflitto da torre a torre, sulla testa del popolo, i caporioni guelfi pensano bene di tagliare la corda nottetempo. La loro prima «cacciata» è un esodo furtivo e prudenziale. I fuorusciti si attestano nei castelli dell'Appennino e del Valdarno, sotto la tutela del cardinale Ottaviano degli Ubaldini, legato pontificio.

Rampollo d'una ricchissima famiglia ghibellina del Mugello, viveur di classe e ateo professo, questo eccentrico principe della Chiesa fonderà il suo enorme e durevole potere nella curia e nel secolo sulla pratica ricorrente di tradire a tempo debito i traditori che, a tempo debito, aveva istigato al tradimento.

Senonché nell'autunno 1250, insofferente del dispotismo esoso e cupo dei magnati ghibellini, il popolo di Firenze si solleva al grido di «viva il popolo!»; proclama il Costituto del popolo, che ripartisce i pubblici poteri fra una serie di organi di autocontrollo popolare; dirocca tutte le torri patrizie più alte di ventinove metri; e intima ai nobili esautorati di far la pace e abbassare la cresta. Alla chetichella, come se n'erano andati, rientrano i capi guelfi; i quali peraltro, molto più duttili degli avversari simmetrici ai dinamismi della adolescente società borghese, non tarderanno ad infiltrare le magistrature popolari di piccoli e medi imprenditori, grossisti, giuristi e banchieri.

Nel frattempo, il 13 dicembre 1250, in Capitanata, è morto Federico II imperatore. Con lui la storia seppellisce per sempre l'idea romano-carolingia della sovranità universale dell'impero: l'idea, e la cosa stessa. Definito dai pontefici, che più d'una volta lo avevano scomunicato e deposto, «primogenito della bufera e di Satana», questo principe arabo-germanico di pelle scura e di capelli biondi, astrologo, poliglotta, naturalista, poeta, negromante e libertino, questo dolce, lunatico e spietato cavaliere dell'Anacronismo, che aveva tentato di razionalizzare il feudalesimo burocratizzandolo alla bizantina, esercitò sulla cultura del suo secolo un ascendente imperioso. Molti modellarono la propria smania di conoscenza sul rigoroso scetticismo di Federico; moltissimi si studiarono di imitarne l'edonismo elegante e impenitente.

Mentre a Firenze il regime borghese-popolare dà libero corso alle attività commerciali, imprenditoriali e creditizie, che nel decennio '50-'60 – come ci siamo detti quattro canti fa – conosceranno un'espansione sbalorditiva, Farinata, con i ghibellini più altezzosi, lascia la città; s'impegola in una torbida lega con Siena, Pisa e Pistoia; pratica un po' di brigantaggio nel contado; rientra in patria deluso e indispettito.

Dal canto suo, il cardinal Ubaldini, che briga nell'ombra un'alleanza fra patrizi d'ambo le parti contro il potere popolare, spirato nel '54 papa Innocenzo IV, poco manca che non ascenda al soglio. Comunque, il nuovo pontefice, Alessandro IV, designato da lui, ne patirà finché campa l'assillante tutela.

Morto in quello stesso 1254 anche Corrado IV di Svevia, erede legittimo dell'impero, ecco profilarsi all'orizzonte l'astro minaccioso di Manfredi, figlio naturale di Federico II, che subito si arroga le prerogative di re di Sicilia, e presto ne usurperà la corona.

Azionata intorno all'impresa una colossale speculazione finanziaria internazionale, il cardinale marcia di persona alla testa dell'esercito mercenario del papa contro il bastardo usurpatore. Marcia, traccheggia e torna indietro: con Manfredi, dopotutto, è anche imparentato alla lontana...

Ormai la borghesia fiorentina ha imposto su tutti i mercati continentali l'affidabilità del suo fiorino d'oro, e a quasi tutte le città toscane democrazie forzose e subalterne e podestà fiorentini; si erige palazzi autocelebrativi; si scalpella lapidi autopiaggiatorie. Ma, entrato in frizione col cardinal Ubaldini per una vertenza fondiaria, il Comune è folgorato dall'interdetto pontificio (poco male, se l'interdetto non dispensasse i debitori dall'onorare i debiti contratti con i cittadini della città interdetta);

nel frattempo l'infaticabile presule prende a ordire con Manfredi e tutti i ghibellini di Toscana occulte intese.

Non sufficientemente occulte, però, se nel luglio 1258 il Comune cita a giudizio per «tradimento, sedizione e cospirazione» il patriziato ghibellino della città. Gli Uberti non si degnano di presentarsi. Il popolo assalta e dirocca i palazzi del Gardingo. Incalzate dal bando perpetuo, le maggiori consorterie filosveve, Farinata in testa, lasciano ringhiando la città, e riparano a Siena ghibellina.

Gli eventi precipitano. In piazza del Campo appaiono i primi squadroni tedeschi, l'aquila dei Hohenstaufen sullo stendardo. Firenze estende la cerchia delle mura di là d'Arno, riutilizzando le pietre dei palazzi ghibellini demoliti; il Comune si guelfizza a vista d'occhio; il popolo vocia in piazza: «A Siena! a Siena!». Guelferia e ghibellineria di mezza Italia si mobilitano. E, alla buonora, scendono in campo.

Traverso le colline del Chianti, settantamila uomini puntano baldanzosamente su Siena dietro al carroccio pavesato col giglio rosso in campo bianco. Inalberando il giglio bianco in campo rosso, gli esuli ghibellini, con i loro tremendi alleati tedeschi, li aspettano a piè fermo fra lo stento corso d'acqua dell'Arbia e i poggi di Montaperti. È un mite sabato di settembre del 1260. Entrambi gli eserciti si vantano crociati, e invocano entrambi la tutela della Vergine Maria. Il massacro è celere e immane. I guelfi, fra i quali il tradimento ha serpeggiato e schizzato veleno, lasciano sul campo qualcosa come 10.000 morti e 20.000 prigionieri.

Quando i fuorusciti ghibellini rientrano a Firenze da trionfatori, i magnati più esposti della controparte son già spariti dalla circolazione e riparati a Lucca. La seconda «cacciata» dei guelfi è oculatamente anticipata dalla fuga.

Ora il legato di re Manfredi convoca a Empoli i capi ghibellini di Toscana, e notifica il regio deliberato di radere al suolo Firenze. Tutti si associano. Tutti, tranne uno. Dopo aver motteggiato un po' in dialetto, Farinata degli Uberti dichiara che, finché sentirà la vita scorrergli in corpo, difenderà la patria con la spada, foss'anche contro i suoi commilitoni. E l'ultima parola è la sua.

A fine novembre, a carico dei guelfi che han lasciato la città viene spiccato il consueto «bando irrevocabile». Ma molti son rimasti dentro le mura: specie i più savi ed agiati preferiscono la prospettiva di patire qualche mortificazione e continuare a fare affari, all'avventurosa miseria dell'esilio. Altri, usciti, non tarderanno troppo a rientrare con la coda fra le gambe.

Fra loro, Cavalcante dei Cavalcanti. Questo pensoso gentiluomo guelfo, che possiede e affitta a canoni esorbitanti buona parte degli stabili del vecchio centro di Firenze, intrattiene d'altronde ottimi rapporti personali col patriziato ghibellino dell'Alta Italia, pratica e professa uno squisito epicureismo, adora la famiglia.

Nel maggio 1261, morto papa Alessandro IV, gli subentra il figlio di un calzolaio della Champagne (Urbano IV). Nel corso del suo breve pontificato e di quello del suo successore, il gelido e collerico Clemente IV Le Gros, ex legale di Luigi IX di Francia, la curia romana si gallicizza, e s'impietrisce nel suo odio apostolico contro la Casa di Svevia. Mentre il tempestivo miracolo dell'ostia di Bolsena contagia la penisola d'una mistica euforia di crociata, turbe di flagellanti e di spie travestite da flagellanti rigano la Toscana. Sui ghibellini grandinano anatemi.

Frattanto, nell'ininterrotta guerriglia sotto le mura di Lucca, Farinata si segnala per atti di rude clemenza. E il 27 aprile 1264 quel gran cuore aristocratico, che lo stesso trionfo aveva tarlato di rimorsi, si ferma. Giusto in tempo, per non assistere alla calata di Carlo d'Angiò, conte di Provenza e fratello di re Luigi IX.

Questo tanghero di genio si procura subito lauti finanziamenti dai banchieri fiorentini, garantendo loro una serie di privilegi commerciali tanto in Francia quanto nel regno di Sicilia, che si ripromette di conquistare al più presto. Mentre nella primavera del 1265 a Firenze, sotto l'antica torre di Badia, in una casa del piccolo patriziato guelfo, nasce Dante Alighieri, Carlo d'Angiò sta raccogliendo dietro al suo naso ingente e ai suoi quattro arcieri provenzali tutta l'aristocrazia papalina d'Italia, mercenari d'ogni risma, torme di frati. E nel febbraio 1266, pilotato dall'imperturbabile cardinal Ubaldini, traversa con l'armata il fiume Liri, dalle parti di Ceprano.

Il 26 del mese, sotto Benevento, le spade guelfo-angioine «lampeggiarono come falci della collera di Dio»; l'esercito imperiale si sgretolò; il giovane corpo di re Manfredi – nella prosa pontificia, «il puzzolente cadavere dell'uomo pestilenziale» – giacque trafitto e sfregiato, in balia di preti senza un filo di misericordia.

Subito Firenze si sottomette formalmente «agli ordini del signor papa», e il cardinale ateo, spedito a riconsacrarla, tenta d'impiantare un regime magnatizio equamente lottizzato fra guelfi e ghibellini, e sottratto a qualsiasi controllo popolare. Il popolo, ombroso e stufo, ostruisce i ponti di barricate. A perfezionare il marasma, fino all'autunno inoltrato una cospicua guarnigione tedesca non si dà per intesa e continua a stazionare in città. Tutti, ora, han paura di tutti. Si intrecciano matrimoni cautelativi: Cavalcante dei Cavalcanti, per dirne una, fidanza il figlio Guido ancora implume a Bice, orfana di Farinata.

Ma il papa francese non si contenta di queste sanatorie casalinghe, e invia a Firenze i famigerati cavalleggeri dell'Angioino. Così, nella notte sulla Pasqua del 1267, almeno 4000 ghibellini sgattaiolano via dalla città. L'anno successivo, la fuga sarà ratificata da minuziose liste di proscrizione, che, come di rito, prevedono per i fuorusciti la confisca di tutti i beni. Assolutamente insolito suona invece il paragrafo che dispone la liquidazione immediata delle proprietà confiscate. "Stavolta i ghibellini non tornano più..." si dice borbottasse il cardinal Ubaldini. Borbottava giusto. Morrà nel '73.

Ormai saldamente insediati al potere, i falchi della lobby guelfo-angioina – scusa se adopero il lessico d'oggi – non usarono i guanti. E specie sugli Uberti si accanirono, per demolire la memoria di quel grande sdegnoso che aveva pur sempre salvato la patria. Due figli gli decapitarono in piazza; a un cugino avevan già fracassato la testa a randellate. I morti – anche lui, Farinata –, li disseppellirono dalle chiese, e gettarono in Arno gli avanzi. Né si diedero pace, finché, quindici anni dopo, sotto la sommaria rubrica di «eretici patarini», non furono processati tre figli, due nipoti, la vedova Adaletta e la stessa ombra magnanima del capofamiglia: tutti, a vario titolo, contumaci, e tutti condannati al rogo.

Dante non vide mai i palazzi degli Uberti sotto la vecchia torre del Gardingo: solo una coltre spessa di macerie sfarinate. Quando gli stradini del Comune, giusto al cambio di secolo, cominciavano a seppellirla sotto il selciato della attuale piazza della Signoria, lui, Dante – lo sappiamo – sarà bandito dai guelfi neri come guelfo bianco. E cinquanta mesi esatti dopo questo viaggio visionario nei tre regni dei morti, nel giugno 1304, le cronache registreranno il fallimento dell'estremo arbitrato promosso dal cardinale Niccolò da Prato per consentire «ad alcuni principali de' fuorusciti così Bianchi come Ghibellini» di rimetter piede a Firenze.

Da quel giorno, un medesimo e inappellabile esilio assocerà in perpetuo gli eredi di Cavalcante, gli eredi di Farinata e Dante Alighieri, il poeta.

Questo, più o meno, il fondale su cui avevano consumato il breve errore della vita i personaggi politici che Dante immola alla disperazione eterna nei versi famosissimi del X dell'*Inferno*. E ora, amico, passiamo a una parafrasi abbreviata.

Dunque, marciando su un sentiero che rasenta le mura della città di Dite, il pellegrino, con tutta l'enfasi della sua timidezza, domanda al maestro che lo precede, guidandolo a spirale per i gironi della dannazione, se sia possibile vedere chi giace dentro i sepolcri: sono scoperchiati, e nessuno li piantona...

"Solo dopo il giudizio universale", risponde il maestro, "quando queste anime ritorneranno con i loro corpi dalla valle di Iosafàt, tutte le tombe verranno sigillate. Da questa parte son sepolti Epicuro e i suoi seguaci, che suppongono l'anima muoia col corpo. Sarà dunque soddisfatta la richiesta che hai formulato, e anche il desiderio che tu mi taci".

Dante si giustifica: "Se *tengo riposto / a te mio cor*, se, in altri termini, sono un po' reticente con te, è *per dicer poco*, per non parlar troppo, secondo le disposizioni che mi hai impartito poco fa". Verosimilmente il nostro alluderà all'intervento di Virgilio, che il canto scorso, all'arrivo del messo celeste, tacitava la sua curiosità, prevenendola (*e volsimi al maestro; e quei fé segno / ch'i' stessi queto...*).

Due parole su Epicuro, o meglio su quel che di Epicuro pensasse Dante, il quale – serve dirlo? – non ne aveva nessuna conoscenza diretta. Nel IV libro del *Convivio*, richiamandosi al *De finibus* di Cicerone, aveva scritto, senz'ombra di biasimo, che «veggendo che ciascuno animale, tosto che nato, è quasi da natura dirizzato nel debito fine, che fugge dolore e domanda allegrezza, [Epicuro] disse questo nostro fine essere voluptade (non dico 'voluntade', ma scrivola per P), cioè diletto sanza dolore». È peraltro assolutamente inverosimile che, poco prima di metter mano alla *Commedia*, Dante ignorasse il nesso fra l'etica epicurea della «voluptas» e i suoi presupposti d'ordine fisico e metafisico, visto che non poteva in nessun caso misconoscere le concordi accuse di empietà con cui la Chiesa – da Paolo e Agostino in giù – aveva bollato «porcum Epicurum». Aggiungi che la cultura del Medioevo cristiano iscriveva sommariamente fra i seguaci di Epicuro tutti coloro *che l'anima col corpo morta fanno*: quanti, insomma, negassero l'immortalità dell'anima personale e, sottraendosi alle consolazioni e ai terrori della vita eterna, praticassero un edonismo non triviale (spesso, anzi, ovattato di malinconia) e una aristocratica miscredenza. A questa stregua, epicureo fu classificato Federico II di Svevia e – con robusta semplificazione di comodo – tutti i ghibellini. D'altronde, dandosi l'epicureismo come prototipo dell'eresia intellettuale, tutti gli eretici cólti, anche se afflitti dal più spietato ascetismo (come, ad esempio, i patarini), finirono per essere rubricati come «porci epicurei»; mentre gli epicurei veri potevano essere associati, secondo opportunità, all'una o all'altra delle più malfamate sètte ereticali (come, ad esempio, alla setta dei patarini)... Ne riparleremo.

Ma qual è il desiderio che Dante tace e Virgilio indovina? Evidentemente quello di incontrarsi con un determinato eretico epicureo: cioè, col primo dei vecchi fiorentini, dei quali – se ricordi – aveva chiesto notizie a Ciacco il ghiottone.

Ed ecco la sua voce di basso prorompere da una dell'arche: "*O Tosco, che per la città del foco*"... L'accento ha tradito il pellegrino, e l'interpellante gli si confessa compaesano, con una sua contrita alterigia.

Qui Dante si addossa spaurito al maestro, che gli ordina di girarsi e guardare: è lui, Farinata. Petto in fuori, fronte alta, *com'avesse l'inferno in gran dispitto* (a noi verrebbe detto: 'quasi l'inferno gli facesse schifo'), s'erge oltre l'orlo del sepolcro dalla cintola in sù... Non altrimenti i morti si levano dalle tombe il giorno del Giudizio nei mosaici del Battistero di Firenze. Immagine agghiacciante: la Resurrezione dell'Ateo.

Con mani *animose e pronte* (incoraggianti e sollecite) Virgilio sospinge Dante tra le sepolture a lui, raccomandandogli di usare un linguaggio misurato e cortese (*le parole tue sien conte*).

Come Dante si porta alla base del sepolcro di Farinata, quello lo squadra e, non senza sprezzatura: “*Chi fuor li maggior tui?*” (domanda nonnescamente inquisitoria, che potremmo tradurre: ‘e tu come nasci, giovanotto?’).

Dante, deferentissimo, non gli nasconde nulla (di cosa dovrebbe vergognarsi?), anzi glielo dice con tutta franchezza, chi fuor li maggior sui...

Quello allora corruga un po’ la fronte, poi fa: “Questi avi tuoi m’hanno osteggiato spietatamente, me, gli avi miei e tutto il mio partito, tanto che li ho dovuti cacciare e disperdere un paio di volte”.

“Cacciare, sì (disperdere, no): difatti son ritornati tutt’e due le volte, i miei”, si risente Dante a questo punto, senza perciò intermettere il pronome di rispetto: “i vostri, invece, quella di ritornare non l’hanno imparata mica bene”.

E Farinata... Ma qui, nell’apertura senza coperchio del sepolcro (*a la vista scoperchiata*) emerge, accanto alla figura eretta del capoparte, la testa di uno che dev’essersi messo ginocchioni; sbircia in direzione di Dante diffidando della propria speranza (questo varrà qui il verbo ‘sospecciar’), e, non vedendo chi cerca, sull’orlo delle lacrime domanda come mai, se per altezza d’ingegno Dante percorre vivo il cieco carcere dei dannati, non è con lui suo figlio.

Il pellegrino, che dalle sue parole e dal genere di pena che sta scontando l’ha subito riconosciuto per Cavalcante dei Cavalcanti, può rispondergli in modo esauriente: “Non per mio merito, io sono qui. Quello che aspetta là – e addita Virgilio – mi conduce attraverso questi spazi *forse cui Guido vostro ebbe a disdegno*: da persona, cioè, alla quale (vorrei sbagliarmi) vostro figlio Guido sdegnò di farsi condurre, che finì per rifuggire”.

La povera anima s’inalbera e grida: “*Come? / dicesti ‘elli ebbe’? non viv’elli ancora?* il dolce lume del sole non ferisce più i suoi occhi?”.

Sorpreso da un dubbio, Dante tarda a rispondere, e il padre di Guido, stramazzando all'indietro, sparisce nel sarcofago.

Di fatto, nella primavera del 1300 Guido Cavalcanti è ancora vivo: morrà a fine estate, appena rientrato dal breve esilio inflittogli dal Consiglio dei Priori in cui – ricorderai – sedeva Dante. Dolceamarissimo fra i rimatori di Stilnovo, Guido fu, come tutti sanno, il «primo amico» di Dante e il più grande poeta italiano prima di lui (e fra i più grandi in assoluto).

Sì... ma chi è la persona che Guido finì per rifuggire?

Con gli specialisti più agguerriti, opto fermamente per Beatrice, donna e santa: la creatura che trasmutò in «Amor Dei» l'amore che aveva acceso nel giovane Dante. Nella *Vita Nova*, che si alimentava dell'affettuosa solidarietà di Guido, quella trasmutazione era ancora allegoria mistica d'uno struggimento e d'un voto. Ma quando poi Dante, dàtosi febbrilmente agli studi teologici nelle «scuole de li religiosi» e nella frequentazione delle «disputazioni de li filosofanti», aveva consacrato Beatrice appena morta ad un severo progetto di salvezza, e l'inattingibile oggetto del desiderio era divenuto strumento operativo della grazia, soggetto attivo della carità, gli itinerari intellettuali dei due amici si erano divaricati irreparabilmente.

Ora, che Guido applicasse tutto il suo talento speculativo «in cercare se trovar si potesse che Dio non fosse», è opinione volgare, come sembra anche al Boccaccio che la riferisce. Ma certo è che nell'orizzonte del suo pensiero improntato all'animismo fisico di Epicuro e all'«aristotelismo radicale» degli averroisti – avremo di che riparlarne fino in paradiso –, l'amore, relegato nella sfera sensitiva, era groppo d'impulsi irrazionali, agonia del desiderio. Da uomo, lo aveva patito come presentimento e nostalgia di morte. Da poeta, lo aveva assunto in una araldica tenera e funerea. Lo ricusò, l'ebbe a disdegno, come prefigurazione d'una impostulabile felicità eterna.

E Dante – che a suo tempo doveva aver condiviso il laicismo epistemologico di Guido, e ancora nel *Convivio*, come abbiamo visto, non nascondeva di apprezzare l'aspirazione epicurea a una pacata degustazione dell'esistenza – s'era lasciato lusingare in giovinezza dalla tentazione di adoperare Beatrice come emblema letterario, la beatitudine come una metafora. Ora, nominando nel cuore di questo canto il «primo amico», figlio di Cavalcante e genero di Farinata, e associandoglisi nella memoria di suo padre, evoca la stagione nella quale anche lui, senza troppa speranza di premi o troppo timore di castighi eterni, tutto confidava nell'altezza d'ingegno e, cupo d'amore, nelle consolazioni compensative della poesia: la dolce stagione della sua «eresia stilnovistica» (se così si può dire). E la espia, quella stagione, commemorandola con qualche tremore e non senza sottigliezza allusiva, se proprio nelle terzine del vecchio Cavalcante riutilizza la «rima siciliana» '*nóme - cóme - lume*', che Guido aveva adoperato nella sua più laboriosa canzone dottrinale: «Donna me prega».

Appena stramazzato il consuocero, Farinata (*il magnanimo a cui posta* il pellegrino s'era fermato: insomma, s'era fermato apposta per lui)... Farinata, riallacciando con memorabile impassibilità le maglie del dialogo interrotto (*sé continüando al primo detto*), dichiara che il fatto che i ghibellini non conoscano l'arte di rientrare in patria lo tormenta più di quel giaciglio rovente; preannuncia, nel codice cifrato della profezia, il giorno in cui, di lì a cinquanta pleniluni, anche Dante saprà quanto quell'arte pesa ("non sarà tornata a illuminarsi cinquanta volte", dice, "la faccia della donna che regna quaggiù", cioè di Proserpina, nel mito antico sposa di Plutone e figura della luna); e, augurando al pellegrino guelfo destinato all'esilio di poter tornare presto o tardi alle dolcezze del mondo (*se tu mai nel dolce mondo regge*: 'se' col valore ottativo del latino 'sic'; 'regge' dal congiuntivo latino 'rede[as]'), gli domanda perché mai il popolo di Firenze è così spietato in ogni provvedimento contro la sua famiglia.

Dante allega a movente di tanta spietatezza lo strazio e il grande scempio di Montaperti (e tieni conto che il verso '*tale orazion fa far nel nostro tempio*', quale che sia il suo valore idiomatico o traslato, è pur sempre scritto in epoca nella quale i più solenni riti giudiziari si celebravano generalmente in chiesa). Farinata evoca il convegno di Empoli, la sua imperiosa opposizione al decreto di re Manfredi.

Sono terzine così popolari e commoventi, che Dante stesso si commuove, e augura al ghibellino dannato che la sua discendenza abbia una volta pace. Nell'augurarglielo, lo prega di sciogliere un dubbio che avviluppa il suo giudizio, e gli ha inceppato la parola: "Pare, se intendo bene, che voi antivediate gli eventi che il tempo porterà con sé, mentre riguardo al presente avete tutt'altro assetto".

La pena che Farinata enuncia – di vedere con la vista cattiva dei vecchi (*come quei ch'ha mala luce*) solo le cose che son lontano, e d'essere ciechi al presente, se qualche nuovo venuto non porta notizie – è verosimile accomuni tutti i dannati. Tanto più rilevante, che sia enunciata proprio a questo punto: perché magistralmente perfeziona il contrapasso degli epicurei, che al presente hanno vissuto abbarbicati, e ancora quaggiù, nei loro sepolcri roventi, tremano solo dell'ignoto presente dei loro figli e della loro fazione, brancolando ipermetropi nel tempo.

Così, dopo il giorno del Giudizio, quando *del futuro fia chiusa la porta*, e la vita dell'universo sarà sincronizzata con il presente eterno di Dio (che Farinata chiama soldatescamente '*il sommo duce*'), la conoscenza di questi dannati sarà tutta morta. E nel Dopogiudizio, sigillati coi loro corpi dentro i sepolcri, i seguaci di Epicuro, che avevano confidato di riposare nella memoria delle proprie azioni e nella pace dell'assenza, presenzieranno in carne ed ossa all'orrore assoluto del nulla e del mai. Sulla cronaca municipale e familiare che il canto promuove ad epopea, il giudizio finale proietta il lutto eterno dell'oblio.

Dante raccomanda a Farinata di dire *a quel caduto* (a Cavalcante, cioè) che suo figlio è ancora vivo; e che lui aveva tardato a rispondere perché, ignorando quel che ora ha appreso, la domanda di Cavalcante lo aveva frastornato. Ma già Virgilio lo sollecita. Allora Dante prega Farinata di dirgli più speditamente che può (*più avaccio*, dal comparativo latino 'vivacius': 'con più foga', 'in fretta') chi giace con lui nel famedio degli epicurei. Farinata si degna di far solo due nomi fra mille: Federico II e Ottaviano degli Ubaldini, «il Cardinale» per antonomasia. E scompare nell'arca.

Il pellegrino ritorna verso il suo maestro ripensando alla profezia minacciosa del magnanimo avversario (*a quel parlar che mi parea nemico*, dove 'nemico', più che 'ostile' credo valga 'ostico'). Virgilio, che nota il suo smarrimento, sollevando l'indice al cielo – mimica che conferisce all'esercizio del magistero una certa biblicità –, gli promette che l'intero corso della sua vita a venire, adombrato dalla premonizione di Farinata, gli si svelerà nello sguardo luminoso *di quella il cui bell'occhio tutto vede*.

Ancora, nella tenebra del mondo cieco, la concreta immaterialità della luce degli occhi di Beatrice è garanzia dell'ultima conoscenza. Evocata dal 'cui' del *cui Guido vostro ebbe a disdegno*, la donna della grazia sigla il canto dove anime grandi scontano in sepolcri crematòri la renitenza intellettuale alla gratuità della grazia, e nel cuore del pellegrino-amante si consuma e s'estingue la tentazione giovanile ad assumere la grazia nella studiata eleganza della metafora, mentre si profila la resa alla predilezione di Dio e al lunghissimo calvario dell'esilio.

Virgilio muove verso sinistra, e i due, staccatisi dalle mura, si incamminano su un sentiero che *ad una valle fiede...* che, insomma, fendendo il sesto cerchio, conduce sull'orlo del baratro del basso inferno, che esala fin lassù i suoi fetori repellenti. E il canto si chiude. Penso che ci siamo meritati di leggerlo, amico mio plurale.

Ora sen va per un secreto calle,
tra 'l muro de la terra e li martìri,
lo mio maestro, e io dopo le spalle.
"O virtù somma, che per li empi giri
mi volvi", cominciai, "com'a te piace,
parlami, e sodisfammi a' miei disiri.
La gente che per li sepolcri giace
potrebbesi veder? già son levati
tutt'i coperchi, e nessun guardia face".
E quelli a me: "Tutti saran serrati
quando di Iosafàt qui torneranno
coi corpi che là sù hanno lasciati.
Suo cimitero da questa parte hanno
con Epicuro tutti suoi seguaci,
che l'anima col corpo morta fanno.
Però a la dimanda che mi faci
quinc'entro satisfatto sarà tosto,
e al disio ancor che tu mi taci".
E io: "Buon duca, non tegno riposto
a te mio cuor se non per dicer poco,
e tu m'hai non pur mo a ciò disposto".
"O Tosco che per la città del foco
vivo ten vai così parlando onesto,
piacciati di restare in questo loco.
La tua loquela ti fa manifesto
di quella nobil patrïa natio,
a la qual forse fui troppo molesto".
Subitamente questo suono uscìo
d'una de l'arche; però m'accostai,
temendo, un poco più al duca mio.
Ed el mi disse: "Volgiti! Che fai?
Vedi là Farinata che s'è dritto:
da la cintola in sù tutto 'l vedrai".

Io avea già il mio viso nel suo fitto;
ed el s'ergea col petto e con la fronte
com'avesse l'inferno a gran dispitto.
E l'animose man del duca e pronte
mi pinser tra le sepulture a lui,
dicendo: "Le parole tue sien conte".
Com'io al piè de la sua tomba fui,
guardommi un poco, e poi, quasi sdegnoso,
mi dimandò: "Chi fuor li maggior tui?".
Io ch'era d'ubidir disideroso,
non gliel celai, ma tutto gliel'apersi;
ond'ei levò le ciglia un poco in suso;
poi disse: "Fieramente furo avversi
a me e a miei primi e a mia parte,
sì che per due fïate li dispersi".
"S'ei fur cacciati, ei tornar d'ogne parte",
rispuos'io lui, "l'una e l'altra fïata;
ma i vostri non appreser ben quell'arte".
Allor surse a la vista scoperchiata
un'ombra, lungo questa, infino al mento:
credo che s'era in ginocchie levata.
Dintorno mi guardò, come talento
avesse di veder s'altri era meco;
e poi che 'l sospecciar fu tutto spento,
piangendo disse: "Se per questo cieco
carcere vai per altezza d'ingegno,
mio figlio ov'è? e perché non è teco?".
E io a lui: "Da me stesso non vegno:
colui ch'attende là, per qui mi mena
forse cui Guido vostro ebbe a disdegno".
Le sue parole e 'l modo de la pena
m'avëan di costui già letto il nome;
però fu la risposta così piena.

Di sùbito drizzato gridò: “Come?
dicesti ‘elli ebbe’? non viv’elli ancora?
non fiere li occhi suoi lo dolce lume?”.

Quando s’accorse d’alcuna dimora
ch’io facea dinanzi a la risposta,
supin ricadde e più non parve fora.

Ma quell’altro magnanimo, a cui posta
restato m’era, non mutò aspetto,
né mosse collo, né piegò sua costa;

e sé continüando al primo detto,
“S’elli han quell’arte”, disse, “male appresa,
ciò mi tormenta più che questo letto.

Ma non cinquanta volte fia raccesa
la faccia de la donna che qui regge,
che tu saprai quanto quell’arte pesa.

E se tu mai nel dolce mondo regge,
dimmi: perché quel popolo è sì empio
incontr’a’ miei in ciascuna sua legge?”.

Ond’io a lui: “Lo strazio e ’l grande scempio
che fece l’Arbia colorata in rosso
tal orazion fa far nel nostro tempio”.

Poi ch’ebbe sospirando il capo mosso,
“A ciò non fu’io sol”, disse, “né certo
sanza cagion con li altri sarei mosso.

Ma fu’io solo, là dove sofferto
fu per ciascun di tòrre via Fiorenza,
colui che la difesi a viso aperto”.

“Deh, se riposi mai vostra semenza”,
prega’ io lui, “solvetemi quel nodo
che qui ha ’nviluppata mia sentenza.

El par che voi veggiate, se ben odo,
dinanzi quel che ’l tempo seco adduce,
e nel presente tenete altro modo”.

"Noi veggiam, come quei c'ha mala luce,
le cose", disse, "che ne son lontano;
cotanto ancor ne splende il sommo duce.
Quando s'appressano o son, tutto è vano
nostro intelletto; e s'altri non ci apporta,
nulla sapem di vostro stato umano.
Però comprender puoi che tutta morta
fia nostra conoscenza da quel punto
che del futuro fia chiusa la porta".
Allor, come di mia colpa compunto,
dissi: "Or direte dunque a quel caduto
che 'l suo nato è co' vivi ancor congiunto;
e s'i' fui, dianzi, a la risposta muto,
fate i saper che 'l fei perché pensava
già ne l'error che m'avete soluto".
E già 'l maestro mio mi richiamava;
per ch'i' pregai lo spirto più avaccio
che mi dicesse chi con lu' istava.
Dissemi: "Qui con più di mille giaccio:
qua dentro è 'l secondo Federico
e 'l Cardinale; e de li altri mi taccio".
Indi s'ascose; e io inver' l'antico
poeta volsi i passi, ripensando
a quel parlar che mi parea nemico.
Elli si mosse, e poi, così andando,
mi disse: "Perché se' tu sì smarrito?".
E io li sodisfeci al suo dimando.
"La mente tua conservi quel ch'udito
hai contra te", mi comandò quel saggio;
"e ora attendi qui", e drizzò 'l dito:
"quando sarai dinanzi al dolce raggio
di quella il cui bell'occhio tutto vede,
da lei saprai di tua vita il vïaggio".

Appresso mosse a man sinistra il piede:
lasciammo il muro e gimmo inver' lo mezzo
per un sentier ch'a una valle fiede,
che 'nfin là sù facea spiacer suo lezzo.

XI

Giunti sul ciglio d'un burrone formato da massi spaccati e disposti in cerchio ('*alta ripa*', si dice qui; altrove 'balzo' o 'burrato'), i due poeti si affacciano su una ressa, come dire?, su una catasta d'anime, che dobbiamo immaginare sempre più crudelmente stipate. E lì, per l'orribile eccesso del puzzo che il fondo dell'abisso sprigiona, indietreggiano, addossandosi al coperchio d'un grand'avello, sul quale il pellegrino legge l'iscrizione seguente: «*Anastasio papa guardo / lo qual trasse Fotin de la via dritta*» (essendo 'Fotin' soggetto, intendi: «Custodisco papa Anastasio, che si lasciò fuorviare da Fotino»).

"Sarà bene differire la discesa", osserva Virgilio, "*sì che s'aùsi un poco in prima il senso* (in modo che, prima, l'olfatto si abitui un po') all'alito perfido del fondo del cratere. Una volta abituati, non avremo più bisogno di cautelarcene (*no i fia riguardo*)".

La trafila iniziatica che conduce alla percezione di Dio include anche l'assuefazione al fetore di cadavere e di escrementi, diciamo pure: l'immersione battesimale nella fogna dell'umano.

Il discepolo prega il maestro di trovare un'attività compensativa, così che non vada perduto il tempo della sosta. Il maestro ci aveva già pensato. E avvia una vasta e minuziosa dissertazione. Ma papa Anastasio?

Sebbene un sepolcro tutto per lui e tanto di lapide lo segnalino per un eresiarca del massimo spicco, né pellegrino né maestro si sentono in dovere di farne parola. Una lapide, e basta. Ma sulla lapide aleggia una lunga vertenza, fievole preludio alla disputa veramente ciclopica sulla topografia etico-giuridica dell'inferno, materia, appunto, della dissertazione di Virgilio e di tutto questo canto tormentatissimo. Ma intanto liberiamoci del papa cattivo.

Nella più antica e autorevole raccolta privata di leggi del diritto canonico comune, compilata intorno alla metà del XII secolo da Graziano di Chiusi (che forse, però, non era nato a Chiusi), e notissima e chiosatissima sotto il titolo di *Decretum* – sa Dio se ne riparleremo... –, figura la storia di Anastasio II, papa per un biennio «ai tempi di re Teodorico». Di lui è detto che si era messo in contatto con «un diacono di Tessalonica, chiamato Fotino», il quale concordava col patriarca costantinopolitano Acacio nell'accreditare a Cristo la sola natura umana, così che, agli effetti della redenzione dell'umanità, il suo sacrificio non avrebbe avuto alcuna efficacia. Per questa iniziativa sconsiderata, molti chierici avrebbero disertato papa Anastasio, e Dio lo avrebbe «percosso», facendogli evacuare gli intestini. Dante, che assegnerà Graziano al cielo delle Anime Sapienti, al testo del *Decretum* si attiene. Il fatto che da tempo la gerarchia ritenga quel testo spurio e inattendibile, ed abbia santificato papa Anastasio, non riguarda Dante e, tantomeno, i suoi lettori.

E passiamo all'esposizione semplificata del primo dei tre paragrafi della disquisizione di Virgilio. Doveroso premettere che su questa materia, da poco meno di sette secoli oggetto di dotte e accanitissime controversie, ogni semplificazione presuppone e sottintende una serie di scelte spazientite, e si lascia dietro una scia di dubbi. D'altronde molti eminenti studiosi hanno consumato la vita intera su queste trentadue terzine: anche volessimo, né tu né io saremmo più in tempo.

Coraggio! Non mi vergogno di dire che questo famigerato

canto XI, che traduce concetti in emozioni mentali, emozioni mentali in sintassi, sintassi in musica del senso, in poesia vocale... è un canto magnifico.

"Figlio mio", esordisce il maestro, "all'interno di questa cornice di sassi ci sono tre *cerchietti*, insomma, tre cerchi digradanti, come i sei che ti lasci dietro, e sempre più piccoli: ebbene, tutti *son pien di spirti maladetti*. Ma in modo che poi, per classificarli e riconoscerli, ti basti quel che vedrai con i tuoi occhi, cerca ora di capir bene con che criterio e per quale motivo [i dannati] sono stivati in questo modo".

Dunque: "Ogni *malizia*, che procura la collera del cielo, ha per finalità l'*ingiuria* (dove 'malizia', a rigor di Scolastica, vale 'mala azione deliberata', 'intenzione del male'; e 'ingiuria', come 'iniuria' nel latino dei giuristi, vale 'violazione del diritto'): tale finalità ingiuriosa", stava dicendo Virgilio, "comporta la lesione del diritto altrui o mediante violenza (*forza*) o mediante frode.

"E poiché la frode è *de l'uom proprio male*, in quanto adibisce a scopi abietti l'esercizio della ragione – privilegio peculiare della specie –, più spiace a Dio; quindi i Frodolenti son collocati nel fondo del fondo dell'inferno (praticamente, nei cerchi ottavo e nono), e afflitti da pene più dure (ne parleremo a suo tempo).

"Intanto, parliamo del primo cerchio dei tre sottostanti (sei ne abbiamo traversati, dunque: il settimo), che è occupato tutto dai violenti. Ma giacché *si fa forza a tre persone*, cioè la violenza si pratica su tre distinti soggetti passivi, questo cerchio è ripartito e strutturato in tre gironi (cioè, in tre sezioni anulari). Si può infatti usare violenza (*si pòne / far forza*) o a Dio, o a sé, o al prossimo; sia direttamente sulle persone, sia indirettamente sulle loro cose (tanto sugli 'esseri', insomma, quanto sugli 'averi'), come adesso ti chiarirò alla stregua di categorie esplicite (*con aperta ragione*).

"Le forme di violenza diretta a danno del prossimo", va sul

concreto Virgilio, "sono l'omicidio (*morte per forza*) e le lesioni gravi (*ferute dogliose*); quelle di violenza indiretta, a danno delle proprietà altrui, sono le devastazioni (*ruine*) o gli incendi di immobili, e le rapine a mano armata (*tollètte dannose*: dal latino medievale 'mala tollecta', da cui anche il nostro 'maltolto'); motivo per cui, nel primo girone espiano le loro colpe, distribuiti in gruppi distinti, tanto gli assassini e i colpevoli di ferimenti (chi *mal fiere*), quanto i responsabili di incendi o di demolizioni (*guastatori*) e i grassatori (*predon*)".

E così abbiamo esaurito la tipologia dei Violenti-contro-il-prossimo: come vedremo, la meno spregevole delle tre sottocategorie dei Violenti, stipata nel primo girone del settimo cerchio. Chiaro? Chiaro.

E Virgilio passa alla seconda sottocategoria: i Violenti-contro-sé. E distingue: "Si può d'altronde (*puote omo*: 'on peut' francese) usar violenza direttamente contro la propria persona, col suicidio, o, indirettamente, contro i propri beni: ecco perché nel secondo girone è giusto che sconti le proprie colpe, rammaricandosene troppo tardi e inutilmente, vuoi chiunque si sia privato della vita terrena (*qualunque priva sé del vostro mondo*), vuoi chi abbia dilapidato al gioco il proprio patrimonio ('biscazzare' è notoriamente 'giocare d'azzardo'), smaniando e disperandosi laddove avrebbe potuto e dovuto vivere in pace (*e piange là dov'esser de' giocondo*: verso che, nella sua limpidezza, si è prestato alle letture più brumose)".

Chiuso con i Violenti-contro-sé: seconda sottocategoria, secondo girone. "Infine", Virgilio incalza, passando alla terza, e più infame delle sottocategorie della Violenza, "si può esercitare la violenza contro la divinità (*ne la deïtade*), sia – sta' bene attento – nella persona di Dio, ricusandola interiormente (*col cor negando*) e bestemmiandola (questo ateismo viscerale, che prorompe a tratti nella brutalità della bestemmia, andrà ben distinto dall'ateismo intellettuale e professo degli eretici, che abbiamo lasciato il canto scorso nei sepolcri arroventati)... sia nella persona e nel nome di Dio, sia nelle sue pertinenze, *spregiando natura e sua bontade*, cioè disprezzando e trasgredendo tanto le leggi della natura quanto, diciamo così, il suo buon esempio. Perciò il girone più interno del cerchio punisce, marchiandoli a fuoco, tanto i sodomiti e i caorsini, quanto coloro che dando voce al loro astio viscerale per Dio (*spregiando Dio col cor*), bestemmiano".

Nel racconto del *Genesi*, *Sodoma*, come tutti sanno, è una delle due città depravate della Palestina (l'altra è Gomorra) che il Signore carbonizza con lo zolfo e col fuoco; il suo nome si perpetua a sinonimo d'una pederastia sfrontata e intimidatoria. *Caorsa* o Cahors è, invece, una cittadina della Guyenne, che nel tardo Medioevo aveva fama d'essere nido di usurai; per modo che 'caorsino', nell'italiano del Due-Trecento, era sinonimo di 'strozzino', mentre il francese prediligeva il sinonimico 'lombard' (gentilezze fra cugini...).

Ragionevole, stupirsi del fatto che l'usuraio sia catalogato come Violento-contro-Dio, in quanto Violento-contro-natura. Vedremo, amico mio, che se ne stupirà anche il nostro pellegrino. Ma per il momento stiamo dietro a Virgilio, che, completati i ruoli dei Violenti senza attardarsi troppo in sottigliezze, è passato ad illustrare la classificazione generale dei Frodolenti.

"La frode", spiega, "*ond'ogne coscïenza è morsa*, che, cioè, in quanto pratica consapevole e premeditata, inevitabilmente avaria la coscienza di chiunque la pratichi, può venir esercitata sia a danno di chi ha buone ragioni per fidarsi, sia a danno di chi, per fidarsi, non ha in tasca, insomma, non ha a disposizione titoli particolari (*fidanza non imborsa*).

"Ora", mette a fuoco Virgilio, "*questo modo di retro*, quest'ultimo genere di frode (cioè, quello praticato ai danni di chi si lascia frodare per dabbenaggine) *par ch'incida / pur lo vinco d'amor che fa natura*, sembra recidere soltanto il vincolo dell'amore naturale, che lega ogni uomo in quanto uomo al suo simile («la naturale amistade – è scritto nel *Convivio* – per la quale tutti a tutti semo amici»); ragion per cui, nell'ottavo cerchio – il secondo dei sottostanti – sono annidati: ipocriti (*ipocresia*), adulatori (*lusinghe*), fattucchieri e indovini (*chi affattura*), falsari (*falsità*), ladri (*ladroneccio*) e simoniaci, ruffiani, barattieri (*baratti*)*... e simile lordura*".

L'enumerazione delle dieci sezioni concentriche in cui è distribuito il cerchio ottavo, o dei Frodolenti semplici, è incompleta, e non rispetta l'ordine gerarchico delle colpe e delle pene, che tanto più son gravi, quanto più ci si approssima al vertice del cono capovolto. D'altronde, nell'alternanza fortuita di peccati e peccatori (*ruffian, baratti e simile lordura...*), noterai come il disprezzo di Virgilio disordini lo schema categoriale, il giudizio abbia l'animosità dell'insulto.

"L'altro tipo di frode", si avvia a concludere Virgilio, "viola e dimentica non solo *quell'amor* (...) *che fa natura* («amor naturalis» fra uomo e uomo), ma anche quel supplemento d'amore (*quel ch'è poi aggiunto*: «amor accidentalis» nel lessico dei teologi), originato da speciali vincoli familiari o civili o puramente elettivi fra frodatore e frodato, e che nel frodato alimenta una fiducia speciale (*di che la fede spezïal si cria*). Per cui, nel cerchio più piccolo (il nono), nel quale è il punto dell'universo in cui Dite risiede, insomma, nel disco di ghiaccio dove è conficcato Satana, si consuma in eterno chiunque abbia tradito (*qualunque trade*)".

Riepiloghiamo: all'interno della città di Dite è punita per l'eternità la Malizia, cioè la pratica deliberata del male a danno di qualcuno.

Questa Malizia va distinta in due categorie fondamentali: la

Violenza, suddivisa a sua volta in tre sottocategorie (contro il prossimo, contro sé, contro Dio), a loro volta articolate a seconda che il violento infierisca sulle persone o sulle cose (e a questo proposito qualcosa ancora ci sfugge, ma per fortuna è sfuggita anche a Dante, e Virgilio si prodigherà a spiegarcela...); la Violenza... e la Frode, ripartita in due grandi sottocategorie: quella – diciamo così – dei frodatori ordinari, che sorprendono la buonafede del frodato solo in quanto, fra uomini, usa fidarsi; e quella dei traditori.

La Violenza si sconta nel settimo cerchio, che apprezzeremo scaglionato in tre gironi. In quanto più consapevole e premeditata della Violenza, la Frode è punita ancora più efferatamente negli ultimi due cerchi: l'ottavo, distinto in dieci sottosezioni (o bolge), per i diversi ordini di Frodatori comuni; il nono, distribuito in quattro zone concentriche di ghiaccio, per i quattro tipi di Tradimento...

Ma, con la scusa di riepilogare, non facciamola più lunga di Virgilio...

Intanto lo scolaro Dante sta festeggiando la chiarezza e la precisione con cui il docente Virgilio ha esposto i criteri secondo i quali son distribuiti il baratro che si apre sotto i loro piedi e il popolo che imprigiona; ma si domanda delle anime che abbiam visto dislocate al di fuori delle mura di Dite nei primi sei cerchi (omessi, peraltro, Ignavi e Limbìcoli del primo cerchio). Ecco il problema: "Quelli immersi nelle acque viscide dello Stige (nella *palude pingue*), quelli travolti dalla rapina del vento, quelli battuti dalla pioggia sporca, quelli che si scontrano ingiuriandosi (*con sì aspre lingue*)... perché non sono puniti all'interno della città rossa-fuoco, se hanno meritato la collera di Dio? E, se non l'hanno meritata, *perché sono a tal foggia*? perché, insomma, sono ridotti in quelle condizioni?".

Il docente è molto severo: "Come mai il tuo ingegno devia di tanto dal suo tracciato solito ('delirare', secondo etimologia, è 'uscire dal solco', latino 'lira')? o magari si orienta verso qualche altra dottrina?... Ti sei dimenticato i termini in cui l'*Etica* del tuo Aristotele tratta diffusamente (*pertratta*) le tre disposizioni, i tre atteggiamenti psicologici che il cielo non ammette: cioè *incontenenza*, *malizia* e *matta bestialitade*?... e non ti ricordi come l'incontinenza offenda meno Dio, e quindi procuri minor biasimo e castighi minori (*men biasmo accatta*)? Se tu rifletti bene a queste proposizioni, e richiami alla memoria chi son quelli che scontano le loro colpe sù, fuori dalle mura, ti renderai conto del perché son divisi dagli scellerati detenuti all'interno (*da questi felli*), e del perché l'inesorabile giustizia di Dio (*la divina vendetta*) li martelli con minore collera".

Il discepolo esulta: "O luce che guarisci la vista della mente ottenebrata, nello sciogliere i miei dubbi (*quando tu solvi*) mi rendi talmente felice, che il dubitare, stimolo all'apprendere, non mi è meno gradito del sapere. Ma *ancora un poco in dietro ti rivolvi* (diremmo noi: 'fa' un altro passo indietro') e torna all'affermazione secondo cui l'usura offende *la divina bontade*": secondo cui, insomma, l'usura va considerata violenza indiretta contro la bontà di Dio. Dante è rimasto perplesso, e – senza curarsi di incorrere in una «rima identica» ('*solvi*' nel senso di 'sciogli' al v. 92 - '*solvi*' nel senso di 'sciogli' al v. 96) – prega il maestro di sciogliergli quel nodo.

Risponde Virgilio: "La *filosofia* – sinonimo, come ricorderai, di 'dottrina aristotelica' – segnala in più d'un passo a chi è in grado di capirla, come la natura proceda dall'intelletto e dall'opera di Dio (*dal divino 'ntelletto e da sua arte*); come, in altri termini, riproduca l'idea e il procedimento che l'hanno creata.

"Ora, se tu esamini a dovere la *Fisica* del tuo Aristotele, troverai dopo non molte pagine l'affermazione che le modalità del vostro operare – insomma, le tecniche del lavoro umano – si modellano a loro volta, riproducendoli per quanto possibile, sui procedimenti della natura (*l'arte vostra quella, quanto pote, / segue*), così come l'allievo imita il maestro. Di modo che l'opera dell'uomo (o *vostr'arte*), figlia della natura, è, per così dire, nipote di Dio. Da queste due, cioè dalla natura e dal vostro sacrosanto lavoro – se ricordi quel che è scritto all'inizio del *Genesi* – *convene / prender sua vita e avanzar la gente*: in altre parole, l'umanità deve trarre i mezzi per sostentarsi e promuoversi. E siccome l'usuraio non si attiene a questa prescrizione, dispregia e vìola tanto la natura in sé, quanto la natura nell'arte che la prende ad esempio (*la sua seguace*), e quindi, indirettamente, Dio. L'usuraio, infatti, conta su tutt'altro (*in altro pon la spene*)", dato che – possiamo completare noi – esonerandosi dalle fatiche dell'agricoltore e dell'operaio, confida, mani in mano, negli interessi sul denaro prestato.

Chiaro? Chiarissimo, no?

Così si chiude la gran dissertazione virgiliana.

E il maestro esorta l'allievo a seguirlo: è tempo di riprendere il cammino, dato che la costellazione dei Pesci (che precede quella dell'Ariete d'un paio d'ore) guizza già sull'orizzonte, *e 'l Carro tutto sovra 'l Coro giace* (e l'Orsa maggiore, cioè, si dispiega tutta verso nord-ovest, essendo il 'Caurus' [Córo] dei latini il nostro maestrale, che soffia appunto da nord-ovest: in parole povere, sulla terra mancano un paio d'ore all'alba).

"D'altra parte", taglia e chiude Virgilio, "il punto in cui il *balzo* (o 'alta ripa', o 'burrato') si rende praticabile per la discesa è molto più in là (*via là oltra si dismonta*)".

Sbrigata alla meno peggio la parafrasi del canto, un'accurata ricognizione di questo parco di concetti che si biforcano e di fonti che si mescolano e nascondono eccede le mie competenze e – si suppone – la tua pazienza, amico mio. Tuttavia, sfiorare i punti più ustionati dell'ingente contenzioso, dico sfiorarli appena, potrebbe tornar buono per il futuro. Procediamo a ritroso.

Il richiamo esplicito ad Aristotele non dovrebbe lasciar dubbi circa l'autorità cui Virgilio si rimette per rubricare l'usura come violenza-contro-il-lavoro-umano, nipote di Dio. Tanto più che l'idea aristotelica secondo cui l'interesse partorito dal denaro dato in prestito sarebbe «innaturale», nel presupposto che la moneta, «priva di qualsiasi valore intrinseco», sia per sua natura «sterile», aveva riscosso, col discutibile conforto di alcuni passi scritturali, il consenso unanime dei Dottori della Chiesa e la sanzione di una serie di concili ecumenici: ultimo, quello di Lione del 1274; imminente, quello di Vienne del 1311. Un dubbio però avanza: Dante, sotto la specie di Virgilio, si attiene scrupolosamente al canone aristotelico? Oppure distingue fra chi, praticando tassi d'interesse conformi agli statuti comunali e commisurati al rischio dell'esposizione, sollecita la circolazione della ricchezza, e chi taglieggia la miseria? insomma, fra banchiere e strozzino? Dubbio legittimo. Ma sarà meglio metterlo da parte, e riparlarne a suo tempo e girone.

Anche sul tema della struttura complessiva dell'inferno o, per dir meglio, della distinzione fra le colpe punite fuori dalla città di Dite e quelle punite dentro, Virgilio chiama in causa Aristotele, in termini altrettanto espliciti e, anzi, molto più risentiti.

Come ricorderai, il dilemma posto dall'allievo a proposito degli ergastolani detenuti nei primi cerchi (perché non sono dentro, *se Dio li ha in ira? / e se non li ha*, perché li punisce?) irrita il maestro. 'Questo giovane', sembra domandarsi, 'dove vuol andare a parare? Che fa, condivide la vecchia e sciocca opinione degli stoici, secondo la quale tutti i peccati sarebbero uguali perché tutti offendono Dio?'. E, fuori dai denti, ricorda al discepolo come fin troppo chiaro sia stato Aristotele nello specificare *le tre disposizion che 'l ciel non vole*: 'akrasía', 'kakía' e 'theriótes', cioè, rispettivamente, 'incontinenza', 'malizia' e 'matta bestialità'. Il Filosofo non è stato forse sufficientemente esplicito nel disporle su una scala gerarchica, in ordine alla quale l'Incontinenza, che è colpevole e intermittente eccesso nell'esercizio di funzioni per sé naturali e incolpevoli, e non comporta lesione di diritti altrui, offende meno Dio e merita quindi pene meno martellanti? Difatti, gli incontinenti pagano per le loro colpe nei cerchi esterni; mentre la Malizia, che – come detto – persegue intenzionalmente l'infrazione della legge e – come detto – danneggia il prossimo, è punita col massimo del rigore nei cerchi sottostanti.

D'accordo: per semplificare, Virgilio confuta l'«opinio stoicorum omnia peccata esse paria» (che, registrata da Cicerone e assunta da una lunga teoria di eretici, il suo discepolo ha tutta l'aria di condividere), ed accredita abusivamente ad Aristotele l'ordine gerarchico fra le tre «male disposizioni», che di fatto figura solo nelle chiose di Tommaso. Gli andrà comunque dato atto che più chiaro di così non poteva essere. D'accordo... incontinenza, malizia... e la «matta bestialità»?

Nello schema dottrinale di Aristotele la matta bestialità sembrerebbe aggravare l'intenzione al male con l'erompere di istinti brutali e morbosi, e Tommaso la identifica senz'altro con la «malizia animalesca, ovvero patologica». Ma allora, se malizia è, perché distinguerla dalla Malizia?

L'ipotesi secondo la quale, nella tripartizione delle male disposizioni, il termine 'malizia' avrebbe il valore restrittivo di 'frode', e quindi il termine 'matta bestialità' sarebbe sinonimo di 'violenza', purtroppo non seduce tutti i competenti, e per diverse buone ragioni. Ne seduce ancora meno, e per ragioni anche migliori, l'ipotesi che, assumendo alla lettera la proposizione del *Convivio* secondo la quale «intra tutte le bestialitadi quella è stoltissima, vilissima e dannosissima, che crede dopo questa vita non essere altra vita», fa coincidere la matta bestialità con l'eresia.

D'altronde, la tesi che vuole il criterio giuridico di classificazione delle colpe e delle pene dettagliatamente enunciato per i tre cerchi interni alla città di Dite del tutto eterogeneo rispetto al criterio etico suggerito per l'intero inferno sulla scorta di categorie aristoteliche, è tesi che non soddisfa nemmeno chi, scontento d'ogni ipotesi alternativa, si rassegna a sostenerla.

Rispettiamo la fecondità del dubbio, e lucriamo qualche minima certezza.

E certo è che il sistema concettuale che struttura il basso inferno si conforma ai princìpi generali della legislazione penale romana, assiduamente meditati sulle pagine del *De Officiis* di Cicerone. Romano, ad esempio, è il concetto di «dolo» che contrassegna la Malizia; romano, il criterio che commisura la gravità delle colpe al grado del vincolo naturale o acquisito che lega il colpevole al soggetto passivo del reato. Altrettanto certo, che la cultura del basso Medioevo considerava il sistema penale romano sostanzialmente solidale con l'etica aristotelica, e che in tutti i casi, qui sotto, Virgilio tende ad eludere ogni discrepanza.

Più certo ancora, che Dante Alighieri è un grande poeta cristiano.

Alla strana grandezza della sua poesia andrà addebitata la circostanza che la catalogazione dei peccati, elaborata da teologi e canonisti con sussiego e puntiglio rigorosamente deduttivi, diventi in questi 96 versi una graduatoria di peccatori ordinata alla salvezza di qualsiasi peccatore dall'esperienza di un peccatore che non si ricusa ai complicati fetori del peccato.

Nella sistematica di Tommaso d'Aquino la lussuria è più grave della gola, la rapina del furto, e l'eresia è colpa talmente abominevole da figurare fuori catalogo. Dante lo sa bene. Ma per intelligenza psicologica e per emozione morale sa ancora meglio – e su questo sapere riordina il suo inferno – che un lussurioso è meno spregevole di un ghiottone; un ladro, più subdolo e vigliacco d'un rapinatore; e che gli eretici – secondo quanto dettava il buon Graziano – spesso sono «illusi da una qualche parvenza di verità».

D'accordo. Ma forse i posteri ennesimi che siamo han diritto di porsi qualche domanda un po' meno specialistica su questa complicata architettura di scavo, e sull'idea stessa d'inferno che Dante elabora. Intanto: siamo così sicuri che l'inferno esiste? insomma, che, una volta morti, saremo puniti per i secoli dei secoli delle nostre mascalzonate...

Non direi. Figurarsi se crediamo a questo genere di favole! Non crediamo nemmeno che ci credesse Dante... Allora, impiantando il suo atroce ergastolo sotterraneo, dove voleva arrivare? Userò parole elementari per sentimenti elementari: se qui non c'è giustizia, perché i grandi della terra imperano con la violenza e con la frode, e i piccoli patiscono umiliazioni e dolore senza risarcimento, è successo che il popolo dei nostri antenati cristiani abbia raccolto con trepidazione la promessa di un giudice supremo e inappellabile che sa tutto perché legge nei cuori; e abbia coltivato la fantasia di un altrove in cui gli ultimi sarebbero diventati i primi, e i primi – se Dio vuole – sarebbero diventati gli ultimi... A quest'ordine di istanze equitative e di attese escatologiche crede di rispondere Dante impiantando il suo atroce ergastolo sotterraneo.

E noi, brave persone del terzo millennio che non credono all'inferno, dovremmo poi credere che l'inferno è architettato e distribuito proprio come racconta lui? Dove sta scritto? Fosse almeno scritto nella Bibbia, potremmo accettare la sacra metafora. Invece è scritto nella *Divina Commedia*, punto e basta; così stanno le cose, anche se alla definizione degli spazi fisici dell'inferno che stiamo leggendo è verosimile abbia concorso quel tanto o quel poco che Dante sapeva dell'oltretomba islamico descritto nel famoso *Libro della Scala* (cui, se ricordi, accennavamo nel limbo); mentre, quanto alle modalità del regime carcerario, è chiaro che il vecchio poeta si approvvigiona abbondantemente agli affreschi di basilica o di cimitero e alle minacciose affabulazioni dei predicatori, che popolavano l'immaginario dei cristiani del basso Medioevo di dannati che crepitano nelle fiamme o illividiscono nel ghiaccio, povere anime impiccate, incaprettate, sbudellate.

Ma allora, come fa Dante a pretendere che lo prendiamo in parola?

Quesito che resterà inevaso fino al sommo dei cieli. Certo, sotto il profilo conoscitivo, l'impianto che stiamo perlustrando, e che ubbidisce ai criteri appena enunciati da Virgilio, è un colossale teatro della memoria, un dispositivo di mnemotecnica – come si diceva –, un ingente «portale» – diremmo noi –, in cui il lettore-peccatore è invitato a «navigare»; e navigando (verbo che a Dante tornerebbe benissimo) si renderà conto di come uno strumento di diritto positivo, interiorizzandosi, traducendo cioè reati in peccati, e assumendo a peccati anche comportamenti non perseguibili penalmente, trovi la fonte della legittimità nella giurisprudenza senza tempo di Dio, che punisce i morti per rifondare il patto di alleanza fra i vivi. La complessità dell'apparato infernale, che non ha riscontro nel sistema semplificato del *Purgatorio* (la fastosa messinscena del *Paradiso* attiva tutt'altri parametri), ridisegna i subdoli tracciati, le trappole, i cavilli, le mistificazioni, insomma, le inesauribili risorse strategiche del male.

Troppo complicato e, insieme, troppo ingenuo, in una parola, troppo medievale? Forse. Infatti, amico mio, molti fra i nostri contemporanei, specialisti o lettori dotati di ingegno sottile, senza scandalizzarsene più di tanto per non incorrere a loro volta nell'onta del moralismo, accreditano a Dante, ma sì, il moralismo spietato di un sadico. Ometterò una ridicola difesa d'ufficio: ma vorrei segnalare come dell'ambiguità, dell'incoerenza, della discontinuità che governano i nostri comportamenti, Dante abbia una percezione lancinante: non l'avesse, non sarebbe il genio che è. Ma ignora la tortuosa giurisprudenza della vulgata psicoanalitica, le giustificazioni della sociologia, le estetiche della trasgressione, e anche le consolazioni del confessionale; perché il suo sistema etico e conoscitivo e la sintassi del suo racconto si fondano sulla libertà intera della persona, cioè sulla certezza della assoluta responsabilità morale degli uni che siamo. Dunque non può condividere, Dante, il codice del nostro buon cuore, che non ammette alcun nesso fra l'orrore della colpa e l'orrore della punizione, quando non professa di perdonare qualsiasi delitto, e di condannare qualsiasi castigo.

Ma allora – guardiamoci negli occhi, amico mio – perché seguitiamo a condividere il luogo comune secondo cui l'*Inferno* sarebbe la più bella cantica della *Commedia*, perché è la più «umana»? in quanto i peccatori ci somigliano di più dei santi, sono fragili, patetici, vulnerabili come noi?... Ma l'inferno non è il luogo teatrale della colpa: è il terrificante penitenziario della disperazione. Non sarà che, assuefatti a fruire l'orrore e il terrore come spettacolo, ci siamo rassegnati a percepire come «umane» anche le torture, le mutilazioni, le parate di cadaveri? Ma se parate di cadaveri, mutilazioni e torture sono «umane», proprie cioè della nostra specie animale – e temo proprio che lo siano – l'inferno che neghiamo all'aldilà, lo stiamo conoscendo e praticando nell'aldiquà, amico mio.

Dante – è la sua spaventevole grandezza – continua a parlarci da dentro. Mentre tentiamo di leggerlo, è lui che ci legge.

Basta. Questo XI canto è davvero un canto didascalico e senza moto, come sostiene più d'un esteta?

Alleggeriti dagli assilli di una eccessiva problematica erudita, proviamo a leggerlo forte, e lasciamoci portare dalla nostra voce. E fin dalle prime terzine mi auguro tu avverta il singolare perdifiato che costa pronunciarlo, l'ossigenazione mentale che trasmette e pretende.

XI CANTO IN PROSPETTO

1	*INCONTENENZA*
1.1	**lussuriosi** (*quei che mena il vento*)
1.2	**golosi** (*quei che batte la pioggia*)
1.3	**avari e prodighi** (*quei che s'incontran con sì aspre lingue*)
1.4	**iracondi e accidiosi** (*quei de la palude pingue*)

[y eretici]

2	*MALIZIA*
2.1	**violenti**
2.1.1	nel prossimo
2.1.1.1	nelle persone: assassini, tiranni (*omicide*)
2.1.1.2	nelle cose: incendiari, rapinatori, briganti (*guastatori e predon*)
2.1.2	in sé
2.1.2.1	nella persona: suicidi
2.1.2.2	nelle cose: scialacquatori (*qualunque biscazza e fonde la sua facultade*)
2.1.3	in Dio
2.1.3.1	nella persona: bestemmiatori (*col cor negando e bestemmiando…*)
2.1.3.2	nelle cose
2.1.3.2.1	nella natura: pederasti (*Soddoma*)
2.1.3.2.2	nell'arte: usurai (*Caorsa*)
2.2	**frodolenti**
2.2.1	in chi non si fida (*fidanza non imborsa*)
2.2.1.1	ruffiani e seduttori (*ruffian*)
2.2.1.2	adulatori (*lusinghe*)
2.2.1.3	simoniaci (*simonia*)
2.2.1.4	maghi, fattucchieri e indovini (*chi affattura*)
2.2.1.5	barattieri (*baratti*)
2.2.1.6	ipocriti (*ipocresia*)
2.2.1.7	ladri (*ladroneccio*)
2.2.1.8	consiglieri frodolenti (*…simile lordura*)
2.2.1.9	seminatori di scandalo e di scisma (*…simile lordura*)
2.2.1.10	falsari (*falsità*)
2.2.2	in chi si fida: traditori (*qualunque trade*)

[x MATTA BESTIALITADE ?]

In su l'estremità d'un'alta ripa
che facevan gran pietre rotte in cerchio,
venimmo sopra più crudele stipa;
e quivi, per l'orribile soperchio
del puzzo che 'l profondo abisso gitta,
ci raccostammo, in dietro, ad un coperchio
d'un grand'avello, ov'io vidi una scritta
che dicea: 'Anastasio papa guardo,
lo qual trasse Fotin de la via dritta'.
"Lo nostro scender conviene esser tardo,
sì che s'ausi un poco in prima il senso
al tristo fiato; e poi no i fia riguardo".
Così 'l maestro; e io "Alcun compenso",
dissi lui, "trova che 'l tempo non passi
perduto". Ed elli: "Vedi ch'a ciò penso".
"Figliuol mio, dentro da cotesti sassi",
cominciò poi a dir, "son tre cerchietti
di grado in grado, come que' che lassi.
Tutti son pien di spirti maladetti;
ma perché poi ti basti pur la vista,
intendi come e perché son costretti.
D'ogne malizia, ch'odio in cielo acquista,
ingiuria è 'l fine, ed ogne fin cotale
o con forza o con frode altrui contrista.
Ma perché frode è de l'uom proprio male,
più spiace a Dio; e però stan di sotto
li frodolenti, e più dolor li assale.
Di vïolenti il primo cerchio è tutto;
ma perché si fa forza a tre persone,
in tre gironi è distinto e costrutto.
A Dio, a sé, al prossimo si pòne
far forza, dico in loro e in lor cose,
come udirai con aperta ragione.

Morte per forza e ferute dogliose
nel prossimo si danno; e nel suo avere,
ruine, incendi e tollette dannose:

onde omicide e ciascun che mal fiere,
guastatori e predon, tutti tormenta
lo giron primo per diverse schiere.

Puote omo avere in sé man vïolenta
e ne' suoi beni: e però nel secondo
giron convien che sanza pro si penta

qualunque priva sé del vostro mondo,
biscazza e fonde la sua facultade,
e piange là dov'esser de' giocondo.

Puossi far forza ne la deitade,
col cor negando e bestemmiando quella,
e spregiando natura e sua bontade;

e però lo minor giron suggella
del segno suo e Soddoma e Caorsa
e chi, spregiando Dio col cor, favella.

La frode, ond'ogne coscïenza è morsa,
può l'omo usare in colui che 'n lui fida
e in quel che fidanza non imborsa.

Questo modo di retro par ch'incida
pur lo vinco d'amor che fa natura:
onde nel cerchio secondo s'annida

ipocresia, lusinghe e chi affattura,
falsità, ladroneccio e simonia,
ruffian, baratti e simile lordura.

Per l'altro modo quell'amor s'oblia
che fa natura, e quel ch'è poi aggiunto,
di che la fede spezïal si cria:

onde nel cerchio minore, ov'è 'l punto
de l'universo in su che Dite siede,
qualunque trade in etterno è consunto".

E io: “Maestro, assai chiara procede
la tua ragione, e assai ben distingue
questo baràtro e ’l popol ch’e’ possiede.
Ma dimmi: quei de la palude pingue,
che mena il vento, e che batte la pioggia,
e che s’incontran con sì aspre lingue,
perché non dentro da la città roggia
sono ei puniti, se Dio li ha in ira?
e se non li ha, perché sono a tal foggia?”.
Ed elli a me “Perché tanto delira”,
disse, “lo ’ngegno tuo da quel che sòle?
o ver la mente dove altrove mira?
Non ti rimembra di quelle parole
con le quai la tua Etica pertratta
le tre disposizion che ’l ciel non vole:
incontenenza, malizia e la matta
bestialitade? e come incontenenza
men Dio offende e men biasimo accatta?
Se tu riguardi ben questa sentenza,
e rèchiti a la mente chi son quelli
che sù di fuor sostegnon penitenza,
tu vedrai ben perché da questi felli
sien dipartiti, e perché men crucciata
la divina vendetta li martelli”.
“O sol che sani ogne vista turbata,
tu mi contenti sì quando tu solvi,
che, non men che saver, dubbiar m’aggrata.
Ancora in dietro un poco ti rivolvi”,
diss’io, “là dove di’ ch’usura offende
la divina bontade, e ’l groppo solvi”.
“Filosofia”, mi disse, “a chi la ’ntende,
nota, non pure in una sola parte,
come natura lo suo corso prende

dal divino 'ntelletto e da sua arte;
e se tu ben la tua Fisica note,
tu troverai, non dopo molte carte,
che l'arte vostra quella, quanto pote,
segue, come 'l maestro fa 'l discente:
sì che vostr'arte a Dio quasi è nepote.
Da queste due, se tu ti rechi a mente
lo Genesì dal principio, convene
prender sua vita e avanzar la gente;
e perché l'usuriere altra via tene,
per sé natura e per la sua seguace
dispregia, poi ch'in altro pon la spene.
Ma seguimi oramai, che 'l gir mi piace,
ché i Pesci guizzan su per l'orizzonta,
e 'l Carro tutto sovra 'l Córo giace,
e 'l balzo via là oltra si dismonta".

XII

Il problema di definire l'esatta funzione allegorica dei guardiani mitologici dell'inferno, serio in ogni caso – come accennavamo tre canti fa, a proposito di Medusa e delle Erinni –, si rende disperante quando il poeta lésina sulla rappresentazione anatomica di quegli antichi mostri, o addirittura la omette. Infatti, amico mio, non possiamo nasconderci che gli intricati identikit che oggi noi siamo in grado di ricavare da un repertorio letterario, figurativo ed etnologico molto più ampio e problematico di quello che aveva a portata un intellettuale del Trecento, hanno poco a che vedere con le immagini che nell'immaginazione di Dante avevano graffito a fondo i versi dei suoi autori latini. Versi, che lui frequentava con una confidenza ed una abnegazione fantastica che sono andate smarrite per sempre.

Esempio: come si fa a decidere se il Minotauro, in cui ci imbattiamo sull'orlo del sesto cerchio, significhi la Matta Bestialitade o la Violenza (sempre che siano alternative), o più in generale la Malizia, o magari la «stoltissima Eresia», quando non sappiamo nemmeno se nel pentametro di Ovidio, che lo definisce «semibovemque virum, semivirumque bovem», Dante si figurasse un uomo con la testa di toro – come insegna la mitologia comparata – o un toro con la testa di uomo? Francamente, il fatto che prima ce lo racconti disteso, poi saltellante come un bovino mazzolato, non costituisce prova decisiva né in un senso né nell'altro. E se fosse un centauro taurino con un paio di corna montate su testa umana?... Fortuna, che dell'indeterminatezza morfologica di questa bestiaccia avremo modo di consolarci quasi subito con l'insolente plasticità degli armigeri che pattugliano il girone sottostante.

Il luogo dove Dante e Virgilio si sono portati per intraprendere la discesa al settimo cerchio appare dirupato e impervio (*alpestro*). Oltretutto, una presenza aggiuntiva (*quel che v'er'anco*), insomma la presenza di un intruso concorre a rendere insopportabile il panorama. Ma, prima di rivelarcela, quella presenza repellente e minatoria, il poeta impianta una laboriosa similitudine.

Alberto Magno, maestro di dottrina aristotelica e, in materia di storia naturale, autorità inappellabile per l'età di Dante (ci aspetta in paradiso), racconta nel trattato *De Meteoris* che «un gran monte di quelli che sono fra le città di Trento e di Verona piombò nel fiume chiamato Adige, e sulla riva di quello seppellì villaggi e persone per un tratto di tre leghe o quattro». Si sta parlando dei cosiddetti Slavini di Marco in val Lagarina, oggi all'altezza dell'uscita «Rovereto Sud» sull'autostrada del Brennero. Bene: la scesa del burrone (o *burrato*) che gli si parò davanti ricorda al poeta proprio quell'enorme ruina che, staccatasi dal fianco della montagna *o per tremoto o per sostegno manco* (non si sa se a causa d'un terremoto o per l'azione erosiva delle acque), ha determinato uno scoscendimento franoso, peraltro in qualche modo praticabile da chi voglia calarsi a valle (*ch'alcuna via darebbe a chi sù fosse*).

Sia detto per inciso: è vero – come osservano molti specialisti – che la doppia ipotesi scientifica (*o per tremoto o per sostegno manco*) appanna l'evidenza figurativa dell'evento. Però qui Dante non ci sta raccontando un cataclisma naturale in atto: ci sta raccontando l'immobilità minacciosa e inesplicabile che la terra imprime alle proprie macerie.

E giusto sull'orlo della depressione provocata dalla frana (*'n su la punta de la rotta lacca*), ecco sdraiato il Minotauro, onta dell'isola di Creta.

Il nucleo dell'antica favola è ricavato da un brano molto inquietante dell'*Ars Amandi* di Ovidio: Pasìfae, moglie del re Minosse, furente d'amore per un toro candido e pazza di gelosia per le vacche che quello usava montare, si fece costruire una giovenca d'acero, vi si inserì, trasse in inganno il bel bestione, e incinse. Altre fonti integrano la storia, narrando come l'orrido bambino con la testa di toro, concepito nel coito surrettizio, venisse recluso nel Labirinto, palazzo ordito di corridoi inestricabili; come Egeo, re d'Atene, tenuto a versare un odioso tributo annuo di ragazzi e ragazze per sfamare il mostro, spedisse infine a Creta Tesèo – che, in quanto suo figlio, poteva ben dirsi '*duca d'Atene*' –; come Tesèo si guadagnasse l'amore di Arianna, figlia legittima dei reali di Creta e dunque *sorella* (o meglio, sorellastra) del Minotauro, e come, seguendo le istruzioni della principessa e reggendo un capo del filo interminabile di cui quella lo aveva dotato, Tesèo s'avventurasse nei meandri del Labirinto, uccidesse il mostro, riguadagnasse l'uscita, ecc. ecc...

Appena vede i due viandanti, il Minotauro si morde da sé, come chi si lasci sopraffare e spossare dalla rabbia che tenta di reprimere. E il maestro lo interpella calibrando il sarcasmo al buon fine di fargli perdere il lume degli occhi: "Ma che fai? Credi che ci sia il duca d'Atene, quello che t'ha ammazzato lassù? Lèvati dai piedi, animale: questo qui non viene mica dietro istruzioni di tua sorella... È in viaggio per conoscere le pene dell'inferno".

Furibondo e ridicolo, il Minotauro *qua e là saltella*, come il toro che, svincolatosi dai lacci nel momento stesso in cui ha ricevuto il colpo mortale, si accorge di non poter più correre.

Dante non ha mai visto un sacrificio cruento, altro che sulle pagine dei suoi classici: anche quel saltellare (latino 'exsultare') sembra ripetere l'immagine ovidiana di vacche in amore che saltellano. Tutto è libresco, in questa apertura di canto: gli slavini, la favola, le similitudini, l'azione. Ma sarà bene tener conto che, per Dante, nei libri è depositata la continuità dell'uomo, la tradizione delle sue opere, delle forme mutevoli della natura, delle autorappresentazioni di Dio. E che nel suo libro sacro egli trascrive con lo scrupolo del visionario le cronache dell'eternità.

Tempestivamente, Virgilio (*quello accorto*, dove 'accorto' è sostantivo; a noi verrebbe detto 'quel fulmine di Virgilio') incita il discepolo a profittare della cieca mattana del mostro per imboccare la scesa. E Dante si avvia giù con lui, sentendosi smottare un po' le pietre sotto i piedi, per via dell'insolito carico costituito dal suo corpo. Scende, traballa e pensa.

E il maestro, che ormai legge correntemente nel pensiero del discepolo: "Stai pensando a questa ruina, presidiata da quell'ira bestiale che ho appena ridotto all'impotenza? (è possibile che '*quell'ira bestial*', perifrasi che connota qui il Minotauro, sia sinonimo di 'matta bestialitade': possibile, ma non così pacifico come qualcuno pretende)... Devi sapere", stava dicendo Virgilio, "che l'altra volta ch'io discesi quaggiù nel basso inferno, questa roccia non era ancora franata".

La magica convocazione di Eritón cruda – se ricordi il IX canto –, immediatamente successiva alla morte del poeta latino, risalirà infatti al 19 a.C.; mentre la scossa che ha fatto tremare la profonda e oscena voragine dell'inferno (*l'alta valle feda*), lesionando quella vecchia roccia, là e altrove (forse anche – se ricordi il V canto – dove siede a giudizio Minosse, padre putativo del Minotauro), è l'effetto del terremoto scatenatosi, se Virgilio ricorda bene, immediatamente prima della discesa nel limbo (*cerchio superno*) di colui che *la gran preda / levò a Dite*: di

Nostro Signore, appunto, che sottrasse a Satana le anime dei Patriarchi in ostaggio, ma che all'inferno non va comunque nominato. A quell'immane scossone, Virgilio confessa di aver pensato che l'universo sentisse amore, *per lo qual è chi creda // più volte il mondo in caòsso converso*: cioè, in conformità con l'antica dottrina secondo la quale, periodicamente, ogni volta che la discordia, che tiene distinti in natura i quattro elementi (acqua fuoco terra e aria), è sopraffatta dall'energia unificante dell'amore, il mondo sarebbe convertito e rifuso nel caos. Dottrina del greco Empedocle, contestata da Aristotele e, più ancora, dalla cosmologia scolastica, che – a quanto Dante leggeva nel commento di Tommaso alla *Metafisica* aristotelica – all'amore affida l'ordine metafisico della creazione e l'ordinamento fisico del creato.

È abbastanza chiara, a questo punto, la funzione didattica che Virgilio annette a questa breve digressione geologico-filosofica, svolta proprio sull'ingresso del penitenziario anulare che reclude in eterno i Violenti: quanti, insomma, hanno improntato l'esistenza all'esercizio dell'odio. Il suo lessico è lapidario e sostenuto (*l'alta valle feda*), sostenutissima la sintassi (*per lo qual è chi creda // più volte il mondo...*): l'uno e l'altra latineggianti forte. Ma se tu presti un attimo attenzione all'espressione conclusiva ('*in caòsso converso*'), avvertirai la straordinaria discontinuità del registro stilistico: qui un concetto filosofico è reso abbinando un latinismo tecnico ('*converso*' per 'trasposto', 'tradotto', 'mutato') con un termine tecnicamente altrettanto esatto ma alterato secondo l'uso vernacolo toscano di completare parole che finiscono in consonante raddoppiando la consonante finale e apponendole una vocale ('e' si va al barre!'...). Sublime, la missione divulgativa che Dante persegue elaborando l'inaudita lingua della sua *Commedia*; sublime e anche commovente: consentire alla voce, alla calata stessa degli osti e dei tintori di pronunciare la metafisica!

Esaurita la breve digressione geologico-filosofica, l'antico poeta esorta il pellegrino a ficcare gli occhi a valle: infatti, *s'approccia la riviera* (doppio francesismo: 's'approche la rivière': ma Dante in *Commedia* è l'opposto di un purista...), si avvicina insomma il fiume di sangue, dove si lessano quanti abbiano recato danno ad altri con la violenza: *qual che per vïolenza in altrui noccia*... Rinvio da dispositivo di sentenza al codice celeste che Virgilio ha esposto dettagliatamente nel canto passato.

Prorompe il poeta fiorentino: «*Oh cieca cupidigia e ira folle*, che tanto ci incalzate e sobillate nella vita breve, e nell'eterna *poi sì mal c'immolle*: ci tenete a mollo così miserevolmente!» (altro soprassalto stilistico!).

La *cieca cupidigia* – come vedremo – sarà il grado insaziabile dell'avidità, che conduce i cittadini alla rapina, i tiranni al sopruso sistematico; l'*ira folle*, il delirio che sobilla l'essere umano a organizzare e consumare l'omicidio. Nell'emozione morale che la violenza incute al poeta, le coppie antitetiche uomo-bestia, ragione-follia, volontà-istinto, che la casistica dei teologi ordinava secondo rigorose concordanze verticali (uomo-ragione-volontà da una parte, dall'altra bestia-follia-istinto), si combinano e accavallano e mescolano ininterrottamente.

Attento, amico: questi Violenti non sono omogenei agli Iracondi che, a intermittenze, cambiano specie e vanno letteralmente in bestia. L'oculatissima e cronica demenza che ingiunge alla bestia annidata in un uomo di uccidere un altro uomo è obbrobriosamente umana: questo Dante pensa. Anche una troppo lunga insonnia della ragione può generare mostri.

D'indole – parrebbe proprio – irosa e vendicativa, ma del tutto refrattario all'ordine della violenza, Dante contempla con tranquillo orrore l'ampia fiumana rossa annunciata dal maestro abbracciare inanellandosi l'intero pianoro del girone. Non ha paura, perché, per una volta, non ha paura di sé. Non apre bocca. Guarda, con puntiglioso stupore. Anche il puzzo cadaverico del sangue sembra ridursi a percezione ottica. Ed ecco che, tra fiume e costone roccioso, il pellegrino vede centauri che galoppano in drappello (*in traccia*), come solevano nel mondo quando andavano a cacciare.

Notati i poeti – Dante in ispecie – calarsi sui detriti della ruina, i centauri si arrestano di colpo: effettivamente per questi miliziani quadrupedi lo spettacolo di un tizio che barcolla giù per il pendio, vestito, non è di tutti i giorni. E tre si staccano dallo squadrone, con archi e *asticciuole prima elette* (e frecce, insomma, selezionate all'uopo).

Da lontano uno grida: "Si può sapere a che razza di girone siete diretti? Parlate di lì dove siete (*ditel costinci*), *se non, l'arco tiro*". Oggi, di pattuglia, si abbrevia: 'Fermi, o sparo!'.

"Risponderemo a Chirone, e da vicino", risponde Virgilio senza batter ciglio: "*Mal fu la voglia tua sempre sì tosta*... (come dire: disgraziatamente, sei sempre stato troppo impulsivo, tu!)". Poi dà di gomito a Dante, e gli mormora: "Quello lì è Nesso, sai?, quello che morì per la bella Deianìra, e si vendicò da sé della propria morte. Invece, quello al centro, che riflette con gli occhi bassi (*ch'al petto si mira*), è il grande Chirone, *il qual nodrì Achille*, che insomma gli fece da precettore, per non dir da balia asciutta. Il terzo è Folo, il più facinoroso. Sono a migliaia di ronda intorno al fossato, con la consegna di saettare qualsiasi anima dannata si cavi fuori dal fiume di sangue più di quanto prescritto per il delitto che ha commesso (*più che sua colpa sortille*)".

I due si accostano a quelle *fiere isnelle* (come nel medio-tedesco 'snell' e nel tedesco 'schnell', 'snello' nel Due-Trecento valeva 'rapido' più che 'sottile'): si accostano insomma a quei bestioni da corsa, e Chirone estrae una freccia dal turcasso.

La estrae... e col pennaggio della cocca si pettina la barba all'indietro in due bande, per domandare ai commilitoni, senza mangiar peli, se anche loro hanno fatto caso che uno dei due, quello di dietro, muove i sassi su cui poggia i piedi. Fosse vivo...

Il buon duca, che ormai gli è arrivato sotto (*che già li er' al petto*) con la testa all'altezza della giuntura fra cavallo e uomo (*dove le due nature son consorti*), gli risponde lui: "Sì, effettivamente è vivo, e io son tenuto a guidarlo solo solo in questa valle buia, non per diporto ma per forza maggiore (*necessità 'l ci 'nduce*, varrà, per l'esattezza: ci obbliga a farlo la conformità al volere divino)". E socievolmente scende in dettagli: "Qualcuno ha lasciato il suo coro celeste per affidarmi questa singolare mansione: a farla breve, lui non è un rapinatore, e io non sono l'anima d'un ladro ('fuio', dal latino volgare 'fu[r]iu[m]', vale 'ladresco'). Anzi, in nome dell'autorità che mi ha commissionato questo viaggio durissimo, fa' il piacere di assegnarci uno dei tuoi, che ci faccia strada (*a cui noi siamo a provo*: latino 'ad prope', 'appresso': insomma: 'a cui possiamo andare appresso'), e che al guado si porti in groppa questo qui: vedi bene che non vola come uno spirito... *ché non è spirto che per l'aere vada*" (ragionevolezza della Ragione!)...

Chirone si volge *in su la destra poppa* (per non dire 'in direzione del proprio emitorace destro', semplificheremmo 'verso destra', non senza aver notato come il vasto torace di Chirone sia decisamente il perno del racconto)... dunque, si gira sulla destra, il pettoruto generale dei centauri, e ordina a Nesso di invertire la marcia, accompagnare i due secondo le esigenze manifestate, e impedire che altri reparti in cui dovessero imbattersi li molestino (*e fa cansar s'altra schiera v'intoppa*).

Detto fatto, i poeti si avviano con la fidata scorta del centauro lungo la proda del bollore vermiglio, dove i bolliti cacciavano alte strida.

Tutti sanno come è fatto un centauro: il simbolo zodiacale del Sagittario, lo conosce anche chi non abbia presente il frontone occidentale del tempio di Zeus a Olimpia. E lo conosceva Dante, che centauri comunque aveva visto nei pavimenti a mosaico del suo bel San Giovanni e di San Miniato al Monte.

Su Chirone, il capo – è proprio lui, assunto da Giove fra le costellazioni, a prestare la silhouette al tassello dell'oroscopo –, si diffonde Stazio nell'*Achilleide*, facendone un archetipo di autorevolezza e sollecitudine pedagogica, con particolari competenze musicali ed erboristiche (sembra abbia allevato anche Ercole ed Esculapio).

Molto meno raccomandabile, Folo: ricordato da Ovidio, Lucano, Stazio, nonché da Virgilio e dai suoi chiosatori, ma sempre di passata, questo Folo si segnala come sobillatore avvinazzato e lubrico della memorabile rissa in cui degenerò il banchetto nuziale di Pirìtoo e Ippodamìa: la feccia dei centauri, a farla breve.

Nesso, come notissimo, deve la sua fama ad una camicia: la indossava – racconta Ovidio – la volta che traghettò sulla groppa traverso un fiume dell'Etolia Deianira, la donna di Ercole; se ne innamorò repentinamente; le mise le mani addosso; tentò di rapirla. L'eroe lo saettò a distanza con una freccia attossicata, che lo trapassò intridendogli la camicia d'una letale miscela di sangue e veleno. Agonizzante, il centauro si sfila la camicia zuppa e la regala a Deianira, magnificandone le virtù afrodisiache: se avesse convinto il suo Ercole a indossarla, talmente quel colossale donnaiolo la avrebbe concupita, da non concupire più altra donna che lei. A suo tempo, Deianira, gelosa e non a torto di Iole, eseguirà la disposizione testamentaria del centauro; ed Ercole, indossato il capo, morrà atrocemente ustionato. Così Nesso, appunto, *fé di sé la vendetta elli stesso* (ed in certo qual modo fece bene).

È verosimile che questi arcieri incorporati al proprio cavallo evocassero a Dante l'immagine dei mercenari «ùngheri, inglesi, guascóni, tedeschi» – come suggerisce il chiosatore – (ma, perché no?, italiani), che a quei tempi correvano la penisola saccheggiando, incendiando, stuprando, ammazzando. Resta il fatto che il pellegrino ne annota movimenti, positure e parole con una insolita euforia percettiva, senz'ombra di ribrezzo; e che il prudentissimo maestro sembra far completo affidamento sulla loro ragionevolezza e sul loro senso del dovere. Non c'è dubbio: nel losco e sgangherato esercito di Satana questi centauri snelli, per disciplina, efficienza e correttezza non hanno eguali.

Procediamo col nostro drappellino alla rassegna dei dannati.

Immersi nel sangue bollente fino alle sopracciglia, ecco coloro che hanno indetto e perpetrato massacri sistematici e meticolose rapine: i *tiranni*: epiteto, insieme, spregiativo e istituzionale, come vedremo meglio fra quindici canti.

La storia antica seleziona un *Alessandro* e un *Dïonisio fèro*. Quest'ultimo sarà senz'altro Dionigi il Vecchio, tiranno di Siracusa, che per quarant'anni quasi (405-367 a.C.) infierì con ferocia proverbiale sull'intera Sicilia. Il primo risulterebbe Alessandro di Fere, despota in Tessaglia attorno al 360 a.C., per le sue beffarde efferatezze abbinato canonicamente a Dionigi; l'ipotesi alternativa che si tratti di Alessandro Magno – deprecato da Lucano per la sua procellosa pazzia, e da Paolo Orosio per l'inesauribile sete di sangue fresco – parrebbe indebolita dalla fama della sua magnanimità e munificenza, che presidia la cultura del Medioevo, e Dante stesso testimonia nel *Convivio*.

Se la storia antica seleziona quei due, la storia del Duecento fornisce al canone dei Tiranni un *Azzolino*, cioè Ezzelino III da Romano, signore ghibellinissimo della Marca Trevigiana, morto in cattività nel 1259; a lui la pubblicistica guelfa aggiudicava, fra le più assortite nefandezze, l'accecamento di bambini, il rogo di undici o dodicimila cittadini di Padova, e incontrollate manifestazioni di esultanza la volta che sua madre, Adelaide di Mangona, gli confidò che lui era figlio di Satana (di lui riparleremo in paradiso con sua sorella Cùnizza)... *Azzolino*... e *Òpizzo da Esti*, cioè Òbizzo II d'Este, marchese di Ferrara, guelfissimo e filoangioino di ferro; di lui favoleggiavano cronache ghibelline che, vergognandosi di sua madre ex-lavandaia, la avesse fatta affogare nell'Adriatico; che avesse stuprato tutte le donne di Ferrara, incluse le proprie sorelle; e che fosse stato a suo tempo (1293) soffocato dal figlio Azzo VIII: notizia che il poeta ci tiene ad accreditare in odio a entrambi (e il termine '*figliastro*', con cui designa il parricida, varrà 'figlio bastardo'). Di Ezzelino non affiorano alla superficie del sangue fumante altro che i capelli neri; di Òbizzo, altro che i capelli biondi.

Ascoltato il breve catalogo dei tiranni, il buon maestro – caso più unico che raro! – affida espressamente la supplenza all'armigero dell'abisso ("*Questi ti sia or primo, e io secondo*", dice al discepolo, come dire: 'Ora da' retta a lui, che la sa più lunga di me'). E il centauro, giunti i tre all'altezza degli Omicidi, che sbucano da quel liquido in ebollizione (*bulicame*) con tutta la testa, addita un'anima isolata dal singolare orrore del suo delitto, designandola con una perifrasi molto rappresa, come '*colui che fesse in grembo a Dio / lo cor che 'n su Tamisi ancor si còla*'.

Si tratta di Guido, rampollo della gran casata anglofrancese dei Montfort. Suo padre, Simone conte di Leicester, era caduto combattendo a Evesham contro Edoardo Plantagenèto, futuro re d'Inghilterra; e il suo cadavere era stato sconciamente mutilato. Sottrattosi per puro caso all'eccidio e messosi a disposizione di Carlo I d'Angiò, di lì a poco Guido assomma brillantemente le cariche di vicario reale in Toscana e di podestà di Firenze (nella sua calcolata ferocia, si compiace fra l'altro di far giustiziare due figli di Farinata). Ma nel marzo del 1272, trovandosi in missione a Viterbo il mite Enrico di Cornovaglia, cugino dell'odiatissimo Edoardo, Guido irrompe con la spada in pugno nella chiesa di San Silvestro dove il principe prende messa con Filippo III di Francia e Carlo d'Angiò e, sotto il naso di quelli, lo scanna durante l'elevazione, e mozza le dita con cui il pover'uomo tenta di aggrapparsi alla tovaglia dell'altar maggiore. Così, nella riprovazione generale, Guido di Montfort appanna, senza peraltro comprometterla del tutto, la sua bella carriera politica (morrà angioino vent'anni dopo, durante la guerra del Vespro), e si candida alla dannazione eterna. Il cuore del principe assassinato sarà per lungo tempo esposto alla venerazione dei connazionali ('*si còla*' è latinismo per 'si venera') in un vaso d'oro, collocato «su una colonna in capo del ponte di Londra sopra 'l fiume di Tamisi», secondo quanto détta Giovanni Villani, o, più verosimilmente, all'interno dell'Abbazia di Westminster.

Oltrepassato il settore degli Assassini, scema per gradi la profondità del fiume a misura che si attenua l'infamia dei delitti, e dall'omicidio si trascorre al saccheggio, alla demolizione o all'incendio di stabili (abbiamo già potuto apprezzare come e quanto pratiche del genere si integrassero alla vita politica del tempo). Cominciano ad affiorare con tutta la cassa toracica (*tutto 'l casso*) dal sangue bollente anime di «guastatori», e il poeta ci fa sapere di averne riconosciuti moltissimi da sé.

Al guado, il bulicame non è più alto di tre dita, e i dannati (che ormai saranno rapinatori semplici, o «predon») vi intingono giusto i piedi.

Il centauro, cui Dante è evidentemente montato in groppa, col consueto scrupolo didascalico lo prega di credere che, di là dal cordone di bassifondi su cui stanno transitando, il fiume torna gradualmente a sprofondare, fino a ricongiungersi, agli antipodi dell'anello, col bacino in cui i Tiranni scontano i loro delitti, immersi sino alla radice dei capelli.

"Di qua", spiega, senza però precisare i diversi livelli d'immersione di questi predatori sanguinari, "la divina giustizia tortura *quell'Attila che fu flagello in terra*, oltre a Pirro e a Sesto; e, sprigionandole col bollore, spreme in eterno lacrime tanto a Rinieri da Corneto quanto a Rinieri Pazzo, grassatori da strada maestra".

Su Attila, re degli Unni, non dovrebbero esserci problemi; salvo che Dante – come vedremo meglio al canto prossimo – gli imputa anche la distruzione di Firenze, operata semmai da Tòtila, re degli Ostrogoti, entrambi, peraltro, contrassegnati dal titolo di 'flagello di Dio'. Sesto è certo il figlio pirata di Pompeo, di cui molto si canta nel VI della *Farsaglia*.

Pirro è, verosimilmente, il ferocissimo figlio d'Achille che imperversa nel II dell'*Eneide*, e scanna il vecchio re Priamo sotto gli occhi della vecchia regina; ma forse, invece, è il «valentissimo e violentissimo» re dell'Epiro, nemico irriducibile di Roma e, stando a Cicerone, pronipote del primo. Fra gli argomenti che militano a favore del primo (il teppista tèssalo: il quale, in effetti, farebbe con Sesto una bella coppia di figli degeneri), buono è il rilievo che, nel passo cruciale della *Monarchia* che ricordavamo all'altezza del VII canto, Dante loderà il secondo (il sovrano epirota) per il suo «zelo di giustizia» e la sua remissività ai disegni provvidenziali della Fortuna.

Buono, il rilievo, ma non decisivo. Infatti l'inferno è pieno di personaggi che Dante elogia nelle sue opere, per così dire, minori: spesso nel disegno profetico e scritturale della *Commedia* l'esperienza etica e teoretica depositata nel *Convivio*, nel *De Vulgari*, ma anche nella *Monarchia*, combacia meglio con le perplessità del personaggio-pellegrino, che non con la fede vendicatrice del personaggio-poeta.

Dei due briganti da strada maestra, contemporanei di Dante, che chiudono il lotto, narrano le cronache come il primo, Rinieri da Corneto (oggi, Tarquinia), taglieggiasse Maremma e Agro romano; il secondo, Rinieri dei Pazzi di Valdarno, briganteggiasse a spada tratta dalle porte di Firenze a quelle di

Arezzo. Attività che d'altronde condivise per qualche tempo – se ricordi – col magnanimo Farinata, e che all'epoca – ripeto – non figurava incompatibile con la saltuaria assunzione di pubblici uffici.

Compiuto il trasporto e chiusa la presentazione delle anime dannate, Nesso si gira e riattraversa il fiume, guazzando nel sangue basso (*e ripassossi 'l guazzo*: dal latino '[a]quatium', 'acquazzone' e 'pozza da acquazzone'). Smagliante per nitidezza di contorni, questo bestione «esperto in guadi» («scitus vadorum», lo dice Ovidio) si congeda con l'immagine dei suoi posteriori equini.

Forse Dante, che ha combattuto in sella nella giornata di Campaldino (ne riparleremo), nei centauri ci sta raccontando, più che la spietata disciplina del cavaliere, l'instancabile lealtà del cavallo. E se il povero Minotauro – come da più parti si sostiene – significa la Matta Bestialità, i centauri parrebbero proprio significare la Saggezza delle Bestie.

Era lo loco ov'a scender la riva
venimmo, alpestro e, per quel che v'er'anco,
tal, ch'ogne vista ne sarebbe schiva.
Qual è quella ruina che nel fianco
di qua da Trento l'Adice percosse,
o per tremoto o per sostegno manco,
che da cima del monte, onde si mosse,
al piano è sì la roccia discoscesa,
ch'alcuna via darebbe a chi sù fosse:
cotal di quel burrato era la scesa;
e 'n su la punta de la rotta lacca
l'infamïa di Creti era distesa
che fu concetta ne la falsa vacca;
e quando vide noi, se stesso morse,
sì come quei cui l'ira dentro fiacca.
Lo savio mio inver' lui gridò: "Forse
tu credi che qui sia 'l duca d'Atene,
che sù nel mondo la morte ti porse?
Pàrtiti, bestia, ché questi non vene
ammaestrato da la tua sorella,
ma vassi per veder le vostre pene".
Qual è quel toro che si slaccia in quella
c'ha ricevuto già 'l colpo mortale,
che gir non sa, ma qua e là saltella,
vid'io lo Minotauro far cotale;
e quello accorto gridò: "Corri al varco:
mentre ch'e' 'nfuria, è buon che tu ti cale".
Così prendemmo via giù per lo scarco
di quelle pietre, che spesso moviensi
sotto i miei piedi per lo novo carco.
Io gìa pensando, e quei disse: "Tu pensi
forse a questa ruina, ch'è guardata
da quell'ira bestial ch'i' ora spensi.

Or vo' che sappi che l'altra fïata
ch'i' discesi qua giù nel basso inferno,
questa roccia non era ancor cascata.
Ma certo poco pria, se ben discerno,
che venisse colui che la gran preda
levò a Dite del cerchio superno,
da tutte parti l'alta valle feda
tremò sì, ch'i' pensai che l'universo
sentisse amor, per lo qual è chi creda
più volte il mondo in caòsso converso;
e in quel punto questa vecchia roccia,
qui e altrove, tal fece riverso.
Ma ficca li occhi a valle, ché s'approccia
la riviera del sangue in la qual bolle
qual che per vïolenza in altrui noccia".
Oh cieca cupidigia e ira folle,
che sì ci sproni ne la vita corta,
e ne l'etterna poi sì mal c'immolle!
Io vidi un'ampia fossa in arco torta,
come quella che tutto 'l piano abbraccia,
secondo ch'avea detto la mia scorta;
e tra 'l piè de la ripa ed essa, in traccia
corrien centauri, armati di saette,
come solien nel mondo andare a caccia.
Veggendoci calar, ciascun ristette,
e de la schiera tre si dipartiro
con archi e asticciuole prima elette;
e l'un gridò da lungi: "A qual martiro
venite voi che scendete la costa?
Ditel costinci: se non, l'arco tiro".
Lo mio maestro disse: "La risposta
farem noi a Chirón costà di presso:
mal fu la voglia tua sempre sì tosta".

Poi mi tentò, e disse: “Quelli è Nesso,
che morì per la bella Deianira,
e fé di sé la vendetta elli stesso.

E quel di mezzo, ch’al petto si mira,
è il gran Chirón, il qual nodrì Achille;
quell’altro è Folo, che fu sì pien d’ira.

Dintorno al fosso vanno a mille a mille,
saettando qual anima si svelle
del sangue più che sua colpa sortille”.

Noi ci appressammo a quelle fiere isnelle:
Chirón prese uno strale, e con la cocca
fece la barba in dietro a le mascelle.

Quando s’ebbe scoperta la gran bocca,
disse a’ compagni: “Siete voi accorti
che quel di retro move ciò ch’el tocca?

Così non soglion far li piè d’i morti”.
E ’l mio buon duca, che già li er’al petto,
dove le due nature son consorti,

rispuose: “Ben è vivo, e sì soletto
mostrar li mi convien la valle buia;
necessità ’l ci ’nduce, e non diletto.

Tal si partì da cantare alleluia
che mi commise quest’officio novo:
non è ladron, né io anima fuia.

Ma per quella virtù per cu’ io movo
li passi miei per sì selvaggia strada,
danne un de’ tuoi, a cui noi siamo a provo,

e che ne mostri là dove si guada,
e che porti costui in su la groppa,
ché non è spirto che per l’aere vada”.

Chirón si volse in su la destra poppa,
e disse a Nesso: “Torna, e sì li guida,
e fa cansar s’altra schiera v’intoppa”.

Or ci movemmo con la scorta fida
lungo la proda del bollor vermiglio,
dove i bolliti facieno alte strida.

Io vidi gente sotto infino al ciglio;
e 'l gran centauro disse: "E' son tiranni
che dier nel sangue e ne l'aver di piglio.

Quivi si piangon li spietati danni:
quivi è Alessandro, e Dïonisio fero
che fé Cicilia aver dolorosi anni.

E quella fronte c'ha 'l pel così nero,
è Azzolino; e quell'altro ch'è biondo,
è Òpizzo da Esti, il qual per vero

fu spento dal figliastro sù nel mondo".
Allor mi volsi al poeta, e quei disse:
"Questi ti sia or primo, e io secondo".

Poco più oltre il centauro s'affisse
sovr'una gente che 'nfino a la gola
parea che di quel bulicame uscisse.

Mostrocci un'ombra da l'un canto sola,
dicendo: "Colui fesse in grembo a Dio
lo cor che 'n su Tamisi ancor si còla".

Poi vidi gente che di fuor del rio
tenean la testa e ancor tutto 'l casso;
e di costoro assai riconobb'io.

Così a più a più si facea basso
quel sangue, sì che cocea pur li piedi;
e quindi fu del fosso il nostro passo.

"Sì come tu da questa parte vedi
lo bulicame che sempre si scema",
disse 'l centauro, "voglio che tu credi

che da quest'altra a più a più giù prema
lo fondo suo, infin ch'el si raggiunge
ove la tirannia convien che gema.

La divina giustizia di qua punge
quell'Attila che fu flagello in terra,
e Pirro e Sesto; e in etterno munge
le lagrime, che col bollor diserra,
a Rinier da Corneto, a Rinier Pazzo,
che fecero a le strade tanta guerra".
Poi si rivolse e ripassossi 'l guazzo.

XIII

«*Non era ancor di là Nesso arrivato, / quando noi ci mettemmo per un bosco / che da neun sentiero era segnato...*». Addio, centauro! La compattezza rassicurante della tua schiena da decatleta e del tuo treno da cavallo non è ancora dileguata nel rosso degli schizzi e dei vapori, che il pellegrino si ritrova in un inestricabile orrore vegetale.

Inutile, domandarsi che genere di piante popoli il bosco: *non* foglie verdi, ma scure e spente; *non* rami dritti e lisci (*schietti*), ma nocchiuti e contorti (*'nvolti*); *non* frutti, ma spunzoni velenosi. *Non* praticano sterpeti così aspri né così folti – insiste il poeta – *quelle fiere selvagge* (di cinghiali si tratta) che rifuggono i terreni coltivati tra Cècina e *Corneto* (oggi, Tarquinia).

Ricordi Rinier da Corneto, il bandito maremmano? Lo abbiamo lasciato al terzultimo verso del canto scorso, e la sua violenza da strada maestra, evocata dal nome del borgo, il suo stesso frignare spudorato coi piedi nel sangue bollente, già si fanno rimpiangere sul limitare di questa macchia impenetrabile, disidratata, incolore.

Che nasconde? Che è? Chi è, qui?

Le immagini che il pellegrino ha negli occhi convocano dall'esperienza del reale riscontri inadeguati, impropri, negativi, testimonianze reticenti. E il poeta, sgranando sui 'non' la laboriosa anafora d'apertura, sa dirci quel che ha visto solo in ordine a quel che non ha visto, sa appena fare il verso allo scricchiolio di quella irrealtà.

Nemmeno le figure delle *brutte Arpie* (*brutte* è 'lerce', 'oscene') riescono a dar corpo alla fragile onnipresenza dell'angoscia. In conformità a quanto si legge nel III dell'*Eneide*, le Arpie son chiamate in causa con le loro credenziali epiche (hanno cacciato dagli isolotti ionici delle Strofadi i profughi troiani, imbrattando di diarrea le loro vivande e pronosticando disgrazie) e con i loro connotati mitologici (ampia apertura d'ali, facce umane, piedi artigliati, ventre grande e pennuto). Però il poeta, nell'informarci che sono annidate nel bosco, non dice quando e se il pellegrino le ha viste, l'impressione che gli hanno fatto con il loro fetore e con la bellezza dei loro visi da vergini… Nel resoconto del viaggio oltremondano le Arpie non hanno propriamente luogo: della loro presenza spettrale non si percepiscono se non lamenti sinistri, illocalizzabili, strani.

Il buon maestro cerca di interporre i sollievi della competenza topografica: "Prima di inoltrarti ulteriormente nel bosco, sappi che sei nel secondo girone – sempre, del cerchio VII –, *e sarai mentre / che* (e che ci resterai, finché) non sarai arrivato ai bordi dell'orribile distesa di sabbia del girone prossimo. Ora apri bene gli occhi, perché vedrai cose tali che, se te le raccontassi, screditerebbero le mie parole (*torrìen fede al mio sermone*)". Come dire, che l'esperienza in cui il pellegrino si sta avventurando eccede la razionalità della comunicazione fra uomini.

E non si è spenta la voce del maestro, che il discepolo avverte d'ogni parte un flebile gridìo lamentoso, senza veder nessuno che lo faccia. Per modo che si arresta tutto smarrito. E il pensiero gli si attorciglia nella testa, e continua ad attorcigliarsi nel ghirigoro del verso (*cred'ïo ch'ei credette ch'io credesse…*), nel quale il poeta si dice, in sostanza, dell'opinione che Virgilio ritenesse che il pellegrino fosse convinto che tutte quelle voci venissero emesse da gente nascosta tra quei tronchi scheggiati (*bronchi*), invisibile. Ma ciò che è passato realmente per la testa del pellegrino non ci è riferito: l'allucinazione non riesce a districarsi dai meandri della propria sintassi.

Certo, il maestro gli ha detto: "Se tu tronchi qualche fraschetta d'una di queste piante, *li pensier ch'hai si faran tutti monchi* (anche le tue fantasie si spezzeranno, resteranno mozze)".

Certo, lui, non sapendo di sé più che quel gesto, sporge titubante una mano, e coglie – non strappa, coglie – un ramicello da un gran pruno.

E il tronco grida.

"Perché mi schianti?" grida. E si abbruna di sangue. E, abbrunato: "*Perché mi scerpi?*" ricomincia a dire: "perché mi estirpi? Non hai nessuno spirito di misericordia? Uomini fummo, ed ora siam fatti sterpi: più pietosa avrebbe dovuto essere la tua mano, se fossimo state anime di serpenti...".

E l'ubiquità irreale dell'angoscia si contrae nel realismo infinitesimo del terrore: come da un tizzo verde che, acceso a un'estremità, dall'altra gèmica umori (*geme*) e cigola *per vento che va via* (per il vapore che libera l'umidità surriscaldata), così dalla scheggiatura dell'albero usciva una voce insanguinata, usciva un sangue vocale: «*usciva insieme / parole e sangue*»: dove la concordanza, peraltro non insolita nell'italiano antico, fra pluralità di soggetti (*parole e sangue*) e verbo al singolare (*usciva*), sanziona l'agghiacciante perfezione d'una coincidenza. E il pellegrino si lascia cadere di mano la cima del rametto, e lì sta, tacitato dallo sgomento.

Il savio Virgilio scioglie il silenzio, autocitandosi: "Se costui", spiega alla pianta lesa additandole Dante, "si fosse potuto fidare di *ciò c'ha veduto pur con la mia rima*, cioè di quel che aveva finora esperito solo leggendo i miei esametri (prima di averlo verificato con i suoi occhi), si sarebbe risparmiato di allungare la mano su di te: senonché, *la cosa incredibile* (diciamo: l'incredibilità assoluta della situazione) mi ha indotto a suggerirgli un gesto di cui sono il primo a rammaricarmi. Ma, a questo punto, perché non gli dici che persona fosti, così che, *'n vece / d'alcun'ammenda* (a titolo, diciamo, di risarcimento parziale), egli abbia di che rinfrancare la tua memoria, sù nel mondo, dove a lui è consentito tornare?".

L'intervento di Virgilio è piuttosto pretestuoso. Vediamo.

I suoi versi che, se Dante avesse preso in parola, si sarebbe risparmiato ecc. ecc., sono quelli – sempre del III dell'*Eneide* – in cui Enea racconta l'approdo dei fuggiaschi troiani sulle coste della Tracia. Per coprire di frasche verdi un altare improvvisato, il pio eroe tenta di svellere i rami d'un mirto. Tre volte tenta, e tre volte le radici gocciolano sangue. Finché un gemito lagrimevole si leva di sotto il tumulo di terra su cui il mirto sta piantato, e lo supplica di risparmiare un uomo sepolto. È la voce di Polidoro, ultimogenito di Priamo, che a sua volta racconta come il re tracio Polimnèstore, suo cognato, lo avesse fatto proditoriamente crivellare di giavellotti; come da quelli fosse germogliato l'arbusto, ecc. ecc.

Ma la sovrapposizione delle due situazioni analoghe tradisce la loro diversità radicale. Il mirto dell'*Eneide*, sempreverde, flessibile e tenace, è la gentile metamorfosi vegetale d'un istrice di giavellotti; e la voce che Polidoro esala dal tumulo per dissuadere il concittadino dal perseverare in un sacrilegio involontario, illustra il prodigio del sangue: non è sangue. La pianta artritica e sempresecca che parla sangue nell'inferno è invece la forma snaturata e definitiva di un'anima snaturata; e, spezzandole un ramo, il pellegrino adempie inconsapevolmente a un obbligo di conoscenza e a un'opera di giustizia.

Ha un bello scusarsi, Virgilio, con l'anima lesionata. Se Dante non avesse còlto quel ramicello, sarebbe rimasto intirizzito in un'angoscia impalpabile, e il transito per il bosco spettrale non avrebbe avuto per lui nessun valore iniziatico. Per dar voce a queste povere piante maledette, non c'è che farle sanguinare. Infatti, che cosa vuole ottenere l'antico poeta con l'elegante ipocrisia del suo intervento? Che la pianta continui a parlare, raccontando la sua storia. Che si scongiuri l'emòstasi. E lo ottiene.

"Talmente mi alletti con le tue parole gentili", gocciola e geme il tronco, "che non posso tacere. Anzi, non vi pesi, se mi lascerò invischiare un po' nel mio discorso. Io sono colui che detenne tutt'e due le chiavi del cuore di Federico (la chiave del sì, la chiave del no), e che, ora serrando ora disserrando, seppe girarle nella toppa con tanta discrezione e delicatezza, da togliere a chiunque altro l'accesso alla sua confidenza (*che dal secreto suo quasi ogn'uom tolsi*)". La clausola delle due chiavi è biblica: ricordiamo come di re David cantasse il profeta Isaia: «Se egli apre, nessuno potrà chiudere; se chiude, nessuno potrà aprire»; e ricordiamo a maggior ragione il *Vangelo secondo Matteo*, dove il Cristo, nel designare Pietro «pietra angolare» della sua Chiesa, gli affida: «le chiavi del regno dei cieli».

"E così ligio sono stato alle mie alte e prestigiose funzioni (*al glorïoso offizio*)", seguita il tronco, "da perdere prima il sonno, poi la vita (*li sonni e ' polsi*, dove 'polsi' varrà 'pulsazioni', 'energia vitale', 'vita'). La meretrice che non ha mai stornato gli occhi spudorati dalle sedi imperiali (*da l'ospizio / di Cesare*), perdizione del genere umano e vizio peculiare delle corti, *infiammò contra me li animi tutti...*": l'invidia, insomma – che, secondo etimologia, è appunto irradiazione funesta dell'occhio maligno ('invideo' è 'guardo male', 'guardo storto') –, sobillò contro di lui i cortigiani, i quali, sobillati, sobillarono l'augusto sovrano, a segno che i lieti onori si convertirono in tristezza e lutto (*infiammò... 'nfiammati... infiammar*: dove l'iterazione è artificio retorico che esprime il contagio di rancore indotto dall'invidia).

Chi è, quest'anima di legno? Non farà il suo nome, ma le prerogative che si accredita e gli eventi cui accennerà di scorcio lo proclamano per Petrus de Vinea, volgarmente Pier della Vigna.

Capuano, di raffinata e molteplice erudizione e di scrittura singolarmente preziosa, per decenni consigliere segreto di Federico II e alto funzionario della sua cancelleria, Piero finì per cumulare le supreme cariche giudiziarie, diplomatiche e amministrative della corte imperiale e del regno di Sicilia. Ma nell'inverno del 1249, sulla sessantina, fu arrestato e tradotto in catene in Toscana; a Pisa, o più verosimilmente a San Miniato al Tedesco, i miliziani dell'imperatore lo accecarono con un ferro arroventato, e lui, furente di dolore e di sdegno, si fracassò la testa picchiandola nel muro della cella.

L'atroce episodio fece epoca, gemmò atroci dettagli e supposizioni banali. Fra le tante che concernono le cause della repentina disgrazia del cancelliere, merita un qualche credito quella che lo vuole imputato come mandante d'un doppio tentativo di avvelenamento dell'imperatore, di concerto con papa Innocenzo IV. E la storiografia più recente ha accertato a suo carico un colloquio sospetto col pontefice a Lione, oltre a rilevantissimi abusi di potere.

Ma l'ipotesi della sua intemerata fedeltà – cui Dante manifestamente si associa –, confortata dalla leggenda della disperazione ferale in cui sarebbe piombato Federico nonappena disposto il suo arresto, prevalse subito nella pubblica immaginazione.

Ora Pier della Vigna ragiona il suicidio con magistrale tortuosità: "*L'animo mio, per disdegnoso gusto, / credendo col morir fuggir disdegno, / ingiusto fece me contra me giusto*"...

Che qui, e in tutto il discorso fin qui tenuto da Piero echeggi il repertorio di artifici retorici che impreziosì la prosa epistolare del cancelliere, è poco ma sicuro. E sarà bene segnalare come, di recente, una studiosa di grande talento abbia reperito nell'epistola latina di tal Nicola della Rocca, amico e piaggiatore del cancelliere, un sistema di metafore e figure che dovrebbe aver fornito al poeta Dante non solo un buon campionario di spunti, ma addirittura la falsariga simbolico-ideologica della degradazione vegetale che tocca in contrapasso alla totalità dei Suicidi. Abbinato a san Pietro nel nome e nel ruolo di «clavigero», Petrus de Vinea, che – stando all'amico Nicola – evocava nel cognome l'emblema scritturale del patto fecondo che vincola l'uomo giusto a Dio (la «vigna» dei Profeti e degli Evangelisti), ecco che ammazzandosi sconfessa i suoi nomi, e, di *giusto* rendendosi *ingiusto*, muta la vigna che il calore divino del sole gonfia di umori in pruno stecchito, e altro ancora.

Reperimento più che apprezzabile (come apprezzabilissima è la constatazione che le donne-dantista, di cui nel passato non c'era praticamente traccia, negli ultimi decenni si sono incredibilmente moltiplicate, attestandosi su livelli spesso eccellenti)... reperimento, dunque, più che apprezzabile. Forse però nell'estrema perizia elocutoria di quest'ultima terzina, come peraltro in tutto il canto che le ruota attorno, oltre a dipanarsi un'esercitazione di mimesi stilistico-allegorica, si addipana – ed è questo che ci emoziona di più – l'inestricabile sofisma morale del suicidio, la sua retorica intimidatoria. In altri termini, si tradisce il carattere altezzoso e subdolamente teatrale di un omicidio, che il colpevole pretende di legittimare nell'atto di compierlo, rinfacciandolo all'iniquità del mondo. Che poi – a giudizio di Dante – l'innocenza di Piero davanti agli uomini non attenua, anzi aggrava la sua colpa davanti a Dio, perché uccidendosi ha ucciso un innocente.

La chiusa del lungo discorso di Piero rimonta di là dal suicidio, ed è semplificata dalla disperazione: sulle recenti e strane radici di quella pianta, cioè sull'anima dell'anima sua degradata, il cancelliere d'un tempo giura ai viandanti che non vede di non aver mai violato la fedeltà dovuta al suo signore, *che fu d'onor sì degno*; e prega chi dei due è destinato a tornare al mondo di riabilitare la sua memoria, ancora prostrata dai colpi che l'invidia le ha inferto. E tace.

Dopo un attimo di pausa, si accende fra i poeti un dialogo concitato e sommesso. Virgilio sussurra a Dante di non lasciare che il silenzio dell'albero si prolunghi: se vuol sapere qualche altra cosa, gliela domandi senza perder tempo: la ferita potrebbe cicatrizzarsi. Dante prega Virgilio di continuare a interrogarlo lui, su argomenti da cui ritiene egli possa trarre profitto (*di quel che credi ch'a me satisfaccia*): egli, Dante, non sarebbe capace, tanta pietà ha piantata nel cuore (*tanta pietà m'accora*... e tieni conto che l'italiano antico non conferisce al verbo 'accorare' la trepidazione traslata che gli assegna il nostro italiano, anzi lo conserva nel suo valore letterale di 'forare il cuore del maiale col punteruolo').

E Virgilio torna subito a rivolgersi a Piero, con tutta la sua consumata cortesia: "*Se l'om ti faccia / liberamente ciò che 'l tuo dir priega*... che, con i consueti 'se' ottativo alla latina e 'om' impersonale alla francese, varrà qualcosa come: la tua preghiera sia esaudita di buon grado, spirito incarcerato, quant'è vero che tu ti compiacerai di spiegarci come l'anima è imprigionata nei nodi di questi arbusti (*in questi nocchi*). E dicci, ove tu lo sappia, se è mai possibile che una delle vostre anime si svincoli e spieghi il volo da queste membra di legno".

Soffia forte, il tronco, per soffrire quanto gli è necessario a parlare, finché quel vento si converte in parole: risponderà brevemente. "Quando l'anima *feroce* si allontana dal corpo, da cui si è strappata da sé, Minosse la spedisce al settimo cerchio ('*foce*' qui varrà 'approdo definitivo'); cade nel bosco a caso, e là dove il caso l'ha balestrata, germoglia *come gran di spelta* (come seme d'erbaccia). Spunta in forma di giunco (*vermena*), poi cresce in arbusto selvatico. Le Arpie, nutrendosi delle sue foglie, dolorosamente la potano e, nel contempo, procurano uno sbocco all'espressione di quel dolore (anzi, con la tremenda lapidarietà cui qualsiasi parafrasi fa torto: '*fanno dolore, e al dolor fenestra*'). Come tutte le altre anime", sospira sanguinando Pier della Vigna, "noi torneremo nel giorno del Giudizio a raccogliere le nostre spoglie sulla terra; ma non per rivestircene, poiché non è giusto che si riabbia indietro ciò di cui ci si è deliberatamente privati (*ciò ch'om si toglie*). *Qui le strascineremo, e per la mesta / selva saranno i nostri corpi appesi, / ciascuno al prun de l'ombra sua molesta*".

I due sono ancora intenti all'albero suicida, nella convinzione che voglia dire altro, quando un rumore li sorprende, come il cacciatore che dal suo appostamento (*a la sua posta*) sente avvicinarsi il cinghiale e la muta che lo tallona, e ode insieme l'urlìo dei cani e il fruscio delle frasche.

Il cinghiale sono due dannati. Il bosco si anima: le figurazioni si moltiplicano freneticamente. Il poema incalza con la sua fretta inesauribile. Noi, amico mio, tiriamo un attimo il fiato.

Già l'approssimativo richiamo di Virgilio al suo Polidoro avrebbe reclamato l'integrazione di innumerevoli episodi delle *Metamorfosi* di Ovidio, da cui Dante ha estratto schegge d'immagine e parole: le Elìadi mutate in pioppi, che stillano sangue implorando pietà dalla madre, febbrilmente intenta a spezzare rami per liberarle dall'involucro della corteccia; i sospiri di Pan che, trascorrendo fra i càlami palustri in cui si è cambiata la ninfa Siringa, producono un tenue vento di gemiti; il disperato giuramento di innocenza di Drìope, trasformata in giùggiolo; e adesso, Febo Apollo che bracca Dafne nel bosco con la bramosa celerità d'un «canis gallicus», insomma di un veltro; e poi – vedremo – i cani che dilacerano il bel cacciatore Atteone, il quale, fatto cervo, assiste atterrito e complice al proprio scempio…

Ma tutte le belle favole e immagini pagane, convogliate dalla fede consolatoria degli antichi nella ciclica e perenne rigenerazione del mondo naturale, appaiono in questo bosco rattrappite e sfigurate da una degradazione artritica senza remissione e senza ritorno; mentre quei corpi appesi in eterno al pruno della propria ombra non hanno riscontro nemmeno nel macabro canone cristiano che iscrive Giuda che penzola dal fico e gli impiccati giotteschi della Cappella degli Scrovegni. No: il Medioevo, i Dottori della Chiesa con tutta la loro teodicea, i poveri cristiani con tutta la loro fede, forse non hanno mai intravisto nel futuro senza tempo in cui sperano tremando, tanto abisso di disperazione.

Per i Suicidi, come per tutti i peccatori la cui colpa include l'immaginazione della vita ulteriore (è il caso – se ricordi – di Farinata e degli atei Epicurei), il perfezionamento del contrappasso dopo il giudizio finale umilia quell'immagine, ribaltandola. Nell'ammazzarsi, nel perpetrare l'omicidio esoso che premedita anche l'altro versante della morte, essi si sono figurati di *fuggir dispregio*, lasciando al compianto e al rimorso dei sopravvissuti nient'altro di sé che il cadavere di una vittima. Dante dice che l'eterno dispregio di Dio destina a sopravvivere per sempre nel bosco del settimo cerchio la loro anima spietata, stecchita e degradata a patibolo di quel povero corpo innocente. La scissione, la doppiezza stentorea del gesto suicida durerà nei secoli dei secoli. L'io assassino presenzierà in perpetuo al dondolìo del sé assassinato.

...Dunque, a fare il fracasso di un cinghiale braccato sono le anime di due dannati, e la sistematica del canto XI – sulla quale ci siamo attardati due canti fa – non lascia dubbi sul fatto che di Scialacquatori si tratti: nudi e graffiati, appaiono da sinistra, fuggendo così forte da rompere ogni ostacolo (*ogne rosta*), da strappar via l'intrico del sottobosco.

Quello davanti invoca urlando la morte – che sarà la «seconda morte», più volte invocata (o deprecata?) dai dannati –; quello di dietro sbeffeggia carognescamente la velocità del primo, ma poi, mancandogli il fiato, si tuffa in un cespuglio e ci si aggroviglia. Qui irrompe una muta di nere cagne, bramose e correnti, come veltri liberati dalla catena, le quali si avventano sull'aggrovigliato, lo dilacerano a brano a brano, e scompaiono portandosi via fra i denti brandelli di carne straziata (*poi sen portar quelle membra dolenti*: sulla consistenza anatomica delle anime nell'aldilà di Dante seguita ad aleggiare un confuso mistero).

In un baleno è trascorsa questa «caccia selvaggia»: genere che nella novellistica del tardo Medioevo ha lasciato tante accurate rappresentazioni di orrore ornamentale. E Virgilio conduce Dante per mano al cespuglio che, *per le rotture sanguinenti in vano* (per le cento ferite inutilmente provocate dal secondo fuggiasco), piange sangue e i rimproveri seguenti: "A cosa ti è servito farti schermo di me? Che colpa ho io della tua vita sciagurata?".

Dall'intreccio delle battute veniamo a sapere i nomi dei due scialacquatori. *Lano*, il primo, cui l'altro rinfaccia di non aver avuto gambe altrettanto accorte e rapide quando giostrava dalle parti del Toppo, dovrebbe essere tal Ercolano di Squarcia di Riccolfo dei Maconi, senese, amico – pare – di Cecco Angiolieri, e gran «disfacitore di sua facultade» al gioco, come ci notifica un cronista d'epoca. Nel giugno 1288, con un reparto di concittadini – a dir del cronista – «sufficienti e leggiadri» come lui, cadde in un'imboscata degli Aretini, per l'appunto, in località Pieve al Toppo, sull'imboccatura della Valdichiana. E ci lasciò la buccia.

Il secondo, interpellato dal cespuglio come '*Iacopo da Santo Andrea*' (Sant'Andrea di Codiverno, vicino a Padova), pare all'epoca fosse rinomatissimo per essere riuscito a sperperare in pochi anni l'imponente fortuna di sua madre. Finì con le toppe sul sedere al servizio del marchese d'Este, indi ammazzato – pare – da Ezzelino da Romano. Di lui, a titolo d'esempio, narrano le cronache che, avendo invitato amici a cena, per sollevarli dal fastidio di cercare la strada nella campagna buia, dispose che lungo il percorso dalle porte di Padova alla villa s'incendiassero tutti i casolari.

Non sono prodighi, questi... I Prodighi (se ricordi) aspirano a identificarsi con i simboli dell'opulenza: sono insomma i frenetici consumisti della società affluente, i cui rituali Dante conobbe bene nella sua Fiorenza. Questi, secondo il dettato aristotelico, bramano solo «perdere se stessi, distruggendo le proprie sostanze, dalle quali il vivere dipende»: son coloro il cui vizio Tommaso d'Aquino giudica peggiore della più forsennata rapacità, così come giudica il suicidio colpa più imperdonabile dell'omicidio, proprio perché l'arduo precetto evangelico di amare il prossimo nostro come noi stessi si fonda nell'obbligo primario, immediato, inderogabile di amare noi stessi: di prediligere la misteriosa grandezza che Dio ci ha impresso dentro, imitandosi in ciascuno di noi.

E in quest'ottica morale – che Dante condivide integralmente con Tommaso – gli Scialacquatori costituiscono una sorta di parodia mondana dei loro tragici coinquilini del VII cerchio. Dopotutto, il rito della revolverata nella toilette del casinò (o analogo rito aggiornato alle slot machines) sembra coronare, a sette secoli di distanza, la carriera oculatamente autolesionistica degli eredi di Iacopo e di Lano: insomma, se si potesse dir così, di questi suicidi potenziali e cronici.

Ma se ormai non ci significano troppo nomi e identità dei due fuggiaschi, notevolissimo resta l'anonimato del cespuglio suicida, in cui si è aggrovigliato quel tanghero di Iacopo da Sant'Andrea.

Il maestro gli domanda chi è, chi fu, lui che *per tante punte* soffia *con sangue doloroso sermo*. E lui supplica i viandanti che stanno contemplando il suo strazio indecoroso (*disonesto*) di raccogliere le fronde strappate (*disgiunte*), e ammucchiarle a piè del tristo cespo (o *cesto*) cui s'è ridotto. "Fui", soggiunge, "della città che si è affidata alla tutela di san Giovanni Battista, mutando patrono; onde l'antico non cesserà di contristarla con la sua arte funesta. E se di questo patrono originario non fosse rimasta una qualche traccia sul passo d'Arno, i cittadini che riedificarono la città sulle ceneri che Attila s'era lasciate dietro avrebbero sprecato tempo e fatica (*avrebber fatto lavorare indarno*)".

La circonlocuzione con cui il cespuglio designa Firenze è molto involuta, ma non oziosa.

Alla leggendaria distruzione della città operata da Attila accennavamo in fondo al canto scorso. L'antico patrono è Marte. La '*vista*' che resta di lui in capo a Ponte Vecchio, e che scongiurerebbe la rovina definitiva di Firenze, è una rozza statua equestre di arenaria, della quale al tempo di Dante non restava che un troncone di cavallo e una punta di scudo, e che la catastrofica piena d'Arno del 1333 si porterà via per sempre. Sebbene si trattasse probabilmente del monumento d'un re germanico, non di Marte comunque (quando mai s'è visto, un Marte a cavallo?), generazioni di Fiorentini non ebbero dubbi sul fatto che quella statua smozzicata fosse proprio lui, il dio soldato, padre fondatore della città; e le attribuivano un inestimabile valore apotropaico. E se Marte, scolpito in capo al ponte, vien qui evocato come patrono dell'antica Firenze, leggendaria, sobria e guerriera, è molto probabile che il buon Battista, impresso sul rovescio del fiorino d'oro, sia chiamato in causa a questo punto nella sua qualità di tutore della Firenze contemporanea, mercantile, viziosa e imbelle.

E, in certo senso, suicida.

Il Boccaccio spiega l'anonimato dell'anima-cespuglio, argomentando che «in que' tempi, quasi come una maladizione mandata da Dio alla città nostra, più se ne impiccarono», e che il poeta intendeva lasciare all'esperienza dei singoli lettori fiorentini l'onere e l'arbitrio dell'identificazione. Noi ben sappiamo come nella società opulenta, che presume di assegnare un senso compiuto alla vita in ragione di quote di successo, potere e denaro, lo scacco sociale non abbia compenso, sia un'irrisarcibile perdita di identità; e il suicidio possa assumere le dimensioni d'un rituale compulsivo e collettivo.

Certo, questo suicida recente (la sua condizione di cespuglio denuncia una scarsa potatura) tanto si diffonde sulla sua città, quanto è lapidario nel raccontare il suo destino personale. La sua casa è stata il suo patibolo (*io fei gibetto a me de le mie case*: 'gibetto' è francesismo, da 'gibet'). Insomma – orrido flash escatologico –, lui-anima ha impiccato il suo povero corpo a una trave di casa. A Firenze.

Non era ancor di là Nesso arrivato,
quando noi ci mettemmo per un bosco
che da neun sentiero era segnato.
Non fronda verde, ma di color fosco;
non rami schietti, ma nodosi e 'nvolti;
non pomi v'eran, ma stecchi con tòsco.
Non han sì aspri sterpi né sì folti
quelle fiere selvagge che 'n odio hanno
tra Cecina e Corneto i luoghi cólti.
Quivi le brutte Arpie lor nidi fanno,
che cacciar de le Strofade i Troiani
con tristo annunzio di futuro danno.
Ali hanno late, e colli e visi umani,
piè con artigli, e pennuto 'l gran ventre;
fanno lamenti in su li alberi strani.
E 'l buon maestro "Prima che più entre,
sappi che se' nel secondo girone",
mi cominciò a dire, "e sarai mentre
che tu verrai ne l'orribil sabbione.
Però riguarda ben: sì vederai
cose che torrìen fede al mio sermone".
Io sentia d'ogne parte trarre guai
e non vedea persona che 'l facesse;
per ch'io tutto smarrito m'arrestai.
Cred'io ch'ei credette ch'io credesse
che tante voci uscisser, tra quei bronchi,
da gente che per noi si nascondesse.
Però disse 'l maestro: "Se tu tronchi
qualche fraschetta d'una d'este piante,
li pensier c'hai si faran tutti monchi".
Allor porsi la mano un poco avante,
e colsi un ramicel da un gran pruno;
e 'l tronco suo gridò: "Perché mi schiante?".

Da che fatto fu poi di sangue bruno,
ricominciò a dir: “Perché mi scerpi?
non hai tu spirto di pietade alcuno?
Uomini fummo, e or siam fatti sterpi:
ben dovrebb’esser la tua man più pia,
se state fossimo anime di serpi”.
Come d’un stizzo verde ch’arso sia
da l’un de’ capi, che da l’altro geme
e cigola per vento che va via,
sì de la scheggia rotta usciva insieme
parole e sangue; ond’io lasciai la cima
cadere, e stetti come l’uom che teme.
“S’elli avesse potuto creder prima”,
rispuose ’l savio mio, “anima lesa,
ciò c’ha veduto pur con la mia rima,
non averebbe in te la man distesa;
ma la cosa incredibile mi fece
indurlo ad ovra ch’a me stesso pesa.
Ma dilli chi tu fosti, sì che ’n vece
d’alcun’ammenda tua fama rinfreschi
nel mondo sù, dove tornar li lece”.
E ’l tronco: “Sì col dolce dir m’adeschi,
ch’i’ non posso tacere; e voi non gravi
perch’ïo un poco a ragionar m’inveschi.
Io son colui che tenni ambo le chiavi
del cor di Federigo, e che le volsi,
serrando e diserrando, sì soavi,
che dal secreto suo quasi ogn’uom tolsi;
fede portai al glorïoso offizio,
tanto ch’i’ ne perde’ li sonni e ’ polsi.
La meretrice che mai da l’ospizio
di Cesare non torse li occhi putti,
morte comune e de le corti vizio,

infiammò contra me li animi tutti;
e li 'nfiammati infiammar sì Augusto,
che ' lieti onor tornaro in tristi lutti.
L'animo mio, per disdegnoso gusto,
credendo col morir fuggir disdegno,
ingiusto fece me contra me giusto.
Per le nove radici d'esto legno
vi giuro che già mai non ruppi fede
al mio segnor, che fu d'onor sì degno.
E se di voi alcun nel mondo riede,
conforti la memoria mia, che giace
ancor del colpo che 'nvidia le diede".
Un poco attese, e poi "Da ch'el si tace",
disse 'l poeta a me, "non perder l'ora,
ma parla, e chiedi a lui, se più ti piace".
Ond'ïo a lui: "Domandal tu ancora
di quel che credi ch'a me satisfaccia:
ch'i' non potrei, tanta pietà m'accora".
Perciò ricominciò: "Se l'om ti faccia
liberamente ciò che 'l tuo dir priega,
spirito incarcerato, ancor ti piaccia
di dirne come l'anima si lega
in questi nocchi; e dinne, se tu puoi,
s'alcuna mai di tai membra si spiega".
Allor soffiò il tronco forte, e poi
si convertì quel vento in cotal voce:
"Brievemente sarà risposto a voi.
Quando si parte l'anima feroce
dal corpo ond'ella stessa s'è disvelta,
Minòs la manda a la settima foce.
Cade in la selva, e non l'è parte scelta,
ma là dove fortuna la balestra,
quivi germoglia come gran di spelta.

Surge in vermena e in pianta silvestra:
l'Arpie, pascendo poi de le sue foglie,
fanno dolore, e al dolor fenestra. 102
Come l'altre verrem per nostre spoglie,
ma non però ch'alcuna sen rivesta,
ché non è giusto aver ciò ch'om si toglie. 105
Qui le strascineremo, e per la mesta
selva saranno i nostri corpi appesi,
ciascuno al prun de l'ombra sua molesta". 108
Noi eravamo ancora al tronco attesi
credendo ch'altro ne volesse dire,
quando noi fummo d'un romor sorpresi, 111
similemente a colui che venire
sente 'l porco e la caccia a la sua posta,
ch'ode le bestie, e le frasche stormire. 114
Ed ecco due da la sinistra costa,
nudi e graffiati, fuggendo sì forte,
che de la selva rompieno ogne rosta. 117
Quel dinanzi: "Or accorri, accorri, morte!".
E l'altro, cui pareva tardar troppo,
gridava: "Lano, sì non furo accorte 120
le gambe tue a le giostre dal Toppo!".
E poi che forse li fallìa la lena,
di sé e d'un cespuglio fece un groppo. 123
Di rietro a loro era la selva piena
di nere cagne, bramose e correnti
come veltri ch'uscisser di catena. 126
In quel che s'appiattò miser li denti,
e quel dilaceraro a brano a brano;
poi sen portar quelle membra dolenti. 129
Presemi allor la mia scorta per mano,
e menommi al cespuglio che piangea,
per le rotture sanguinenti in vano. 132

“O Iacopo”, dicea, “da Santo Andrea,
che t’è giovato di me fare schermo?
che colpa ho io de la tua vita rea?”.
Quando ’l maestro fu sovr’esso fermo,
disse: “Chi fosti, che per tante punte
soffi con sangue doloroso sermo?”.
Ed elli a noi: “O anime che giunte
siete a veder lo strazio disonesto
c’ha le mie fronde sì da me disgiunte,
raccoglietele al piè del tristo cesto.
I’ fui de la città che nel Batista
mutò ’l primo padrone; ond’ei per questo
sempre con l’arte sua la farà trista;
e se non fosse che ’n sul passo d’Arno
rimane ancor di lui alcuna vista,
que’ cittadin che poi la rifondarno
sovra ’l cener che d’Attila rimase,
avrebber fatto lavorare indarno.
Io fei gibetto a me de le mie case”.

XIV

«O anime, che giunte / siete a veder lo strazio disonesto / c'ha le mie fronde sì da me disgiunte, / raccoglìetele al piè del tristo cesto...»: così – se ricordi – l'anima fatta cespuglio dell'anonimo suicida fiorentino supplicava i due viandanti dell'aldilà sul finire del canto scorso; all'attacco di questo, il poeta confessa che a quelle parole la *carità del natio loco* ha stretto il cuore del pellegrino, che adesso si china a radunare rametti spezzati e sparpagliati, per restituirli al cespuglio che non ha più forza di parlare.

Sappiamo bene che Dante ha scritto questi versi e tutto il libro che li contiene in esilio; e abbiamo elementi a sufficienza per valutare singolarmente iniquo il dispositivo dei bandi che lo estromisero in perpetuo dalla sua città. Più che legittimo, quindi, che a dispetto del suo carattere intrattabile e del suo integralismo presunto, noi posteri coltiviamo per l'Alighieri fuoruscito la più deferente compassione. Ma è altrettanto legittimo estendere sentimenti di questa languida natura al poeta che détta il poema sacro?

Nella *Commedia* – sarà bene ricordarlo – il personaggio-di-chi-scrive non figura aver patito l'esilio: salvo un trasalimento fra le stelle, l'esilio appare, nella *Commedia*, solo in proiezione profetica, e si profila come la prova più aspra e significativa che la grazia riserverà al pellegrino-poeta su questa terra, l'estrema comprova della sua vocazione alla salute eterna. Pensare che Dante si compianga per il privilegio tormentoso ed esemplare cui lo ha designato la provvidenza, vale più o meno quanto immaginare san Francesco che si lagna per le difficoltà economiche o per il bruciore delle stimmate.

Certo, nei primi anni d'esilio, Dante ha provato le ombrosità dell'orgoglio e le vampe del rancore contro la fazione che lo aveva cacciato da Firenze, e contro la sconsiderata acquiescenza di tutti i suoi concittadini. Ma rancore e orgoglio, che a tratti, e per così dire preventivamente, divampano anche nel cuore del personaggio-pellegrino, non forniscono al poeta che sarà materia di autoindulgenza, anzi – ne abbiamo rintracciato indizi sull'orlo del VII canto, presto ne avremo ben altre prove – sono argomento lancinante di contrizione e d'espiazione.

Vediamo: *al fine ove si parte / lo secondo giron dal terzo*, cioè sulla linea di demarcazione fra secondo e terzo girone del settimo cerchio, ai due viandanti si para davanti uno spettacolo mai visto (*cose nove*), nel quale la giustizia divina si esibisce in tutta la sua tremenda maestria (*orribil arte*). Per darne conto, il poeta spiega trattarsi d'un immenso anello senza traccia di vegetazione, cinto giro giro, inghirlandato dalla dolorosa selva, come il fosso tristo del sangue bollente inghirlandava quella (implacabile, la struttura concentrica dell'inferno!). Pervenuti sul margine estremo dell'anello, i due si arrestano lì sull'orlo (*a randa a randa* è provenzalismo sulla matrice germanica 'rand', 'bordatura', 'orlo').

La rena arida e spessa dello *spazzo* (della distesa dove vedremo espiare le loro colpe i Violenti contro Dio, natura e arte) richiama l'immagine di *colei / che fu da' piè di Caton già soppressa*: cioè della sabbia del deserto nordafricano che, nel racconto del IX libro della *Farsaglia*, viene calpestata (il latino 'supprimo' vale 'premo in giù', 'calco') dagli avanzi dell'esercito di Pompeo, guidati da Catone. E molto insiste Lucano sul punto che il vecchio eroe rifiuti per la torrida traversata cavallo e lettiga.

Ma secondo l'irradiazione segreta di riscontri che, qui come altrove, ricrea l'interezza della situazione fantastica del testo latino da cui è stata prelevata, e dell'emozione morale che ha trasmesso a Dante-lettore, quell'immagine sembra evocare il monito di Catone ai commilitoni atterriti sull'orlo della distesa di dune: «Duro è il cammino verso la giustizia, e solo chi ama la patria cadente si avventuri attraverso il deserto di Libia, e tenti l'impervio».

Riflettiamo un attimo: non è il gesto umile e rituale con cui confessa *carità del natio loco*, insomma, amore per la patria cadente, ad affrancare il pellegrino dal «disdegnoso gusto» che, in qualche modo, lo aveva associato a Pier della Vigna, coinvolgendolo – avvocati entrambi della propria innocenza punita – nelle seduzioni della sua tortuosa retorica? Non è proprio quel gesto che lo abilita a districarsi dal bosco dei Suicidi e avventurarsi per l'orribil sabbione, in traccia della inesorabile e indecifrabile giustizia divina?

Gli studiosi definiscono «intertestualità» il complesso sistema delle relazioni che intercorrono fra un testo e – diciamo così – testi afferenti. Fra gli innumerevoli generi di intertestualità riscontrabili nella *Commedia* (dal calco lessicale al travaso di figure, di favole e di modelli concettuali), questo reticolo di irradiazioni segrete, che avevamo già sorpreso – se ricordi – a proposito di «Eritón cruda», e torneremo a sorprendere lungo tutto il poema, è forse il più peculiare e il meno esplorato.

«*O vendetta di Dio* – détta il poeta, a mònito del lettore –, quanto devi esser temuta da chiunque legga su queste pagine ciò che si manifestò agli occhi miei!» (dove la '*vendetta di Dio*' è la sua giustizia inappellabile, che compensa le iniquità del mondo, e garantisce – verrebbe detto – la certezza del diritto divino; d'altronde, 'vendetta', nell'italiano di Dante, vale generalmente 'giustizia compensativa').

Sull'immenso arenile anulare il pellegrino vede ora distinti assembramenti (*molte gregge*) d'anime nude, che piangevan tutte assai miseramente, *e parea posta lor diversa legge* (e che soggiacevano manifestamente a distinte modalità di pena). Alcuni dannati, infatti, giacevano supini, altri sedevano raggomitolati, altri camminavano senza sosta (*e altra andava continüamente*). Quest'ultima categoria, condannata a un'eterna deambulazione, era la più numerosa; la meno numerosa, ma la più ciarliera al dolore, quella *che giacea al tormento*, che insomma pativa sdraiata il castigo eterno. Su tutto quel sabbione piovevano dilatate falde di fuoco, lente nella caduta *come di neve in alpe sanza vento*.

E qui si accampa una similitudine di registro elevato, estratta da un passo di Alberto Magno che parafrasa, confondendole, due differenti situazioni esposte da Alessandro il Macedone al suo maestro Aristotele, in una epistola famosa quanto inattendibile.

Dunque: quali Alessandro vide nelle regioni calde dell'India piovere sul suo esercito fiamme che si posavano a terra senza sfaldarsi (*salde*), per cui dispose che le truppe pesticciassero alacremente il terreno allo scopo di estinguere meglio le falde di fuoco (*lo vapor*), fintanto che erano isolate: *tale scendeva l'etternale ardore*. Per modo che la sabbia si accendeva come legna secca allo scatto dell'acciarino sulla pietra focaia (*sotto focil*), a moltiplicare il tormento dei dannati. E la *tresca* delle misere mani (il ballo frenetico delle mani di quelle anime in pena) non aveva tregua nel tentativo di scuoter via il bruciore della neve di fuoco più recente (*l'arsura fresca*), che fioccava da tutte le parti.

Leggiamo nevicar biblicamente fuoco fitto in un silenzio senza vento, come soavemente nevicava neve nell'endecasillabo di Guido Cavalcanti «e bianca neve scender senza venti», che Dante ricompita stupefatto... Leggiamo le mani dei dannati impegnate in perpetua tarantella, come le incalzasse una balorda euforia di disperazione... Leggiamo il bruciore delle ultimissime falde di fuoco che s'incollano sulla carne delle anime a straziarla, pronunciarsi nel grottesco ossimoro di una '*arsura fresca*'.

Il contrapasso con cui la magistrale vendetta di Dio affligge questa categoria tripartita di Violenti, e che – come constateremo – par proprio privilegiare la sottocategoria dei contro-natura, non è dei più accessibili. Certo, l'inversione delle leggi naturali, manifesta nel paesaggio che ci viene rappresentato, sembra esacerbata dalle figure stilistiche che lo rappresentano. Il contrapasso crepita e si consuma nell'ossimoro.

Ignoriamo perché mai, a questo punto, interpellando il maestro, Dante gli ricordi lo scacco patito ad opera dei diavoli testardi che irruppero incontro a loro due sulle porte della città di Dite, come riferitoci sei canti fa. Può darsi che l'episodio sia tornato in mente al pellegrino per analogia, davanti all'ostentata protervia di un colosso che, sdraiato in terra dispettoso e bieco, senza dar segno di curare quell'aria rovente né di lasciarsi sopraffare dal martirio di quella pioggia, attira tutta la sua attenzione. "*Chi è quel grande?*" domanda costernato.

Accortosi che qualcuno sta chiedendo informazioni sul suo conto, il colosso non si fa pregare, e si produce nel suo numero con arroganza strabiliante e ferocissima ironia: "Vivo o morto, io sono sempre lo stesso. *Se Giove stanchi*, anche se Giove stancasse... insomma: ha voglia Giove a metter sotto il fabbro di famiglia, che gli fornì il fulmine acuminato con cui m'ha colpito l'ultimo dei miei giorni... ha voglia a stremare con turni forzati (*a muta a muta*) quegli altri lì, i Ciclopi, che lavorano nella fonderia fuligginosa di Mongibello (appellativo arabesco e ridondante dell'Etna), piagnucolando: 'Vulcano mio, dàmmi una mano tu!', come ha fatto ai tempi della battaglia di Flegra... ha voglia a folgorarmi con tutta la sua forza: *non ne potrebbe aver vendetta allegra* (la bella soddisfazione di essersi vendicato di me, da me non l'avrà)".

Allora Virgilio urla. Urla così forte, come mai Dante l'aveva sentito urlare: "*O Capaneo*", urla, "il fatto che tu non riesca a sedare questa pazza insolenza aggrava la tua punizione; anzi, nessuna pena corporale varrebbe a castigare compiutamente la tua furia blasfema (*sarebbe al tuo furor dolor compìto*), meglio della rabbia che ti tortura".

Poi, *con miglior labbia* (diciamo pure: con viso più sereno) il maestro si rivolge al discepolo, e gli spiega chi sia quel gigantesco bestemmiatore atterrato: "È uno dei sette re che assediarono (*ch'assiser*) Tebe. Detestò l'autorità divina, e a quanto pare, la detesta ancora, e si ostina a non farne gran conto, a quanto pare. Ma, come gli dicevo, i suoi sfoghi di dispetto *sono al suo petto assai debiti fregi*, lo decorano a dovere (ben gli stanno, diremmo noi)!".

Non che Virgilio aggiunga molto a quel che il re blasfemo aveva già enunciato ed esibito di sé. D'altra parte, il cosiddetto «ciclo tebano», in cui Capaneo giganteggia saltuariamente, è, con l'epopea di Troia, il più rinomato giacimento di miti eroici dell'antica Grecia. Chi non lo conosce? Dante lo aveva assiduamente frequentato negli esametri frondosi di Stazio; modellizzando l'incestuosa storia di Edipo che, senza sapere, ammazza il padre Laio e sposa la madre Giocasta, il Dr Freud finirà per introdurlo anche nei nostri schemi psicologici correnti e nella nostra conversazione quotidiana.

Ricapitoliamo a volo: figli e fratellastri di Edipo, nipoti e figli di Giocasta, Etèocle e Polinice, una volta conclusosi nel più catastrofico dei modi il regno paterno, patteggiano di regnare sulla città alternativamente, un anno a testa. Polinice sta ai patti, Etèocle no: spirato il suo turno, non vuol saperne di lasciare il trono. Polinice si presenta sotto le mura di Tebe in assetto di guerra assieme ad altri sei re (che, con lui, fanno sette). Nel corso dell'assedio, che si chiuderà con un doppio fratricidio incrociato, si segnala per ferocia e sprezzo della divinità il «magnanimo Capaneo»: rievocando, fra l'altro, l'antichissima guerra di Flegra tra dèi dell'Olimpo e giganti – della quale diremo meglio a suo tempo –, reclama pazze tenzoni con Giove, e irride alla sua folgore; finché, spazientito, il dio lo imbrocca col «fulmine adatto», e lui si fa fosforescente, si liquefà, stramazza fumando.

E, stramazzato sotto un'incessante pioggia di fuoco, Dante lo ritrova all'inferno, prototipo dei Violenti-contro-Dio. «Con la sua ingente ombra – ci fa sapere Stazio – Capaneo atterriva la città assediata»; ora combacia con la sagoma della propria ombra, pugile al tappeto che continua a provocare un avversario che non può più abbatterlo, tappeto che bestemmia.

Sul Capaneo dantesco sono stati scritti scaffali. Ma non sapremo mai con sicurezza se l'epiteto 'quel grande', con cui il pellegrino lo segnala al maestro, conservi un riverbero della magnanimità che Stazio gli accreditava, o sia semplice valutazione volumetrica; né se i quattro '*par*' presenti nelle due coppie di forme verbali '*non* par *che curi – non* par *che 'l marturi' e* 'par *ch'elli abbia / Dio in disdegno – poco* par *che 'l pregi*', designino l'autentico stato d'animo di Capaneo, o denuncino una messinscena. Ma forse, l'atto stesso della bestemmia è, nella sua demenziale autenticità, simulato e vacuo: è un colpaccio scientemente menato a vuoto, una millantata ingiuria.

D'altra parte, tutti gli studiosi convengono sulla centralità di Capaneo nella mappa tipologica dei dannati, e lo associano, non senza sottili distinzioni, chi a Farinata chi a Filippo Argenti, chi a questo chi a quell'altro. Chi addirittura a Francesca da Rimini... in fin dei conti, c'è nell'*Inferno* un terzo dannato che così manifestamente sia punito dalla ripetizione ossessiva e perpetua della sua colpa? vittima più evidente del «contrapasso (d'un supplemento di contrapasso) per analogia»?

Doppiato il corpaccio vociante dell'eroe pagano, Virgilio raccomanda a Dante di andargli dietro, guardandosi bene dall'inoltrarsi nell'arenile arsiccio, e procedendo sempre lungo il margine del bosco; finché, in silenzio, i due non raggiungono il punto dove sbuca dall'intrico delle piante – rosso d'un rosso così raccapricciante, che a ricordarsene, il poeta raccapriccia ancora – un *picciol fiumicello*: un canale, piuttosto, se il suo fondo, le pareti interne (*ambo le pendici*) e gli argini esterni (*e ' margini da lato*) sono di pietra, a simiglianza dei condotti che diramano dalla sorgente d'acqua solforosa bollente detta '*Bulicame*', ad uso igienico e termale delle prostitute acquartierate nei dintorni di Viterbo, come attestano carte d'epoca. Ma se a fruire del servizio idrico, anziché '*peccatrici*', fossero – come sostiene qualcuno – '*pettatrici*', cioè pettinatrici, cardatrici, qui Dante alluderebbe alle piscine per la macerazione della canapa, di cui fanno parola antichi statuti locali. In tutti i casi, vale la pena ricordare che col nome comune 'bulicame' abbiamo sentito designare due canti fa il fiume di sangue da cui questo ruscello scola, e nel quale vedevamo immerso fino al collo – ricordi, no? – Guido di Montfort, assassino, per l'appunto, in Viterbo.

Guadagnato l'argine di pietra, il pellegrino si rende conto che per di là è l'attraversamento del sabbione (*'l passo era lici*). Ma che cos'è questo ruscello incanalato?

Virgilio introduce la spiegazione con eccezionale solennità: "Fra tutto quanto ti ho mostrato da che siamo entrati per la porta dell'inferno, il cui accesso (*lo cui sogliare*) non si nega a nessuno, i tuoi occhi non hanno visto nulla di più notabile di questo ruscello, che sopra il suo corso smorza tutti i fiocchi di fuoco (*tutte fiammelle ammorta*)".

Naturale, che il discepolo supplichi il duca suo di saziare la fame di conoscenza che gli ha messo in corpo. E il duca spiega, anzi, racconta, tessendo il più sontuoso tessuto allegorico dell'*Inferno*. Parafrasiamolo diligentemente.

"In mezzo al mare (Mediterraneo) sta un'isola in rovina (*un paese guasto*), che si chiama Creta: sotto il regno del suo re (Saturno), il mondo conobbe un'epoca di casta letizia. Nell'isola è una montagna – il monte Ida –, un tempo felice d'acque e di piante, ora fatta arida e spoglia dalla vecchiaia (*come cosa vieta*, dal nominativo latino 'vetus': 'vecchio'). Rhea (sposa di Saturno) la scelse come sicuro ricovero (*cuna fida*) per un suo figlio neonato (che il padre minacciava di ingoiare, nel fondato timore che il piccolo avrebbe finito per detronizzarlo); anzi, per nasconderlo meglio, Rhea aveva disposto che, quando lui piangeva, si facesse baccano".

Comandati a *far le grida* erano i Coribanti, chiassosi sacerdoti della dea; il piccolo era Giove, destinato in effetti a impersonare presso gli antichi la suprema autorità celeste, figlio divino e padre divino: nella cultura di Dante, schermo del vero Dio per chi lo adorava, per chi lo bestemmiava sinonimo di Dio.

"In una grotta all'interno di quel monte", seguita Virgilio, "sta ritto un gran veglio (insomma, la statua colossale d'un vecchio), che dà le spalle all'Egitto (*'nver Dammiata*, che è Dumyât o Damietta, porto su una delle bocche del Nilo, e, rispetto a Creta, in posizione diametralmente opposta a Roma)... dà le spalle all'Egitto, e guarda Roma come a specchiarvisi (*come süo speglio*). La sua testa è d'oro fino; le braccia e il torace, d'argento puro; poi, sino alla biforcazione delle gambe (*la forcata*) è di rame; sotto, la statua è tutta di ferro sceltissimo, salvo il piede destro, di terracotta: e su quel piede, più che sull'altro, grava il gran veglio con la sua mole. Una crepa fende tutte le sezioni della statua, eccetto la testa d'oro, e da quella crepa gocciolano lacrime che, convogliate in un unico corso, forano il pavimento roccioso e precipitano di balzo in balzo ('dirocciano') nella cavità dell'inferno (*in questa valle*), formando l'acqua dell'Acheronte, il fango dello Stige e il sangue bollente del Flegetonte; poi s'incanalano in quest'angusta condotta (*doccia*), fino a solidificarsi, sul fondo del cratere (*là dove più non si dismon-*

ta), nello stagno ghiacciato del Cocito: che tu", conclude Virgilio, "avrai modo di vedere; perciò adesso non te ne parlo".

Questa, la gran favola allegorica. Il pellegrino ha bisogno d'un paio di precisazioni topografiche. La prima, d'ordine generale: "Se questo rigagnolo ha origine, come dici, nel nostro mondo, come mai lo vediamo solo ora, *a questo vivagno*, cioè sul bordo di questo cerchio?"(letteralmente 'cimosa', 'orlo di tessuto', 'vivagno' è sinonimo di 'randa' e anche di 'limbo').

Virgilio risponde: "Sai bene che questo luogo è tondo: in altri termini, che l'inferno è un imbuto a sezione circolare. Ora, per quanto, nel corso della discesa, tu abbia già coperto un bell'arco di cerchio ruotando sempre verso sinistra, non hai ancora percorso l'intera circonferenza. Non c'è ragione, dunque, di fare quella faccia allibita (*non de' addur maraviglia al tuo volto*), se ci imbattiamo in qualcosa di nuovo (cioè, in un elemento radiale che ancora non avevamo intersecato)".

Schiarimento impeccabile nell'ordine della geometria solida. Al quale chi cercasse il pelo nell'uovo potrebbe ribattere che in una precedente sezione di quel fiume (radiale) i due, a rigore, si son già imbattuti rasentando, sul pendio fra IV e V cerchio, le onde bige del torrente che scarica nello Stige. Ma il discepolo interpellante non ha ragione di cercar peli, visto che di quel torrente si è dimenticato lui nel porre il quesito, prima che il maestro nel risolverlo.

Così Dante passa al secondo, e più specifico, quesito: "D'accordo, maestro, per Acheronte, Stige e Cocito... Ma *Flegetonta* e *Letè* (famosi fiumi dell'Averno – sottintende il discepolo – dei quali ho letto nell'*Eneide*) dove sono di preciso? Del Lete non fai parola; del Flegetonte sostieni che dirama da questa pioggia di lacrime (ma non dici – sottintende il discepolo – dove diavolo scorra)".

"In genere", risponde il maestro, "mi compiaccio delle tue

domande: senonché, il bollor dell'acqua rossa che avvolge il primo girone di questo cerchio avrebbe dovuto risparmiartene una (*dovea ben solver l'una che tu faci*: proposizione che potremmo sviluppare così: 'anche se non si presentava identico al fragoroso torrente di fuoco che circonda il mio Tartaro, che il fiume di sangue in cui sono immersi i violenti contro il prossimo fosse il Flegetonte, potevi capirlo da te'). Quanto al Lete... quanto al Lete lo vedrai, ma non in questa cavità maledetta: lo vedrai là dove le anime del purgatorio, dopo averle espiate con la penitenza, vanno a dimenticare le loro colpe, lavandosi, appunto, nelle acque del Lete" (*dove la colpa pentuta è rimossa*, dice per l'esattezza Virgilio, che nella sua relativa onniscienza stavolta sembra approvvigionarsi al lessico del Dr Freud... Lo vedremo, insomma, questo *Letè*, nel paradiso terrestre.

E Virgilio stringe i tempi: "È ora di staccarsi dal bosco. Seguimi. Gli argini di pietra ci fanno strada: non sono arroventati, e sopra loro si spegne del tutto lo sfarfallio del fuoco".

Se a Capaneo sono intestati scaffali, il Veglio di Creta può vantare biblioteche. I fiumi dell'inferno, che confluiscono nella presente allegoria idrografica da innumerevoli fonti letterarie e scritturali, si son poi diramati in uno sterminato delta d'inchiostro. Sorvoliamolo in quota.

Dunque, la figura-base del Veglio, Dante la estrae dal *Libro di Daniele*, dove si narra di una grande statua a cinque fasce sovrapposte, che apparve in sogno a Nabucodonosor, re di Babilonia, terrorizzandolo. Nel sogno, infatti, una pietra, scagliatasi da sé, colpisce la statua ai piedi (che sono peraltro impastati entrambi di ferro e di argilla senza amalgama), li frantuma, l'intera statua si sfarina, mentre la pietra si trasforma, a vista, in «una enorme montagna che occupa tutta la terra». Il profeta Daniele indovina il sogno del re babilonese, e lo interpreta come metafora della successione delle grandi dinastie del mondo, destinata a concludersi con l'avvento del regno messianico. Traverso i secoli, l'esegesi ebraica e le cristiane (cattolica ed evangeliche) interpreteranno accanitamente l'interpretazione di Daniele, identificando i diversi materiali della statua con epoche storiche, istituzioni politiche ed ecclesiastiche sempre diverse: insomma, aggiornando via via la profezia, per annettersela.

Dante contamina il racconto biblico con la gran favola pagana delle età dell'uomo, attingendo da Virgilio, dalla VI Satira di Giovenale, e più ancora dalle *Metamorfosi* di Ovidio. D'altronde, questo genere di contaminazione non dovrebbe proprio stupirci, in chiusa d'un canto dove Capaneo, bestemmiando Giove con parole di Stazio, bestemmia il Dio unico dei cristiani. Dante non considera certo i suoi classici sacre scritture in senso proprio: testi, cioè, in cui ogni racconto, figura, parola, cifra, concordanza irradia significato. Ma più ci avventuriamo nella *Commedia*, più ci confermiamo nel sospetto che di quegli antichi versi latini egli abbia praticato, se così si può dire, una «sacra lettura», come le irradiazioni segrete della citazione di Lucano (Catone sulle soglie del deserto di Libia) e di cento altre analoghe sembrano suggerire.

L'idea delle crepe che fendono la statua e, sgrondando un pianto ininterrotto, generano i fiumi dell'inferno, non ha viceversa riscontro né nella Bibbia né nei classici, sebbene la tradizione medievale non difetti certo di statue che piangono. Che in questo particolare idrografico sia il nocciolo della allegoria dantesca sembra chiaro. Meno chiaro, come la crittografia allegorica vada decifrata.

Due parole nel merito. Secondo la generalità dei vecchi commentatori, il Veglio significherebbe la storia del decadimento progressivo dell'umanità dall'originario stato d'innocenza: decadimento di cui testimoniano tanto il racconto biblico del paradiso perduto quanto la favola mitologica dell'età dell'oro. Volgerebbe le spalle a Oriente, culla delle civiltà antiche, per guardare a Roma, centro della Chiesa e della Monarchia universale (ma c'è chi giudiziosamente fa notare come, specchiandosi in Roma, il vecchio corrotto non possa vedervi riflessa se non l'immagine della propria corruzione). Il piede di ferro, su cui la statua carica meno il peso, sarebbe l'autorità dell'imperatore, ormai disattesa; quello di terracotta, l'autorità del papa, fradicia e oberata. Le lacrime significherebbero, più o meno, il dolore dell'umanità peccatrice, che irriga il concavo penitenziario dell'inferno. Il valore etimologico dei nomi dei singoli fiumi – notano i più dotti – ne determinerebbe la sostanza fisica, la funzione repressiva e la valenza simbolica... Ma, a questo punto, non mi attarderei nel dettaglio. Che dici, amico mio?

Per concludere, vorrei semmai segnalarti un'altra interpretazione del Veglio, che è abbastanza recente, ma non manca di referenze medievali: interpretazione che legge l'allegoria sulla falsariga dell'*Etica* aristotelica cristianizzata dai teologi della Sorbonne, e indica nel Veglio la metafora monumentale del deterioramento che il peccato di Adamo provocherebbe nell'anima di ogni singolo essere umano. Così, mentre la testa d'oro significherebbe il libero arbitrio, l'intatta facoltà di scegliere fra bene e male (nell'ordine, beninteso, della verità rivelata), le quattro sezioni o materie sottostanti indicherebbero le facoltà psichiche (intelletto, volontà, appetito irascibile e appetito concupiscibile), avariate e lesionate dall'esercizio del peccato. Delle lacrime si fa notare l'efficacia iniziatica, dato che la loro evaporazione spegne le farfalle di fuoco che planano sul girone, e consente il transito al pellegrino penitente. Insomma, il pianto dell'uomo, che *diroccia* dalle fessure del Gran Veglio per le balze dell'inferno, varrebbe per allegoria il peccato che punisce se stesso in eterno e, insieme, il dolore per il peccato commesso, che è viatico al perdono eterno.

All'esposizione schematica di queste due opposte e agguerritissime interpretazioni – quella, diciamo così, filogenetica, che nel Veglio di Creta legge la storia del genere umano; e quella, diciamo così, ontogenetica, che vi decifra la storia dell'anima d'ogni singolo uomo – si potrà tuttalpiù aggiungere l'inerme ipotesi che esse non siano affatto incompatibili nell'orizzonte culturale di Dante. O, quanto meno, nel ridotto angolo visuale con cui ci stiamo, amica mia, amico mio plurali, studiando di perlustrarlo insieme.

Poi che la carità del natio loco
mi strinse, raunai le fronde sparte
e rende' le a colui, ch'era già fioco.
Indi venimmo al fine ove si parte
lo secondo giron dal terzo, e dove
si vede di giustizia orribil arte.
A ben manifestar le cose nove,
dico che arrivammo ad una landa
che dal suo letto ogne pianta rimove.
La dolorosa selva l'è ghirlanda
intorno, come 'l fosso tristo ad essa;
quivi fermammo i passi a randa a randa.
Lo spazzo era una rena arida e spessa,
non d'altra foggia fatta che colei
che fu da' piè di Caton già soppressa.
O vendetta di Dio, quanto tu dei
esser temuta da ciascun che legge
ciò che fu manifesto a li occhi mei!
D'anime nude vidi molte gregge
che piangean tutte assai miseramente,
e parea posta lor diversa legge.
Supin giacea in terra alcuna gente,
alcuna si sedea tutta raccolta,
e altra andava continüamente.
Quella che giva 'ntorno era più molta,
e quella men che giacea al tormento,
ma più al duolo avea la lingua sciolta.
Sovra tutto 'l sabbion, d'un cader lento,
piovean di foco dilatate falde,
come di neve in alpe sanza vento.
Quali Alessandro in quelle parti calde
d'Indïa vide sopra 'l süo stuolo
fiamme cadere infino a terra salde,

per ch'ei provide a scalpitar lo suolo
con le sue schiere, acciò che lo vapore
mei si stingueva mentre ch'era solo:
tale scendeva l'etternale ardore,
onde la rena s'accendea, com'esca
sotto focile, a doppiar lo dolore.
Sanza riposo mai era la tresca
de le misere mani, or quindi or quinci
escotendo da sé l'arsura fresca.
I' cominciai: "Maestro, tu che vinci
tutte le cose, fuor che ' demòn duri
ch'a l'intrar de la porta incontra uscinci,
chi è quel grande che non par che curi
lo 'ncendio e giace dispettoso e torto,
sì che la pioggia non par che 'l marturi?".
E quel medesmo, che si fu accorto
ch'io domandava il mio duca di lui,
gridò: "Qual io fui vivo, tal son morto.
Se Giove stanchi 'l suo fabbro da cui
crucciato prese la folgore aguta
onde l'ultimo dì percosso fui;
o s'elli stanchi li altri a muta a muta
in Mongibello a la focina negra,
chiamando 'Buon Vulcano, aiuta, aiuta!',
sì com'el fece a la pugna di Flegra,
e me saetti con tutta sua forza:
non ne potrebbe aver vendetta allegra".
Allora il duca mio parlò di forza
tanto, ch'i' non l'avea sì forte udito:
"O Capaneo, in ciò che non s'ammorza
la tua superbia, se' tu più punito:
nullo martiro, fuor che la tua rabbia,
sarebbe al tuo furor dolor compito".

Poi si rivolse a me con miglior labbia,
dicendo: “Quei fu l’un d’i sette regi
ch’assiser Tebe, ed ebbe e par ch’elli abbia
Dio in disdegno, e poco par che ’l pregi;
ma, com’io dissi lui, li suoi dispetti
sono al suo petto assai debiti fregi.
Or mi vien dietro, e guarda che non metti
anco li piedi ne la rena arsiccia,
ma sempre al bosco tien li piedi stretti”.
Tacendo divenimmo là ’ve spiccia
fuor de la selva un picciol fiumicello,
lo cui rossore ancor mi raccapriccia.
Quale del Bulicame esce ruscello
che parton poi tra lor le peccatrici,
tal per la rena giù sen giva quello.
Lo fondo suo e ambo le pendici
fatt’era ’n pietra, e ’ margini da lato;
per ch’io m’accorsi che ’l passo era lici.
“Tra tutto l’altro ch’i’ t’ho dimostrato,
poscia che noi intrammo per la porta
lo cui sogliare a nessuno è negato,
cosa non fu da li tuoi occhi scorta
notabile com’è ’l presente rio,
che sovra sé tutte fiammelle ammorta”.
Queste parole fuor del duca mio;
per ch’io ’l pregai che mi largisse ’l pasto
di cui largito m’avea il disio.
“In mezzo mar siede un paese guasto”,
diss’elli allora, “che s’appella Creta,
sotto ’l cui rege fu già ’l mondo casto.
Una montagna v’è che già fu lieta
d’acqua e di fronde, che si chiamò Ida;
or è diserta come cosa vieta.

Rea la scelse già per cuna fida
del suo figliuolo, e per celarlo meglio,
quando piangea, vi facea far le grida.

Dentro dal monte sta dritto un gran veglio,
che tien volte le spalle inver' Dammiata
e Roma guarda come süo speglio.

La sua testa è di fin oro formata,
e puro argento son le braccia e 'l petto,
poi è di rame infino a la forcata;

da indi in giuso è tutto ferro eletto,
salvo che 'l destro piede è terra cotta;
e sta 'n su quel, più che 'n su l'altro, eretto.

Ciascuna parte, fuor che l'oro, è rotta
d'una fessura che lagrime goccia,
le quali, accolte, fóran quella grotta.

Lor corso in questa valle si diroccia:
fanno Acheronte, Stige e Flegetonta,
poi sen van giù per questa stretta doccia;

infin, là dove più non si dismonta,
fanno Cocito; e qual sia quello stagno
tu lo vedrai, però qui non si conta".

E io a lui: "Se 'l presente rigagno
si diriva così dal nostro mondo,
perché ci appar pur a questo vivagno?".

Ed elli a me: "Tu sai che 'l loco è tondo;
e tutto che tu sie venuto molto,
pur a sinistra, giù calando al fondo,

non se' ancor per tutto 'l cerchio vòlto:
per che, se cosa n'apparisce nova,
non de' addur maraviglia al tuo volto".

E io ancor: "Maestro, ove si trova
Flegetonta e Letè? ché de l'un taci,
e l'altro di' che si fa d'esta piova".

“In tutte tue question certo mi piaci”,
rispuose, “ma ’l bollor de l’acqua rossa
dovea ben solver l’una che tu faci.
Letè vedrai, ma fuor di questa fossa,
là dove vanno l’anime a lavarsi
quando la colpa pentuta è rimossa”.
Poi disse: “Omai è tempo da scostarsi
dal bosco; fa che di retro a me vegne:
li margini fan via, che non son arsi,
e sopra loro ogne vapor si spegne”.

XV

Alla buonora Virgilio e Dante si sono staccati dalla macchia spinosa dei Suicidi, e si avviano alla traversata del terzo girone su uno degli argini di pietra che fiancheggiano il canale rosso-raccapriccio, profittando *del fummo del ruscel* che *di sopra aduggia*, insomma, del vapore che sale dal liquido bollente a ombreggiare ruscello e argini, e a proteggerli dai fuochi cadenti (dove 'aduggiare' varrà 'fare ombra' più che 'affliggere con l'ombra', 'intristire').

Quest'opera di idraulica infernale – chiunque l'abbia progettata, Dio o chi per lui – non dobbiamo figurarcela di dimensioni ciclopiche. Sono infatti più alte e spesse le dighe erette dai Fiamminghi per schermarsi dal mare e farlo retrocedere (*perché il mar si fùggia*), quando l'ondata di marea (*'l fiotto*) si avventa su di loro; più consistenti sono gli argini alzati dai Padovani lungo il Brenta per proteggere le loro città e i lor castelli, senza aspettare che la Carinzia accusi i tepori della primavera e, per conseguenza, si sciolgano le nevi e aumenti la portata dei corsi d'acqua.

Nell'estendere il ducato di Carinzia (o *Carentana*, sul tedesco Kärnten) fino alle sorgenti del Brenta, che sono, come noto, in Valsugana, il poeta assume il toponimo nell'accezione espansa, e a quei tempi corrente, di 'fascia delle Alpi Carniche'. Rigorosissimo è invece nella determinazione delle coste sabbiose della Fiandra occidentale, fra Wissant (oggi, stazioncina balneare del Pas-de-Calais) e Bruges; ma forse, sotto questa cappa nera tracciata da fiamme che guizzano e bruciano, un verso come '*Quali Fiamminghi tra Guizzante e Bruggia*' sventaglia immagini più che determinarne.

Sull'argine artificiale – che possiamo figurarci ad altezza d'uomo – i due poeti marciano spediti, tanto che ormai, a voltarsi indietro, Dante non capirebbe dov'è andata a finire la selva: quand'ecco, incrociano una schiera d'anime che rimonta l'argine costeggiandolo. Ciascuna adocchiava gli insoliti viandanti come ci si sbircia per la strada nel buio pesto delle notti di novilunio, e tutte aguzzavan lo sguardo verso di loro spremendo le pupille fra le palpebre, come un vecchio sarto che stenti a infilare la cruna dell'ago.

Finché un'anima del gruppo (*di cotal famiglia*) riconosce Dante, lo prende per il lembo del lucco, esclama: "*Qual maraviglia!*" ('Ma non ci posso credere...' cantileneremmo noi).

Quando il dannato allunga la mano, il pellegrino ficca gli occhi in quel povero viso arrostito (*per lo cotto aspetto*), e tanto lo scruta, che la devastazione delle ustioni non può impedirgli di riconoscerlo a sua volta (*non difese // la conoscenza sua al mio 'ntelletto*; dove 'difendere' nel senso di 'impedire', 'vietare' è francesismo palese, e l'enjambement fra 'difese' e 'la conoscenza', che cade a passaggio di terzina, inocula nel flusso del racconto l'impercettibile trasalimento di un tempo «rubato»). Allora, chinando la mano alla sua faccia (per additarla al proprio stupore? per accennare a un saluto o a una carezza?), il nostro Dante balbetta: "*...voi qui, ser Brunetto?*".

Notaio di famiglia notarile – come denota la successione dei 'ser' –, ser Brunetto di ser Bonaccorso Latini dev'esser nato a Firenze poco dopo il 1220. Durante i frenetici anni Cinquanta la sua firma compare a vario titolo negli atti del Comune guelfo: epistolografo ufficiale, protonotario, ambasciatore volante. La notizia della disfatta di Montaperti lo coglie sui Pirenei, di ritorno da Toledo, dov'era stato spedito a perorare l'alleanza del re di Castiglia, Alfonso X il Savio, contro il famigerato Manfredi (verificheremo, ma più in là, i notevolissimi effetti collaterali di quel soggiorno). Prudenza gli suggerisce di trattenersi in Francia. Ma nemmeno un mese dopo Benevento, lo sappiamo reinsediato in madrepatria, dove è destinato a coprire cariche sempre più prestigiose: console dell'Arte dei Giudici e Notai, membro del Consiglio del Podestà, poi di quello dei Priori. Nel 1294, stanco, muore.

Non ha tirato il fiato nemmeno nei sei anni d'esilio. In Francia, anzi, ha tradotto in una prosa italiana compatta e senza bellurie tre o quattro orazioni giudiziarie e i primi capitoli del *De Inventione* di Cicerone, integrandoli con un copioso commento di carattere divulgativo; in italiano ha scritto i primi tremila settenari (o poco meno) del *Tesoretto*, poema didattico-allegorico di vaste e deluse ambizioni, ed altre cosucce; ma in prosa francese – e proclamandola «la più gradevole del mondo» – ha dettato il *Livre dou Tresor*, repertorio enciclopedico di varia filosofia, sostanzialmente finalizzato alla formazione dell'uomo politico mediante l'apprendimento dell'«arte rettorica». La quale – specie nella percezione linguistica di chi la scriveva con la doppia 't' – era la scienza, appunto, dei rettóri: insomma, del nuovo ceto borghese di governo, benintenzionato, almeno nei programmi, a sostituire la pratica del sopruso con l'esercizio della persuasione (come accennavamo, se hai buona memoria, in margine al II canto). Non esagera Giovanni Villani, equanime cronista del secolo successivo, a raccomandare ser Brunetto alla memoria dei concittadini, come colui ch'era stato «cominciatore e maestro in digrossare i Fiorentini, e fargli scorti in bene parlare e in sapere guidare e reggere la (...) nostra repubblica secondo la politica».

Dante non era mai andato a scuola da Brunetto Latini (anche perché sembra da escludere che Brunetto Latini tenesse scuola). Certo, con disordinata assiduità, ne aveva frequentato la conversazione. E, come capita spesso fra un giovane di grandi ardimenti intellettuali e un vecchio di stagionata e prodiga esperienza, dev'essersi creato fra loro quel libero rapporto pedagogico che si alimenta di una predilezione reciproca quanto asimmetrica. D'altronde, il 'voi' con cui il pellegrino interpella l'anima ustionata del notaio – come quello destinato, se ricordi, al vecchio Cavalcanti – tradisce una soggezione circostanziata da una lunga familiarità: "*...voi qui, ser Brunetto?*".

L'interrogativo sbalordito del pellegrino si è dilatato nella perplessità dei commentatori. I quali si sono ingegnati di accreditare al poeta le più magnanime tortuosità psicologiche o le più inaccessibili sottigliezze dottrinali, pur di trovare risposta alla domanda complementare: 'come mai Dante, che oltre tutto non fa mistero di volergli ancora bene, ha cacciato il suo buon maestro in questo postaccio infame?'.

Domanda che tanto più legittima parrebbe, in quanto – dato per certo che questi dannati ambulanti sono Sodomiti – sulle carte dell'epoca non c'è traccia della presunta sodomia di ser Brunetto; anche se c'è chi ha creduto di scovarne qualche indizio in certi suoi versi per tal donna Lucia... indizio, peraltro, labilissimo.

Il colloquio fra i due sarà comunque domestico, proverbiale e straordinariamente affettuoso.

Il buon vecchio dannato, che al 'voi' e al 'ser' di Dante risponde col 'tu' e con l'affabilità d'un '*figliuol mio*', ma di sé parla in terza persona per nome e per cognome, come a dire 'questo disgraziato di Brunetto Latini', supplica il nostro pellegrino di non dispiacersi se egli lascia scorrer via il suo reparto (*la traccia*) e cambia direzione, per fare un po' di strada insieme.

Dal canto suo, Dante ci tiene a precisare che è lui stesso a supplicarlo. Anzi, se Brunetto preferisce (e *costui che vo seco*, cioè la sua guida permette), si dice disposto a fermarsi e mettersi seduto.

Brunetto declina la proposta, menzionando l'articolo del codice infernale che commina a chiunque della sua *greggia* (cioè della comunità ambulante dei Violenti-contro-natura) si arresti un attimo, cent'anni della pena dei Violenti-contro-Dio, i quali – lo abbiamo visto – giacciono supini senza pararsi con l'annaspo delle mani (*sanz'arrostarsi*), comunque le falde di fuoco li bersaglino (*quando 'l foco il feggia*, dove 'feggia', da 'fedire', 'ferire', vale spesso, più in generale, 'colpire'). Sarà meglio perciò che Dante vada avanti: lui lo seguirà dal basso, quasi aggrappato al lembo del lucco (*i' ti verrò a' panni*) e, a tempo debito, riguadagnerà la sua afflitta brigata ('*masnada*', dal latino 'mansionata', 'personale domestico', è pressoché sinonimo della 'famiglia' di sei terzine fa).

Giustamente, il pellegrino non si azzarda a scendere dall'argine per muoversi allo stesso livello del buon notaio. Ma vorrebbe... E, per intanto, procede a capo chino, *com'uom che reverente vada*.

Brunetto: "Quale caso fortuito o decreto celeste (*qual fortuna o destino*) ti porta quaggiù prima della morte? E chi è questo che ti fa strada?".

Dante: "Lassù, *in la vita serena* (nella vita, insomma, scaldata dal sole), non ancora giunto al colmo della parabola (*avanti che l'età mia fosse piena*: Dante, in effetti, i 35 non li ha ancora compiuti), mi sono smarrito in una valle boschiva. Solo ieri mattina me ne son cavato fuori. E mentre mi ci stavo ricacciando, m'apparve costui, e per questo cammino mi sta riconducendo a casa": anzi, '*a ca*'. E per quante referenze scritturali possa vantare a piè di pagina, questa designazione domestica del ritorno del peccatore al regno del Padre, semplificata dalla abbreviazione delle parlate del Nord, conserva la virtù repentina di santificare in due sillabe la semplicità della fede.

L'omissione delle generalità di Virgilio in questa sinossi casalinga del primo canto ha allarmato molti studiosi, più di quanto non sembri allarmare Brunetto Latini: il quale – colga o non colga la presumibile antifona allegorica: 'è stata la Ragione fattasi Poesia a cavarmi dal peccato intellettuale in cui mi attardavo con te, Enciclopedismo in Prosa' – passa senz'altro a svolgere la sua profezia. Profezia che, piana e trasparente più di tutte le altre, merita di non essere parafrasata.

Ma tollera qualche modesta annotazione.

Dunque: la sua *stella*, che – come Brunetto si vanta di aver intuito in vita – condurrà Dante *a glorïoso porto* purché la assecondi, sarà verosimilmente la costellazione dei Gemelli, sotto la quale era nato e che, nella comune credenza dell'epoca, predisponeva alla scrittura e agli studi: tema sul quale ci dilungheremo a dovere in paradiso, una volta introdotti col nostro pellegrino proprio nella costellazione dei Gemelli.

Il fatto che Brunetto lamenti di esser morto troppo presto per dar conforto all'opera di Dante, manifestamente propiziata dai cieli, sembra peraltro indicare in quell'opera, più che la produzione letteraria, l'attività politica, nella quale Dante si avventurerà nel 1295, appunto un anno dopo il decesso del notaio... l'attività politica e la pubblicistica divulgativa e civile destinata ad integrarla. Attività (e pubblicistica), cui il pragmatismo civico del buon Latini subordinava, in via di principio e in via di fatto, qualsiasi esercizio speculativo o contemplativo, conforme gli schemi di valore della borghesia fiorentina emergente.

Senonché proprio i Fiorentini, i quali osteggeranno Dante per il suo *ben far*, sono poi, nella loro totalità o quasi, neri o bianchi, popolani o borghesi, bersaglio della collera di Brunetto, che li subissa di ingegnosi improperi: ruvidi come *monte* e duri come *macigno*; *lazzi sorbi* (sorbi allapposi), di contro a Dante, *dolce fico*; e, in rima, *orbi* per vecchia nomea (Dante procurerà di forbirsi bene dai *lor costumi*); e ancora, rifacendo il verso a Ciacco, gente *avara, invidiosa e superba*; e poi, caproni che tenteranno di divorare l'erba-Dante, e non ci riusciranno, e se vogliono mangiarsi fra di loro, facciano pure!... Ma gli epiteti più elaborati e inappellabili rimontano all'origine fiesolana di quel popolo maligno.

Narrava infatti una favola medievale che, avendo Fiesole parteggiato a suo tempo per il torvo Catilina, era stata debitamente rasa al suolo, e i superstiti deportati a valle sul corso dell'Arno, dove con pochi coloni romani avrebbero fondato la città di Firenze.

Giovanni Villani dava anzi per certo che la perpetua inclinazione alla discordia derivasse ai Fiorentini dal fatto d'essere «stratti e nati di due popoli così contrari e nemici e diversi di costumi, come furono gli nobili Romani virtudiosi, e ' Fiesolani ruddi e aspri di guerra». Lo stesso Brunetto, nel *Tresor*, accredita la favola; e qui la avvalora, riconoscendo in Dante Alighieri uno dei rari virgulti superstiti della sementa santa di quegli antichi coloni romani, nel *letame* del presente.

Ovviamente s'inorgoglisce, il pellegrino, d'una profezia, nella quale la caparbia ostilità dei Fiorentini neri, l'esilio imminente, e infine l'isolamento sdegnoso cui, esule, è destinato in capo a qualche anno di consorzio con la banda losca e inetta dei fuorusciti bianchi e ghibellini, gli valgono da diploma araldico, da attestato di benemerenza e da titolo alla gloria.

«L'esser cacciato alla lunga (...) è piccola cosa a sofferire – aveva scritto Brunetto nel *Tresor* – e, se è grande, sarà maggior corona». E Dante lo aveva preso in parola nell'endecasillabo famoso d'una famosa canzone: «l'essilio che m'è dato, onor mi tegno». E l'anima bruciacchiata del notaio gli ha appena ripetuto: "*la tua fortuna tanto onor ti serba...*".

Inorgoglito e commosso, il pellegrino adesso risponde al notaio aprendogli il cuore: "*Se fosse tutto pieno il mio dimando*, se insomma tutti i miei desideri fossero stati esauditi, voi non sareste ancora bandito dalla vita terrena, ché m'è fitta nella memoria – e a vederla così conciata, mi si spezza il cuore – la cara e buona immagine paterna di voi, *quando nel mondo ad ora ad ora / m'insegnavate come l'uom s'etterna*: quando in terra, di tempo in tempo, mi insegnavate come l'uomo possa trovare l'immortalità nella fama delle sue opere. E quanto io abbia a cuore questo vostro insegnamento, finché campo mi sentirò in dovere di manifestarlo con chiarezza per iscritto (*convien che ne la mia lingua si scerna*)".

E soggiunge: "Ciò che mi avete raccontato del decorso della mia vita futura, lo registro e lo conservo *con altro testo* (cioè, col referto profetico di Farinata) per una donna che saprà collazionarli e delucidarli, se arriverò fino a lei. Ma voglio sappiate che, purché la mia coscienza non mi rimproveri (*non mi garra*), son pronto a far fronte ai volubili decreti della Fortuna. Quest'acconto, questa caparra di futuro non mi è nuova; giri dunque *Fortuna la sua rota / come le piace, e 'l villan la sua marra*".

Riservato ma vigile, Virgilio si volge allora al pellegrino Dante, girandosi indietro sulla destra, lo guarda, poi dice: '*Bene ascolta chi la nota*', che (se quel 'la' è il pronome neutro che usiamo dicendo, per esempio, 'non ce la faccio più') varrà qualcosa come: 'chi registra quel che ascolta per farne tesoro, ascolta bene'.

Virgilio – ricordi? – aveva pur detto al discepolo turbato dalla premonizione di Farinata: "*la tua mente conservi quel ch'udito / hai contra te*", e lo aveva esortato a rimettersi alle chiose illuminanti di Beatrice. Naturale, che ora si compiaccia, se il discepolo mostra di aver assimilato bene il precetto; come d'altronde, con la sua fiera remissività, mostra di aver assimilato benissimo la lezione sulla angelica volubilità della Fortuna... mentre nella lingua di Brunetto il nome comune 'fortuna' – due volte, lo usa – si mantiene in accezione generica e, per così dire, fortuita.

In effetti, la storia del contadino che può menare la zappetta quanto gli pare sembra alludere con distacco sprezzante all'aneddoto del «vile villano» che, zappando a vanvera, trovò «ne le coste d'un monte che si chiama Falterona» diversi sacchi di monete «d'argento finissimo»: aneddoto che il *Convivio* trascrive sdegnosamente ma non senza malanimo rivendicativo. Oggi, crepando d'invidia, ce ne faremmo una ragione e parleremmo di «serendipity».

Lapidaria e conclusiva che fosse, l'uscita del maestro (*bene ascolta chi la nota*) non dissuade il discepolo dal protrarre la conversazione col buon notaio, e dal domandargli notizie dei suoi più eminenti compagni di reparto.

Accentuando i modi proverbiosi e municipali della parlata, Brunetto risponde che farà il nome giusto di qualcuno, dato che ad enumerarli tutti quanti sono, gli ecclesiastici e i letterati illustri lerci del suo medesimo peccato e intruppati nella sua turba grama, non si finirebbe più (*che 'l tempo sarìa corto a tanto suono*). E si limita a ricordare Prisciano di Cesarea, grammatico latino vissuto a Costantinopoli fra il V e il VI secolo, rinomatissimo nel Medioevo; e Francesco d'Accursio, giurista e cattedratico esimio di diritto civile a Bologna, poi a Oxford, coetaneo esatto di Brunetto... Se poi Dante volesse passarsi il gusto di vedere un pidocchioso del genere (*tal tigna*), potrebbe riconoscere nella brigata colui che Sua Santità Bonifacio VIII ('*servo de' servi*', si fa per dire...) trasferì d'imperio dalla riva dell'Arno a quella del Bacchiglione (da Firenze a Vicenza), *dove lasciò li mal protesi nervi*, dove cioè, tirando le cuoia, si congedò dal suo membro ritto a sproposito.

Si tratta di Andrea Spigliati dei Mozzi, canonico di ricchissima famiglia fiorentina. Segnalatosi per precoci competenze in campo giuridico-diplomatico-commerciale, fu mediatore per decenni, a nome della curia di Roma e degli istituti di credito della sua città, in transazioni finanziarie internazionali fortunate quanto discutibili. Nel 1280, canonico capitolare di Santa Reparata e subdelegato pontificio in Toscana, indìce e benedice il gran cerimoniale che sanziona la pace fra parte guelfa e parte ghibellina, imposta da papa Niccolò III e negoziata dal cardinal Latino (pace, come vedremo, non meno effimera che pomposa). Nel 1286 è eletto vescovo di Firenze: e qui, in preda a una sorta di isteria nepotistica, pare dia «scandolo in tutti i modi», tanto da meritarsi un paio di interdetti papali. Gli si accredita, fra l'altro, un florilegio di cretinerie teologiche. Il trasferimento a Vicenza è del 1295. La morte, dell'anno successivo.

Tuttavia, né a suo carico, né a carico degli altri due dotti figuri menzionati da Brunetto – a meno che Prisciano non sia andato confuso con tal Priscilliano, vescovo-gay del IV secolo – risultano pubblici addebiti di sodomia, dato che i pettegolezzi eruditi post mortem (anzi, post Dantem) non fanno testo. E allora?

E Brunetto?

Un gentiluomo parigino di vasta e sottile dottrina ha sostenuto che il vecchio notaio e i suoi compagni di strada non andrebbero affatto rubricati come Sodomiti. Brunetto Latini, in particolare, sconterebbe «sotto la pioggia di fuoco» la colpa contronatura di aver dettato in francese la sua opera capitale, deprezzando la lingua materna e rinunciando a coltivarla: colpa che implicitamente Dante gli rinfaccia nel *Convivio* e che, quaggiù, sarebbe punita come «bestemmia contro lo Spirito Santo».

Ma una moltitudine di indizi suggerisce di attenersi alla versione acquisita da un secolare buonsenso, e di commisurare l'enorme quantità dei dannati che deambulano sull'arenile infuocato alla diffusione della sodomia nella Firenze del Due-Trecento, che testimonianze di prima e seconda mano e una serie di provvedimenti legislativi d'emergenza denunciano endemica. Nel tedesco dell'epoca – per dire una – i sodomiti si chiamavano correntemente 'Florenzer'.

Amico mio plurale, parliamoci chiaro: finché si tratta di assassini o di ladri, il giustizialismo di Dante può riscuotere la condiscendenza di noi tutti (in linea di principio, anche di molti ladri e di qualche assassino); ma quando entra in attrito con i protocolli del politically correct, insomma con gli schemi di valore e con la morale corrente nella nostra società avanzata, il discorso diventa delicatissimo.

E cavarsela con l'argomento che lui, povero Dante!, era uomo del tenebroso Medioevo, sarebbe pura vigliaccheria intellettuale. In ogni caso, dovendo camminare sulle uova, togliamoci le scarpe e facciamo un minimo di storia.

Intanto, sappiamo che l'etica cristiana condanna da sempre la sodomia, esercitata tanto sul maschio quanto sulla femmina, come trasgressione della legge di natura che finalizzerebbe l'uso del sesso alla procreazione: e non dimentichiamo che nell'Età di mezzo, la sodomia era, fra l'altro, la più divulgata pratica contraccettiva. Il mondo moderno ha sconnesso l'etica cristiana, circoscrivendo sostanzialmente la condanna alla omosessualità fra maschi, che inquina il modello di virilità attiva e fattiva cui si sono conformate generazioni di lavoratori dell'industria. Il mondo contemporaneo, immerso nelle morbidezze della terziarizzazione, se non si lascia travolgere dall'euforia della predilezione per il «diverso», sospende il giudizio, salvo a riprodurlo spesso calcificato nel gergo bonariamente scurrile del pregiudizio.

E Dante Alighieri?

Per quel pochissimo che ne sappiamo, e per quel poco che è lecito supporre, Dante, nel grande alveo dell'etica sessuale cristiana, impone alla pratica dell'eros la normativa della temperanza, alla quale personalmente sa bene quanto sia difficile attenersi. Non si direbbe, d'altronde, che il precetto della procreazione lo assilli particolarmente. Ed è un fatto notevolissimo che il poeta della *Commedia* sottoporrà al medesimo fuoco e alla medesima contrizione espiatoria le intemperanze dell'omosessualità e quelle dell'eterosessualità nel più nobile e quotato girone del purgatorio. Ma allora, in cosa consiste la Violenza-contronatura magistralmente punita nel settimo cerchio dell'abisso?

Non c'è bisogno di avventurarsi in crasse sottigliezze di tecnica erotica, per consentirsi il sospetto di capirlo: consiste, forse, nel deliberato sopruso morale che il pederasta esercita sul ragazzo, soggiogandolo col prestigio intellettuale, con le seduzioni del potere politico o economico o mondano, e comunque con la prospettiva del privilegio di appartenere a una élite semiclandestina. E nel basso Medioevo sappiamo che la pederastia, suffragata dal mito e dal costume dei Greci antichi, era quasi vizio professionale degli uomini di cultura, chierici o *litterati grandi* che fossero, quasi il blasone d'una spregiudicatezza, tanto più seducente quanto più inconfessabile.

Il nostro lessico ci tenta a questa formula: non la trasgressione omosessuale Dante danna in eterno, ma l'intimidazione pederastica: proprio quella che il popolo di Sodoma «al completo» esercita su Lot, perché si assoggetti a una infame norma collettiva, e metta in piazza i due angeli pellegrini, ospiti della sua casa. E per quanto sia legittimo il dubbio che questo aggiornamento lessicale comporti un aggiornamento psicologico abusivo, certo è che per il poeta cristiano la violenza, qualsiasi violenza, non è semplice infrazione d'una legge di natura e di ragione: è, sempre, imposizione violenta di una ragione snaturata.

Probabile, che, nella sua lunga dimestichezza con Brunetto Latini, Dante sia venuto a conoscenza di qualche trascorso del maestro che non godette degli onori della cronaca; può anche darsi abbia avvertito una qualche ambiguità nella predilezione pedagogica di cui era oggetto. Comunque adesso non ha cuore di ricusarla, anzi, se ne vanta ancora, perché non sa dissociare quella predilezione dalla immagine paterna del caro e buon vecchio; il quale non avrà certo aspettato questo fortunoso incontro all'inferno per pronosticargli un glorioso avvenire più lungo della vita.

Avviato alla contemplazione di Dio sulla passerella di pietra, Dante-pellegrino guarda dall'alto in basso Brunetto, il suo pragmatismo laico e il suo viziaccio da umanista. Deve. Ma procedendo a capo chino, significa il privilegio d'essere più in alto con un atto di devozione inguaribile e di scandalosa tenerezza.

Così, quando alla vista d'un polverone che denuncia l'avvicinarsi d'un altro reparto d'anime dannate, il vecchio sodomita si precipita a raggiungere i suoi con la ridicola prestanza d'un podista attempato che concorre a una maratona municipale (segnatamente, al palio campestre di Verona, per il modico premio d'un taglio di broccato verde), l'ex discepolo lo saluta in cuor suo con l'irrefrenabile faziosità d'un tifoso: "Vai così, vecchio, che arrivi primo!".

Infinite sono le vie della gloria. Nella predilezione d'un anziano notaio di solida cultura laica, di gran prestigio civico e di minacciose abitudini sessuali, Dante ha intravisto la propria vocazione a una gloria imperitura. Brunetto non ha mai aspirato a tanto: si contenterebbe – sostiene – della provvisoria immortalità che si è faticato scrivendo un repertorio enciclopedico in francese: "*Sìeti raccomandato il mio Tesoro,* – diceva congedandosi da Dante, – *nel quale io vivo ancora, e più non cheggio*". Ma – specialisti esclusi – chi di noi posteri indaffarati e distratti si ricorderebbe più di lui se, dopo morto, Dante non lo avesse riprovevolmente segnalato alla tua, alla mia percezione mentale, al tuo, al mio amore di figli, relegandolo quaggiù ad abbrustolirsi in eterno?

Ora cen porta l'un de' duri margini;
e 'l fummo del ruscel di sopra aduggia,
sì che dal foco salva l'acqua e li argini.

Quali Fiamminghi tra Guizzante e Bruggia,
temendo 'l fiotto che 'nver' lor s'avventa,
fanno lo schermo perché 'l mar si fuggia;

e quali Padoan lungo la Brenta,
per difender lor ville e lor castelli,
anzi che Carentana il caldo senta:

a tale imagine eran fatti quelli,
tutto che né sì alti né sì grossi,
qual che si fosse, lo maestro félli.

Già eravam da la selva rimossi
tanto, ch'i' non avrei visto dov'era,
perch'io in dietro rivolto mi fossi,

quando incontrammo d'anime una schiera
che venian lungo l'argine, e ciascuna
ci riguardava come suol da sera

guardare uno altro sotto nuova luna;
e sì ver' noi aguzzavan le ciglia
come 'l vecchio sartor fa ne la cruna.

Così adocchiato da cotal famiglia,
fui conosciuto da un, che mi prese
per lo lembo e gridò: "Qual maraviglia!".

E io, quando 'l suo braccio a me distese,
ficcai li occhi per lo cotto aspetto,
sì che 'l viso abbrusciato non difese

la conoscenza sua al mio 'ntelletto;
e chinando la mano a la sua faccia,
rispuosi: "Siete voi qui, ser Brunetto?".

E quelli: "O figliuol mio, non ti dispiaccia
se Brunetto Latino un poco teco
ritorna 'n dietro e lascia andar la traccia".

I’ dissi lui: “Quanto posso, ven preco;
e se volete che con voi m’asseggia,
faròl, se piace a costui che vo seco”.
“O figliuol”, disse, “qual di questa greggia
s’arresta punto, giace poi cent’anni
sanz’arrostarsi quando ’l foco il feggia.
Però va oltre: i’ ti verrò a’ panni;
e poi rigiugnerò la mia masnada,
che va piangendo i suoi etterni danni”.
Io non osava scender de la strada
per andar par di lui; ma ’l capo chino
tenea com’uom che reverente vada.
El cominciò: “Qual fortuna o destino
anzi l’ultimo dì qua giù ti mena?
e chi è questi che mostra ’l cammino?”.
“Là sù di sopra, in la vita serena”,
rispuos’io lui, “mi smarri’ in una valle,
avanti che l’età mia fosse piena.
Pur ier mattina le volsi le spalle:
questi m’apparve, tornand’io in quella,
e reducemi a ca per questo calle”.
Ed elli a me: “Se tu segui tua stella,
non puoi fallire a glorïoso porto,
se ben m’accorsi ne la vita bella;
e s’io non fossi sì per tempo morto,
veggendo il cielo a te così benigno,
dato t’avrei a l’opera conforto.
Ma quello ingrato popolo maligno
che discese di Fiesole ab antico,
e tiene ancor del monte e del macigno,
ti si farà, per tuo ben far, nimico;
ed è ragion, ché tra li lazzi sorbi
si disconvien fruttare al dolce fico.

Vecchia fama nel mondo li chiama orbi;
gent'è avara, invidiosa e superba:
dai lor costumi fa che tu ti forbi. 69
La tua fortuna tanto onor ti serba,
che l'una parte e l'altra avranno fame
di te; ma lungi fia dal becco l'erba. 72
Faccian le bestie fiesolane strame
di lor medesme, e non tocchin la pianta,
s'alcuna surge ancora in lor letame, 75
in cui riviva la sementa santa
di que' Roman che vi rimaser quando
fu fatto il nido di malizia tanta". 78
"Se fosse tutto pieno il mio dimando",
rispuos'io lui, "voi non sareste ancora
de l'umana natura posto in bando; 81
ché 'n la mente m'è fitta, e or m'accora,
la cara e buona imagine paterna
di voi quando nel mondo ad ora ad ora 84
m'insegnavate come l'uom s'etterna:
e quant'io l'abbia in grado, mentr'io vivo
convien che ne la mia lingua si scerna. 87
Ciò che narrate di mio corso scrivo,
e serbolo a chiosar con altro testo
a donna che saprà, s'a lei arrivo. 90
Tanto vogl'io che vi sia manifesto,
pur che mia coscïenza non mi garra,
ch'a la Fortuna, come vuol, son presto. 93
Non è nuova a li orecchi miei tal arra:
però giri Fortuna la sua rota
come le piace, e 'l villan la sua marra". 96
Lo mio maestro allora in su la gota
destra si volse in dietro e riguardommi;
poi disse: "Bene ascolta chi la nota". 99

Né per tanto di men parlando vommi
con ser Brunetto, e dimando chi sono
li suoi compagni più noti e più sommi.
Ed elli a me: "Saper d'alcuno è buono;
de li altri fia laudabile tacerci,
ché 'l tempo saria corto a tanto suono.
In somma sappi che tutti fur cherci
e litterati grandi e di gran fama,
d'un peccato medesmo al mondo lerci.
Priscian sen va con quella turba grama,
e Francesco d'Accorso anche; e vedervi,
s'avessi avuto di tal tigna brama,
colui potei che dal servo de' servi
fu trasmutato d'Arno in Bacchiglione,
dove lasciò li mal protesi nervi.
Di più direi, ma 'l venire e 'l sermone
più lungo esser non può, però ch'i' veggio
là surger nuovo fummo del sabbione.
Gente vien con la quale esser non deggio.
Sìeti raccomandato il mio Tesoro,
nel qual io vivo ancora, e più non cheggio".
Poi si rivolse, e parve di coloro
che corrono a Verona il drappo verde
per la campagna; e parve di costoro
quelli che vince, non colui che perde.

XVI

Percorrendo l'argine del canale che taglia l'anello di sabbia del terzo girone Dante già comincia ad avvertire, come un ronzio d'alveare, il rintrono sordo dell'acqua di sangue che piomba nel cerchio sottostante, quando tre ombre insieme si staccano da un nuovo reparto in movimento (con tutta probabilità il reparto dei sodomiti d'altra categoria che sollevava il polverone che ha messo in fuga Brunetto Latini); puntano di corsa verso gli insoliti viandanti; gridano: "Férmati un attimo, tu, che dal taglio d'abito sembri uno della nostra città depravata!".

Dio, che piaghe slabbrate, che cicatrici oscene marchiavano a fuoco quei poveri corpi! A vederle, il pellegrino si sgomenta. A ricordarle, il poeta sente ancora male.

Le grida dei tre assorbono l'attenzione del saggio Virgilio; e lui si volge a Dante, e gli ingiunge di aspettarli: "È gente, questa, che merita la massima cortesia". E tu, amico, ricorderai come col medesimo riguardo, sospingendolo fra i sepolcri, gli avesse raccomandato di adoperare con Farinata un linguaggio misurato e cortese. Qui, però, Virgilio va più in là e, formulandola, par quasi legittimare la tentazione a scendere dall'argine che il poeta confessa di aver provato alla vista di Brunetto: "Se la natura di questo girone non fioccasse fuoco, oserei dire che la fretta d'incontrarvi si addice, più che a quelle anime, a te: insomma, che dovresti esser tu a correre incontro a loro".

Qui i poeti itineranti si arrestano, e le anime in corsa riprendono il pianto di sempre (*l'antico verso*), finché non li hanno raggiunti; allora, tre che sono, si dispongono in cerchio (*fenno una rota di sé tutti e trei*).

Strano cerchio, su cui la dantistica si è affaticata moltissimo, ritoccando tempi verbali, avverbi e punteggiatura della similitudine con cui Dante pretende di illustrarcelo.

Il testo sembra dire: 'praticando il medesimo movimento rotatorio che abitualmente eseguono i campioni nudi e unti, quando, prima di entrare in collisione e pestarsi (*prima che sien tra lor battuti e punti*), studiano la presa più vantaggiosa, ognuno dei tre mi fissava (*il visaggio / drizzava a me*); per modo che il suo collo era costretto a ruotare di continuo nella direzione opposta a quella dei piedi (*sì che 'n contraro il collo / faceva ai piè continüo vïaggio*: dove le due dieresi addossate sembrano suggerire la monotonia d'un fiacco moto perpetuo)'.

Probabile, che col termine 'campioni' qui si alluda ai marcantòni che ai tempi di Dante si battevano ancora a pagamento per sostenere il buon diritto dei loro clienti nei cosiddetti «giudizi di Dio» – che erano, come saprai, duelli (insomma, matches) cui si delegava la soluzione di vertenze giudiziarie, convocando Dio come testimone e arbitro –. Pratica che, fra parentesi, Dante elogerà nella *Monarchia* con l'argomento che, in uno scontro che si svolge sotto gli occhi di Dio, sarebbe «empio supporre che la giustizia possa soccombere». Generalmente questi tizi, detti appunto 'campiones' o 'agonistae', si battevano armati; ma è documentato che per vertenze di poco affare si esibivano, appunto, nudi e unti come gli antichi atleti. Quanto all'assetto e alla dinamica dei tre dannati, è verosimile che, brancandosi per le spalle e pencolando un po' in avanti, ballonzolassero a tondo: più o meno come fanno ancora oggi le coppie di lottatori della grecoromana o del catch, in fase di studio. Dinamica e assetto che comunque poco si confanno ad anime di gentiluomini di rango e d'età. I quali – poco ma sicuro – patiscono insieme ai loro compagni di reparto la stessa coazione al moto che patisce il reparto dei «sodomiti intellettuali», semmai con un limite minimo di velocità più elevato.

Che poi la costrizione a invertire a turno l'orientamento della testa rispetto a quello dei piedi configuri un'appendice di contrapasso per questi tre «invertiti» di rango, è ipotesi appena accettabile; in tutti i casi, più della losca banalità che coglie nell'allusione al taglio d'*abito* di Dante una spia della speciale competenza in materia di moda che distinguerebbe gli omosessuali... Basta così.

Uno dei tre apre bocca e dice: "Se lo squallore di questo sabbione ('*loco sóllo*' vale 'terreno soffice') e il nostro aspetto nerastro e bruciacchiato ('*bróllo*' è lo stesso che 'brullo') rendono spregevoli noi e le nostre preghiere, la fama che abbiamo lasciato in terra potrebbe commuoverti a dirci chi sei, tu che, vivo ed immune, te ne vai sfregando i piedi per l'inferno (*che i vivi piedi / così sicuro per lo 'nferno freghi*: dove la concretezza dell'espressione andrà commisurata alla concretezza dello stupore di chi parla)".

E senza attendere risposta, il cortese dannato procede alla presentazione dei due compagni e sua: "Questo che mi precede nella ruota, anche se tu lo vedi così nudo e spelacchiato (*dipelato*), fu per nascita e dignità maggiore di quanto non immagini: nipote fu della buona Gualdrada; Guido Guerra ebbe nome, e in vita molto si prodigò con la prudenza e con le armi. L'altro, che pesta la rena che ho appena pestato io, è Tegghiaio Aldobrandi, la cui voce dovrebbe aver lasciato nel mondo un buon ricordo. E io, che insieme a loro patisco il martirio, Iacopo Rusticucci fui, *e certo / la fiera moglie più ch'altro mi nuoce* (come dire: 'e niente – questo è sicuro – mi ha danneggiato e mi danneggia più di quello strazio di mia moglie')".

I tre sono dunque sodomiti benemeriti per i servizi resi alla patria fiorentina nel campo politico-militare. Due, Iacopo e il

Tegghiaio, rientrano con Farinata nell'elenchetto dei galantuomini d'altri tempi, dei quali – come ricorderai – il nostro pellegrino chiedeva informazioni a Ciacco nella melma dei Golosi. E son tutti esponenti della vecchia oligarchia guelfa, prima del 1280, cioè prima della scissione fra Cerchieschi e Donateschi: bei tempi!...

Bei tempi?

Per verità, da documentazione non risulta – e abbiamo già cominciato a raccontarcelo – che quei tempi potessero dirsi molto più belli di altri; tanto meno, che questi personaggi (a parte il vizio che li danna) fossero proprio gli intemerati portabandiera della cortesia e del valore che Dante parrebbe figurarsi... Vediamo.

Guido VI dei conti Guidi di Dovàdola, detto Guerra (soprannome marziale, comunissimo in famiglia), figlio di Marcovaldo, figlio a sua volta di Guido il Vecchio e della bella e molto costumata Gualdrada, a sua volta figlia del famoso Bellincion Berti (la cui sobrietà leggendaria magnificheremo in paradiso)... dunque, questo Guido Guerra fu effettivamente figura di primo rango della guelferia fiorentina intorno alla metà del Duecento. Andrà peraltro ricordato come egli stesso, prima di rendersi protetto (e protettore) di papa Innocenzo IV, fosse stato pupillo di Federico II Hohenstaufen, grazie ai buoni uffici di sua madre, la coriacea Beatrice di Capraia. I conti Guidi, d'altronde, continueranno per decenni ad esprimere i gruppi dirigenti delle due fazioni opposte; tanto che il lungo curriculum politico-militare di Guido Guerra figurerà trapunto di scontri ferocissimi proprio con il ramo ghibellino della casata, capeggiato da Guido Novello, suo cugino primo.

Dice bene il poeta: "*fece col senno assai e con la spada*"... ma non sempre a tempo debito, sembrerebbe. Così, nella giornata di Montaperti, là dove ci si aspettava che, in veste di comandante della cavalleria fiorentina, adoperasse la spada, Guido Guerra azionò il senno, e fu il primo a lasciare il campo a briglia sciolta, sottraendosi agli orrori della carneficina; non meno assennatamente a Benevento, schierato con i suoi nella quinta linea di battaglia, vista la buona parata, pare imperversasse «come drago» sul nemico in rotta. Ma da che, rientrato a Firenze brandendo lo stendardo papale a fianco dei cavalleggeri angioini, assunse di fatto il ruolo di capo della Parte Guelfa (quello che in tempi moderni sarebbe il primo segretario d'un partito unico), nella gestione dei pubblici poteri, più che l'equanime prudenza dello statista, risulta praticasse la violenza e l'intimidazione: insomma, più che il senno, la spada. Morirà nel 1272.

Dal canto suo, il Tegghiaio, quantunque di sangue guelfissimo (come Adimari, era affine dei Donati e parente alla lontana di quel teppista di Filippo Argenti), fu podestà di San Gimignano su mandato imperiale, prima di essere podestà di Arezzo per conto del Comune guelfo. La sua fama (e a questo sembrerebbe alludere Iacopo nel dire '*la cui voce / nel mondo sù dovria esser gradita*') è affidata soprattutto alla tesi strategica prudentemente dilatoria che egli aveva perorato alla vigilia di Montaperti. La pomposa demagogia dei capipopolo gli tappò la bocca, e fu il disastro. Morì in esilio a Lucca nel '62, testando in preda ai rimorsi per essersi arricchito col prestito a strozzo e per chissà cos'altro. Le referenze dei cronisti ce lo presentano comunque «cavaliere di grande animo (...) e di gran sentimento in opera d'arme».

Cavaliere «di picciol sangue» figura viceversa il parlante, Iacopo Rusticucci, forse membro della consorteria dei Cavalcanti, che nel '58 troviamo capitano del popolo ad Arezzo, in situazione tutt'altro che limpida. Sulla storia della fiera moglie che, o assillandolo o negandoglisi, lo avrebbe indotto alla pederastia, cronache e chiose d'epoca non ci forniscono che la parafrasi romanzata d'un verso reticente. Una alternativa eccentrica parrebbe deducibile dal commento del Boccaccio, là dove recita: «commettesi ancora [il peccato di sodomia] quando l'uomo e la femmina, eziandio la propria moglie col marito, meno che onestamente, e contro le ordinarie regole della natura e ancora delle leggi canoniche, si congiungono insieme». Osservazione esatta ma forse non troppo pertinente, che comunque vien buona per congedarci dal gran novellatore di Certaldo, visto che il suo *Comento sopra il Dante* si interrompe al canto prossimo.

Questi, a rigor di cronaca e d'archivio, i tre personaggi che il pellegrino sarebbe ghiotto d'abbracciare saltando giù dall'argine con il consenso di Virgilio, se non lo dissuadesse la paura di finire arrosto. Questi, i tre personaggi ai quali indirizza le espressioni più incondizionatamente lusinghiere che gli scappino dette ad anima dannata: "Non di disprezzo mi ha trafitto il vostro stato miserevole, ma di dolore – un dolore tale, che tarderà a dissolversi del tutto –, nonappena il mio maestro mi ha detto parole da cui ho dedotto *che qual voi siete, tal gente venisse*, che, insomma, quei tre che stavano arrivando di corsa fossero le persone che siete. Sì, sono della vostra città, e la vostra opera come i vostri onorati nomi ho sempre ascoltato e riferito con trepidazione (per verità, in '*ritrassi e ascoltai*' la successione degli eventi risulta invertita, secondo la figura retorica che i dotti chiamano 'hýsteron próteron'). Attualmente, *lascio lo fele e vo per dolci pomi*, insomma, mi adopero a lasciare l'amaro del peccato, avviato alla edenica dolcezza della virtù che la mia guida veritiera mi ha promesso. Ma, prima, conviene che io piombi (*ch'i' tómi*) fino al centro dell'universo, come dire, al fondo dell'inferno" ('tomare', come il francese antico 'tumer', vale 'capitombolare').

"*Se*... con l'augurio che la tua anima abiti e guidi a lungo il tuo corpo (che, insomma, tu possa campare a lungo), e che il chiarore della tua fama ti sopravviva (*e se la fama tua dopo te lu-*

ca)", gli risponde Iacopo Rusticucci con penetrante gentilezza, "dicci se nella nostra città dimorano ancora, come un tempo solevano, *cortesia e valor*, o se è vero che non ce n'è più traccia". Tal Guglielmo Borsiere, giullare d'alto bordo, che è liggiù da poco e ora sta marciando nel loro plotone, ha riferito in proposito cose che li amareggiano molto.

Allora il pellegrino alza la testa, e guarda in sù, nel buio punteggiato di farfalle di fuoco, al rovescio della crosta terrestre. E grida: "*La gente nuova e i sùbiti guadagni / orgoglio e dismisura han generata, / Fiorenza, in te, sì che tu già ten piagni*". Glielo grida da sotto, a Fiorenza, che gli arrivisti delle ultime mandate e le ricchezze accumulate in quattro e quattr'otto, senza troppa fatica né troppi scrupoli, hanno generato la prepotenza boriosa e la smodatezza triviale, di cui già si lamentano gli effetti.

Trasecolano i tre, si guardano in faccia allibiti dalla verità che suona in quella voce, e tutti insieme lodano il concittadino: beato lui, se dispone sempre dell'impetuosa franchezza con cui ha soddisfatto alla loro domanda! Quando, a Dio piacendo, uscirà dalle tenebre dell'inferno a riveder le belle stelle, e avrà di che compiacersi nel ricordo dell'esperienza consumata là sotto (*ti gioverà dicere 'I' fui'*), faccia in modo di parlare di loro alla gente.

Detto, rompono il cerchio, scappano via come se per gambe avessero ali, in un amen son belli che spariti.

No: *cortesia e valor* – virtù feudali che Dante rifonde nell'antico calco della magnanimità – non han lasciato traccia nella città invasa dai nuovi Fiesolani. Firenze, «il luogo della terra più propizio alla mia dolcezza di vivere», come scrive nel *De Vulgari*, la tanto e troppo amata Firenze, s'è ridotta che ormai fa pena e rabbia al pellegrino che grida a faccia in sù.

Aristocraticamente rassegnato alle incessanti permutazioni che l'angelo della Fortuna ìntima all'esistenza di persone, famiglie e repubbliche, il cittadino Dante Alighieri odia la volgarità della *gente nuova*, di quelli cioè che – biasimati dal vecchio buonsenso come 'parvenus', lusingati dalla nuova sociologia come 'ceti emergenti' – si vantano tenutari del futuro; disprezza il moto protervo e vanesio di queste creste d'onda che si credono il destino ultimo del mare.

È vero: l'utopia vaticinata nell'avvento del veltro ha il cuore nel passato: in una Firenze sobria, solidale, operosa, che riproduce impressioni stampate negli occhi del bambino che aveva «bevuto l'acqua d'Arno prima di mettere i denti», e proiettate dai racconti domestici nella mitologia d'una remota infanzia mai vissuta da nessuno. Su quel fondale, anche i magnati delle penultime generazioni, per quanto la cronaca possa immiserirli, assumono di scorcio la sommaria maestà di padri, o zii della patria. Ma l'utopia di Dante è anche – come tutte le utopie – memoria e rimpianto del futuro, e spazia su orizzonti immensamente più vasti di quelli sui quali si allunga l'ombra del campanile di Badia. Verremo ispezionandoli, quegli orizzonti, canto dopo canto, cantica dopo cantica. Per intanto, se i tre patriotti sodomiti pensano che quel bravo compaesano con il lucco trovi, come loro, una qualche consolazione nella buona coscienza dei servizi civici prestati, si sbagliano. La giustizia di cui Dante indaga i disegni consumando l'esperienza emotiva e conoscitiva di tutto il male del mondo non è verbalizzata in vecchi statuti comunali: misteriosa e inesorabile, fonda così nell'aldiquà come nell'aldilà il buongoverno di Dio, e condanna alla disperazione di domani una città boriosa e corrotta, senza risparmiare i cortesi e valenti amministratori che, l'altro ieri, ne hanno, se non propiziato, consentito il dissesto morale.

Parliamoci chiaro: se la sua profezia sullo stato presente di Firenze non fosse altro che l'invettiva d'un apologeta del passato prossimo, la levata di scudi d'un moralista gretto che depreca gli effetti rimpiangendo le cause, Dante avrebbe fatto a meno di incontrare proprio quaggiù questi tre gentiluomini fiorentini (che con Brunetto fanno quattro), ridicolizzati per l'eternità dalle bruciacchiature che li martirizzano. E avrebbe fatto a meno di turbarsene tanto. Una volta di più, contrizione e turbamento del pellegrino non ipotecano l'indulgenza del poeta: denunciano, al contrario, quant'è lungo e aspro il tracciato che ancora separa i due, e che il primo (il pellegrino d'oltretomba) è tenuto a percorrere sotto l'occhio attento e severo della ragione in persona di Virgilio. Anche se, di quando in quando, il personaggio poeta non può fare a meno di fornire al pellegrino che è stato tutta la sua irrefrenabile potenza di canto.

Dileguati i tre gentiluomini, Virgilio pensa bene di rimettersi in cammino, e Dante dietro. Ma in pochi passi sono sull'orlo del burrone che delimita il cerchio (ben per questo le tre anime dannate, non potendo né fermarsi né procedere granché, si erano impegnate in quel grottesco balletto a ruota). Qui, oltre tutto, è quasi impossibile rivolgersi la parola (*per parlar saremmo a pena uditi*), tale il fragore della cascata.

Il volume del liquido rosso non è molto, ma molto dev'essere il dislivello, se il rintrono assordante ricorda quello che, precipitando in un unico salto anziché digradare su una serie di balze, produce sopra San Benedetto dell'Alpe quel fiume che, dalle sorgenti del Po sul Monviso verso est, è il primo a scendere sul versante sinistro dell'Appennino con autonomo corso e accesso al mare (senza cioè confluire nel Po); il qual fiume prima di precipitarsi a valle si chiama Acquacheta, mentre a Forlì ha dimesso quel nome: prende, infatti, a chiamarsi Montone… E vorrei tu notassi, amico, il puntiglio con cui Dante segnala (qui e altrove) il dato puramente convenzionale che un corso d'acqua cambi nome, affluendo magari in altro corso o gettandosi in mare: come lo emozioni l'inafferrabile identità di un liquido che scorre… puntiglio singolarissimo e – lo osserveremo meglio in altra occasione – cruciale nell'araldica del suo immaginario.

Inevitabile, che questa similitudine a perdifiato, che infila quattro terzine in un unico salto, anziché digradare sulle consuete balze metrico-sintattiche – come la cascata che ci sta raccontando –, sia oggetto di infinite controversie fin dal tempo dei figli di Dante. Le tralasceremo. Tanto più che sono assolutamente irrisorie, se confrontate con quelle che ha acceso il passo che segue.

Passo semplicissimo, sotto il profilo narrativo...

Il poeta, in parole povere, racconta che aveva addosso una cintola, una corda; che se la slacciò e, ubbidendo a un ordine di Virgilio, gliela porse appallottolata (*aggroppata e ravvolta*); che Virgilio si girò verso destra e la scaraventò di sotto, con traiettoria lunga, nel profondo burrone (*in quell'alto burrato*). Il poeta soggiunge di aver pensato da pellegrino: 'a questo strano segnale (guarda come il maestro ne segue la parabola con gli occhi!) qualcosa d'insolito risponderà di certo'.

E ora, da poeta, fa una considerazione. Questa, più o meno: «se siamo vicini a persone che non si limitano alla superficie dei nostri comportamenti (*che non veggion pur l'ovra*), ma con la loro sagacia penetrano i nostri pensieri, quanto dobbiamo esser cauti nel pensare: anche pensare, insomma, diventa una responsabilità».

Tanto vero, che Virgilio subito gli dice (urlandogli, immagino, in un orecchio): "Presto si presenterà quassù quello ch'io aspetto, *e che il tuo pensier sogna*, e che tu vai fantasticando; presto lo vedrai, vedrai!".

Ora, il significato mistico di questa corda, del suo lancio e della sua efficacia appellativa non è di facile accesso. Vediamo intanto chi mai Virgilio ha convocato dall'abisso con quel bizzarro segnale.

Il poeta è tentato di non dircelo. Spiega, infatti, che una verità c'ha faccia di menzogna va taciuta, nei limiti del possibile, se non si vuol rischiare di far una figuraccia senza averne colpa. Tuttavia, visto che non può fare a meno di comunicarcela, questa verità inverosimile, ci giura sopra, appellandosi a te, a me, lettori singoli, *per le note / di questa comedìa* (...), */ s'elle non sien di lunga grazia vòte*... in altri termini, giura sui versi del libro che sta scrivendo, quant'è vero che godranno a lungo della nostra benevolenza, che egli vide in quell'aria spessa e scura *venir notando una figura in suso / maravigliosa ad ogne cor sicuro* (tale, insomma, da sbigottire la persona più salda di nervi), col movimento di chi s'è immerso per disimpegnare l'ancora incagliata sul fondo del mare a uno scoglio o a chessò io, e ora torna a galla estendendosi di sopra e rattrappendosi di sotto, stirando le braccia e raccogliendo le gambe.

Chi e come sia fatto di preciso questo spaventevole sommozzatore volante, lo sapremo quando il poeta ce lo racconterà. Ma che per allegoria significhi la Frode, sarà meglio dircelo subito, anticipando con procedura abusiva quel che leggeremo nero su bianco alla terza terzina del canto prossimo. La corda, dunque, convoca la Frode. Ma questa corda ha un altro requisito allegorico, che il poeta dichiara appena la nomina: «*con essa* – ammette – *pensai alcuna volta / prender la lonza a la pelle dipinta*». Insomma, con questa corda Dante tentò altra volta di catturare la lonza dal manto variegato, che noi sappiamo fin dal primo canto significare, per allegoria, la Lussuria. Bene. E che sarà mai questa corda?

Da secoli gli interpreti si dividono in due scuole contrapposte, e nelle innumerevoli sottoscuole in cui quelle han proliferato. Forte di citazioni scritturali e liturgiche, e di riscontri con altri testi danteschi, l'una e la più antica, che molti contemporanei hanno peraltro rivalutato, indica nella corda – intesa come laccio – un simbolo dell'intenzione frodolenta che attiene alla seduzione amorosa e che, nel caso, adescherebbe la bestiaccia volante, emblema della Frode-in-atto. L'altra, forte anch'essa di citazioni bibliche ma anche di passi di Aristotele e sant'Agostino, dà la corda – intesa come cingolo – per indicatore di Castità (e non c'è bisogno di supporre Dante terziario francescano o cavaliere del Tempio, per attribuirgli l'idea correntissima che il cingolo contenga e freni gli stimoli alla libidine, tradizionalmente annidati nei lombi e nei reni). In quanto sacro antidoto agli adescamenti della lussuria, la corda dunque non alletterebbe il mostro della Frode, ma gli incuterebbe una rabbiosa soggezione. D'altronde, l'efficacia di questa corda contro la Frode iniqua e infida risulterebbe adeguatamente specificata da un versetto del *Libro di Isaia* che, prefigurando l'opera e i segni del messia davidico, recita: «la giustizia sarà la fascia dei suoi lombi, / la fedeltà la cintura dei suoi fianchi».

Non si può d'altra parte sconfessare l'impressione che la corda *aggroppata e ravvolta* che vola in giù sviluppandosi, e il mostro che, stendendosi e rattrappendosi, vola in su a rana, costituiscano la cerniera allegorica fra Lussuria e Frode; o, magari, che snodino nell'aria nera del baratro il laccio dell'adescamento e della seduzione che collega la speciale violenza dei Sodomiti con la frode dei Ruffiani, che ci aspettano nella prima bolgia del cerchio sottostante. Sia quel che sia – e più di tanto non vorrei davvero spericolarmi in congetture – l'apparato allegorico di questa chiusa di canto impone una riflessione d'ordine generale.

Dante parla nel *Convivio* di due distinti generi di allegoria: l'allegoria dei poeti, che «si nasconde sotto 'l manto» delle loro «favole, ed è una veritade ascosa sotto bella menzogna»; e l'allegoria dei teologi. Di quest'ultima non tratta, ma da diversi passi dell'*Epistola* con cui Dante dedicherà il *Paradiso* a Cangrande della Scala ricaviamo la certezza che l'allegoria dei teologi, propria delle Sacre Scritture, ha invece la prerogativa di nascondere ulteriori verità spirituali sotto il racconto di storie realmente accadute, vere.

E Dante ci ha appena giurato *per le note / di questa comedìa* che, anche se l'episodio del mostro natante nella tenebra ha faccia di menzogna, lui, il mostro, l'ha visto per davvero; insomma, che gli eventi incredibili che ci racconta, non se li sta inventando lui: li ha fatti Dio. E cortesemente esige da noi un'apertura di credito, per non dire un atto di fede, che perpetui la vita del suo libro.

Che il genere allegorico adottato nella *Commedia* sia l'allegoria dei teologi? Che la *Commedia* pretenda in qualche modo alla sacra scrittura?

Formalmente, parrebbe proprio di sì; quantunque, chiamando a testimone della veridicità del suo libro il libro stesso, anzi il fatto stesso inoppugnabile che noi lettori lo stiamo leggendo, Dante sembri volerci implicare in un elegante circuito tautologico: 'quel che stai leggendo è vero, quanto è vero che lo stai leggendo...'.

D'altronde 'comedìa' – come ben sappiamo – è il nome tecnico del genere di finzione poetica sotto cui va rubricato questo libro: molto significativo e significativamente ambiguo, chè nel corso del poema il nome venga enunciato per la prima (e penultima) volta proprio in questo passo, dove il poeta giura al suo lettore che quel che gli sta raccontando non è una «finzione poetica». Per ora basterà prenderne nota. Sull'argomento – cui in un modo o nell'altro accennavo fin dall'inizio della prima di queste nostre letture – torneremo più d'una volta, amico mio, specie in paradiso.

Di sicuro, all'atto, non c'è che una constatazione, circoscritta ma molto impegnativa: come Dio, di cui si vanta strumento umilissimo, anche il poeta ha bisogno di noi, conta su noi, poveri lettori, e ci prega uno per uno di concorrere, leggendolo, alla vita del suo libro, di aiutarlo a respirare col nostro respiro.

Già era in loco onde s'udia 'l rimbombo
de l'acqua che cadea ne l'altro giro,
simile a quel che l'arnie fanno rombo,

quando tre ombre insieme si partiro,
correndo, d'una torma che passava
sotto la pioggia de l'aspro martiro.

Venian ver' noi, e ciascuna gridava:
"Sòstati, tu ch'a l'abito ne sembri
essere alcun di nostra terra prava".

Ahimè, che piaghe vidi ne' lor membri,
ricenti e vecchie, da le fiamme incese!
Ancor men duol, pur ch'i' me ne rimembri.

A le lor grida il mio dottor s'attese;
volse 'l viso ver' me, e "Or aspetta",
disse, "a costor si vuole esser cortese.

E se non fosse il foco che saetta
la natura del loco, i' dicerei
che meglio stesse a te che a lor la fretta".

Ricominciar, come noi restammo, ei
l'antico verso; e quando a noi fuor giunti,
fenno una rota di sé tutti e trei.

Qual sogliono i campion far nudi e unti,
avvisando lor presa e lor vantaggio,
prima che sien tra lor battuti e punti:

così rotando, ciascuno il visaggio
drizzava a me, sì che 'n contraro il collo
faceva ai piè continüo vïaggio.

E "Se miseria d'esto loco sóllo
rende in dispetto noi e nostri prieghi",
cominciò l'uno, "e 'l tinto aspetto e bróllo,

la fama nostra il tuo animo pieghi
a dirne chi tu se', che i vivi piedi
così sicuro per lo 'nferno freghi.

Questi, l'orme di cui pestar mi vedi,
tutto che nudo e dipelato vada,
fu di grado maggior che tu non credi:

nepote fu de la buona Gualdrada;
Guido Guerra ebbe nome, e in sua vita
fece col senno assai e con la spada.

L'altro, ch'appresso me la rena trita,
è Tegghiaio Aldobrandi, la cui voce
nel mondo sù dovria esser gradita.

E io, che posto son con loro in croce,
Iacopo Rusticucci fui, e certo
la fiera moglie più ch'altro mi nuoce".

S'i' fossi stato dal foco coperto,
gittato mi sarei tra lor di sotto,
e credo che 'l dottor l'avria sofferto;

ma perch'io mi sarei brusciato e cotto,
vinse paura la mia buona voglia
che di loro abbracciar mi facea ghiotto.

Poi cominciai: "Non dispetto, ma doglia
la vostra condizion dentro mi fisse,
tanta che tardi tutta si dispoglia,

tosto che questo mio segnor mi disse
parole per le quali i' mi pensai
che qual voi siete, tal gente venisse.

Di vostra terra sono, e sempre mai
l'ovra di voi e li onorati nomi
con affezion ritrassi e ascoltai.

Lascio lo fele e vo per dolci pomi
promessi a me per lo verace duca;
ma 'nfino al centro pria convien ch'i' tómi".

"Se lungamente l'anima conduca
le membra tue", rispuose quelli ancora,
"e se la fama tua dopo te luca,

cortesia e valor dì se dimora
ne la nostra città sì come suole,
o se del tutto se n'è gita fora; 69
ché Guiglielmo Borsiere, il qual si duole
con noi per poco e va là coi compagni,
assai ne cruccia con le sue parole". 72
"La gente nuova e i sùbiti guadagni
orgoglio e dismisura han generata,
Fiorenza, in te, sì che tu già ten piagni". 75
Così gridai con la faccia levata;
e i tre, che ciò inteser per risposta,
guardar l'un l'altro com'al ver si guata. 78
"Se l'altre volte sì poco ti costa",
rispuoser tutti, "il satisfare altrui,
felice te se sì parli a tua posta! 81
Però, se campi d'esti luoghi bui
e torni a riveder le belle stelle,
quando ti gioverà dicere 'I' fui', 84
fa che di noi a la gente favelle".
Indi rupper la rota, e a fuggirsi
ali sembiar le gambe loro isnelle. 87
Un amen non saria possuto dirsi
tosto così com'e' fuoro spariti;
per ch'al maestro parve di partirsi. 90
Io lo seguiva, e poco eravam iti,
che 'l suon de l'acqua n'era sì vicino,
che per parlar saremmo a pena uditi. 93
Come quel fiume c'ha proprio cammino
prima dal Monte Viso 'nver' levante,
da la sinistra costa d'Apennino, 96
che si chiama Acquacheta suso, avante
che si divalli giù nel basso letto,
e a Forlì di quel nome è vacante, 99

rimbomba là sovra San Benedetto
de l'Alpe per cadere ad una scesa
ove dovea per mille esser recetto:

così, giù d'una ripa discoscesa,
trovammo risonar quell'acqua tinta,
sì che 'n poc'ora avria l'orecchia offesa.

Io avea una corda intorno cinta,
e con essa pensai alcuna volta
prender la lonza a la pelle dipinta.

Poscia ch'io l'ebbi tutta da me sciolta,
sì come 'l duca m'avea comandato,
porsila a lui aggroppata e ravvolta.

Ond'ei si volse inver' lo destro lato,
e alquanto di lunge da la sponda
la gittò giuso in quell'alto burrato.

'E' pur convien che novità risponda',
dicea fra me medesmo, 'al novo cenno
che 'l maestro con l'occhio sì seconda'.

Ahi quanto cauti li uomini esser dienno
presso a color che non veggion pur l'ovra,
ma per entro i pensier miran col senno!

El disse a me: "Tosto verrà di sovra
ciò ch'io attendo e che il tuo pensier sogna;
tosto convien ch'al tuo viso si scovra".

Sempre a quel ver c'ha faccia di menzogna
de' l'uom chiuder le labbra fin ch'el puote,
però che sanza colpa fa vergogna;

ma qui tacer nol posso; e per le note
di questa comedìa, lettor, ti giuro,
s'elle non sien di lunga grazia vòte,

ch'i' vidi per quell'aere grosso e scuro
venir notando una figura in suso,
maravigliosa ad ogne cor sicuro,

sì come torna colui che va giuso
talora a solver l'àncora ch'aggrappa
o scoglio o altro che nel mare è chiuso,
che 'n sù si stende e da piè si rattrappa.

XVII

Eccola qua, l'infame bestiaccia schifosa, galleggiare alla fonda sulla tenebra dell'infimo inferno. Il buon duca fa osservare la sua coda aguzza, e spiega come nulla le sia d'ostacolo, né le montagne della terra (che valica), né le mura e le corazze degli uomini (che sfonda). Eccola qua, quella che appesta tutto col suo fetore!

Sunteggiate iperbolicamente, ad uso del discepolo, le prerogative della fiera volante, Virgilio le fa cenno di attraccare in prossimità del punto in cui si trovano lui e Dante, cioè dove gli argini pedonali di pietra (*i passeggiati marmi*) si interrompono per affacciarsi sull'abisso. E lei, quell'immonda personificazione della Frode – dice chiaro e tondo il poeta, a scanso di equivoci allegorici – ubbidisce, e viene ad appoggiare testa e busto alla proda rocciosa (*arrivò la testa e 'l busto*, dove 'arrivare', transitivo come il 'passeggiare' di due versi fa, vale 'portare a riva'), guardandosi però dal tirar la coda sulla sponda.

Stiamo osservando da vicino com'è fatto questo Gerione (così si chiama, e così lo interpellerà Virgilio verso la fine del canto). La faccia è la faccia *d'uom giusto* (d'un galantuomo, diremmo), tanto benigna e mite è la sua cèra; mentre il tronco, che emerge oltre il ciglione del baratro, è quello d'un serpente. Ha due zampe artigliate, e pelose fin sotto le ascelle. Dorso, petto e ambo i fianchi son decorati di fregi a treccia (*nodi*) e a disco (*rotelle*), con uno sfarzo di colori, di *sommesse* (trame di fondo) e di *sovraposte* (disegni in rilievo), ignoto ai *Tartari* e ai *Turchi* (che erano, e sono, maestri nella tessitura di tende e tappeti, tanto più che per 'Tartari', popolazione insediata all'epoca sugli altipiani dell'Iran, bisogna intendere 'Persiani'). Mai – soggiunge il poeta –, nemmeno dalla portentosa perizia della ragazza Aracne, tele di tanto pregio furono *imposte*: participio, mutuato forse dal 'ponere' di Ovidio, che lo adopera nel senso di 'animare di figure', là dove racconta la storia di Aracne, ragazza di Lidia, famosa, appunto, per la sua maestria nell'animar la tela di figure... ragazza che, però, una volta si permette di sfidare al telaio la bionda Minerva, e, peggio, di batterla, e che la divina picchia con la spola, e trasforma in ragno.

Ma qual è, bene, la positura di questo Gerione? Quella delle chiatte (*burchi*) tirate a riva per metà, con la prua in secco e con la poppa in acqua; o anche quella del castoro (*bìvero*, come il tedesco 'Beber'), quando, lassù nel paese, appunto, dei Tedeschi papponi (*lurchi*), si apposta per far la sua guerra contro i pesci. Al proposito, è da sapere che la zoologia medievale attribuiva ai castori lo stravagante e subdolo costume di starsene a semicupio in riva ai fiumi, per adescare i pesci secernendo goccioline oleose dalla coda, poi girarsi di scatto ed acciuffarli.

Comunque sia, se hai presente, amico mio, un castoro o un barcone, mezzi nell'acqua e mezzi fuori, puoi farti un'idea di come quella fiera pessima, arabescata alla maniera d'un tappeto orientale, s'era disposta sull'orlo di pietra che recinge e contiene l'arenile del settimo cerchio, lasciando guizzare la coda nel vuoto, e torcendone in sù l'estremità forcuta e armata di aculei velenosi, sul genere di quelli d'uno scorpione (se hai presente, amico mio, gli scorpioni).

Più il mostro si carica di allusioni allegoriche alla lusinga e alla doppiezza, più il poeta, accavallando una similitudine sull'altra, si studia di stamparcelo negli occhi, quasi a renderci complici della sua testimonianza giurata.

Le favole antiche raccontano del re mostruoso d'un'isola dell'Estremo Occidente, a nome Gerione, il quale nutriva un suo gregge di bovi scarlatti con la carne di ospiti assassinati a tradimento; finché, grazie al cielo, Ercole gli portò via il bestiame e l'ammazzò. Virgilio gli assegna sei braccia e tre teste, e colloca il suo fantasma sotto l'olmo del vestibolo dell'Averno. Ovidio, nelle *Eroidi*, lo insignisce inavvertitamente delle prerogative della Santissima Trinità: «quamvis in tribus unus erat»: era uno, sebbene in tre persone. Dante scagliona in lunghezza la sua natura multipla, e contamina l'immagine delle abominevoli cavallette dell'*Apocalisse* con quelle di animali fantastici, come la Mantìchora o il Morintomorion, che l'erudizione tardo-medievale spulciava da antichi repertori d'incubi, e inventariava meticolosamente. Ma anche le belve immaginarie accucciate in penitenza sotto le colonnine dei pulpiti e dei prostili tardoromanici, o gli intarsi policromi dei maestri cosmateschi, magari, la drapperia a fresco di Giotto avranno cooperato al laborioso portento di questo Gerione e dei versi che lo costituiscono.

Il quale, peraltro, si differenzia da tutti i mostri antecedenti per i suoi requisiti estetici. Esaurita l'osservazione anatomica, dobbiamo registrare come il suo fascino equivoco non trasudi soltanto dalla finta onestà del viso, ma anche dalla bellezza autentica del mantello: insomma, come la frode, moralmente proditoria, irradi un sontuoso potenziale di seduzione, per non dire: il fascino dell'ambiguità.

Procediamo. La bestia non si è coricata nel punto esatto dove stanno i due viaggiatori, ma dieci passi più in là. Naturalmente sulla destra, dato che, se approdava sulla sinistra, avrebbe costretto i due a guadare il canale per raggiungerla. Ma per quanto ragionevole sia, la deviazione dal tragitto iniziatico – all'inferno, come sappiamo, tassativamente orientato a sinistra – non può certo sottrarsi all'obbligo di soprasenso. Tenendo conto che ha un solo precedente (se hai buona memoria, ricorderai che, appena entrato nel cerchio degli Eretici, Virgilio si avviò lungo il fronte interno delle mura di Dite «a la man destra»)... dunque, tenendo conto, si è molto ipotizzato che questa incidentale inversione di rotta significhi, più o meno, l'«intenzione diritta» con cui il pellegrino accederebbe al penitenziario della Frode (per conoscerla, insomma, e non per farne uso), così come s'era inoltrato nel carcere dell'Eresia: peccati che, implicando entrambi un uso aberrante della ragione, andrebbero affrontati con una specie di rincorsa, con un supplemento di propulsione razionale. Chissà.

Il fatto poi che i passi siano giusto dieci significherebbe per allegoria le dieci specie dell'astuzia punite nel cerchio sottostante in dieci bolge: ipotesi più che accettabile. Molto meno, la congettura che pretende di contare nelle due ganasce della forbice caudale di Gerione le due grandi categorie della Frode distribuite fra ottavo e nono cerchio: congettura che il buonsenso si rifiuterà di apprezzare finché non avrà visto una forbice con una lama sola (o con tre).

Dunque, dietro esortazione di Virgilio, Dante gli si accoda a coprire i dieci passi allegorici, senza staccarsi beninteso dal cornicione di pietra, *per ben cessar la rena e la fiammella*: per evitare con cura la sabbia e le farfalle di fuoco, che sul cornicione evidentemente non cadono, come non cadevano sull'argine. Arrivati all'altezza della bestia malvagia, il pellegrino adocchia più in là un gruppo di gente accoccolata in prossimità della voragine ('*loco scemo*' vale 'spazio vuoto'); e il maestro gli suggerisce di completare la ricognizione del girone, andando un po' a vedere quei disgraziati come se la passano (*lor mena*). Ma non la tiri tanto per le lunghe. Lui, Virgilio, nel frattempo convincerà la bestia *che ne conceda i suoi omeri forti*, che presti, insomma, il suo corpaccio alle loro esigenze locomotorie.

Così il pellegrino si riavvia sulla testata di pietra (*su per la strema testa*) di quel settimo cerchio, solo solo, verso il punto dove siedono quelle anime in pena. Povere anime: il loro dolore scoppiava fuori spruzzando lacrime dagli occhi. E mulinavano di continuo le mani per procurarsi un minimo di sollievo ora dai fiocchi roventi ora dalla sabbia arroventata, come fanno i cani d'estate col muso e con la zampa, quando li assillano o pulci o mosche o tafàni: povere bestie!

Per quanti ne guardi in faccia, Dante non ne riconosce uno (sappiamo come il fuoco cadente cancelli i lineamenti); però si accorge immediatamente che tutti hanno una *tasca*, cioè una borsa appesa al collo, *e quinci par che 'l loro occhio si pasca* (diremmo noi: 'e sembrano mangiarsela con gli occhi'); e che ogni borsa è contraddistinta da determinati colori e da una determinata figura.

Avvicinandosi ancora al crocchio dei dannati e osservando bene, su una borsa gialla il pellegrino vede dell'azzurro in sagoma e posa da leone; lasciando scorrere l'occhio (*curro* è letteralmente 'carro', 'cocchio'; diciamo 'il cocchio dello sguardo'), su un'altra borsa, rosso-sangue, riconosce un'oca bianca come panna di latte.

A questo punto, un tizio che aveva il borsetto bianco fregiato d'una scrofa azzurra e pregna, lo interpella di malagrazia: "Che ci fai, in questo buco? Lèvati di mezzo! Anzi, visto che sei ancora vivo, ti informo che il mio compaesano e compare (*'l mio vicin*) Vitaliano verrà presto ad accucciarsi alla mia sinistra. Io sono di Padova, in mezzo a tutti questi fiorentini, che non fanno che intronarmi al grido: 'ma perché il *cavalier sovrano*, coi suoi tre becchi neri sulla sacca, non arriva mai?'". Qui, soddisfatto dei pettegolezzi che ha sgranato, il tizio storce la bocca e caccia fuori un palmo di lingua, come un bue che si lecchi il naso.

E il pellegrino, temendo che il trattenersi oltre avrebbe irritato Virgilio, il quale gli aveva molto raccomandato di far presto (*lui che di poco star m'avea 'mmonito*), lascia quelle anime triste e sfinite dove stanno, e torna indietro.

Così, con undici terzine, il poeta si è liberato degli Usurai.

Infatti, di Usurai si tratta – o 'caorsini', come li chiamavano qui da noi –, terza e ultima sottoclasse dei Violenti-contro-Dio che popolano questo torrido arenile, dopo i Bestemmiatori e i Sodomiti. Pare però da escludere che tutti gli usurai siano accovacciati qui sull'orlo del baratro, se il pellegrino, come ricorderai, appena uscito dalla macchia dei Suicidi, aveva già visto gente che *si sedea tutta raccolta*. E mentre è sensato supporre che l'intera categoria di dannati abbia una borsa appesa al collo, e che con l'occhio se ne pasca, dato che la borsa, col registro dei crediti («tasca cum libro»), costituiva per gli usurai – o 'lombardi', come li chiamavano in Francia – corredo e insegna del mestiere, parrebbe ovvio che lo stemma nobiliare sia prerogativa all'inferno di chi vantava stemmi sulla terra. Cioè, di questo specifico gruppo di dannati qui. E che gruppo è?

Tentar di identificare i personaggi con la borsa blasonata (eccetto i due assenti, menzionati dall'anima pettegola) è fatica inutile, visto che non ci riesce nemmeno il pellegrino, e il poeta li consegna all'anonimato collettivo, com'era successo per Avari e Prodighi. Con una variante apprezzabile, però: l'irriconoscibilità è immediatamente corretta da un'identificazione parziale, che in realtà la rende ancora più sordida. Il pellegrino non ha fatto in tempo a rendersi conto di non riconoscere nessuno, che ha notato il blasone sulla borsa che hanno appesa al collo, e di cui tanto si compiacciono: come a dire che l'identità di questi usurai si riduce al marchio della ditta stampigliato sulla cassa…

Marchi e blasoni, viceversa, riconoscibilissimi.

Il leone azzurro in campo oro è lo stemma gentilizio dei Gianfigliazzi, gran famiglia di commercianti e finanzieri del popolo di Santa Trìnita. La sua fortuna decolla intorno al quarto del Duecento con la spoliazione del vescovo di Fiesole, creditore insolvente e grullo, e si espande a vista d'occhio grazie al trasferimento di somme notevoli nel Mezzogiorno di Francia, dove diversi membri del parentado esercitano le più svariate attività creditizie, esigendo tassi fino al 266,66% (io ti presto 3 e, in capo a un anno, tu mi rendi 11). Per modo che, al passaggio di secolo, la famiglia figura titolare di sconfinate proprietà fondiarie nel Delfinato. In patria, viceversa, i Gianfigliazzi praticano interessi molto più miti – c'è anche da dire che a Firenze la frenetica circolazione monetaria ha finito per ridurre il costo del denaro, e che le somme prestate in loco non corrono i rischi del brigantaggio internazionale –, e godono di buona reputazione, cariche onorevoli, matrimoni eccellenti. Ma vanità induce più d'uno a procurarsi arma e titolo di cavaliere; ragion per cui i famosi Ordinamenti di Giustizia, che interdicono agli aristocratici l'accesso alle cariche pubbliche (ne parlavamo – se ricordi – nel canto di Ciacco, ne riparleremo nel cielo di Marte), estromettono dal governo cittadino l'intera casata. Ciononondimeno, guelfi di parte nera fra i più faziosi e ostinati, sul far del Trecento i Gianfigliazzi hanno assunto di fatto, con la grande consorteria dei Donati, la gestione politica dell'«azienda Firenze».

Analoga e complementare, anche se non altrettanto clamorosa, l'ascesa economica degli Obriachi (o Ubriachi, o Embriachi, tanto il significato resta quello), famiglia ghibellina d'Oltrarno, che vanta a blasone d'una recente nobiltà un'oca biancolatte in campo rosso. Area delle loro transazioni più ghiotte sarà però la Sicilia, dove, forti delle loro benemerenze antiangioine, dopo i famosi Vespri del 1282 assumono il controllo del mercato finanziario. Nel 1301, alla cacciata definitiva da Firenze di loro e di lor parte, Obriachi si segnalano felicemente insediati e operanti a Venezia, Vicenza, Bologna. A Bologna, un Obriachi (non sapremo mai se proprio quello rannicchiato qui) accumula una fortuna prestando contro pegno agli studenti.

Pratica questa, del credito universitario, che gli Obriachi condividono tanto con i Gianfigliazzi, finanzieri ufficiali dell'università di Avignone, quanto con gli Scrovegni, che, in situazione di monopolio, esercitano la loro carità pelosa fra gli studenti di Padova. E ad espiazione (e oculato investimento) delle rendite da strozzo accumulate da un Reginaldo Scrovegni, gli eredi faranno edificare e affrescare da Giotto la cappella che li commemora. È appunto d'uno Scrovegni – scrofa azzurra in campo bianco – l'anima maldicente che interpella il pellegrino, e gli preannuncia due arrivi imminenti.

Uno: quello di Vitaliano del Dente, gentiluomo patavino, magnificamente imparentato (genero di Reginaldo Scrovegni e suocero di Bartolomeo della Scala), che con gli Scaligeri ebbe peraltro diversi screzi d'ordine e patrimoniale e politico: chissà quante – primi ospiti durevoli dell'Alighieri fuoruscito – i signori di Verona gliene avran raccontate sul conto di Vitaliano...

Due: l'arrivo di Gianni Buiamonte della casata fiorentina dei Becchi – tre caproni neri in campo oro –, attivissima sui mercati della Provenza e della Champagne col beneplacito di Carlo d'Angiò e successori. Gianni, in particolare, pare sia stato ordinato «dominus et miles» solo nel 1298, giusto in tempo per consolarsi con un diploma nobiliare della bancarotta fraudolenta che tre-quattro anni dopo lo costringerà a svignarsela da Firenze.

Il fatto che i colleghi fiorentini lo invochino col titolo di *cavalier sovrano*, titolo pomposo e inesistente, come fosse 'Gran Maestro dell'Ordine degli Strozzini', aiuta a capire il criterio che seleziona questo gruppo di anime in pena: si tratterà della cricca degli affaristi e faccendieri che hanno infamato il rango aristocratico brigando titolo e stemma con i proventi dell'usura. Torna bene che tipi del genere eleggano Gran Maestro il più posticcio e losco dei nobiluomini.

Resta da stabilire che cosa di preciso intendesse Dante per usura. Non facile.

I canonisti della Chiesa, nel già ricordato Concilio di Lione del 1274, avevano elaborato la dottrina secondo cui nessun tipo di mutuo, trattandosi comunque d'una vendita di denaro con pagamento differito, legittimerebbe la riscossione di interessi, dato che – si legge nei capitolati del Concilio – «il tempo è bene comune». Per conseguenza, tutti coloro che pretendono interessi sul denaro prestato incorrono nel peccato di usura. Annaspando intorno all'XI canto, ci siamo domandati se Dante (e, per lui, Virgilio) condividesse tanta intransigenza dottrinale, suffragata dalla *Fisica* di Aristotele.

È il momento di dire che molti lo contestano recisamente, e sostengono che, anzi, il poeta operava una molto oculata distinzione fra lo strozzino, che intasca quel che ha lucrato sui bisogni dei poveri e sull'irresponsabilità del vecchio patriziato, e il banchiere, che praticando tassi conformi ecc., percepisce utili commisurati ecc., e li reinveste in attività produttive. A riprova, si invoca il famoso elogio della volubilità provvidenziale della Fortuna pronunciato a suo tempo da Virgilio. Argomento forte, ma non fortissimo. Se pure ammettiamo che Dante Alighieri vedesse incentivata dall'attività creditizia la mobilità incessante delle ricchezze prescritta dalla Provvidenza al buon fine di dissuaderci dal culto esclusivo dei beni materiali, non siamo autorizzati a dedurne che egli apprezzasse sotto il profilo etico chi, nel culto esclusivo dei beni materiali, praticava quell'attività. Chiaro? Ripeto? Ripeto: prendiamo per buono che Dante vedesse incentivata dall'attività creditizia la mobilità incessante delle ricchezze prescritta dalla Provvidenza al buon fine di dissuaderci dal culto esclusivo dei beni materiali: bene. Ma questo non ci autorizza a pensare che Dante apprezzasse sotto il profilo etico chi, nel culto esclusivo dei beni materiali, praticava quell'attività... Anche il tradimento di Giuda Iscariota entra nei disegni della divina provvidenza, eppure – come avremo agio di constatare – né Dio né il suo scriba premieranno il traditore.

Dante conobbe tanto la petulanza taccagna dello strozzino (perfino suo padre, sembra, per arrotondare le povere rendite fondiarie... suo cognato, poi, lo faceva di professione), quanto il cinismo arrogante del grande banchiere (non foss'altro in veste di Priore, doveva averne frequentati diversi). Dunque sapeva bene come le due figure si integrassero e confondessero all'interno d'una medesima impresa familiare, spesso, anzi, d'una persona medesima. E se è ipotizzabile non condividesse le rigidezze della dottrina canonica, tanto meno si sarà compiaciuto della prassi sorniona secondo cui la Curia di Roma, dosando l'erogazione di scomuniche e indulgenze, copriva le più spericolate operazioni creditizie dei finanzieri toscani disseminati su due terzi d'Europa, per ottenere in contropartita l'esazione delle decime e cospicue tangenti.

D'altra parte, riflettiamo. Se la colpa fondamentale che danna gli Usurai come Violenti-contro-l'arte (nipote di Dio) sta nell'aver violato il precetto biblico di procurarsi il pane col sudore della fronte, altroché strozzini di mezza tacca!... rischiano di finire sul sabbione con la borsa al collo tutti i finanzieri e gli speculatori emergenti di Firenze (e dell'Europa che le ruota intorno): tutta questa gente nuova, che i suoi sùbiti guadagni se li procura, nella più virtuosa delle ipotesi, limitandosi a controllare l'acquisto di materie prime e semilavorati e la distribuzione del prodotto finito, senza comunque mai contaminarsi con le fatiche e coi cattivi odori del cosiddetto ciclo produttivo.

No, non è affatto facile, in capo a diversi secoli di civiltà del saggio di profitto e del tasso d'interesse, per non dire della recente diffusione planetaria dello stock-jobbing, rendersi conto bene di chi siano, per Dante, gli Usurai. Certo è che nella loro attività egli riscontra gli estremi del sopruso civile, i segni di un'avarizia smodata e violenta, e – quel ch'è peggio – l'imposizione di un miserabile schema di valore basato su parametri ciecamente quantitativi. E li detesta, questi Usurai, al punto di introdurre una deroga nell'ordinamento giudiziario dell'inferno: infatti, esponendoli alle ustioni per di sotto e per di sopra, con una superficie di cute molto più estesa e in una posizione molto più scomoda, li punisce peggio dei Sodomiti, quantunque la violenza che hanno usato a Dio sia, a rigore, più indiretta e perciò meno grave.

L'ispezione agli strozzini blasonati conclude la traversata dell'arenile, propiziata – se ricordi – dall'umile gesto rituale con cui il pellegrino aveva radunato i rami spezzati dell'anonimo compatriota suicida. La «carità del natio loco», che confessava in quel gesto, esacerbata dalla pietà per la faccia cotta del vecchio Brunetto e dalla sua spaziosa profezia, rinfocolata dal turbamento per l'incontro con i tre nobiluomini estratti dalla leggenda civica del passato prossimo, si è liberata nel disincanto e nella rabbia della terzina gridata a faccia in sù («la gente nuova e i sùbiti guadagni»... ricordi?): ora si ripiega nella rassegnazione ai disegni indecifrabili di Dio e all'atroce maestria della sua giustizia. Sedati il rancore dell'autocommiserazione e il panico della nostalgia, il pellegrino, sull'orlo del penultimo abisso, è pronto a calarsi, nuotando nella tenebra sulle spalle di Gerione, verso il gran regno della Frode.

Virgilio è già in groppa al fiero animale, ed esorta il discepolo a inserirsi fra lui e la parte anteriore del mostro, così da evitargli le conseguenze di eventuali colpi di coda: "Di questo genere", annuncia, "saranno, d'ora in avanti, i mezzi di locomozione per la discesa".

Finora, se ricapitoli, il pellegrino è scalato di cerchio in cerchio o non si sa come (dal I al II), o in deliquio (dal II al III), o sulle sue gambe (dal III al VII); adesso Virgilio gli sta spiegando che, di qui in avanti, dovrà utilizzare come mezzi di trasporto (o ascensori o scale di sicurezza) creature mostruose.

Sì. Ma si fa presto a dire: "*Or sie forte e ardito*"...

Dante sta come uno che sente avvicinarsi i brividi della febbre quartana (questo è il '*riprèzzo*'), e ha già le unghie livide, e solo a vedere un angolo all'ombra (*pur guardando 'l rezzo*), batte i denti.

Meno male, che lo rimorde la vergogna, la quale dà coraggio e contegno al servo in presenza del suo padrone. Così monta su quelle spallacce. E sì, che vorrebbe dire al buon duca: "Tiènimi stretto!"... però non gli viene la voce.

Ma quello, che già altra volta, in altro pericolo (*ad altro forse*, con 'forse' sostantivo), lo aveva soccorso con le sue mani, appena il discepolo s'è messo a cavalcioni della bestia, lo abbraccia e lo sostiene. E dice a Gerione: "Adesso, muoviti! e càlati giù a poco a poco, ruotando largo: pensa al carico insolito e prezioso, alla *nova soma* che ti porti addosso".

La bestia si stacca dal costone slittando all'indietro piano, e, appena ha guadagnato lo spazio di manovra, gira su se stessa e inizia a planare lenta lenta, disegnando il buio d'un'ampia spirale.

Non è proprio il caso di parafrasare il portentoso volo di Gerione. Navicella, poi anguilla spaziale, poi aliante, falcone, cocca di saetta, quest'ambiguo animalaccio allegorico sembra progressivamente assumere in aria un'esattezza di metallo.

Il poeta ha un bel ricorrere alle favole antiche: un bel degnificare il suo spavento comparandolo al mitico terrore di Fetonte che perde il controllo del carro volante di suo padre, il Sole, e precipita nel Po strinando il cielo (che cos'è altro, la Via Lattea?); oppure al panico sacro di Icaro, quando sente squagliarsi la cera che tiene insieme le penne delle sue ali finte, e il padre Dedalo gli urla: "Ti accosti troppo al sole, sbagli rotta!"... Ovidio racconta racconti di voli fantastici e di eroiche vertigini: Dante, l'emozione d'un volo notturno volato in carne ed ossa.

E scrupolosamente registra la percezione della discesa cieca nella ventilazione dal basso, e nell'intensificarsi dei rumori di terra (lo scroscio della cascata di sangue e il pianto confuso dei dannati); nei fuochi della città che si svelano per gradi, a intermittenze e scatti, secondo inquadrature sempre diverse, sotto la fusoliera della belva che vira perdendo quota per l'atterraggio; nella coazione a sporgersi; nel terrore crescente dell'impatto (*stoscio*); in quel suo inconsulto rannicchiarsi nel vuoto. E anche registra l'immiserirsi del velivolo che sta per prendere terra, simile al falcone che, senza aver catturato nemmeno un passero, non aspetta che il falconiere azioni l'uccellino artificiale da richiamo (*lògoro*), e cala fiacco di dove era schizzato sù, girando a largo, e atterra lontano, *disdegnoso e fello*, incarognito, insomma; e registra anche la precisione balistica del posteggio rasente rasente il taglio dalla roccia; e, alla buonora, visto dal suolo, lo sfrecciar via d'una sagoma d'acciaio inghiottita dal buio.

Sillabata la breve scarica di occlusive che Gerione si lascia dietro dileguando *come da corda cocca*, dovremo pur prendere atto, amico mio, che nella primavera dell'anno 1300 – come risulta dalla documentazione circostanziata e inoppugnabile di queste terzine – Dante ha realmente volato di notte.

"Ecco la fiera con la coda aguzza,
che passa i monti e rompe i muri e l'armi!
Ecco colei che tutto 'l mondo appuzza!".
Sì cominciò lo mio duca a parlarmi;
e accennolle che venisse a proda,
vicino al fin d'i passeggiati marmi.
E quella sozza imagine di froda
sen venne, e arrivò la testa e 'l busto,
ma 'n su la riva non trasse la coda.
La faccia sua era faccia d'uom giusto,
tanto benigna avea di fuor la pelle,
e d'un serpente tutto l'altro fusto;
due branche avea pilose insin l'ascelle;
lo dosso e 'l petto e ambedue le coste
dipinti avea di nodi e di rotelle.
Con più color, sommesse e sovraposte
non fer mai drappi Tartari né Turchi,
né fuor tai tele per Aragne imposte.
Come talvolta stanno a riva i burchi,
che parte son in acqua e parte in terra,
e come là tra li Tedeschi lurchi
lo bìvero s'assetta a far sua guerra:
così la fiera pessima si stava
su l'orlo ch'è di pietra e 'l sabbion serra.
Nel vano tutta sua coda guizzava,
torcendo in sù la venenosa forca
ch'a guisa di scorpion la punta armava.
Lo duca disse: "Or convien che si torca
la nostra via un poco insino a quella
bestia malvagia che colà si corca".
Però scendemmo a la destra mammella,
e diece passi femmo in su lo stremo,
per ben cessar la rena e la fiammella.

E quando noi a lei venuti semo,
poco più oltre veggio in su la rena
gente seder propinqua al loco scemo.

Quivi 'l maestro "Acciò che tutta piena
esperïenza d'esto giron porti",
mi disse, "va, e vedi la lor mena.

Li tuoi ragionamenti sian là corti;
mentre che torni, parlerò con questa,
che ne conceda i suoi omeri forti".

Così ancor su per la strema testa
di quel settimo cerchio tutto solo
andai, dove sedea la gente mesta.

Per li occhi fora scoppiava lor duolo;
di qua, di là soccorrien con le mani
quando a' vapori, e quando al caldo suolo:

non altrimenti fan di state i cani
or col ceffo or col piè, quando son morsi
o da pulci o da mosche o da tafani.

Poi che nel viso a certi li occhi porsi,
ne' quali 'l doloroso foco casca,
non ne conobbi alcun; ma io m'accorsi

che dal collo a ciascun pendea una tasca
ch'avea certo colore e certo segno,
e quindi par che 'l loro occhio si pasca.

E com'io riguardando tra lor vegno,
in una borsa gialla vidi azzurro
che d'un leone avea faccia e contegno.

Poi, procedendo di mio sguardo il curro,
vidine un'altra come sangue rossa,
mostrando un'oca bianca più che burro.

E un che d'una scrofa azzurra e grossa
segnato avea lo suo sacchetto bianco,
mi disse: "Che fai tu in questa fossa?

Or te ne va; e perché se' vivo anco,
sappi che 'l mio vicin Vitalïano
sederà qui dal mio sinistro fianco.

Con questi Fiorentin son padoano:
spesse fïate mi 'ntronan li orecchi
gridando: 'Vegna 'l cavalier sovrano,

che recherà la tasca con tre becchi!'".
Qui distorse la bocca e di fuor trasse
la lingua, come bue che 'l naso lecchi.

E io, temendo no 'l più star crucciasse
lui che di poco star m'avea 'mmonito,
torna'mi in dietro da l'anime lasse.

Trova' il duca mio ch'era salito
già su la groppa del fiero animale,
e disse a me: "Or sie forte e ardito.

Omai si scende per sì fatte scale;
monta dinanzi, ch'i' voglio esser mezzo,
sì che la coda non possa far male".

Qual è colui che sì presso ha 'l riprezzo
de la quartana, c'ha già l'unghie smorte,
e triema tutto pur guardando 'l rezzo,

tal divenn'io a le parole porte;
ma vergogna mi fé le sue minacce,
che innanzi a buon segnor fa servo forte.

I' m'assettai in su quelle spallacce;
sì volli dir, ma la voce non venne
com'io credetti: 'Fa che tu m'abbracce'.

Ma esso, ch'altra volta mi sovvenne
ad altro forse, tosto ch'i' montai
con le braccia m'avvinse e mi sostenne;

e disse: "Gerïon, moviti omai:
le rote larghe, e lo scender sia poco;
pensa la nova soma che tu hai".

Come la navicella esce di loco
in dietro in dietro, sì quindi si tolse;
e poi ch'al tutto si sentì a gioco,

là 'v'era 'l petto, la coda rivolse,
e quella tesa, come anguilla, mosse,
e con le branche l'aere a sé raccolse.

Maggior paura non credo che fosse
quando Fetonte abbandonò li freni,
per che 'l ciel, come pare ancor, si cosse;

né quando Icaro misero le reni
sentì spennar per la scaldata cera,
gridando il padre a lui "Mala via tieni!",

che fu la mia, quando vidi ch'i' era,
ne l'aere d'ogne parte, e vidi spenta
ogne veduta fuor che de la fera.

Ella sen va notando lenta lenta;
rota e discende, ma non me n'accorgo
se non che al viso e di sotto mi venta.

Io sentia già da la man destra il gorgo
far sotto noi un orribile scroscio,
per che con li occhi 'n giù la testa sporgo.

Allor fu'io più timido a lo stoscio,
però ch'i' vidi fuochi e senti' pianti;
ond'io tremando tutto mi raccoscio.

E vidi poi, ché nol vedea davanti,
lo scendere e 'l girar per li gran mali
che s'appressavan da diversi canti.

Come 'l falcon ch'è stato assai su l'ali,
che sanza veder lógoro o uccello
fa dire al falconiere "Omè, tu cali!",

discende lasso onde si move isnello,
per cento rote, e da lunge si pone
dal suo maestro, disdegnoso e fello:

così ne puose al fondo Gerïone
al piè al piè de la stagliata rocca,
e, discarcate le nostre persone,
si dileguò come da corda cocca.

XVIII

E così, sulle spalle di Gerione, sommozzatore volante, siamo atterrati nel comparto d'inferno destinato ai «Frodolenti semplici», insomma – secondo le partizioni enunciate da Virgilio a suo tempo – ai responsabili di «frode non aggravata dal tradimento»: per l'esattezza, amico mio, siamo nella prima bolgia dell'ottavo cerchio.

Dal momento che Dante Alighieri ha usato il sostantivo 'bolgia' per designare ciascuno dei dieci fossati circolari in cui è suddiviso questo immenso bagno penale del basso inferno, 'bolgia' significa in italiano uno qualsiasi di quei dieci fossati e, per traslato, 'luogo stipato di gente chiassosa e turbolenta'. Ma quando Dante lo scelse e lo adottò, quel sostantivo doveva suonargli 'sacca di cuoio, bisaccia, valigia', come il francese 'bouge' (che ricalca) e il celtolatino 'bulga' (da cui quello deriva). 'Bulga', senonché, nella lingua familiare aveva significato anche la 'cavità femminile', e 'bouge', al maschile, significava a tutto il Duecento 'discarica'. Quanto queste figure accessorie interferissero nella fantasia linguistica del poeta, ignoriamo.

Limitiamoci a constatare l'inappellabile virtù battesimale della lingua di Dante, che trasforma in toponimi i nomi comuni e comunissimi che assegna agli spazi della sua percezione visionaria.

Dunque, sta raccontando il poeta che *luogo è in inferno detto Malebolge* (con la 'm' maiuscola), */ tutto di pietra di color ferri-*

gno (grigio-ferro), come la roccia a picco che lo recinge. E così comincia la seconda metà dell'*Inferno* di Dante, che in diciassette canti contemplerà tredici categorie d'anime dannate, esattamente come la prima.

Simmetria di numeri sinistri.

Ora il poeta descrive con esattezza catastale la mappa della sterminata regione, di cui da pellegrino aveva avuto l'emozione topografica durante le evoluzioni del lento atterraggio in groppa a Gerione. E la avvalora con una similitudine.

Al centro preciso del campo maligno di Malebolge s'apre sul vuoto (*vaneggia*) un pozzo assai largo e profondo, del quale il poeta si riserva di dicere l'*ordigno* (insomma, di illustrare struttura e funzionamento) a suo tempo e luogo ('*suo loco*' è formula del latino burocratico; purtroppo, dove ci aspetteremmo che lo dica, questo ordigno, non lo dicerà...). Lo spazio che avanza fra pozzo e circonferenza della parete rocciosa (*Quel cinghio che rimane* [...] */ tra 'l pozzo e 'l piè de l'alta ripa dura*) è dunque tondo, nel senso di anulare, ed è suddiviso in dieci trincee digradanti e concentriche. Bene.

Senonché, per darcene un'idea, Dante il poeta ci invita a immaginare la configurazione del terreno su cui sorgono i castelli, che una molteplicità di fossati circonda a protezione delle mura. E come dalle porte di quelle fortezze (*da' lor sogli*) si irradia un sistema di ponticelli, che le congiunge con la riva esterna dell'ultimo fossato (*a la ripa di fuor*): così – spiega – dalla base della roccia che circoscrive Malebolge partono ponti naturali di pietra (*scogli*) che, intersecando argini e trincee, convergono in lieve pendenza sul pozzo centrale, *che i tronca e raccogli*, insomma: che li interrompe e li raccoglie.

Similitudine circostanziata e strana: che – se ci pensi un attimo – assegna a questo atroce ergastolo la figura di un castello circolare, che con il fronte esterno delle mura guarda verso l'interno, e contiene i fossati che lo recingono, quasi a proteggerlo dal segreto della voragine verso la quale converge. Ma per finir di capire questa figura schematica quanto inimmaginabile, temo dovremo riparlarne nell'alto dei cieli, dove contempleremo la sovrapposizione di due figure del cosmo uguali e contrarie: quella geocentrica delle sfere planetarie, e quella teocentrica degli ordini angelici. A suo tempo e luogo…

In questo luogo, cioè alla base della roccia, si ritrovano, scaricati dalle spalle del mostruoso volatile, Virgilio e Dante: il primo si avvia verso sinistra, a ridosso della parete; l'altro, dietro. Andando, il pellegrino vede, sulla destra, un nuovo genere di dolore, una nuova tecnica di tortura, fustigatori di tipo nuovo colmare la prima bolgia. Sul fondo, si muovono *ignudi* i peccatori.

Sei padrone di domandarti: ma non son tutte nude le anime che abitano i tre regni dei morti? Quesito che, come l'altro – e complementare – sulla consistenza di queste nudità incorporee, non autorizza le risposte elementari dettate dalla dottrina e dalla logica, che pretenderebbero tutti nudi, Virgilio e santi del paradiso inclusi, e tanto meno quelle suggerite dai miniaturisti, da pittori piccoli o grandi, e dalla nostra timorata immaginativa, che figurano Virgilio in mantella blu e pellegrina d'ermellino, beati in laticlavio e beate in lungo. Comunque, visto che la nudità di tutti i dannati è pacifica, diremo che qui il poeta la denuncia, perché la nudità di questi dannati qui gli ha fatto particolarmente impressione (pena o schifo che sia) da viaggiatore dell'aldilà.

E come si muovono costoro, nudissimi, sul fondo della bolgia? Si muovono secondo il sistema adottato dai Romani, i quali, in occasione del primo giubileo, allo scopo di regolare la marea dei pellegrini (*l'essercito molto*) di transito sul ponte Sant'Angelo, lo divisero a metà con una transenna: per modo che, su una corsia (*da l'un lato*) era convogliato il flusso di traffico in direzione Castello-San Pietro, sull'altra (*da l'altra spon-*

da) il flusso verso il monte di qua dal fiume. Così, distinte in due file, marciano a gran passi le anime dannate: quelle che, per così dire, ruotano a largo (*dal mezzo in qua*), vengono incontro ai due poeti; quelle che girano, per così dire, alla corda (*di là*), vanno nella loro stessa direzione, ma ad andatura più sostenuta.

Preso atto che già 700 anni fa, per il primo dei giubilei la congestione del traffico nella zona di San Pietro costituiva uno strazio per le moltitudini e un problemaccio per le autorità, non ci lasceremo affliggere dal dilemma se il *monte* prospiciente Castel Sant'Angelo sia o non sia il montarozzo di risulta che finirà per chiamarsi Monte Giordano, sul quale troneggiava all'epoca la rocca degli Orsini e oggi sale via di Panìco; e nemmeno dalla vecchia vertenza sull'eventualità che Dante abbia visto con i suoi occhi il mareggiare dei romèi, in occasione del primo Anno Santo, indetto, come si sa, da Bonifacio VIII. Quantunque quest'eventualità sia tutt'altro che remota, se vogliamo prenderlo in parola – i poeti vanno presi in parola – e attenerci alle certezze della finzione, converremo che in tutti i casi ben altro pellegrinaggio Dante s'è fatto in quel famoso anno 1300: il suo giubileo mistico l'ha celebrato da solo attraverso i tre regni dei morti, come ci sta raccontando da diciassette canti e mezzo.

Basta. Chi sono i fustigatori di tipo nuovo, e qual è la tecnica di tortura che mettono in atto nel tetro vallone di sasso? Si tratta di diavoli con tanto di corna che, armati di grandi fruste (*ferze*), scudisciano crudelmente sul sedere le anime dannate. «*Ahi come facean lor levar le berze*, come le costringevano ad alzare i tacchi alla prima frustata! – si diverte il poeta ricordando – E chi stava lì ad aspettare le successive?...». Ecco: 'berza' è voce gergale, forse di origine germanica, diffusa in quasi tutta l'Alta Italia, e sta per 'gamba', 'calcagno'; e noi a parole d'infima estrazione come questa, quiggiù a Malebolge, sarà bene che ci facciamo l'orecchio.

Mentre procede contromano rasente la roccia, il pellegrino incrocia lo sguardo d'un dannato, e immediatamente, fra sé e sé: "Questo", dice, "non è la prima volta che lo vedo..." (*Già di veder costui non son digiuno*). Per cui, pianta i piedi, e cerca nella memoria un'immagine che combaci con quella faccia. Anche il dolce duca si arresta, e gli fa cenno che, se vuole guardarselo meglio, può tornare un po' indietro.

S'illude il dannato alla frusta di nascondersi abbassando il viso: "Tu che guardi per terra", lo interpella Dante Alighieri, "se quelle tue fattezze (*le fazion che porti*) non sono truccate anche quelle, *Venèdico se' tu Caccianemico. / Ma che ti mena a sì pungenti salse?* (ma, di' un po', come hai fatto a impegolarti in questa mostarda che pizzica tanto?)".

Non è affatto detto, però, che sia questa la rilettura giusta, visto che in Emilia si chiamavan 'salse' certe malsane depressioni del terreno agricolo, e 'le Salse' era, in particolare, la denominazione d'una valletta vicino a Bologna, adibita a discarica dei cadaveri di giustiziati e suicidi. "Tuo babbo l'han buttato alle Salse!" pare fosse contumelia corrente fra i fanciulli di lì. 'Salse', quindi, potrebbe essere a questo punto una variazione vernacola di 'bolge', un ammicco smorfiato all'indirizzo d'un nobiluomo bolognese come questo Caccianemico.

Il quale preferirebbe non rispondere, e lo fa malvolentieri: ma lo fa, visto che il pellegrino gli ha parlato fuori dai denti, come chi la sappia lunga, tanto che la sua *chiara favella* gli ha riportato nitido alla mente il mondo d'un tempo. Be', sì, lui è quello che indusse la Ghisolabella a far la voglia del marchese d'Este, checché si racconti in giro di questa turpe vicenda (nello stato in cui è, la pover'anima avrà insofferenza tanto per i pettegolezzi quanto per gli eufemismi).

Ne sappiamo abbastanza per arguire che i dannati della ronda esterna sono Ruffiani.

Quanto a Venèdico, consta sia stato un molto eminente personaggio del partito guelfo bolognese, abbia ricoperto la carica podestarile in diverse città, e nella sua si sia battuto per la fazione con discreta brutalità e molto molto pelo sullo stomaco. A segno che, per cementare l'alleanza coi guelfissimi signori di Ferrara, in attesa che suo figlio avesse l'età per sposare una figlia di Azzo VIII, pare proprio abbia prostituito sua sorella Ghisolabella, ancorché maritata, a Òbizzo II (ce lo ricordiamo, tuffato nel sangue bollente fino all'attaccatura dei capelli?). Morirà, Venèdico, a settant'anni, nel 1302. Dante però, che dovrebbe averlo visto e conosciuto durante il suo soggiorno di studio a Bologna, che sarà ragionevole datare sul finire degli anni Ottanta, era manifestamente convinto (sa Dio perché) che fosse morto prima.

"*E non pur io qui piango bolognese...*", precisa il gentiluomo ruffiano, come a dire che, fra i dannati della bolgia, lui non è il solo di Bologna; precisa, e se ne consola, fin quasi a vantarsene: "...anzi, siamo in tanti, *che tante lingue non son ora apprese / a dicer 'sipa' tra Sàvena e Reno*, che attualmente, cioè, fra i due fiumi che iscrivono la città, di gente abituata fin dall'infanzia a dire '*sipa*', ce n'è di meno (in altri termini: che sono più i bolognesi ruffiani morti, dei bolognesi vivi, nel bel paese dove il 'šipa' suona). Se vuoi la prova, ti basti ricordare *il nostro avaro seno*"... E specificano bene gli antichi chiosatori come la proverbiale avarizia dei bolognesi, non tanto vada intesa per taccagneria, quanto per cupidigia smodata.

Non senza avere a mia volta doverosamente specificato che 'šipa' o 'šépa' era forma del bolognese antico per 'sia', 'sì'; e, tanto per dire, che Dante nel *De Vulgari Eloquentia* loda la parlata di Bologna su tutte le parlate della penisola, per quella «soavità» che le viene da una ben temperata «mescolanza di caratteri opposti»... confesserò che la suindicata lettura del verso '*e non pur io qui piango bolognese*' ('non sono il solo di Bologna a scontar pena qui'), purtroppo indiscutibile, non mi ha mai impedito di percepire quel 'bolognese' a titolo di avverbio: quasi che, come si 'parla bolognese' o si 'mangia bolognese', si potesse 'piangere bolognese'...

A questo punto, mentre il Caccianemico si attarda a conversare, un demonio lo colpisce con la sua sferza per cavalli (*de la sua scurïada*), e dice: "Trotta, ruffiano! *qui non son femmine da conio*": cioè, 'donne da sfruttare, da farci soldi sù'; ovvero, 'donne da manipolare, da ingannare'. Interpretazioni, entrambe, di buon pedigree: tanto la prima, che associa il lenone al magnaccia, e insiste sullo scopo di lucro; quanto la seconda, che ne sottolinea la tecnica furbesca e surrettizia. Chissà. Ma poi chi ha detto che per capire un verso di Dante sia sempre indispensabile travasarlo in parole nostre? Non sono nostre, amico mio, per lunghissima e immeritata trasmissione ereditaria, anche le sue? Ma sì... 'femmine da conio' saranno le donne che – vittime o complici di magnaccia e di ruffiani – si meritano da un diavolo spregevole il titolo spregiativo di 'femmine da conio'.

La pena inflitta alle anime ruffiane riproduce e perpetua la prassi giudiziaria medievale di punire il lenocinio con la fustigazione. Più che efferata, pare scurrile e umiliante, come la colpa che castiga. Contrapasso, comunque, dei meno elaborati. E sciattamente routinier sembra il contegno dei diavoli che somministrano scudisciate quando capita, cornuti come se li dipinge il popolo cristiano, assimilandoli agli antichi satiri e, nella circostanza, anche, magari, ai mariti delle femmine indotte a darsi via da questi lestofanti. Ci affacciamo su un monduccio loscamente mediocre.

È l'Italia dei cento municipi e delle cento parlate, che Dante ha battuto come un accigliato commesso viaggiatore, registrando aneddoti di bettola e di corte e voci di donnette al mercato, da schedare nel *De Vulgari Eloquentia*, e da convogliare nella «materia orribile e fetente» – parole sue – e nelle espressioni «dimesse ed umili» del sacro poema e, particolarmente, dell'*Inferno*, e, particolarissimamente, di queste Malebolge.

E qui parrebbe proprio obbligatorio ricordare che questo libro sacro si chiama *Commedia*, e che lo stile adottato dal poeta è «stile comico». Obbligatorio, ma insoddisfacente e anche un po' equivoco. C'è commedia e commedia. E sulla comicità divina di questo libro sarà comunque meglio tornare in paradiso, in prossimità del lieto fine.

Se tuttavia, per il nuovo genere di messinscena che ci aspetta nell'ottavo cerchio, dovessimo proprio scegliere una dizione nella nomenclatura corrente dello spettacolo, la struttura prevalentemente modulare degli sketches che – vedrai – si susseguono quaggiù per coordinazione e giustapposizione, ammiccando furbescamente alla cronaca, e senza subordinarsi a un nucleo drammatico centrale, suggerirebbe la rubrica 'cabaret'. Ecco: un cabaret che ratifica il destino ultimo dei dannati: un 'cabaret escatologico'.

Nel quale, un pellegrino col lucco, trotterellando lungo una rupe su un marciapiede in quota, raggiunge ora la sua guida vestita da anima; con lui, in quattro e quattr'otto, guadagna il ponte di pietra (*scoglio*, qui come sempre) che sbuca dalla rupe e scavalca il primo fossato; ci sale sù senza fatica (*assai leggeramente*) e si avvia verso destra sul suo dosso sbrecciato (*su per la sua scheggia*), staccandosi, appunto, dalla circonferenza rocciosa che recinta in eterno quella regione infame.

Arrivati al centro della campata, dove il ponte *vaneggia / di sotto* (cioè, dà sul vuoto) per consentire il passo alle due processioni di sferzati, il duca si ferma e dice: "Férmati, *e fa' che feggia / lo viso in te* (ti ferisca lo sguardo) *di quest'altri mal nati*, insomma, mettiti in condizione di esser guardato da questo secondo corteo di disgraziati, che ancora non hai potuto vedere in faccia, dato che procedevano nella nostra direzione".

Son quelli che ruotano nella corsia interna. Eccoli, che arrivano, anche loro in fila (in *traccia*), fustigati da diavoli anche loro. A conti fatti, sono anche loro dei ruffiani... A fronte dei Ruffiani tipo, cioè dei Ruffiani-per-conto-terzi, questi Seduttori abituali e recidivi non sono, a conti fatti, Ruffiani-a-titolo-personale (gente che *da tal parte inganna*)? Dirai: ma c'è una bella differenza fra chi mercifica la donna per denaro e chi, accecato da una sensualità smodata... No, non c'è tremito di sensualità in questi truffatori di donne (che ci siano anche truffatrici di uomini è probabile, ma, in tutti i casi, non se ne parla): contentiamoci dei seduttori maschi... be', le furie della carne non li hanno accecati affatto – come alquanta dantistica pretende –, se molto oculatamente son riusciti a trarre profitto dalla carne altrui e dalle sue cieche e furenti beatitudini. Ché non fu certo a scopo di libidine, se Giasone sedusse con segni e con parole ornate la giovinetta Ipsìpile, regina di Lémnos...

...Non la avesse sedotta, le femmine dell'isola, che ardite e spietate avevano già scannato *tutti li maschi loro* (in quanto svergognatamente le tradivano con donne di terraferma), avrebbero scannato anche lui e i suoi compagni di crociera, approdati a Lémnos con la famosa nave Argo, in rotta per la Colchide, laggiù laggiù infondo al mar Nero, all'ombra del Caucaso. Così, dopo averla circuita, Giasone abbandonò Ipsìpile soletta con due bambini nella pancia, lei che pure non era una stupida, se al tempo della strage dei maschi aveva ingannato tutte le altre messe insieme, nascondendo suo padre in una cassa ormeggiata al largo. Per non parlar di Medea, visto che alla sua storia, che grida anch'essa vendetta, Virgilio accenna appena, presentando dall'alto del ponte Giasone, unico esemplare di seduttore preso in considerazione.

Fra noi, tanto varrà ricordare come questa famosa Medea, figlia di Eete re della Colchide, maga adolescente, il nostro eroe la stregasse coi suoi capelli biondi e con l'equivoca grazia delle sue parole, inducendola ad una serie inaudita di prodigi e misfatti, senza i quali mai sarebbe riuscito, lui Giasone, a procacciarsi il famosissimo Vello d'oro, e a portarselo a casa. In seguito, come tristemente noto, abbandonò anche lei, con prole, per volare a nozze con la figlia del re di Corinto, e lei fece scempio della prole.

La *Tebaide* di Stazio, le *Metamorfosi* e le *Eròidi* di Ovidio, dove figurano due epistole recriminatorie, indirizzate al bel traditore, una da Ipsìpile, l'altra da Medea, e forse anche qualche florilegio delle *Argonautiche* di Valerio Flacco sono le fonti cui si approvvigiona Dante; il quale sulla triste, lunga e complicata vicenda di Ipsìpile tornerà un paio di volte in purgatorio; mentre l'impresa degli Argonauti e del loro capitano *che per cuore e per senno / li Colchi del monton privati féne*, che insomma col coraggio e con l'astuzia privò del vello le genti della Colchide, è destinata ad assumere in paradiso ben altra risonanza emotiva e simbolica di quella che le assegna questo breve curriculum del mitico ammiraglio dongiovanni. Il quale, d'altronde, indicato da Virgilio come *quel grande / che per dolor non par lacrime spanda*, e giudicato, per il suo contegno, virile fino alla regalità, si isola per un attimo sul fondale di questo teatrino tetro, al modo del grandissimo Farinata.

"E tanto basta e avanza sapere dei Seduttori", taglia poi corto il maestro, "e di questa prima bolgia con quanti dannati *'n sé assanna*, cioè addenta e strazia nel suo circuito".

I due viandanti d'oltretomba son già al punto in cui il sentiero stretto che scorre sulla serie dei ponti di Malebolge *s'incrocicchia* con il secondo argine, insomma lo interseca e ne fa il pilone d'appoggio per una seconda campata (*e fa di quello ad un altr'arco spalle*). E da quel punto sentono, nell'altra bolgia, gente che *si nicchia* e che *col muso scuffa, / e sé medesma con le palme picchia*... dove 'nicchiare' è verbo toscano che cambia significato a ogni gomito di strada, e a questo punto, varrà 'gemere sommessamente', come fanno le donne sopra parto; 'scuffare', pure toscano (ma non fiorentino), indicherà l'ansimare per la bocca e per il naso di chi si ingozza (o altro) come un maiale.

Gli argini interni della bolgia sono impastati da una specie di muffa, causata dalle esalazioni che salgono dal fondo e oltraggiano gli occhi e il naso. Il fondo è così fondo e buio, *che non ci basta / loco a veder sanza montare al dosso / de l'arco*, che insomma per vederci dentro non c'è che portarsi alla sommità dell'arcata, dove il ponte di roccia è più alto (*più sovrasta*).

Lì si portano i due. E di lì vedono uno spettacolo di sbalorditiva schifezza. Se ha finito per abituarcisi lui che a Malebolge c'è stato e li ha visti, a spettacoli di questo genere (e alla terminologia connessa) faremo bene ad abituarci anche noi, che ci limitiamo a sentirceli raccontare, seppure senza peli sulla lingua. Basta.

Fatto sta che dalla sommità del ponte i poeti itineranti vedono gente attuffata in uno sterco che sembra convogliato da tutti i cessi del mondo (questo è 'privado', come il 'privé' francese, e la 'cambra privada' provenzale). Scrutando laggiù, il pellegrino ferma l'occhio su uno che ha la testa talmente imbrattata di marrone, che non si capisce se abbia o no la chierica (*s'era laico o cherco*).

Quello s'imbestialisce, e urla: "Che hai da guardarmi tanto? faccio più schifo io di questi altri schifosi?".

E Dante, sornione: "È che, se ben ricordo, *già t'ho veduto coi capelli asciutti* (senza, insomma, quel parrucchino grondante), e sei precisamente Alessio Interminelli da Lucca: perciò, *t'adocchio*, ti tengo gli occhi addosso più che agli altri, non per altro".

E quello, battendosi la zucca: "Mi ha precipitato e sommerso quaggiù l'esercizio dell'adulazione, che non mi ha mai stancato la lingua". Il contrapasso che abbina la piaggeria al commercio orale con le feci ha l'evidenza di un'ingiuria (pensa al vecchissimo traslato neo-latino del 'lèchecul', per non dire del 'leccaculo').

Di questo Alessio non sappiamo che questi versi. Della famiglia lucchese degli Interminelli o Interminèi o Antelminelli, guelfa di parte bianca e invisa a Bonifacio VIII, si conoscono invece molte e notevoli particolarità, sulle quali non è il caso di intrattenerci.

Tanto più che anche Virgilio stringe i tempi, e orienta l'attenzione del discepolo su un altro soggetto: "Procura di spingere lo sguardo più in là (*sì che la faccia ben con l'occhio attinghe*), in modo, cioè, da poter vedere bene in faccia una donnaccia sozza e scapigliata, che si graffia con le unghie merdose, *e or s'accoscia e ora è in piedi stante*: insomma, non si dà pace, s'alza, si rannicchia, s'alza, si rannicchia. È Taide", spiega, "la puttana che al suo amante, il quale le domandava se avesse *grazie / grandi apo* lei ('apo' è l''apud' latino), rispose: '*anzi, maravigliose!*' (l'amante, per capirci, chiese a Taide se potesse contare un po' sulla sua gratitudine, e quella rispose qualcosa come: 'Un po'? Ma quanto vuoi!...'). E con questo", proclama Virgilio concludendo presentazione e canto, "possiamo considerare esaurita l'opprimente perlustrazione".

È noto che qui Dante fa prendere una cantonata al buon maestro, inducendolo a citare a sproposito un testo di cui non conosceva, lui Dante, altro che un coriandolo, citato ad esempio di piaggeria da Cicerone nel *De Amicitia* e ricitato da compilatori medievali. La citazione riguarda l'attacco del terzo atto dell'*Eunuchus* di Terenzio: Trasone, militare, ha fatto omaggio a Taide, cortigiana, d'una schiava sedicenne, alla quale la donna pareva tenere moltissimo; rivolgendosi adesso al parassita incaricato della consegna, Trasone gli domanda, più o meno: "Vero che Taide mi ringrazia tanto?"; e il parassita, che lo sa bischero e vanesio: "Tanto?... Immensamente!". Dante prende il soggetto 'Thais' (Taide) per un vocativo, e crede che a rispondere sia la donna; donde il quiproquò, e l'obbrobrio che affoga in eterno questa povera cortigiana, la quale, sia detto per inciso, fra le tante colleghe del repertorio comico latino, è una delle più sensibili e sensate.

Vale, comunque, la pena di osservare come il poeta condanni alle pene dell'inferno un'unica prostituta. E non perché abbia ecceduto nei piaceri della carne: anzi, perché avrebbe finto tripudii e dedizioni erotiche inesistenti. La fantasia morale di Dante è intrepida e impudente: chi soccombe alla lussuria – mal che gli vada – sarà trascinato in eterno da una bufera di vento; chi simula la lussuria, affogherà in eterno nella merda.

...'-icchia, -uffa, -erco, -ordo, -ucca, -inghe': inchiodati in rime bizzarre e perentorie, suoni vocaboli nomi di cento dialetti e cento gerghi continuano a incuterci da queste terzine, che tanta dantistica ha minimizzato come meramente descrittive e grottesche, l'emozione della più geniale, della più estrema sperimentazione linguistica mai messa a verbale dalle nostre parti; continuano a tentarsi e torcersi e sperimentarsi sotto i nostri occhi.

Se per 'dialetto' intendiamo non solo il repertorio idiomatico saporito e circoscritto d'un municipio, ma anche e più la tessitura d'intonazioni e l'energia vocale che consentono a una comunità di parlanti di esprimere forte e di comunicare alto, dobbiamo confessare che l'antico e battesimale italiano di Dante, dopo sette secoli, resta un dialetto di Italiani futuri.

Luogo è in inferno detto Malebolge,
tutto di pietra di color ferrigno,
come la cerchia che dintorno il volge.

Nel dritto mezzo del campo maligno
vaneggia un pozzo assai largo e profondo,
di cui suo loco dicerò l'ordigno.

Quel cinghio che rimane adunque è tondo
tra 'l pozzo e 'l piè de l'alta ripa dura,
e ha distinto in dieci valli il fondo.

Quale, dove per guardia de le mura
più e più fossi cingon li castelli,
la parte dove son rende figura,

tale imagine quivi facean quelli;
e come a tai fortezze da' lor sogli
a la ripa di fuor son ponticelli,

così da imo de la roccia scogli
movien che ricidien li argini e ' fossi
infino al pozzo che i tronca e raccogli.

In questo luogo, de la schiena scossi
di Gerïon, trovammoci; e 'l poeta
tenne a sinistra, e io dietro mi mossi.

A la man destra vidi nova pieta,
novo tormento e novi frustatori,
di che la prima bolgia era repleta.

Nel fondo erano ignudi i peccatori;
dal mezzo in qua ci venien verso 'l volto,
di là con noi, ma con passi maggiori,

come i Roman per l'essercito molto,
l'anno del giubileo, su per lo ponte
hanno a passar la gente modo colto,

che da l'un lato tutti hanno la fronte
verso 'l castello e vanno a Santo Pietro,
da l'altra sponda vanno verso 'l monte.

Di qua, di là, su per lo sasso tetro
vidi demon cornuti con gran ferze,
che li battien crudelmente di retro.
Ahi come facean lor levar le berze
a le prime percosse! già nessuno
le seconde aspettava né le terze.
Mentr'io andava, li occhi miei in uno
furo scontrati; e io sì tosto dissi:
"Già di veder costui non son digiuno".
Per ch'ïo a figurarlo i piedi affissi;
e 'l dolce duca meco si ristette,
e assentio ch'alquanto in dietro gissi.
E quel frustato celar si credette
bassando 'l viso; ma poco li valse,
ch'io dissi: "O tu che l'occhio a terra gette,
se le fazion che porti non son false,
Venèdico se' tu Caccianemico.
Ma che ti mena a sì pungenti salse?".
Ed elli a me: "Mal volontier lo dico;
ma sforzami la tua chiara favella,
che mi fa sovvenir del mondo antico.
I' fui colui che la Ghisolabella
condussi a far la voglia del marchese,
come che suoni la sconcia novella.
E non pur io qui piango bolognese:
anzi n'è questo loco tanto pieno,
che tante lingue non son ora apprese
a dicer 'sipa' tra Sàvena e Reno;
e se di ciò vuoi fede o testimonio,
rècati a mente il nostro avaro seno".
Così parlando il percosse un demonio
de la sua scurïada, e disse: "Via,
ruffian! qui non son femmine da conio".

I' mi raggiunsi con la scorta mia;
poscia con pochi passi divenimmo
là 'v' uno scoglio de la ripa uscia.
Assai leggeramente quel salimmo;
e vòlti a destra su per la sua scheggia,
da quelle cerchie etterne ci partimmo.
Quando noi fummo là dov'el vaneggia
di sotto per dar passo a li sferzati,
lo duca disse: "Attienti, e fa che feggia
lo viso in te di quest'altri mal nati,
ai quali ancor non vedesti la faccia
però che son con noi insieme andati".
Del vecchio ponte guardavam la traccia
che venìa verso noi da l'altra banda,
e che la ferza similmente scaccia.
E 'l buon maestro, sanza mia dimanda,
mi disse: "Guarda quel grande che vene,
e per dolor non par lagrime spanda:
quanto aspetto reale ancor ritene!
Quelli è Iasón, che per cuore e per senno
li Colchi del monton privati féne.
Ello passò per l'isola di Lenno,
poi che l'ardite femmine spietate
tutti li maschi loro a morte dienno.
Ivi con segni e con parole ornate
Isìfile ingannò, la giovinetta
che prima avea tutte l'altre ingannate.
Lasciolla quivi, gravida, soletta:
tal colpa a tal martiro lui condanna;
e anche di Medea si fa vendetta.
Con lui sen va chi da tal parte inganna;
e questo basti de la prima valle
sapere e di color che 'n sé assanna".

Già eravam là 've lo stretto calle
con l'argine secondo s'incrocicchia,
e fa di quello ad un altr'arco spalle.

Quindi sentimmo gente che si nicchia
ne l'altra bolgia e che col muso scuffa,
e sé medesma con le palme picchia.

Le ripe eran grommate d'una muffa
per l'alito di giù che vi s'appasta,
che con li occhi e col naso facea zuffa.

Lo fondo è cupo sì, che non ci basta
loco a veder sanza montare al dosso
de l'arco, ove lo scoglio più sovrasta.

Quivi venimmo; e quindi giù nel fosso
vidi gente attuffata in uno sterco
che da li uman privadi parea mosso.

E mentre ch'io là giù con l'occhio cerco,
vidi un col capo sì di merda lordo,
che non parëa s'era laico o cherco.

Quei mi sgridò: "Perché se' tu sì gordo
di riguardar più me che li altri brutti?".
E io a lui: "Perché, se ben ricordo,

già t'ho veduto coi capelli asciutti,
e se' Alessio Interminei da Lucca:
però t'adocchio più che li altri tutti".

Ed elli allor, battendosi la zucca:
"Qua giù m'hanno sommerso le lusinghe
ond'io non ebbi mai la lingua stucca".

Appresso ciò lo duca "Fa che pinghe",
mi disse, "il viso un poco più avante,
sì che la faccia ben con l'occhio attinghe

di quella sozza e scapigliata fante
che là si graffia con l'unghie merdose,
e or s'accoscia e ora è in piedi stante.

Taïde è, la puttana che rispuose
al drudo suo quando disse 'Ho io grazie
grandi apo te?': 'Anzi maravigliose!'.
E quinci sian le nostre viste sazie".

XIX

O Simon mago... ecc. *Ahi, Costantin*... ecc.

Chi è questo Simone? E perché Dante se la prende con questo Costantino, che sarà certo Costantino imperatore?

A queste due apostrofi sta appeso quasi per le estremità il canto XIX dell'*Inferno*, purpureo «siparietto ecclesiastico», dove Dante-personaggio-pellegrino tiene in permanenza la ribalta, fino ad esibirsi, nel finale, in un assolo furente e ghignoso; e Dante-personaggio-poeta rimonologa tutto, rincarando ira e sarcasmo con un dosaggio inesorabile dell'ira e del sarcasmo. E come il conduttore del cabaret espone la cronaca all'irrisione della platea, generalmente ammiccando all'indolenza del senso comune; così Dante, con tecniche da conduttore di cabaret, espone qui la cronaca al ludibrio dei millenni, riscontrandola con la verità depositata nelle sacre scritture.

Ma ripassiamoci in fretta gli antefatti.

Narrano dunque gli *Atti degli Apostoli* di tal Simone, che «esercitava le arti magiche e incantava le genti in Samaria». Incantato a sua volta dalle parole e dai prodigi del diacono Filippo, Simone credette, e prese il battesimo. Ora, accadde che, avendo veduto gli apostoli Pietro e Giovanni infondere lo Spirito Santo ai battezzati con l'imposizione delle mani, Simone offrisse loro una certa somma perché gli conferissero quella facoltà pentecostale. Ma Pietro gli rispose: "Il tuo denaro ti accompagni in perdizione, visto che col denaro hai pensato di procacciarti il dono di Dio".

Da 'Simone', il sostantivo 'simonia' e l'aggettivo 'simoniaco', affibbiato per la prima volta, pare, da papa Gregorio Magno a chi si faceva pagare l'ordinazione dei sacerdoti, e che in seguito si estese a chiunque praticasse la compravendita di beni spirituali e di uffici ecclesiastici. Nel suo *Commentario* latino alla *Commedia*, Pietro di Dante depreca la simonia, in quanto «procura che la Chiesa, sposa di Cristo, sia ingravidata dallo Spirito maligno: e così costringe Dio ad allevare figli adulterini e a diseredare i legittimi». Metafora coniugale, che suo padre avrebbe, penso, apprezzato.

Sappiamo come nel basso Medioevo la comunità dei credenti fosse dilaniata dalla diffusione e dalla protervia delle pratiche simoniache, e dall'impunità di cui godevano. Alla base era una questione di diritto: ha la Chiesa titoli alla proprietà e alla giurisdizione di beni materiali eccedenti il minimo indispensabile all'adempimento della sua missione apostolica e caritativa?

Leggenda voleva che primo responsabile e mallevadore delle pretese temporali dei papi fosse l'imperatore Costantino, dato che, traslocando la corte a Bisanzio, il pio monarca avrebbe fatto atto di donazione della città di Roma e di molte altre spettanze imperiali a papa Silvestro I, il quale pare lo avesse a suo tempo guarito dalla lebbra e battezzato. Nel Medioevo l'astuta leggenda, sull'autorità di un protocollo falso che filologia e diplomatica del Quattrocento si cureranno di sbugiardare, era imposta ai fedeli, Dante incluso. E alcuni movimenti ereticali (i Patarini, ad esempio), proprio perché prendevano per buono il protocollo, assumevano che, avendo papa Silvestro trasgredito al precetto della povertà evangelica, s'era candidato, con tutti i suoi successori, alla dannazione eterna che compete ai simoniaci. Più sorvegliato e dialettico ma non meno categorico, Dante Alighieri impugna la validità giuridica della donazione.

Nel terzo libro della *Monarchia* argomenterà: «Costantino non poteva alienare ciò che di diritto spetta all'impero», lacerandone la compagine, giacché «non è lecito valersi dell'ufficio cui si è delegati per compiere azioni contrarie all'ufficio stesso»; e, a norma del diritto umano, convalidato dalle Scritture, ufficio peculiare dell'imperatore è quello di preservare «l'unità della monarchia universale». Dal canto suo, «la Chiesa era assolutamente inidonea a ricevere in dono beni temporali, in forza dell'espresso divieto» fatto da Cristo ai discepoli: "non aspirate a possedere né oro, né argento, né monete nella vostra cintura, né bisaccia per il viaggio". «È dunque manifesto – insiste Dante – che né la Chiesa poteva ricevere a titolo di proprietà, né Costantino cedere a titolo di alienazione». D'altra parte, fatto salvo il principio della sovranità una e indivisibile dell'impero nell'ordine terreno, all'imperatore va riconosciuto il diritto di concedere in usufrutto alla Chiesa beni patrimoniali e quant'altro, e al papa il diritto apostolico di riceverli per sopperire alle necessità dei ministri del culto e dei poveri di Cristo. La donazione, quindi, fatta da Costantino e, verosimilmente, ricevuta da Silvestro con «intenzione pia», sortì effetti perniciosi solo per l'ingordigia dei successivi pontefici, i quali si arrogheranno la proprietà perpetua di un bene del quale erano usufruttuari, e di quante altre terre e ricchezze e competenze saranno riusciti a incamerare per sé e per i propri cari nell'esercizio simoniaco del loro vicariato spirituale.

Questo, in rozza sintesi, il pensiero definitivo di Dante sulla famigerata «donatio Constantini». Ma le idee esposte in proposito dal poeta traverso gli anni non sempre collimano perfettamente. Contentiamoci della rozzezza, e passiamo al canto, che ha fretta di cantare.

«O Simon mago – esordisce dunque il poeta –, te e i tuoi adepti miserabili, che le cose di Dio, le quali dovrebbero sposarsi con la bontà, e voi invece, rapaci, le *avolterate*, le prostituite per denaro... animo! è il vostro turno: ora la tromba suonerà per voi, dato che state cacciati nella terza bolgia»: e non è chiaro se qui il poeta assegni alla propria poesia la sguaiata potenza della tromba d'un banditore di piazza, o la maestà terrificante di quella del Giudizio.

Sia quel che sia, Virgilio e Dante, che avevamo lasciati nella seconda, son già nel punto della passerella di pietra (*scoglio*) a piombo sul bel mezzo del fossato della bolgia successiva (*la seguente tomba*).

«*O somma sapïenza*»... torna a prorompere il poeta in omaggio alle risorse dell'arte divina che, attuando un supremo disegno di giustizia distributiva, mirabilmente si manifesta in cielo, in terra e all'inferno (o *mal mondo*), e, con particolare raffinatezza, nella messinscena che ha sott'occhio il pellegrino. Il quale contempla ora la pietra livida delle due coste e del fondo della bolgia butterata di buchi, tondi tutti e tutti della medesima dimensione (*d'un largo tutti*).

«Non mi sembra fossero né più stretti né più larghi – ci tiene a puntualizzare Dante a titolo personale, associando pellegrino e poeta nell'io al passato che condividono – ...non mi sembra fossero né più stretti né più larghi dei fori che ci sono nel mio bel San Giovanni, *fatti per loco d'i battezzatori*. L'uno dei quali, non troppi anni addietro, feci personalmente spaccare, per via d'un tale *che dentro v'annegava* (dove 'annegare', più che 'affogare', potrebbe valere, secondo l'uso antico, 'soffocare')».

Sull'episodio, evidentemente abbastanza noto nella Firenze dell'epoca, se Dante può permettersi di evocarlo in modo così ellittico, dovevano esser fioriti equivoci e pettegolezzi. Tanto che, per troncarli, il poeta coglie l'occasione che si offre da sé: *e questo sia suggel ch'ogn'omo sganni*, come dire: 'tanto, a scanso di equivoci, e il caso è chiuso'. Noi, posteri remoti, viceversa, di questa strana storia non sappiamo nulla: fra testimonianze oculari che si elidono a vicenda e illazioni scientifiche che si accavallano, dobbiamo ancora sciogliere il dilemma preliminare, se la /o/ accentata di 'battezzatori' sia aperta o chiusa. Se, cioè, si tratti dei 'preti che battezzano' (battezzatóri), per i quali si ipotizza fossero ricavati nella pila ottagonale di marmo del battistero di Firenze quattro piccoli alloggiamenti cilindrici; oppure dei 'pozzetti pieni d'acqua santa' (battezzatòri), nei quali avveniva l'immersione dei battezzandi, o forse solo dei più piccini. Ignoriamo d'altronde come fosse tagliata di preciso la pila di marmo del bel San Giovanni, demolita alla fine del Cinquecento; anche se va detto che la vasca battesimale del battistero di Pistoia, affiorata da recente restauro, sembra fornire un attendibile schema di riferimento, e avvalorare la seconda ipotesi (quella dei pozzetti pieni d'acqua). D'altro canto, un ritrovamento recentissimo... Basta: contentiamoci, amico mio, di immaginare che qualcuno, un ragazzo, sia rimasto incastrato a testa in giù in uno di questi pozzetti; che, per cavarlo fuori, il cittadino-magistrato Dante Alighieri abbia disposto d'autorità l'effrazione del marmo; che la gente abbia borbottato al sacrilegio, e via che vai.

Di sicuro c'è che quel tipo di pozzetti (e quel tipo di incastro a testa in giù) ritornano nella mente del pellegrino alla vista dei fori che crivellano la terza bolgia. Dall'imboccatura di ciascuno di quei fori sbucano piedi, polpacci e ginocchi d'un peccatore (*de le gambe / infino al grosso*, cioè, fino all'attaccatura delle cosce), mentre il resto del corpo è conficcato nella roccia. Le piante dei piedi sono *accese*, motivo per cui le giunture guizzano con tale violenza, che spezzerebbero qualsiasi fune di vimini (*ritorta*) o corda di sparto (*stramba*). Hai presente come la fiamma scorre su un oggetto unto, lambendolo solo in superficie (*pur su per la strema buccia*)? Ecco: così si moveva la fiamma sulla pelle di quei piedi lì, dai calcagni alle punte.

Un pozzetto capta l'attenzione del pellegrino: "Chi è", chiede al maestro, "quello che se la prende tanto, scalciando più dei colleghi, *e cui più roggia fiamma succia* (e che pare succhiato da una fiamma più rossa, insomma che sembra alimentare con la pianta dei piedi un fuoco più vivo)?".

E il maestro: "Se vuoi che ti porti *la giù per quella ripa che più giace*, cioè giù per il pendio del costone che è meno ripido (dato che la conformazione altimetrica di Malebolge digrada verso il centro, è naturale che il pendio interno di ogni bolgia sia meno pronunciato di quello esterno)... se vuoi che ti porti... saprai da lui chi è, e che male ha fatto".

E il discepolo, in un vero trasporto d'euforia: "Bello è per me quel che piace a te: il maestro e il padrone qui sei tu. E sai bene che quello che tu vuoi, lo voglio anch'io. E capisci benissimo anche quel che non ti si dice".

Così i due si portano sull'argine numero 4 (quello, insomma, che separa la terza bolgia dalla successiva), si girano e si calano tenendo la sinistra (*a mano stanca*), fino al fondo del fossato foracchiato e *arto* (cioè 'angusto', 'mal praticabile': 'arto' è latinismo mai documentato prima di questa occorrenza in testi volgari, ma che nella *Divina Commedia* godrà della predilezione del poeta, impressionato certo dalla severità fonica dell'evangelico «arcta via est quae ducit ad vitam»: «stretta è la via che conduce alla vita»). Il buon maestro, che se lo tiene stretto stretto al fianco, non deposita il discepolo *sì* lo *giunse al rotto / di quel che si piangeva con la zanca*: finché, in altre parole, non l'ha trasportato di peso sull'orlo della fessura di quel tizio che si disperava coi polpacci.

Altro termine plebeo, questa 'zanca', che prima di valer 'polpaccio', valeva 'gambale': vocabolo di origine iraniana, che, in capo a un lungo periplo attraverso greco e latino, approda alle lingue romanze nel gergo, nientemeno, dei calzolai dell'Artois, e qui da noi si incontra con 'cianca', che dalla Persia ha raggiunto il bacino del Mediterraneo sulle carrette, nientemeno, degli zingari. Mirabili peripezie etimologiche del lessico novello di Dante!

A questo punto, il poeta ci racconta di essersi rivolto al simoniaco incastrato nel pozzetto: "*O qual che se' che 'l di sù tien di sotto...* (e tu misura la sofisticata insolenza di questo verso che mitraglia una decina di monosillabi di fila!)... Tu, chi che tu sia, che te ne stai lì a testa in giù, pover'anima piantata come un palo, *se puoi, fa motto* (a parità di sgarbo noi diremmo: 'di' qualcosa, se ti riesce!')". E intanto, nel parlare, il pellegrino ha assunto la positura del frate che confessa *lo perfido assessin*, il quale, già ficcato nella fossa, lo ha riconvocato per differire l'esecuzione capitale (*per che la morte cessa*). Pratica detta della «conforteria», ed esercitata, ad esempio a Bologna, dai confratelli della famosa Arciconfraternita di Santa Maria della Morte, che si piegavano misericordiosamente sui condannati, col viso nascosto da una maschera terrorizzante, per abituarlo al peggio.

Quanto ad 'assassino' – dal plurale arabo 'hashashin', che designava i membri di una setta di Ismailiti, i quali, imbambolati dallo hashish, commettevano i delitti più temerari in cieca ottemperanza agli ordini d'un mistico Veglio della Montagna –, il vocabolo valeva, nella lingua giudiziaria del Due-Trecento, 'sicario'. Ed è da sapere che, cacciati a capofitto in una buca che veniva via via colmata di terra, i sicari erano all'epoca condannati a morte per soffocamento, supplizio detto 'propagginazione', con vocabolo ricavato dalla terminologia dei viticultori.

Basta. L'interpellato grida: "*Se' tu già costì ritto, / se' tu già costì ritto, Bonifazio?* (dove 'ritto' ha il valore avverbiale di 'proprio': 'costì ritto', 'proprio costì'). Allora, *lo scritto* (cioè il libro del futuro, sul quale – come ci ha spiegato Farinata – i dannati leggono benissimo)... allora, lo scritto m'ha sbagliato di parecchi anni. Possibile che tu sia già stufo delle ricchezze, per le quali non ti sei fatto scrupolo di sposare con l'inganno (*tòrre a inganno*) la bella donna, e poi di farne strazio?".

'E chi sarebbe questo Bonifazio, che vessa la moglie avvenente?' sembrerebbe chiedersi il pellegrino Dante, quasi che del poeta che ha ordito lo sketch, lui non ne sapesse nulla. E eccolo lì, con la coda fra le gambe, come uno che non sappia cosa diavolo rispondere a una risposta che non ha capito cosa diavolo significhi.

Virgilio, connivente: "E tu fàgli il verso, digli: '*non son colui, non son colui che credi*'". L'iterazione è figura retorica rafforzativa: la aveva adoperata il simoniaco (*Se' tu già costì ritto, / se' tu già costì ritto...?*), la riadopera il pellegrino su suggerimento del buon duca, con procedura che ricorda quella del comico di varietà che risponde tartagliando alla spalla che tartaglia.

Lo spirito è così contrariato, che gli si torcono tutti i piedi. Indi, lagnoso e stizzito: "Ma allora che vuoi da me?... Comunque, visto che ci tieni tanto a sapere chi sono, da scapicollarti fin quaggiù (*che tu abbia però la ripa corsa*), sappi che io ho vestito il gran manto papale. Ma son sempre rimasto figlio dell'orsa, io, talmente avido di vantaggi per i miei orsacchiotti, *che sù l'avere e qui me misi in borsa*: insomma, che sù nel mondo ho intascato quanto potevo, e qui mi sono intascato in un buco. Sotto la mia testa sono già stati tratti giù gli altri papi che simoneggiavano prima di me, e ora stanno appiattiti, a strati, nelle fessure della roccia...".

La celeste maestria di questo contrapasso, lodata all'inizio del canto e certificata dalle immagini del battezzando e dell'assassino, abbonda di referenze e di riscontri. La *Visione* di un monaco cassinense, dettata agli inizi del XII secolo, racconta, ad esempio, di simoniaci cacciati in un gran pozzo di fuoco; un'altra visione monacale, della quale fa menzione san Pier Damiano, narra d'un vecchio conte lorenese che, avendo usurpato una proprietà della Chiesa di Metz, era dannato a starsene su una scala a pioli fasciata dalle fiamme, e a discenderla gradino per gradino verso l'abisso al sopraggiungere d'ogni nuovo erede, eccetera.

Nel codice allegorico dantesco, la pena inflitta ai Simoniaci, che espiano un attaccamento cieco ai beni della terra conficcati in terra a capofitto, mentre anticipa vagamente il contrapasso degli Avari in purgatorio, ripete la condizione degli Eretici del sesto cerchio (la distesa di buche, le fiamme, la specializzazione dei singoli reclusòri)... la ripete e, insieme, la ribalta. Decimetro più decimetro meno, questi disgraziatissimi Simoniaci, che hanno praticato l'empietà nel sotterfugio e nell'unzione, non li vediamo dimenarsi oltre l'orlo dei loro pozzetti «da la cintola in giù»?... Mentre le fiammelle che slittano sulla pianta dei piedi di questi papi degeneri sembrano parodiare i fuochi scesi sulla testa degli apostoli in giorno di Pentecoste, ed evocare la fantasia cimiteriale di aureole fatue, insomma di una specie di contro-aureole per una specie di contro-santità.

Ma il nostro papa sottosopra non aveva finito: "Laggiù", precisa, "nel magazzino delle anime pontificie in fondo al pozzo, cascherò anch'io, appena arriverà quello che pensavo tu fossi, quando m'è scappata la domanda (*allor ch'i' feci 'l sùbito dimando*). Ma il tempo che ho passato io a cuocermi i piedi a testa in giù è già più lungo del tempo che passerà lui piantato in terra con i piedi rossi. Infatti gli terrà dietro molto presto uno *di più laid'opra*, che insomma, l'avrà fatta più sporca di lui, un papa fuorilegge che arriva da Occidente, *tal che convien che lui e me ricuopra* (e che è destinato a cacciarci sotto tutti e due). Sarà un nuovo Giasone: e come il suo re fu arrendevole con quello, con lui sarà arrendevole il re di Francia".

Il Giasone, o Iasón, citato dal papa a testa sotto è un ebreo che, nel 175 a.C., comprò a rate la carica di sommo sacerdote da re Antioco Epifane; indi traviò i preti distraendoli dalla liturgia con mollezze e sfrenatezze alessandrine, come – a quanto precisa lo stesso papa simoniaco – sta scritto nel *II libro dei Maccabei.* Ma – ammettiamolo, amico mio – l'omonimia con l'ammiraglio seduttore del canto scorso, per quanto fittizia (nel testo biblico, che è in greco, 'Iasón' sta per 'Ye'oshùa'')... be', quell'omonimia lì fa un certo effetto. D'altronde, tirandola un po' per i capelli, la metafora coniugale che Dante predilige non rappresenta questi papi simoniaci come seduttori (e ruffiani) d'una bella donna? non li danna, dopotutto, per circonvenzione (e prostituzione) di Chiesa?

Proviamo a schedare rapidamente i tre pontefici in ballo.

Il nuovo Iasón sarà Clemente V, al secolo Bertrand de Got, nativo della Guascogna, in cattedra dal giugno 1305 all'aprile 1314. Sue massime responsabilità, a giudizio di Dante, che non si stancherà di rinfacciargliele, saranno il trasloco della sede apostolica da Roma ad Avignone (1309) e il tradimento di Arrigo VII imperatore, prima convocato in Italia, poi abbandonato al suo destino e alle sue titubanze (1312-13); ma anche d'altre e tremende colpe il poeta gli fa carico, quantunque non le rinfaccerà mai espressamente a lui. Qui, tuttavia, si allude solo alle sue laide pratiche simoniache, e all'elezione barattata con re Filippo il Bello contro la garanzia di estesissime immunità apostoliche, e – narrano le cronache – del versamento alla corona di Francia di un quinquennio di decime. In realtà, a questa elezione, ordita in una latrina del palazzo di Perugia dove si celebrava il conclave, e che resta uno degli episodi più grotteschi della storia medievale, congiurarono circostanze e personaggi ben altrimenti assortiti...

Di Bonifacio, papa dalla vigilia di Natale del 1294, della sua scandalosa ascesa al soglio, degli svariati misfatti che Dante gli accredita e che la simonia compendia tutti, e dell'odio indefesso di cui lo gratifica Dante stesso, che qui trova modo per sanzionarne la dannazione con tre anni d'anticipo (Bonifacio morirà nel 1303), abbiamo iniziato a parlare nel vestibolo dell'inferno, e smetteremo al sommo dei cieli. Qui ricorderemo, in particolare, la sua famigerata bolla «Unam Sanctam», che proclama la potestà assoluta del vicario di Cristo «sulle genti e sui re». Alla sua morte, un portavoce dei fraticelli spirituali esprimerà la ferma convinzione che l'enigmatica bestia dell'*Apocalisse* fosse lui.

Il pronostico del papa che parla e sgambetta, secondo cui Bonifacio VIII sgambetterà meno di lui, non è così arrischiato da costringerci a inserirlo nel canone delle profezie a posteriori: Clemente V, quando ascese al soglio nel '05, era già molto anziano e malandato, e lui, lo sgambettante, nel 1300 è qui che sgambetta da vent'anni.

Lui, cioè Giovanni Gaetano Orsini, papa Niccolò III dal novembre 1277 all'agosto 1280. Imparentato per parte di madre con Bonifacio, a sentire il buon Villani fu il «primo papa nella cui corte s'usasse palese simonia per li suoi parenti; per la qual cosa gli aggrandì molto di possessioni e di castella e di moneta sopra tutti i Romani, in poco tempo ch'egli vivette». Insomma, ingordo, feroce, e attaccatissimo alla prole come un'orsa, per fare spazio ai suoi orsacchiotti si tenne stretta *la mal tolta moneta / ch'esser* lo *fece contra Carlo ardito*: in altri termini, fece tesoro della potenza finanziaria illecitamente lucrata, che gli consentì di tener testa a Carlo d'Angiò, cui effettivamente revocò il titolo di Senatore Romano e la carica di vicario imperiale in Toscana, e contese egemonia e prerogative in Centroitalia. Ben in questo quadro, a fine pontificato promosse la fragile pace fra guelfi e ghibellini di Firenze, cui – se ricordi – accennavamo tre canti fa. Era peraltro bello e di gran tratto, questo papa Orsini, tanto che fu soprannominato 'il composto': quiggiù si dimena come un ossesso.

Il pellegrino gli risponde per le rime, ed ha anche la faccia tosta di scusarsi se gli è scappata qualche parola di troppo, precisando che, non fosse per la deferenza dovuta comunque alle *somme chiavi*, sarebbe andato ancora più pesante. Il poeta trascrive.

La memorabile tirata infila, a scorno e tribolazione del vicario di Cristo, una mezza dozzina di citazioni scritturali. Più che di parafrasi – la sua violenza teatrale non conosce ambiguità – la tirata reclama un minimo di sacra bibliografia: a) Nostro Signore consegna a san Pietro le chiavi del regno dei cieli, *Matteo* 16 19; b) lo Stesso, imbattendosi sulle rive del Mar di Galilea in Simone detto Pietro, pescatore, gli dice solo: "Viemmi dietro!", e quello va (di fatto, con Simone essendoci anche suo fratello Andrea, Gesù adoperò il plurale: "Venitemi dietro!"), *Matteo* 4 18-19, *Marco* 1 17; c) gli apostoli, avendo sorteggiato Mattia per rimpiazzare Giuda, da lui non pretendono un soldo per la cooptazione, *Atti* 1 26; d) il fedifrago popolo d'Israele si è fatto idoli d'oro e d'argento, *Osèa* 8 4 sgg., ma anche *Esodo* 32.

La citazione (e) dell'*Apocalisse di Giovanni*, 17 1-18, è più complessa, e sarà in altra sede ripresa e variata sontuosamente. Qui basterà ricordare che, nel testo del Vangelista, la «grande meretrice che siede sopra le acque», accosciata su «una bestia scarlatta» con «sette teste e dieci corna», e puttaneggia con i re della terra, è la Roma di Domiziano, troneggiante sul mare dei popoli soggetti; che la bestia incarna il potere sanguinario e satanico degli imperatori; che le sette teste sono i sette colli di Roma; e via dicendo...

Dante incorpora la meretrice all'animale e, in sintonia con numerosi movimenti profetici del Duecento a vario tasso di ereticità, legge nell'inguardabile mostro la Roma cristiana, e nelle sette teste i sette doni dello Spirito Santo, che suppurano nei sette vizi capitali: sulle quali teste son distribuite dieci corna, che in origine significavano i dieci comandamenti ed alla

Chiesa di Roma erano radice e argomento, fintanto che a suo marito (al papa, cioè) piacque la purezza delle virtù spirituali.

Chiusosi l'assolo in minore, con la famosissima e lamentevole apostrofe a Costantino («*Ahi Costantin*... Costantino mio, quanto male ha messo al mondo, non già la tua conversione, ma la dote che accettò da te il primo papa ricco!»), mentre Dante si compiace di avergliele cantate, il papa a testa in giù – *o ira o coscïenza che 'l mordesse* – scalcia a due piedi.

Virgilio, invece, che col viso contento (*con sì contenta labbia*) non s'è perso una delle parole vere ed esplicite del discepolo, ora lo abbraccia; stringendoselo al petto, risale il pendio per cui era disceso; e non lo depone, prima di essere arrivato in cima all'arco del ponte che tragitta all'argine successivo (*che dal quarto al quinto argine è tragetto*). Bravo, Dante! non hai strafatto: anzi, hai fatto onore alla Ragione, che ti rimerita prendendoti in braccio.

Con questo soave cerimoniale, officiato su una passerella di pietra scomodissima e scoscesa anche per una capra, si chiude come s'era aperto il purpureo «siparietto ecclesiastico», mentre si spalanca alla vista del pellegrino d'oltretomba un altro vallone.

O Simon mago, o miseri seguaci
che le cose di Dio, che di bontate
deon essere spose, e voi rapaci
per oro e per argento avolterate,
or convien che per voi suoni la tromba,
però che ne la terza bolgia state.
Già eravamo, a la seguente tomba,
montati de lo scoglio in quella parte
ch'a punto sovra mezzo 'l fosso piomba.
O somma sapïenza, quanta è l'arte
che mostri in cielo, in terra e nel mal mondo,
e quanto giusto tua virtù comparte!
Io vidi per le coste e per lo fondo
piena la pietra livida di fóri,
d'un largo tutti e ciascun era tondo.
Non mi parean men ampi né maggiori
che que' che son nel mio bel San Giovanni,
fatti per loco d'i battezzatori;
l'un de li quali, ancor non è molt'anni,
rupp'io per un che dentro v'annegava:
e questo sia suggel ch'ogn'omo sganni.
Fuor de la bocca a ciascun soperchiava
d'un peccator li piedi e de le gambe
infino al grosso, e l'altro dentro stava.
Le piante erano a tutti accese intrambe,
per che sì forte guizzavan le giunte,
che spezzate averien ritorte e strambe.
Qual suole il fiammeggiar de le cose unte
muoversi pur su per la strema buccia,
tal era lì dai calcagni a le punte.
"Chi è colui, maestro, che si cruccia
guizzando più che li altri suoi consorti",

diss'io, "e cui più roggia fiamma succia?".
    Ed elli a me: "Se tu vuo' ch'i' ti porti
là giù per quella ripa che più giace,
da lui saprai di sé e de' suoi torti".
    Ed io: "Tanto m'è bel, quanto a te piace:
tu se' segnore, e sai ch'i' non mi parto
dal tuo volere, e sai quel che si tace".
    Allor venimmo in su l'argine quarto;
volgemmo e discendemmo a mano stanca
là giù nel fondo foracchiato e arto.
    Lo buon maestro ancor de la sua anca
non mi dipuose, sì mi giunse al rotto
di quel che si piangeva con la zanca.
    "O qual che se' che 'l di sù tien di sotto,
anima trista come pal commessa",
comincia' io a dir, "se puoi, fa motto".
    Io stava come 'l frate che confessa
lo perfido assessin, che, poi ch'è fitto,
richiama lui per che la morte cessa.
    Ed el gridò: "Se' tu già costì ritto,
se' tu già costì ritto, Bonifazio?
Di parecchi anni mi mentì lo scritto.
    Se' tu sì tosto di quell'aver sazio
per lo qual non temesti tòrre a 'nganno
la bella donna, e poi di farne strazio?".
    Tal mi fec'io, quai son color che stanno,
per non intender ciò ch'è lor risposto,
quasi scornati, e risponder non sanno.
    Allor Virgilio disse: "Dilli tosto:
'Non son colui, non son colui che credi'";
e io rispuosi come a me fu imposto.
    Per che lo spirto tutti storse i piedi;

poi, sospirando e con voce di pianto,
mi disse: “Dunque che a me richiedi?
Se di saper ch’i’ sia ti cal cotanto,
che tu abbi però la ripa corsa,
sappi ch’i’ fui vestito del gran manto;
e veramente fui figliuol de l’orsa,
cupido sì per avanzar li orsatti,
che sù l’avere e qui me misi in borsa.
Di sotto al capo mio son li altri tratti
che precedetter me simoneggiando,
per le fessure de la pietra piatti.
Là giù cascherò io altresì quando
verrà colui ch’i’ credea che tu fossi,
allor ch’i’ feci ’l sùbito dimando.
Ma più è ’l tempo già che i piè mi cossi
e ch’i’ son stato così sottosopra,
ch’el non starà piantato coi piè rossi:
ché dopo lui verrà di più laida opra,
di ver’ ponente, un pastor sanza legge,
tal che convien che lui e me ricuopra.
Nuovo Iasón sarà, di cui si legge
ne’ Maccabei; e come a quel fu molle
suo re, così fia lui chi Francia regge”.
Io non so s’i’ mi fui qui troppo folle,
ch’i’ pur rispuosi lui a questo metro:
“Deh, or mi dì: quanto tesoro volle
Nostro Segnore in prima da san Pietro
ch’ei ponesse le chiavi in sua balìa?
Certo non chiese se non ‘Viemmi retro’.
Né Pier né li altri tolsero a Matia
oro od argento, quando fu sortito
al loco che perdé l’anima ria.

Però ti sta, ché tu se' ben punito;
e guarda ben la mal tolta moneta
ch'esser ti fece contra Carlo ardito.

E se non fosse ch'ancor lo mi vieta
la reverenza de le somme chiavi
che tu tenesti ne la vita lieta,

io userei parole ancor più gravi;
ché la vostra avarizia il mondo attrista,
calcando i buoni e sollevando i pravi.

Di voi pastor s'accorse il Vangelista,
quando colei che siede sopra l'acque
puttaneggiar coi regi a lui fu vista:

quella che con le sette teste nacque,
e da le diece corna ebbe argomento,
fin che virtute al suo marito piacque.

Fatto v'avete dio d'oro e d'argento;
e che altro è da voi a l'idolatre,
se non ch'elli uno, e voi ne orate cento?

Ahi, Costantin, di quanto mal fu matre,
non la tua conversion, ma quella dote
che da te prese il primo ricco patre!".

E mentr'io li cantava cotai note,
o ira o coscïenza che 'l mordesse,
forte spingava con ambo le piote.

I' credo ben ch'al mio duca piacesse,
con sì contenta labbia sempre attese
lo suon de le parole vere espresse.

Però con ambo le braccia mi prese,
e poi che tutto su mi s'ebbe al petto,
rimontò per la via onde discese.

Né si stancò d'avermi a sé distretto,
sì men portò sovra 'l colmo de l'arco

che dal quarto al quinto argine è tragetto. 129
Quivi soavemente spuose il carco,
soave per lo scoglio sconcio ed erto
che sarebbe a le capre duro varco.
Indi un altro vallon mi fu scoperto. 133

XX

«Un nuovo genere di pena son tenuto a mettere in versi per dar materia al ventesimo canto della prima cantica (*de la prima canzon*), che attiene alle anime sprofondate (*ch'è d'i sommersi*)»... premette il poeta, tradendo fervori d'umiltà nel singolarissimo scrupolo di indicarci la collocazione delle parole che stiamo leggendo entro l'impianto generale del poema, ripartito per cantiche e canti. Dopo le staffilate, i cazzotti in testa, il grattarsi furioso, il dimenìo di piedi, i dialoghi fuori dai denti dei primi due canti di Malebolge, il passo del racconto, d'improvviso, taglia il ritmo e rallenta.

E Dante dice che era lì, pronto a scrutare il fondo della bolgia che, tutto bagnato d'angoscioso pianto, gli si spalancava sotto i piedi; e che vide gente venir per il vallone circolare, muta, in lacrime, con l'andatura delle processioni di questo mondo ('*letàne*' son tanto le 'litanie', quanto le 'processioni dei litanianti')... e che, abbassando lo sguardo (*'l viso*) si accorse di un orrendo prodigio: ciascuno di quei dannati era stravolto fra il mento e l'attacco della cassa toracica (*'l principio del casso*), insomma aveva il collo attorcigliato, e il volto girato all'indietro (*tornato*, alla francese) gli si affacciava sui reni, così che era costretto a procedere a ritroso, dato che guardare avanti non poteva.

«Può darsi che, per effetto di *parlasìa* (toscanismo dal tardo latino 'par[a]lysia[m]': 'paralisi spastica', diremmo noi)... può darsi che qualcuno si sia contorto tutto in questo modo: ma io non l'ho mai visto, né mi par possibile», confessa il poeta. E si appella a te, lettore; e augurandosi, col consueto 'se' ottativo, che Dio ti consenta di trarre frutto da questa tua lettura (*lezione*), ti esorta a metterti nei suoi panni: come avrebbe potuto restare ad occhi asciutti, vedendo da vicino la figura umana (*la nostra imagine*) così contraffatta, che il pianto degli occhi s'incanalava nella fessura fra le natiche (*per lo fesso*)?

Come «mirabilissimo» è l'uomo «infra li effetti de la divina sapienza», così «sottilmente armoniato conviene esser lo corpo suo», aveva dettato Dante nel III libro del *Convivio*. Ora, contemplando la *nostra* immagine atrocemente sfigurata e offesa, poggiato a uno spunzone del ponte di pietra (*a un de' rocchi / del duro scoglio*), a testa china, piange – certo, che piange! – il pellegrino Dante, che sta percorrendo il regno dei morti «nel mezzo del cammin di nostra vita»: piange lacrime nostre.

Ma il maestro è molto severo: "Sei sempre sciocco come tutti gli altri? *Qui vive la pietà quand'è ben morta: / chi è più scellerato che colui / che al giudicio divin passion comporta?*".

Nulla autorizza a non capire questa terzina esplicita e forte, che, bene o male, ci tira in ballo, amico mio, tutti quanti ci lasciamo commuovere dalle pene inflitte ai colpevoli, rendendocene emotivamente complici: nulla autorizza a non capirla, infatti è stata capita fin troppo... Nell'assortimento, due interpretazioni appaiono particolarmente plausibili.

La prima, e più immediata, legge: 'pietà è escludere i dannati (tutti i dannati di Malebolge) dal campo della propria pietà. Ti rendi conto, tu, Dante, che provare compassione (un moto, insomma, di misericordia) di fronte agli effetti della giustizia di Dio, è la più stupida, la peggiore delle colpe?'. Conforta questa lettura un passo del *Convivio* che, confutando l'opinione volgare, distingue netto fra 'pietà' e 'misericordia': infatti, la misericordia, che sta nel «dolersi dell'altrui male», è un riflesso emotivo, è «compassione», dunque è «passione»; laddove la pietà «non è passione, anzi è una nobile disposizione» dell'intelletto, intesa ad attuare il vincolo naturale d'amore che lega l'uomo all'uomo. Questi Frodolenti, avendo trasgredito appunto «lo vinco d'amor che fa natura» (ricordi l'XI canto?), avendo violato deliberatamente il patto di pietà che li legava agli altri uomini, non meritano le lacrime che spreme una misericordia malriposta.

Una seconda lettura, più sottile e circoscritta, ipotizza nei tre versi una lapidaria premessa al catalogo degli ospiti della quarta bolgia, che Virgilio si accinge a sviluppare. Il senso sarebbe: 'pietà è escludere i dannati (che hai sotto gli occhi) dal campo della tua pietà. Chi è più scellerato dell'Indovino, che attribuisce passività (*passion comporta*) ai decreti di Dio, che insomma, considerandoli passibili di revoca, si illude di prevenirli e manipolarli?'. Una timida opzione per questa seconda lettura parrebbe suffragata dalla circostanza che Virgilio avvia il catalogo senza ulteriori specificazioni, dando per inteso che questi disgraziati con la testa avvitata a ritroso siano Indovini e Maghi.

Il contrapasso, incidentalmente enunciato dopo quattro terzine, è accessibilissimo: vollero *veder troppo davante*, e ora *di retro guardano*, e fanno *retroso calle*. Molto più complessa, la materia della colpa.

In che consiste di preciso? Rischiamo questa formula: la colpa dei Maghi e degli Indovini consiste nella pretesa di forzare il limite conoscitivo prescritto all'uomo, e sorprendere il futuro decifrandolo nell'eterno presente di Dio. Questa pretesa ha i contrassegni della frode, in quanto include e legittima due ordini di mistificazioni: una, più aristocratica e folle, che andrà elettivamente imputata agli indovini del mondo antico, sta – come accennato – nel divulgare l'illusione che l'uomo, una volta scopèrtone il codice segreto, sia in grado di alterare l'ordine misterioso dell'Essere; un'altra, più corrente e sordida, sta nel giustificare come inevitabili azioni e intenzioni infami dei potenti della terra, proclamandole prescritte irrevocabilmente nei disegni celesti. Questa seconda pratica mistificatoria, Dante la imputerà senza mezzi termini, in una lettera aperta ai cardinali italiani del 1314, ad «astrologi da strapazzo e sinistri profeti» che, all'epoca, effettivamente imperversavano, pronti a demandare alle competenze e alle responsabilità della Provvidenza quasiasi mascalzonata venisse fatta al signore che li stipendiava.

Quanto poi all'artigianato magico delle fattucchiere e delle chiromanti, il poeta gli riserva un'insofferenza distratta, e sembra rubricarlo fra le piccole truffe di sussistenza. Il patto diabolico, in forza del quale streghe e stregoni attingerebbero notizie e poteri occulti dalle potenze dell'abisso, non pare turbarlo troppo; mentre, al contrario, Tommaso d'Aquino e la sua scuola, pur con sottili distinzioni tecniche, accreditano l'efficacia delle arti magiche (e dell'oroscopistica dei negromanti in particolare) proprio all'intelligenza col demonio, escludendo in via di principio la possibilità che «cose create», entità fisiche come i corpi celesti, possano influenzare la sostanza spirituale dell'uomo.

Nella prassi giudiziaria di fine secolo, d'altronde, le distinzioni sottili fra questa e quella tecnica magica già stingevano in nero; e a pagare sulla pira l'esercizio della magia fu, come capita, la bassa forza. Si inaugura l'orrida serie dei processi alle streghe (il primo documentato in Toscana è del 1250; il primo documentato a Firenze, del 1298).

Qui può scappare una domanda di carattere generalissimo: Dante credeva all'astrologia?

Il puntiglio erudito contesterà immediatamente la correttezza della formulazione, segnalando che nel dizionario di Dante e del suo tempo i termini 'astrologia' e 'astronomia' erano, se non proprio sinonimi, sostanzialmente promiscui e praticamente intercambiabili; che l'uno includeva in qualche modo l'altro; e che, per quel tanto che risultasse legittimo distinguerli, figuravano semmai invertiti rispetto al nostro uso linguistico. Ma non facciamola troppo lunga, e diciamo pure che Dante chiamava 'Astrologia' la disciplina che oggi chiameremmo 'Astronomia', ma che considerava questa nobilissima fra le discipline scientifiche integrata e perfezionata dallo studio degli influssi dei corpi celesti sul carattere e sull'esistenza degli esseri umani.

Dunque, l'Astrologia di cui parlava Dante include anche quella pseudoscienza che noi usiamo rubricare, appunto, come Astrologia; salvo che, appunto, qualora l'esercizio della divinazione risultasse troppo minatorio o piaggiatorio o, comunque, ciarlatanesco, al ciarlatano si dava generalmente dell''astronomo' (nell'*Epistola ai cardinali d'Italia* che ricordavamo un attimo fa, l'espressione «astronomi quidam» non si può rendere nell'italiano d'oggi se non con «astrologi qualsiasi», «da quattro soldi», «da strapazzo»... in ogni caso, 'astrologi' e non 'astronomi').

Allora? Allora riformuliamo la domanda: 'Dante credeva in quella pseudoscienza che noi oggi chiamiamo Astrologia, e che lui includeva nella scienza che chiamava Astrologia?'. E una volta scappata la domanda, non c'è che da risponderle di sì.

Resta da vedere se noi, felici contemporanei, che consultiamo ogni mattina l'oroscopo agitati da un'aspirazione all'irrazionale insieme scettica e superstiziosa, senza saper più a memoria nemmeno il *Padre Nostro*, siamo in grado di capire intuitivamente il valore che Dante annetteva al verbo 'credere'. Fermo restando che non è più assolutamente possibile, per noi, padroneggiare l'immenso patrimonio dottrinale che fondava il suo sapere «astrologico».

Certo, l'Astrologia – disciplina che si articolava su una sconfinata mappa di correlazioni simboliche e di cognizioni astronomiche, complicate dall'ipotesi scientificamente antieconomica che la Terra fosse il centro gravitazionale dell'universo – ...quell'Astrologia lì è lodata nel *Convivio* come la più alta e la più ardua delle sette arti liberali, sia «per la nobilitade del suo subietto», sia «per la sua certezza». Per non far confusione preferiresti la chiamassimo Astronomia?... Temo che ne faremmo ancora di più, amico mio. Infatti come chiameremo la scienza in conformità alla quale nella mistica scenografia del paradiso le anime beate appariranno a Dante festanti e raggianti proprio nella sfera celeste di cui han subìto in vita la speciale influenza, e lui stesso si troverà fisicamente immesso fra le stelle del suo segno zodiacale, con grandissima emozione? la chiameremo Astronomia? Mah...

In tutti i casi, ne riparleremo. Lassù, non faremo che riparlarne.

Qui, per intanto, nella pancia nera della terra, Dante-pellegrino accusa l'oscuro rimbrotto del maestro e, asciugandosi gli occhi, si fa da parte. Nella bolgia precedente aveva inscenato un gran battibecco col papa a gambe all'aria, ed esibito il suo sarcasmo furente puntellandolo con una serie di citazioni scritturali. Ora tace mortificato, e demanda per intero a Virgilio la mansione di orientarlo (e orientarci) nella rassegna delle anime in pena.

Mansione che l'antico saggio si accinge a svolgere con eloquenza abbastanza fluviale, estraendo dai grandi poemi della latinità e dai grandi cicli della mitologia figure esemplari di Indovini e Maghi, e disponendole in una sequenza calibratissima.

L'attacco è ancora aggrondato: "Tira su la testa, tirala su", dice il maestro al discepolo tutto contrito, "e guarda quello a cui s'aprì la terra sotto i piedi, al cospetto dei Tebani, tanto che tutti loro sghignazzavano: 'Si può sapere dove ti precipiti, Anfiarao? perché lasci la guerra?'. E la sua caduta s'interruppe solo ai piedi di Minosse, che non si lascia scappare nessuno".

Re argivo, dotato da Apollo di infallibili facoltà divinatorie, Anfiarao, convocato con Capaneo e altri cinque re al famoso assedio di Tebe, fu visitato dalla premonizione che sarebbe morto in guerra. Così, tentò di sottrarsi alla chiamata nascondendosi. Ma la moglie Erìfile svelò il nascondiglio per una famigeratissima collana d'oro e diamanti. E lui, sotto le mura della città assediata, fu inghiottito con tutto il carro da una voragine che Giove spalancò nel terreno con una delle sue folgori mirate (oggi si parlerebbe di «folgori intelligenti»). Dante preleva l'episodio dalla *Tebaide* di Stazio, dove è solennemente commemorato, e – siglando il prelievo con la forma verbale '*rui*', latino 'ruis': 'ti precipiti' – ne mortifica il registro con un paio di variazioni basse.

Nella *Tebaide*, antagonista di Anfiarao, grandeggia Tiresia, celeberrimo augure e astrologo tebano. E Virgilio lo addita come secondo della rassegna. Ma l'aneddoto che adopera per identificarlo è estratto da un racconto incidentale delle *Metamorfosi* di Ovidio. "Tiresia", spiega infatti Virgilio, "è colui che, avendo diviso con una bastonata due serpenti che stavano accoppiandosi in una foresta, cambiò sesso, insomma *di maschio in femmina divenne*. Solo in capo a sette anni, rivedendo i medesimi serpenti impegnati nella medesima funzione (*li duo serpenti avvolti*), e tornando a percuoterli, recuperò le *maschili penne*". E qui Virgilio chiude la presentazione.

Ma sarà forse bene aggiungere che, secondo Ovidio, quest'esperienza transessuale abilitò Tiresia a dirimere una controversia fra Giove e Giunone: svampito dal nettare, Giove sosteneva che nel coito la donna prova più piacere dell'uomo; Giunone negava; Tiresia convenne con la tesi di Giove; Giunone gli tolse la vista; Giove lo risarcì conferendogli la visione interiore del futuro. Ma perché mai, nel lunghissimo curriculum del più eminente indovino dell'antichità, Virgilio sceglie per epigrafe un aneddoto abbastanza marginale come quello dei serpenti bastonati?

Hai presente il caducèo, la verghetta d'oro con le ali e due serpenti attorcigliati intorno, scettro di Hermes-Mercurio, che campeggia nell'insegna delle farmacie? Per gli alchimisti era l'emblema dell'enigmatica complessità dell'uomo e del loro magistero ermetico, che mirava alla composizione dei contrari (zolfo e mercurio, secco e umido, spirito e corpo, maschile e femminile). Si può ipotizzare che per Dante, frequentatore non occasionale del labirinto simbolico degli alchimisti – ne riparleremo con circospezione sul fondo di Malebolge –, il gesto stupido e brutale di dividere due serpenti in amore, che finì per guadagnare al mago tebano le sue virtù divinatorie, prefiguri e sintetizzi allegoricamente la pratica nefasta di un sapere occulto inteso a scomporre la natura nei suoi ingredienti chimici, per manipolarla e dominarla: insomma, l'esercizio della magia nera, dell'«antialchimia». Ipotesi mia, che vale quello che vale...

Terzo della rassegna è Aronte, che dà le spalle (*s'atterga*) al ventre di Tiresia. Là sui monti della Lunigiana (*ne' monti di Luni*), al di sopra dei poveri costoni sarchiati dai contadini di Carrara ('roncare' è 'dissodare', 'sarchiare'), ebbe tra i bianchi marmi una spelonca per dimora. Di lassù *non li era la veduta tronca* (la sua vista spaziava senza impedimenti) nel firmamento e sulla distesa del mare. Ora, procedendo a ritroso, addossato alla pancia di Tiresia, non ha altro orizzonte che quella.

Arruns, «maestro nel decifrare il guizzo del fulmine, le vene calde dei visceri, i moniti d'un'ala errante nel cielo», è l'indovino etrusco convocato a Roma alla vigilia della guerra civile fra Cesare e Pompeo per interpretare una serie di orridi portenti. Nel I libro della *Farsaglia* – dove peraltro Aronte figura domiciliato fra «le mura della deserta Lucca», genitivo 'Lucae', e non di Luni, genitivo 'Lunae' – ...Lucano fantastica e registra il responso dell'indovino: «Abbiamo di che temere eventi impronunciabili. Ma la paura sarà sopraffatta dal futuro».

Quand'ecco, lavata dalle lacrime, una faccia di donna: "Le trecce sciolte", dice il maestro, "le coprono le mammelle"; e la rotazione della testa impedisce al discepolo di vederle, e di vedere la sua peluria femminile (*ogne pilosa pelle*). "È Manto, che vagò per terre molte, finché non s'insediò", dice il maestro, "dove son nato io. Perciò vorrei che tu mi prestassi ascolto un momento". E avvia una vasta digressione sull'origine storica di Mantova, che coprirà la bellezza di quattordici terzine.

Cerchiamo di seguirne il lento tracciato tortuoso.

"Dopo la morte di suo padre, il celeberrimo Tiresia, per sottrarsi all'asservimento della città di Tebe, sacra a Bacco (*la città di Baco*), questa Manto andò errante gran tempo per il mondo. È da sapere che lassù, nell'Italia bella, ai piedi della catena alpina che, sovrastando il castello di Tirolo (*Tiralli*, sulla conca di Merano), delimita le terre tedesche (*Lamagna*), c'è un lago c'ha nome Benaco. Il territorio compreso tra Garda (amena località sulla costa veronese del lago, cui oggi presta il nome), Val Camonica e arco montano (*Pennino*) è irrorato da innumerevoli corsi d'acqua, che confluiscono nel lago in parola; al centro del quale è un luogo in cui il vescovo di Trento, quello di Brescia e quello di Verona potrebbero impartire la benedizione (*segnar*), se si scomodassero ad andare fin lì (e dovrebbe trattarsi dell'isolotto dei Frati, sotto Salò, la cui parrocchiale era effettivamente soggetta alla giurisdizione ecclesiastica di tutti e tre i vescovi; a meno che questo *loco* non sia il punto geometrico d'incontro delle tre diocesi, inaccessibile in mezzo all'acqua...). Alla base del lago", stava dicendo Virgilio, "dove il perimetro rivierasco si fa più pianeggiante (*ove la riva 'ntorno più discese*), siede Peschiera, fortezza poderosa e bella, di cui si giovano gli Scaligeri per fronteggiar Bresciani e Bergamaschi. Qui è inevitabile confluisca (*caschi*) quanto d'acqua non può esser contenuto dal bacino lacustre (*'n grembo a Benaco*), e si faccia fiume, giù per verdi pascoli. Appena l'acqua a *correr mette co'* (scorre daccapo, si riavvia), perde il nome di Benaco e prende quello di Mincio (*Méncio*, alla lombarda) fino a Govèrnolo, dove si getta nel Po. Non ha percorso gran tratto, questo Mincio, che trova *una lama* (una depressione, cioè) nella quale si dilata facendone una palude: palude, spesso, d'estate, povera d'acqua e malsana (*grama*). Passando da quelle parti, la crudele vergine tebana vide nel mezzo del pantano una terra incolta e totalmente disabitata. Lì, per fuggire ogni consorzio umano, si insediò con i servi a esercitare le sue arti occulte; lì visse; lì, morendo, lasciò il suo corpo svuotato (*vano*). In seguito, uomini sparsi per le campagne circostanti cominciarono ad affluire (*s'accolsero*) a quel luogo, che vedevano ben protetto per ogni lato dalle acque stagne; sull'ossario di Manto (*sovra quell'ossa morte*) costruirono la città; e, in memoria di colei che per prima aveva scelto e abitato quel lembo di terra, *Mantüa l'appellar*, *sanz'altra sorte* (senza, cioè, rimettersi al responso di chissà quali sortilegi, la chiamarono Mantova). La città, *prima che la mattìa di Casalodi / da Pinamonte inganno ricevesse* (prima, cioè, che la matta dabbenaggine del reggente Alberto da Casalodi si lasciasse infinocchiare da Pinamonte dei Bonacolsi), era molto più densamente popolata di oggi (*fuor le genti sue dentro più spesse*). E così", ammonisce concludendo l'antico poeta mantovano, "se ti raccontano in qualche altro modo le origini della mia patria, ne sai abbastanza per non consentire a favole bugiarde di far torto alla verità".

Il discepolo festeggia la digressione paesistica e toponomastica di Virgilio: talmente inoppugnabili gli sembrano quelle argomentazioni, che non si lascerà più scaldare la testa da altre versioni della fondazione di Mantova, che – d'ora in avanti – gli sembreranno fredde e senza luce come carboni spenti.

Singolare, che la più autorevole di queste versioni sballate sia proprio di Virgilio, il quale nel X libro dell'*Eneide* assegna a Ocno, «figlio della fatidica Manto e del fiume Tosco» (cioè, del Tevere), e mago egli stesso, la benemerenza d'aver dato mura e nome alla città, nella quale una miscela di tre razze figura amalgamata dalla maschia egemonia degli Etruschi.

Con questa minuziosa ritrattazione, che deve a Stazio i dati della ferocia sanguinaria e della verginità della maga tebana, Virgilio potrebbe mirare ad almeno due scopi: il primo sembra esser quello di sfatare o, almeno, di sfumare la leggenda che accreditava le origini di Mantova e della sua gente direttamente a uno stregone figlio d'una strega (sappiamo bene come la fama della sconfinata sapienza di Virgilio fosse viziata nel Medioevo dal sospetto di negromanzia); il secondo, e non secondario – come vedremo a suo tempo –, è quello di rivendicare la purezza del suo sangue lombardo. D'altronde, l'osservazione di buonsenso secondo cui la autorettifica non fa problema, in quanto non è di Virgilio, ma di Dante che gliel'ha messa in bocca, vale quella, del pari inoppugnabile e cretina, che non è Amleto a dire 'to be or not to be', ma è Shakespeare a scriverlo.

Forse però, più in generale, a contrasto con l'antica favola della maga che si insedia nell'isolotto lagunare a officiare in solitudine le sue pratiche occulte, e con la torbida cronaca recente...

...A proposito di cronaca recente, per chi non avesse bene a mano i fatti di Mantova sullo scorcio del Duecento, forse varrà la pena ricordare come la scemenza (se è per quello '*mattìa*' è anche più duro)... come la mattìa del conte Alberto da Casalodi, guelfo, si lasciasse persuadere da Pinamonte dei Bonacolsi, ghibellino, a spedire in esilio, confidenzialmente spacciandoglieli per malfidi, i più agguerriti fra i propri partigiani; come, una volta scalzata la consorteria del Casalodi (1272), l'astuto

Pinamonte bandisse lo scemo e i pochi familiari che gli eran rimasti intorno; e come al colpo di stato tenesse dietro un periodo di soprusi e di turbolenze, che avevano provocato un vistoso spopolamento di Mantova, a confermare (a contrario) la coincidenza fra concordia dei cittadini e floridezza delle città. Questo, più o meno, il parere di Dante...

...E io stavo dicendo che forse, a contrasto con le stregonerie solitarie del mito e con le ottuse miserie del presente, questo mirabilissimo racconto d'acque che accorrono torrentizie dai monti; si fanno specchio di lago; traboccano dall'invaso lacustre per serpeggiare sotto altro nome, fiume, nel verde dei pascoli; si acquetano in laguna... canta l'inclinazione acquatica degli uomini a confluire in società, la fertile irrequietezza della storia.

Senonché l'attenzione del pellegrino è già tornata a puntarsi (*rifiede*) sul corteo dei dannati: se il maestro ne vede qualcun altro degno di nota, glielo segnali.

E Virgilio riprende il catalogo: "Quello con la barba che gli spiove dalle gote sulle spalle brune è l'augure che, quando la spedizione di Troia vuotò la Grecia di maschi, così che rimasero appena i bambini nelle culle, *diede 'l punto con Calcanta / in Aulide a tagliar la prima fune* (come dire: insieme al famoso Calcante indicò alla flotta adunata in Aulide congiuntura e condizioni propizie per salpare). Eurìpilo, si chiamava, e in questi termini ne parla *l'alta mia tragedìa*, come sai benissimo tu, che la conosci da capo a fondo", conclude Virgilio appellandosi a quel che Dante gli ha professato nel primo incontro sulla piaggia deserta («Vàgliami 'l lungo studio e 'l grande amore / che m'ha fatto cercar lo tuo volume»...).

Nell'*Eneide*, per l'esattezza, Eurìpilo, competente in oracoli di Febo-Apollo, risulta interpellato dallo Stato Maggiore greco solo in ordine alle modalità del rimpatrio da Troia, a guerra vinta; mentre non figura né esperto in voli d'uccelli, né tanto meno corresponsabile del verdetto oracolare di Calcante, il quale, dieci anni prima, per placare i venti avversi e consentire la partenza della flotta per l'Asia Minore, aveva prescritto il sacrificio di una vergine. Il fatto che negli esametri di Virgilio Eurìpilo, prima di riferire il suo, si senta in dovere di ricordare il vecchio responso di Calcante, ha verosimilmente provocato l'equivoco in cui incorre Dante, quantunque sappia *tutta quanta* l'*Eneide* a memoria…

Qui la rassegna del maestro lascia gli antichi maghi che pretesero di revocare i decreti divini, e, virando bruscamente sugli «astrologi da strapazzo» e sulle fattucchiere casalinghe, fende l'attualità in tre terzine.

"Ecco, striminzitissimo (*così poco*) di fianchi, Michele Scotto, maestro di magiche frodi. Ecco Guido Bonatti. Ecco Asdente, *ch'avere inteso al cuoio e a lo spago / ora vorrebbe*, che insomma rimpiange di non aver perseverato nel mestiere di calzolaio, *ma tardi si pente*. Ecco, infine, le disgraziate che, per darsi alle pratiche stregonesche con filtri vegetali e immagini di cera, hanno abbandonato *l'ago, la spuola e 'l fuso*, diciamo pure i lavori domestici".

Nato in Iscozia nel 1180 e addottoratosi a Toledo, centro della cultura esoterica ispano-islamica ed ebraica, traduttore infaticabile dall'arabo delle opere fisiche e metafisiche di Aristotele, Michael Scotus, a onor del vero, non era affatto un ciarlatano. Alla corte di Federico II la sua vastissima e inquietante dottrina godette di un prestigio inappellabile. Se le sue ardue speculazioni astrologiche non fossero state divulgate e banalizzate per tutta Italia in formule della superstizione popolare, Michele Scotto si sarebbe meritato almeno un posto nella aristocrazia degli antichi Indovini.

Meno eminenti, ma non proprio ordinari, gli altri due. Guido Bonatti, forlivese, astrologo ufficiale di Ezzelino III da Romano, poi, a lungo, del Comune ghibellino di Firenze, infine di Guido da Montefeltro, dovette la sua fama di gran lettore di stelle all'oroscopo circostanziatissimo della vittoria ghibellina di Montaperti; e la coronò (questa sua fama) con la premonizione, puntualmente avveratasi, del proprio ferimento all'assedio di Forlì. Di lui, celebrato fra l'altro come autorevole divulgatore di astrologia per signore, il minimo che si possa dire è che fu meteorologo eccellente.

E pare non fosse uno scalzacane nemmeno Benedetto, il calzolaio autodidatta di Reggio Emilia, che finì celebratissimo consulente astrologico del vescovo di Parma e biblista di vaglia, con tutto che avesse la bocca ingombra di enormi denti, tanto da parlare penosamente ingorgato e da meritarsi il nomignolo antifrastico di 'Asdente', che vale 'sdentato'. Nel *Convivio* Dante ne ricorda la straordinaria notorietà, a riprova della sua tesi secondo cui la fama delle persone non è affatto proporzionale alla loro nobiltà d'animo.

Ma il tempo stringe: la luna (*Caino e le spine*) tocca la linea d'orizzonte che divide i due emisferi, e rasenta il mare a ovest di Siviglia (*sotto Sobilia*). Dato che la notte scorsa era piena, come ricorderà certo il pellegrino che si giovò del suo chiarore per la selva fonda (il maestro, per sì per no, glielo ricorda), a conti fatti son passate le sei del mattino. "Muoviamoci!" dice Virgilio. E nel suo dire, vanno.

In questo richiamo al primissimo avvio del viaggio oltremondano; nell'allusione alla fantasia popolare di Caino esiliato sulla luna con una forcata di spine sulle spalle; e nell'avverbio plebeo che sigla il canto ('*introcque*': 'nel frattempo', citato nel *De Vulgari Eloquentia* come esempio dell'infimo vernacolo fiorentino), si risolve e s'appiana una delle prove iniziatiche più sconcertanti per il pellegrino dell'abisso, con la sua pericolosa propensione alla misericordia e con l'ansia di sapere che lo incalza fino al limite di rischio... per il pellegrino e per la stessa ragione naturale che nella voce severa di Virgilio lo rimprovera, e non teme di emendarsi da sé.

Di nova pena mi conven far versi
e dar matera al ventesimo canto
de la prima canzon, ch'è d'i sommersi.
Io era già disposto tutto quanto
a riguardar ne lo scoperto fondo,
che si bagnava d'angoscioso pianto;
e vidi gente per lo vallon tondo
venir, tacendo e lagrimando, al passo
che fanno le letàne in questo mondo.
Come 'l viso mi scese in lor più basso,
mirabilmente apparve esser travolto
ciascun tra 'l mento e 'l principio del casso,
ché da le reni era tornato 'l volto,
e in dietro venir li convenia,
perché 'l veder dinanzi era lor tolto.
Forse per forza già di parlasia
si travolse così alcun del tutto;
ma io nol vidi, né credo che sia.
Se Dio ti lasci, lettor, prender frutto
di tua lezione, or pensa per te stesso
com'io potea tener lo viso asciutto,
quando la nostra imagine di presso
vidi sì torta, che 'l pianto de li occhi
le natiche bagnava per lo fesso.
Certo io piangea, poggiato a un de' rocchi
del duro scoglio, sì che la mia scorta
mi disse: "Ancor se' tu de li altri sciocchi?
Qui vive la pietà quand'è ben morta:
chi è più scellerato che colui
che al giudicio divin passion comporta?
Drizza la testa, drizza, e vedi a cui
s'aperse a li occhi d'i Teban la terra,
per ch'ei gridavan tutti: 'Dove rui,

Anfiarao? perché lasci la guerra?'.
E non restò di ruinare a valle
fino a Minòs che ciascheduno afferra.
Mira c'ha fatto petto de le spalle:
perché volse veder troppo davante,
di retro guarda e fa retroso calle.
Vedi Tiresia, che mutò sembiante
quando di maschio femmina divenne,
cangiandosi le membra tutte quante;
e prima, poi, ribatter li convenne
li duo serpenti avvolti, con la verga,
che riavesse le maschili penne.
Aronta è quel ch'al ventre li s'atterga,
che ne' monti di Luni, dove ronca
lo Carrarese che di sotto alberga,
ebbe tra ' bianchi marmi la spelonca
per sua dimora; onde a guardar le stelle
e 'l mar non li era la veduta tronca.
E quella che ricuopre le mammelle,
che tu non vedi, con le trecce sciolte,
e ha di là ogne pilosa pelle,
Manto fu, che cercò per terre molte,
poscia si puose là dove nacqu'io:
onde un poco mi piace che m'ascolte.
Poscia che 'l padre suo di vita uscìo
e venne serva la città di Baco,
questa gran tempo per lo mondo gio.
Suso in Italia bella giace un laco,
a piè de l'Alpe che serra Lamagna
sovra Tiralli, c'ha nome Benaco.
Per mille fonti, credo, e più si bagna
tra Garda e Val Camonica e Pennino
de l'acqua che nel detto laco stagna.

Loco è nel mezzo là dove 'l trentino
pastore e quel di Brescia e 'l veronese
segnar poria, s'e' fesse quel cammino.
Siede Peschiera, bello e forte arnese
da fronteggiar Bresciani e Bergamaschi,
ove la riva 'ntorno più discese.
Ivi convien che tutto quanto caschi
ciò che 'n grembo a Benaco star non può,
e fassi fiume giù per verdi paschi.
Tosto che l'acqua a correr mette co',
non più Benaco, ma Méncio si chiama
fino a Governol, dove cade in Po.
Non molto ha corso, ch'el trova una lama,
ne la qual si distende e la 'mpaluda;
e suol di state talor esser grama.
Quindi passando la vergine cruda
vide terra, nel mezzo del pantano,
sanza coltura e d'abitanti nuda.
Lì, per fuggire ogne consorzio umano,
ristette con suoi servi a far sue arti,
e visse, e vi lasciò suo corpo vano.
Li uomini poi che 'ntorno erano sparti
s'accolsero a quel loco, ch'era forte
per lo pantan ch'avea da tutte parti.
Fer la città sovra quell'ossa morte;
e per colei che 'l loco prima elesse,
Mantüa l'appellar sanz'altra sorte.
Già fuor le genti sue dentro più spesse,
prima che la mattìa da Casalodi
da Pinamonte inganno ricevesse.
Però t'assenno che, se tu mai odi
originar la mia terra altrimenti,
la verità nulla menzogna frodi".

E io: “Maestro, i tuoi ragionamenti
mi son sì certi e prendon sì mia fede,
che li altri mi sarien carboni spenti.
Ma dimmi, de la gente che procede,
se tu ne vedi alcun degno di nota;
ché solo a ciò la mia mente rifiede”.
Allor mi disse: “Quel che da la gota
porge la barba in su le spalle brune,
fu – quando Grecia fu di maschi vòta,
sì ch’a pena rimaser per le cune –
augure, e diede ’l punto con Calcanta
in Aulide a tagliar la prima fune.
Euripilo ebbe nome, e così ’l canta
l’alta mia tragedìa in alcun loco:
ben lo sai tu che la sai tutta quanta.
Quell’altro che ne’ fianchi è così poco,
Michele Scotto fu, che veramente
de le magiche frode seppe ’l gioco.
Vedi Guido Bonatti; vedi Asdente,
ch’avere inteso al cuoio e a lo spago
ora vorrebbe, ma tardi si pente.
Vedi le triste che lasciaron l’ago,
la spuola e ’l fuso, e fecersi ’ndivine;
fecer malie con erbe e con imago.
Ma vienne omai, ché già tiene ’l confine
d’amendue li emisperi e tocca l’onda
sotto Sobilia Caino e le spine;
e già iernotte fu la luna tonda:
ben ten de’ ricordar, ché non ti nocque
alcuna volta per la selva fonda”.
Sì mi parlava, e andavamo introcque.

XXI

Chissà cosa si dicono Dante-pellegrino e Virgilio, dove Dante-poeta dice che non ce lo vuol dire.

Se ricordi, è già capitato due volte: nel limbo, la conversazione con le quattro grand'ombre ci è stata negata per motivi – come dire? – di convenienza estetica («parlando cose che 'l tacere è bello»...); sull'orlo del terzo cerchio, una fretta senza spiegazioni («parlando più assai ch'i' non ridico»...) ha troncato il dialogo sulla condizione degli uomini nel Dopogiudizio. A questo punto, l'elusività si giustifica con l'argomento che i temi trattati nel tragitto dal ponte che scavalca la quarta bolgia al culmine di quello che scavalca la quinta esulano dalla materia della commedia in corso. Fossero temi tragici? Giusto un venti versi fa, Virgilio non ricordava «l'alta sua tragedìa»?

Per rammendare i buchi aperti da queste esibite omissioni la dantistica si è permessa ogni genere di ricamo psicologico sull'«ombroso riserbo» di Dante Alighieri poeta in esilio. A segno che, gode (o almeno godette) d'un certo credito l'ipotesi secondo cui il nostro pellegrino profitterebbe di queste interruzioni di corrente per confidare a Virgilio patemi connessi ad eventi successivi all'epoca del pellegrinaggio... Tu che dici? Non sarà meglio registrare l'evidenza: cioè, che il monologo profetico del personaggio-poeta include intermittenti professioni di reticenza? Qua, tuttalpiù, varrà la pena di ricordare che il canto scorso si chiudeva con l'indicazione che maestro e discepolo, incamminandosi, stavano rievocando il plenilunio e la selva fonda del primo incontro.

«*Così di ponte in ponte, altro parlando / che la mia comedìa cantar non cura, / venimmo*...», attacca dunque il poeta; e, anche se ci nasconde l'argomento della conversazione, tiene a farci sapere che lui e il suo Virgilio discorrevano così fitto, che arrivarono fino al *colmo* del quinto ponte di Malebolge senza prestare attenzione al cambiamento di scena.

Poi, lissù, si fermarono per dare un'occhiata alla profonda fenditura della nuova bolgia e ai tormenti senza compenso di nuovi dannati. La sbalorditiva nerezza del fossato impressiona il pellegrino («*e vìdila mirabilmènte oscura*» scriverà da poeta; e tu, amico mio, leggi forte e sperimenta come cinque sillabe di fila senza appoggiatura d'accento [/di-la-mi-ra-bil/] contagino lo sbalordimento che raccontano. Poi subito il nostro passa ad esemplificare con memorabile dovizia di dettagli analogici.

Come d'inverno, nell'arsenale dei Veneziani (a proposito, '*arzanà*' è l'esito veneziano dell'arabo 'dâr sinâ'a', 'casa per costruire', 'cantiere', che in genovese produce 'dàrsena')... stavamo dicendo: come d'inverno, nell'arsenale dei Veneziani, bolle la tenace pece che serve a rispalmare le imbarcazioni avariate, dato che, d'inverno, non potendo prendere il mare, tanto vale: uno rimette a nuovo la barca, un altro tura con la stoppa le sconnessure aperte nel fasciame dal gran viaggiare (*e chi ristoppa / le coste a quel che più vïaggi fece*), e questo riinchioda la prua, quello la poppa (*chi ribatte da proda e chi da poppa*), e c'è chi fa remi e chi attorciglia la canapa per le sartie, chi rattoppa la vela di prua o terzarolo, chi la vela di gabbia o artimone (e intanto la pece bolle e bolle)... così bolliva a fondo bolgia – per divino artificio, senza fuoco sotto – una pegola spessa, che *'nviscava la ripa d'ogne parte*, che, insomma, impiastrava completamente le pareti dei due costoni.

Quella superficie nera e lucida, che ora si gonfia ora si siede nel cavo delle bolle, senza mostrare traccia d'altro che della propria ebollizione (*mai che le bolle che 'l bollor levava*), invade il campo percettivo del nostro pellegrino. E quando il duca suo se lo tira da un canto, dicendo: "Bada! bada!", lui si gira *come l'uom cui tarda / di veder quel che li convien fuggire*, insomma come chi non vede l'ora di constatare il pericolo cui deve sottrarsi, ma, sorpreso e debilitato dalla paura, mentre mette a fuoco, scappa (*per veder, non indugia 'l partire*). E che sarà mai?

È un diavol nero, che rimonta di corsa il ponte. Che faccia feroce! Com'è minaccioso quel suo correre *con l'ali aperte e sovra i piè leggero*! E come vola radente l'endecasillabo! Caricato sopra la spalla aguzza e prominente del diavolo, un peccatore viaggia pontato sui due glutei (*ambo l'anche*) e artigliato per il tendine d'Achille (*de' piè ... 'l nerbo*). Fulmineo sketch da mattatoio!

Guadagnato l'apice del ponte, il diavolo si affaccia giù e urla: "Malebranche! ecco un altro lucchese, per di più membro del Consiglio degli Anziani! Cacciàtelo sotto, ché io me ne torno subito a fare rifornimento in quella città lì, che è una miniera. Tutti barattieri, a Lucca, tutti... tranne uno: Bonturo! Lui no, lui non c'entra proprio, con questo viziaccio locale di «fare *ita* del *no... per li denar*», insomma di cambiar le carte in tavola a scopo di lucro..." ('fare *ita*, cioè sì, del *no*' è vecchia locuzione popolare per 'imbrogliare', o simili).

Ciò detto, il diavolo scaraventa di sotto il suo barattiere quarto-di-bue, si gira, e via, come un mastino scatenato all'inseguimento d'un ladro (*a seguitar lo furo*), anzi peggio. E come mai, questo diavolo-corriere ne sa tante su Lucca?

Ma, in primo luogo: chi sono questi Barattieri? che male hanno fatto?

Il verbo 'barattare', col suo sciame di 'baratto', 'baratta', 'baratteria', 'barattiere', copre, fra Due e Trecento, un campo semantico molto ampio. Appeso a un ètimo lontano e controverso, dirama dal francese sulle lingue romanze una ragnatela di significati che include 'l'agire', 'l'agitarsi', 'il litigare', 'il darsi da fare', 'il fare affari', 'il negoziare', 'il trafficare', 'l'indebitarsi', ecc. ecc. Il senso di 'piccola permuta', di 'scambio sottobanco' (e quindi, per traslato, di losco «do ut des») del nostro 'baratto' è specializzazione molto più recente. Comunque un che di sordido e impresentabile contrassegna fin dal tardo Medioevo le innumerevoli pratiche della 'baratteria', e accomuna in qualche modo sotto la rubrica 'barattiere' figuri delle categorie più disparate.

Nell'uso corrente della Toscana di Dante, barattieri erano tutti i morti di fame disposti a cavare soldi dalle prestazioni più degradanti: i tirapiedi del boia, per esempio, gli scalcagnati che seguivano gli eserciti in campagna per seppellire cadaveri e carogne e procurare donne alla truppa; ma anche i giocolieri di mezza tacca, i bancarellisti, i rigattieri, i bari di piazza e di sagrato, gli sturacessi municipali... Dall'inizio del Duecento, peraltro, la figura del «re dei barattieri» o «rex ribaldorum» ha in terra di Francia e nell'alta Toscana dignità istituzionale, prerogative, bandiera, e un apprezzabile riscontro letterario.

Nel lessico giudiziario, viceversa, 'baractèria' (o 'baracterìa') era il termine tecnico che indicava i reati di peculato per distrazione, concussione, malversazione, interesse privato in atti d'ufficio, corruzione di magistrati, e, più in generale, ogni forma di corruzione attiva o passiva messa in atto nella sfera pubblica. Roba di cui oggi non c'è più traccia. Ah, Medioevo!

E squisitamente medievale sarà anche la circostanza che l'avvicendamento spesso brutale dei partiti al potere fosse, altrettanto spesso, sanzionato da una raffica di imputazioni di baratteria a carico dei massimi esponenti del partito spodestato.

Esempio famosissimo: quello di Dante Alighieri, condannato come «barattiere» dalle due sentenze podestarili del gennaio e del marzo 1302, per aver fra l'altro (non mancano addebiti secondari) «procurato che fossero dati e spesi denari contro il Sommo Pontefice e Messer Carlo [di Valois] per resistenza alla sua venuta, e contro lo stato pacifico della città di Firenze».

Positivo, che Dante, di suo, perseguisse disinteressatamente gli intenti più lodevoli; com'è positivo che l'applicazione retroattiva del contestabilissimo principio secondo cui lo stato pacifico della città di Firenze non poteva essere garantito se non dalle ingerenze di Bonifacio VIII e del suo malfido paciaro, inquini la dignità giuridica della sentenza. Ma, a lume di buonsenso, ti sembra possibile che un militante di parte bianca, il quale, bene o male, aveva percorso tutta la carriera pubblica fino al priorato, fosse completamente all'oscuro degli innumerevoli abusi e soprusi praticati dai suoi compagni di partito nella gestione del Comune? Ci metteresti la mano sul fuoco?

Lui, di sicuro, Dante, ce la mise, ma non sappiamo quanto si scottasse.

Ora, avviato in pellegrinaggio iniziatico per l'«ottimo cammino» che conduce alla contemplazione di Dio, ripensando la propria militanza politica nel barbaglio lunare della ragione (se a questo accennava Virgilio in chiusa del canto passato: «*e già iernotte fu la luna tonda: / ben ten de' ricordar, ché non ti nocque / alcuna volta per la selva fonda*»)... be', è verosimile che Dante accusi il contraccolpo ovattato ma non troppo delle mortificazioni, delle rabbie, delle paure che quella militanza gli è costata. Tuttavia il poeta monologante, investito del suo mandato di profeta del presente, sa che non ha titoli morali né strumenti conoscitivi per assumere la cronaca nei disegni provvidenziali della storia colui che si esime dall'annusare e riannusare i fortori della cucina politica; come, e a maggior ragione, chi ci resta impegolato, soffriggendo vecchi rancori in vecchie lagne.

Dunque, niente fatti personali, niente fiorentinaggini, stavolta! Per mettere in scena la Baratteria trionfante, il tetro cabaret di Malebolge trasloca in provincia: dipinta sul fondalino, ecco Lucca la Nera.

Il diavolo-corriere, con crassa ironia, assegna la città alla tutela di santa Zita, una strenua domestica della zona, cui gli angeli pare dessero una mano in cucina, e che di recente pare fosse stata assunta nel regno dei cieli a furor di popolo. E ci rifà, il diavolo-corriere, encomiando l'irreprensibilità d'un tizio, che notoriamente è il più barattiere di tutti.

Si tratta di Bonaventura Dati, detto Bonturo, d'estrazione vinaio, il quale coronerà la sua carriera di faccendiere di strettissima osservanza donatesca e papalina commerciando in sete e governando per tre anni la sua città con altri due tangheri della sua risma, inflessibile nell'odio contro Arrigo VII imperatore e contro Pisa, alla quale rifiuterà la restituzione delle famose castella cedute un quarto di secolo prima dal famosissimo conte Ugolino, come non mancheremo di sapere per filo e per segno di qui a dodici canti… finché nel 1313 i Pisani non legneranno i Lucchesi, e lui, Bonturo, scapperà a Firenze, dove tre anni dopo la morte di Dante fa testamento, dunque è ancora vivo.

E qui dobbiamo constatare che questa gran competenza in fatto di costumi e culti lucchesi non sembra un'esclusiva del diavolo-corriere. Anche i demòni di servizio nella bolgia, questi *Malebranche* (alla lettera: 'artigliacci'), che scopriamo appostati sotto l'arco del ponte, conoscono bene la materia. E appena *l'anzïan di Santa Zita* (insomma, il povero magistrato lucchese quarto-di-bue), colato a picco nella pece, torna a galla rivoltolandosi tutto imbrattato (*tutto convolto*), urlano: "Qui non usa l'ostensione del Santo Volto! Non si sguazza, qui, come nel Serchio!".

Serchio e Santo Volto son connotati canonici (e attrattive turistiche) della lucchesità… quantunque nella menzione diavolesca del Santo Volto (o Volto Santo) è possibile cogliere un ammicco blasfemo, se si tien conto che, come il barattiere convolto nella pegola, nero è anche il legno di noce in cui è scolpito il leggendario crocifisso bizantinesco che da circa un millennio sgrana due occhi enormi ed enigmatici nella chiesa di San Martino a Lucca.

“Ragion per cui”, soggiungono i diavoli, “se non gradisci le nostre graffiate, farai bene a non sbucare più dal pelo della pece (*non far sopra la pegola soverchio*)”.

Detto, lo arpionano con più di cento uncini (o *raffi*), sbeffeggiandolo: “Qui si balla al coperto! Visto mai, che ti riesca di accaffare ancora qualcosuccia di nascosto?”: dove ‘ballare’ varrà più o meno il ‘cavarsela nei guai’ del nostro ‘chi è in ballo, balli!’; e ‘accaffare’ è fiorentinismo vernacolo per ‘arraffare’, sebbene abbia tutt’altro etimo.

Be’, sono proprio teppa, questi diavoli! Sadici, sbracati, malfidati (quanto scurrili e rissosi, apprezzeremo presto), svolazzano nel fondo nero dell’immaginazione popolare, digrignando denti e brandendo spiedi… anche se, in fin dei conti, esorcizzano l’orrore assoluto del buio e della morte eterna popolandolo di spaventi senza mistero, di castighi descrivibili. Non sono, in fin dei conti, la parodia del peccatore che ogni buon cristiano teme di essere e spera di non essere del tutto? Così son costretti a recitare in perpetuo, poveri diavoli, la farsa del male trionfalmente sconfitto. Da comparse.

E chi sembrano, questi Malebranche, nell’atto di arpionare il barattiere? Non cuochi: il cuoco, nella divulgazione del basso Medioevo, è Satana, Belzebù, «un cogo, çoè Balçabù», come dice bene il veronese Bonvesin de la Riva. Loro sono i vassalli, gli sguatteri del cuoco, che, a comando, fanno attuffare coi forchettoni nella pentola la carne del lesso, perché non galleggi (*non galli*).

Ma il fatto che siano sguatteri e comparse – magari, come si è osservato di recente, esemplati sui ridicoli diavolacci della tradizione giullaresca in lingua d'oïl, per non dire in francese – ...be', il fatto che siano sguatteri e comparse non li rende particolarmente raccomandabili.

Il buon maestro sussurra al discepolo: "Acquàttati dietro uno scheggione di roccia (*dopo uno scheggio*), che ti faccia un po' da schermo (*ch'alcun schermo t'aia*): così non si vede che ci sei (*acciò che non si paia / che tu ci sia*). E qualsiasi sgarbo (*offension*) mi facciano, tu non aver paura, che io son pratico di questa roba (*ch'i' ho le cose conte*): non è la prima volta che mi trovo *a tal baratta*, insomma, che affronto questo genere di... risse". Col francese antico 'barate' e con il castigliano 'barata', 'baratta' isola l'aspetto litigioso del 'barattare', cui accennavo di sopra; e ho il sospetto che per tradurre nell'italiano di oggi questo 'baratta', il termine più esatto – che assorbe nell'idea di 'rissa' la 'pulsione alla rissa' e la 'mortificazione del doporissa' – vada pescato nel gergo giovanile, e sia (se posso esprimermi liberamente) 'scazzo'.

Per inciso: che Virgilio qui alluda piuttosto alla sua precedente discesa in fondo al pozzo, che non allo scacco patito per colpa dei diavoli sulle porte di Dite, parrebbe ragionevole supporre. Fatto sta, che superò il capo del ponte e, guadagnato l'argine fra quinta e sesta bolgia, fece mostra di tutta l'impassibilità richiesta dalle circostanze (*mestier li fu d'aver fronte sicura*: in parole molto povere: 'gli tornò buona la sua faccia tosta'). E quando – col furore e col baccano (*tempesta*) con cui si avventano i cani sul poveretto che, terrorizzato, si blocca e chiede l'elemosina lì dov'è (se questo vale '*di subito chiede ove s'arresta*') – ...quando quei diavolacci sbucano di sotto al ponticello, e gli puntano contro gli spiedi uncinati (*i runcigli*), Virgilio alza subito la voce: "*Nessun di voi sia fello!* (che tradotto dal lessico cavalleresco, varrà più o meno: 'non fate le carogne, voialtri!'). Prima di mettermi gli uncini addosso, sarà bene che si faccia avanti qualcuno abilitato ad ascoltarmi (*l'un di voi che m'oda*), e che mi ascolti. Deciderà lui se è proprio il caso di arpionarmi, o no".

I diavoli gridano in coro: "Vada Malacoda!", e si fermano dove sono, mentre uno s'avanza borbottando: "*Che li approda?*" ('approdare' risale al latino 'prodesse', e vale 'giovare'; avremmo detto noi: 'E questo cosa spera di ottenere?').

Il maestro non batte ciglio: "Pensi davvero, Malacoda, che io me ne starei qui come mi vedi, *sicuro già di tutti vostri schermi* (senza preoccuparmi, insomma, di tutti gli intralci che potreste procurarmi, quanti siete), se non avessi dalla mia il voler divino e il favore della provvidenza (*fato destro*)? Dato che è nell'intendimento dei cieli che io mostri a costui quest'orrido percorso (*questo cammin silvestro*), lasciaci passare!".

Qui, la iattanza del capodiavolo si affloscia di colpo, tanto che gli casca l'uncino per terra, e dice alla truppa: "*Omai non sia feruto* (stando così le cose, non dategli addosso!)".

Allora Virgilio si gira a Dante nascosto: "Tu, che stai rannicchiato fra gli spunzoni della roccia quatto quatto, puoi venirtene fuori tranquillo, stando così le cose (*omai*)". Per cui, il discepolo esce dal nascondiglio, e fila dal maestro. Ma i diavoli gli si fanno tutti sotto, così che lui si prende paura: e se questi non stessero ai patti? E ricorda, quella paura, di averla già conosciuta nei fanti che, uscendo dalla rocca di Caprona dopo aver patteggiato la resa (*patteggiati*), si videro sfilare fra due ali di nemici armati... mamma mia, quanti nemici!

Anche Dante Alighieri era nemico, in quel lontano agosto '89, «feditore a cavallo» nell'esercito della Taglia Guelfa, che in tre giorni aveva costretto alla capitolazione i ghibellini pisani di guarnigione nella fortezza. Ora ci ripensa, e sente lui la paura che aveva fatto sentire, e vede sé nell'occhio minaccioso del nemico che era stato.

Così, s'addossa quant'è lungo al maestro, senza staccare gli occhi per un attimo *da la sembianza lor ch'era non buona* (da quei ceffi, insomma, che non promettono mica niente di buono. Tanto più, che spianano gli uncini, e uno: "Che dici? lo pungo sul groppone?", e gli altri: "Dài, fa' tanto di appioppargli questo colpetto: *sì fa che gliel'accocchi* (insomma: 'béccalo!')". Il registro di questi diavoli-ramponieri non è fine per niente...

Fortuna, che il capodiavolo, che stava conversando con Virgilio, si gira di scatto: "Piàntala, Scarmiglione, ti ho detto di piantarla!". Poi si rivolge ai viandanti, profondendosi in ragguagli turistici: "Dunque, proseguire *per questo / iscoglio*, cioè, per di qua sull'infilata dei ponti di pietra, non è possibile, dato che la campata numero 6 è crollata sul fondo dell'altra bolgia. Ma siccome ci tenete tanto a continuare il viaggio, non avete che da andare avanti su questo ciglione di roccia (*per questa grotta*): il prossimo cavalcavia transitabile (*un altro scoglio che via face*) è piuttosto vicino. Giusto ieri, cinque ore dopo quest'ora qui (*quest'otta*, alla fiorentina), il crollo del nostro ponte ha compiuto la bellezza di 1266 anni...".

In altri termini: sono trascorsi 1266 anni e 19 ore (24 – 5) dal terremoto che accompagnò la morte di Cristo, datata al 25 marzo dalla tradizione medievale, che in quello stesso giorno celebrava la ricorrenza della creazione di Adamo e quella dell'Annunciazione, e festeggiava il capodanno «ab incarnatione». E l'indicazione parrebbe un indizio serio tanto per datare con esattezza il viaggio di Dante, quanto per definirne la portata escatologica, visto che Malacoda, nel datarlo, lo coordina espressamente all'archetipo, cioè, nientedimeno, alla discesa agli inferi di Cristo.

Quanto poi all'ora, siccome dalla chiusa del canto scorso possiamo dedurre che ormai saranno quasi le 7 del mattino, risulta evidente che il povero diavolo, d'accordo con un passo del *Convivio* che fraintende un versetto di Luca, colloca il decesso del Signore poco prima di mezzogiorno. In tutti i casi, noterai come la memoria cronologica di questo capo-diavolo spacchi il minuto, quasi che il terremoto che ha fatto crollare il ponte all'atto della morte di Cristo gli avesse bloccato dentro un orologio.

"Io stavo giusto spedendo una pattuglia dei miei", continua Malacoda, "a controllare se qualche dannato si sciorina a fior di pece per prendere aria: andate con loro. Garantisco che *non saranno rei*, che insomma non faranno mascalzonate".

E attacca l'appello dei dieci diavoli comandati di ronda: "Fatevi sotto: Alichino, Calcabrina e tu, Cagnazzo. Barbariccia prenda il comando del drappello. E vadano pure Libicocco, Draghignazzo, Ciriatto zannuto e Graffiacane e Farfarello e quel pazzo di Rubicante. Perlustrate giro giro le panie bollenti. E questi due, trattatemeli bene fino al prossimo ponte (*costor sian salvi infino a l'altro scheggio*), quello che scavalca tutti i fossi, nessuno escluso (*che tutto intero va sovra le tane*)... Intesi?". E chiuderà l'appello nominale ammiccando losco ai dieci diavoli di ronda in barba a Virgilio e Dante, capiremo presto perché.

Sui nomi di questi diavoli esiste una letteratura immane. Nel canone consacrato dei diavoli medievali figurano solo quelli di Farfarello (forse dall'arabo 'farfar': 'folletto') e di Alichino (imparentato tanto col francese Hellequin, sinistro capobattuta di cacce selvagge, quanto – pare – col nostro povero Arlecchino). Gli altri, se così si può dire, pare se li sia inventati Dante. Strizzare questi nomi per estrarne significati comuni che, in definitiva, possono invocare a riscontro probante solo l'ovvietà, non serve a molto. Che pensata sarà mai quella di pensare che Barbariccia abbia la barba riccia?

Tuttalpiù, varrà la pena segnalare che il prefisso 'mala-' di 'Malacoda', che abbiamo già trovato in 'Malebolge' e 'Malebranche', ha circostanziati riscontri nella poesia didattico-allegorica in lingua d'oïl; che 'Libicocco' forse coniuga 'Libeccio' con 'Scirocco' (forse no); che 'Cagnazzo', piuttosto che 'cagnaccio', significherà 'color-naso-di-cane', 'paonazzo'; e che – spericolatissima ipotesi recente, a confermare possibili ascendenze franco-giullaresche di questa nostra rappresentazione – Scarmiglione c'è caso mutui il nome da tale Jean Charmillon, all'epoca «re dei giullari di Troyes» per regio decreto.

Non molto più convincenti, d'altro canto, sembrano i tentativi di spigolare cognomi, nomi e soprannomi di personaggi di parte nera in odore di baratteria, che il poeta avrebbe trascritto, contratto o anagrammato nell'onomastica diavolesca: per 'Rubicante', a titolo d'esempio, si è tirato in gioco Cante dei Gabrielli da Gubbio, il podestà che spedì Dante in esilio, come a significare 'quel ladro di Cante' ('rubicante'); per altri, altro… Meglio forse rassegnarsi alla prima impressione: che quei nomacci abbiano l'impertinenza esatta di nomi propri, e la generica insolenza di soprannomi da caserma.

Il piglio cerimonioso e servizievole di Malacoda, senonché, non ha tranquillizzato il pellegrino. Anzi. E geme: "Ohimè, maestro mio, quello che vedo non mi convince affatto. Perché non andiamo da soli? Visto che tu conosci così bene la strada, per parte mia non sento il minimo bisogno d'una scorta (*i' per me non la cheggio*). Giudizioso come sei sempre stato, non ti accorgi che questi digrignano i denti, e con quelle occhiatacce minacciano guai?".

E il maestro, con la contegnosità della ragion naturale: "Non devi aver paura. Lasciali digrignare quanto vogliono: ce l'hanno con *li lessi dolenti*, insomma con quei disgraziati a lesso nella pece, mica con noi".

E se, per una volta, fosse più saggia la paura di Dante che la saggezza di Virgilio? Guarda tu che facce! E senti che razza di segnaletica!

Dunque: i diavoli di truppa operano una conversione (*volta dienno*) e imboccano l'argine sinistro; e imboccandolo, fanno un suono, come a dire: “agli ordini!”. Il caporale risponde, in certo senso, per le rime, come a dire: “fronte-sinist’, front’; avanti marsc’!”.

Il suono emesso dai diavoli stringendo la lingua fra i denti è, diciamo così, molto vernacolare, nel senso etimologico di ‘servile, scurrile’, proprio dell’aggettivo latino ‘vernaculus, a, um’ (da ‘verna[m]’: ‘schiavo cresciuto in casa’), aggettivo dal quale derivano sia il nostro termine semidotto ‘vernacolo’, sia, appunto, il napoletano ‘vernacchië’ o ‘pernacchië’.

Quanto alla natura della «rima per assonanza» prodotta da Barbariccia, non occorrono delucidazioni: il verso che la dichiara e chiude il canto, inequivocabile, è uno dei più scandalosamente ilari e famosi della *Divina Commedia*: «*ed elli avea del cul fatto trombetta*».

Ma se ti scappa un timido sorriso, la nota a piè di pagina è lì subito a redarguirti, sbandierando l’arte maschia ed altera dell’Alighieri, la quale, ecco, non recede, se del caso, dal dipingere le situazioni più abiette, le infime turpitudini del diabolico (e dell’umano), dal dire insomma pane al pane, immune com’è da falsi pudori. D’accordo. Senonché, un minimo di buonsenso laico suggerirerebbe che quelle turpitudini, grandi o piccole, atroci o scurrili, prima di dipingerle, Dante se l’è inventate.

Poche storie: o gli perdoniamo di considerare altrettanto osceni un diavolo che fa peti e un gentiluomo che fa peculati, o rinunciamo a capire la sua magnanima spudoratezza. Avanti!... Non cala la tela.

Così di ponte in ponte, altro parlando
che la mia comedìa cantar non cura,
venimmo; e tenavamo 'l colmo, quando
restammo per veder l'altra fessura
di Malebolge e li altri pianti vani;
e vidila mirabilmente oscura.
Quale ne l'arzanà de' Viniziani
bolle l'inverno la tenace pece
a rimpalmare i legni lor non sani,
ché navicar non ponno – in quella vece
chi fa suo legno novo e chi ristoppa
le coste a quel che più vïaggi fece;
chi ribatte da proda e chi da poppa;
altri fa remi e altri volge sarte;
chi terzeruolo e artimon rintoppa –:
tal, non per foco ma per divin'arte,
bollia là giuso una pegola spessa,
che 'nviscava la ripa d'ogne parte.
I' vedea lei, ma non vedea in essa
mai che le bolle che 'l bollor levava,
e gonfiar tutta, e riseder compressa.
Mentr'io là giù fisamente mirava,
lo duca mio, dicendo "Guarda, guarda!",
mi trasse a sé del loco dov'io stava.
Allor mi volsi come l'uom cui tarda
di veder quel che li convien fuggire
e cui paura sùbita sgagliarda,
che, per veder, non indugia 'l partire:
e vidi dietro a noi un diavol nero
correndo su per lo scoglio venire.
Ahi quant'elli era ne l'aspetto fero!
e quanto mi parea ne l'atto acerbo,
con l'ali aperte e sovra i piè leggero!

L'omero suo, ch'era aguto e superbo,
carcava un peccator con ambo l'anche,
e quei tenea de' piè ghermito 'l nerbo.
Del nostro ponte disse: "O Malebranche,
ecco un de li anzïan di santa Zita!
Mettetel sotto, ch'i' torno per anche
a quella terra, che n'è ben fornita:
ogn'uom v'è barattier, fuor che Bonturo;
del no, per li denar, vi si fa ita".
Là giù 'l buttò, e per lo scoglio duro
si volse, e mai non fu mastino sciolto
con tanta fretta a seguitar lo furo.
Quel s'attuffò, e tornò sù convolto;
ma i demon che del ponte avean coperchio,
gridar: "Qui non ha loco il Santo Volto!
qui si nuota altrimenti che nel Serchio!
Però, se tu non vuo' di nostri graffi,
non far sopra la pegola soverchio".
Poi l'addentar con più di cento raffi,
disser: "Coverto convien che qui balli,
sì che, se puoi, nascosamente accaffi".
Non altrimenti i cuoci a' lor vassalli
fanno attuffare in mezzo la caldaia
la carne con li uncin, perché non galli.
Lo buon maestro "Acciò che non si paia
che tu ci sia", mi disse, "giù t'acquatta
dopo uno scheggio, ch'alcun schermo t'aia;
e per nulla offension che mi sia fatta,
non temer tu, ch'i' ho le cose conte,
per ch'altra volta fui a tal baratta".
Poscia passò di là dal co del ponte;
e com'el giunse in su la ripa sesta,
mestier li fu d'aver sicura fronte.

Con quel furore e con quella tempesta
ch'escono i cani a dosso al poverello
che di sùbito chiede ove s'arresta,

usciron quei di sotto al ponticello,
e volser contra lui tutt'i runcigli;
ma el gridò: "Nessun di voi sia fello!

Innanzi che l'uncin vostro mi pigli,
traggasi avante l'un di voi che m'oda,
e poi d'arruncigliarmi si consigli".

Tutti gridaron: "Vada Malacoda!";
per ch'un si mosse – e li altri stetter fermi –
e venne a lui dicendo: "Che li approda?".

"Credi tu, Malacoda, qui vedermi
esser venuto", disse 'l mio maestro,
"sicuro già da tutti vostri schermi,

sanza voler divino e fato destro?
Lascian'andar, ché nel cielo è voluto
ch'i' mostri altrui questo cammin silvestro".

Allor li fu l'orgoglio sì caduto,
ch'e' si lasciò cascar l'uncino a' piedi,
e disse a li altri: "Omai non sia feruto".

E 'l duca mio a me: "O tu che siedi
tra li scheggion del ponte quatto quatto,
sicuramente omai a me ti riedi".

Per ch'io mi mossi e a lui venni ratto;
e i diavoli si fecer tutti avanti,
sì ch'io temetti ch'ei tenesser patto:

così vid'ïo già temer li fanti
ch'uscivan patteggiati di Caprona,
veggendo sé tra nemici cotanti.

I' m'accostai con tutta la persona
lungo 'l mio duca, e non torceva li occhi
da la sembianza lor ch'era non buona.

Ei chinavan li raffi e “Vuo’ che ’l tocchi”,
diceva l’un con l’altro, “in sul groppone?”.
E rispondien: “Sì, fa che gliel’accocchi!”.

Ma quel demonio che tenea sermone
col duca mio, si volse tutto presto
e disse: “Posa, posa, Scarmiglione!”.

Poi disse a noi: “Più oltre andar per questo
iscoglio non si può, però che giace
tutto spezzato al fondo l’arco sesto.

E se l’andare avante pur vi piace,
andatevene su per questa grotta:
presso è un altro scoglio che via face.

Ier, più oltre cinqu’ore che quest’otta,
mille dugento con sessanta sei
anni compié che qui la via fu rotta.

Io mando verso là di questi miei
a riguardar s’alcun se ne sciorina:
gite con lor, che non saranno rei”.

“Tra’ti avante, Alichino, e Calcabrina”,
cominciò elli a dire, “e tu, Cagnazzo;
e Barbariccia guidi la decina.

Libicocco vegn’oltre e Draghignazzo,
Ciriatto sannuto e Graffiacane
e Farfarello e Rubicante pazzo.

Cercate ’ntorno le boglienti pane;
costor sian salvi infino a l’altro scheggio
che tutto intero va sovra le tane”.

“Omè, maestro, che è quel ch’i’ veggio?”
diss’io. “Deh, sanza scorta andianci soli,
se tu sa’ ir; ch’i’ per me non la cheggio.

Se tu se’ sì accorto come suoli,
non vedi tu ch’e’ digrignan li denti
e con le ciglia ne minaccian duoli?”.

Ed elli a me: "Non vo' che tu paventi;
lasciali digrignar pur a lor senno,
ch'e' fanno ciò per li lessi dolenti".
Per l'argine sinistro volta dienno;
ma prima avea ciascun la lingua stretta
coi denti, verso lor duca, per cenno,
ed elli avea del cul fatto trombetta.

XXII

Il caporal Barbariccia non si comporta certo da signore facendo quel rumoraccio, ma qui chi insiste – siamo giusti – è Dante. E ad apertura di canto ci prende anche in giro con una sontuosa e minuziosa descrizione di manovre militari, che poeta e pellegrino ricavano dal repertorio dei loro trascorsi comuni nella cavalleria della Repubblica fiorentina: campagna primavera-estate 1289 (Campaldino e Caprona) e, magari, giugno 1288 (assedio di Arezzo e, chissà mai, per chi ricordi il canto XIII, rotta di Pieve al Toppo…).

Dunque: «Ho visto a suo tempo – dice in sostanza Dante Alighieri poeta –, non che io non abbia mai visto soldati a cavallo levare il campo e mettersi in marcia, o passare all'attacco (*cominciare stormo*, dove 'stormo' è 'assalto', 'attacco', come il germanico 'sturm'), o disporsi in rassegna o, alle brutte, battere in ritirata (*partir per loro scampo*); e ho visto esploratori a cavallo (*corridor*) in avanscoperta sul vostro territorio, Aretini; e ho visto fior di scorrerie ('*gualdane*' è un altro germanismo), ma anche scontrarsi squadre per torneo (*fedir torneamenti*) o guerrieri singoli per giostra (*correr giostra*), ho visto… e tutto corredato ora dal suono di trombe, di campane o di tamburi, ora dalla segnaletica a fuoco da fortezza a fortezza (*cenni di castella*), con metodi e strumenti delle parti nostre, ma anche con roba d'importazione (*e con cose nostrali e con istrane*)… Onestamente, però, non ho mai visto né cavalieri né fanterie, e tanto meno navi orientate su segnalazioni costiere o sulla posizione delle stelle (*a segno di terra o di stella*), mettersi in moto al segnale di così stravagante cennamella» (fra parentesi, la cennamella, o ciaramella, è un rudimentale strumento della famiglia delle cornamuse, che a fine Duecento integrò con altri fiati, come tromba e zufolo, l'organico delle bande militari, limitato in precedenza alle percussioni).

Dunque, chiuso il XXI canto con il malfamato endecasillabo del «cul» e della «trombetta», Dante attacca il XXII sul marziale sostenuto, cambiando radicalmente registro; ci illude di aver cambiato anche argomento; poi, di colpo, con uno scarto brusco e inopinato torna sul peto che aveva siglato il canto scorso, obbligandoci, oltre tutto, ad immaginare tecnicamente il buco del sedere di un diavolo come uno strumento a fiato (francese: 'instrument à vent').

Fa presto a scusarsi, ora, con la storia che quella dei dieci demòni era una compagnia da far paura; ha un bel dire che, dati luogo e circostanze, bisognava pur rassegnarsi alla loro trivialità plebea. Chi si adegua alla trivialità dei personaggi-diavoli non è lo spaurito personaggio-pellegrino: è il personaggio-poeta, che – quella trivialità – la manipola e la assume a registro epico, distillandola secondo il dosaggio calibratissimo di accelerazioni e di pause, di incisi e di sottintesi, di dilazioni, di ammicchi e di spiazzamenti, che ci viene esibito nello scandaloso pezzo di bravura di questo canto XXII.

Il qual personaggio-poeta ci sta appunto raccontando che, da pellegrino d'oltremondo, trottava col suo duca sull'argine della bolgia dietro a quelle dieci canaglie; costretto ad assistere alle loro canagliate (e a riferirle), da poeta se la cava cantandosi un proverbio giustificatorio, referenziato peraltro anche dal *Libro dei Salmi*: *ne la chiesa / coi santi, e in taverna coi ghiottoni* (dove 'ghiottone', secondo l'uso antico, vale 'tipo da bettola', 'furfante').

E riattacca il racconto: «Io non avevo occhi – racconta – che per il pantano di pece (*pur a la pegola era la mia 'ntesa*), inquantoché volevo vedermi bene questa bolgia in ogni suo particolare (*de la bolgia ogne contegno*), e anche la gente che ci stava dentro tutta incesa, per non dir brasata. Hai presente i segnali che fanno i delfini con l'arco della schiena ai marinai, *che s'argomentin di campar lor legno* (perché insomma si diano da fare a mettere in salvo la barca)?...».

Sia detto per inciso e per recuperare un po' di contegno: la vocazione salvifica dei delfini (alla provenzale '*dalfini*'), testimoniata da remotissime favole micenee, è tesaurizzata dal cristianesimo, che sceglie il delfino fra gli emblemi del Redentore, e convalidata, nell'orizzonte più circoscritto del secolo, dall'etologia dell'età nostra.

«...Be', più o meno come fanno i delfini, talor così, per alleggerire lo strazio (*per alleggiar la pena*), qualche peccatore mostrava il groppone, e lo rinascondeva in men che non balena. Se poi hai notato come si dispongono i ranocchi sull'orlo d'un fosso, che mettono fuori solo il muso, mentre i piedi e tutto il grosso del corpo se lo tengono nascosto nell'acqua, puoi farti un'idea di come stavano appostate diverse anime peccatrici lungo i bordi del pegolone. Appena, senonché, vedevano che s'avvicinava Barbariccia, anche quelle si ricacciavano sotto i bollori come saette.

«Che ti vedo a quel punto?... – prosegue il poeta, che per tutto questo canto seguiteremo a parafrasare per filo e per segno, con chiose minime, lasciandogli deliberatamente l'onere del racconto in prima persona, vassallate incluse – ...Ti vedo (e se ci penso, il cuore mi si riraccapriccia) uno lì fermo che aspettava, *com'elli incontra*, cioè come capita, appunto, alle ranocchie, che mentre l'altra schizza via, l'una resta dov'è. E Graffiacane, che gli stava giusto di rimpetto, gli infilzò e arrotolò con l'uncino, in una parola, gli arrunciglió le chiome incollate dalla pece (più o meno, amico lettor, come arruncigli le tagliatelle tu), e lo tirò sù, che sai cosa mi parve? Mi parve una lontra.

«"Ma tu, Dante", dirai, "come fai a saperlo, che era proprio Graffiacane quel diavolo lì preciso? Magari", dirai, "ti stai inventando tutto...". Nossignore: è che, a quel punto, io sapevo già a memoria il nome di tutti quanti uno per uno, talmente bene me li ero memorizzati quando il capo aveva fatto la selezione con l'appello; e poi, tutte le volte che capitava si chiamassero fra loro, badavo come».

Dato che ci siamo, e dato che li rivedremo tutti in questo canto, uno per uno, ripassiamoci anche noi, per ordine d'entrata, la locandina dei diavoli comandati di ronda:

GRAFFIACANE (già visto in azione), RUBICANTE (che arriva subito) e CIRIATTO, diavoli semplici;

BARBARICCIA, diavolo-caporale;

LIBICOCCO, DRAGHIGNAZZO, FARFARELLO, CAGNAZZO, ALICHINO e CALCABRINA, diavoli semplici.

Non serve dire come la scansione dei ruoli deducibile da questo canto per congetture vaghissime abbia riattivato il tormentone ermeneutico sull'onomastica diabolica, di cui parlavamo il canto passato. Restituiamo immediatamente la parola al poeta.

«"O Rubicante, che aspetti a mettergli gli unghioni addosso, così lo scuoi?" urlavano tutti insieme quei maledetti.

«E io, al mio maestro: "Maestro mio, *fa', se tu puoi, / che tu sappi* (alla buona: 'vedi se ti riesce di sapere') *chi è lo sciagurato / venuto a man de li avversari suoi* (alla buona: '...che s'è fatto pizzicare dal nemico')".

«E Virgilio, tranquillo, gli si accosta per di lato (allo sciagurato) e gli domanda ond'ei fosse.

«E quello rispuose (così, appeso per i capelli a un arpione, nero, lustro e gocciolante come una lontra, quello non lo mandò al diavolo, lo duca mio, che nella circostanza sarebbe stato legittimo e anche facile... ma rispuose, e con molta precisione): "Io sono, anzi, ero nato nel regno di Navarra. Mia madre cominciò col mandarmi a servizio da un gentiluomo, la quale mi aveva messo al mondo (povera donna) con un depravato (questo vale '*ribaldo*', come il francese antico 'ribaud'), il quale, dopo aver distrutto il patrimonio di famiglia, si era distrutto sé (suicidato, praticamente; e tu noterai, amico, se ricordi il XIII canto, come ammazzandosi dopo aver dilapidato la sua fortuna, il padre del nostro barattiere perfezioni il curriculum del perfetto Scialacquatore). In un secondo momento", prosegue suo figlio, "*fui famiglia* nel senso latino del termine, come dire che entrai nel personale domestico del buon re Tebaldo: e quivi (cioè alla corte di re Tebaldo) mi misi a far baratteria: attività", conclude il dannato-lontra, "*di ch'io rendo ragione in questo caldo* (diciamo pure: che, al redde rationem, pago in questa caldaia)"...».

Chiosetta storica: nipote acquisito di Carlo d'Angiò, questo Thibaut, II come re di Navarra e V come conte di Champagne, era nato nel 1235; nel '53 salì al trono; fra il '60 e il '66 si industriò per quanto potesse a mettere i bastoni fra le ruote alle compagnie commerciali di Firenze ghibellina che operavano in terra di Francia; nel '70 partecipò alla crociata contro il Bey di Tunisi e, per l'occasione, contrasse la peste, che lo uccise di lì a poco in Sicilia.

Che poi – a quanto capita di leggere a piè di pagina – Dante lo apprezzasse particolarmente come troviero in lingua d'oïl, è perlomeno dubbio. Infatti il «rex Navarre» onorevolmente menzionato nel *De Vulgari Eloquentia* è, per l'esattezza, suo padre; anche se non si può giurare che Dante li distinguesse.

«A questo punto – procede il nostro poeta – Ciriatto, riconoscibile per le due zanne che gli sbucavano di bocca da una parte e dall'altra come a un porco nel senso di cinghiale, *li fé sentir come l'una sdruscìa*: in altre parole, fece constatare al nostro barattiere come a scucirlo ne bastasse una (di zanna, beninteso). *Fra male gatte era venuto il sorco* (verrebbe detto: belle gatte da pelare s'era preso il povero sorcetto!).

«Fortuna che il caporale Barbariccia *il chiuse con le braccia*, come dire che bloccò il barattiere-lonza inforcandolo per di dietro con le braccia e con le zampe (positura non proprio signorile), al grido: "Fintanto che lo reggo io, fatevi tutti in là!". Poi si girò al mio maestro: "Se qualche altra cosetta desideri saper da lui, chiedigliela, *prima ch'altri 'l disfaccia*, prima insomma che qualcuno lo faccia a pezzi!" (buon diavolo, dopotutto...).

«Virgilio se la prende comoda: "Di' un po', tu: *de li altri rii*, per non dire degli altri mascalzoni che stanno sotto pece, conosci mica qualcuno che sia latino, nel senso di italiano?".

«E quello: "Giusto adesso ho lasciato uno che era delle vicinanze: se non proprio latino, voglio dire, poco ci mancava. Magari fossi ancora al coperto insieme a lui, *ch'i' non temerei unghia né uncino*, per dire...".

«"Adesso basta!". Libicocco ha perso la pazienza: "*Troppo avem sofferto*, come dire: abbiamo avuto fin troppa pazienza..."; e gli aggancia un braccio col rampone, di modo che, stracciando, gliene porta via un bel brandello o lacerto.

«A questo punto, Draghignazzo (la vista del sangue, puoi scommetterci, gli dà alla testa)... chi lo regge quello? Si avventa anche lui sul Navarrino, e lo lavora alle gambe.

«Ma il decurione, per darsi un tono, fulmina giro giro *con mal piglio*, tutto aggrottato. Chiuso l'incidente!

«Chiuso l'incidente, appena i diavoli si sono rappaciati un po', il duca mio riprende la conversazione con quello lì, che ancora – per così dire – si leccava le ferite con gli occhi, e, *sanza dimoro* (senza por tempo in mezzo, in altri termini) gli fa: "Quello *da cui mala partita / di' che facesti*, che insomma non ti davi pace di aver lasciato sotto pece per venire a riva, potrei sapere chi era?”.

«Ed ei, sempre gentile, rispuose: “E come no!... era fra’ Gomita, *vasel*, vaso, vasetto, o (se preferisci) pattumiera di tutto il campionario delle frodi, il quale – se vuoi saperlo – ebbe in custodia certi nemici politici di *suo donno*, cioè del signor suo (ma in Sardegna, se dicono ‘su donnu’, latino ‘[ip]su[m] dom[i]nu[m]’, hanno detto ‘il signore’, risparmiando il possessivo)... dunque, come dicevo, ebbe in custodia cautelare certi nemici politici del suo signore, e li trattò, *che ciascun se ne loda*, come dire che quelli ancora si fregano le mani. Prese i quattrini, e lasciò che se la svignassero senza formalità, alla chetichella, o – come dice lui, che sa di giurisprudenza – *di piano* (latino ‘de plano, seu sine strepitu’). Azionaccia tutt’altro che isolata, dato che anche nell’espletamento d’altre funzioni pubbliche (*ne li altri offici anco*) il fratacchione non fu barattier di mezza tacca, ma sovrano. Compare suo – se vuoi saperla tutta – è don Michele Zanche di Logudoro: e quando attaccano a parlare di Sardegna, non c’è verso gli si stanchi la lingua”».

Due informazioni anagrafiche: fra’ Gomita fu frate zoccolante e uomo di fiducia di Ugolino dei Visconti di Pisa, detto Nino, signore del giudicato di Gallura nell’ultimo quarto del Duecento (la Sardegna, sotto amministrazione pisana, era appunto divisa in quattro circoscrizioni, o giudicati). Profittava sfacciatamente, il nostro zoccolante, della intemerata dabbenaggine e delle assenze interminabili del suo signore; tanto che a un certo punto si permise di dar via libera ad alcuni importanti prigionieri contro l’esborso di una bella somma: più concussione di così... Nino Visconti – ne riparleremo presto, prima di festeggiarlo col poeta in purgatorio sotto l’appellativo di ‘giudice Nin gentil’ – si vide costretto allora a rientrare dalla terraferma e a farlo impiccare.

Michele Zanche, invece (il compare di frate Gomita), sassarese, fu intorno alla metà del secolo governatore d'un altro giudicato – quello di Logudoro o di Torres che dir si voglia –, prima per conto di re Enzo, figlio naturale di Federico II e marito di Adelasia di Torres, poi – morto il re a Bologna dopo lunga e confortevole detenzione – a titolo usurpatorio, avendo o no sposato la sua vedova. Poco ma sicuro, Michele Zanche fu assassinato a tradimento intorno al 1275 dal genero Branca Doria (e questo Branca, per fargli festa, non dovremo aspettare il purgatorio).

Quanto al parlante, l'anima-lontra di Navarra, i chiosatori d'epoca, oltre a quel po' che dice lui di sé in questo canto, non sanno dirci altro che un nome: 'Ciampólo', corrispettivo del francese 'Jean-Paul', a meno che non sia vezzeggiativo del latino 'ciampus' ('gambatorta'), nel qual caso accenterebbe 'Ciàmpolo'. Un'ipotesi dell'altroieri, che nella breve autobiografia esibita con questi versi coglie schema narrativo e repertorio delle «vidas» (microbiografie editoriali premesse alle raccolte dei trovatori), identifica il barattiere anonimo con un rinomatissimo menestrello in lingua d'oïl, autore fra l'altro d'un «compianto» in morte del «roi de Navarre». Chissà.

Tanto vale che seguitiamo a chiamarlo – come fa Dante – 'il Navarrese', ovvero 'il Navarrino'.

Noterella dialettologica al v. 67: *un che fu di là vicino*: uno, cioè, che era di là intorno, non proprio italiano, ma quasi (detto di frate Gomita, sardo). Nel *De Vulgari*, si legge: «E a maggior ragione spazziamo via i Sardi – che Italiani ('Latii') non sono, ma agli Italiani pare vadano associati –, poiché sembrano gli unici sforniti d'un volgare proprio, in quanto imitano il latino ('gramatica') come le scimmie imitano gli uomini». Così, sgombrando il campo dalle parlate locali che intralciano la caccia alla «pantera profumata» dell'italiano illustre, Dante Alighieri mostrava di non apprezzare particolarmente l'arcaica singolarità dell'idioma sardo. Oggi noi tutti vogliamo bene al padre Dante; ma lui, a suo tempo, non è che volesse bene a tutti...

Corriamogli dietro, restituendogli la parola.

«Diceva dunque il Navarrese o Navarrino che, quando quei due attaccano a parlare di Sardegna (magari in sardo) non la smettono più. E qui s'interrompe: "Povero me", confida a noi due: "guardate quell'altro come digrigna! Io, figurarsi, *direi anche*, insomma avrei ancora tante belle cose da raccontarvi, ma ho paura che quello lì *s'apparecchi* – non so come dire – *a grattarmi la tigna...*".

«Allora *'l gran proposto* (il superiore, ma superiore è poco: il generalissimo) si gira a quello lì, cioè a Farfarello, che stralunava gli occhi dalla voglia di menare il rampino (*per fedire*), e fa: "Lèvati di mezzo, uccellaccio!".

«"Se volete vedere Toschi o Lombardi", riattaccò allora il Navarrese terrorizzato (dall'accento, doveva aver capito di che parti eravamo, noialtri due), e se volete far quattro chiacchiere con loro, io posso farli venire su... Solo che questi Malebranche dovrebbero starsene *un poco in cesso* (nel senso etimologico di 'ritirarsi in disparte'), in modo che quelli non abbiano a temere rappresaglie. E io, restandomene buono buono dove sto, per uno che sono ne faccio venir su *sette*, come dire un bel numero. Basta che faccia un fischio, come siamo intesi che si fa, quando uno di noi caccia fuori la testa e vede libero il campo...".

«A cotal motto, Cagnazzo alzò il muso, facendo di no con la testa, e disse: "*Odi malizia...* senti senti che bella furbata ha pensato questo per rituffarsi giù!".

«Ragion per cui, il Navarrino, *che avea lacciuoli a gran divizia*, che disponeva insomma d'un bel repertorio di tranelli, rispuose lagnoso: "*Malizioso son io troppo...* fin troppo carogna, lo puoi dir forte, io che procuro *a' mia maggior trestizia*, insomma un supplemento di pena ai miei poveri colleghi (*a' mia*, dice lui, adottando il plurale neutro, secondo la pratica latineggiante ancora oggi usitata nelle parlate del Centro Italia, in dotti sintagmi del tipo 'mortacci tua')".

«I diavoli non pare che ci caschino. Senonché, Alichino non si tiene e, *di rintoppo / a li altri*, come dire alla faccia degli altri, accetta la scommessa. E, al Navarrino: "Se tu fai tanto di tuffarti, non è che ti verrò dietro di gualoppo (Alichino – se tu ricordi – è famoso capobattuta di cacce selvagge)... no: ti beccherò a mezz'aria facendo il volo radente sulla pece. Intesi? Allora, forza, diavoli! lasciamo il ciglione, e *sia la ripa scudo / a veder se tu sol più di noi vali*: per dirla tutta, nascondiamoci dietro l'argine, così, Navarrese, si vedrà se sei più bravo tu (sia pure col vantaggio) di tutti noi messi insieme".

«E adesso, signor lettore – annuncia il poeta –, ti faccio assistere a *nuovo ludo*, a un gioco, insomma, a una farsa, a uno scherzo da prete, che non l'hai mai visto in vita tua».

E qui sarà opportuno ricordare come il costume medievale contemplasse trasgressioni rituali cui potrebbero associarsi questo «nuovo ludo» e tutti interi i due deplorevoli (e magistrali) canti dei barattieri a bagno nella pece bollente: trasgressioni anche violente, anche scurrili, perfino blasfeme, che in date ricorrenze e negli stessi luoghi di culto, il rigore della gerarchia consentiva al popolo cristiano, per drenarne frustazioni e spaventi, e riaggregarlo nella comunione del quotidiano.

«A tutte le cose del visibile e dell'invisibile» – ha scritto una scrittrice grande e schiva – Dante «presta identica misura d'attenzione». Perciò è il più grande... È così. E se l'invisibile ci traversa talora con il trasalimento di un misterioso entusiasmo, il visibile, luogo delle nostre violenze e tenerezze, fragilità e bramosie e paure terrene, talora, come ben sai, amico mio, fa minuziosamente schifo. Non potrebbe balbettare l'impronunciabile visione di Dio il poeta che se lo nascondesse.

Ma che cos'era, che cos'è questo «nuovo ludo»? Torniamo a sentire che cosa scatenatamente ci racconta il personaggio-poeta.

«Dunque, tutti si girano verso il ciglione opposto dell'argine, primo di tutti proprio quello *ch'a ciò fare era più crudo*, cioè che s'era mostrato più ostile all'operazione, cioè Cagnazzo (avrà pensato: 'se s'ha da fare quest'idiozia, prima si fa, prima è finita'...). E Barbariccia? che fa, molla la presa? La molla e non la molla, ma la testa l'ha girata pure lui. Insomma, c'è un attimo, che tutti son girati... e il Navarrino, di controtempo, pianta i piedi per terra e, nell'attimo fuggente (hop-), salta e si sfila dalla presa del caporale (-là!).

«Tragedia!

«Il Navarrese vola, e loro, i Malebranche, son tutti lì a compungersi di colpa e crivellarsi di rimorsi, specialmente quello (e si capisce!) *che cagion fu del difetto*, che aveva insomma combinato il guaio, cioè Alichino. E che fa, Alichino? Decolla al grido: "*Tu se' giunto!* T'ho acchiappato!".

«Ma *poco i valse*, non gli servì a nulla strillare: *ché l'ali al sospetto / non potero avanzar*... infatti non c'è ala che batta la paura sullo scatto...

«Quello s'infilò sotto, e quell'altro *drizzò volando suso il petto* (aeronauticamente parlando, cabrò a pelo di pece). Scena che ricordava l'anitra, che appena s'accorge del falco che arriva, lei si tuffa *di botto*, e lui ritorna sù *crucciato e rotto* (per non dire, scocciatissimo e a pezzi).

«Fuori di sé per la beffa o *buffa* che sia, Calcabrina gli volò dietro, al Navarrino, *invaghito / che quei campasse per aver la zuffa*, nell'ardente speranza, insomma, che quello la facesse franca, per passare lui a vie di fatto con quell'idiota di Alichino; tanto che appena il barattiere disparì nella pegola, lui si avventò con gli unghioni sguainati sul commilitone, *e fu con lui sopra 'l fosso ghermito*... e l'aveva bello che artigliato sopra il fossato della bolgia. Ma l'altro, razza sparviera, è bravo ad artigliarlo pure lui, così che piombano tutti e due avviticchiati nello stagno bollente. Subito il caldo funzionò da *sghermitor* (dato che 'svi-ticchiator' non si può dire): però, cavarsi dalla pece, *neente!*, non c'è verso, tanto si sono impegolate l'ali sue, amendue.

«Barbariccia, avvilitissimo come il resto del reparto, spedisce quattro sul costone opposto con tutt'i raffi loro; indi, alla svelta, di qua e di là *discesero a la posta*, cioè si portarono sulle postazioni assegnate, o, forse meglio, planarono quanti erano sul posto stabilito (che sarà il luogo dell'incidente), e porsero gli uncini ai due poveri diavoli *ch'eran già cotti dentro da la crosta*, che insomma erano già a buon punto di cottura, avevan già fatto la crosticina...

«*E noi lasciammo lor così 'mpacciati*».

Così si chiude il nuovo ludo, questo gioco che non s'era mai visto prima, questa inammissibile dissacrazione dell'inferno. E col ludo si chiude l'inaudito XXII canto.

La situazione, nel complesso, si presenta più amena da raccontarsi che da starci dentro. Prova ne sia: i due poeti-visitatori tagliano la corda.

Un primo bilancio di quel che abbiamo visto in questa bolgia potrebbe riassumersi nell'ovvia constatazione che il Barattiere ne sa una più del diavolo. Non insisterò sul punto che si tratta di situazioni squisitissimamente medievali, cui possiamo accedere solo per mediazione erudita, tanto la cosa è evidente... azzarderò tuttavia qualche rilievo appena più analitico, scorrendo questo canto e il precedente. Per esempio:

a) attività peculiare del barattiere, che il contrapasso esaspera e perpetua a titolo di condanna, è il pescare nel torbido (i Barattieri non sono immersi nella pece bollente?);

b) frequentare barattieri, anche se per dovere d'ufficio e animati dai migliori intenti, espone al rischio di essere scambiati per barattieri o, comunque, di esser puniti come barattieri (impegnati, l'uno nella sua nobile iniziazione etico-conoscitiva, l'altro nella sua nobilissima missione didattica, Dante e Virgilio non han rischiato – e non continuano a rischiare – di essere arruncigliati pure loro?);

c) nell'esercizio della sua attività subdola e bituminosa, il barattiere è maestro nel procurarsi protezioni, nel cavarne il massimo vantaggio, come nel sobillare e utilizzare al meglio l'animosità di tutti contro tutti (il Navarrino non profitta astutamente della protezione che gli procura la curiosità di Virgilio? e non riesce a montare un diavolo contro l'altro?);

d) la baratteria è un'infamia contagiosa e ciclica: in concreto, siccome fin troppo spesso è la pratica vincente della baratteria a conferire titoli per emettere verdetti di baratteria, non è raro che il magistrato sia della stessa pasta dell'imputato, e che comunque possa far la stessa fine (i diavoli carcerieri non cascano anche loro nella pegola?);

e) alimentata dalla furbizia, che ridicolizza l'intelletto umano forzandone la resa meccanica, la baratteria non si lascia mettere in soggezione dai candidi rigori della ragion naturale. In presenza della baratteria, c'è caso che una diffidenza radicale risulti, insieme, la più appropriata delle reazioni morali e la più sottile delle tattiche politiche (la paura di Dante, a conti fatti, non risulterà più ragionevole e pertinente della ponderazione di Virgilio? Risulterà: già possiamo sospettarlo, prestissimo verificheremo).

Per intanto, non c'è che tagliare la corda, come fanno i nostri viandanti. Sì, ma dove scappiamo? Questo famoso ponte transitabile, promesso dal capo in testa dei diavoli-barattieri, ancora nessuno l'ha visto…

Io vidi già cavalier muover campo,
e cominciare stormo e far lor mostra
e talvolta partir per loro scampo;
corridor vidi per la terra vostra,
o Aretini, e vidi gir gualdane,
fedir torneamenti e correr giostra;
quando con trombe, e quando con campane,
con tamburi e con cenni di castella,
e con cose nostrali e con istrane;
né già con sì diversa cennamella
cavalier vidi muover né pedoni,
né nave a segno di terra o di stella.
Noi andavam con li diece demoni.
Ahi fiera compagnia! ma ne la chiesa
coi santi, e in taverna coi ghiottoni.
Pur a la pegola era la mia 'ntesa,
per veder de la bolgia ogne contegno
e de la gente ch'entro v'era incesa.
Come i dalfini, quando fanno segno
a' marinar con l'arco de la schiena
che s'argomentin di campar lor legno,
talor così, ad alleggiar la pena,
mostrav'alcun de' peccatori 'l dosso
e nascondea in men che non balena.
E come a l'orlo de l'acqua d'un fosso
stanno i ranocchi pur col muso fuori,
sì che celano i piedi e l'altro grosso:
sì stavan d'ogne parte i peccatori;
ma come s'appressava Barbariccia,
così si ritraén sotto i bollori.
I' vidi, e anco il cor me n'accapriccia,
uno aspettar così, com'elli 'ncontra
ch'una rana rimane e l'altra spiccia;

e Graffiacan, che li era più di contra,
li arruncigliò le 'mpegolate chiome
e trassel sù, che mi parve una lontra.
I' sapea già di tutti quanti 'l nome,
sì li notai quando fuorono eletti,
e poi ch'e' si chiamaro, attesi come.
"O Rubicante, fa che tu li metti
li unghioni a dosso, sì che tu lo scuoi!",
gridavan tutti insieme i maladetti.
E io: "Maestro mio, fa, se tu puoi,
che tu sappi chi è lo sciagurato
venuto a man de li avversari suoi".
Lo duca mio li s'accostò allato;
domandollo ond'ei fosse, e quei rispuose:
"I' fui del regno di Navarra nato.
Mia madre a servo d'un segnor mi puose,
che m'avea generato d'un ribaldo,
distruggitor di sé e di sue cose.
Poi fui famiglia del buon re Tebaldo;
quivi mi misi a far baratteria,
di ch'io rendo ragione in questo caldo".
E Cirïatto, a cui di bocca uscia
d'ogne parte una sanna come a porco,
li fé sentir come l'una sdruscia.
Tra male gatte era venuto 'l sorco;
ma Barbariccia il chiuse con le braccia
e disse: "State in là, mentr'io lo 'nforco!".
E al maestro mio volse la faccia:
"Domanda", disse, "ancor, se più disii
saper da lui, prima ch'altri 'l disfaccia".
Lo duca dunque: "Or dì: de li altri rii
conosci tu alcun che sia latino
sotto la pece?". E quelli: "I' mi partii,

poco è, da un che fu di là vicino.
Così foss'io ancor con lui coperto,
ch'i' non temerei unghia né uncino!".

E Libicocco "Troppo avem sofferto",
disse; e preseli 'l braccio col runciglio,
sì che, stracciando, né portò un lacerto.

Draghignazzo anco i volle dar di piglio
giuso a le gambe; onde 'l decurio loro
si volse intorno intorno con mal piglio.

Quand'elli un poco rappaciati fuoro,
a lui, ch'ancor mirava sua ferita,
domandò 'l duca mio sanza dimoro:

"Chi fu colui da cui mala partita
di' che facesti per venire a proda?".
Ed ei rispuose: "Fu frate Gomita,

quel di Gallura, vasel d'ogne froda,
ch'ebbe i nemici di suo donno in mano,
e fé sì lor, che ciascun se ne loda.

Danar si tolse e lasciolli di piano,
sì com'e' dice; e ne li altri offici anche
barattier fu non picciol, ma sovrano.

Usa con esso donno Michel Zanche
di Logodoro; e a dir di Sardigna
le lingue lor non si sentono stanche.

Omè, vedete l'altro che digrigna;
i' direi anche, ma i' temo ch'ello
non s'apparecchi a grattarmi la tigna".

E 'l gran proposto, vòlto a Farfarello
che stralunava li occhi per fedire,
disse: "Fatti 'n costà, malvagio uccello!".

"Se voi volete vedere o udire",
ricominciò lo spaurato appresso,
"Toschi o Lombardi, io ne farò venire;

ma stieno i Malebranche un poco in cesso,
sì ch'ei non teman de le lor vendette;
e io, seggendo in questo loco stesso,
per un ch'io son, ne farò venir sette
quand'io suffolerò, com'è nostro uso
di fare allor che fori alcun si mette".
Cagnazzo a cotal motto levò 'l muso
crollando 'l capo, e disse: "Odi malizia
ch'elli ha pensata per gittarsi giuso!".
Ond'ei, ch'avea lacciuoli a gran divizia,
rispuose: "Malizioso son io troppo,
quand'io procuro a' mia maggior trestizia".
Alichin non si tenne e, di rintoppo
a li altri, disse a lui: "Se tu ti cali,
io non ti verrò dietro di gualoppo,
ma batterò sovra la pece l'ali.
Lascisi 'l collo, e sia la ripa scudo,
a veder se tu sol più di noi vali".
O tu che leggi, udirai nuovo ludo:
ciascun da l'altra costa li occhi volse,
quel prima, ch'a ciò fare era più crudo.
Lo Navarrese ben suo tempo colse:
fermò le piante a terra, e in un punto
saltò e dal proposto lor si sciolse.
Di che ciascun di colpa fu compunto,
ma quei più che cagion fu del difetto;
però si mosse e gridò: "Tu se' giunto!".
Ma poco i valse: ché l'ali al sospetto
non potero avanzar; quelli andò sotto,
e quei drizzò volando suso il petto:
non altrimenti l'anitra di botto,
quando 'l falcon s'appressa, giù s'attuffa,
ed ei ritorna sù crucciato e rotto.

Irato Calcabrina de la buffa,
volando dietro li tenne, invaghito
che quei campasse per aver la zuffa; 135
e come 'l barattier fu disparito,
così volse li artigli al suo compagno,
e fu con lui sopra 'l fosso ghermito. 138
Ma l'altro fu bene sparvier grifagno
ad artigliar ben lui, e amendue
cadder nel mezzo del bogliente stagno. 141
Lo caldo sghermitor sùbito fue;
ma però di levarsi era neente,
sì avieno inviscate l'ali sue. 144
Barbariccia, con li altri suoi dolente,
quattro ne fé volar da l'altra costa
con tutt'i raffi, e assai prestamente 147
di qua, di là discesero a la posta;
porser li uncini verso li 'mpaniati,
ch'eran già cotti dentro da la crosta.
E noi lasciammo lor così 'mpacciati. 151

XXIII

Taciti, soli, sanza compagnia (diciamo: senza diavoli di scorta) maestro e discepolo marciano sull'argine fra quinta e sesta bolgia, uno davanti, l'altro dietro, come camminano i francescani in osservanza alla regola (diciamo: *come frati minor vanno per via*). E ripensando la rissa alla quale ha appena assistito... (ricordi che cosa ci raccontavamo il canto scorso?... il barattiere di Navarra che profitta della dabbenaggine spaccona di Alichino e di un attimo di distrazione di tutti e dieci i diavoli di scorta per sottrarsi ai loro ramponi, e rituffarsi nella pece; onde la rissa aerea fra Alichino e Calcabrina, che precipitano abbrancati nel pegolone bollente...) ricordi, no?... Be', il pellegrino Dante – che quella rissa se la ricorda, eccome! – ora si trova ad associarla a una favola di Esopo (o *Isopo*): quella che racconta della rana e del topo. Tanto per dire: due avverbi temporali che hanno lo stesso significato (mettiamo: 'ora' e 'adesso'), non si equivalgono tanto, quanto quelle due situazioni, per chi raffronti *con la mente fissa* (molto accuratamente, diciamo) principio e fine della favola con principio e fine dello sketch diavolesco che ha chiuso il canto XXII. Bene: salvo che nel testo gli avverbi che «si pareggiano» sono il '*mo*' fiorentino (dal latino 'modo': 'subito', 'ora') e l''*issa*' pisano-lucchese (dal latino 'ipsa [hora]': 'all'istante', 'adesso').

Due quesiti d'obbligo: 1) che cosa racconta il vecchio apologo? 2) in che consiste l'equivalenza?

L'apologo, che – tradotto e parafrasato nell'*Aesopus Latinus*, o in qualche altra antologia esopiana per le scuole – Dante doveva conoscere fin da ragazzo, e che dovevan conoscere anche i più fra i suoi lettori, visto che lui non si prende il disturbo di esporne la traccia, è più o meno il seguente: un topo non sa come traversare un fosso d'acqua; una rana, melliflua quanto malintenzionata, si offre di traghettarlo sulla groppa e, ad evitargli – dice lei – il rischio di cadere in acqua, gli propone di assicurare con una corda ad una propria zampa una zampetta di lui; ma arrivati al centro del fosso, la rana si immerge tirandosi dietro il topo, così, per il gusto di affogarlo; nel tentativo di tenersi a galla, il topo si dibatte a pelo d'acqua; allora un nibbio che vola in quel cielo, adocchiato il topino fra gli schizzi, piomba giù, lo artiglia e se lo porta per aria: lui con tutta la rana legata alla zampetta.

Questa, la favola, assunta fin dai tempi di Carlo Magno nel canone esopiano, quantunque in realtà non sia farina del sacco del favoloso favolista greco. Quanto al secondo quesito ('in che consiste l'equivalenza?'), sarà meglio rinviare la risposta di qui a cinque terzine.

Leggiamo. *E come l'un pensier de l'altro scoppia*... chissà se qui Dante ha proprio scritto che, in una mente spaventata, l'associazione delle idee incrementa la paura sortendo l'effetto di una scarica di petardi: resta il fatto che tu potresti leggercelo... Comunque: acceso dalla stretta analogia che favola e «nuovo ludo» presentano in avvio e in chiusa, ecco che esplode nella testa del pellegrino, per istantanea associazione d'idee, un pensiero ulteriore che raddoppia la sua paura.

Questo: "Per colpa nostra (*per noi*), che abbiam dato troppa corda al barattiere di Navarra, questi diavoli qui hanno avuto il danno con la beffa: e la cosa *assai credo che lor nòi* (immagino che li esasperi). E una volta che la rabbia *sovra 'l mal voler s'aggueffa*, avrà cioè fatto groppo, si sarà ammatassata con la perfidia ('gueffa', dal longobardo 'wyffa', vale appunto 'matassa'), questi ci si avventeranno dietro, più crudeli del cane con la lepre che sta per addentare: *a quella lievre ch'elli acceffa* (dove 'lievre' è francesismo manifesto, e 'acceffare' è termine venatorio, che sta per 'afferrare col ceffo, col muso', 'azzannare')". Nel formulare pensieri, il pellegrino Dante pratica un'ibridazione linguistica veramente spudorata!

Pensieri, peraltro, molto concreti e nell'immagine che evocano e nella materia sonora: tanto, che il pellegrino si sente *tutti arricciar li peli* (a noi i capelli si drizzano sulla testa), e non fa che guardare indietro, e dice: "Maestro, se non trovi immediatamente il modo di nasconderci, te e me, la paura dei Malebranche non mi passa. Ce li abbiamo già dietro. Me li immagino talmente, che già me li sento addosso".

E adesso proviamo a sciogliere il secondo quesito: in che consiste l'equivalenza?

Più concorde del solito, la dantistica pretende di individuare nel topo il diavolo Alichino, quello che combina il guaio; nella rana il diavolo Calcabrina che vola in suo soccorso, invaghito però di «aver la zuffa»; nel nibbio, la pece che li mette entrambi nei guai. Equazione che peraltro – disattendendo le avvertenze del poeta, che segnala esattezza puntuale di riscontri, e raccomanda molta attenzione nell'indagine – sembra insieme cumulativa e sommaria.

Ma c'è caso che la seconda e prepotente associazione d'idee aiuti a rileggere l'analogia che la innesca. La rana, a titolo d'esempio, potrebbe equivalere al Navarrese mellifluo e malintenzionato; la coppia Alichino-Calcabrina al topo che, tratto in inganno, rischia di affogare: così che ora, associando, «ammatassando» la rapacità del nibbio con la rabbia dei diavoli-topo, il pellegrino parrebbe, appunto, sopraffatto dallo spavento per un rancore topesco equipaggiato d'ali fulminee e di artigli inesorabili. Sarà così? Amico mio, non ci giuro.

Il tono di Virgilio è pacato, la sua sintassi, tornita, ma non è tranquillo nemmeno lui: "Se io fossi", argomenta, "*di piombato vetro*, fossi, cioè, uno specchio, non sarei più rapido nel ritrarre riflettendola la tua immagine esteriore (*l'imagine di fuor tua*), di quanto ora non sia ad accogliere la tua immagine interiore (*quella dentro impetro*), insomma, i pensieri che ti vai figurando (dove 'impetrare' sta verosimilmente per 'ricevere', 'accogliere'; e quel «piombato vetro» concorre con l'immagine dei «frati minor» che apre il canto, a definirne il registro plumbeo e fratesco). Proprio ora – stava dicendo Virgilio – questi tuoi pensieri venivano fra i miei, e vi si confondevano in una medesima intenzione (*con simile atto*) e in una medesima forma (*con simile faccia*), tanto che dagli uni e dagli altri ho ricavato *un sol consiglio*, una decisione univoca: *s'elli è che sì la destra costa giaccia*, purché, insomma, il declivio dell'argine sulla nostra destra abbia una pendenza tale da consentirci di *scendere* nell'altra bolgia, noi scenderemo, e così ci sottrarremo alla caccia selvaggia che occupa le nostre immaginazioni".

Ma il maestro non ha finito di esporre (*rendere*) questa decisione, che il discepolo li vede venir con l'ali tese. Li vede, chi? Ma loro! loro, non lontani e tutti bramosi di arraffarli (*per volerne prendere*).

E val giusto la pena di notare come la «rima sdrucciola» di *scendere* con *rendere* e *prendere*, sdrucciolando assecondi l'accelerazione del racconto.

«*Lo duca mio di sùbito mi prese* – détta il poeta a perdifiato –, *come la madre ch'al romore è desta / e vede presso a sé le fiamme accese, // che prende il figlio e fugge e non s'arresta, / avendo più di lui che di sé cura, / tanto che solo una camiscia vesta*»... non si ferma, cioè, nemmeno il tempo d'infilarsi una camicia. E giù dal ciglio dell'argine di pietra Virgilio-madre si abbandona supino al pendio roccioso che recinge la bolgia successiva da uno dei due lati.

Acqua di condotta (*doccia*) non s'è mai precipitata con tanta furia a far girare (*a volger*) la ruota d'un mulino di terraferma, nemmeno quando, approssimandosi alle pale, raggiunge il massimo della velocità, quanta il maestro suo per quella scarpata, portandoselo stretto contro il petto, lui Dante, come fosse suo figlio, non un compagno di viaggio.

E appena i piedi di Virgilio toccarono il fondobolgia (*furo giunti al letto / del fondo giù*), eccoli, loro, sul ciglio, proprio sopra i due poeti fuggiaschi. Ma dove erano, ormai, i due non avevano più nulla da temere (*non lì era sospetto*): infatti, *l'alta provedenza*, nel comandare quelle canaglie di guardia alla quinta bolgia, inderogabilmente tolse loro la facoltà di sconfinare (*poder di partirs'indi a tutti tolle*). Dove 'l'alta provedenza' sarà senz'altro la 'provedentia Dei' della teologia Scolastica; tuttavia, se controlli, ti accorgi che nell'italiano del *Convivio*, accanto al valore tecnico-dottrinale di 'provvidenza divina' (o 'Provvidenza' tout-court, con la maiuscola), l'espressione mantiene ancora tutti gli odori e i sapori dell'uso corrente; che Dante insomma percepiva questa 'alta provedenza' non solo come una imperscrutabile istituzione celeste, ma anche, e più affabilmente, come 'previdenza' e 'preveggenza' e 'prudenza di Dio'.

Tiriamo le fila del racconto. Nel regno concentrico della Frode, dov'è pietà non sentire misericordia (ricordi il XX canto?), la trafelata ragionevolezza della paura può rompere il ritmo sereno della ragion naturale, e imporle il proprio. Sotto la minaccia di peccati che contagiano e alterano le funzioni dell'intelletto, il timor di Dio può manifestarsi e parlarci anche nel terrore del diavolo. E Virgilio, il buon Virgilio, padre severo di Dante-pellegrino lungo questo tremendo itinerario iniziatico, ora partecipa senza riserve al suo spavento, sincronizzandosi con la sua precipitazione. Così, nella luce rossiccia della fede-paura, la ragione assume la scompostezza protettiva, la scandalosa dignità d'una mamma scamiciata, che scappa stringendosi al petto un figlio bambino.

Anche questa è fatta. E il tempo musicale d'improvviso rallenta.

Largo assai: «*Là giù trovammo una gente dipinta / che giva intorno assai con lenti passi, / piangendo e nel sembiante stanca e vinta*».

Avevano addosso, questi forzati della bolgia sesta, cappe con cappucci scesi davanti agli occhi, confezionate sul modello di quelle che si confezionavano *in Clugnì*. Sul fatto che i monaci del potentissimo ordine cluniacense (casa madre, l'abbazia benedettina di Cluny, nella contea borgognona di Mâcon) amassero ostentare le loro ricchezze spropositate avviluppandosi in tonache ampie di maniche e di cappuccio, indecentemente pompose, extra large, si diffonde la pubblicistica dell'epoca, e noi torneremo con Dante in paradiso.

Le cappe dei dannati sono dorate all'esterno d'una doratura abbagliante; ma dentro son tutte piombo, e così pesanti che, al confronto, eran di paglia quelle *di Federigo*: quelle, cioè, che Federico II imperatore imponeva ai colpevoli di lesa maestà, prima di metterli a cuocere, piombati, in un calderone (atrocità documentata, peraltro, solo dal credito di cui godette nell'opinione popolare).

«*Oh in etterno faticoso manto!*» détta a fatica il poeta. E, anticipandoci una notizia che a questo punto del racconto il pellegrino non può ancora sapere (quella sulla fodera delle tonache), mette smania alla nostra curiosità di capire il senso compiuto del contrapasso e il titolo di dannazione di questi oberatissimi dannati. Fatto è che, senza la fodera di piombo, quel barbaglio d'oro significherebbe poco.

Dunque, come finiremo per sapere, la bolgia sesta ospita il collegio degli Ipocriti tristi (gli «hypocritae tristes» di Matteo).

Una fantasiosa etimologia elaborata da un dotto pisano che godeva della considerazione di Dante pretende che il vocabolo 'hypocrita' derivi da una preposizione greca a scelta ('hypér': 'sopra', o 'hypó': 'sotto') e dal sostantivo 'crisis' (cioè, 'chrysós': 'oro'), e che dunque valga 'che ha l'oro sopra' o, in alternativa – alternativa praticamente irrilevante –, 'che ha qualcosa sotto l'oro'.

Ora, non c'è dubbio che il poeta materializzi quella falsa etimologia nelle grevi cappe spruzzate di porporina che castigano gli Ipocriti affardellandoli col monumento del loro peccato. Ma l'etimologia immaginaria non dice che cosa nasconda l'oro. E non c'è dubbio che la scelta del piombo rimandi alla simbologia degli alchimisti.

Notoriamente, la conversione del piombo in oro è lo scopo paradigmatico del magistero alchemico, che assume l'oro, «luce solidificata» e «sole terreno», a simbolo dell'identificazione dell'uomo nel suo stampo divino; il piombo, infimo fra i metalli, a emblema dello stato caotico, opaco, languente dell'anima, a metafora dell'identificazione subdola e inerziale dell'io con il sé.

Chissà non si possa dire che, nel riverbero di un sole falso, gli Ipocriti si trascinano addosso in eterno il simulacro della loro doppiezza, impiombati nel buio sotterraneo di una sordida connivenza con se stessi? Il contrapasso, in ogni caso, è palese, e ci verrà esplicitamente notificato fra nove terzine: chi in vita ha nascosto sotto le apparenze più accattivanti un'anima opaca e spregevole arranca per l'eternità oberato da una cappa di metallo opaco e spregevole, verniciata da un futile splendore. Adottando la figura evangelica dei «sepolcri imbiancati», verrebbe detto che questi ipocriti marciano «intonacati dalle loro tonache».

I due poeti riprendono a fondobolgia il cammino verso sinistra, nella medesima direzione dei dannati, tutti presi dal tristo pianto di quella gente stremata. La quale procede così lenta, che i due, a ogni *mover d'anca*, a ogni passo cioè, si trovano ad aver cambiato compagni di strada.

Dante a Virgilio: "Continuando a camminare, perché non ti guardi in giro e cerchi di individuare qualcuno che si conosca per quel che ha fatto o per il nome che porta?".

Allora un'anima appena doppiata, sentendo parlar toscano, urla: "Rallentate un po', voi due che correte tanto in questa tenebra! Alla tua domanda, magari, potrei rispondere io".

Il maestro si gira: "Aspetta", dice al discepolo, "e poi procedi alla sua andatura".

Dante si ferma, e vede due che, con le smorfie che fanno, tradiscono una gran fretta di portarsi alla sua altezza: o meglio, *gran fretta / de l'animo*, cioè una gran voglia di fretta, attardati come sono dal peso delle cappe e dall'angustia del camminamento.

Quando alla buonora l'hanno raggiunto, lo sbirciano a lungo di sbieco, senza aprir bocca. Poi *si volsero in sé*, come dire che presero a borbottare fra loro: "Dal movimento che fa con la gola per respirare (*a l'atto de la gola*), costui pare vivo. D'altronde, se questi son morti, per quale privilegio vanno in giro senza portarsi addosso il carico delle nostre stole?". Verificheremo in purgatorio come, quantunque il «corpo d'anima» dei morti conservi tutto il repertorio mimico-espressivo del «corpo di carne» che hanno lasciato sulla terra, i morti non respirino né deglutiscano, quindi come la gola ai morti non si muova.

Alla fine, smesso di borbottare, i dannati si rivolgono al pellegrino che li aspetta: "O Tosco", gli dicono farinateggiando a mezza voce, "che sei capitato nella tetra e compunta confraternita degli Ipocriti, *dir chi tu se' non avere in dispregio*, dégnati, insomma, di dirci chi sei".

E il pellegrino, come turbato dalla tenerezza di un antico orgoglio: "Io son nato e cresciuto *sovra 'l gran fiume d'Arno a la gran villa*, e sono qui col mio corpo di sempre. Ma voi chi siete, cui tutto questo dolore distilla tante lacrime giù per le guance? E che tormento vi affligge, che fa tanto barbaglio (*che sì sfavilla*)?".

Uno dei due risponde: "Queste cappe giallo-oro (*rance*) han sotto un tale spessore di piombo, che cigoliamo gemiti come bilance sovraccariche. *Frati godenti fummo*, e bolognesi: io Catalano mi chiamavo, lui Loderingo; e fummo assunti in coppia dalla tua città ad un ufficio arbitrale e pacificatorio, che di norma vien conferito a una persona sola (*come suole esser tolto a un uom solingo*). Le tracce del nostro operato si vedono ancora dalle parti del Gardingo".

Il Gardingo – ricordi il canto di Farinata? – era la vecchia torre longobarda ubicata più o meno nell'attuale piazza della Signoria, intorno alla quale si assiepavano le case degli Uberti, scrupolosamente rase al suolo negli anni successivi alla battaglia di Benevento: qui starà ad emblema della ghibellineria fiorentina sgominata, bandita ed espropriata.

In effetti, Catalano di Guido dei Malavolti e Loderingo degli Andalò dei Carbonesi, tre mesi dopo il fatto d'arme (maggio 1266), son creati da papa Clemente IV podestà, o meglio, «rettori della città di Firenze», con la missione di «portare a nuova fioritura Firenze, avvizzita per li suoi peccati»: in concreto, col mandato di scalzare la perdurante egemonia dei ghibellini (garantita dai cinquecento cavalieri tedeschi ancora acquartierati all'interno delle mura), evitando però di dar troppo spago allo spirito d'autonomia dei borghesi e del popolo minuto. I due si barcamenano con grande perizia e, non senza far qualche concessione istituzionale alle corporazioni di mestiere, sobillano la rivolta antighibellina di novembre, e assecondano l'esodo di Guido Novello e dei Tedeschi consegnando loro le chiavi della città, ed esasperandone la diffidenza con l'implorarli untuosamente di restare. Ciononondimeno, partiti Tedeschi e ghibellini, i due frati vengono di fatto estromessi dalla carica e rimpiazzati.

Non erano certo il peggio fra quanti a quei tempi esercitavano le funzioni conciliative di podestà nei comuni del Centro-Norditalia: sebbene Catalano, guelfo di famiglia filogeremèa, non potesse vantare un curriculum ineccepibile; e Loderingo, di famiglia ghibellina e filolambertazza, podestà di Siena nel '52, indi detenuto a Firenze per un paio d'anni, contro Firenze popolare molto avesse tramato sul finire degli anni Cinquanta con l'indimenticabile cardinal Ubaldini. In coppia, peraltro, i due avevano mediato nel '65 fra le opposte fazioni di Bologna (Lambertazzi, appunto, e Geremèi) con grande prudenza e risultati soddisfacenti.

Giovanni Villani giudica che, quantunque «d'animo di parte fossono divisi, sotto coverta di falsa ipocrisia furono in concordia più al guadagno loro che al bene comune». Giudizio forse eccessivo, certo non campato in aria. Legittima è comunque l'impressione che Dante dànni in questi due l'ambiguità della casta podestarile e dello stesso istituto (ne sapeva qualcosa!): ambiguità aggravata dalla sornioneria fratesca.

Infatti, Loderingo fu nel 1261, a Bologna, tra i rifondatori dell'Ordo Militum Beatae Virginis Mariae, ordine metà ecclesiastico metà laico, che si assegnava la mansione di soccorrere in letizia vedove e orfani, di metter pace fra i litiganti, e di emendare gli eretici, ispirandosi alla titolatura e all'esempio d'un ordine provenzale che aveva patrocinato a suo tempo la crociata contro gli Albigesi; e se Loderingo fu tra i rifondatori, Catalano fu tra i primi adepti.

Quantunque la dizione 'frate godente' non avesse all'origine connotazione derisoria (appare in atti pubblici, e gli stessi frati la vantavano come segno della partecipazione ai sette gaudii mistici della Madonna), quando l'Ordine si manifestò come centro d'un francescanesimo politicizzato e mondano, l'appellativo divenne, nella voce popolare, antitesi spregiativa di 'frate penitente'. Quanto sarcasmo metta a questo punto Dante-poeta nell'espressione 'frate godente', lo sa lui.

Il pellegrino, d'altronde, non si dà il tempo di chiarircelo, perché la sua romanza «*O frati, i vostri mali...*» s'interrompe sull'incipit. Scriverà poeta: «*ma più non dissi, ch'a l'occhio mi corse / un, crucifisso in terra con tre pali*». E nota come la tragica singolarità del nuovo soggetto sia marcata dal pronome indefinito *un*, isolato a capo di verso fra l'enjambement che lo incalza e la virgola che introduce la subordinata.

Il quale un, appena vede Dante, si torce tutto, rantolando sospiri nella barba.

Catalano prende atto della situazione, e spiega: "Quello che guardi confitto sul terreno convinse i Farisei che meglio era mandare al supplizio un uomo solo, che non lasciar morire un popolo intero. Nudo, come vedi, e sdraiato di traverso sulla via, è costretto a sentire *qualunque passa, come pesa, pria*, il peso, insomma, di ciascuno di noi, prima che abbia finito di passargli sopra. Nello stesso modo tribola in questa fossa suo suocero e quanti altri parteciparono alla seduta che fu per gli Ebrei *mala sementa*".

Si tratta di Càiphas, genero di Annas e, con lui, sommo sacerdote e presidente del sinedrio che deliberò di rinviare Cristo al giudizio del procuratore Ponzio Pilato con l'imputazione capitale di millantarsi re dei Giudei; poi istigò il popolo a optare per il proscioglimento di Barabba.

Per verità, gli argomenti addotti da Càiphas ai Farisei del sinedrio eran tutt'altro che futili e pretestuosi (l'adorazione popolare per il Figlio di Dio avrebbe potuto effettivamente provocare una sommossa, le rappresaglie dei Romani e severe restrizioni del potere dei sacerdoti ebrei); e il *Vangelo di Giovanni* – l'unico che registri quegli argomenti – non fa parola dell'ipocrisia del sommo sacerdote; sulla quale, viceversa, insistono i vangeli sinottici. Ma per Dante la verità della rivelazione è, manifestamente, indivisibile. D'altronde, Giovanni stesso, nel testimoniare la parola di Gesù all'ultima cena («se non avessi fatto fra loro cose che nessun altro ha fatto mai, non avrebbero colpa; ma ora le hanno viste, e hanno odiato tanto me quanto mio Padre») sanziona la malafede dei preti del Sinedrio.

Colpevole di aver barattato la vita di Cristo con i privilegi della casta sacerdotale, e di aver procurato la revoca della predilezione divina per il popolo ebraico, Càiphas deve sopportare per l'eternità il peso non della propria, ma di tutta l'ipocrisia del mondo.

Io non credo affatto che le singole anime con cui Dante si intrattiene nell'aldilà, o di cui fa il nome, rappresentino quello che nel lessico della statistica si definirebbe «un campione significativo» delle diverse categorie di dannati. Nulla dunque ci autorizza a ritenere che gli Usurai siano in prevalenza aristocratici di blasone recente; i Simoniaci, papi; i Barattieri, politicanti lucchesi o sardi... tanto meno, che gli Ipocriti siano quasi tutti frati o preti.

Ma sacerdotale è l'archetipo concreto dell'Ipocrita, che il poeta ci sta raccontando; e rimanda al modello tartufesco dei «faus religieus», che il giovane Dante aveva prelevato dall'epopea didattico-allegorica di lingua d'oïl e ridisegnato in Falsembiante, personaggio del *Fiore* (il singolare poemetto in 232 sonetti, che sembra ormai difficile non accreditargli). Figlio di Ipocresia, questo Falsembiante veste il saio dei frati; frequenta religiosi, «religïosi no, se non in vista, / che ffan la ciera lor pensosa e trista / per parer a le genti più pietosi», mentre «a barattar son tutti curïosi»; ed è eletto, lui, l'ipocritanato, «re dei barattieri».

Il cerchio accenna a chiudersi. E un'onesta semplificazione consente forse di ridefinire l'Ipocrisia di questa bolgia come una versione della Baratteria stagionata e marcita nella compunzione. Così la frenesia teppistica e scurrile dei due precedenti ristagna nel «largo» plumbeo di questo canto fratesco, che – se ricordi – porta in chiave un'immagine fratesca (*come i frati minor vanno per via...*).

La crocifissione di Càiphas, barattiere di Cristo, sul patibolo atterrato di Cristo, con tre pali al posto dei tre chiodi, sprigiona una violenza simbolica che sgomenta la ragione. E Virgilio, contemplando ai suoi piedi colui che, disteso in croce, così ignominiosamente (*tanto vilmente*) patisce l'eterno esilio dei dannati, trasecola. Nel suo primo viaggio al fondo dell'inferno non aveva potuto vederlo: ora lo vede, e non riesce a capirlo.

Stringono, però, i tempi del pellegrinaggio. E l'antico poeta s'indirizza al frate, per domandargli se sulla destra si apra *alcuna foce* (un passaggio accessibile), che consenta di uscire dalla bolgia senza ricorrere all'aiuto forzoso degli angeli neri.

"È più vicino di quanto tu possa sperare", risponde Catalano, "uno dei ponti di pietra (*un sasso*) che, staccandosi dalla gran muraglia perimetrale di Malebolge (*da la gran cerchia*), scavalcano tutti gli atroci fossati (*i vallon feri*): tutti, salvo questo, perché qui il sistema dei ponti è crollato completamente, e dunque non lo scavalca (*è rotto e nol coperchia*). In ogni caso", conclude, "non vi sarà difficile rimontare la frana che si accumula sul fondo (*la ruina / che ... nel fondo soperchia*) e si addossa all'argine rendendolo praticabile (*e giace in costa*)".

Il tema degli ipocentri del terremoto provocato dalla morte di Nostro Signore e delle conseguenti lesioni alla struttura tettonica dell'inferno attiene a una sismologia mistica che continua a suscitare discussioni e perplessità. Perplesso, e molto contrariato dalla constatazione che sulla sesta bolgia è crollato l'intero sistema dei ponti – mentre Malacoda, se ricordi, nell'affidare i poeti itineranti alle cure dei dieci diavoli neri, aveva garantito che un cavalcavia era lì a due passi –, anche Virgilio china la testa. Poi mormora: "*Mal contava la bisogna* (non ce l'ha contata giusta, diremmo noi) quello lì che uncina i peccatori nell'altra bolgia".

E il frate, con sussiego ostentato, ghigna: "A Bologna, «mater studiorum», mi pare d'aver sentito dire che il diavolo ha parecchi difettucci, fra i quali, se non ricordo male, quello di essere bugiardo e padre di menzogna".

Il maestro non risponde, e si allontana a gran passi piuttosto alterato dalla collera.

Povero Virgilio! La Baratteria ha beffato la ragione con la losca menzogna; ora l'Ipocrisia la dileggia con sarcasmo saturnino. Fortuna che, per cavarsi da questa ragnatela di occhiate oblique, di scherzi da prete e di battute goliardiche, gli basta accelerare l'andatura.

E va. Sulle orme dei suoi cari piedi, il pellegrino Dante lascia la processione degli *'ncarcati*, diciamo: di quelle anime oberate. Ma l'espressione è particolarmente sgarbata, così come particolarmente affettuosa è la menzione delle *care piante* del maestro. Siglando il canto, il poeta mortifica l'insolenza di Catalano, e carezza la tristezza di Virgilio.

Taciti, soli, sanza compagnia
n'andavam l'un dinanzi e l'altro dopo,
come frati minor vanno per via.
Vòlt'era in su la favola d'Isopo
lo mio pensier per la presente rissa,
dov'el parlò de la rana e del topo:
ché più non si pareggia 'mo' e 'issa'
che l'un con l'altro fa, se ben s'accoppia
principio e fine con la mente fissa.
E come l'un pensier de l'altro scoppia,
così nacque di quello un altro poi,
che la prima paura mi fé doppia.
Io pensava così: 'Questi per noi
sono scherniti con danno e con beffa
sì fatta, ch'assai credo che lor nòi.
Se l'ira sovra 'l mal voler s'aggueffa,
ei ne verranno dietro più crudeli
che 'l cane a quella lievre ch'elli acceffa '.
Già mi sentia tutti arricciar li peli
de la paura, e stava in dietro intento,
quand'io dissi: "Maestro, se non celi
te e me tostamente, i' ho pavento
d'i Malebranche. Noi li avem già dietro;
io li 'magino sì, che già li sento".
E quei: "S'i' fossi di piombato vetro,
l'imagine di fuor tua non trarrei
più tosto a me, che quella dentro 'mpetro.
Pur mo venieno i tuo' pensier tra ' miei,
con simile atto e con simile faccia,
sì che d'intrambi un sol consiglio fei.
S'elli è che sì la destra costa giaccia,
che noi possiam ne l'altra bolgia scendere,
noi fuggirem l'imaginata caccia".

Già non compié di tal consiglio rendere,
ch'io li vidi venir con l'ali tese
non molto lungi, per volerne prendere.

Lo duca mio di sùbito mi prese,
come la madre ch'al romore è desta
e vede presso a sé le fiamme accese,

che prende il figlio e fugge e non s'arresta,
avendo più di lui che di sé cura,
tanto che solo una camiscia vesta;

e giù dal collo de la ripa dura
supin si diede a la pendente roccia,
che l'un de' lati a l'altra bolgia tura.

Non corse mai sì tosto acqua per doccia
a volger ruota di molin terragno,
quand'ella più verso le pale approccia,

come 'l maestro mio per quel vivagno,
portandosene me sovra 'l suo petto,
come suo figlio, non come compagno.

A pena fuoro i piè suoi giunti al letto
del fondo giù, ch'e' furon in sul colle
sovresso noi; ma non lì era sospetto:

ché l'alta provedenza che lor volle
porre ministri de la fossa quinta,
poder di partirs'indi a tutti tolle.

Là giù trovammo una gente dipinta
che giva intorno assai con lenti passi,
piangendo e nel sembiante stanca e vinta.

Elli avean cappe con cappucci bassi
dinanzi a li occhi, fatte de la taglia
che in Clugnì per li monaci fassi.

Di fuor dorate son, sì ch'elli abbaglia;
ma dentro tutte piombo, e gravi tanto,
che Federigo le mettea di paglia.

Oh in etterno faticoso manto!
Noi ci volgemmo ancor pur a man manca
con loro insieme, intenti al tristo pianto;
ma per lo peso quella gente stanca
venìa sì pian, che noi eravam nuovi
di compagnia ad ogne mover d'anca.
Per ch'io al duca mio: "Fa che tu trovi
alcun ch'al fatto o al nome si conosca,
e li occhi, sì andando, intorno movi".
E un che 'ntese la parola tosca,
di retro a noi gridò: "Tenete i piedi,
voi che correte sì per l'aura fosca!
Forse ch'avrai da me quel che tu chiedi".
Onde 'l duca si volse e disse: "Aspetta,
e poi secondo il suo passo procedi".
Ristetti, e vidi due mostrar gran fretta
de l'animo, col viso, d'esser meco;
ma tardavali 'l carco e la via stretta.
Quando fuor giunti, assai con l'occhio bieco
mi rimiraron sanza far parola;
poi si volsero in sé, e dicean seco:
"Costui par vivo a l'atto de la gola;
e s'e' son morti, per qual privilegio
vanno scoperti de la grave stola?".
Poi disser me: "O Tosco, ch'al collegio
de l'ipocriti tristi se' venuto,
dir chi tu se' non avere in dispregio".
E io a loro: "I' fui nato e cresciuto
sovra 'l bel fiume d'Arno a la gran villa,
e son col corpo ch'i' ho sempre avuto.
Ma voi chi siete, a cui tanto distilla
quant'i' veggio dolor giù per le guance?
e che pena è in voi che sì sfavilla?".

E l'un rispuose a me: "Le cappe rance
son di piombo sì grosse, che li pesi
fan così cigolar le lor bilance.

Frati godenti fummo, e bolognesi:
io Catalano e questi Loderingo
nomati, e da tua terra insieme presi

come suole esser tolto un uom solingo,
per conservar sua pace; e fummo tali,
ch'ancor si pare intorno dal Gardingo".

Io cominciai: "O frati, i vostri mali…",
ma più non dissi, ch'a l'occhio mi corse
un, crucifisso in terra con tre pali.

Quando mi vide, tutto si distorse,
soffiando ne la barba con sospiri;
e 'l frate Catalan, ch'a ciò s'accorse,

mi disse: "Quel confitto che tu miri,
consigliò i Farisei che convenia
porre un uom per lo popolo a' martìri.

Attraversato è, nudo, ne la via,
come tu vedi, ed è mestier ch'el senta
qualunque passa, come pesa, pria.

E a tal modo il socero si stenta
in questa fossa, e li altri dal concilio
che fu per li Giudei mala sementa".

Allor vid'io maravigliar Virgilio
sovra colui ch'era disteso in croce
tanto vilmente ne l'etterno essilio.

Poscia drizzò al frate cotal voce:
"Non vi dispiaccia, se vi lece, dirci
s'a la man destra giace alcuna foce

onde noi amendue possiamo uscirci,
sanza costrigner de li angeli neri
che vegnan d'esto fondo a dipartirci".

Rispuose adunque: "Più che tu non speri
s'appressa un sasso che da la gran cerchia
si move e varca tutt'i vallon feri,
salvo che 'n questo è rotto e nol coperchia;
montar potrete su per la ruina,
che giace in costa e nel fondo soperchia".
Lo duca stette un poco a testa china,
poi disse: "Mal contava la bisogna
colui che i peccator di qua uncina".
E 'l frate: "Io udi' già dire a Bologna
del diavol vizi assai, tra ' quali udi'
ch'elli è bugiardo e padre di menzogna".
Appresso il duca a gran passi sen gì,
turbato un poco d'ira nel sembiante;
ond'io da li 'ncarcati mi parti'
dietro a le poste de le care piante.

XXIV

Fortuna, che il doppio cruccio del maestro per la menzogna di Malacoda il diavolo e per il sarcasmo goliardico con cui Catalano l'ipocrita gliel'ha notificata, si cancella presto, come la brina al sole. Molto più tempo impiega il poeta a raccontarcelo. Ascoltiamo il laborioso raspio della sua penna.

«*In quella parte del giovanetto anno*... in quella fase dell'infanzia dell'anno, nella quale il sole, sotto il segno dell'Acquario, *tempra* e scalda i suoi capelli di luce, e le notti s'avviano a contrarsi alla metà delle ventiquattr'ore (*al mezzo dì sen vanno*)... insomma: fra il 20 gennaio e il 18 febbraio, all'approssimarsi dell'equinozio di primavera, quando la brina trascrive per terra (*assempra* dal latino 'exemplo': 'copio')... trascrive per terra l'immagine di sua sorella neve, con la sua penna che però si stempera subito (*ma poco dura a la sua penna tempra*), il pastorello, cui fan difetto cibo e foraggio (*la roba manca*), si leva, e guarda, e vede la campagna biancheggiare tutta; per cui, dallo sconforto, si dà gran manate sulle cosce, e rientra in casa, e va avanti e indietro lagnandosi come un tapino che non sappia *che si faccia* (diremmo: dove sbattere la testa)... ma poi torna sull'uscio e, vedendo il mondo aver cambiato *faccia* in un momento (la brina si è sciolta), subito la speranza *ringavagna* (insomma, la rimette nel paniere: pistoiese 'gavaño', milanese 'kavañöl'), e prende il suo bastone di salice (*vincastro*), e caccia fuori le pecorelle a pascolare»... così il maestro ha sbigottito il pellegrino dandoglisi a vedere tutto aggrondato, e ora, con rapidità altrettanta (*così tosto*), al male sopraggiunge il lenimento (*lo 'mpiastro*), insomma: allo sconforto subentra il sollievo.

Infatti, appena guadagnate le macerie del ponte (il *guasto ponte*), Virgilio si rivolge a Dante con quello stesso *piglio* dolce, soccorrevole, che gli aveva mostrato la prima volta nella piaggia deserta a piè del colle. E *dopo alcun consiglio / eletto seco riguardando prima / ben la ruina* (in altri termini: dopo aver preso una decisione fra sé e sé in base ad un attento esame del pendio franoso), spalanca le braccia e gli dà *di piglio*: se lo carica abbracciandolo, insomma.

Avvio di canto prezioso. Forse anche troppo, come lamentano quegli esteti che si lasciano tentare dalla lettura della *Divina Commedia* a figurarsi una *Divina Commedia* scritta con un po' più di buongusto. Perché, amico mio, non contentarsi dello sbalordimento che incute questa inaspettata, meticolosa, ossessiva, folgorante irruzione del reale nella tenebra del fantastico?

Notando, semmai, come la prima rima che incorpori un'unica consonante appaia solo al ventitreesimo verso del canto: le precedenti ne incorporano due, o tre, tipo '-empre' e '-astro' (ecco quelle che si chiamavano «rime care»); e come nei 24 versi d'apertura si riscontrino ben tre «rime equivoche», rime cioè – se ricordi – fra parole eguali ma di senso diverso ('*tempra*' e '*faccia*' verbi con '*tempra*' e '*faccia*' sostantivi; '*piglio*' sostantivo con '*di piglio*' locuzione avverbiale). Ricercatezze che nella poesia romanza dei primi secoli segnalano sempre uno scrupolo calligrafico deliberato.

E come quei ch'adopera ed estima (come colui che agisce a ragion veduta), *che sempre par che 'nnanzi si proveggia* (tanto che sembra sempre predisporre la mossa successiva): così, nel momento di issare il discepolo su un *ronchione* di roccia, il maestro aveva già messo l'occhio su un'altra *scheggia*, e diceva: "Poi aggràppati a quella, *ma tenta pria s'è tal ch'ella ti reggia* (come a dire: ma non senza esserti assicurato che ti regga)".

Non era certo un percorso praticabile con una cappa addosso (tanto meno – vien da pensare – se foderata di piombo), visto che i due, Virgilio lieve del suo esser anima, Dante sospinto da lui, riuscivano a stento a rimontarlo di lastrone in lastrone (*di chiappa in chiappa*: termine di oscura origine mediterranea, di cui è traccia tanto nel franco-provenzale 'clap', quanto in toponimi e cognomi liguri, e vale, appunto, 'lastrone', 'sporgenza di roccia', come i pregressi 'ronchione' e 'scheggia').

«E se non fosse – confessa il poeta – che su quel versante della bolgia (*precinto*), il pendio era più corto che sull'altro (quello disceso a rotta di collo un canto fa), Virgilio non lo so, *ma io sarei ben vinto*, insomma, mi sarei arreso, io...».

Senonché, dato che Malebolge *inver' la porta / del bassissimo pozzo tutta pende* (cioè, digrada tutta verso l'imbocco dell'infimo pozzo centrale), la giacitura di ciascuna bolgia comporta (*porta*: ennesima «rima equivoca») che un costone (quello esterno) sia più alto e ripido dell'altro (quello interno). E così, alla buonora, i due guadagnano la sommità dell'argine da cui l'ultimo masso del ponte crollato sporge nel vuoto (*si scoscende*).

Ma arrivato in cima, tanto fiato ha spremuto dai polmoni il pellegrino (*la lena dei polmon m'era sì munta*, scrive), che non ce la fa più; anzi, per lui, arrivare e sedersi è tutt'uno (*anzi m'assisi nella prima giunta*, scrive).

Il maestro s'inalbera, e martellando sulle sillabe pari con minaccioso andamento giambico: "*Omai convien che tu così ti spoltre*... è ora, insomma, che tu smetta la pigrizia, poiché adagiarsi sulle piume o rannicchiarsi sotto le coperte non procaccia fama (è chiaro che l'empito moralistico del maestro trascende la circostanza che il discepolo stremato si sia seduto un attimo su un sasso; e incalza, il maestro): chi, *sanza la qual*, cioè senza aspirare alla fama, consuma la vita, lascerà di sé sulla terra la traccia che lasciano il fumo nell'aria e la schiuma nell'acqua. Alzati, ordunque! Vinci l'affanno con l'animo che vince ogni battaglia, purché non si accasci sotto il peso del corpo! Scala ben più lunga dobbiamo salire: non basta lasciarsi alle spalle questa risma di dannati. Se capisci quello che sto dicendo", conclude, "*or fa sì che ti vaglia* (cerca, insomma, di farne tesoro)!".

Per trasparente allegoria, la salita di cui Virgilio parla con trasporto e lessico biblico, e che condurrà il pellegrino dal centro buio della terra alla luce serena del paradiso terrestre, allude al tirocinio che lo aspetta su per i gradi della purificazione purgatoriale, e che integrerà l'espiazione che sta consumando giù per i gradi del castigo eterno. Non basta calarsi fino al fondo della propria coscienza, ricusando, una per una, tutte le seduzioni e le angosce che la intorbidano: bisogna addestrarsi a salire, a sollevare la propria anima fino a quello stadio supremo di libertà e duttilità che le consentirà di rimodellarsi nel suo stampo celeste. Esplorare il male, per non farlo, non basta: bisogna conoscere il bene. E farlo.

E la fama terrena, promessa come premio della scalata, prefigura ovviamente la gloria eterna. Ma fa riflettere la constatazione che sia chiamata a prefigurarla proprio qui, dove, per dar conto della prova che il pellegrino sta affrontando, il poeta adopera ed esibisce tutta la sua gloriosa destrezza di poeta.

Stimolato dal robusto brano di alpinismo etico del maestro, Dante si alza di scatto e, simulando più energia di quanta non se ne senta in corpo: "*Va*", dice, "*ch'i' son forte e ardito*". "Or sie forte e ardito", lo esortava il maestro – se ricordi – sette canti fa, perché montasse in groppa a Gerione; ora l'allievo cita e si conforma: ha capito che per liberarsi delle proprie debolezze e della propria viltà, è bene cominciare col vergognarsene, e darsi coraggio simulandolo.

E i due si avviano su per il ponte che scavalca la settima bolgia, tutto spunzoni, stretto e malagevole, e molto più erto del precedente (di quello, per intenderci, che scavalcava la quinta).

Per non sembrare fiacco e sfiatato (*fievole*), Dante camminava parlando: quando alla sua fa riscontro una voce che sale dal nuovo fossato, inetta *a parole formar*, inarticolata. Per modo che, sebbene fosse ormai sul dosso dell'arcata che valica la bolgia, il pellegrino non capiva una parola; avvertiva peraltro che chi parlava *ad ire parea mosso*, era in movimento cioè, cioè faticava a procedere anche lui.

Dante scruta in basso; ma il suo sguardo vivo non raggiunge il fondo del fossato immerso nell'oscurità. Allora si rivolge al maestro: "Procuriamo di portarci sull'altro argine e di calarci giù per la pettata del costone (*e dismontiam lo muro*); io, di quassù, come sento senza distinguer le parole, vedo senza distinguere le immagini (*e neente affiguro*)".

"Non ti rispondo", risponde il maestro con prolissa lapidarietà, "se non facendo quanto mi chiedi; *ché la dimanda onesta / si de' seguir con l'opera tacendo*: in altri termini, ad una istanza legittima si dà riscontro con i fatti, non già con le parole!".

Detto fatto, i due, raggiunta la testa del ponte, dove quello fa corpo con l'ottavo argine (*dove s'aggiugne con l'ottava ripa*), scendono la scarpata di quel tanto che occorre al pellegrino Dante per discernere il fondobolgia. E lo vede stipato da una calca di serpenti così mostruosamente assortiti (*di sì diversa mena*), che adesso, da poeta, gli basta ricordarsene per guastarsi il sangue. Noi vedremo presto come, più che di serpenti in senso stretto, si tratti d'uno schifoso campionario di rettili, generalmente lucertoloni.

Qui il poeta Dante, controllati i suoi classici con un filo d'impazienza, tempera la penna, e scrive: «Smetta la Libia di vantarsi tanto della sua rena: giacché per quanto produca chelìdri, iàculi, farèe, cencri e anfesibène, animali così pestilenziali e sinistri non ne ha mai esibiti (*né tante pestilenzie né sì ree / mostrò già mai*), lei, con tutta l'Etiopia e col territorio che si affaccia sul Mar Rosso (*che di sopra al Mar Rosso èe*)».

/èe/... prolungare con una /e/ atona la vocale accentata rotolandole dietro è uso corrente nell'antica Toscana, e non solo nell'antica: se un pisano o un lucchese vuole scherzare su un 'sì' che è un 'figuriàmoci!', ancora oggi dice: 'sìe'... anche se non sa di aver fatto una 'epìtesi', come la chiamano i dotti.

Per 'Libia' o 'deserto di Libia' – lo sappiamo – Dante intende, con i Latini, più o meno la regione del Sahara; l'Etiopia è chiamata in causa per via del deserto Nubico; '*ciò che di sopra al Mar Rosso èe*' son poi le steppe desertiche della penisola arabica, che nelle mappe medievali risultava, appunto, sovrapposta al Mare Rubrum. E l'enumerazione delle tre sezioni della sterminata distesa di rena che fascia Nordafrica ed Arabia ha qui appunto la concretezza immaginaria d'un referto cartografico: mentre i serpenti fantastici hanno l'inoppugnabile evidenza che acquistano i nomi della simbologia letteraria, se inseriti nei casellari delle scienze naturali.

Il breve elenco è estratto dalla nomenclatura dei rettili che, stando a quel che racconta Lucano nel IX della *Farsaglia*, popolano il deserto di Libia, generati dalla putredine tossica sgrondata a suo tempo dalla testa mozza di Medusa.

In ordine, abbiamo: il 'chelýdros', che striscia in una scia di fumo (ma Virgilio, nelle *Georgiche*, lo pretende tozzo come una tartaruga, e appestatore di stalle); lo 'iaculus', che vola come un giavellotto; il 'parèas' (o 'pharèas'), che si compiace di tracciare il suo percorso con la coda; il 'cenchris', che fila sempre in linea retta sul ventre screziato di macchioline; l''amphisbaena', che ha una testa per estremità e beccheggia minacciosa fra le due teste opposte (Brunetto Latini garantisce che i suoi occhi brillano come candele).

Ora, fra questa crudele e funestissima moltitudine di serpi, il pellegrino vede correre genti nude e terrorizzate, ché non possono contare né su un *pertugio* dove nascondersi, né su un antidoto miracoloso contro i veleni (l'*elitropia*, o eliotropio, è una pietra verdognola picchiettata di rosso, alla quale i lapidàri del Medioevo accreditavano prodigiose virtù terapeutiche, oltre alla proprietà di rendere invisibile chi la portasse addosso).

A ben guardare, si nota che ogni dannato ha le mani legate dietro da un serpente, il quale, avvolgendolo ai reni, gli si *aggroppa*, gli si riannoda sul davanti con la testa e con la coda. Individuata la meccanica della pena, verrebbe da domandarsi a che funzione simbolica assolva, per indurre dal contrapasso il genere di colpa che castiga in eterno. Ma rispettiamo i tempi del racconto.

Ed ecco che sotto gli occhi del pellegrino già si consuma, in un baleno, una variazione di supplizio: a un tale, che si aggirava sotto l'argine sul quale erano appostati i nostri (*ch'era da nostra proda*), s'avventò un serpente – verosimilmente, uno iàculo – e lo trafisse allo snodo del collo.

«Non si impiega meno tempo a scrivere una 'O' o una 'I' – scrive Dante tracciando sulla carta la rondella della 'O' e l'asta della 'I' –, *com'el s'accese e arse, e cener tutto / convenne che cascando divenisse* (di quanto ne impiegò quel tale ad accendersi, ardere e piombar giù totalmente, irrimediabilmente incenerito). Ma appena toccò terra disintegrato in quel modo, la cenere (qui *polver*) si ricompose da sé, e lui tornò di colpo (*di butto*) quello stesso che era».

L'istantanea metamorfosi doppia evoca al poeta la combustione periodica e la periodica resurrezione dell'uccello Fenice, che – secondo quanto attesta la saggezza degli antichi poeti (*per li gran savi si confessa*), e Ovidio mette a verbale nel XV delle *Metamorfosi* – «non si alimenta per vivere né di biada né d'erba, ma di lacrime d'incenso e di succo d'amomo. Quando ha compiuto cinque secoli di vita, sui rami di un leccio o sulla cima d'una tremula palma si costruisce il nido (...) e, fasciàtolo (...) di delicate spighe di nardo (...) e mirra rossiccia, vi si sdraia e conclude il ciclo degli anni incendiandosi fra i profumi».

La vaporosa analogia letteraria cerca peraltro immediata e tremenda convalida nell'osservazione d'una crisi epilettica: come colui che è piombato giù, e non sa perché, gettato in terra o da un demonio, secondo l'opinione popolare, o, secondo la dottrina clinica dell'epoca, da una alterazione delle attività cerebrali dovuta a qualche improvvisa ostruzione dei vasi sanguigni (la medicina dell'età di mezzo parlava di «oppilazione nelli meati che sono dal cuore al cèrebro e, chiusi quelli meati, cade l'uomo e resta insensibile»)... dunque, come l'epilettico, quando si rialza da terra e si guarda attorno tutto smarrito per la grande ambascia patita, e guardando sospira: così si comportava quel peccatore, appena risollevatosi e rientrato in sé (*levato poscia*).

«Quant'è severa – chiosa il poeta – la potenza di Dio, che applica la sua giustizia inesorabile tempestando con questi colpi (*che cotai colpi per vendetta croscia*)!».

Virgilio interpella il peccatore rinato dalle proprie ceneri domandandogli chi sia. E quello, duro: "Son piovuto in questa gola atroce dalla Toscana, poco tempo fa. Più che una vita da uomo, mi compiacqui di condurre un'esistenza animalesca, dal mulo bastardo ch'io fui. *Son Vanni Fucci, / bestia, e Pistoia mi fu degna tana*".

Ma il pellegrino Dante, che lo conosce bene, non molla la presa, e incalza il duca suo: "*Dilli che non mucci*... digli che non scantoni (imputandosi – sottintende – colpe meno gravi di quelle che lo hanno dannato a questa bolgia: sappiamo infatti che la violenza animalesca che questo figuro ostenta scherma le più losche infamie che lo destinano al penitenziario dei Frodolenti): digli, insomma, che non faccia il furbo, e domandagli qual è la colpa che l'ha cacciato quaggiù: *ch'io 'l vidi omo di sangue e di crucci* (che varrà, più o meno: 'a quel che mi risulta, questo qui era un sanguinario rissoso [non un ladro]'; o forse meglio: 'che questo qui fosse un rissoso sanguinario [lo sapevo da me:] l'ho visto con i miei occhi')...".

Sentita questa, il dannato rinuncia ai trucchi, e drizza verso Dante *l'animo e 'l volto*, insomma gli pianta animosamente gli occhi addosso avvampando di vergogna e di rancore, poi dice: "Che *tu* m'abbia sorpreso nel posto miserando dove *tu* mi vedi, mi dispiace più di quanto m'è dispiaciuto perdere la vita. Ma *non posso negar quel che tu chiedi*, non posso, insomma, sottrarmi alla domanda che *tu* mi stai facendo: *in giù son messo tanto* (sono cacciato così in basso nell'imbuto dell'inferno) perch'io fui *ladro a la sagrestia d'i belli arredi*: delitto che a suo tempo fu erroneamente imputato ad altri".

Spiace interrompere sul più bello la tirata del torvo farabutto, ma bisognerà pur domandarsi chi fosse, nelle cronache di fine Duecento, questo Vanni Fucci.

Figlio naturale del nobiluomo Fuccio dei Làzzeri, per la sua eccezionale turbolenza Vanni si segnalò presto fra i concittadini pistoiesi, già di per sé – a sentir Dino Compagni – «forti nell'armi, discordevoli e salvatichi». Quando, nel 1286, una rissa di bettola, di cui avremo occasione di riparlare più d'una volta, inaugura la sfilza di delitti che dividerà la città in due fazioni irriducibili, i Bianchi e i Neri – nomi e faziosità, che contageranno presto Firenze guelfa –, il Fucci soffia sul fuoco con quanto fiato ha in corpo. Tre anni dopo, è incriminato per concorso in omicidio; ma lui s'è arruolato mercenario nella Taglia Guelfa in guerra con Pisa, e si distingue sul campo di Caprona per futili atrocità che fanno inorridire i commilitoni fiorentini, incluso l'Alighieri a cavallo.

Rientrato in città, una notte di carnevale del 1293 capeggia la banda che s'infila in duomo e depreda la cappella di San Iacopo di arredi preziosi, tavole d'argento istoriate, reliquie venerande. Da documentazione carente e contraddittoria risulterebbe, in un primo momento, incolpato del furto sacrilego il figlio d'un suo amico, il quale sarebbe scampato alla forca per un pelo, inquantoché il Fucci, riparato nel contado, avrebbe informato la magistratura d'essere lui il colpevole, con l'arroganza di un'impunità garantita dalla violenza. Certo, da allora non mette più piede dentro le mura di Pistoia e, fino allo spirare del secolo e della sua stessa persona, si dà a terrorizzare la campagna pistoiese con una banda di briganti annidata nella rocca di Montecatini Alto. Che sia morto ammazzato, non risulta e lui non dice, dal momento che l'espressione che adopera per indicare la sua dipartita (*quando fui de l'altra vita tolto*) vale, né più né meno, 'quando son morto': esperienza sufficientemente sgradevole in sé, specie per un dannato, da non rendere indispensabile la presunzione di morte violenta.

Ma qui all'inferno, Dante ci fa sapere che questo matricolato figlio di puttana non merita nemmeno la brasatura nel sangue bollente destinata agli assassini e ai rapinatori. C'è una sinistra grandezza nella loro ferocia e nel loro castigo. Vanni Fucci vanta la sua bestialità bastarda, ma, secondo l'inappellabile teodicea dantesca, non è che un vigliacco e un ladro. E il furto sacrilego, doppiamente vile per l'ubiqua immaterialità del Derubato, riscuote dalla Sua giustizia eterna una terribile giunta di pena.

I Ladri ordinari, gli svelti-di-mano (eccoci al contrapasso), sono ammanettati e imbracati per i secoli dei secoli da serpenti, viscidi e furtivi come la loro colpa. Vanni, ladro d'altare, in più deve patire periodicamente l'annientamento nella cenere, che le sacre scritture eleggono (con la polvere) a simbolo della miseria della creatura di fronte al creatore: è costretto, insomma, a constatare periodicamente, senza il sollievo della penitenza, che l'uomo-ladro è nulla e il Dio-derubato è tutto il resto.

Vedremo il canto prossimo poi come questo schema di contrapasso sia incompleto e preveda una serie di varianti ordinarie e, forse, un orrido codicillo.

Per intanto, restituiamo la parola al Ladro.

"*Ma perché di tal vista tu non godi*", prosegue, sputando il quarto 'tu' in faccia al pellegrino, "perché tu non ti compiaccia troppo di avermi visto qui, una volta che dovessi uscire da questi luoghi bui, apri gli orecchi e senti bene la profezia che ti faccio: Pistoia, a tutta prima, si spopolerà di Neri; ma presto Firenze muterà governanti e regime; indi il dio della guerra trarrà dalla val di Magra vapore igneo (materia prima dei fulmini) avvolto e compresso fra torbidi nuvoli (vapore acqueo); per modo che, *con tempesta impetüosa e agra / sovra Campo Picen, fia combattuto* (la colluttazione tra vapori scatenerà sulle campagne pistoiesi una tempesta veemente e ferocissima); finché la folgore si sprigionerà dalla nuvolaglia fendendola (*spezzerà la nebbia*)".

La figurazione meteorologica, che questo fulminato cronico ricava dalle teorie contemporanee sulla formazione e la dinamica dei fulmini, è straordinariamente forte e, conforme le leggi del linguaggio profetico, altrettanto oscura. Vediamo di decifrarla.

La storia medievale insegna che nel maggio 1301, spalleggiati dai Bianchi al potere nella vicina Firenze, i Bianchi pistoiesi bandiranno la controparte (*Pistoia in pria d'i Neri si dimagra*); che, fra l'autunno dello stesso 1301 e l'inverno successivo, con la venuta di Carlo di Valois, l'insediamento dei Neri al potere, ecc. ecc., *Fiorenza rinova gente e modi*; che, infine, la folgore di guerra estratta dalla val di Magra è Moroello Malaspina, marchese di Giovagallo e signore di Lunigiana, condottiero delle milizie lucchesi e, in due fasi, capitano generale dell'esercito della Lega Nera nella lunga campagna contro i Bianchi pistoiesi, che si apre nell'estate 1302 con l'assedio di Serravalle, e si chiude nella primavera 1305 con la capitolazione di Pistoia, dopo quattro mesi di blocco inesorabile. Questo, la storia medievale...

...La storiografia antica, d'altra parte, ci aiuta a capire perché mai il poeta assegni al contado pistoiese il curioso nome di 'Campo Picen'. Fatto è che Sallustio, nella sua famosa monografia sulla congiura di Catilina, menziona a poche righe di distanza «Ager Pistoriensis», stazione della marcia forzata del capopopolo verso le Gallie, e «Ager Picenus», sede delle tre legioni che muovono per tagliare la strada ai rivoltosi. E Dante, ma non lui solo, confonde i due «agri». Intanto, la citazione sallustiana sta a ricordarci che il profeta dannato, con la feccia dei suoi concittadini e con le «bestie fiesolane», va messo nel mazzo dei pronipoti di Catilina.

Genealogia immaginaria, di cui, peraltro, Vanni pare che in vita si vantasse molto. E adesso, in morte, chissà quanto ghigna a tirare in causa, come eversore della Parte Bianca, proprio quel marchese Moroello, il quale nel 1306 – indelebile, nei dannati, è la memoria del futuro – offrirà asilo onorevole e affettuoso al fuoruscito Dante, riscuotendone in cambio la gratitudine perpetua (ne parlavamo in testa all'VIII dell'*Inferno*, ne riparleremo in coda all'VIII del *Purgatorio*).

Più quel ficcanaso d'oltretomba si turba, più gode il Fucci smascherato. Anzi, nel timore che l'effetto della profezia risulti un po' attutito dall'oscurità del parlar figurato, il ladro cambia di colpo registro, e sputa fuori: "*sì ch'ogne Bianco ne sarà feruto*"; tanto per dire: 'e questo fulmine di guerra ti lascerà il segno, a te, e a tutti i Bianchi tuoi pari'... E, a scanso di equivoci, ci tiene a precisare, con la pedanteria del rancore: "*E detto l'ho perché doler ti debbia!*".

Così Vanni Fucci, bestia e ladro, conclude canto e profezia con uno dei versi più ferocemente ridondanti del poema sacro in cui sta scritto, e grandeggia in turpitudine per sempre, ladro e bestia.

In quella parte del giovanetto anno
che 'l sole i crin sotto l'Aquario tempra
e già le notti al mezzo dì sen vanno,

quando la brina in su la terra assempra
l'imagine di sua sorella bianca,
ma poco dura a la sua penna tempra,

lo villanello a cui la roba manca,
si leva, e guarda, e vede la campagna
biancheggiar tutta, ond'ei si batte l'anca,

ritorna in casa, e qua e là si lagna,
come 'l tapin che non sa che si faccia;
poi riede, e la speranza ringavagna,

veggendo 'l mondo aver cangiata faccia
in poco d'ora, e prende suo vincastro,
e fuor le pecorelle a pascer caccia:

così mi fece sbigottir lo mastro
quand'io li vidi sì turbar la fronte,
e così tosto al mal giunse lo 'mpiastro;

ché, come noi venimmo al guasto ponte,
lo duca a me si volse con quel piglio
dolce ch'io vidi prima a piè del monte.

Le braccia aperse, dopo alcun consiglio
eletto seco riguardando prima
ben la ruina, e diedemi di piglio.

E come quei ch'adopera ed estima,
che sempre par che 'nnanzi si proveggia,
così, levando me sù ver' la cima

d'un ronchione, avvisava un'altra scheggia
dicendo: "Sovra quella poi t'aggrappa;
ma tenta pria s'è tal ch'ella ti reggia".

Non era via da vestito di cappa,
ché noi a pena, ei lieve e io sospinto,
potavam sù montar di chiappa in chiappa.

E se non fosse che da quel precinto
più che da l'altro era la costa corta,
non so di lui, ma io sarei ben vinto.
Ma perché Malebolge inver' la porta
del bassissimo pozzo tutta pende,
lo sito di ciascuna valle porta
che l'una costa surge e l'altra scende;
noi pur venimmo al fine in su la punta
onde l'ultima pietra si scoscende.
La lena m'era del polmon sì munta
quand'io fui sù, ch'i' non potea più oltre,
anzi m'assisi ne la prima giunta.
"Omai convien che tu così ti spoltre",
disse 'l maestro: "ché, seggendo in piuma,
in fama non si vien, né sotto coltre;
sanza la qual chi sua vita consuma,
cotal vestigio in terra di sé lascia,
qual fummo in aere e in acqua la schiuma.
E però leva sù: vinci l'ambascia
con l'animo che vince ogne battaglia,
se col suo grave corpo non s'accascia.
Più lunga scala convien che si saglia:
non basta da costoro esser partito.
Se tu mi 'ntendi, or fa sì che ti vaglia".
Leva'mi allor, mostrandomi fornito
meglio di lena ch'i' non mi sentia,
e dissi: "Va, ch'i' son forte e ardito".
Su per lo scoglio prendemmo la via,
ch'era ronchioso, stretto e malagevole,
ed erto più assai che quel di pria.
Parlando andava per non parer fievole;
onde una voce uscì da l'altro fosso,
a parole formar disconvenevole.

Non so che disse, ancor che sovra 'l dosso
fossi de l'arco già che varca quivi;
ma chi parlava ad ire parea mosso.
Io era vòlto in giù, ma li occhi vivi
non poteano ire al fondo per lo scuro;
per ch'io: "Maestro, fa che tu arrivi
da l'altro cinghio e dismontiam lo muro;
ché, com' i' odo quinci e non intendo,
così giù veggio e neente affiguro".
"Altra risposta", disse, "non ti rendo
se non lo far; ché la dimanda onesta
si de' seguir con l'opera tacendo".
Noi discendemmo il ponte da la testa
dove s'aggiugne con l'ottava ripa,
e poi mi fu la bolgia manifesta:
e vidivi entro terribile stipa
di serpenti, e di sì diversa mena
che la memoria il sangue ancor mi scipa.
Più non si vanti Libia con sua rena:
ché se chelidri, iaculi e faree
produce, e cencri con anfisibena,
né tante pestilenzie né sì ree
mostrò già mai con tutta l'Etïopia
né con ciò che di sopra al Mar Rosso èe.
Tra questa cruda e tristissima copia
corrëan genti nude e spaventate,
sanza sperar pertugio o elitropia:
con serpi le man dietro avean legate;
quelle ficcavan per le ren la coda
e 'l capo, ed eran dinanzi aggroppate.
Ed ecco a un ch'era da nostra proda
s'avventò un serpente che 'l trafisse
là dove 'l collo a le spalle s'annoda.

Né O sì tosto mai né I si scrisse,
com'el s'accese e arse, e cener tutto
convenne che cascando divenisse;

e poi che fu a terra sì distrutto,
la polver si raccolse per se stessa
e 'n quel medesmo ritornò di butto.

Così per li gran savi si confessa
che la fenice more e poi rinasce,
quando al cinquecentesimo anno appressa:

erba né biado in sua vita non pasce,
ma sol d'incenso lagrime e d'amomo,
e nardo e mirra son l'ultime fasce.

E qual è quel che cade, e non sa como,
per forza di demon ch'a terra il tira,
o d'altra oppilazion che lega l'omo,

quando si leva, che 'ntorno si mira
tutto smarrito de la grande angoscia
ch'elli ha sofferta, e guardando sospira:

tal era 'l peccator levato poscia.
Oh potenza di Dio, quant'è severa,
che cotai colpi per vendetta croscia!

Lo duca il domandò poi chi ello era;
per ch'ei rispuose: "Io piovvi di Toscana,
poco tempo è, in questa gola fiera.

Vita bestial mi piacque e non umana,
sì come a mul ch'i' fui: son Vanni Fucci
bestia, e Pistoia mi fu degna tana".

E io al duca: "Dilli che non mucci,
e domanda che colpa qua giù 'l pinse;
ch'io 'l vidi omo di sangue e di crucci".

E 'l peccator, che 'ntese, non s'infinse,
ma drizzò verso me l'animo e 'l volto,
e di trista vergogna si dipinse;

poi disse: "Più mi duol che tu m'hai colto
ne la miseria dove tu mi vedi,
che quando fui de l'altra vita tolto.
Io non posso negar quel che tu chiedi;
in giù son messo tanto perch'io fui
ladro a la sagrestia d'i belli arredi,
e falsamente già fu apposto altrui.
Ma perché di tal vista tu non godi,
se mai sarai di fuor da' luoghi bui,
apri li orecchi al mio annunzio, e odi.
Pistoia in pria d'i Neri si dimagra;
poi Fiorenza rinova gente e modi.
Tragge Marte vapor di Val di Magra
ch'è di torbidi nuvoli involuto;
e con tempesta impetüosa e agra
sovra Campo Picen fia combattuto;
ond'ei repente spezzerà la nebbia,
sì ch'ogne Bianco ne sarà feruto.
E detto l'ho perché doler ti debbia!".

XXV

Conclusa la profezia con l'astiosa malagrazia degli impotenti, il ladro Vanni Fucci strafà: e leva tutte e due le mani serrate a pugno col pollice inserito fra la falange dell'indice e quella del medio – 'fare' o 'squadrare le fiche' questo significava, e vale più o meno il gesto millenario che pratichiamo ancora oggi, poggiando veementemente il palmo della mano sinistra nell'articolazione del braccio destro, e sollevando l'avambraccio destro con veemenza conforme –, insomma, fa il gestaccio, Vanni Fucci, e interpella il destinatario urlando: "To', Dio! queste sono per te". Che orrore!

Per quanto miscredenti possiamo vantarci, per quanto lo stress possa di quando in quando spillarci una bestemmia, la nostra sensibilità – così si dice – giudicherebbe intollerabile, anzi, letteralmente inconcepibile un indirizzo del genere. Tanto più ci stupirà appurare che statuti toscani del devoto Medioevo prevedevano, per chi facesse le fiche o mostrasse le natiche a una immagine del Signore Iddio (ma anche la Vergine Maria era oggetto di attenzioni del genere), modiche multe o, al più, qualche nerbata, come si trattasse di varianti amministrative del turpiloquio.

Ciò non toglie che questo moccolo mimato meriti a Vanni un secondo, fulmineo supplemento di pena. Una serpe gli si avvolge al collo, come a dire: "Non una parola di più!", mentre un'altra torna ad ammanettarlo per di dietro e ad annodarglisi per davanti così stretto, da paralizzargli le braccia, *che non potea con esse dare un crollo.*

Dopo aver confessato un'improvvisa predilezione per i rettili, esecutori tempestivi della giustizia celeste (inesauribile è la versatilità simbolica del serpente!), il poeta ora inveisce a titolo personale contro la tana del mascalzone; e, a carico di Pistoia, inaugura il canone delle maledizioni che in questo scorcio d'*Inferno* indirizzerà ai maledetti Toscani e alle loro bellissime città.

«Ahi Pistoia, Pistoia, perché non deliberi di ridurti in cenere anche tu, in modo però che di te non resti traccia (escluso dunque il periodico sollievo della resurrezione dalle ceneri), *poi che 'n mal fare il seme tuo avanzi* (dato che superi in nefandezza il tuo seme, cioè – come ricorderai – la soldataglia di Catilina, da cui discendi)?».

In effetti, il poeta confessa di non aver mai visto *per tutt'i cerchi de lo 'nferno scuri* anima dannata così arrogante nei confronti del Signore come questo pistoiese: nemmeno il famoso Capaneo, che – come ricorderai – precipitò di sotto dalle mura di Tebe, assassinato dalla folgore celeste.

E il ladro scappa via senza aprir bocca.

La ciclicità dell'incenerimento e della reincarnazione di Vanni Fucci, avvalorata il canto scorso dalla similitudine con la Fenice, include dunque ulteriori sanzioni aggiuntive: fra le quali, verosimilmente, lo stesso gestaccio blasfemo, che è lecito immaginare ricorrente, e che l'analogia esplicita con Capaneo, punito dalla ripetizione ossessiva della propria colpa, lascia supporre integrato al contrapasso. Chissà, che la turpitudine rabbiosamente ostentata da Vanni il canto scorso non tradisca, in questa bestemmia mimata, lo scandalo della disperazione...

Basta. Fa appena in tempo il Fucci a uscire di quinta, che dalla quinta opposta irrompe *pien di rabbia* un centauro guarnito e, di galoppo, traversa la scena urlando: "Dov'è, dov'è *l'acerbo*?" (e 'l'acerbo' varrà 'il duro a pentirsi', 'l'impenitente'; a Roma si direbbe ''st'impunito').

Sì, ma guarnito, come?

Il poeta si dice convinto che la più volte menzionata Maremma non abbia tante bisce, quante ne ha lui su per la groppa equina, fin dove quella si congiunge con la figura umana (*nostra labbia*: e profittiamo di questo ennesimo 'labbia', singolare femminile dal plurale neutro latino di 'labium', 'labbro', per precisare che nella *Commedia* e nella *Vita Nova* Dante lo adopera esclusivamente nel senso di 'faccia', o, per estensione, come qui, di 'aspetto, figura'; per dire 'labbro', lui dice 'labbro'). Ma parlavamo del centauro: e il poeta, quando lo abbiamo interrotto, stava per dirci che quel centauro lì ha applicato sulle spalle fin dietro alla nuca un drago con l'ali aperte, che sputa fiamme contro chiunque gli si pari davanti (*affuoca qualunque s'intoppa*).

Trattandosi di figura mitologica, l'antico maestro deve una spiegazione al discepolo del Medioevo: "Questi è Caco", spiega: "sotto la rupe del monte Aventino, dove alloggiava in uno speco tenebroso e immane, provocò frequenti bagni di sangue (*di sangue fece spesse volte laco*). Non ha seguìto però il destino dei suoi fratelli centauri (*Non va co' suoi fratei per un cammino*), in quanto sottrasse ad Ercole, con la frode, il grande armento, essendoselo trovato *a vicino* (diremmo noi: a portata di mano). Ragion per cui, le sue bieche imprese cessarono di colpo sotto le mazzate dell'eroe, *che forse / gliene diè cento, e non sentì le diece*: che cento gliene avrà date, anche se lui non avrà sentito nemmeno la decima".

Virgilio si è citato, sunteggiando all'osso il racconto tenuto, nell'VIII dell'*Eneide*, dall'arcade Evandro ad Enea e alla gioventù troiana sotto l'Aventino, di fronte all'ingente maceria della grotta di Caco: una catasta di massi addossati al pendio di roccia, la cui immagine – se hai buona memoria – sembra tracimata nella bolgia scorsa.

Figlio abnorme di Vulcano, scrupolosissimo nel coprire tutta la gamma dei crimini e delle frodi, il Caco dell'*Eneide* ruba otto capi del gregge purpureo rubato a sua volta da Ercole all'infame Gerione – nostra vecchia conoscenza –, mentre pascola in riva al Tevere, in una stazione della laboriosa transumanza dalle isole dell'Estremo Occidente all'Argolide. Stranoto, il trucco di tirarsi dietro i bovini per la coda, con cui Caco conta di depistare le indagini del divino bovaro. Memorabili, i muggiti amorosi delle vacche rapite, che svelano il loro nascondiglio; l'ira di Ercole; la demolizione della porta e della volta dell'antro aventiniano; l'uccisione di Caco, ad onta del fatto che vomitasse fuoco (prerogativa, quest'ultima, trasferita dal mostro dell'*Eneide* al drago che il mostro si porta sulla schiena all'inferno). Il Caco di Virgilio muore peraltro stritolato nella morsa delle braccia di Ercole, laddove il ghiotto dettaglio delle randellate è reperibile nei *Fasti* di Ovidio. Ma, quantunque sulla natura semiumana del mostro non esistano divergenze, né l'un poeta latino né l'altro autorizza a immaginarcelo centauro.

Centauro lo fa Dante, forse per rimarcare la differenza fra un soggetto come lui, sanguinario, animalesco, ma anche subdolo, e quei tangheri dei suoi colleghi, che abbiamo conosciuto – come ricorderai – tredici canti fa animaleschi, sanguinari, ma inappuntabilmente ligi alle consegne.

Ciò non toglie che i distinti trattamenti riservati ai miliziani di Chirone in riva al Flegetonte e a Caco nel presente serpaio non risultino, a conti fatti, così radicalmente diversi come suggerirebbe il rilievo che questo è un carcerato, quelli sono guardie carcerarie. E non tanto perché, nell'attimo in cui saetta nel nostro campo visivo, anche Caco svolge – bene o male – servizio di polizia; o perché passarsela all'inferno non è, comunque, un bel modo per ingannare l'eternità; quanto perché, più ci si sprofonda nel cratere dell'inferno, più le funzioni delle vittime e quelle degli aguzzini tendono a mescolarsi e confondersi. Abominevolmente. Vedremo.

Intanto che il maestro parla e il centauro si eclissa nella ressa (*ed el trascorse*), sotto la postazione dei poeti si portano tre spiriti, ai quali né Dante né Virgilio fanno caso, se non quando quelli li interpellano a gran voce: "E voi chi sareste?".

La conversazione fra poeti s'interrompe. La domanda resta sospesa: nessuno risponde, nessuno insiste. Ma, sebbene Dante abbia l'impressione di non conoscerli affatto, ormai maestro e discepolo non hanno occhi che per quei tre (*e intendemmo pur ad essi poi*).

Capitò allora (*ei seguette*), come alle volte capita, che uno dei tre chiamò in causa un quarto: "Cianfa", disse, "icché fine avrà ffatto?". E qui il discepolo, che ha sentito una calata e un nome fiorentini, invoca l'attenzione del maestro mettendosi un dito sulle labbra.

Sssst! E nel silenzio scricchiola la penna del poeta: «*Se tu se' or, lettore, a creder lento / ciò ch'io dirò*... se tu ora, lettore, stenterai a credere quel che sto per scrivere, non avrò di che stupirmi, dal momento che io stesso, che lo vidi con i miei occhi, oso crederci appena (*a pena il mi consento*)».

Il fatto è questo: mentre il pellegrino tiene gli occhi sgranati su quel terzetto d'anime ladre, ecco un lucertolone a sei zampe avventarsi su uno dei tre, e incollarglisi addosso quant'è lungo. Con i piedi di mezzo gli serra l'addome, con gli anteriori lo afferra alle braccia, e intanto lo morde su una guancia e sull'altra; avviluppa le zampette posteriori (*piè ... diretani*) alle cosce, e fra le cosce gli caccia la coda e torna a stendergliela di dietro su per la schiena (*per le ren sù*).

«Utve solent hederae...», così Dante leggeva nelle *Meta-*

morfosi: «come usano le edere»... Ora scrive: «*Ellera abbarbicata mai non fue / ad alber sì*, come l'orribile bestia avviticchiava le proprie membra alle membra dell'altro». L'erotismo ornamentale dei versi di Ovidio che raccontano l'amplesso cui la ninfa Salmacide costringe nell'acqua il figlio adolescente di Venere e Mercurio, sino a fondersi con lui nella figura dell'Ermafrodito, si degrada nella macabra corporalità dell'evento che il poeta cristiano sta registrando. Le due figure aderiscono e s'incollano (*s'appiccar*), come fossero di calda cera, e mescolano i loro colori in una tinta intermedia e cangiante, così che né l'uno né l'altro serba il proprio: non altrimenti, precedendo la fiamma, si diffonde sù per il foglio di papiro un alone brunastro che non è ancora nero, ma bianco non è più... anzi, con arcana esattezza: *come procede innanzi da l'ardore, / per lo papiro suso, un color bruno / che non è nero ancora e 'l bianco muore*.

Così la penna di un poeta sognato da un poeta scrive come si strina la carta su cui sta scrivendo.

Gli altri due dannati guardavano il portento, e gridavano tutti e due: "Dio, come cambi, *Agnèl*! Vedi che non sei più né due né uno...".

E infatti già le due teste erano diventate una, sovrapponendo due fisionomie in un'unica faccia, nella quale si perdevano i tratti delle due anime perse (anzi, con l'ambiguità della concisione: *ov'eran due perduti*). Le zampe anteriori del serpe e gli arti superiori dell'uomo (*quattro liste*) si fusero in due braccia. Cosce, gambe, ventre, torace si sfigurarono in membra mai viste. Ogni lineamento primitivo era cancellato (*Ogne primaio aspetto ivi era casso*) in quella immagine contraffatta, che era, insieme, due e nessuno.

E così si allontana barcollando questo Golem, terrificante e ridicolo, animato dal creatore a parodia delle maldestre contraffazioni della creazione tentate dall'uomo in combutta col serpente. Ma i sortilegi di Dio-il-Mago non hanno soluzione di continuità.

Il varietà escatologico stringe i tempi.

Come il ramarro, sotto la sferza della canicola, saetta da una parte all'altra della strada per cambiar di cespuglio, ecco un serpentello quadrupede, ritto come una fiamma (*acceso*), filare verso le trippe dei due peccatori superstiti, livido davanti, nero di dietro *come gran di pepe*, e (hoplà!) trafiggerne uno nell'ombelico (in *quella parte onde prima è preso / nostro alimento*); poi piombar giù disteso davanti a lui. Il trafitto lo fissò senza dir parola; anzi, *co' piè fermati* (piantato sulle gambe), come assalito dal sonno o dalla febbre, sbadigliava.

«*Elli 'l serpente a quei lui riguardava; / l'un per la piaga e l'altro per la bocca / fummavan forte, e 'l fummo si scontrava*», cantilena il poeta, come si cantilena la formula d'un incantesimo. Cosa sta per succedere?

Ingobbito sullo scrittoio, Dante rievoca il repertorio dei portenti che affollano le pagine dei suoi latini, e comparandolo a quanto sta per scrivere lui, calca la penna inorgoglito.

«Taccia Lucano, dove tratta del misero Sabello e di Nasidio, e stia a sentire quello che ora scoccherà su questo foglio (frequentatissima, nel basso Medioevo, l'area di scambio fra scrittura e tiro con l'arco...). Taccia di Cadmo e d'Aretusa Ovidio: io non ho alcun motivo di invidiarlo. Per quante metamorfosi abbia cantato, mai infatti trasmutò vicendevolmente due creature (*nature*), mai forzò due anime, due identità (*forme*) a scambiarsi i corpi (*lor matera*)».

I famosi episodi ovidiani, menzionati ad esemplificare metamorfosi semplici (Cadmo, fondatore di Tebe, trasformato in serpente; la ninfa Aretusa che, braccata dal fiume Alfeo, si scioglie nel proprio sudore e si fa fontana), debbono verosimilmente la menzione alla loro fama conclamata. Sappiamo, d'altra parte, che versi e figure di Ovidio serpeggiano per tutta questa bolgia (la Fenice, la morte di Caco, l'Ermafrodito).

Più mirata, la citazione dei due soldati dell'armata catoniana, chiamati in causa per mettere a tacere Lucano: il destino di Sabello, morso al polpaccio da una minuscola serpe durante la traversata del deserto di Libia, e liquefatto da un intimo rogo che gli incenerisce le ossa, si irradia a ritroso sulla combustione di Vanni Fucci; l'immagine di Nasidio che, trafitto da un serpentello arroventato, si gonfia debordando dalla corazza, proietta l'ombra informe della sua mole sul mostro ibridato che è appena barcollato via.

Nei trattati medievali di retorica, la sfida lanciata da Dante ai grandi latini, introdotta di norma dall'esortativo «taceat!», ha una collocazione e un titolo: 'iactatio' o 'vanto'. La giustificazione del vanto addotta in questi versi sembra essere di carattere tecnico: descrivere una metamorfosi incrociata è ben altra impresa che raccontare metamorfosi semplici. Tutto qui... Tutto qui? Leggiamo.

Dunque, le due creature, bipede umano e rettile quadrupede, *si rispuosero a tai norme* (si coordinarono su questa procedura): che mentre al serpente si fendeva la coda biforcandosi, il ferito congiungeva i due piedi in uno (*ristrinse insieme l'orme*); poi gambe e cosce gli si incollarono talmente l'una con l'altra, che in un attimo era scomparso qualsiasi segno di giuntura (*la giuntura / non facea segno alcun che si paresse*). La coda bipartita del rettile assumeva intanto la forma che le gambe stavano perdendo (*la figura / che si perdeva là*), e la sua pelle si ammorbidiva con l'irrigidirsi di quell'altra pelle. Il pellegrino vide rientrare le braccia per le ascelle dell'uomo, e le due zampe anteriori della bestia allungarsi tanto quanto quelle si abbreviavano; poi, le posteriori, attorcigliandosi, diventarono membro virile, e simultaneamente quello dello sventurato si protendeva diviso in due zampette (*e 'l misero del suo n'avea due pórti*). Mentre il fumo che emettono entrambi a entrambi muta colore, e copre questo di peli a misura che dipela quello, l'uno si levò in piedi e l'altro cadde disteso, senza che mai nessuno dei due stornasse dagli occhi dell'altro gli occhi spietati (*lucerne empie*), intorno ai quali si sfigurava il muso di ciascuno dei due: quel ch'era dritto in piedi stirò il suo verso le tempie e, grazie al di più di cute tirato all'indietro (*di troppa matera ch'in là venne*), dalle gote lisce fiorirono orecchi; intanto ciò che di quell'eccedenza era rimasto dov'era, senza slittar via (*ciò che non corse in dietro e si ritenne / di quel soverchio*), sagomava il naso al centro della faccia e ispessiva le labbra quanto necessario. Allo stramazzato, nel contempo, il muso si affusola (*il muso innanzi caccia*), e rientran gli orecchi nella testa come fa con le corna la lumaca; e la lingua, che aveva unita e sempre pronta a cianciare, si fende, mentre la lingua bifida dell'altro si rimargina. E il fumo cessa.

L'anima fatta bestia *suffolando si fugge per la valle*, e l'altro – la bestia fatta uomo – gli dice qualcosa, e gli sputa dietro (se per sfregio, per scongiuro o per eccesso di salivazione, sa Dio). Poi gli gira le spalle appena recuperate, e dice all'altro dannato, il solo dei tre Fiorentini che non abbia subìto metamorfosi: "Son contento che adesso tocchi a Buoso di strisciare carponi per questo camminamento, com'è toccato a me".

Basta così. Il poeta tira il sipario sul serpaio della settima bolgia, che questo repellente lifting speculare ha ripopolato d'un sospetto retroattivo: che in ogni rettile, anche magari nei serpenti che bloccano le mani ai Ladri, possa annidarsi l'anima di un ladro. Ammanettati diventano manette. Avvicendamento perpetuo di ruoli tra vittime e aguzzini. Contrapasso assoluto.

E torna a udirsi il raspio della scrittura: «così – si scusa Dante tirando le fila – io vidi la ciurma, anzi la *zavorra* della settima bolgia mutare e trasmutare; e la novità dei fatti narrati conto mi valga da giustificazione, *se fior la penna abborra*: se, insomma, la penna ha abborracciato un tantino ('fior' ha nell'italiano antico il valore avverbiale di 'un po'')».

Anche per questa «excusatio» la retorica medievale ha una casella. Resta il problema di conciliarla col «vanto» di suprema perizia letteraria che introduce l'ultima metamorfosi, posto che il vanto abbia proprio quell'oggetto.

È vero che nella cultura dell'età di Dante vigeva la persuasione che le favole della mitologia acquistassero in profondità e in trasparenza nelle parafrasi dei poeti cristiani, ai quali competeva il doppio privilegio di conoscere per rivelazione e adombrare per allegoria le verità inconsapevolmente depositate nelle pagine degli antichi. Senonché qui Dante – il personaggio-poeta che si gloria di scrivere cose che non ha mai letto – non parafrasa al meglio i suoi classici latini, stanando significati ulteriori dalle loro favole: o, quanto meno, non di questo sembra volersi gloriare. Si gloria, piuttosto, di raccontare, magari abborracciando un po', i veri portenti di Dio-il-Mago, cui egli ha veramente assistito da pellegrino d'oltremondo, e che superano a tal punto – e per maestria artistica e per caratura simbolica – tutti i portenti fittizi raccontati da Lucano o da Ovidio, anzi tutti i portenti immaginabili... tanto che lui, il poeta, ti ha già scusato, se farai fatica a credergli, lettore.

È il vecchio quesito: ma Dante vuol proprio convincerci di averlo fatto per davvero, questo viaggio nell'oltretomba?

Senza permetterci il lusso di rispondere, a questo punto possiamo almeno registrare un dato: che la pretesa d'aver visto con i propri occhi quello che mette per iscritto autorizza lo scriba di Dio a adottare in queste terzine il nitore freddo del referto scientifico, a intimarci con oggettività allucinata la vertigine d'una febbre mentale che davvero non ha riscontro nelle letterature antiche. Almeno questo, sì: possiamo cominciare a registrarlo.

La coda del canto si svolge in proscenio, per così dire a sipario calato. Quantunque gli occhi del pellegrino fossero confusi alquanto e l'animo spossato, quei due – cioè, il rettile tornato uomo e il superstite del terzetto fiorentino – non erano riusciti a dileguarsi così furtivi (*tanto chiusi*), da non dargli il tempo di riconoscerli: il terzo uomo (sissignori!) era Puccio Sciancato; la controfigura del serpente era quello per cui, tu, Gaville, continui a versare lacrime (e sangue).

Ricostruiamo la locandina del canto, procedendo a ritroso.

Dunque, Gaville, borgo del Valdarno di Sopra a pochi chilometri da Figline, pare piangesse ancora nel 1300 a causa delle brutali rappresaglie dei familiari di Francesco dei Cavalcanti, detto 'il Guercio', ucciso anni prima, appunto, «da certi uomini di Gaville». Di lui le cronache dicono poco o nulla: se non che rimpiazzò, una o più volte, in certe cariche pubbliche e nelle indebite appropriazioni che l'esercizio di quelle cariche consentiva, tal Messer Buoso. Il quale forse sarà stato in vita Buoso di Forese Donati, o forse no. Ma quaggiù, di sicuro, è il Buoso cui il Guercio ha appena rifilato il suo corpo di serpe.

Con Buoso, faceva parte del trio degli spiriti d'inizio canto Puccio dei Galigai, detto 'lo Sciancato', ladro comune, di cui si sa soltanto che rubava di giorno e che, se sorpreso con le mani nel sacco, non potendosela dare a gambe, cercava di buttarla sul ridere.

Terzo del trio – se ricordi – era quell'Agnèl, entrato in repellente osmosi col rettile a sei zampe: il quale, nella cronaca di fine secolo, dovrebbe corrispondere a tale Agnello o Àgniolo dei Brunelleschi, gran famiglia ghibellina, poi passata alla parte donatesca, dalla quale finirà per dissociarsi a coltellate. Fin da bambino Agnello pare rubasse frugando nella borsa dei genitori o forzando la cassetta della bottega paterna; da grande, invece, andava a rubare porta a porta travestito da vecchio mendicante, con la barba finta.

Per finire, il serpentello che si accorpa con lui nel Golem sarà senz'altro il Cianfa, di cui uno dei tre (chi, se non Agnello?) si domandava preoccupato che fine avesse fatto. Un anonimo chiosatore ci assicura che «Cianfa fu cavaliere de' Donati e grande ladro di bestiame, e rompìa botteghe e votava le cassette».

Tanto, il poco che si sa di questi cinque ladri fiorentini, selezionati nella zavorra della bolgia settima per far da assistenti-rettile al gran Mago Celeste.

Ma avanza un problema serio: quattro su cinque (Puccio Sciancato escluso) patiscono un sovraccarico di pena, come d'altronde lo patisce Vanni Fucci (e, per non farla troppo lunga, accantoniamo Caco). Perché? perché gli espropri di cui si son resi responsabili questi ladri speciali, Dio li punisce spaventosamente con tre distinti tipi di esproprio della persona?

In casi del genere, è buona norma invocare Tommaso d'Aquino. E il santo fa sapere che giusto tre sono le specie di furto aggravato punite all'epoca con la soppressione fisica del ladro: «sacrilegium», «peculatus», «plagium».

Ora, che al Fucci vada assegnata l'aggravante del sacrilegio, sembra pacifico. E può darsi che di peculato per sottrazione si siano macchiati Buoso e il Guercio, che sappiamo titolari a rotazione di cariche pubbliche. Quanto al «plagium», reato che contemplava nel basso Medioevo tutti i furti che prevedessero l'alterazione di contrassegni (in particolare, l'abigeato), Cianfa, ladro di bestiame, rientra… ma costringerci il povero Agnello solo perché, da grande, per rubare, si alterava i connotati con barbe finte, sembra una sottigliezza da pubblico ministero.

Antichi commentatori discriminano i quattro fiorentini in una coppia di ladri occasionali e una coppia di ladri abituali, ovvero in una coppia di ladri «con qualche discrezione» e una di ladri «sanza discrezione di sorta». Una congettura recentissima ipotizza per Agnello e per Cianfa il furto con scasso; per Buoso e per il Guercio, l'associazione a delinquere. Chissà. In ogni caso, appena ci si azzarda a risalire dalle imputazioni indiziarie al riscontro simbolico che dovrebbero avere nelle pene aggiuntive (diciamo, nel supplemento di contrapasso), la coperta risulta maledettamente stretta: per coprire una coppia, scopri l'altra.

Ammettiamolo: rubricare con esattezza nel codice penale medievale e nelle pandette celesti i crimini di questi ladri matricolati è pressoché impossibile. Il poeta non ci vuole aiutare, e i pretesti di cronaca cui il cabaret escatologico allude di striscio in sette secoli si sono scoloriti parecchio. Fortuna, che basta il poco che riusciamo ancora a leggere in questo canto XXV dell'*Inferno*, e il raspio della penna che lo scrive, a farci tremare.

Al fine de le sue parole il ladro
le mani alzò con amendue le fiche,
gridando: “Togli, Dio, ch’a te le squadro!”.

Da indi in qua mi fuor le serpi amiche,
perch’una li s’avvolse allora al collo,
come dicesse ‘Non vo’ che più diche’,

e un’altra a le braccia, e rilegollo,
ribadendo se stessa sì dinanzi,
che non potea con esse dare un crollo.

Ahi Pistoia, Pistoia, ché non stanzi
d’incenerarti sì che più non duri,
poi che ’n mal fare il seme tuo avanzi?

Per tutt’i cerchi de lo ’nferno scuri
non vidi spirto in Dio tanto superbo,
non quel che cadde a Tebe giù da’ muri.

El si fuggì che non parlò più verbo;
e io vidi un centauro pien di rabbia
venir chiamando: “Ov’è, ov’è l’acerbo?”.

Maremma non cred’io che tante n’abbia,
quante bisce elli avea su per la groppa
infin ove comincia nostra labbia.

Sovra le spalle, dietro da la coppa,
con l’ali aperte li giacea un draco;
e quello affuoca qualunque s’intoppa.

Lo mio maestro disse: “Questi è Caco,
che sotto ’l sasso di monte Aventino
di sangue fece spesse volte laco.

Non va co’ suoi fratei per un cammino,
per lo furto che frodolente fece
del grande armento ch’elli ebbe a vicino;

onde cessar le sue opere biece
sotto la mazza d’Ercule, che forse
gliene diè cento, e non sentì le diece”.

Mentre che sì parlava, ed el trascorse,
e tre spiriti venner sotto noi,
de' quai né io né 'l duca mio s'accorse,

se non quando gridar: "Chi siete voi?";
per che nostra novella si ristette,
e intendemmo pur ad essi poi.

Io non li conoscea; ma ei seguette,
come suol seguitar per alcun caso,
che l'un nomar un altro convenette,

dicendo: "Cianfa dove fia rimaso?";
per ch'io, acciò che 'l duca stesse attento,
mi puosi 'l dito su dal mento al naso.

Se tu se' or, lettore, a creder lento
ciò ch'io dirò, non sarà maraviglia,
ché io che 'l vidi, a pena il mi consento.

Com'io tenea levate in lor le ciglia,
e un serpente con sei piè si lancia
dinanzi a l'uno, e tutto a lui s'appiglia.

Co' piè di mezzo li avvinse la pancia
e con li anterïor le braccia prese;
poi li addentò e l'una e l'altra guancia;

li diretani a le cosce distese,
e miseli la coda tra 'mbedue
e dietro per le ren sù la ritese.

Ellera abbarbicata mai non fue
ad alber sì, come l'orribil fiera
per l'altrui membra avviticchiò le sue.

Poi s'appiccar, come di calda cera
fossero stati, e mischiar lor colore,
né l'un né l'altro già parea quel ch'era:

come procede innanzi da l'ardore,
per lo papiro suso, un color bruno
che non è nero ancora e 'l bianco more.

Li altri due 'l riguardavano, e ciascuno
gridava: "Omè, Agnèl, come ti muti!
Vedi che già non se' né due né uno".

Già eran li due capi un divenuti,
quando n'apparver due figure miste
in una faccia, ov'eran due perduti.

Fersi le braccia due di quattro liste;
le cosce con le gambe e 'l ventre e 'l casso
divenner membra che non fuor mai viste.

Ogne primaio aspetto ivi era casso:
due e nessun l'imagine perversa
parea; e tal sen gio con lento passo.

Come 'l ramarro sotto la gran fersa
dei dì canicular, cangiando sepe,
folgore par se la via attraversa,

sì pareva, venendo verso l'epe
de li altri due, un serpentello acceso,
livido e nero come gran di pepe;

e quella parte onde prima è preso
nostro alimento, a l'un di lor trafisse;
poi cadde giuso innanzi lui disteso.

Lo trafitto 'l mirò, ma nulla disse;
anzi, co' piè fermati, sbadigliava
pur come sonno o febbre l'assalisse.

Elli 'l serpente e quei lui riguardava;
l'un per la piaga e l'altro per la bocca
fummavan forte, e 'l fummo si scontrava.

Taccia Lucano omai là dov'e' tocca
del misero Sabello e di Nasidio,
e attenda a udir quel ch'or si scocca.

Taccia di Cadmo e d'Aretusa Ovidio,
ché se quello in serpente e quella in fonte
converte poetando, io non lo 'nvidio;

ché due nature mai a fronte a fronte
non trasmutò sì ch'amendue le forme
a cambiar lor matera fosser pronte.
Insieme si rispuosero a tai norme,
che 'l serpente la coda in forca fesse,
e 'l feruto ristrinse insieme l'orme.
Le gambe con le cosce seco stesse
s'appiccar sì, che 'n poco la giuntura
non facea segno alcun che si paresse.
Togliea la coda fessa la figura
che si perdeva là, e la sua pelle
si facea molle, e quella di là dura.
Io vidi intrar le braccia per l'ascelle,
e i due piè de la fiera, ch'eran corti,
tanto allungar quanto accorciavan quelle.
Poscia li piè di rietro, insieme attorti,
diventaron lo membro che l'uom cela,
e 'l misero del suo n'avea due pórti.
Mentre che 'l fummo l'uno e l'altro vela
di color novo, e genera 'l pel suso
per l'una parte e da l'altra il dipela,
l'un si levò e l'altro cadde giuso,
non torcendo però le lucerne empie,
sotto le quai ciascun cambiava muso.
Quel ch'era dritto, il trasse ver' le tempie,
e di troppa matera ch'in là venne
uscir li orecchi de le gote scempie;
ciò che non corse in dietro e si ritenne
di quel soverchio, fé naso a la faccia
e le labbra ingrossò quanto convenne.
Quel che giacea, il muso innanzi caccia,
e li orecchi ritira per la testa
come face le corna la lumaccia;

e la lingua, ch'avea unita e presta
prima a parlar, si fende, e la forcuta
ne l'altro si richiude. E 'l fummo resta.

L'anima ch'era fiera divenuta,
suffolando si fugge per la valle,
e l'altro dietro a lui parlando sputa.

Poscia li volse le novelle spalle,
e disse a l'altro: "I' vo' che Buoso corra,
com'ho fatt'io, carpon per questo calle".

Così vid'io la settima zavorra
mutare e trasmutare; e qui mi scusi
la novità, se fior la penna abborra.

E avvegna che li occhi miei confusi
fossero alquanto e l'animo smagato,
non poter quei fuggirsi tanto chiusi,

ch'i' non scorgessi ben Puccio Sciancato;
ed era quel che sol, di tre compagni
che venner prima, non era mutato;

l'altr'era quel che tu, Gaville, piagni.

XXVI

Nell'iscrizione latina murata sull'angolo del Palazzo fiorentino del Bargello si legge ancora un rigo che Dante leggeva scalpellato di fresco: nel quale Firenze è glorificata come la città che «sul mare, sulla terra e sul mondo intero spazia imperiosa».

Ẹ brava, Firenze!... «Gòditela, grande come sei, che su tutti i mari e le terre di questo mondo *batti l'ali* (insomma, te ne vai svolazzando da padrona). Ma che dico: mari e terre!... il tuo nome si spande e strombazza pure nell'imbuto dell'inferno», ghigna il poeta in apertura del famosissimo XXVI d'*Inferno*.

E infatti nella bolgia dei Ladri – come sappiamo – s'era imbattuto da pellegrino in cinque fiorentini cosiffatti, che lui (fiorentino) si vergogna, e lei (Firenze) non si vede che cos'abbia da vantarsi tanto... Ma se nell'imminenza dell'alba si sogna il vero, Firenze patirà ben presto quanto Prato, *non ch'altri* (per non dire, insomma, d'altre città), le augura bramosamente.

«E quand'anche la maledizione si avverasse subito – incalza il poeta a titolo personale –, non sarebbe troppo presto. Magari fosse, visto che deve essere! Tanto più mi peserà – confessa, chiudendo l'invettiva a voce spenta –, quanto più divento vecchio (*com' più m'attempo*)».

Sulla scelta di Prato a prototipo delle città che agognano l'umiliazione di Firenze ferve un annoso dibattito. Contentiamoci dell'ipotesi ragionevole (ma non ragionevolissima) che la scelta sia in relazione all'anatema scagliato sui Fiorentini nel giugno 1304 dal cardinale Niccolò da Prato, una volta fallito l'estremo tentativo di riconciliazione fra parti e fazioni avverse – ne abbiam parlato, ne riparleremo –; e notiamo piuttosto come l'oscura profezia antelucana che Dante Alighieri pronuncia «in voce propria», estraendola dalla segnaletica dei propri sogni e sincronizzandola, con una malinconia esistenziale del tutto insolita, alla parabola della propria vita, denunci immediatamente l'eccezionale grado di compromissione emotiva del personaggio-poeta nell'esperienza che aspetta il personaggio-pellegrino.

Intanto Virgilio si è rimesso in marcia, tirandosi dietro il discepolo su per i gradoni di roccia, a discendere i quali erano sbiancati tutti e due dalla fatica (se '*ibórni*', latinismo semidotto, vale, come parrebbe, 'bianchi-avorio'); ma per procedere sulla pista solinga, tra le schegge e tra i rocchi del pontile che scavalca la nuova bolgia, i soli piedi, senza il soccorso delle mani, non se la sarebbero cavata.

Che spettacolo si svela al pellegrino nel cavo della bolgia ottava?

Alla descrizione, il poeta si fa il singolare scrupolo di premettere due terzine solennemente introspettive: «Ho provato dolore, e ora, indirizzando la memoria a ciò ch'io vidi, torno a provarlo, e l'ingegno controllo più del mio solito, ad evitare che, sfrenandosi, si sottragga alla tutela della *virtù*; così che, se gli astri propizi o *miglior cosa* (causa più perfetta: manifestamente, la grazia) mi hanno dotato del ben dell'intelletto, *io stessi nol m'invidi* (insomma: non sia io stesso a contestarmelo, abusandone)».

Segue la descrizione della bolgia, distribuita in due similitudini: l'una quotidiana e visiva, l'altra biblica e visionaria, entrambe nobilmente spaziate.

Quante il contadino che si riposa in cima al poggio, nella stagione in cui il sole meno ci nasconde la sua faccia di luce, e nell'ora in cui la mosca lascia il campo alla zanzara... quante, insomma, dopo un tramonto di inizio estate, il contadino vede lucciole giù per la vallata, dove magari di giorno lui stesso ha lavorato la terra: di tante fiammelle palpitava tutta negli occhi del pellegrino d'oltremondo l'ottava bolgia, nonappena fu in grado di vederne il fondo.

E come il profeta Eliseo *vide 'l carro d'Elia al dipartire*, quando i cavalli decollarono in verticale (*al cielo erti levorsi*), che, per quanto tentasse di seguirlo con lo sguardo, non riusciva a scorgere altro che una fiamma ascendere vertiginosamente in cielo come un batuffolo di vapore (*sì come nuvoletta*): così, nel solco della bolgia vagava una moltitudine di fiamme, ciascuna delle quali incorporava e rubava alla vista un peccatore.

Ricordiamo che la repentina ascesa al cielo di Elia e lo sbigottimento di Eliseo, che simbolicamente significano il travaso delle virtù profetiche da maestro a discepolo, son raccontati nel *IV Libro dei Re*; dove si narra altresì d'una torma di ragazzetti che, sulla via di Bethel, furono sbranati da due orsi sbucati dal bosco, perché sbeffeggiavano la calvizie di Eliseo: episodio che spiega la perifrasi con cui Dante, francesizzando, designa il profeta: '*colui che si vengiò con li orsi*'.

L'ampiezza del preludio è tracciata da un'inquietudine fatale.

Rimontato il ponte, il pellegrino si sporge tutto sul misterioso luccioleto, tanto che, non si fosse aggrappato a uno scheggione di roccia, sarebbe precipitato di sotto senz'essere urtato.

A vederlo così proteso e intento, il buon Virgilio si affretta a spiegargli che le anime sono occultate all'interno dei fuochi, ciascuna fasciata dalla fiamma che la brucia (*catun si fascia di quel ch'elli è inceso*).

La parola del maestro avvalora un sospetto che il discepolo

aveva già. Ma tutt'altra vertigine avvita i suoi pensieri: dentro quella fiamma che si muove a fondovalle sdoppiata in punta, come la vampa che – nel racconto di Stazio e di Lucano – si levò dalla pira sulla quale si consumavano i cadaveri di Etèocle e di Polinice, dopo il mutuo fratricidio... dentro quella fiamma bìfida, chi è?

L'antico poeta risponde: "Là dentro son martoriati Ulisse e Diomede, e si prestano insieme alla vendetta del cielo, come insieme ne sfidarono la collera: in quella fiamma si piange l'agguato del cavallo che aprì nelle mura di Troia la breccia da cui – per così dire – uscì Enea, *il nobil seme* dei Romani; si espia la macchinazione, a causa della quale Deidamìa, morta, ancora si tormenta per Achille; si sconta il furto del Palladio".

Del colossale cavallo di legno stipato d'armati e abbandonato sulla spiaggia di Troia dall'esercito greco in rotta simulata, secondo le istruzioni di Ulisse, si legge famosamente nel II libro dell'*Eneide*. Nel corso del racconto lamentevole e proditorio con cui il greco Sinone (ce lo troveremo presto fra i piedi) seduce i Troiani a introdurre la bestia fatidica entro la cerchia delle mura, demolendone un tratto, è menzionata la manomissione, ordita da Ulisse stesso e da Diomede, dell'immagine di Pallade-Minerva: il Palladio, appunto, che, custodito nella rocca di Troia, ne garantiva l'inespugnabilità.

Sulla storia tristissima di Deidamìa si diffonde invece l'*Achilleide* di Stazio: Teti, dea del mare e madre di Achille, per evitare all'eroe giovinetto gli orrori della imminente guerra in Asia Minore, lo traveste da donna e lo affida al buon re dell'isola di Sciro; il re assegna l'inusitata ragazza al seguito di sua figlia Deidamìa; ma una bella notte, sopraffatto dalla furia d'amore, Achille proclama il suo sesso alla principessa possedendola. La passione imperversa furtiva. Ulisse, senonché, inviato con Diomede dal comando dell'armata greca in caccia del renitente, di passaggio per l'isola, lo adocchia sotto l'abituccio virginale; sobillandone gli istinti guerreschi con una astuta messinscena, lo smaschera; e lo induce ad abbandonare la principessa amata in una disperazione inguaribile.

Queste, le favole greche e le pagine latine dalle quali Dante seleziona i tre capi d'accusa che han deputato Ulisse e il suo compare alla morte eterna nel doppio falò.

"Se dall'interno di quella materia incandescente possono parlare", smania il pellegrino, "io ti prego, maestro, e ti riprego, e vorrei che ogni preghiera valesse per mille, di consentirmi d'attendere qui, fintanto che la fiamma cornuta ci si accosti. Vedi che, dal desiderio, *ver' lei mi piego!*". E ancora una volta l'esperienza morale e conoscitiva che Dante sta per affrontare in questa bolgia è significata nel rischio di perdere l'equilibrio.

Virgilio acconsente con fervore e prudenza: "La tua preghiera è degna di molta lode: quindi l'accolgo. Guarda però di frenare la lingua (*ma fa' che la tua lingua si sostegna*). Lascia parlare me, che intuisco bene ciò che tu vuoi. Greci che furono, forse non ti darebbero retta".

E perché mai Virgilio si dice convinto di poter mitigare la proverbiale alterigia dei Greci meglio del discepolo? Non certo – come vedremo il canto prossimo – perché sappia parlare greco. Per ora basterà constatare che, a differenza di Dante, il poeta antico può vantarsi emulo di Omero, e subito lo farà, accattivandosi la benevolenza di Ulisse; il quale, nell'eternità di fuoco che lo avviluppa, sembrerebbe aver letto, oltre all'*Iliade* e all'*Odissea*, anche l'*Eneide*. In termini più generali, si direbbe che la particolare densità di significato che qui assume la norma taciuta, in forza della quale è sempre il maestro a interpellare i personaggi del mito classico, ne giustifica qui l'enunciazione. Ma sul piano della rappresentazione c'è sicuramente altro.

«Quando la fiamma giunse a portata del mio duca, e a lui parve tempo e luogo d'interpellarla – balbetta il poeta –, *in questa forma lui parlare audivi*...». È raro che un latinismo morfologico (*audivi*) sia, per sé, emozionante. Qui, emoziona.

E qui l'io monologante scompare, come scompare l'io agente. Il pellegrino non parla più, nessuno più si rivolge a lui, e il poeta non fa parola di quel che abbia provato. Con abnegazione totale, Dante si lascia assorbire e cancellare dall'evento che testimonia: non è più che l'impronta della propria testimonianza. Come potrebbe aprir bocca?

Indirizzandosi alla fiamma bicorne con esibita maestà, Virgilio evoca tanto il soggetto quanto la cifra stilistica dell'*Eneide*: "O voi che siete due dentro ad un fuoco, se in vita bene meritai di voi... se insomma una qualche benemerenza agli occhi vostri mi son guadagnato scrivendo la mia epopea, fermatevi dove siete, e uno di voi dica dove andò a morire e a dannarsi, ingoiato dal labirinto dell'avventura: *dove, per lui, perduto a morir gissi*" ('perduto', che nel lessico dei romanzi arturiani vale, tecnicamente, 'disperso', non cessa perciò di significare anche 'dannato': e il verso, titubante, cerimonioso, impersonale, irradia una sublime ambiguità).

Lo maggior corno de la fiamma antica prese allora a scuotersi, mormorando, quasi agitato e provato dal vento: *indi la cima qua e là menando, / come fosse la lingua che parlasse, / gittò voce di fuori e disse: "Quando //*... Inaudita, la dilatazione dell'orizzonte d'attesa che suscita questo 'quando' sospeso in chiusa di terzina.

...Dunque, Ulisse racconta in punta di fiamma che, quando si congedò dalla maga Circe, la quale lo aveva adescato, e sequestrato per più d'un anno non lontano da Gaeta (prima però che Enea così la intitolasse, dal nome della sua balia Caiéta, ivi morta e sepolta)... racconta dunque Ulisse che, una volta salpate le ancore dal lido del Monte Circeo, né la tenerezza per il figlio Telemaco, né la devozione per il vecchio padre Laerte, né l'amore dovuto alla moglie Penelope per risarcirla dell'interminabile attesa, riuscirono a vincere dentro di lui il desiderio bruciante di conoscere per esperienza il mondo, i vizi umani e l'umano valore. Egli, anzi, si mise per l'alto mare aperto con una sola imbarcazione e con *quella compagna / picciola*, cioè con l'esiguo gruppo dei compagni che non lo avevano abbandonato.

Vide – racconta – l'una e l'altra costa del bacino occidentale del Mediterraneo (l'europea, fino alla Spagna; l'africana, fino al Marocco), e la Sardegna, e quant'altre isole bagna quel mare. Finché, invecchiati e appesantiti, egli ed i suoi compagni non pervennero al varco dove, per diffidare gli umani dall'inoltrarsi più in là, nell'ignoto, Ercole aveva piantato i suoi segnali (*li suoi riguardi*: e son le colonne di roccia che miticamente iscrivono lo stretto di Gibilterra).

Nel lasciarsi sulla destra la costa andalusa (*Sibilia*), dopo aver lasciato sulla sinistra Cèuta (*Sètta*), Ulisse – racconta – parlò all'equipaggio: "Fratelli", disse, "che traverso pericoli innumerevoli siete giunti al limite occidentale delle terre emerse, non ricusate *a questa tanto picciola vigilia / d'i nostri sensi, ch'è del rimanente* (al poco margine di vita sensibile che ci avanza) l'esperienza dell'emisfero disabitato, seguendo la ruota del sole. Riflettete alla vostra origine e vocazione di uomini: non per vivere da bruti, siete nati, ma per perseguire il bene e la cognizione del vero". E *con questa orazion picciola*, con questa breve allocuzione – racconta – li fece tanto alacri al viaggio, che avrebbe poi faticato a trattenerli.

Così, volta la poppa a levante, dei remi essi fecero *ali al folle volo*, poggiando verso sinistra (a sudovest, cioè). Intersecata la linea dell'equatore, la notte dei naviganti già contemplava tutte le stelle del polo antartico, e tanto era calata sull'orizzonte la nostra stella polare, che non affiorava più dal pavimento d'acqua.

Cinque volte si era accesa, e cinque spenta, la faccia inferiore della luna da che avevano intrapreso l'ardua rotta, quando egli, Ulisse, intravide una montagna, velata dalla distanza, più alta – racconta – di quante ne avesse mai viste. Tutti esultarono – racconta –, ma subito l'esultanza volse in pianto, perché un turbine di vento si alzò dalla nuova terra e investì frontalmente l'imbarcazione: tre volte la fece girare nel vortice delle acque; la quarta, la sollevò di poppa e cacciò giù di prua; finché il mare, come piacque *altrui* (al Dio innominato ed ignoto), non fu richiuso sopra di loro.

Questa, la storia semplice e misteriosa che Ulisse racconta a Virgilio nell'ottava trincea di Malebolge, e Dante ascolta tremando muto.

Ulisse: sono pochi i personaggi della *Divina Commedia* che abbiano tanto appassionato e sedotto all'iperbole la comunità dei lettori; nessuno, che abbia mobilitato tanta erudizione e provocato giudizi più animosamente discordi.

Dal XVI secolo, che magnificò l'umanesimo integrale dell'Ulisse dantesco nella sua vocazione transatlantica, al XIX, che si riconobbe nelle sue aspirazioni trasgressive all'assoluto, ogni epoca ha detto la sua, contaminando l'identikit dell'eroe dannato con i propri connotati ideologici e con le proprie ambizioni epocali. Più cauti e scrupolosi, oggi – anche se non manca chi elegge Ulisse antesignano della civiltà della scienza e della tecnica – ci studiamo di restituire l'immaginario di Dante al suo tempo e al suo orizzonte culturale.

Tuttavia, nel professare l'onesta certezza che «Dante fu uomo del Medioevo», sarà bene evitare un paio di pregiudizi: tanto il pregiudizio implicito che Dante lo sapesse, di essere uomo del Medioevo; quanto il pregiudizio esplicito, che la nostra consapevolezza della specificità della sua cultura non sia condizionata affatto dalla specificità della nostra. Quasi che, in altre parole, lui vedesse i suoi occhi, e noi potessimo vederglieli senza usare i nostri.

Rassegnati alla precarietà d'ogni scrupolo e d'ogni cautela, cominciamo con l'interrogarci sul titolo di colpa che Ulisse sconta nel sinistro luccioleto.

Il canto prossimo suggerisce di rubricare i dannati della bolgia ottava come Consiglieri Frodolenti, e di inquadrare il peccato nell'abuso d'intelligenza inteso ad architettare e promuovere inganni. Di fatto, i tre capi d'accusa che Virgilio imputa a Ulisse (cavallo, Deidamìa e Palladio) sembrano associarlo benissimo alla categoria: semmai, con qualche approssimazione per eccesso, visto che Ulisse, oltre che consulente, figura di regola mandante ed esecutore materiale dell'azione fraudolenta in concorso con altri.

Quanto al contrapasso, che nei tempi ha istigato i chiosatori alle congetture più assortite e contorte, non sarà male attestarsi sulla recente ipotesi di una grande studiosa lombarda: ipotesi che verte sul modello, invalso nella cultura tardo-medievale, dell'«homo linguosus»: dell'uomo, cioè, che adibisce la propria lingua a ordire menzogne e a tessere raggiri, rendendosi portavoce di Satana, diabolica «lingua di fuoco», antitesi e parodia puntuale delle «lingue di fuoco» che scesero dal cielo e colmarono di Spirito Santo gli apostoli il giorno di Pentecoste.

Ma preso atto che tutti gli ospiti della bolgia scontano la loro colpa «linguosa» dentro lingue di fuoco, dannati a coincidere in eterno con l'epiteto che li ha designati da vivi, restano da sciogliere altri e ben più annodati quesiti che riguardano – isolandolo in certa misura fra questi peroratori di frodi – l'ermetico personaggio di Ulisse.

Almeno due, i punti sui quali, bene o male, dovremo chiarirci un po' le idee: qual è l'autentico profilo ideologico dell'Ulisse di Dante, cioè, in concreto, come combinano la sua triplice colpa e il suo racconto, i suoi consigli frodolenti e la sua navigazione nell'ignoto? E in via preliminare, questa navigazione nell'ignoto che origine e che senso ha?

Dei viaggi marittimi di Ulisse, Dante conosceva certamente l'episodio del Ciclope, di cui aveva letto nel III libro dell'*Eneide*, e le successive peripezie adombrate nel XIV delle *Metamorfosi*. Ovidio, però, lascia l'equipaggio itachese sul punto di congedarsi da Circe e riavventurarsi, riottoso e tardo, «sulle ancipiti vie del mare». Del periplo che l'Ulisse omerico, abbandonate le dimore della maga, compie seguendo la corrente rotonda dell'oceano verso le nebbie dell'Estremo Occidente, dove sono le porte dell'Ade – labile archetipo classico del «folle volo» –, che poteva saper Dante, se non aveva mai letto l'*Odissea* e nemmeno, si direbbe, le manipolazioni medievali della materia?

D'altronde, nell'ingente canone bibliografico che il nostro poeta aveva a disposizione per sagomare il profilo ideologico del vecchio eroe – ne riparleremo –, non c'è traccia dell'ultimo viaggio di Ulisse né, a maggior ragione, del suo naufragio oceanico.

Si sarebbe tentati di pensare che Dante Alighieri viaggio e naufragio, se li sia inventati lui. Ma sarà saggio escludere che Dante «inventi» le sue storie – a meno che non si restituisca al verbo il valore etimologico di 'trovare, rinvenire' –, che insomma pretenda di fare il verso al buon Dio arrogandosi il dono della creatività, che ai tempi nostri vantano, senza fare una piega, pubblicitari, stilisti e funzionari della televisione. Dante – come tutti i poeti, e più di tutti – scova, memorizza, connette materiali disparatissimi, che laboriosamente riduce alla coerenza inappellabile della poesia.

La nostra studiosa s'è data a perlustrare, in territori non inclusi entro gli argini della tradizione omerica e peraltro accessibili alla bramosia culturale di Dante, cognizioni e modelli della navigazione di Ulisse. Sorprendenti e suffragate da un vasto assortimento di riscontri, le risultanze della perlustrazione nel campo della geografia greco-alessandrina e nell'area della cultura arabo-ispanica che si irradiava dalla corte di Toledo.

A titolo d'esempio: la rotta che il nostro Ulisse descrive con esattezza da nostromo, e che da Gaeta punta su Gibilterra ed oltre, verso sud-ovest, sulle isole del Capo Verde, figura coincidere con una rotta frequentatissima dai mercantili greci, ignari com'erano del divieto di varcare le colonne d'Ercole (divieto verosimilmente dovuto a motivi di strategia commerciale, e che risalirebbe agli esordi dell'occupazione musulmana). Di più: geografi alessandrini attestano l'esistenza, nel sud della penisola iberica, d'una città intitolata al mitico Odìsseo e d'un tempio di Pallade, nei cui paraggi sembra si vendessero addirittura souvenirs del viaggio di Ulisse... D'altra parte, la montagna che si leva altissima al centro del mare oceano – il quale, a norma della geografia medievale, copriva l'intero emisfero opposto alla losanga delle terre emerse, come vedremo meglio a margine della seconda cantica – ha un antecedente nell'immaginario escatologico islamico, che su quella montagna dislocava il paradiso, così come Dante vi dislocherà, in cima al purgatorio, il paradiso terrestre. E anche sant'Agostino... ma questo lo vedremo fra un po'.

Sarebbero dunque bacini culturali disparati ad alimentare la micro-epopea registrata nelle terzine del nostro canto. Ma, una volta localizzate congetturalmente le fonti del viaggio di Ulisse nell'ignoto, resterebbe – e non è poco – da individuarne il senso, che si compendia nella «orazion picciola» e nel naufragio finale: motivi sui quali le fonti greco-ellenistiche e arabo-ispaniche non forniscono né il supporto d'una favola né un modello analogico.

Mentre è chiaro che nel significato del naufragio e dell'«orazion picciola» si nasconde il seme del giudizio che Dante pronuncia a carico del suo Ulisse.

Ingente – come accennato –, il canone degli autori familiari a Dante, che sul mito e sul personaggio dell'Ulisse omerico han tessuto teoremi o ricamato moralità. Con Virgilio e Ovidio, e con la lunga dinastia dei loro glossatori di primo e di secondo grado, la bibliografia accertabile include almeno Orazio e Stazio; Cicerone, Seneca e Severino Boezio; Alano da Lilla e Brunetto Latini; e, su tutti, la grand'ombra delle categorie etiche di Aristotele, risagomate dalla esegesi araba e dal puntiglio dei teologi della Sorbona.

Purtroppo i tentativi di spulciare da tanto materiale (e da moltissimo altro) uno schema di giudizio che collimi con quello presumibilmente sotteso al testo di Dante, e quindi consenta di sorprenderlo – per così dire – alla fonte, non hanno mai sortito esiti probanti. Fatto è che, prototipo mitico della tragica ambiguità dell'uomo, il re di Itaca va soggetto da sempre a valutazioni ambigue. Così, l'illimitata varietà dei dosaggi possibili fra la serie dei vizi e la serie delle virtù che promiscuamente gli accreditano gli autori della biblioteca di Dante legittima un campionario illimitato di interpretazioni della memorabile tirata dell'Ulisse dantesco, e del suo funestissimo epilogo.

Per farla breve, ai poli estremi della letteratura critica, occhieggiano due ritratti perfettamente incompatibili. Il primo è quello d'una cinica canaglia che, in capo a un decennio di crimini di guerra e a un secondo decennio di lascivie e bighellonaggi postbellici, infatuato dalla smania senile di provarle tutte violando ogni limite e ogni mistero, invece di tornarsene a casa, sobilla con un discorsetto i suoi stracchi compagni all'avventura oceanica; e tanto si spericola nell'ignoto, che s'imbatte nel monte Purgatorio, coronato dal verde del paradiso terrestre.

Dai tempi di Adamo, persona viva non vi ha più messo piede. Tentarlo, comporta abuso di ragione ed empia iattanza. E Dio, sprofondandolo nell'inferno, punisce Ulisse come si merita.

Il secondo ritratto rappresenta un magnanimo, il quale, sì, in tempo di guerra ha ordito gli inganni che sconta nel fuoco (dei quali inganni, peraltro, non andrà dimenticato il segno provvidenziale, se propiziarono l'esilio di Enea, gentil seme di Roma; l'impero; l'avvento del Redentore...); ma poi, non per insensata curiosità, anzi acceso dall'insaziabile passione di sapere e dall'indomita pazienza che in ogni magnanimo onorano l'umanità intera, rinuncia alle consolazioni della famiglia e si avventura oltre i termini del mondo conosciuto. Dio, però, non lo ha dotato del privilegio della grazia. Ed ecco che Ulisse sconta con una morte da eroe la sua «ascesi umanistica», vittima irredenta d'una arcana giustizia.

La dantistica del Novecento sembra propendere per questo secondo ritratto, che d'altra parte ha buoni riscontri anche nelle prose dei primi chiosatori. Tuttavia il buonsenso stenta a convincersi che il Signore, una volta inabissatolo nel fondo dell'oceano per una colpa a suo modo grandiosa, abbia poi continuato a inabissare Ulisse fino al fondo dell'inferno per tutt'altra colpa, d'ordinaria abbiezione: che, insomma, fra sete di *virtute e canoscenza* e istigazione alla frode non ci sia nesso di sorta (fra parentesi: 'canoscenza' o 'caunoscenza' in luogo di 'conoscenza' è meridionalismo non infrequente nell'uso dantesco).

Qui la studiosa lombarda cava dalla manica un testo trascurato dalla generalità degli specialisti. Si tratta dei *Modi Significandi* di Boezio di Dacia, filosofo danese, docente alla Faculté des Arts di Parigi sullo scorcio del Duecento, «magister magnus», con Sigieri di Brabante, della corrente di pensiero che, individuati sulla scorta dell'esegesi araba i punti di frizione tra sistema aristotelico e sacre scritture, separa di netto verità scientifica da verità di fede: corrente che passa sotto il nome di «aristotelismo radicale» (non è la prima, non sarà l'ultima volta che ne parliamo). Più che probabile che Dante Alighieri, specie durante il sodalizio stretto con Guido Cavalcanti, frequentasse le opere di Boezio di Dacia, peraltro divulgatissime fra le élites tosco-emiliane, condividendone l'entusiasmo intellettuale e il rigore metodologico: tracce abbastanza vistose se ne riscontrerebbero già nel I libro del *De Vulgari* e nel IV del *Convivio*.

Ora, nei *Modi significandi* – dove peraltro non si parla affatto di Ulisse – si leggono proposizioni che sembrano anticipare impianto concettuale e repertorio lessicale dell'«orazion picciola» e che, in più, spiegherebbero l'allegria dei naviganti itachesi, che precede immediatamente il naufragio. È l'esultanza suprema («delectatio» nel latino di Boezio) che l'essere razionale consegue «in operazione boni et cognitione veri» (*per seguir virtute e canoscenza*), e lo distingue dal «brutum animal» (dal *viver come bruti*).

Ma quell'esultanza, sappiamo, sarà breve e illusoria. Così come breve e illusorio – ecco lo schema di giudizio del poeta della *Commedia* – è il compiacimento dei filosofi che pensano di attingere virtù e verità per mera alterigia di ragione, senza far conto della rivelazione divina e dei suoi divieti semplici e arcani. D'altra parte, della «rotta dannata» di pensatori cosiffatti, e della bufera che, scatenandosi da un «monte altissimo» in mezzo alle acque, li affogherà nella disperazione eterna (insomma del naufragio allegorico che chiude il canto) scriveva già nove secoli prima sant'Agostino nel *De Vita Beata*, trattato a dialogo che nella biblioteca mentale di Dante è inverosimile mancasse.

Il nostro Ulisse è dunque un «aristotelico radicale», un precursore (postumo) di Boezio di Dacia e di Sigieri… o magari d'un terzo, come ventilano congetture di ieri mattina?

Si direbbe di sì. E – se sì – la sua «linguositas» di consigliere frodolento andrà integrata da un'altra specie di «linguositas»: quella che la cultura tardo-medievale imputava proprio alla setta dei filosofi presuntuosi e capziosi, che violavano l'ignoto straparlando di ciò che non potevano sapere, e inducevano in errore quanti li stessero a sentire.

Così Dante, pencolando da pellegrino-penitente verso la fiamma che nasconde l'anima dannata di Ulisse, poi cancellandosi da poeta nella testimonianza del suo racconto, documenta le tracce d'una tremenda fascinazione intellettuale, di una identificazione appena ritrattata. Fermo restando – e questo, amico mio, va sempre ricordato – che tremori e vertigini del pellegrino non comportano mai una patetica dissociazione del poeta dai rigori della giustizia divina, anzi tradiscono le stazioni più rischiose della sua conversione. Ché la «virtù» umile e santa cui il nostro Dante si affida in apertura di canto, segno della predilezione celeste tutelata dal magistero di Virgilio (ragione sottomessa alla grazia), non è certo la «virtute» di Ulisse, 'laica', diremmo noi, per non dire 'adamitica' o 'luciferina'... è quasi l'opposto. Questo, forse, lo scheletro ideologico del nostro canto.

Ma l'ideologia di un poeta non ha mai esaurito la fertilità della sua poesia.

Tant'è: individuata la sentenza che Dante emette a carico di Ulisse, le parole in rima che la pronunciano legittimano il sospetto che il condannato continui a contagiare il suo giudice. Il quale, offeso ed esasperato dallo svolazzare per mare e per terra dei mercanti fiorentini, manifestamente si lascia ancora emozionare dal «folle volo» del suo vecchio eroe; e manifestamente condivide con lui non solo l'insofferenza per le meschinerie del cuore (quella, ad esempio, che amiamo compendiare nel motto: «tengo famiglia»...), ma anche il sentimento, che affiora lieve e straziante sul far del canto, di invecchiare nella solitudine d'una nostalgia senza ritorno, senza 'nóstos' insomma, puro 'álgos', dolore puro.

Di più: se Ulisse si irradia – come constateremo – per tutto il poema sacro e, in qualche misura, presiede alla sua stessa esecuzione, è lecito supporre che in lui Dante non veda solo un'immagine dei propri trascorsi di «aristotelico radicale». Forse l'impresa di Dante prefigurata dall'ultimo viaggio di Ulisse non sarà soltanto (a segno invertito) il suo pellegrinaggio oltremondano garantito dalla grazia, ma anche (e più, magari, e senza inversione di segno) la stessa stesura della *Commedia*, il rischio attuale, il vuoto sensibile che separa l'accanimento quotidiano dello scrivere dal progetto del libro divino.

E tu, lettore ennesimo, anche se fossi riuscito a definire con una qualche esattezza storica il profilo di questo Ulisse, leggendo e pensando le terzine supreme che Dante gli assegna, continuerai ad alterarle: con l'improntitudine dell'ignoranza, né più né meno che con tutti gli scrupoli dell'erudizione. È così. Nell'enigmatica semplicità del suo racconto, Ulisse documenta l'«indeterminazione» della poesia. E comprova un lungo sospetto: che scrutando dal chiuso della tua stanza simboli e personaggi che ondeggiano in questa tenebra d'inferno, non potrai mai, amico mio, cancellare dalla superficie del vetro il labile riflesso della tua faccia. Non conoscerai altro Ulisse che te.

Godi, Fiorenza, poi che se' sì grande,
che per mare e per terra batti l'ali,
e per lo 'nferno tuo nome si spande!

Tra li ladron trovai cinque cotali
tuoi cittadini, onde mi ven vergogna,
e tu in grande orranza non ne sali.

Ma se presso al mattin del ver si sogna,
tu sentirai, di qua da picciol tempo,
di quel che Prato, non ch'altri, t'agogna.

E se già fosse, non saria per tempo.
Così foss'ei, da che pur esser dee!
ché più mi graverà, com' più m'attempo.

Noi ci partimmo, e su per le scalee
che n'avea fatto ibórni a scender pria,
rimontò 'l duca mio e trasse mee;

e proseguendo la solinga via,
tra le schegge e tra ' rocchi de lo scoglio
lo piè sanza la man non si spedia.

Allor mi dolsi, e ora mi ridoglio
quando drizzo la mente a ciò ch'io vidi,
e più lo 'ngegno affreno ch'i' non soglio,

perché non corra che virtù nol guidi:
sì che, se stella bona o miglior cosa
m'ha dato 'l ben, ch'io stessi nol m'invidi.

Quante 'l villan ch'al poggio si riposa,
nel tempo che colui che 'l mondo schiara
la faccia sua a noi tien meno ascosa,

come la mosca cede a la zanzara,
vede lucciole giù per la vallea,
forse colà dov'e' vendemmia e ara:

di tante fiamme tutta risplendea
l'ottava bolgia, sì com'io m'accorsi
tosto che fui là 've 'l fondo parea.

E qual colui che si vengiò con li orsi
vide 'l carro d'Elia al dipartire,
quando i cavalli al cielo erti levorsi,

che nol potea sì con li occhi seguire,
ch'el vedesse altro che la fiamma sola,
sì come nuvoletta, in sù salire:

tal si move ciascuna per la gola
del fosso, ché nessuna mostra 'l furto,
e ogne fiamma un peccatore invola.

Io stava sovra 'l ponte a veder surto,
sì che s'io non avessi un ronchion preso,
caduto sarei giù sanz'esser urto.

E 'l duca, che mi vide tanto atteso,
disse: "Dentro dai fuochi son li spirti;
catun si fascia di quel ch'elli è inceso".

"Maestro mio", rispuos'io, "per udirti
son io più certo; ma già m'era avviso
che così fosse, e già voleva dirti:

chi è 'n quel foco che vien sì diviso
di sopra, che par surger de la pira
dov'Eteòcle col fratel fu miso?".

Rispuose a me: "Là dentro si martira
Ulisse e Dïomede, e così insieme
a la vendetta vanno come a l'ira;

e dentro da la lor fiamma si geme
l'agguato del caval che fé la porta
onde uscì de' Romani il gentil seme.

Piangevisi entro l'arte per che, morta,
Deïdamìa ancor si duol d'Achille,
e del Palladio pena vi si porta".

"S'ei posson dentro da quelle faville
parlar", diss'io, "maestro, assai ten priego
e ripriego, che 'l priego vaglia mille,

che non mi facci de l’attender niego
fin che la fiamma cornuta qua vegna:
vedi che del disio ver’ lei mi piego!”.

Ed elli a me: “La tua preghiera è degna
di molta loda, e io però l’accetto;
ma fa che la tua lingua si sostegna.

Lascia parlare a me, ch’i’ ho concetto
ciò che tu vuoi; ch’ei sarebbero schivi,
perch’e’ fuor greci, forse del tuo detto”.

Poi che la fiamma fu venuta quivi
dove parve al mio duca tempo e loco,
in questa forma lui parlare audivi:

“O voi che siete due dentro ad un foco,
s’io meritai di voi mentre ch’io vissi,
s’io meritai di voi assai o poco

quando nel mondo li alti versi scrissi,
non vi movete; ma l’un di voi dica
dove, per lui, perduto a morir gissi”.

Lo maggior corno de la fiamma antica
cominciò a crollarsi mormorando,
pur come quella cui vento affatica;

indi la cima qua e là menando,
come fosse la lingua che parlasse,
gittò voce di fuori, e disse: “Quando

mi diparti’ da Circe, che sottrasse
me più d’un anno là presso a Gaeta,
prima che sì Enea la nomasse,

né dolcezza di figlio, né la pieta
del vecchio padre, né ’l debito amore
lo qual dovea Penelopè far lieta,

vincer potero dentro a me l’ardore
ch’i’ ebbi a divenir del mondo esperto,
e de li vizi umani e del valore;

ma misi me per l'alto mare aperto
sol con un legno e con quella compagna
picciola da la qual non fui diserto.
L'un lito e l'altro vidi infin la Spagna,
fin nel Morrocco, e l'isola d'i Sardi,
e l'altre che quel mare intorno bagna.
Io e ' compagni eravam vecchi e tardi
quando venimmo a quella foce stretta
dov'Ercule segnò li suoi riguardi,
acciò che l'uom più oltre non si metta;
da la man destra mi lasciai Sibilia,
da l'altra già m'avea lasciata Sètta.
'O frati', dissi, 'che per cento milia
perigli siete giunti a l'occidente,
a questa tanto picciola vigilia
de' nostri sensi ch'è del rimanente
non vogliate negar l'esperïenza,
di retro al sol, del mondo sanza gente.
Considerate la vostra semenza:
fatti non foste a viver come bruti,
ma per seguir virtute e canoscenza'.
Li miei compagni fec'io sì aguti,
con questa orazion picciola, al cammino,
che a pena poscia li avrei ritenuti;
e volta nostra poppa nel mattino,
de' remi facemmo ali al folle volo,
sempre acquistando dal lato mancino.
Tutte le stelle già de l'altro polo
vedea la notte e 'l nostro tanto basso,
che non surgea fuor del marin suolo.
Cinque volte racceso e tante casso
lo lume era di sotto da la luna,
poi che 'ntrati eravam ne l'alto passo,

quando n'apparve una montagna, bruna
per la distanza, e parvemi alta tanto
quanto veduta non avea alcuna.
Noi ci allegrammo, e tosto tornò in pianto;
ché de la nova terra un turbo nacque
e percosse del legno il primo canto.
Tre volte il fé girar con tutte l'acque;
a la quarta levar la poppa in suso
e la prora ire in giù, com'altrui piacque,
infin che 'l mar fu sovra noi richiuso".

XXVII

S'era appena raddrizzata la fiamma bicorne, quietandosi nel silenzio, e appena s'era allontanata con licenza del buon Virgilio, quando un'altra, che la seguiva da presso, attirò l'attenzione dei pellegrini verso la sua cima, per il suono che emetteva, sinistramente confuso.

Per illustrarcene la natura, Dante il poeta si appella a Ovidio. E détta: «Come il bue siciliano – quello che la prima volta mugghiò, secondo giustizia, con i lamenti di chi lo aveva fuso e limato – mugghiava con la voce della vittima (*de l'afflitto*), in modo tale da sembrare, sebbene di rame, un bue vivo trafitto dal dolore: così le parole stente dell'anima dannata si convertivano in quel singolare linguaggio di fiamma, non trovando a tutta prima né transito né sbocco nell'involucro ardente (*per non aver via né forame / dal principio nel foco*)».

Racconta Ovidio nei *Tristia* che l'ateniese Perillo fece omaggio a Falàride, tiranno di Agrigento, d'un toro di rame di propria ideazione. Se debitamente arroventato – garantiva Perillo –, le urla delle vittime che vi fossero state introdotte si sarebbero distorte in muggiti, grazie a un ingegnoso gioco di riscontri acustici messo a punto nella fusione del metallo. Per tutta ricompensa, Falàride dispose che Perillo collaudasse personalmente l'apparecchio. Così, quel cesellatore di orrori orribilmente morì rantolando muggiti. E nell'*Ars Amandi* Ovidio loda l'equità del provvedimento di Falàride.

Ma quando, alla buonora, le povere parole imbucano la punta della fiamma, imprimendole la medesima vibrazione che la lingua aveva prodotto nell'emetterle (*in lor passaggio*), i due poeti itineranti ascoltano dire: "O tu, che or ora parlavi lombardo, per quanto forse io tardi arrivi, *non t'incresca restare a parlar meco: / vedi che non incresce a me, e ardo!* (con tutto che sto bruciando!)".

Chi non ha visto, almeno in televisione, una persona schizzar via da un rogo avvolta nelle fiamme? Chi può immaginarla rinunciare al disperato sollievo della fuga, e immobilizzarsi, e parlare? Una 'e' fra doppio iato (*a me ˇ e ˇ ardo*) sembra singhiozzare quello strazio inimmaginabile.

E l'anima continua a dire: "Se tu sei appena piombato in questo mondo cieco da quel lembo d'Italia da cui io mi son portato dietro tutto il carico della mia colpa, dimmi se i Romagnoli han pace o guerra: perché io nacqui nella regione montuosa, là, fra Urbino e la giogaia del monte Fumaiolo, dalla quale scaturisce il Tevere (nel Montefeltro, cioè)".

Ma come ha fatto l'anima romagnola, che parla invisibile a chi non vede, a capire che Virgilio era 'lombardo' (cioè, dell'Alta Italia)? L'ha capito – sostiene – dall'espressione che l'antico poeta aveva usato per congedarsi da Ulisse: "*Istra ten va, più non t'adizzo*"; in altre parole: 'ora puoi andartene, non ho più di che aizzarti a parlare, insomma, non ho altro da chiederti'.

'Istra', in effetti, è forma alpino-lombarda ('ištra' si dice ancora, in montagna) analoga all''issa' lucchese (ricordi il canto degli Ipocriti: «che più non si pareggia 'mo' e 'issa'»?). Dunque, altroché greco!... Virgilio – constatiamo – parlava con Ulisse in dialetto. Constatazione che ha attivato nella competenza sottigliezze estetiche, cavilli meta-storiografici, malumori.

Sia quel che sia, non è la prima volta che Virgilio manifesta l'orgoglio della sua lombardità. E se Mantova – come lui ha precisato fin troppo bene nella bolgia degli Indovini – ha origini schiettamente lombarde, senza contaminazioni etrusche, e dunque non ha partecipato con la nazione etrusca alla campagna del troiano Enea nel Lazio, chissà mai che l'accento lombardo non abbia procurato al Mantovano la benevolenza del greco Ulisse, laddove la calata neo-etrusca di Dante rischiava di esasperarlo... Chissà.

In ogni caso, la singolare formula adottata da Virgilio per accomiatarsi dal mitico navigatore, e che noi ascoltiamo riferita dalla lingua di fuoco del peccatore di Romagna (nel lessico tardomedievale, 'lombardo' anche lui), ci trasferisce dall'universo degli archetipi al mondo della cronaca, con repentina sobrietà.

Risiamo in Italia, ai giorni suoi, del pellegrino Dante. Pellegrino, che è ancora intento e sporto verso il luccioleto della bolgia ottava, quando la guida gli dà di gomito, e gli mormora: "Parla tu: questo è *latino* (cioè, italiano)".

E lui, il pellegrino, cui le ultime parole del dannato avranno riattizzato recentissime memorie romagnole, si trova già pronta la risposta, e rompe a parlare: "O anima rintanata laggiù nel fuoco, la tua Romagna non è, né mai è stata, senza guerra nell'animo dei suoi *tiranni*, anche se al presente non si registrano scontri palesi". E viene al dettaglio, tracciando in cinque terzine una aggiornatissima carta politica della Romagna, completa di fiumi e di rilievi, di sagome turrite e di stemmi.

Col termine 'tiranni' Dante designa qui i signorotti che, assunto a vario titolo un ruolo egemonico nei Comuni della Valpadana, tendevano in quel torno d'anni a perpetuarlo e istituzionalizzarlo, senza sottrarsi, se del caso, all'esercizio della prepotenza soldatesca. Peraltro, il fatto che nel suo dizionario 'tirannia' non avesse il valore pregiudizialmente disdicevole di 'potere dispotico e brutale' che ha nel nostro, non significa che Dante – come abbiamo avuto modo di osservare dalle rive del Flegetonte – adoperasse il termine con l'imparzialità d'un medievista.

Medievista, che potrebbe spiegarci per grandi linee come lo stato diffuso di non-belligeranza riscontrabile nella regione alla primavera del 1300 fosse effimera conseguenza del trattato di pace fra Azzo d'Este e i Bolognesi, imposto l'estate precedente da Bonifacio VIII, nel quadro della sua meticolosa politica di ingerenza.

La mirabile mappa con cui Dante aggiorna l'anima-fiamma sullo stato della Romagna contempla l'*aguglia* (variante popolare di 'aquila', prediletta dal poeta della *Commedia*)... contempla dunque l'aquila dello stemma dei Polenta che cova Ravenna e accoglie Cervia sotto le ali.

Contempla Forlì provata da incessanti turbolenze, e oberata da un sanguinoso mucchio di francesi, sotto le zampe verdi del leone rampante in oro nel blasone degli Ordelaffi.

Contempla Rimini trivellata dai denti a succhiello d'un vecchio mastino e del suo cucciolo (in uno scudo malatestiano campeggia un cane), e presidiata dal cadavere invendicato di Montagna.

Contempla Faenza, sull'arabesco azzurro del Lamone, e Imola, reclinata sul Santerno, sormontate entrambe dal volubile leoncello turchino in campo bianco dei Pagani da Susinana.

E contempla, la mappa, Cesena lambita dal corso del Savio e addossata al tratteggio delle prime propaggini dell'Appennino, a mezza costa fra piano e monte, così come vive a mezza costa fra dispotismo e libere istituzioni.

Ora proviamo a confrontare la mappa araldica con la cronaca che adombra. E la cronaca registra che nell'anno 1300 Ravenna soggiace di fatto da un quarto di secolo alla signoria guelfa del buon Guido da Polenta, padre dell'indimenticata Francesca, il quale, sotto il pontificato di Martino IV, ha esteso, appunto, la sua giurisdizione fino alle saline di Cervia.

Registra che Forlì, affaticata da una serie di turbolente traversie – memorabile, lo scontro del 1° maggio '82 tra le milizie ghibelline di Guido da Montefeltro e l'esercito pontificio di Jean d'Eppe, che, imbottigliato nei sobborghi della città, lasciò sul campo un tremila morti, fra i quali non meno di mille cavalleggeri francesi – ...che Forlì, dunque, da quattro anni a questa parte sembra rassegnata alla dominazione di Scarpetta degli Ordelaffi, capitano ghibellino.

Registra che Rimini sottostà dal '95 al dispotismo vorace e feroce di Malatesta I dei Malatesta da Verrucchio e del suo figlio di primo letto Malatestino (fratellastro guercio di Paolo e di Gianciotto), guelfi di stretta osservanza angioina, i quali, fra le tante efferatezze, vantano l'assassinio proditorio (*mal governo*) del capoparte imperial-popolare Montagna di Parcitade.

Registra che Faenza e Imola sono in balìa di Maghinardo Pagani da Susinana, tiranno ghibellino imparentato però con la famiglia guelfa dei Tosinghi di Firenze, in campo con i guelfi a Campaldino e nella campagna di Pisa, con i ghibellini nelle guerre di Romagna (salvo a infliggere l'ultima mazzata ai Colonnesi, l'anno scorso, occupando la rocca di Montevecchio su commissione di Bonifacio VIII, ecc. ecc.): opportunista dei più spregevoli ('uno *che muta parte da la 'state al verno*' varrà l'inglese 'a man of all seasons').

E registra, la cronaca, che Cesena è retta da Galasso da Montefeltro, cugino di Guido, il quale peraltro non ha ancora abusato della sua doppia carica di podestà e di capitano del popolo al segno di commutarla in tirannide. Questo registra la cronaca.

Il canto scorso abbiam visto Ulisse tracciare su un portolano la rotta che aveva seguito nel Mediterraneo occidentale, prima di inoltrarsi nell'oceano: procedura che non ci stupisce più di tanto, dato che Dante conosceva quei mari solo sui portolani. Più singolare (e significativo), che séguiti a sovrapporre la segnaletica cartografica (ed araldica) pure a territori che ha pazientemente percorso e ripercorso di persona. Fatto è che – anche quando non si prodiga a spiegarcelo, come d'altronde farà sempre più spesso, più si avvicinerà alla meta – Dante percepisce l'emblema, la mappa, lo stemma, non come astrazioni simboliche, ma come segni di un linguaggio primario del mondo, che allude al segreto insondabile della verità non meno dell'opaco linguaggio del reale, anzi, semmai, con maggiore evidenza sensibile, più concretamente.

Esaurito il suo rendiconto figurato, il pellegrino prega l'anima nascosta nella fiamma d'essere altrettanto cortese, e di dirgli chi sia, con l'augurio che il suo nome possa, su nel mondo, tener testa al trascorrere del tempo.

Dopo aver mugolato al modo suo, e dimenato la punta aguzza, il fuoco sfiata parole. E si produce nel racconto più lungo assegnato ad anima persa (solo il conte Ugolino si permetterà una terzina in più), nel più ricco di modulazioni psicologiche, in un vero monologo inoculato nel monologo profetico del personaggio-poeta.

Monologo, proprio: perché il peccatore non vede, non sa e non vuol sapere chi sia il proprio interlocutore; anzi, premette che non aprirebbe bocca scuotendo la fiamma, se pensasse che da quel fondo d'inferno qualcuno potesse mai tornar vivo sulla terra, e riportare il suo nome ai disonori della cronaca. Così rende la sua confessione convinto di seppellirla nel silenzio eterno d'altro anonimo dannato. E il poeta, nel riferirci parole che non ci erano destinate, ci consente di origliare e spiare quel cono di luce monologante dal buio fittizio che privilegia gli spettatori di teatro.

Dicendo di sé, l'anima romagnola non declina nemmeno il suo nome. Le situazioni che evoca ripercorrendo la propria storia saranno tuttavia più che sufficienti per consentire ai lettori suoi contemporanei di identificarla subito: fu uomo d'arme, poi frate francescano (*cordigliero*, francese 'cordelier', dal cordone o cordiglio che i francescani usavano per cintura del saio), convinto di emendarsi così dai suoi peccati; e la sua convinzione si sarebbe realizzata compiutamente (*e certo il creder mio venìa intero*), se una canaglia di papa, *a cui mal prenda* ('gli prenda un colpo!', diremmo noi) non avesse vanificato la sua conversione, ricacciandolo nelle colpe d'un tempo. Come e perché?

Un passo indietro: quando la sua anima (o *forma*) animava carne ed ossa dategli da sua madre, quand'era vivo, insomma (e soldato), più che con un coraggio da leone, s'era fatto strada con astuzia volpina, e tante ne aveva combinate sotto sotto, che la sua fama si dilatò sino ai confini del mondo, o – per usare il lessico dei *Salmi* – *al fine de la terra il suono uscìe*; poi, però, raggiunta l'età in cui chiunque dovrebbe calar le vele e riparare in porto, *pentuto e confesso*, aveva cambiato inclinazioni e preso i voti (questo vale la forma assoluta 'rendersi', dal latino 'se reddere [Deo]'): *ahi miser lasso! e giovato sarebbe*... e, pover'uomo, avrebbe anche potuto farcela a salvarsi. Ma purtroppo... purtroppo *lo principe d'i novi Farisei, / avendo guerra presso a Laterano, / e non con Saracin né con Giudei, // ché ciascun suo nimico era Cristiano, / e nessun era stato a vincer Acri / né mercatante in terra di Soldano*...

A questo punto però, passati più di sette secoli, sarà bene interromperla, quest'anima sciagurata, e procedere al riconoscimento.

È l'anima ghibellina del conte Guido I da Montefeltro: nella prosa del guelfo Giovanni Villani, «il più sagace e il più sottile uomo di guerra che a quei tempi fosse in Italia». Nato fra il 1220 e il 1225, Guido è titolare dell'estesissima contea in predicato e, dal '55, anche della contea di Urbino. La sua fama s'impone fuori dalle Romagne nel 1268, quando il comandante dell'esercito imperiale lo insedia a Roma come suo vicario nella brevissima e tragica estate di Corradino (notoriamente archiviata a fine agosto dalla cosiddetta battaglia di Tagliacozzo). Dal '70 all'82, Guido combatte senza tregua alla testa dei ghibellini romagnoli contro la guelferia tosco-emiliana e i mercenari pontifici (stipendiati, sia detto fra parentesi, con le decime prelevate per finanziare crociate in Terrasanta), e si guadagna un paio di scomuniche; finché, nel maggio '82, a Forlì – giusto, ne parlavamo – intrappola e macella memorabilmente le milizie italo-francesi del papa. Ma l'anno dopo, macerato da una tenace devozione per il santo poverello di Assisi (l'uomo è singolarissimo!), abbandona d'improvviso la lotta, e si rimette alla clemenza di papa Martino IV, che lo relega al confino, prima a Chioggia, poi ad Asti.

Nel marzo '89, senonché, invocato dall'arcivescovo e dai magnati ghibellini pisani, «partissi di Piemonte e venne a Pisa». Per quasi un lustro, dentro le mura della città, in Maremma, in val d'Era e in val d'Elsa, tiene sotto scacco le forze preponderanti e malaccozzate della Taglia Guelfa con l'audacia di sempre e con l'astuzia stagionata dei suoi settant'anni. Assicura una cronaca d'epoca che, «quando usciva fuore di Pisa con la gente, sonandoli innanzi una cenamella, li Fiorentini fuggìano e diceano: 'ecco la volpe!'». Nel '93, conclusa la guerra col trattato di Fucecchio, se ne torna a malincuore in Romagna, traversando il territorio dei nemici fiorentini, che gli fanno ala deferenti.

Ma nell'autunno del '94 lo ritroviamo a Napoli, genuflesso sulla pantofola del papa, che lo confessa, lo assolve e lo reintegra nei suoi diritti ereditari. Alla vigilia del Natale '96, il papa successivo gli regala il panno per il saio, i sandali e il cordiglio francescano. Per modo che quel grande condottiero morrà nel 1298, fraticello minore, magari ad Assisi.

Nel *Convivio*, Dante Alighieri ha lodato «lo nobilissimo nostro latino Guido montefeltrano», per essersi ridotto in porto nell'estrema età della vita, con le vele religiosamente ammainate, avendo deposto «ogni mondano diletto e opera». E lo addita ad esempio. Come mai ora lo caccia quaggiù, fra tanti comprimari del suo ineguagliabile curriculum?

All'inferno, infatti, son proprio tanti: *il gran prete*, ovvero *lo principe d'i novi Farisei* che gli dona la veste è papa Bonifacio VIII, Simoniaco in pectore; quello che lo perdona è Celestino V, l'Ignavo «che fece per viltade...» e via dicendo; l'arcivescovo che lo convoca a Pisa è Ruggieri degli Ubaldini della Pila, nipote del famoso Cardinal Ottaviano (eretico), il quale arcivescovo ci aspetta conficcato nel ghiaccio dei Traditori e masticato dal conte Ugolino; Guido Bonatti, Indovino, gli presta per un ventennio la sua apprezzatissima consulenza astrologica...

Sulla spiaggia del monte Purgatorio incontreremo peraltro Buonconte, suo figlio, morto di spada a Campaldino e redento da una lacrima, come il padre sarà dannato da poche parole, da tre versi e mezzo.

Toccati appena gli eventi storici cui abbiamo accennato, l'anima di Guido, accecata dalla luce che la nasconde, prende a ruotare ossessivamente intorno a quei tre versi e mezzo maledetti.

L'episodio in cui cadono e che marca il punto senza ritorno della sua dannazione, il limite irrevocabile d'un eterno disinganno, non ha puntuale conferma storiografica, né potrebbe pretenderla. Si tratta, infatti, d'un abboccamento segretissimo fra Guido e Bonifacio VIII, probabilmente mai avvenuto. Dante, comunque, non se lo sta inventando, se una cronaca contemporanea ne profila circostanze, argomenti ed esiti: è, anzi, verosimile che proprio in quanto, a un certo punto, gli venne all'orecchio notizia del presunto colloquio «top secret», il poeta abbia modificato il suo giudizio sul nobilissimo montefeltrano, e sigillato con la morte eterna la sua avventura terrena.

E di che si tratterebbe? Dunque, è da sapere che i cardinali

Pietro e Iacopo Colonna avevano proclamato nel maggio del 1297 l'illegalità dell'elezione papale di Benedetto Caetani, e s'erano asserragliati nelle loro rocche con solidi contingenti di armigeri e frotte di fraticelli spirituali (fra i quali spiccava la santa grinta di Jacopone da Todi), in attesa degli aiuti promessi da Federico d'Aragona, re di Sicilia e nipote di Manfredi. Bonifacio li aveva equiparati a musulmani, e aveva indetto l'ennesima parodia di crociata, additando Palestrina – il più saldo bastione dei Colonnesi, visibile a occhio nudo dai palazzi lateranensi – come il Santo Sepolcro da riconquistare alla Cristianità. Da sei anni, peraltro, era caduta San Giovanni d'Acri (oggi Akko, in prossimità del confine tra Israele e Libano), ultima piazzaforte cristiana in Terrasanta: contrattempo di cui Bonifacio pare si disinteressasse totalmente.

L'assedio di Palestrina, senonché, va per le lunghe; la rocca sembra inespugnabile; il papa schiuma. E proprio qui cade l'indocumentabile tête-à-tête, di cui il poeta registra i punti salienti dalla grama voce di fuoco del Consigliere Frodolento.

..."Dunque", raccontava Guido in punta di fiamma, "il papa fariseo, non riuscendo a venire a capo d'una lunghissima guerra contro Cristiani (le truppe, appunto, dei cardinali Colonna, arroccate nella fortezza di Palestrina), mi convocò dalla mia celletta e, in dispregio al suo sommo ufficio sacerdotale e al mio cordiglio francescano, un tempo contrassegno di astinenza e povertà (*quel capestro / che solea fare i suoi cinti più macri*), mi ingiunse, così come negli anfratti del Monte Soratte (*dentro a Siratti*) Costantino aveva pregato papa Silvestro di guarirlo dalla lebbra... insomma, mi ingiunse di curare la sua febbre di vendetta e di dominio: *la sua superba febbre*".

Convinto che Bonifacio fosse ubriaco, Guido trasecolò senza aprir bocca. Ma il papa incalzava: "Non farti scrupoli: *tu m'insegna fare / sì come Penestrino in terra getti* (in altre parole: tu insegnami un trucco, qualunque sia, per espugnare Palestrina), e io ti assolvo fin d'ora. So io come usare le due chiavi del cielo: non son mica il mio predecessore (leggi: Celestino V), che non sapeva cosa farsene!".

Fu allora che, frastornato da quel discorso minatorio, persuaso che tacere non sarebbe stato miglior partito (*'l tacer mi fu avviso 'l peggio*), Guido da Montefeltro mormorò i maledettissimi tre versi e mezzo: "*Padre, da che tu mi lavi // di quel peccato ov'io mo cader deggio, / lunga promessa con l'attender corto / ti farà trïunfar ne l'alto seggio*". Consiglio dimessamente proverbiale: 'se vuoi consolidare il tuo potere papale, prometti molto e mantieni poco'; ma per Guido pronunciarlo è pronunciare la propria sentenza di morte eterna.

Nel concreto storico, con la promessa del perdono apostolico, del ripristino nelle prerogative ecclesiastiche e della salvaguardia di terre e borghi – fosse o non fosse fra' Guido a suggerirglielo – Bonifacio otterrà dai cardinali Colonna atto di sottomissione. Meno di un anno dopo, Palestrina sarà rasa al suolo, arata, coperta di sale. I cardinali salveranno la pelle scappando a sud. Ma questo, l'anima dannata montefeltrana non lo dice.

L'anamnesi segue ormai tutt'altro filo, dipana tutt'altra ossessione.

Appena Guido muore, san Francesco viene a prelevarne l'anima. Ma *un d'i neri cherubini* (dal momento che i Cherubini, sia detto fra parentesi, sono il secondo nei nove ordini angelici, l'appellativo 'neri cherubini' assegnato ai diavoli addetti al penultimo dei nove cerchi dell'inferno parrebbe confermare l'esistenza d'una simmetria speculare fra la scala gerarchica degli angeli del cielo e quella degli angeli caduti)... un diavolo – dicevamo – affronta il santo: "Non mi far torto, Francesco: lascia che me lo porti giù fra i miei servi. Da quando ha profferito il consiglio frodolento, gli sto alle calcagna, dato che *assolver non si può chi non si pente*; e pentirsi d'una colpa nella prospettiva di commetterla è impostulabile – ragiona! – *per la contradizion che nol consente...*". Il sillogismo del cherubinaccio è inoppugnabile: a) non si può assolvere da un peccato chi non se ne stia pentendo; b) chi ha intenzione di commettere un peccato non se ne sta pentendo; c) non si può assolvere da un peccato chi abbia intenzione di commetterlo.

Avvocato d'ufficio, Francesco si rimette alla logica di questo diavolo aristotelico (anche lui, verosimilmente, «aristotelico radicale»); e quello, detto fatto, acciuffa il povero Guido sogghignando: "*Forse / tu non pensavi ch'io löico fossi*".

Sbrigative, nel penitenziario eterno, le pratiche dell'accettazione: Minosse indica il cerchio avvolgendosi otto volte nella coda, se la morde per la gran rabbia, e precisa a voce l'ordinale della bolgia.

"*Perch'io là dove vedi son perduto*", chiude l'anima montefeltrana, "*e sì vestito, andando*, mi arrovello, recrimino, *mi rancuro*". Ciò detto, si allontana torcendo e dibattendo la fiamma aguzza che l'imprigiona.

I poeti riprendono il cammino sino al ponte che scavalca la bolgia successiva, nella quale – si premura Dante di precisarci – *si paga il fio / a quei che scommettendo acquistan carco*; in altri termini: dove coloro che si son gravati della colpa di sconnettere, di smembrare ciò che deve restare unito, pagano il debito tributo. Infatti 'fio', dal francese antico 'fieu', vale letteralmente tanto 'feudo', quanto 'tributo feudale'.

Mezzo passo indietro.

Che la gran rabbia di Minosse sia dovuta al disappunto di non aver ancora per le mani Bonifacio VIII, è possibile. In effetti, questo canto sembra sanzionare per simmetria il patronato dell'odiatissimo papa Caetani sull'intero anello di Malebolge: nella terza bolgia i Simoniaci non aspettano che lui; qui, nella terzultima, un Frodolento, empiamente frodato da lui, lo maledice.

Ma il primo attore, l'eponimo del canto, non c'è dubbio, è Guido conte di Montefeltro, vecchia volpe da combattimento incappata nella tagliola della dannazione.

«Chi scava una fossa vi cadrà dentro, / chi tende una trappola vi resterà preso», canta l'*Ecclesiastico*, ultimo libro poetico dell'Antico Testamento.

Tale e quale l'ateniese Perillo, di cui leggiamo in chiave di canto, anche Guido è vittima della tortuosità del suo ingegno tortuoso. Così all'inferno, come in terra. Come, suggerendo al papa l'inganno di Palestrina, Guido s'è ingannato in terra sull'efficacia d'una assoluzione preventiva; così, confessando all'inferno la storia del suo disperato disinganno, s'inganna ancora sul silenzio a cui pensa di destinare la propria confessione.

Si presta, immobile, allo strazio del rogo, pur di districarsi per un attimo dall'angoscia che gli procura il ricordo d'una conversione sincera, inesplicabilmente dimostratasi fragile e fittizia. Ma di quella conversione mancata non può né potrà mai pentirsi, perché, povero Guido, è destinato per l'eternità a identificarsi ciecamente con quella fragile finzione perpetuata dal rancore. Canta ancora l'*Ecclesiastico*: «Chi fa il male, sarà sommerso dal male, / e non saprà di dove venga».

Guido ripercorre a spirale il come e il perché della sua perdizione. Ma non saprà mai di dove venga. Dio gli si è nascosto. Forse Ulisse, che naufraga vogando nell'oceano contro il ciclone, non è più tragico di questo vecchio e stimabilissimo frate ghibellino, che ammainate umilmente le vele, cola a picco in acque di rada.

Già era dritta in sù la fiamma e queta
per non dir più, e già da noi sen gìa
con la licenza del dolce poeta,
quand'un'altra, che dietro a lei venìa,
ne fece volger li occhi a la sua cima
per un confuso suon che fuor n'uscia.
Come 'l bue cicilian che mugghiò prima
col pianto di colui, e ciò fu dritto,
che l'avea temperato con sua lima,
mugghiava con la voce de l'afflitto,
sì che, con tutto che fosse di rame,
pur el pareva dal dolor trafitto:
così, per non aver via né forame
dal principio nel foco, in suo linguaggio
si convertian le parole grame.
Ma poscia ch'ebber colto lor vïaggio
su per la punta, dandole quel guizzo
che dato avea la lingua in lor passaggio,
udimmo dire: "O tu a cu' io drizzo
la voce e che parlavi mo lombardo,
dicendo 'Istra ten va, più non t'adizzo',
perch'io sia giunto forse alquanto tardo,
non t'incresca restare a parlar meco:
vedi che non incresce a me, e ardo!
Se tu pur mo in questo mondo cieco
caduto se' di quella dolce terra
latina ond'io mia colpa tutta reco,
dimmi se Romagnuoli han pace o guerra;
ch'io fui d'i monti là intra Orbino
e 'l giogo di che Tever si diserra".
Io era in giuso ancora attento e chino,
quando il mio duca mi tentò di costa,
dicendo: "Parla tu: questi è latino".

E io, ch'avea già pronta la risposta,
sanza indugio a parlare incominciai:
"O anima che se' là giù nascosta,

Romagna tua non è, e non fu mai,
sanza guerra ne' cuor de' suoi tiranni;
ma 'n palese nessuna or vi lasciai.

Ravenna sta come stata è molt'anni:
l'aguglia da Polenta la si cova,
sì che Cervia ricuopre co' suoi vanni.

La terra che fé già la lunga prova
e di Franceschi sanguinoso mucchio,
sotto le branche verdi si ritrova.

E 'l mastin vecchio e 'l nuovo da Verrucchio,
che fecer di Montagna il mal governo,
là dove soglion fan d'i denti succhio.

Le città di Lamone e di Santerno
conduce il lioncel dal nido bianco,
che muta parte da la state al verno.

E quella cu' il Savio bagna il fianco,
così com'ella sie' tra 'l piano e 'l monte,
tra tirannia se vive e stato franco.

Ora chi si, ti priego che ne conte;
non esser duro più ch'altri sia stato,
se 'l nome tuo nel mondo tegna fronte".

Poscia che 'l foco alquanto ebbe rugghiato
al modo suo, l'aguta punta mosse
di qua, di là, e poi diè cotal fiato:

"S'i' credesse che mia risposta fosse
a persona che mai tornasse al mondo,
questa fiamma staria sanza più scosse;

ma però che già mai di questo fondo
non tornò vivo alcun, s'i' odo il vero,
sanza tema d'infamia ti rispondo.

Io fui uom d'arme, e poi fui cordigliero,
credendomi, sì cinto, fare ammenda;
e certo il creder mio venìa intero,
se non fosse il gran prete, a cui mal prenda!,
che mi rimise ne le prime colpe;
e come e quare, voglio che m'intenda.
Mentre ch'io forma fui d'ossa e di polpe
che la madre mi diè, l'opere mie
non furon lëonine, ma di volpe.
Li accorgimenti e le coperte vie
io seppi tutte, e sì menai lor arte,
ch'al fine de la terra il suono uscie.
Quando mi vidi giunto in quella parte
di mia etade ove ciascun dovrebbe
calar le vele e raccoglier le sarte,
ciò che pria mi piacea, allor m'increbbe,
e pentuto e confesso mi rendei;
ahi miser lasso! e giovato sarebbe.
Lo principe d'i novi Farisei,
avendo guerra presso a Laterano,
e non con Saracin né con Giudei,
ché ciascun suo nimico era Cristiano,
e nessun era stato a vincer Acri
né mercatante in terra di Soldano,
né sommo officio né ordini sacri
guardò in sé, né in me quel capestro
che solea fare i suoi cinti più macri.
Ma, come Costantin chiese Silvestro
d'entro Siratti a guerir de la lebbre,
così mi chiese questi per maestro
a guerir de la sua superba febbre;
domandommi consiglio, e io tacetti
perché le sue parole parver ebbre.

E' poi ridisse: 'Tuo cuor non sospetti;
finor t'assolvo, e tu m'insegna fare
sì come Penestrino in terra getti.

Lo ciel poss'io serrare e diserrare,
come tu sai: però son due le chiavi
che 'l mio antecessor non ebbe care'.

Allor mi pinser li argomenti gravi
là 've 'l tacer mi fu avviso 'l peggio,
e dissi: 'Padre, da che tu mi lavi

di quel peccato ov'io mo cader deggio,
lunga promessa con l'attender corto
ti farà triunfar ne l'alto seggio'.

Francesco venne poi, com'io fu' morto,
per me; ma un d'i neri cherubini
li disse: 'Non portar; non mi far torto.

Venir se ne dee giù tra ' miei meschini
perché diede 'l consiglio frodolente,
dal quale in qua stato li sono a' crini;

ch'assolver non si può chi non si pente,
né pentere e volere insieme puossi
per la contradizion che nol consente'.

Oh me dolente! come mi riscossi
quando mi prese dicendomi: 'Forse
tu non pensavi ch'io löico fossi!'.

A Minòs mi portò; e quelli attorse
otto volte la coda al dosso duro;
e poi che per gran rabbia la si morse,

disse: 'Questi è d'i rei del foco furo':
per ch'io là dove vedi son perduto,
e sì vestito, andando, mi rancuro".

Quand'elli ebbe 'l suo dir così compiuto,
la fiamma dolorando si partio,
torcendo e dibattendo 'l corno aguto.

Noi passamm'oltre, e io e 'l duca mio,
su per lo scoglio infino in su l'altr'arco
che cuopre 'l fosso in che si paga il fio
a quei che scommettendo acquistan carco.

XXVIII

Lo spettacolo di sangue e di piaghe, che il nostro pellegrino d'oltremondo vede giù dal ponte che scavalca la nona bolgia, è rigorosamente inenarrabile. «Chi potrebbe mai darne conto – si domanderà da poeta –, sia pure in prosa (*con parole sciolte*), sia pure accumulando notizie per iterazione (*per narrar più volte*)? Inutile tentare, dal momento che né il linguaggio né la memoria umana hanno sufficiente capienza (*seno*) a contenere tanto».

Tuttavia, azionando una similitudine ipotetica e laboriosissima – cinque terzine di fila senza tirare il fiato –, il poeta tenta... simula di tentare.

«*S'el s'aunasse ancor tutta la gente*... Se, nella *fortunata terra di Puglia* (dove 'fortunata', piuttosto che 'baciata dalla fortuna', varrà 'flagellata dal fortunale'; e 'Puglia' varrà 'Italia meridionale')... se, nella *fortunata terra di Puglia*, quanti versarono e piansero sangue ad opera dei Romani, eredi di Troia (nelle guerre sannitiche, si direbbe), e poi nel corso del lungo conflitto che, secondo l'infallibile racconto di Livio, procurò un così imponente bottino di anelli d'oro (ai Cartaginesi, vincitori in Canne), si adunassero tutti con i caduti nella lotta per arginare l'espansionismo di Roberto il Guiscardo (seconda metà dell'XI secolo), e con quelli le cui ossa biancheggiano ancora a Ceprano, dove è maturato il tradimento dei baroni meridionali contro Manfredi (a Ceprano, in effetti, causa la defezione della nobiltà feudale ed altre defezioni, Carlo d'Angiò passò il fiume Liri senza colpo ferire: l'eccidio – come sappiamo – si celebrerà sotto Benevento)... se si adunassero tutti con i caduti, e con quelli le cui ossa... e con quegli altri le cui ossa biancheggiano ancora presso Tagliacozzo, dove un vecchio comandante dell'esercito francese (*Alardo*, o meglio, Érard de Valery) sbaragliò l'esercito di Corradino di pura astuzia (*sanz'arme*)... se, dunque, tutte queste turbe di cadaveri si adunassero, e ciascuno ostentasse il proprio corpo forato o mozzo... bene: *d'aequar sarebbe nulla*, insomma, quella visione non potrebbe reggere in nulla al confronto con lo spettacolo turpe di questa bolgia».

La simulazione retorica in cui si panneggia questo esordio di canto (se immaginassimo tutti i morti, eccetera, che tutti insieme esibissero, eccetera... non avremmo immaginato niente: infatti quel che sto tentando di dirvi è indicibile e immemorabile perché inimmaginabile) è congegno di taglio classico. Sui bordi luccica di prelievi virgiliani. Ma l'ultimo verso e l'aggettivo che lo chiude (*il modo de la nona bolgia sozzo*) schiacciano di colpo il registro.

Per rappresentare la pena di questi disgraziatissimi dannati e il ribrezzo freddo che gli han procurato, Dante incastrerà il sontuoso fraseggio dei suoi latini fra rime che il *De Vulgari Eloquentia* rubrica come «selvatiche, lubriche, scarmigliate», e lo costellerà di termini del linguaggio tecnico e del più triviale lessico quotidiano, di immagini minuziosamente schifose, con impudente maestria.

«*Già veggia, per mezzùl perdere o lulla, / com'io vidi un, così non si pertugia, / rotto dal mento infin dove si trulla*... Non ho mai visto – ecco che cosa confessa il poeta – fondo di botte (veggia) che, per aver perso la doga centrale dove si applica il cannello (mezzùle), o una delle laterali (lulle), fosse così indecentemente squarciato, come la figura che avevo sotto gli occhi, rotta dal mento fino all'ano»; e ancora: «tra le gambe gli penzolavano le budella (*minugia*), e metteva in mostra frattaglie e stomaco». Immagine repellente, resa oscena dalle due perifrasi che designano l'ano come luogo '*dove si trulla*' (letteralmente: 'dove si scorreggia'), e lo stomaco come il '*tristo sacco / che merda fa di quel che si trangugia*'.

Gli occhi del pellegrino s'inchiodano su quello sproposito di orrore. Che lo guarda; si slabbra i lembi dello squarcio con le mani; si lamenta ("*Or vedi com'io mi dilacco!*"); si presenta in terza persona ("*Vedi come storpiato è Mäometto!*"); e addita davanti a sé uno, "*fesso nel volto dal mento al ciuffetto*".

Inutile, nascondersi dietro un dito. In confronto a questo atroce pezzo di macelleria, la famigerata figurazione di Machomet tirato per la barba da un diavolo, che Giovanni da Modena affrescherà di lì a un secolo nella cappella Bolognini di San Petronio fra una ressa di alti prelati e principi cristiani, è quasi uno svolazzo ornamentale. Perciò non cascheremo dalle nuvole nel constatare che la cultura islamica ha inflitto per secoli alla *Divina Commedia* un rigoroso ostracismo, attenuato negli ultimi decenni dalle prime traduzioni integrali in arabo, in turco, in fārsi, che comunque omettono scrupolosamente le terzine di Maometto.

Inutile a questo punto rimettere in questione il debito ingente contratto da Dante per interposta erudizione con i grandi filosofi, astronomi e matematici arabi; l'onore di cui puntualmente li gratifica; le cospicue interferenze dell'escatologia musulmana nell'immaginario del poeta cristiano: temi che trattiamo dal IV dell'*Inferno* e che continueremo a trattare fino al sommo dei cieli. Sarà invece opportuno ricordare come Dante presti manifestamente credito alla favola bizantina, che pretendeva Maometto avesse un tempo «predicata la nostra fede e recata molte gente alla nostra legge», anzi, fosse stato addirittura cardinale di Santa Romana Chiesa; ma poi, deluso per non aver conseguito il papato o per analogo contrattempo, avesse escogitato una nuova dottrina «mescolando quella di Moisè con quella di Cristo». Favola bizantina accreditata e perpetuata dalla propaganda delle crociate. Più che significativo in tal senso, il fatto che Dante collochi «il sigillo dei Profeti» in questa bolgia fra i Seminatori di Scandalo e di Scisma, anziché nelle tombe roventi degli Eretici, e che lo accòppii con Alì (ʻAlī ibn Abū Tālib), suo cugino e genero, quarto dei califfi elettivi e primo imàm della setta degli Sciiti: quello che appunto lo precede con la faccia spaccata dal mento all'attaccatura dei capelli, a completare il tracciato della fenditura che solca il torso del Profeta, così come in vita aveva completato il presunto «scisma islamico» con uno scisma di secondo grado. Che la scissione dell'Islàm abbia tanto di riscontro storico, e che la spaccatura fra Sunniti e Sciiti abbia ripreso tragicissimamente a sanguinare negli ultimi decenni, non toglie che le fonti che suggeriscono a Dante di pronunciare e raffigurare la orribile condanna eterna di Maometto (e di Alì) siano inquinate da una sorta di provincialismo romanocentrico e avvelenate dallo spirito di crociata. Se un musulmano oggi ancora se ne adonta, dobbiamo capirlo, e scusarci. Ma io non vorrei che a forza di chiedere scusa di tutto o, in alternativa, di far finta di niente, si radicasse in noi la convinzione che abbiamo titolo per farci giudici severi del nostro passato perché siamo diventati, alla buonora, tutti perfettamente giusti e perfettamente buoni, noi cristiani d'occidente: tutti, anche il più volgare e il più ignorante, per una sorta di unzione di civiltà. La storia è atroce, un cimitero costellato di macerie: non solo la storia passata, anche la presente: non solo quella degli altri, anche la nostra. Così è, e questo siamo. Anche questo. Ma rinunciare perciò alla grande poesia dei nostri grandi, al canto primario della pietà e della tenerezza, dell'orrore e dell'errore, della memoria e dell'oblio, è quanto rinunciare alla vita per paura della morte.

Ma torniamo al testo di Dante, cioè alle spiegazioni del suo Maometto. Aizzando i fedeli (veri o presunti) alla secessione dalla Chiesa, i cittadini (come vedremo) alla guerra civile, i parenti all'odio domestico, gli ospiti della nona bolgia hanno lacerato da vivi ciò che doveva sacrosantamente restare unito, restare uno, come uno è Dio... Perciò – spiega Maometto – qui si presentano così scissi (*fessi così*). Un diavolo – precisa –, appostato da queste parti, li mutila e li squarta col taglio della spada, ogni volta che, completato il circuito della loro inarrestabile ronda e rimarginatesi le ferite, gli tornano a tiro.

Forse mai, all'inferno, il contrapasso ha un'evidenza così atrocemente immediata. E il canto sarà sigillato – unica occorrenza nella *Commedia* – dalla parola 'contrapasso'.

Ma c'è un'altra parola, qui, che dà da pensare.

Dunque, per definire l'attività del demonio-macellaio, Maometto si esprime così: "*un diavolo è qua dietro che* ne *accisma / sì crudelmente*". Il verbo 'accismare', come il provenzale 'acesmar' che ricalca, vale 'acconciare, acconciarsi, prepararsi'. Maometto, insomma, sta dicendo: 'un diavolo ci acconcia in questo modo, ci fa questa efferata toilette'.

Ora, esiste una canzone provenzale famosissima, che comincia: «Bem platz» («Quanto mi piace...»), e che è forse il più aristocratico, ardente, circostanziato e feroce panegirico della guerra che mai sia stato scritto in Occidente. Lo spettacolo di teste e braccia tranciate via, di cadaveri sdraiati sull'erba con lance tronche o aste di bandiera piantate nel costato, è magnificato golosamente. Nella canzone figura in rima il participio 'acesmatz', nel senso appunto di 'acconciato, pronto'. Chissà che nell'incubo iperreale che grava su questo canto di sangue e di piaghe non duri un'eco, un riverbero di quella vecchia canzone guerresca, e che Dante poeta ci tenga a segnalarlo con questo inusitato verbo 'accismare'.

Tanto più che Dante certamente sapeva a memoria tanto «Bem platz», quanto il non meno famoso lamento in morte di

Enrico III d'Inghilterra, detto 'il re Giovane', che la tradizione accreditava allo stesso autore, e che comincia: «Si tuit li dol elh plor elh marrimen (Se tutti i lutti e il pianto e la tristezza) [...], fossen ensems, sembleran tot leugier / contra... (si mettessero insieme, parrebbero tutti leggeri / di fronte, ecc. ecc.)»... *S'el s'aunasse ancor tutta la gente...* (ricordi? l'abbiamo appena letto)... *d'aequar sarebbe nulla.* Non è lo stesso respiro sintattico, l'andatura d'una medesima iperbole funeraria?

E chi è questo poeta provenzale? Tempo al tempo. Riprendiamo il filo.

Indicata la categoria dei dannati ospiti della bolgia, la qualità, il senso e la meccanica della pena, Maometto domanda al pellegrino se sta tanto lì a 'musare' (cioè, a puntarlo, come fanno i cani) per differire l'espiazione delle sue colpe. Virgilio gli risponde in termini solennemente tassativi, che Dante è vivo; che lui, morto, lo sta guidando giù per i cerchi dell'inferno *per dar lui esperïenza piena* (al buon fine, cioè, di fornirgli cognizione compiuta) dei peccati e dei tormenti; che la verità è questa, e basta.

A sentir quella, diversi dannati a brandelli si arrestano trasecolando. E Maometto, che era sul punto di avviarsi, ci ripensa: "Allora, visto che, a quanto pare, fra poco tornerai al mondo, di' a fra' Dolcino che, se non vuol raggiungermi troppo presto qua sotto, *s'armi sì di vivanda*, insomma, si rifornisca di viveri a sufficienza, per resistere al blocco della neve, e scongiurare la vittoria del Novarese: vittoria, in sé, tutt'altro che agevole".

Profferita questa raccomandazione inutile, Maometto se ne va, tetro e protocollare, poggiando per terra la pianta del piede che, alla notizia che il nostro pellegrino era vivo, aveva piantato in terra sul tallone...

E questo fra' Dolcino chi è?

È Dolcino Tornielli, originario della val d'Ossola, discepolo di tal Gherardo Segarelli da Parma, cioè del fondatore della setta degli Apostolici. Quando, nel luglio 1300, Gherardo verrà spedito sul rogo, fra' Dolcino assumerà la guida della setta.

Acceso di spirito profetico, rigoroso e combattivo, come il suo maestro era stato fatuo e cialtrone, fra' Dolcino finirà per tirarsi addosso una vera crociata, indetta da papa Clemente V, e guidata sul campo dal vescovo di Novara (*il Noarese*, appunto). Con cinquemila tra combattenti, vecchi, donne e bambini, fra' Dolcino si vedrà presto costretto a riparare sui monti sopra il Biellese (più o meno, dove oggi si sviluppa la Panoramica Zegna), e lissù, dopo impavida e disperata difesa, ad arrendersi (marzo 1307) più al freddo e alla fame che non alla milizia crociata. Sarà spolpato con le tenaglie ed arso vivo. Si narra non battesse ciglio.

Personaggio, insomma, ragguardevole, questo ossolano, il quale contestava la legittimità della donazione di Costantino; predicava il ritorno alla Chiesa povera delle origini (magari, propugnando un comunismo economico e sessuale un po' estremo); invocava l'avvento d'un principe nuovo (ma preferibilmente francese) che avrebbe restaurato l'ordine «in temporalibus» (previo, magari, un eccidio di cardinali); e detestava con tutto il fuoco dell'anima sua tanto Bonifacio VIII, «principe d'i novi Farisei» (ricordi?), quanto Clemente V (ricordi?) «pastor sanza legge».

C'è da chiedersi come mai Dante Alighieri, che condivide con fra' Dolcino nella sostanza tante idee e tante passioni, lo destini a questo orripilante mattatoio, insieme a Maometto, il quale sembra, fra l'altro, aver molto a cuore il destino del fraticello. Strano, no?

Ma non c'è tempo di rispondersi... che ecco già farsi sotto un altro, che *forata avea la gola*, il naso asportato, un orecchio solo.

Di quest'ultimo arrivato, tale Pier da Medicina, sappiamo poco più di quel che confessa in questi versi rantolati per la cannula tracheale, tutta orlata di sangue: che conosceva Dante di persona, e ora lo riconosce, sempre che non si tratti di un sosia; che fu signore, appunto, del borgo di Medicina, fra Bologna e Lugo di Romagna, là nel *dolce piano / che da Vercelli a Marcabò dichina* (cioè, nella 'pianura padana', Marcabò essendo una fortezza alle foci del Po di Primaro); che fu, forse, a servizio di messer Angiolello (di Carignano) e messer Guido (del Càssero), i due più ragguardevoli personaggi di Fano. E ora raccomanda al pellegrino in carne e ossa di metterli in guardia, quei due, dal tradimento di un tristo tiranno: quello che *vede pur con l'uno*.

Infatti Malatestino Malatesta, fratellastro guercio di Paolo e Gianciotto (ne parlavamo giusto il canto passato), convocherà Guido e Angiolello a Rimini e, sulla via del ritorno, al largo di Cattolica, li farà 'mazzerare', cioè buttare a mare chiusi dentro sacchi zavorrati ('màzzera' è, appunto, la zavorra di pietre che àncora le reti al fondo): delitto di cui Nettuno non ha visto l'eguale nel Mediterraneo quant'è largo, da Cipro a Maiorca (*Maiolica*) né per mano dei pirati né per mano dei famigerati marinai greci (*gente argolica*). Inutile, a quel punto, che i due disgraziati si prendano pena di invocare la clemenza del vento che soffia giù dalle colline di Focara, sopra Pesaro.

Ignoriamo per qual motivo Pier da Medicina si dilunghi in questa raccomandazione divinatoria, cui si fa scrupolo di premettere: "*se l'antiveder qui non è vano*"... ché certo, agli effetti della prevenzione, questo avviso per i naviganti, come quello di Maometto per fra' Dolcino, oculato che sia, è assolutamente superfluo. Senonché, siccome non si hanno le prove documentali che la profezia di Piero si sia avverata, le congetture psicologiche più stravaganti sono state impunemente congetturate.

Il punto è che non sappiamo nemmeno per quali crimini Pier da Medicina sia quaggiù a brandelli. Un antico commentatore ci garantisce che fu «seminator di scandalo tra' cittadini bolognesi e tra i tiranni di Romagna». Tanto varrà prenderlo in parola.

Di questo povero tracheotomizzato resta, comunque, nella memoria il magone perifrastico con cui commemora la sua pianura padana: *lo dolce piano / che da Vercelli a Marcabò dichina*... Lo ricordiamo ricordare.

Come per evocare la Padania, anche per designare Rimini, città malatestiana, Piero ha messo in atto una perifrasi. Ma molto più tortuosa: "*la terra*", ha detto, "che un tale, ch'è qui con me, *vorrebbe di vedere esser digiuno* (insomma: avrebbe fatto volentieri a meno di conoscere)".

E Dante, a tempo debito: "Chi è questo, cui la vista di Rimini è risultata così indigesta (*chi è colui da la veduta amara*)?".

Allora Pier da Medicina afferra un suo compagno per la mandibola, e gli spalanca la bocca proclamando: "Eccolo, non può parlare. Questo qui, scacciato da Roma, vinse le ultime perplessità di Cesare, *affermando che 'l fornito / sempre con danno l'attender sofferse*: argomentando, cioè, che chi è pronto per l'azione ('fornito' vale il latino 'paratus'), a dilazionarla ci ha sempre rimesso".

«Povero Curio! – chiosa il poeta – come s'era ridotto, *con la lingua tagliata ne la strozza*, lui che parlava tanto!».

Tribuno della plebe, pompeiano all'origine, passato poi per denaro nel campo avverso, questo C. Scribonio Curione, dopo aver tentato senza successo di mediare fra le parti, nonappena il senato proclama Giulio Cesare nemico pubblico (7 gennaio 49 a.C.), scappa da Roma e raggiunge il proconsole ribelle, per l'appunto, a Rimini. Alla circostanza che Curione avrebbe influenzato Cesare nella decisione di marciare su Roma, gli storici antichi – Cesare per primo – non fanno cenno. Dopotutto, Rimini è sempre stata a sud del Rubicone, e dunque, al momento dell'incontro fra i due, il dado famoso era già stato tratto.

Chi assegna al «tribuno sfrontato e di lingua mercenaria» il ruolo-chiave del sobillatore che spazza via le ultime remore di Cesare, è Lucano, il quale nel I libro della *Farsaglia*, fra cento altri, gli mette in bocca l'esametro che qui Pier da Medicina volge, pari pari, in discorso indiretto: «tolle moras: semper nocuit differre paratis».

Che Dante si attenga a Lucano, non sorprende. Ma è curioso che nell'epistola a Arrigo VII dell'aprile 1311 – ne parlavamo a margine del IX canto – trascriva poi questo stesso esametro (con altri due contigui), per sollecitare quel «santissimo e gloriosissimo» all'impresa salvifica di passare l'Appennino e liberare l'Italia intera. Saggio, dunque, e ben detto, il consiglio di Curione… D'altronde, sappiamo bene come Dante consideri letteralmente «sacrosanta» l'impresa di Cesare. Perché allora caccia il povero tribuno che la aveva propiziata con la sua eloquenza, in questa bolgia orrenda, con la lingua mozza?

Perché – proviamo a solfeggiare il pensiero di Dante –, sebbene con quelle parole assecondasse il disegno provvidenziale mirato alla fondazione dell'impero romano, Curione, nell'esercizio concreto della propria libertà morale, con quelle parole aveva istigato Cesare alla guerra civile, alla strage di concittadini. Nella fede del poeta cristiano la salvezza o la dannazione eterna competono a ciascuno di noi, in quanto a ciascuno Dio ha lasciato l'arbitrio assoluto delle proprie scelte. Anche se lui sa già tutto. Anche se tutta la storia umana, tutto il futuro in cui ci avventuriamo a tentoni, soli, è presente da sempre alla sua pietà e al suo rigore.

Così, pure fra' Dolcino, quantunque contro i papi farisei lo accendesse la collera più impavida e giusta, piomberà quaggiù tra i Seminatori di discordia, perché, solo, nella disperata libertà della sua coscienza, ha tentato di lacerare l'unità della

Chiesa, di strappare il mantello senza cuciture, la «tunica inconsutilis» del Cristo (come, a sentir le favole crociate, lo stesso Maometto).

Dante – sarà bene ricordarlo – era cattolico.

Ma un altro ancora s'è già insediato nel campo percettivo del pellegrino, e accavalla al ribrezzo della bocca spalancata e vuota di Curione lo schifo dei due moncherini che agita in aria sgrondandosi sangue sulla faccia.

"E cerca di ricordarti anche del Mosca", grida, "che, povero me, disse la frase che seminò tante disgrazie a Firenze e dintorni".

"E fu la rovina della tua famiglia", ribatte Dante, che, per sentito dire, di questo Mosca dei Lamberti si ricorda eccome (non chiedeva notizie anche di lui a Ciacco?).

Narrano dunque le cronache che nel lontano 1216, essendosi Buondelmonte dei Buondelmonti impegnato con atto notarile a far ammenda d'una coltellata sfuggitagli durante una cena in villa, sposando una ragazza Amidei, nipote dell'accoltellato, accadde che il dì delle nozze, sul sagrato della chiesa di Santo Stefano al Ponte, dove la sposa lo aspettava in palpiti con tutto il parentado, Buondelmonte non si presentasse. Molti e plausibili i motivi della defezione – non ultimo, che la promessa pare fosse brutta «come una scimmia» – ...nessuna giustificazione! Fu così che gli Amidei, per deliberare consone ritorsioni, convocarono l'intera consorteria. Ma il dibattito tirava per le lunghe. Finché, a notte inoltrata, uno, il Mosca appunto, non pronunciò la frase memorabile: "Cosa fatta capo ha", che nella circostanza andava intesa: "ammazziamolo, e chi s'è visto s'è visto"; e che *fu mal seme per la gente tosca.*

Infatti, la mattina del lunedì di Pasqua, Amidei e consorti si appostano dietro il mozzicone della statua di Marte, giusto dirimpetto alla chiesa di Santo Stefano, e quando passa in pompa il Buondelmonti, che di lì doveva passare, lo tirano giù da cavallo e lo massacrano. «In quello giorno – esagera un'antica cronaca – si cominciò la struzione di Firenze, che imprimamente si levò nuovo vocabile, cioè Parte Guelfa e Parte Ghibellina».

Nobilitare il decorso limaccioso della storia recente punteggiandolo di scene-madri è abitudine che Dante Alighieri condivide con i cronisti del suo tempo e con qualche politico del nostro. In concreto, l'assassinio del lunedì dell'Angelo non innescò subito quella catena di assassinii che sembrava promettere, e lo stesso Mosca si concederà altri ventisette anni di onorata carriera politica, mentre la sua schiatta andrà in rovina solo nel Dopo-Benevento, come qualsiasi altra schiatta ghibellina di Firenze. È tuttavia innegabile che il rancore privato fra Buondelmonti e Amidei non tardò ad aggregare in opposte fazioni i fautori e gli avversari della casa di Svevia, insomma, a suppurare in odio pubblico.

Ma la rassegna dei dannati incalza.

La tecnica di giustapporre, senza vera sintassi drammatica, esibizione a esibizione, «numero» a «numero», che governa il sacro cabaret di Malebolge, e che in questo canto le didascalie di sutura, particolarmente assortite ed elaborate, han reso particolarmente vistosa, vira di colpo nonappena l'Io si porta in proscenio.

L'io-pellegrino ha appena liquidato l'anima del Mosca, raddoppiandole la pena col brusco rinfaccio, e quella è uscita di campo incupita e stralunata (*trista e matta*), che vede cosa di cui l'io-poeta si farebbe scrupolo di parlare, non potendo esibirne prova alcuna, se non lo confortasse la buona coscienza che protegge e rinfranca l'uomo con la ferrea convinzione della propria integrità (*sotto l'asbergo del sentirsi pura*).

Dunque, l'io-pellegrino vide distintamente, tanto che all'io-poeta sembra ancora di vederlo, un busto decapitato procedere nella trista greggia dei dannati, brandendo per i capelli a guisa di lanterna la propria testa tronca e pendula ('pésolo', dal latino 'pe[n]sile[m]'); e la testa guardava i due viandanti, e gemeva fioca, facendo luce con gli occhi a chi la brandiva; ed eran due in uno e uno in due (sa il legislatore celeste, come questo sia possibile...).

Chi è, lo sventurato con la testa in mano?

È lui. È il poeta provenzale che ha magnificato lo spettacolo di teste e braccia tranciate via in battaglia, di cadaveri con aste di bandiera o tronconi di lancia piantati tra le costole (non ti ricordi: «Bem platz»?). È il famoso Bertran de Born, signore del castello di Autafort nel Périgord, nato intorno al 1140, morto sulla settantina, monaco cistercense, nel monastero di Dalon.

Schede biografiche e chiose provenzali lo dipingono «buon cavaliere e buon guerriero e buon corteggiatore e buon trovatore e assennato e facondo», quantunque aggiungano che si credeva talmente valoroso da vantarsi «di non aver mai avuto bisogno di tutto il proprio coraggio in una volta»; gli accreditano odi e tradimenti domestici, infaticabili vassallaggi d'amore e una devozione illimitata per il principe Enrico d'Inghilterra, detto 'rex junior' (non ti ricordi il lamento in morte del re giovane: «Si tuit li dol»?); ma gli fanno carico di aver esercitato su di lui tutto il proprio ascendente, per istigarlo a combattere senza sosta contro suo padre Enrico II, re d'Inghilterra e duca d'Aquitania, detto 'rex senior'; e viceversa.

Quando ebbe raggiunto la base del ponte, il disgraziato levò il braccio alto con tutta la testa per avvicinare la voce ai viandanti; lamentò l'infamia senza eguali della sua pena; disse il nome (*Bertram dal Bornio*, all'italiana) e la colpa (aver montato padre e figlio l'uno contro l'altro). Queste, le male istigazioni (*i ma' conforti*) che espia per l'eternità.

"Non fece di peggio", ammette la sua anima decollata con riferimento al *II Libro dei Re*, martellando cupo gli endecasillabi sulla 4^ e sulla 7^ sillaba: "...non fece di peggio Achitofèl, consigliere di David, sobillandogli contro il figlio Assalonne *coi malvagi punzelli* (diciamo: con i suoi pessimi punzecchiamenti)".

Avendo diviso e contrapposto persone così strettamente congiunte da vincoli di sangue, avendo fatto *il padre e 'l figlio in sé ribelli*, ora Bertran de Born patisce e lamenta il raccapricciante *contrapasso* di aver la testa spiccata dal busto, il cervello dal midollo spinale.

Raccapricciante, il contrapasso, ma a suo modo aristocratico, se sul margine di questo turpe mattatoio disegna la figura chimerica in campo nero d'uno stemma gentilizio.

Bertram dal Bornio è l'unico poeta cristiano che Dante incontra fra i dannati. Nel *Convivio* lo addita ad esempio di liberalità. Menzionandolo nel *De Vulgari Eloquentia* come sommo fra i cantori delle virtù guerresche, nota: «Non trovo italiano che, a tutt'oggi, abbia poetato d'armi e di battaglie».

Qui c'è un'arma sola, che non vediamo: la spada del diavolo-macellaio. Ma mille battaglie non seminano tanta carneficina, tanto scandalo d'orrore. E lui sa bene – Dante, poeta di pace – che per darne conto non c'è che il rigore inalterabile di questi versi, il prezioso incastro di queste rime dure.

Chi porìa mai pur con parole sciolte
dicer del sangue e de le piaghe a pieno
ch'i' ora vidi, per narrar più volte?
Ogne lingua per certo verria meno
per lo nostro sermone e per la mente
c'hanno a tanto comprender poco seno.
S'el s'aunasse ancor tutta la gente
che già, in su la fortunata terra
di Puglia, fu del suo sangue dolente
per li Troiani e per la lunga guerra
che de l'anella fé sì alte spoglie,
come Livïo scrive, che non erra,
con quella che sentio di colpi doglie
per contastare a Ruberto Guiscardo;
e l'altra il cui ossame ancor s'accoglie
a Ceperan, là dove fu bugiardo
ciascun Pugliese, e là da Tagliacozzo,
dove sanz'arme vinse il vecchio Alardo:
e qual forato suo membro e qual mozzo
mostrasse, d'aequar sarebbe nulla
il modo de la nona bolgia sozzo.
Già veggia, per mezzùl perdere o lulla,
com'io vidi un, così non si pertugia,
rotto dal mento infin dove si trulla.
Tra le gambe pendevan le minugia;
la corata pareva e 'l tristo sacco
che merda fa di quel che si trangugia.
Mentre che tutto in lui veder m'attacco,
guardommi e con le man s'aperse il petto,
dicendo: "Or vedi com'io mi dilacco!
vedi come storpiato è Maometto!
Dinanzi a me sen va piangendo Alì,
fesso nel volto dal mento al ciuffetto.

E tutti li altri che tu vedi qui,
seminator di scandalo e di scisma
fuor vivi, e però son fessi così.

Un diavolo è qua dietro che n'accisma
sì crudelmente, al taglio de la spada
rimettendo ciascun di questa risma,

quand'avem volta la dolente strada:
però che le ferite son richiuse
prima ch'altri dinanzi li rivada.

Ma tu chi se' che 'n su lo scoglio muse,
forse per indugiar d'ire a la pena
ch'è giudicata in su le tue accuse?".

"Né morte 'l giunse ancor, né colpa 'l mena",
rispuose 'l mio maestro, "a tormentarlo;
ma per dar lui esperïenza piena,

a me, che morto son, convien menarlo
per lo 'nferno qua giù di giro in giro:
e quest' è ver così com'io ti parlo".

Più fuor di cento che, quando l'udiro,
s'arrestaron nel fosso a riguardarmi
per maraviglia, obliando il martiro.

"Or dì a fra Dolcin dunque che s'armi,
tu che forse vedra' il sole in breve,
s'ello non vuol qui tosto seguitarmi,

sì di vivanda, che stretta di neve
non rechi la vittoria al Noarese,
ch'altrimenti acquistar non saria leve".

Poi che l'un piè per girsene sospese,
Maometto mi disse esta parola;
indi a partirsi in terra lo distese.

Un altro, che forata avea la gola
e tronco 'l naso infin sotto le ciglia,
e non avea mai ch'una orecchia sola,

ristato a riguardar per maraviglia
con li altri, innanzi a li altri aprì la canna,
ch'era di fuor d'ogne parte vermiglia,
e disse: "O tu, cui colpa non condanna
e cu'io vidi in su terra latina,
se troppa simiglianza non m'inganna,
rimembriti di Pier da Medicina,
se mai torni a veder lo dolce piano
che da Vercelli a Marcabò dichina.
E fa sapere a' due miglior da Fano,
a messer Guido e anco ad Angiolello,
che, se l'antiveder qui non è vano,
gittati saran fuor di lor vasello
e mazzerati presso a la Cattolica
per tradimento d'un tiranno fello.
Tra l'isola di Cipri e di Maiolica
non vide mai sì gran fallo Nettuno,
non da pirate, non da gente argolica.
Quel traditor che vede pur con l'uno,
e tien la terra che tale qui meco
vorrebbe di vedere esser digiuno,
farà venirli a parlamento seco;
poi farà sì, ch'al vento di Focara
non sarà lor mestier voto né preco".
E io a lui: "Dimostrami e dichiara,
se vuo' ch'i' porti sù di te novella,
chi è colui da la veduta amara".
Allor puose la mano a la mascella
d'un suo compagno e la bocca li aperse,
gridando: "Questi è desso, e non favella.
Questi, scacciato, il dubitar sommerse
in Cesare, affermando che 'l fornito
sempre con danno l'attender sofferse".

Oh quanto mi pareva sbigottito
con la lingua tagliata ne la strozza
Curïo, ch'a dir fu così ardito!
E un ch'avea l'una e l'altra man mozza,
levando i moncherin per l'aura fosca,
sì che 'l sangue facea la faccia sozza,
gridò: "Ricordera'ti anche del Mosca,
che disse, lasso!, 'Capo ha cosa fatta',
che fu mal seme per la gente tosca".
E io li aggiunsi: "E morte di tua schiatta";
per ch'elli, accumulando duol con duolo,
sen gìo come persona trista e matta.
Ma io rimasi a riguardar lo stuolo,
e vidi cosa ch'io avrei paura,
sanza più prova, di contarla solo;
se non che coscïenza m'assicura:
la buona compagnia che l'uom francheggia
sotto l'asbergo del sentirsi pura.
Io vidi certo, e ancor par ch'io 'l veggia,
un busto sanza capo andar sì come
andavan li altri de la trista greggia;
e 'l capo tronco tenea per le chiome,
pésol, con mano a guisa di lanterna:
e quel mirava noi e dicea: "Oh me!".
Di sé facea a se stesso lucerna,
ed eran due in uno e uno in due;
com'esser può, quei sa che sì governa.
Quando diritto al piè del ponte fue,
levò 'l braccio alto con tutta la testa
per appressarne le parole sue,
che fuoro: "Or vedi la pena molesta,
tu che, spirando, vai veggendo i morti:
vedi s'alcuna è grande come questa.

E perché tu di me novella porti,
sappi ch'i' son Bertram dal Bornio, quelli
che diedi al re giovane i ma' conforti.
Io feci il padre e 'l figlio in sé ribelli;
Achitofèl non fé più d'Absalone
e di Davìd coi malvagi punzelli.
Perch'io parti' così giunte persone,
partito porto il mio cerebro, lasso!,
dal suo principio ch'è in questo troncone.
Così s'osserva in me lo contrapasso".

XXIX

Le *luci* (per non dire gli occhi) del pellegrino Dante... luci sgranate senza battito di palpebre sulla calca e sull'orrido assortimento di mutilazioni della nona bolgia, talmente si sono imbevute di lacrime, *che de lo stare a piangere eran vaghe* (che altro non desideravano se non abbandonarsi al pianto).

Ma Virgilio: "Che stai lì a guardare? Perché la tua vista continua a puntarsi laggiù tra le ombre triste e smozzicate? (dove '*si soffolge*', dal latino 'suffulcio' vale letteralmente 'si puntella'). Qui a Malebolge non l'avevi mai fatto... Se pretendi di contarle tutte, ombra per ombra, tieni conto che questa circonvallazione misura ventidue miglia. E d'altra parte, la luna piena l'abbiamo ormai sotto i piedi, e ti resta ben altro da vedere, che non quello che stai vedendo".

Il maestro è molto conciso perché conosce l'astronomia, e sa che la conosce anche il discepolo. Noi, sarà meglio se ricapitoliamo, a costo d'una breve digressione, forse nemmeno tanto divertente.

Dunque: la luna incrocia il meridiano del purgatorio a perpendicolo sotto i nostri poeti itineranti; quindi agli antipodi, cioè a Gerusalemme, essendo trascorso il plenilunio – come sappiamo – da un paio di giorni, e ritardando la luna sul sole di circa 50′ al giorno, sarà più o meno l'una e mezza di notte, quindi lì dove sono i nostri sarà più o meno l'una e mezzo del pomeriggio; ora, dato che la traversata dell'abisso è cominciata sul calar della sera (diciamo, alle 19 circa) del Venerdì Santo – come sappiamo dal primo canto dell'*Inferno* –, e deve concludersi in 24 ore, al calar della notte del Sabato Santo – come sapremo a margine dell'ultimo –, all'atto, i nostri stanno viaggiando da più di diciotto ore, gliene avanzano meno di sei, e ha ragione Virgilio a far fretta a Dante, che si attarda imbambolato dalla compassione. Quanto a noi, faremo bene ad abituarci a questo genere di calcoli astronomici: in purgatorio, sotto la volta del cielo, ce ne aspettano di ben più complicati.

Ma qui è forse inevitabile anche una minima digressione numerale.

Quantunque la misura di 22 miglia (fiorentine: circa 36 km e mezzo), indicata da Virgilio come circonferenza esterna dell'anello della IX bolgia, e integrata nel prossimo canto dall'indicazione in 11 miglia della circonferenza interna, irriti generalmente i letterati, sembra doveroso supporre che il poeta non ci fornisca i numeri della tombola. Intanto la geometria elementare ci consente di calcolare la lunghezza del ponte di pietra che scavalca la bolgia dei Seminator di scandalo e di scisma in un miglio e tre quarti (circa 2900 metri). Nell'ipotesi che tutti i ponti siano uguali – tranne l'ultimo, che nel canto prossimo sarà espressamente valutato in mezzo miglio – ...nell'ipotesi dunque che siano quasi tutti uguali, l'infilata dei ponti dovrebbe misurare poco meno di 27 chilometri, e la circonferenza di Malebolge 182 km circa, mentre il disco di Cocito, per dire, avrebbe un diametro di 4137 metri. Misure tutt'altro che assurde.

Insensato, però, sarebbe il tentativo di farle quadrare con le dimensioni complessive del conoide rovesciato dell'inferno; e insensatissima, la pretesa di far quadrare cosiffatte sproporzioni con ragionevoli indici di affollamento dei singoli gironi e con tempi di percorrenza accettabili: a conti fatti, la velocità di crociera dei pellegrini, tenuto conto delle soste e del tragitto a spirale, dovrebbe superare i 450 km/h.

Quanto poi al numero 22, che qualche dantista ama considerare una pedanteria goliardica del buon Virgilio, basterebbe segnalare come tante siano le lettere dell'alfabeto ebraico, espressione dell'universo nella simbologia sacra dei cabalisti; tanti siano i capitoli dell'*Apocalisse*; e che 22 è anche la circonferenza del diametro 7 ed è il primo multiplo di 11 (numeri chiave di innumerevoli canoni mistici); ecc. ecc. Allora?

Allora, niente. E lascio ai cultori di crittografia e gematrìa l'aspirazione a irretire la *Commedia* in una ferrea ragnatela di relazioni e proporzioni matematiche, e di corrispondenze tra numeri, lettere e profezie. Mi spiace, amico mio, ma devo confessare che in materie del genere non sono in grado di pronunciarmi, se non inavvertitamente. Tuttalpiù mi permetto di aver notato come in queste 22 miglia – ma forse in tutta l'enigmatica concretezza della struttura di Malebolge – l'alterazione prospettica, l'anamorfosi secondo cui Dante rappresenta l'incomputabile baratro d'inferno coincida per un istante con una misura dell'esperienza sensibile, un simbolo numerico con un numero reale. Molto di più temo non sapremo mai. E l'enigma continuerà a deformarsi nello specchio con cui cerchiamo di catturarne l'immagine. Chiuse digressioni.

"Se tu avessi riflettuto", risponde il discepolo al maestro con un'ombra di risentimento, "al motivo per cui io stavo lì a guardare, *forse m'avresti ancor lo star dimesso*: forse mi avresti consentito di trattenermi ancora un attimo".

Parte sen giva... ('parte' è avverbio per 'mentre') mentre lui, *lo duca*, si avviava, lui, Dante, subito gli si era messo alle calcagna formulando la sua brava risposta. E soggiungendo: "Dentro a quel fossato dove io scrutavo di proposito, credo che paghi a carissimo prezzo le sue colpe uno spirito del mio sangue".

Figurarsi se Virgilio non lo sapeva! “Non ci pensare più, e lascialo dov’è!”, dice in buona sostanza (per esteso: ‘*Non si franga / lo tuo pensier da qui innanzi sovr’ello. / Attendi ad altro, ed ei là si rimanga*’): “Certo, l’ho visto sotto il ponte che minaccioso ti segnava a dito, e ho sentito che lo chiamavano Geri del Bello. Ma tu eri talmente *impedito* (‘paralizzato’, per non dir ‘pitonato’) a guardare *colui che già tenne Altaforte* (per non dire Bertran de Born, ex castellano di Autafort), che non guardavi dalla parte sua. Finché, a un certo punto, è andato via”.

Il pellegrino Dante è molto turbato, e non lo nasconde: “O duca mio, ciò che lo indigna, è che la sua morte violenta non sia stata ancora vendicata da nessuno che, per consanguineità, condivida l’onta del suo ammazzamento (*per alcun che de l’onta sia consorte*). Ecco perché se n’è andato senza rivolgermi la parola, penso io. E, così facendo, *m’ha el fatto a sé più pio* (in altri termini: ha moltiplicato la compassione che provo per lui)”.

Dunque, questo Geri del Bello (Geri è diminutivo corrente di ‘Rogerius’) era cugino primo di Alighiero di Bellincione, padre di Dante (Bellincione e Bello erano, appunto, fratelli), quindi cugino secondo di Dante. Il suo nome figura nel 1269 sulle liste del libro degli Estimi, fra quelli dei guelfi che avevano patito danni in conseguenza di Montaperti. I figli di Dante attestano che si compiaceva di seminare zizzania; che «per così fatto vizio finalmente morto fue» ad opera di tal Brodaio dei Sacchetti; e che fu vendicato dai nipoti, seppure in ritardo, con l’assassinio di un altro Sacchetti. Per curiosità: la pace fra i Sacchetti e gli Alighieri risulta ratificata con atto pubblico sottoscritto dalle parti solo nel 1342.

L’istituto etico-giuridico della gestione privata della vendetta, di marca germanica, dura nel costume e nella coscienza collettiva del mondo cristiano pressappoco per tutto il Medioevo.

Mi domando se fra le radici culturali dell'Europa vada annoverato anche questo istituto barbarico – che vedo riaffiorare nell'abuso delle interviste televisive ai parenti delle vittime – o non piuttosto il diritto romano. Ispirati appunto ai princìpi del diritto romano, gli statuti comunali faticarono assai a scoraggiare e ridurre la pratica della vendetta privata. Per dire: ancora nell'anno 1300 i legislatori di Firenze, sebbene caldeggino soluzioni arbitrali delle vertenze tra famiglie fissando, fra l'altro, un minuzioso tariffario dei risarcimenti, nel caso si siano verificati fatti di sangue (un omicidio, una mutilazione, una «enorme ferita in faccia») rinunciano a far obbligo ai feriti o ai parenti della vittima di comporre giudizialmente la vertenza prima che sia intervenuta «condegna retribuzione», vale a dire una riparazione privata proporzionale al danno patito. In concreto: se io ti ammazzo un cugino, finché non hai ammazzato me o un mio cugino, nessuno ti può costringere a rimetterti al giudizio della magistratura.

È incontestabile che Dante pellegrino partecipi emotivamente al sistema di valori cui il cugino Geri s'è attenuto sulla terra, e che aggrava quaggiù la pena della sua anima a brandelli col cruccio di sapersi invendicata. Ma parrebbe altrettanto incontestabile che l'esperienza morale e conoscitiva dell'attraversamento della nona bolgia si consumi proprio nel ripudio di quel sistema aristocratico e sanguinario, insomma, della pretesa di applicare su questa terra il contrapasso.

Anche se – come sappiamo – nell'uso lessicale del tempo di Dante, 'vendetta' vale più o meno 'giustizia compensativa', solo nell'equità assoluta e misteriosa di Dio giustizia e vendetta immediatamente coincidono. Solo lui può vendicarsi di spada (foss'anche spada di diavolo...). Agli uomini spetta onorare il vincolo naturale d'amore che li accomuna, rispettando le leggi, e sperando che Dio tenga loro la mano sulla testa.

E abbiamo appena ascoltato il poeta delegare il ripudio della vendetta terrena alla sobria ammonizione di Virgilio, al suo breve racconto che sconta un'occasione drammatica mancata, alla triste e sommessa confessione di misericordia del pellegrino Dante (misericordia che, sappiamo, è inquietudine ambigua, non è pietà), e al silenzio che la archivia.

Conversando nei termini indicati, Virgilio e Dante hanno raggiunto intanto l'attacco del ponte successivo, posizione dalla quale si intravede il cavo della bolgia decima e, se ci fosse più luce, si vederebbe fino al fondo (*tutto ad imo*). Bisognerà che si spingano fino al dosso dell'arco di pietra che sormonta – diciamo così – l'*ultima chiostra* di Malebolge, per distinguere – diciamo così – i *conversi* che la popolano, mentre lamenti assortiti e strani (*diversi*), *che di pietà ferrati avean li strali* (per alleggerire la concettosità, semplificheremmo: 'lancinanti') feriscono gli orecchi del pellegrino, costringendolo a tapparseli. Non gli avanza una mano per il naso, e il guaio è che dal basso lo investe un atroce fetore di corpi in decomposizione, povero pellegrino...

Altrettanti lamenti – preciserà da poeta – esalerebbero i malati degli ospedali di Valdichiana, di Maremma e di Sardegna (zone infestate, al tempo, dalla malaria), se tra luglio e settembre (stagione delle epidemie) si stipassero tutti in una fossa; e altrettanto puzzo sprigionerebbero i loro corpi marci.

Ciononondimeno, percorsa la campata terminale del lungo ponte di roccia, i due si calano lungo l'argine estremo di Malebolge (*in su l'ultima riva*), sempre, beninteso, piegando verso sinistra, per distinguere nitidamente i dannati sul fondo del canalone. Dannati, che – anticipa il poeta con piglio apocalittico – il registro della infallibile giustizia divina (*ministra / de l'alto Sire*) ha rubricato in vita come *falsador*: come Falsari, diciamo pure.

Visto da vicino, quel lazzaretto infame pullula di figure e di atteggiamenti. La repellente sintesi olfattiva si diversifica allo scandaglio dell'occhio. E il poeta evoca l'emozione fantastica che hanno suscitato in lui 140 esametri delle *Metamorfosi* di Ovidio: in sette endecasillabi.

«Non credo – détta – che più luttuosa fosse nell'isola di Egina la vista d'un intero popolo ammalato, quando l'aria s'impregnò talmente di miasmi (*di malizia*: letteralmente: 'di malattia'), che tutti gli esseri animati (*animali*), fino al più insignificante (*infino al picciol vermo*), cascaron tutti morti, e poi la popolazione d'un tempo (*le genti antiche*) si rigenerò dal seme delle formiche... insomma, io non credo che la vista delle anime che languivano per quella oscura valle d'inferno, accatastate in strani covoni (*per diverse biche*), fosse meno luttuosa dello spettacolo della peste di Egina, del quale antichi poeti rendono testimonianza certa. Giacevano i dannati uno sull'altro, chi a pancia sotto, chi supino, e chi strascinandosi carponi per il tristo camminamento».

Ovidio, dunque, racconta nel VII delle *Metamorfosi* d'una pestilenza indetta da Giunone per dispetto di gelosia, che ingombrò isola e città di Egina di agonizzanti che vagavano vacillando, rotolandosi per terra, strascinandosi carponi (l'isola è nel braccio di mare fra Atene e l'Argolide). Tutti morirono: unico superstite, re Eaco, figlio di Giove, pregò il padre di restituirgli tanti cittadini quante formiche stava vedendo in quel momento marciare affardellate nelle fenditure della corteccia d'una quercia. E il padre lo esaudì portentosamente. Così ebbe origine il popolo dei Mirmìdoni (in greco, 'myrmex' è 'formica'): popolo che, emigrato in Tessaglia, costituirà la famosissima armata di Achille, ecc. ecc.

I poeti procedono passo passo, senza aprir bocca, guardando e ascoltando gli ammalati, che non riescono a sollevarsi da terra.

Finché Dante non ferma l'occhio su due che siedono schiena contro schiena *com'a scaldar si poggia tegghia a tegghia*, come, cioè, due teglie addossate sulla brace, pezzati di croste (*di schianze macolati*) dalla testa ai piedi. Francamente, lui non ha mai visto menare la striglia (*stregghia*) così di furia né da un mozzo di stalla aspettato dal padrone ('*ragazzo*' valeva ancora 'mozzo di stalla', sull'ètimo arabo 'raqqās': 'staffetta'; e '*segnórso*' stava per 'suo signore', come oggi ancora a Sud 'sòreta' sta per 'tua sorella')… né da un mozzo di stalla, né da un garzone *che mal volontier vegghia*, che, insomma, non vede l'ora di cacciarsi a letto… dunque: lui non ha mai visto menar la striglia così di furia, ecc. ecc., *come ciascun menava spesso il morso / dell'unghie sopra sé per la gran rabbia / del pizzicor, che non ha più soccorso*: unghie, che grattavan via *la scabbia*, come il coltello raschia le squame larghe (*le scaglie*) della scàrdova (pesciaccio d'acqua dolce e melmosa) *o d'altro pesce che più larghe l'abbia.*

Hai notato come, abbassandosi il registro stilistico, le rime si rendano più aspre e preziose (-abbia, -órso, -egghia)? E hai notato l'effetto degli enjambements, che nel frenare l'emissione di sintagmi come '*il morso / dell'unghie*' e '*la gran rabbia / del pizzicor*', costringono a scandirne l'indecente esattezza? Lo noterai comunque meglio, amico mio, quando dovessi farti uscire queste terzine di bocca.

Virgilio interpella uno dei due scabbiosi con eloquenza più che indiscreta: "Tu che ti smagli quella corazza di croste con le dita, usandole a volte come fossero tenaglie, dicci se qui dentro c'è qualche italiano, e ti consenta il cielo, in cambio, che per l'eternità ti bastino le unghie a còdesto lavoretto".

"Italiani", guaiola quell'uno, "siamo noi due, che ci vedi così *guasti*, così ridotti male. Ma chi sei tu, piuttosto, che ci interroghi?".

E Virgilio torna a declinare le proprie mansioni di guida d'un pellegrino in carne ed ossa, come aveva fatto con Maometto il canto scorso. Ma va più per le spicce: "*I' son un che discendo / con questo vivo giù di balzo in balzo, / e di mostrar lo 'nferno a lui intendo*". Lì, si intrometteva tra l'arroganza di quell'insigne sbudellato e l'attonita fragilità del discepolo; qui, puntando dritto sull'effetto della notizia che il discepolo è vivo, lo spinge, per così dire, alla ribalta, gli dà praticamente la battuta.

Presi dal tremito, i due interrompono il mutuo appoggio e staccano le schiene per girarsi a guardare l'inusitato viandante; e con loro, quanti altri la notizia ha raggiunto *di rimbalzo* (cioè 'di sponda', ma forse meglio: 'per caso'). Allora Virgilio si accosta a Dante e gli sussurra: "Ora di' tu quello che ti pare".

Autorizzato, Dante esordisce cerimoniosamente col solito 'se' ottativo: "*Se la vostra memoria*... consenta, insomma, il cielo che il ricordo di voi non si cancelli dalla memoria di chi campa in terra la sua prima vita, anzi, che duri parecchi anni, purché voi mi diciate chi siete e di che parti: non fatevi scrupolo per la vostra schifosissima pena".

Gli scrofolosi non si fanno il minimo scrupolo. E attacca, con impeto, la grande «suite» finale.

Il primo dice appena di sé la sua città, che già fa il nome d'un altro, completo di toponimo d'origine: "*Io fui d'Arezzo, e Àlbero da Siena*"...

Eccolo, in chiave, il tema della «suite»: Pecoreccio Senese.

Dunque, il dannato sta dicendo che lui era di Arezzo (e si chiamava Griffolino, aggiungono gli antichi chiosatori: fu «saputa persona», «magnus et suptilissimus archimista»; visse a cavallo della metà del secolo XIII, per morire a Siena, bruciato come eretico patarino), e che fu appunto – dice – tale Àlbero, patrizio senese, a farlo spedire sul rogo con tutt'altra imputazione da quella che lo relega quaggiù.

La verità – spiega – è che lui, Griffolino, gli aveva detto, ad Àlbero, scherzando, che lui, volendo, sapeva volare; e quello, *ch'avea vaghezza e senno poco*, che, insomma, svampito com'era, se le beveva tutte, pretese che lui gli facesse vedere come faceva (per imparare anche lui); "*e solo / perch'io nol feci Dedalo, mi fece / ardere a tal che l'avea per figliolo*": in altre parole, solo perché lui, Griffolino, non era stato in grado di insegnargli a volare come Dedalo, quello lo fece bruciar vivo da uno (chissà se l'inquisitore o il vescovo di Siena), il quale, in tutti i casi, lo trattava come un figlio (e chissà non lo fosse per davvero), lui, Àlbero da Siena.

Ma perché cambiar parole, se il doppio enjambement del testo (*solo / perch'io – mi fece / ardere*) smiagola così bene le rimostranze di Griffolino? Com'è vero che ogni enjambement della *Commedia*, piuttosto che applicare – variandola – una norma generale, si inventa la propria.

"Senonché Minosse, che non può permettersi di sbagliare", chiude Griffolino, "m'ha dannato a ragion veduta nell'ultima bolgia delle dieci per pratiche alchimistiche" ('*alchìmia*' è accentato alla latina).

Il pellegrino si appella a Virgilio: "Ma dove s'è mai vista gente *sì vana* (insomma, così scema e irresponsabile) come i Senesi? *Certo non la francesca sì d'assai!* ('nemmeno i francesi reggono il confronto, ch'è tutto dire…', diremmo noi)". E si noterà per inciso come l'estro degli etimòlogi medievali, assegnando la fondazione dell'antica Sena Iulia ai Galli Sènoni, considerasse Senesi e Francesi consanguinei alla lontana…

Sentita questa, l'altro lebbroso non si fa pregare (l'esatta cartella clinica di questi Falsatori di metalli non ci è fornita), e attacca il suo couplet: "*Tra'mene Stricca…* (se ricordi il diavolo che faceva servizio di corriere fra Serchio e pegolone della quinta bolgia, ricorderai che diceva di Lucca, per far lo spiritoso: 'ogn'uom v'è barattier, fuor che Bonturo'; il secondo falsario accovacciato sembra fargli il verso)… irresponsabili e scemi, i Senesi, d'accordo, tranne Stricca…". E via col taglia-e-cuci. Vediamo.

Questo Stricca, che – ironizza il lebbroso con la scabbia – *seppe far le temperate spese*, pare fosse un Salimbeni, segnalato a Bologna podestà nel 1276, capitano del popolo nel 1286. Dunque, gran famiglia di banchieri senesi, potentissima e prepotentissima. Di lui personalmente, détta la bella prosa d'un commentatore anonimo: «lasciollo il padre ricco e ogni cosa distrusse in pazzie, e in sciocchezze cattive».

Fuori Stricca, dentro Niccolò! Il quale, nell'orto dove attecchisce il seme di cosiffatte fatuità (come dire, a Siena), *la costuma ricca / del garofano prima discoverse*. Prerogativa assai discussa, che in tutti i casi non potrà consistere nell'uso, peraltro inveterato e corrente, di mettere il chiodo di garofano nei brasati; ma, semmai, nella dispendiosa stravaganza di arrostire fagiani e capponi su brace di chiodi di garofano, spezia gravata all'epoca da pesante gabella.

Se anche questo Niccolò fosse, come sostengono in molti, un Salimbeni, sarebbe fratello del predetto Stricca, notato fra i notabili che, nell'anno 1311, in Milano, facevano corona a Arrigo VII imperatore (par di vedere la foto di gruppo).

Tranne Stricca, tranne Niccolò… e "*tra'ne la brigata*, nella quale Caccia d'Asciano dissipò vigneti e *la gran fonda* (se 'fonda' sta per 'borsa', varrà 'denaro liquido'; se sta per 'fondo', varrà 'terreni a coltura'), e l'Abbagliato *suo senno proferse*, cioè prodigò tesori di prudenza…", ridacchia sotto le croste il falsatore.

Dell'Abbagliato si sa che era tal Bartolomeo dei Folcacchieri, multato nel 1278 per ubriachezza molesta, indi investito di ragguardevoli cariche pubbliche, vuoi in Comune, vuoi nell'esercito. Di Caccia si sa poco più del nome, che comunque non è pochissimo, se per esteso suona: Caccianemico di Trovato degli Scialenghi Cacciaconti da Asciano.

È da sapere che la brigata godereccia di cui erano membri tutti e due, Caccia e l'Abbagliato, aveva in organico dodici playboys di Siena, città, si ricordi, ricchissima, prima che sullo scorcio del Duecento Firenze non la soppiantasse sui mercati finanziari europei: capitale sociale della brigata, 216.000 fiorini d'oro (impossibile, si sa, stabilirne l'equivalente in valuta d'oggi: calcolando solo il contenuto aureo del fiorino secondo il prezzo attuale dell'oro, verrebbe una sommetta nell'ordine dei 15-16 milioni di euro); fine statutario, il meticoloso sperpero del capitale. Nel giro di venti mesi, conseguito il fine statutario, la brigata si sciolse e i dodici soci, ridotti in miseria, come recita il latino facile del chiosatore, «facti sunt fabula gentium».

Possiamo star sicuri, o quasi, che per l'eternità questi vitaioli di provincia galopperanno fra gli arbusti della selva dei Suicidi, inseguiti da nere cagne bramose col concittadino Lano dei Maconi: ricordi? quello che strillava: "or accorri, accorri, morte!".

Ma quello che parla, si può sapere chi è? Si può. Contava che Dante l'avesse riconosciuto. Poi lo visita un dubbio... Le croste, dopotutto, sfigurano. E dice: "Se vuoi sapere chi ti dà tanto spago contro i Senesi, guardami bene. La mia faccia non ti torna? Sissignore, che mi riconosci: son l'ombra di Capocchio. Perché son qui? Perché *falsai li metalli con l'alchìmia*. E tu – t'ho riconosciuto subito – ti ricorderai certo di com'ero bravo a scimmiottare il prossimo".

Questo ci fa sapere, chiudendo numero e canto con un ammicco.

Ma Dante, che – a quanto ci raccontano chiosatori d'epoca – lo conosceva bene, perché avevano studiato insieme da giovani (e magari proprio «alchìmia» nel senso di «chimica», corso richiesto per l'iscrizione all'Arte dei Medici e Speziali), avrà saputo anche che il rancore di Capocchio contro i Senesi si spiegava col fatto che a Siena, nel '93, avevano bruciato vivo pure lui. Lui, però, correttamente, nel senso che, maestro «in contrafare ogni uomo che volea e ogni cosa, (...) diessi da ultimo a contrafare li metalli»; e ben per quello fu condannato a morte.

Dunque, questi due «lebbrosi con la scabbia» sono contraffattori di metalli, e il contrapasso – a non andar troppo per il sottile – li contraffà in eterno nelle sembianze fisiche, più o meno come tutti gli altri degenti della decima bolgia. Che, nello specifico, le croste evochino le scorie della fusione o la sintomatologia di qualche malattia professionale, è ipotesi un po' più spericolata.

Ma la condanna eterna degli «alchimisti», inutile negarlo, crea qualche problema.

In via di principio, l'«alchimia naturalis», cioè l'insieme delle procedure chimiche intese all'estrazione laboratoriale di metalli nobili da minerale grezzo, era legittimata dalla dottrina di Tommaso d'Aquino; tanto più che il suo maestro inappellabile, Alberto Magno, eruditissimo in materia, aveva scrupolosamente descritto e decantato la «coppellazione», capitale fra quelle procedure. Condannate, viceversa, erano le pratiche finalizzate ad adulterare per lucro la struttura chimica dei metalli nobili, che Tommaso stesso rubricava come «alchimia sophistica».

In via di fatto, però, gli oscuri rituali del laboratorio alchimistico e l'indecifrabile codice ermetico che li occultava non tardarono ad attirare la diffidenza degli inquisitori di Santa Romana Chiesa. Per modo che, sul finire del Duecento – ricordiamo che dall'area arabo-ispanica l'alchimia s'era diffusa nell'Occidente cristiano da pochi decenni –, riprovazioni, interdetti e roghi ecclesiastici cominceranno a interessare l'intera categoria e il nome stesso di alchimista. Questo, anche se risulta che, in ambito francescano, le pratiche alchemiche suscitassero fiammate d'entusiasmo, e che, a tutto l'anno 1300, i domenicani di Santa Maria Novella si esercitassero ancora assiduamente sulle spirali dell'athanor; d'altro canto la bolla di papa Giovanni XXII, che proibisce l'esercizio alchemico sotto qualsiasi forma ed a qualsiasi titolo, data al 1317.

Il fatto che gli alchimisti finissero per esser sospettati di connivenza col demonio prova, d'altronde, che nessuno metteva in dubbio l'efficacia delle loro operazioni clandestine. Insomma, bruciandoli vivi, la Chiesa si adoprerà a purificare la cristianità da una setta diabolica di manipolatori del mondo minerale, non a sgomberarla da qualche ciarlatano.

E Dante? che ne pensava Dante?

Una cosa parrebbe certa: che la condanna alla scabbia eterna perpetui la sentenza capitale irrogata dai tribunali ecclesiastici. Minima certezza, che non è facilissimo però conciliare con la frequente constatazione che, tanto nelle sue radici fisiche (che rimontano alla dottrina aristotelica dei metalli), quanto nelle sue lussureggianti ramificazioni antropologiche e cosmologiche (derivate dalla simbologia meta-sperimentale degli Arabi), il magistero alchemico, o «ars regia», complemento terrestre del sapere astrologico e di quante altre matematiche celesti, occupa nell'universo speculativo e fantastico del più grande poeta cristiano uno spazio non marginale.

Dilatarlo a lume di naso, sull'onda dell'esoterismo di massa che imperversa di questi tempi, non costa e non vale nulla. Definirlo con inequivoca precisione richiederebbe una vita, e non è detto che la nostra basterebbe, se non è detto sia bastata a lui, Dante, la sua.

Come avrai la bontà di ricordare, è già capitato di rasentare il problema a proposito di Tiresia indovino e dei fratacchioni ipocriti. Ricapiterà. Ma nessuno ci obbliga a simulare competenze che non abbiamo, e tanto meno a prenderle sottogamba.

La molta gente e le diverse piaghe
avean le luci mie sì inebriate,
che de lo stare a piangere eran vaghe.
Ma Virgilio mi disse: “Che pur guate?
perché la vista tua pur si soffolge
là giù tra l’ombre triste smozzicate?
Tu non hai fatto sì a l’altre bolge;
pensa, se tu annoverar le credi,
che miglia ventidue la valle volge.
E già la luna è sotto i nostri piedi:
lo tempo è poco omai che n’è concesso,
e altro è da veder che tu non vedi”.
“Se tu avessi”, rispuos’io appresso,
“atteso a la cagion per ch’io guardava,
forse m’avresti ancor lo star dimesso”.
Parte sen giva, e io retro li andava,
lo duca, già faccendo la risposta,
e soggiugnendo: “Dentro a quella cava
dov’io tenea or li occhi sì a posta,
credo ch’un spirto del mio sangue pianga
la colpa che là giù cotanto costa”.
Allor disse ’l maestro: “Non si franga
lo tuo pensier da qui innanzi sovr’ello.
Attendi ad altro, ed ei là si rimanga;
ch’io vidi lui a piè del ponticello
mostrarti e minacciar forte col dito,
e udi’ ’l nominar Geri del Bello.
Tu eri allor sì del tutto impedito
sovra colui che già tenne Altaforte,
che non guardasti in là, sì fu partito”.
“O duca mio, la vïolenta morte
che non li è vendicata ancor”, diss’io,
“per alcun che de l’onta sia consorte,

fece lui disdegnoso; ond'el sen gio
sanza parlarmi, sì com'io estimo:
e in ciò m'ha el fatto a sé più pio".

Così parlammo infino al loco primo
che de lo scoglio l'altra valle mostra,
se più lume vi fosse, tutto ad imo.

Quando noi fummo sor l'ultima chiostra
di Malebolge, sì che i suoi conversi
potean parere a la veduta nostra,

lamenti saettaron me diversi,
che di pietà ferrati avean li strali;
ond'io li orecchi con le man coversi.

Qual dolor fora, se de li spedali
di Valdichiana tra 'l luglio e 'l settembre
e di Maremma e di Sardigna i mali

fossero in una fossa tutti 'nsembre,
tal era quivi, e tal puzzo n'usciva
qual suol venir de le marcite membre.

Noi discendemmo in su l'ultima riva
del lungo scoglio, pur da man sinistra;
e allor fu la mia vista più viva

giù ver' lo fondo, là 've la ministra
de l'alto Sire infallibil giustizia
punisce i falsador che qui registra.

Non credo ch'a veder maggior tristizia
fosse in Egina il popol tutto infermo,
quando fu l'aere sì pien di malizia,

che li animali, infino al picciol vermo,
cascaron tutti, e poi le genti antiche,
secondo che i poeti hanno per fermo,

si ristorar di seme di formiche;
ch'era a veder per quella oscura valle
languir li spirti per diverse biche.

Qual sovra 'l ventre e qual sovra le spalle
l'un de l'altro giacea, e qual carpone
si trasmutava per lo tristo calle.

Passo passo andavam sanza sermone,
guardando e ascoltando li ammalati,
che non potean levar le lor persone.

Io vidi due sedere a sé poggiati,
com'a scaldar si poggia tegghia a tegghia,
dal capo al piè di schianze macolati;

e non vidi già mai menare stregghia
a ragazzo aspettato dal segnorso,
né a colui che mal volontier vegghia,

come ciascun menava spesso il morso
de l'unghie sopra sé per la gran rabbia
del pizzicor, che non ha più soccorso;

e sì traevan giù l'unghie la scabbia,
come coltel di scàrdova le scaglie
o d'altro pesce che più larghe l'abbia.

"O tu che con le dita ti dismaglie",
cominciò 'l duca mio a l'un di loro,
"e che fai d'esse tal volta tanaglie,

dinne s'alcun Latino è tra costoro
che son quinc'entro, se l'unghia ti basti
etternalmente a cotesto lavoro".

"Latin siam noi, che tu vedi sì guasti
qui ambedue", rispuose l'un piangendo:
"ma tu chi se' che di noi dimandasti?".

E 'l duca disse: "I' son un che discendo
con questo vivo giù di balzo in balzo,
e di mostrar lo 'nferno a lui intendo".

Allor si ruppe lo comun rincalzo,
e tremando ciascuno a me si volse
con altri che l'udiron di rimbalzo.

    Lo buon maestro a me tutto s'accolse,
dicendo: "Dì a lor ciò che tu vuoli";
e io incominciai, poscia ch'ei volse:
    "Se la vostra memoria non s'imboli
nel primo mondo da l'umane menti,
ma s'ella viva sotto molti soli,
    ditemi chi voi siete e di che genti;
la vostra sconcia e fastidiosa pena
di palesarvi a me non vi spaventi".
    "Io fui d'Arezzo, e Àlbero da Siena",
rispuose l'un, "mi fé mettere al foco;
ma quel per ch'io mori' qui non mi mena.
    Vero è ch'i' dissi lui, parlando a gioco:
'I' mi saprei levar per l'aere a volo';
e quei, ch'avea vaghezza e senno poco,
    volle ch'i' li mostrassi l'arte; e solo
perch'io nol feci Dedalo, mi fece
ardere a tal che l'avea per figliuolo.
    Ma ne l'ultima bolgia de le diece
me per l'alchìmia che nel mondo usai
dannò Minòs, a cui fallar non lece".
    E io dissi al poeta: "Or fu già mai
gente sì vana come la sanese?
Certo non la francesca sì d'assai!".
    Onde l'altro lebbroso, che m'intese,
rispuose al detto mio: "Tra'mene Stricca
che seppe far le temperate spese,
    e Niccolò che la costuma ricca
del garofano prima discoverse
ne l'orto dove tal seme s'appicca;
    e tra'ne la brigata in che disperse
Caccia d'Ascian la vigna e la gran fonda,
e l'Abbagliato suo senno proferse.

Ma perché sappi chi sì ti seconda
contra i Sanesi, aguzza ver' me l'occhio,
sì che la faccia mia ben ti risponda:
sì vedrai ch'io son l'ombra di Capocchio,
che falsai li metalli con l'alchìmia;
e te dee ricordar, se ben t'adocchio,
com'io fui di natura buona scimia".

XXX

Nel tempo che Iunone era crucciata / per Semelè contra 'l sangue tebano, / come mostrò una e altra fïata, // Atamante, eccetera, fino al v. 12... *e quando la fortuna volse in basso / l'altezza de' Troian che tutto ardiva, / sì che 'nsieme col regno il re fu casso, // Ecuba*, eccetera, fino al v. 21... *ma né di Tebe furie né troiane / si vider mai*, eccetera, fino al v. 27... senza tirare il fiato!

Non è questo attacco di canto il primo (né sarà l'ultimo), che stacchi netto sulla chiusa del canto precedente, e che veda il poeta impegnato in un'ampia figurazione analogica, della quale puntualmente finirà per confessarsi insoddisfatto. Ma fa impressione tanto sfarzo di miti antichi (si ammirino accatastati, per la prima e ultima volta, ciclo di Tebe e ciclo di Troia)... fa impressione un impianto sintattico di queste dimensioni (il più esteso di tutta la *Commedia*, se ci si mette d'accordo sulla punteggiatura), montato al solo scopo di staccare netto sulla chiacchiera sorniona d'un compagno di scuola, famoso un tempo per le sue imitazioni di docenti, indi famigerato per le sue contraffazioni di metalli pregiati.

No: quest'attacco ha l'autorevolezza tematica d'una grande ouverture tragica. Ouverture di cosa? Vediamo intanto il repertorio dei temi. È tutto ovidiano.

Le storie di Tebe raccontano come, furente di gelosia per Sèmele (figlia di Cadmo, fondatore della città), Giunone infierisse a più riprese (*una e altra fïata*) sulla casa regnante tebana: su Sèmele stessa, responsabile d'esser rimasta incinta di Giove, costringendolo a carbonizzarla nel letto; poi sulle sorelle di lei, e sui figli delle sorelle, e su un cognato, non potendo sul feto adulterino, che finirà per essere Bacco, e già godeva di immunità dinastica, cucito dentro una coscia di suo padre. L'antefatto è indicato dal nostro poeta di passata, per venir subito all'episodio esemplare. Qui i prelievi dal IV delle *Metamorfosi* son perfino indiscreti.

Dunque, Atamante, re di Orcòmeno e marito di Ino – la terza delle tre sorelle di Sèmele prese di mira da Giunone, e quella che aveva allevato Bacco di nascosto – ... Atamante, dunque, uscito pazzo per maleficio della furia Tisìfone, vedendo la moglie coi due figlioletti in braccio, uno per parte, urlò: "retia tendite (*tendiam le reti*), così prendo in trappola *la leonessa e ' leoncini...*", e allungando le mani selvagge, acciuffò quello che si chiamava Learco, *e rotollo* (rotat) *e percosselo ad un sasso* (saxo discutit); allora la povera moglie, gettandosi in mare da una rupe, s'annegò onusque suum (*con l'altro carco*, cioè, con l'altro bimbo in collo).

Davanti all'insondabile catastrofe dell'assassinio di un bambino, la pietà degli antichi tremava: tremava come davanti a un mostruoso soprassalto della natura, e non riusciva ad accreditare quella bufera dell'anima se non all'occulta furia degli dèi che, di tempo in tempo, all'improvviso, investe e subissa un povero sicario pazzo. Tremavano di mistero.

Le storie di Troia narrano come, dopo che la fortuna ebbe abbattuto la sconfinata alterigia dei Troiani, sopprimendone in un tratto il regno e il re, Ècuba, vedova di Priamo, approdata sulle coste della Tracia, mesta, disperata, miseranda e in stato di cattività (*cattiva*), avendo assistito all'eccidio della figlia Polissena sul tumulo di Achille, ed essendosi accorta del cadavere del figlio Polidoro abbandonato sulla riva del mare, forsennatamente latrasse come una cagna, tanto il dolore le aveva stravolto la mente.

E qui il poeta Dante, invece, ha scorciato robustamente il XIII delle *Metamorfosi*, suggerendo, fra l'altro, una versione della morte di Polidoro che non collima con quella che Virgilio ricordava a Pier della Vigna, autocitandosi. Caso unico nella *Commedia*, questa doppia versione d'una stessa favola antica.

Ècuba e Atamante, Troia e Tebe... ecco: tutto per dire che tante regali e mitiche pazzie, scatenate dalle furie contro uomini o animali, non reggono in crudeltà al confronto con quelle che il pellegrino vede all'opera in due ombre smorte e nude che, mordendo, correvano alla maniera del porco quando erompe furente dal porcile.

Una raggiunge Capocchio, il chimico chiacchierone, e lo azzanna sullo snodo del collo, per modo che, strattonandolo via, gli strofina la pancia molliccia sul terreno di pietra. E va, la coppia idrofoba.

Il povero Capocchio aveva appena evocato – in chiusa del canto scorso – una serie di scialacquatori senesi, che Ècuba abbaia, e si riattiva sotto i nostri occhi la «caccia selvaggia», che fendeva la selva dei Suicidi... Lì, però, gli Scialacquatori braccati dalle cagne nere, spezzando in corsa rami e aggrovigliandosi nei cespugli, si rendevano – se ricordi – causa strumentale della pena dei co-dannati; qui, questi due, ne sono la causa efficiente.

Detenuti incanagliti ad aguzzini: kapò: praticamente, diavoli.

Uscito ignobilmente di scena Capocchio, per questa volta l'altro falsator di metalli, Griffolino d'Arezzo pare essersela cavata. E tremando più del solito, spiega: "Quel demonio volante, quel *folletto* è Gianni Schicchi, *e va rabbioso altrui così conciando*". Calco del franco-provenzale 'folet', 'folletto' – senza la minima intonazione vezzeggiativa – valeva 'genio del male', 'demonio'.

Il pellegrino ha fretta: “Va bene; ma con l’augurio che non ti ficchi i denti addosso, dimmi chi è quell’altro spirito assatanato, prima che sparisca”.

E Griffolino: “È l’anima antica di Mirra scellerata, *che divenne / al padre, fuor del dritto amore, amica* (la quale, cioè, amò suo padre d’amore illecito). E andò a letto con lui, falsificando la propria identità; così come quell’altro che è appena scappato, Gianni Schicchi, appunto, il quale, per beccarsi la meglio fattrice delle scuderie di Buoso Donati, ebbe la faccia tosta di passarsi per Buoso (*sostenne ... falsificare in sé Buoso Donati*), e se la legò in testamento (la fattrice) con tutti i crismi di legge”.

Sulla metà del secolo XIII, pare che questo Gianni Schicchi dei Cavalcanti andasse rinomato fra i giovanotti scapestrati di Firenze per i suoi numeri da imitatore, come, qualche trent’anni dopo, il povero Capocchio, che s’è appena trascinato via addentandolo alla nuca. Lo dannerà in eterno una celebre novella.

Buoso Donati, ricchissimo, vedovo e senza prole, è in punto di morte. Suo nipote Simone – fratello, pare, dell’altro Buoso, quello che, se ricordi, «suffolando si fugge per la valle» dei Ladri; e, in prospettiva, padre di Corso, di Forese e di Piccarda – ...dunque, Simone si organizza con Gianni, amico suo. E Gianni, travestitosi da zio Buoso (il quale, nel frattempo, dovrebbe esser defunto), si infila nel letto di zio Buoso, e con la voce di zio Buoso testa davanti a notaio, nominando Simone erede ed esecutore testamentario, e legando a se medesimo, fra le altre cose, una magnifica giumenta, insomma, la regina dell’allevamento (*la donna de la torma*), «la qual valea ben da dugento fiorin d’oro».

Questa, più o meno, la novella che riferiscono i primi chiosatori della *Commedia*, e che Giovacchino Forzano complicherà di peripezie amorose – come molti sanno – per l’incantevole partitura di Giacomo Puccini. Può darsi che quei primi chiosatori sulla nuda cronaca abbiano un po' ricamato novellisticamente, come usava allora, all'alba dell'era borghese. Ma se i modelli narrativi secondo i quali una società ama raccontarsi producono e riproducono i modelli secondo cui la gente vive e si rappresenta la propria vita nell'illusione di darle un senso, perché escludere che Gianni Schicchi dei Cavalcanti abbia per davvero vissuto quella novella, all'alba dell'era borghese, come oggi, al tramonto, viviamo in molti, per davvero, il reality show o l'intervista da rotocalco che ci stiamo raccontando di noi stessi?

Certo è che il poeta non scherza, e sul proscenio del suo cabaret escatologico abbina la novella buffa e il buffone che la raccontò vivendola con l'antica Mirra e con la sua tragedia d'empietà.

Narra diffusamente il solito Ovidio, nel libro X delle solite *Metamorfosi*, la cupa passione di questa giovane per suo padre Cìnira, re di Cipro; le mene ordite per giacersi con lui sotto le mentite spoglie d'una puttana, conniventi l'astuta nutrice, le tenebre della notte e l'ubriachezza del circonvenuto; l'incesto reiterato e, finalmente, scoperto; l'orrore omicida del padre; la fuga di Mirra e la sua mutazione in pianta resinosa e aromatica. E la sventuratissima Mirra – noterai – non sconta in eterno la lussuria cieca che la ha indotta in incesto, ma la falsificazione d'identità che ha indotto in incesto suo padre.

Sul contrapasso che tocca a questa seconda categoria di Falsari (Falsatori-di-persona, afflitti da idrofobia) non sembra il caso di spremersi troppo, se sette secoli di spremitura non han prodotto che un sughino di noccioli. Tanto meno, sul bizzarro assembramento dei dannati della bolgia decima.

In tutta la *Commedia* – ha scritto un maestro – appaiono proiettate «su identica scala, storia e cronaca, mitologia sacra e profana, entità documentarie e immaginarie: fuori del tempo storico e sul piano d'un'univoca verità». Tuttavia non dovremmo «detrarre ogni freschezza allo stupore», assistendo agli abbinamenti stretti, sforzati e stravaganti oltre misura, che questo canto continua a sgranarci sotto gli occhi.

Le due categorie che completano il canone, e sulle quali il pellegrino sta già puntando l'occhio, confermeranno l'eterogeneità del lotto: non c'è giurisprudenza umana né divina che accomuni questa malassortita ciurma di malnati. Diciamo pure, che nell'ultima bolgia sono affastellati – e pare anche giusto – gli scampoli, le scorie, l'«omissis» di Malebolge: chimici o «alchimisti sofistici», falsomonetari, impostori, calunniatori, bugiardi... Chiamiamoli 'Falsadori', al modo di Dante, o, a modo nostro, 'Falsari', e tiriamo avanti.

Trascorse di furia le due anime rabbiose, il pellegrino torna a guardarsi in giro. E «io vidi – riattacca il poeta con la gravità di chi dà conto d'una percezione rallentata dallo stupore – uno, *fatto a guisa di lëuto*, se solo avesse avuto l'inguine amputato del sovrappiù in cui ci biforchiamo (*l'anguinaia / tronca da l'altro che l'uomo ha forcuto*): insomma, se non avesse avuto le gambe, sarebbe stato un liuto tale e quale. L'opprimente idropisia, che sproporziona (*dispaia*) le membra corrompendo gli umori (diremmo oggi: facendo trasudare il siero nella cavità addominale), tanto che il viso emaciato non risponde al trippone (*ventraia*), costringeva lo sventurato a tener le labbra aperte, *come l'etico fa* ('febbre etica', dal greco 'hektikós', 'costante, cronico', a tutto l'Ottocento sta per 'tisi'; anche se qui potrebbe avere altro etimo ed altro senso)... insomma, come fanno quei malati, che per la sete stirano in giù un labbro, e l'altro lo accartocciano in sù».

Se la patologia che affligge il nostro falsario sia tubercolosi epatica e peritoneale o non piuttosto idropisia in corso di cirrosi epatica, come mi suggeriva un internista dantofilo, è materia su cui non sarò mai in grado di metter bocca. D'altronde, pare che la sintomatologia fornita da Dante non sia coerente in tutto e per tutto, e reclami ulteriori consulti...

Pazienteremo. Quel che è certo è che questo liuto con le gambe non manca d'una sua patetica autorevolezza.

E sebbene abbiamo ormai capito che le risorse retoriche dei dannati sono sempre tributarie del gran repertorio retorico del poeta che rimonologa le loro battute, dobbiamo pur notare come l'obeso esordisca con un modulo delle *Lamentazioni di Geremia* (*guardate e attendete*: «attendite et videte, si est dolor sicut dolor meus...»), e subito poi si attardi con suprema eleganza intorno alla figura del gocciol d'acqua, che il ricco epulone dannato implora inutilmente dal padre Abramo nel *Vangelo di Luca*. Ascoltiamolo bene.

"Voi, che senza patire alcuna pena vi aggirate per questo mondo tristo", dice l'anima-liuto ai due poeti, "osservate e prestate attenzione allo stato miserando di maestro Adamo: da vivo ho avuto in abbondanza tutto quanto desideravo, e ora, povero me!, son qui a sognare un goccio d'acqua. *Li ruscelletti che d'i verdi colli / del Casentin discendon giuso in Arno*, imbevendo i loro tracciati d'umido e di fresco, sempre mi stanno negli occhi; e non è cosa da poco, se la loro immagine mi tormenta d'arsura più della malattia che mi scarnisce la faccia. La rigorosa giustizia celeste che mi assilla minuziosamente (*mi fruga*) trae partito dal luogo dove ho peccato per incrementare le mie pene e il fiotto dei miei sospiri (*a metter più li miei sospiri in fuga*). In quel luogo (esattamente, fra Póppi e il passo della Consuma) è il castello di Romena, dove io falsificai *la lega suggellata del Batista*, cioè la lega metallica improntata dall'immagine di san Giovanni Battista (il fiorino d'oro, insomma): motivo per cui, ho lasciato in terra il mio corpo carbonizzato. Ma se mi fosse dato di veder qua sotto l'anima trista di Guido o d'Alessandro o del terzo fratello, non cambierei quello spettacolo con *Fonte Branda* (se non è la famosa Fontebranda a Siena, sarà una omonima fontana sorgiva in Casentino a significare la più bella fontana di lassù). Uno di loro tre", seguita il nostro, "è già in bolgia, se gli idrofobi (*l'arrabbiate / ombre*) che la perlustrano di corsa non raccontano storie: ma cosa me ne importa a me, che son qui impedito nei movimenti? Avessi quel minimo di leggerezza che mi consentisse di percorrere un nonnulla, *un'oncia*, un paio di centimetri al secolo, mi sarei messo già in cammino per cercarlo fra tutte queste anime conciate male, sformate (*gente sconcia*), con tutto che la bolgia abbia una circonferenza di undici miglia e non ne misuri meno di mezzo in larghezza (*e men d'un mezzo di traverso non ci ha*)": dove 'non ci ha', in rima con 'oncia' e 'sconcia', andrà letto /nóncia/: «rima composta» delle più smiagolate...

"Per colpa di quei tre fratelli", riprende e chiude l'idropico, "mi trovo in questa bella compagnia: m'hanno indotto loro a battere fiorini con *tre carati di mondiglia*".

La 'mondiglia', o 'mondezza' che dir si voglia, sarà rame o altro metallo vile, adoperato per alterare la lega aurifera delle monete. Essendo il fiorino d'oro – seppure in termini leggendari – a 24 carati, purissimo cioè, quello coniato da maestro Adamo doveva essere a 21. Ma tale pare fosse la sua perizia nella fusione e nel conio, che nessuno se ne accorse, finché non andò a fuoco il palazzo di Borgo San Lorenzo dove alloggiava lo spacciatore incaricato di immettere sul mercato fiorentino le monete false. Venne alla luce il deposito. Lo spacciatore, sotto tortura, confessò ogni cosa. Anche maestro Adamo fu catturato. Li spedirono sul rogo entrambi.

Se va identificato col «magistro Adam de Anglia» che appare in un atto pubblico bolognese del 1277, oltre che laureato ('maestro' vale tecnicamente il nostro 'dottore'), questo idropico forbito era anche anglo-toscano.

Quanto ai committenti, si tratterà dei nominati Guido (II) e Alessandro (I), più un terzo (a scelta fra Aghinolfo II e Ildebrandino): figli tutti e quattro di Guido I dei conti Guidi di Romena, ramo ghibellino della imponente famiglia feudale e palatina, che sul versante Guidi di Dovàdola contava, viceversa, un Guido Guerra, indimenticabile capo di Parte Guelfa e sodomita, che abbiam visto ballonzolare a ruota sotto i fiocchi di fuoco 14 canti fa. I beni dei tre aristocratici furfanti (necessariamente, lo spacciatore avrà fatto anche i loro nomi) furono confiscati. Ma nel giro di pochi anni, quando il conte Alessandro e il conte Aghinolfo forniranno prova di contrizione piena tradendo i compari ghibellini, e dandosi a perseguitarli col massimo zelo delatorio, i guelfi festeggeranno l'abiura remunerandoli con ogni sorta di cariche pubbliche. Quello dei tre (anzi, dei quattro) che già si segnala fra gli ospiti della bolgia sarà senz'altro Guido, l'unico che nel 1300 figura morto, e da una decina d'anni.

E ricordiamo pure che Dante Alighieri nel 1307 (forse) e nel 1311 (di certo) sarà ospite dei conti Guidi di Romena nel castello di Póppi; senza per questo autorizzarci a formulare congetture su rancori ideologici sopravvenuti fra le parti, o – peggio! – sul proverbiale caratteraccio del poeta.

Quanto al contrapasso che affligge i Falsatori-di-moneta, qualche ingegnoso chiosatore integra lo schema un po' ovvio che sembra calzare a tutti i Falsari («hanno contraffatto? siano contraffatti!») con un codicillo tecnico, in base al quale il ventre obeso evocherebbe la pletorica circolazione valutaria che si manifesta nei processi inflattivi, mentre il concomitante assottigliarsi del valore della moneta sarebbe significato dal viso scarno. Sarà…

Contentiamoci di ricordare come l'immissione nel mercato di denaro falso (e false, si badi, Dante e il suo tempo consideravano tutte le monete a corso forzoso) determinasse fra Due e Trecento paurose oscillazioni nei cambi e nei prezzi al consumo, che il buonsenso sgomento definiva «morbus nummericus» o «peste monetaria». Il fenomeno, insomma, era rilevantissimo e vistosissimo; e Dante lo deprecava con furore come manifestazione primaria del sistema economico vigente, nel quale la distribuzione dei beni sembrava aver perso qualsiasi rapporto col famoso sudore della fronte (oggi parliamo di «finanziarizzazione dell'economia»), e lo stesso parametro materiale della ricchezza – la moneta – veniva abdicando alla dignità simbolica della sua materialità: l'oro, il radioso e funestissimo oro, non era più nemmeno d'oro…

D'altronde la positura, la dislocazione sull'orlo del proprio cerchio, il merito e l'incidenza sociale della colpa, non suggeriscono qualche simmetria fra Falsomonetario e Usuraio?

Maestro Adamo la fa lunga, ma il pellegrino s'è già distratto a guardare due tapini che, sul versante destro dell'obeso (*ai suoi destri confini*: maestro Adamo si configura come una montagna di ciccia), giacciono addossati, fumando come mani bagnate nell'aria fredda dell'inverno. "Chi sono quei due?" gli sta chiedendo.

E il dotto idropico: "Qui li ho trovati quando son piovuto *in questo greppo*, diciamo in questo fondo di crepaccio, ed escludo che si siano mai mossi (*volta non dierno*), e che mai si muoveranno per l'eternità. L'una è la mentitrice che accusò Giuseppe; l'altro è il mentitore Sinone, greco di Troia (greco, cioè, con cittadinanza onoraria troiana, conferitagli dalla dabbenaggine del povero re Priamo): per la loro *febbre aguta* esalano tanto *leppo*, cioè *tanto* puzzo di padella bruciata"; laddove 'febbre aguta o putrida' – nel lessico medico del tempo – era una speciale affezione circolatoria connotata da sintomi come mal di testa, sete e alito perfido.

Ecco assemblati in fortuito trio una calunniatrice egiziana dell'Antico Testamento, moglie dell'eunuco Putifar, capitano della guardia del faraone, la quale concupiva il casto Giuseppe e, respinta, lo accusò di aver tentato di sedurla (*Genesi* 39, 7-20); un impostore greco complice di Ulisse nella messinscena del cavallo di Troia (*Eneide*, II, 57-199); e un falsario anglo-casentinese contemporaneo di Dante (*Inferno*, XXX, 49 sgg.). L'atroce e grottesco repertorio di Malebolge va ad esaurirsi, forza gli effetti dell'anacronismo teologale, e carica le tinte. Così, cronaca giudiziaria e mitologia passano a vie di fatto, sotto gli occhi della Bibbia...

Uno dei due febbricitanti, il maschio, Sinone, a sentirsi menzionato dall'idropico in termini così sprezzanti e sbrigativi, si scoccia, e gli dà un pugno nella pancia tesa e dura (la famosa *epa croia*: dove 'epa', dal greco 'êpar', 'fegato', è tecnicismo spregiativo e varrà 'ventraia', 'trippa'; 'croia' è provenzalismo, e starà qui per 'tosta').

Quella sonò come fosse un tamburo; / e mastro Adamo li percosse il volto / col braccio suo, che non parve men duro: senti il passo della terzina? galoppo, trotto, galoppo... Insomma, cazzotto in pancia e gomitata di reazione. Indi le vie di fatto degenerano in alterco.

ADAMO Per quanto sia qui inchiodato dal peso, le braccia, come vedi, le ho ancora sciolte.

SINONE Sciolte, non ce le avevi, quando ti portarono al rogo in catene: scioltissime, in compenso, quando battevi moneta.

ADAMO Ora la dici, la verità: ma non la dicevi, la volta che testimoniasti il falso sotto Troia, a quelli che volevano saperla...

SINONE Sì, dissi il falso: una volta! e per quell'unica colpa sono quaggiù: ma tu... c'è un diavolo che abbia tanti peccati, quanti fiorini hai falsificato tu?

ADAMO Nella storia del cavallo – non te lo scordare – il falso tu l'hai giurato. E crepa dalla rabbia che tutti lo sanno!

SINONE Crepa tu, dalla sete che ti crepa la lingua, e dall'acqua fradicia che ti ammucchia la pancia fin sopra gli occhi!

ADAMO A te, invece, è la bocca che continua a spaccartisi per la malattia. Io ho sete, d'accordo, e gli umori mi imbottiscono (*omor mi rinfarcia*): ma tu sei così arso dalla febbre e hai tanto mal di testa, che *per leccar lo specchio di Narcisso, / non vorresti a 'nvitar molte parole*: insomma, non ti faresti pregare due volte...

Lo 'specchio di Narcisso' è ovviamente 'l'acqua di fonte', specchiandosi nella quale il ragazzo Narciso si innamorò di sé: non serve farti notare come la caninità di quel 'leccar' giri in parodia la squisitezza dell'ennesima perifrasi ovidiana.

La controversia tra falsario e spergiuro, tutta ricamata di contrappunti e simmetrie sulla falsariga del genere duecentesco della «tenzone poetica», a conti fatti, «verte sul nulla». Ma il pellegrino s'è lasciato adescare dalla vacua eleganza di quei rinfacci incrociati, così come noi lettori dal resoconto che il poeta ne redige.

E Virgilio s'inalbera, incespicando nella sintassi di una mamma esasperata: "*Or pur mira, / che per poco che teco non mi risso!* (e tu continua a guardare... che adesso vedi che poco ci manca che perdo la pazienza che ti dò quattro...)".

A sentirsi interpellare da un maestro tanto arrabbiato, il discepolo si gira verso di lui con tal vergogna, che il poeta se la sente ancora serpeggiare nella memoria.

Come chi sogna un brutto sogno, e nel sogno desidera che il suo sogno sia un sogno, dunque sta desiderando quello che è come se non fosse: così il pellegrino, non trovando parole al suo desiderio di scusarsi, col suo stesso silenzio si sta scusando, e crede di non farlo.

Al buon Virgilio, infatti, la sua contrizione senza parole basta e avanza: "Colpa ben maggiore si lava con ben minore vergogna", dice: "*però d'ogne trestizia ti disgrava* (deponi dunque la tetraggine del rimorso), e ricorda sempre ch'io sono al tuo fianco, *se più avvien che fortuna t'accoglia* (se tu dovessi ricapitare dove c'è gente impegnata in consimili battibecchi; '*in simigliante piato*': '*piato*' dal latino 'pla[ci]tu[m], letteralmente è 'dibattimento giudiziario'): perché ascoltare questa roba è bassa voglia".

Così il maestro conclude, con solennità veterotestamentaria, il suo dire e la fittissima orditura di esempi eccessivi ed eccessi esemplari del canto XXX. E tira la tela sull'inaudito varietà escatologico di Malebolge.

Ricordo di aver letto in una pagina magistrale di Gianfranco Contini che in questo fondo-canto il poeta Dante, «radicato nel suo attaccamento all'enciclopedia dei possibili», ha voluto godersi «la rappresentazione, ornarla di ogni fregio elocutivo, poi ancora annetterle la coda d'una sentenza savia e in quest'ordine raggiungere la poesia dei fatti interni». Ed è giusto che la savia sentenza sia affidata alla voce del maestro.

Ci sono infatti maestri – pochi, ma ci sono – che, quando parlano loro, è gran festa e guadagno stare zitti, per risentirseli poi parlare da dentro.

Nel tempo che Iunone era crucciata
per Semelè contra 'l sangue tebano,
come mostrò una e altra fiata,
Atamante divenne tanto insano,
che veggendo la moglie con due figli
andar carcata da ciascuna mano,
gridò: "Tendiam le reti, sì ch'io pigli
la leonessa e ' leoncini al varco",
e poi distese i dispietati artigli,
prendendo l'un ch'avea nome Learco,
e rotollo e percosselo ad un sasso,
e quella s'annegò con l'altro carco;
e quando la fortuna volse in basso
l'altezza de' Troian che tutto ardiva,
sì che 'nsieme col regno il re fu casso,
Ecuba trista, misera e cattiva,
poscia che vide Polissena morta,
e del suo Polidoro in su la riva
del mar si fu la dolorosa accorta,
forsennata latrò sì come cane,
tanto il dolor le fé la mente torta.
Ma né di Tebe furie né troiane
si vider mai in alcun tanto crude,
non punger bestie, nonché membra umane,
quant'io vidi in due ombre smorte e nude,
che mordendo correvan di quel modo
che 'l porco quando del porcil si schiude.
L'una giunse a Capocchio, e in sul nodo
del collo l'assannò, sì che, tirando,
grattar li fece il ventre al fondo sodo.
E l'Aretin che rimase, tremando
mi disse: "Quel folletto è Gianni Schicchi,
e va rabbioso altrui così conciando".

“Oh”, diss’io lui, “se l’altro non ti ficchi
li denti a dosso, non ti sia fatica
a dir chi è, pria che di qui si spicchi”.

Ed elli a me: “Quell’ è l’anima antica
di Mirra scellerata, che divenne
al padre, fuor del dritto amore, amica.

Questa a peccar con esso così venne
falsificando sé in altrui forma,
come l’altro che là sen va, sostenne,

per guadagnar la donna de la torma,
falsificare in sé Buoso Donati,
testando e dando al testamento norma”.

E poi che i due rabbiosi fuor passati
sovra cu’io avea l’occhio tenuto,
rivolsilo a guardar li altri mal nati.

Io vidi un, fatto a guisa di leuto,
pur ch’elli avesse avuta l’anguinaia
tronca da l’altro che l’uomo ha forcuto.

La grave idropesì, che sì dispaia
le membra con l’omor che mal converte,
che ’l viso non risponde a la ventraia,

faceva lui tener le labbra aperte
come l’etico fa, che per la sete
l’un verso ’l mento e l’altro in sù rinverte.

“O voi che sanz’alcuna pena siete,
e non so io perché, nel mondo gramo”,
diss’elli a noi, “guardate e attendete

a la miseria del maestro Adamo;
io ebbi, vivo, assai di quel ch’i’ volli,
e ora, lasso!, un gocciol d’acqua bramo.

Li ruscelletti che d’i verdi colli
del Casentin discendon giuso in Arno,
faccendo i lor canali freddi e molli,

sempre mi stanno innanzi, e non indarno,
ché l'imagine lor vie più m'asciuga
che 'l male ond'io nel volto mi discarno.

La rigida giustizia che mi fruga
tragge cagion del loco ov'io peccai
a metter più li miei sospiri in fuga.

Ivi è Romena, là dov'io falsai
la lega suggellata del Batista;
per ch'io il corpo sù arso lasciai.

Ma s'io vedessi qui l'anima trista
di Guido o d'Alessandro o di lor frate,
per Fonte Branda non darei la vista.

Dentro c'è l'una già, se l'arrabbiate
ombre che vanno intorno dicon vero;
ma che mi val, c'ho le membra legate?

S'io fossi pur di tanto ancor leggero
ch'i' potessi in cent'anni andare un'oncia,
io sarei messo già per lo sentiero,

cercando lui tra questa gente sconcia,
con tutto ch'ella volge undici miglia,
e men d'un mezzo di traverso non ci ha.

Io son per lor tra sì fatta famiglia:
e' m'indussero a batter li fiorini
ch'avevan tre carati di mondiglia".

E io a lui: "Chi son li due tapini
che fumman come man bagnate 'l verno,
giacendo stretti a' tuoi destri confini?".

"Qui li trovai – e poi volta non dierno –",
rispuose, "quando piovvi in questo greppo,
e non credo che dieno in sempiterno.

L'una è la falsa ch'accusò Gioseppo;
l'altr'è 'l falso Sinon greco di Troia:
per febbre aguta gittan tanto leppo".

E l'un di lor, che si recò a noia
forse d'esser nomato sì oscuro,
col pugno li percosse l'epa croia.

Quella sonò come fosse un tamburo;
e mastro Adamo li percosse il volto
col braccio suo, che non parve men duro,

dicendo a lui: "Ancor che mi sia tolto
lo muover per le membra che son gravi,
ho io il braccio a tal mestiere sciolto".

Ond'ei rispuose: "Quando tu andavi
al fuoco, non l'avei tu così presto;
ma sì e più l'avei quando coniavi".

E l'idropico: "Tu di' ver di questo;
ma tu non fosti sì ver testimonio
là 've del ver fosti a Troia richesto".

"S'io dissi falso, e tu falsasti il conio",
disse Sinon, "e son qui per un fallo,
e tu per più ch'alcun altro demonio!".

"Ricorditi, spergiuro, del cavallo",
rispuose quel ch'avea infiata l'epa,
"e sieti reo che tutto il mondo sallo!".

"E te sia rea la sete onde ti crepa",
disse 'l Greco, "la lingua, e l'acqua marcia
che 'l ventre innanzi a li occhi sì t'assiepa!".

Allora il monetier: "Così si squarcia
la bocca tua per tuo mal come suole:
ché, s'i' ho sete e omor mi rinfarcia,

tu hai l'arsura e 'l capo che ti duole,
e per leccar lo specchio di Narcisso,
non vorresti a 'nvitar molte parole".

Ad ascoltarli er'io del tutto fisso,
quando 'l maestro mi disse: "Or pur mira,
che per poco che teco non mi risso!".

Quand'io 'l senti' a me parlar con ira,
volsimi verso lui con tal vergogna,
ch'ancor per la memoria mi si gira. 135
Qual è colui che suo dannaggio sogna,
che sognando desidera sognare,
sì che quel ch'è, come non fosse, agogna: 138
tal mi fec'io, non possendo parlare,
che disiava scusarmi, e scusava
me tuttavia, e nol mi credea fare. 141
"Maggior difetto men vergogna lava",
disse 'l maestro, "che 'l tuo non è stato;
però d'ogne trestizia ti disgrava. 144
E fa ragion ch'io ti sia sempre allato,
se più avvien che fortuna t'accoglia
dove sien genti in simigliante piato:
ché voler ciò udire è bassa voglia". 148

XXXI

No. Lasciarsi imbambolare dalla vacua rissosità di due falsari, che non han di meglio da fare che scambiarsi simmetrici improperi, non fa onore al pellegrino, destinato a santificare la parola registrando l'itinerario dell'uomo alla salvezza e verbalizzando la percezione di Dio. Ma la *Divina Commedia* è anche la storia documentale, il diario della propria scrittura. Si scrive cancellandosi e riscrivendosi.

E per sbarazzarsi delle basse seduzioni della «tenzone poetica», genere in cui s'era pur attardato e distratto anni prima – ne riparleremo esemplificando in purgatorio –, Dante ha dovuto trascrivere in queste carte sante un condensato dello sketch ordito all'inferno dal greco Sinone e dall'anglo-casentinese Maestro Adamo. Né altri che Virgilio, maestro supremo del «bello stilo» con cui Dante – come ben sappiamo – s'è poi fatto onore, ha titolo per rimproverargli, da dentro, quelle oziose destrezze letterarie, e depennarle col perdono. Così, la lingua medesima che prima lo aveva ferito (o morso) e fatto arrossire (o tinto su *l'una e l'altra guancia*), ora medica il pellegrino.

E il poeta, per l'occasione, evoca la favola della lancia d'Achille e di suo padre Pelèo, la quale soleva *esser cagione / prima di trista e poi di buona mancia*: deteneva, insomma, la singolare proprietà di guarire al secondo colpo le piaghe inferte col primo (dove 'mancia' sarà francesismo, da 'manche', nel senso ancora oggi corrente di 'fase di gara' e, più in particolare, nel lessico della scherma, di 'assalto').

In un oscuro antefatto della guerra di Troia, Tèlefo, re di Misia, è ferito ad una coscia dalla lancia di Achille. La brutta piaga non rimarginando, Tèlefo consulta l'oracolo di Apollo, che si pronuncia così: «solo la lancia che ti ha ferito potrà guarirti». Allora Tèlefo supplica Achille di raschiargli sulla piaga la ruggine della punta della sua lancia; Achille raschia; e lui guarisce d'incanto. Ovidio, fonte canonica, allude all'episodio due tre volte ma in maniera quanto mai incidentale; fonte ipotetica, C. Giulio Igino, erudito d'età augustea, è assai più minuzioso ed esauriente in materia. In ordine alla terapia, peraltro, si tengono entrambi sulle generali: di modo che i poeti franco-provenzali e i loro adepti (giù, fino al Petrarca) si figureranno la lancia di Peleo-Achille cicatrizzare le ferite che provocava, non per virtù di ruggine, ma replicando il colpo; e assumeranno l'episodio a metafora del riso di donna amata.

Chi ha frequentato il *Parsifal* di Wagner – radicato nella grandiosa leggenda medievale del Santo Graal –, apprezzerà l'analogia tra questa figurazione terapeutica e la favola mistica della piaga di Amfortas, inferta e medicata dalla lancia del centurione Longino.

Basta con le favole! Girate le spalle al lazzaretto della bolgia decima, Virgilio e Dante rimontano ora la scarpata, e si avviano a traversare in diagonale l'argine che delimita internamente l'anello immane di Malebolge, senza aprir bocca. Di poco li precede lo sguardo in quella foschia crepuscolare, ch'è più fiacca della luce del giorno, più spessa del buio della notte (*men che notte e men che giorno*), quando un suono di corno, così lacerante da umiliare il rombo di qualsiasi tuono, ecco, orienta gli occhi del pellegrino a risalire verso la fonte sonora (*contra sé la sua via seguitando, / dirizzò li occhi miei tutti ad un loco*).

«*Dopo la dolorosa rotta, quando / Carlo Magno perdé la santa gesta, / non sonò sì terribilmente Orlando*», détta il poeta evocando uno degli episodi più famosi della *Chanson de Roland*, famosissimo fra i cantàri in lingua d'oïl.

Nell'agosto dell'anno di Cristo 778, le moltitudini dei saraceni di Spagna, istruite dal traditore Gano di Maganza, han circondato e sopraffatto nel valico di Roncisvalle (Pirenei baschi) la retroguardia dell'armata cristiana, capitanata dal conte Orlando. Allo stremo, il paladino «porta alla bocca il corno olifàn, (...) con gran potenza lo suona, (...) con pena e con affanno, / con dolore grande (...). / Gli spiccia per la bocca sangue chiaro, / il cervello gli crepa le tempie...», détta l'antico poeta francese. La «lunga voce» del corno serpeggia nelle gole dei monti per trenta miglia, fino a raggiungere Carlo, che già marcia in terra di Francia con il grosso dell'esercito. Ma Gano minimizza, Gano rallenta il soccorso. E nel valico maledetto l'imperatore non troverà che cadaveri: ammazzato è Orlando, e ammazzati tutti quei molto nobili baroni e paladini che la fede aveva accomunato in fratellanza d'armi. A tradimento.

Nell'espressione '*santa gesta*', usata per designare i paladini di Francia – dodici e santi difensori della fede come gli apostoli –, 'gesta' vale il francese antico '*geste*' ('impresa memorabile') nel senso accessorio di 'comunanza di eroi versati in imprese memorabili'.

Bene. Volta la testa, e puntato lo sguardo a rimontare il brivido del suono, sembra al pellegrino Dante d'intravedere la cinta turrita d'una città: "E questa che città è (*che terra è questa*)?", domanda al maestro (è dal canto di Francesca – se ricordi – che conosciamo l'uso antico di 'terra' per 'città').

Il maestro lo disinganna: "*Però che tu trascorri / per le tenebre troppo da la lungi, / avvien che poi nel maginare abborri*": per via della lontananza, insomma, e delle tenebre, confondi (letteralmente 'abborracci') le immagini". E soggiunge: "Pervenuto laggiù, ti accorgerai dell'errore; *però alquanto più te stesso pungi* ('dunque, allunga il passo!'; o, per star più addossati alla lettera: 'dàtti una mossa!')". Ma poi caramente lo prende per mano: "Tanto che andiamo", dice, "perché la constatazione non abbia poi a sbalordirti, sappi che non son torri, ma giganti: giganti disposti giro giro nel pozzo, a ridosso dello strapiombo (*intorno da la ripa*) che li nasconde dall'ombelico in giù, quanto son lunghi".

Come, al diradarsi della nebbia, lo sguardo a poco a poco raffigura quel che il vapore velava stipando l'aria: così, avvicinandosi l'orlo del baratro, l'occhio fora quell'aura grossa e scura, e a misura che scema l'inganno, cresce nel pellegrino la paura.

Paura che però, in qualche modo, rilegittima l'inganno: torri non erano, no, ma orrendi giganti, i quali, come Monteriggioni corona di torri la cerchia tonda delle sue mura, *torreggiavan di mezza la persona*, cioè scandivano di torri, turrivano con la metà superiore del corpo la proda circolare del pozzo. Anche da vicino, insomma, allo sgomento di Dante quei giganti torreggianti, che Giove continua a minacciare dal cielo quando tuona, sembravano torri gigantesche.

Monteriggioni – come tutti sanno – è la piazzaforte di val d'Elsa, che i Senesi avevano costruito all'inizio del XIII secolo e dotato di torri cinquant'anni dopo, per pararsi da Firenze, e che ancor oggi troneggia un po' smozzzicata su un collicello attiguo alla via Cassia.

Dante ormai distingue bene la faccia di uno, le spalle e il petto e buona parte della pancia, e le due braccia a penzolo lungo il torso.

Le membra immani del gigante gli ispirano considerazioni molto timorate: «quando la natura cessò di produrre siffatti bestioni (*lasciò l'arte / di siffatti animali*), fece benissimo, in quanto privò il dio della guerra di quella spaventosa risma di scherani (di *tali essecutori*); e se lei, la natura, non si fa scrupoli (*non si pente*) di produrre elefanti, balene e quanti altri mastodonti, chi consideri la cosa con perspicacia non potrà che lodarsi della sua equità e del suo buonsenso (*più giusta e più discreta la ne tene*): infatti, solo dove alla possa fisica si sommi lo strumento della ragione (*l'argomento de la mente*) e la volontà di male, non c'è scampo per il genere umano».

Per rendere una qualche idea della mole spropositata dell'omaccione, il poeta si diffonde in minuziose stime a occhio. Tralasciando le minuzie, vediamo di trascrivere i dati nel sistema metrico decimale.

Dunque, la testa del gigante è lunga e grossa come *la pina* di San Pietro a Roma. Collocata oggi entro il cosiddetto «nicchione del Bramante» nel cortile vaticano cui presta il nome, quest'antica pigna di bronzo misura in altezza 4 metri abbondanti; ai tempi di Dante, integrata a una fontana nell'atrio dell'antica basilica romanica, pare fosse un po' più alta. Dato che le altre ossa erano proporzionate a quelle del cranio, siamo autorizzati a immaginare un marcantonio sui 26-28 metri, qualcosa come uno stabile di otto piani. E i conti, più o meno, tornano, se tre Frisoni sovrapposti (famosa, la Frisia, per produrre pezzi d'uomini) non avrebbero raggiunto la zazzera del gigante dal ciglio dell'argine che, per così dire, gli fungeva da mutanda ('*perizoma*', secondo che Dante leggeva nel *Genesi*, era il grembiule di foglie che coprì le pudenda di Adamo ed Eva dopo il peccato). Ora, in considerazione del fatto che la clavicola, nel punto dove s'affibbia il manto, sembra distare dallo stesso ciglio poco meno di 7 metri e mezzo (tanti sono *trenta gran palmi*), lo studioso non mancherà di osservare come la zazzera dovesse spiovere alquanto sulle spalle del gigante, atteso che, per alto che vogliamo immaginarcelo, un Frisone misurerà comunque molto meno di due metri e mezzo (7,50 : 3 = 2,50), dunque...

"*Raphèl maì amècche zabì almi!*"

L'urlaccio articolato dell'omone tronca la laboriosa computisteria. E perché aspettarsi da quella bocca *più dolci salmi*, più soavi giaculatorie?

Virgilio lo rimbecca: "Scemo, se vuoi sfogare la rabbia o chissà che, contèntati del corno... Tóccati il collo, e troverai la bandoliera (*la soga*) cui sta appeso. Non vedi, anima balorda, *che 'l gran petto ti doga*, che ti pavesa il petto quant'è largo?" (ricorda che 'doga', nel lessico araldico, è la sbarra che traversa lo scudo in diagonale).

Poi si rivolge al discepolo, e spiega: "Si accusa da sé, s'è tradito: è Nembròth. Per la sua empia pensata ('*coto*', deverbale da 'cotare', 'cogitare', è latinismo alla fiorentina)... dunque, per la sua empia pensata nel mondo non si pratica più un'unica lingua. Lasciamolo stare, e non perdiamo tempo a parlare a vanvera con lui: non c'è linguaggio che capisca, così come il suo non lo capisce nessuno".

Nembròth (ebraico: 'Nimròd', 'Nembrotto' alla toscana) era nipote di Cam e, stando al dettato biblico, fu «il primo ad essere potente sulla terra», «poderoso cacciatore al cospetto dell'Altissimo» e fondatore di città sul corso del Tigri. Sulla scorta delle versioni greca e latina del *Genesi* che aveva per le mani, sant'Agostino lo qualifica di «gigante cacciatore contro il Signore Iddio», iscrivendolo di fatto nel registro dei giganti antidiluviani (i prodi e malfamati «nefilìm»); e aggiudica alla sua vacua iattanza il progetto biblicamente anonimo di edificare nella regione di Sennaàr la famosa torre di Babele.

Dante, che scolpirà Nembròth in bassorilievo sul pavimento del primo terrazzamento del purgatorio ad esempio di superbia castigata, mostra di attenersi alla tradizione patristica; anzi, la integra nel *De Vulgari* con la notazione che il «pietoso e memorabile» castigo di Dio, sgranando in una moltitudine di gerghi corporativi non comunicanti il sacro idioma comune fino ad allora al genere umano, assegnò agli empi Babilonesi linguaggi tanto più «rozzi e barbarici», quanto più elevato era stato il ruolo di ciascuno nell'impresa edilizia lasciata a metà.

Unico architetto-progettista e direttore dei lavori, Nembròth, inebetito dalla solitudine, è dannato in eterno ad accozzare relitti irriconoscibili della lingua di Dio e degli Ebrei (senza perderci nel labirinto delle ipotesi erudite, ci associamo alla convinzione della migliore competenza che il suo endecasillabo sfiguri l'ebraico o l'aramaico)... ad accozzarli in un blaterìo che capisce lui solo, meno espressivo del raglio di un corno da caccia.

Per evitare il protrarsi di quella conversazione sordomuta, i due viandanti allungano il tragitto, scorrendo verso sinistra in parallelo all'orlo dell'ultimo abisso; e, ad un tiro di balestra, si imbattono in un secondo colosso, ancora più feroce e grande (*assai più fero e maggio*). Ha il braccio sinistro piegato e costretto (*soccinto*) per davanti, il destro per di dietro sulla schiena, da una catena enorme, la quale, fissata al collo, gli avviluppa in cinque spire la parte del corpo che sbuca dal pozzo (*lo scoperto*). «Sa Dio – chiosa il poeta – chi è stato il fabbro»... Nella nostra ignoranza, noi sappiamo soltanto che anche il Satana islamico, nel famoso *Libro della Scala*, figura incatenato esattamente in quel modo lì.

Virgilio spiega: "Questo arrogante volle sperimentare la sua potenza contro il sommo Giove: ecco la ricompensa. Fialte ha nome, e si esibì al suo meglio (*fece le gran prove*) quando i giganti misero paura agli dèi. Le braccia che ha menato all'impazzata, ora non le muove più".

Gigante per gigante, a questo punto Dante vorrebbe vedere

con i suoi occhi lo smisurato Briareo. E Virgilio gli comunica che vedrà Anteo, invece: il quale, per non esser lontano, per aver l'uso della parola e per non essere in catene, si candida alla funzione di deporli nel fondo ghiacciato di tutte le colpe ('*reo*', sostantivato, vale anche qui 'colpa'). Quanto a quell'altro, Briareo, è molto più in là, legato come questo Fialte (ma noi lo chiamiamo 'Efialte' alla latina) e della medesima stazza, sebbene la sua faccia sia ancora più orrenda da vedere.

E si scatena il sisma.

«Mai terremoto è stato così violento e improvviso (*tanto rubesto*) da scuotere una torre così forte, *come Fialte a scuotersi fu presto*», balbetta il poeta. E confessa di non aver mai temuto tanto la morte; anzi, che a farlo morire sarebbe bastato allora lo spavento ('*dotta*', come 'dottanza' è gallicismo), se non avesse ben visto le funi (*le ritorte*) che immobilizzavano quel forsennato.

Basta. I due procedono, finché non raggiungono Anteo, il quale eccede il bordo roccioso di *cinque alle*, testa esclusa (essendo la 'alla' misura lineare fiamminga pari a circa un metro e mezzo, questo Anteo avrà, più o meno, la stessa taglia di Nembròth).

Per convincere il gigante alla mansione veicolare che buonsenso gli assegna, Virgilio esibisce tutto il suo garbo suasorio. Dice: "*O tu che ne la fortunata valle / che fece Scipïon di gloria reda, / quand'Anibàl co' suoi diede le spalle*"... in termini meno criptici: "O tu che nella fausta valle del torrente Bàgrada, la quale conferì a Scipione, col cognome 'Africano', eredità di gloria, quando Annibale con l'esercito cartaginese fu messo in fuga..."; insomma: "tu che dalle parti di Zama... catturasti ai tuoi tempi moltitudini di leoni per mangiarteli, e che, se avessi partecipato con i tuoi fratellastri giganti alla gran battaglia di Flegra, c'è chi non esclude essi avrebbero avuto la meglio sugli dèi dell'Olimpo: non offenderti, tu, di depositarci dove il gelo serra Cocito in lastra di ghiaccio. Non ci obbligare a rivolgerci a Tizio o a Tifo: questo che viene con me può soddisfare il desiderio che condividi con tutti gli ospiti di quaggiù. Chìnati, dunque, e non stornare la faccia crucciata (*non torcer lo grifo*). Sissignore: costui può rinfrescare nel mondo la memoria delle tue gesta, dato che è vivo e promette di vivere ancora a lungo, sempre che la grazia divina non lo chiami a sé anzitempo".

Così detto, il maestro tira il fiato. E Anteo, senza por tempo in mezzo, allunga quelle manone di cui Ercole sperimentò la stretta poderosa, e lo raccoglie dall'orlo del pozzo.

Figli della terra (Gea) e del sangue sgrondato dai genitali del Cielo (Urano), che Saturno (Crono) aveva mozzato con una falce d'acciaio, e gettato in mare al largo dell'isola di Citera, i giganti sono divinità preagricole e rudimentali. Sacri alla sedizione e alla sconfitta, non figurano oggetto di culto. Esiodo ne celebra imprese e genealogia; ma Omero e la sua grande scuola li ricordano tangenzialmente, lasciandone un'impronta scontornata nell'epos romano e nel leggendario romanzo.

Dante riordina gli accenni disseminati nei suoi classici latini in una esigua distinta, che ricava sostanzialmente dalla *Farsaglia* di Lucano, e che inquadra – a me sembra – entro il canone esteso di giganti e titani che leggeva nel repertorio mitologico compilato (ne parlavamo adesso, a proposito della lancia di Achille) dall'erudito C. Giulio Igino.

Sulla favola di Anteo, concepito da Gea-terra negli antri di Libia dopo la caduta dei giganti, e signore della valle del Bàgrada, Lucano si diffonde. Se atterrato in combattimento, è fama recuperasse integre le forze dal contatto con la madre; e, appunto, tenendolo sollevato da terra, all'ennesimo round Ercole lo stritolerà nella morsa delle sue braccia.

L'indigeno che nel IV della *Farsaglia* racconta il memorabile match fra i due colossi al tribuno Curione (lui! il 'Curio' di tre canti fa), oltre a fornire diversi spunti all'appello adulatorio di Virgilio (l'ipotesi che la presenza di Anteo a Flegra avrebbe potuto determinare la sconfitta degli dèi d'Olimpo; la notizia della dieta leonina del gigante; la celebrazione di Scipione), enumera, dei fratellastri caduti, «Typhon», «Tityos» e «Briareus ferox».

Di questi tre Dante accantona gli aberranti caratteri somatici che presentano nelle favole antiche, e sconfessa l'esemplare specificità delle pene che li affliggono sulle pagine dei classici.

Tifo (o 'Tifone', o 'Tifèo'), così come non giace sepolto da Giove sotto le lave dell'Etna, ha sicuramente dimesso le cento teste di drago, le tòrtili gambe di serpente e la sconfinata apertura di braccia che, stando a Esiodo, gli consentiva di toccare con una mano l'alba e con l'altra il tramonto.

Tizio, il quale non patisce supino nel fondo del Tartaro il becco insaziabile dell'avvoltoio che gli divora il fegato, dev'essersi sbarazzato della sua natura fallica e aver sensibilmente ridotto i nove iugeri d'altezza (pari a m 1870 circa) che gli assegnano concordi Virgilio e Ovidio.

E Briareo (anche lui in purgatorio esemplificherà la superbia punita) non vólita più, fantasma a cento braccia, sotto l'olmo enorme e opaco del vestibolo dell'Ade virgiliano.

Dritti in piedi e scaglionati a intervalli regolari, in catene, sull'orlo del ghiaccio di Cocito, hanno tutti analoga stazza e analoghe fattezze antropoidi, e patiscono tutti una medesima degradazione.

Quanto a Efialte, cui Stazio e Ovidio aggiudicano l'intento di scardinare il vasto cielo sovrapponendo il monte Pèlio al monte Ossa, ed entrambi all'Olimpo, si noterà come – regolarmente associato dai poeti latini al gemello Oto sotto il patronimico 'Aloìdes', che designava entrambi come figli putativi del gigante Aloèo – sui testi classici accessibili a Dante figuri col suo nome ('Ephialtes') solo nel repertorio di Igino: repertorio che, enumerando scrupolosamente – come accennato – tutti i titani e i giganti «flegrei», forse ci permette di contare i colossi che nell'immaginario di Dante montano la guardia all'infimo inferno.

Emblema di arroganza demente e brutale, Efialte copre manifestamente nelle favole antiche il ruolo sovversivo di scalatore del cielo che la tradizione patristica assegna a Nembròth. Accostandoli sul ciglio del baratro, integrando, per così dire, la «gigantizzazione» dell'architetto di Sennaàr con la «nembrottizzazione» del ferocissimo Aloìde e dei suoi fratelli giganti, il poeta salda ancora, solennemente, Sacre Scritture e letteratura classica.

Ma a che titolo Nembròth e i suoi primitivi compari presidiano il pozzo dei Traditori? Sul quesito, la dantistica si affatica da sempre.

Un elegante studioso francese ha tessuto una ragnatela di correlazioni intorno alla terzina di Roncisvalle. Sul ciglio del pozzo maledetto, l'urlo rauco del corno di Nembròth, associato per antitesi al richiamo disperato di olifàn, evocherebbe, insieme, la disfatta cristiana e il tradimento...

L'antitesi resta mera congettura. Tuttavia una serie di connessioni (la presenza di Gano il traditore nel ghiaccio dell'immediato Cocito; la raffigurazione di Filippo il Bello, antagonista dell'impero, nel «gigante» che durante la parata allegorica del Paradiso Terrestre piantonerà, baciandola di quando in quando, la meretrice dell'*Apocalisse*, figura della Curia depravata; l'invettiva inoculata nel *De Vulgari Eloquentia* contro i marchesi di Monferrato e di Ferrara, rappresentati nell'atto di soffiar nel corno per chiamare a raccolta contro Arrigo VII i traditori loro simili, ecc. ecc.)... questa e altre connessioni sembrano, insomma, avvalorare la convinzione che un nesso simbolico forte intercorra fra i giganti, il corno e il tradimento dell'Impero, con la concomitante adulterazione della Chiesa.

In ogni caso, anche se l'idea di tradimento non sembra attagliarsi benissimo all'ostentata empietà del cacciatore biblico e dei mastodonti tèssali, la sopraelevazione abusiva della crosta terrestre – o per impresa edilizia, o per accumulo di montagne –

comporta indubbiamente un'organizzazione del lavoro che integra la protervia del singolo gesto eversivo in una trama sediziosa, in una cospirazione contro i celesti. E sant'Agostino precisa nel *De Civitate Dei* che, come 'Babele' (o 'Babilonia' che si voglia dire) significa 'confusio', 'Nembròth' significa, appunto, 'conspiratio'.

Ribelli agli dèi e complici nella costruzione di un rudimentale grattacielo di montagne accatastate, gli antichi giganti patiscono l'infame minorazione di vedersi pietrificati nel torpore minaccioso delle torri che sembrano e sono. Mentre Efialte, il capomastro pazzo, assomma in sé spaventosamente la mole della torre e il furore del terremoto che la scrolla.

Ma allo spavento di Dante-pellegrino è torre perfino Anteo, il fratellastro dei colossi di Tessaglia, con tutto che sia il meno ebete, capisca il linguaggio umano e si possa muovere. È torre perfino nel muoversi.

Appena si è sentito raccogliere dalla manona di Anteo, Virgilio s'è stretto al petto Dante, così da fare con lui un unico fascio.

E il pellegrino, sbirciando ora terrorizzato il moto del gigante che prende a chinarsi per depositarli sul ghiaccio, ha la sensazione di vederselo precipitare addosso, come chi, disposto sul lato verso cui pende (*sotto 'l chinato*), guardi la torre bolognese della Garisenda, quando una nuvola le trascorre sopra in direzione opposta alla pendenza (*sovr'essa sì, ched ella incontro penda*): che la nuvola sembra ferma, e la torre crollare. Qualsiasi altro veicolo e itinerario avrebbe preferito, il povero pellegrino. Ma Anteo depone o, meglio, sposa con somma delicatezza i poeti itineranti al fondo dell'inferno, che incorpora (*divora*) Lucifero e Giuda, e subito torna a rizzarsi. Non senza sollievo, il pellegrino contempla ora di sotto in sù il gigante turrito, altissimo, rigido, assiale, come l'albero maestro visto dalla tolda della nave.

A ripensarci, ora che ce l'abbiamo alle spalle: che strano castello, questo Malebolge!

Con il fronte esterno – ricordi la meticolosa similitudine iniziale? – guarda verso l'interno, e contiene i fossati che lo recingono, come a proteggerlo dalla voragine del pozzo verso il quale converge. E il pozzo si svela, a sua volta, per un castello concavo, cinto da torri.

Come già detto «suo loco», per capir meglio questa figura inimmaginabile sarà opportuno riparlarne nell'alto dei cieli. Per ora limitiamoci a constatare che due fortezze speculari e concentriche serrano lo sterminato reclusorio anulare dei Frodatori fra la sabbia rovente dell'estrema Violenza e il ghiaccio del Tradimento.

Una medesma lingua pria mi morse,
sì che mi tinse l'una e l'altra guancia,
e poi la medicina mi riporse;
così od'io che solea far la lancia
d'Achille e del suo padre: esser cagione
prima di trista e poi di buona mancia.
Noi demmo il dosso al misero vallone
su per la ripa che 'l cinge dintorno,
attraversando sanza alcun sermone.
Quiv'era men che notte e men che giorno,
sì che 'l viso m'andava innanzi poco;
ma io senti' sonare un alto corno,
tanto ch'avrebbe ogne tuon fatto fioco,
che, contra sé la sua via seguitando,
dirizzò li occhi miei tutti ad un loco.
Dopo la dolorosa rotta, quando
Carlo Magno perdé la santa gesta,
non sonò sì terribilmente Orlando.
Poco portai in là volta la testa,
che me parve veder molte alte torri;
ond'io: "Maestro, dì, che terra è questa?".
Ed elli a me: "Però che tu trascorri
per le tenebre troppo da la lungi,
avvien che poi nel maginare abborri.
Tu vedrai ben, se tu là ti congiungi,
quanto 'l senso s'inganna di lontano;
però alquanto più te stesso pungi".
Poi caramente mi prese per mano
e disse: "Pria che noi siam più avanti,
acciò che 'l fatto men ti paia strano,
sappi che non son torri, ma giganti,
e son nel pozzo intorno da la ripa
da l'umbilico in giuso tutti quanti".

Come quando la nebbia si dissìpa,
lo sguardo a poco a poco raffigura
ciò che cela 'l vapor che l'aere stipa:
così forando l'aura grossa e scura,
più e più appressando ver' la sponda,
fuggiemi errore e crescémi paura;
però che, come su la cerchia tonda
Montereggion di torri si corona,
così la proda che 'l pozzo circonda
torreggiavan di mezza la persona
li orribili giganti, cui minaccia
Giove del cielo ancora quando tuona.
E io scorgeva già d'alcun la faccia,
le spalle e 'l petto e del ventre gran parte,
e per le coste giù ambo le braccia.
Natura certo, quando lasciò l'arte
di sì fatti animali, assai fé bene
per tòrre tali essecutori a Marte.
E s'ella d'elefanti e di balene
non si pente, chi guarda sottilmente
più giusta e più discreta la ne tene;
ché dove l'argomento de la mente
s'aggiugne al mal volere e a la possa,
nessun riparo vi può far la gente.
La faccia sua mi parea lunga e grossa
come la pina di San Pietro a Roma,
e a sua proporzione eran l'altre ossa,
sì che la ripa, ch'era perizoma
dal mezzo in giù, ne mostrava ben tanto
di sovra, che di giugnere a la chioma
tre Frison s'averien dato mal vanto:
però ch'i' ne vedea trenta gran palmi
dal loco in giù dov'omo affibbia 'l manto.

"*Raphèl maì amècche zabì almi!*"
cominciò a gridar la fiera bocca,
cui non si convenia più dolci salmi.

E 'l duca mio ver' lui: "Anima sciocca,
tienti col corno, e con quel ti disfoga
quand'ira o altra passïon ti tocca!

Cércati al collo, e troverai la soga
che 'l tien legato, o anima confusa,
e vedi lui che 'l gran petto ti doga".

Poi disse a me: "Elli stessi s'accusa:
questi è Nembrotto per lo cui mal coto
pur un linguaggio nel mondo non s'usa.

Lasciànlo stare e non parliamo a vòto;
ché così è a lui ciascun linguaggio
come 'l suo ad altrui, ch'a nullo è noto".

Facemmo adunque più lungo vïaggio,
vòlti a sinistra; e al trar d'un balestro
trovammo l'altro assai più fero e maggio.

A cigner lui qual che fosse 'l maestro
non so io dir, ma el tenea soccinto
dinanzi l'altro e dietro il braccio destro

d'una catena che 'l tenea avvinto
dal collo in giù, sì che 'n su lo scoperto
si ravvolgea infino al giro quinto.

"Questo superbo volle esser esperto
di sua potenza contra 'l sommo Giove",
disse 'l mio duca, "ond'elli ha cotal merto.

Fialte ha nome, e fece le gran prove
quando i giganti fer paura a' dèi;
le braccia ch'el menò, già mai non move".

E io a lui: "S'esser puote, io vorrei
che de lo smisurato Briareo
esperïenza avesser li occhi mei".

Ond'ei rispuose: "Tu vedrai Anteo
presso di qui che parla ed è disciolto,
che ne porrà nel fondo d'ogne reo.

Quel che tu vuo' veder, più là è molto
ed è legato e fatto come questo,
salvo che più feroce par nel volto".

Non fu tremoto già tanto rubesto,
che scotesse una torre così forte,
come Fialte a scuotersi fu presto.

Allor temett'io più che mai la morte,
e non v'era mestier più che la dótta,
s'io non avessi viste le ritorte.

Noi procedemmo più avante allotta,
e venimmo ad Anteo, che ben cinque alle,
sanza la testa, uscia fuor de la grotta.

"O tu che ne la fortunata valle
che fece Scipïon di gloria reda,
quand'Anibàl co' suoi diede le spalle,

recasti già mille leon per preda,
e che, se fossi stato a l'alta guerra
de' tuoi fratelli, ancor par che si creda

ch'avrebber vinto i figli de la terra:
mettine giù, e non ten vegna schifo,
dove Cocito la freddura serra.

Non ci fare ire a Tizio né a Tifo:
questi può dar di quel che qui si brama,
però ti china e non torcer lo grifo.

Ancor ti può nel mondo render fama,
ch'el vive, e lunga vita ancor aspetta
se 'nnanzi tempo grazia a sé nol chiama".

Così disse 'l maestro; e quelli in fretta
le man distese, e prese 'l duca mio,
ond'Ercule sentì già grande stretta.

Virgilio, quando prender si sentio,
disse a me: “Fatti qua, sì ch’io ti prenda”;
poi fece sì ch’un fascio era elli e io.

Qual pare a riguardar la Carisenda
sotto ’l chinato, quando un nuvol vada
sovr’essa sì, ched ella incontro penda:

tal parve Anteo a me che stava a bada
di vederlo chinare, e fu tal ora
ch’i’ avrei voluto ir per altra strada.

Ma lievemente al fondo che divora
Lucifero con Giuda, ci sposò;
né, sì chinato, lì fece dimora,

e come albero in nave si levò.

XXXII

«*S'ïo avessi le rime aspre e chiocce* – debutta il poeta – che si converrebbero a questo tristo pozzo di Cocito, sul quale gravitano (*pontan*) tutte l'altre rocce d'inferno, potrei esprimere più compiutamente il succo di quel che ho impresso dentro (*di mio concetto*); ma dato che di queste rime aspre e chiocce non dispongo (*ma perch'io non l'abbo*, dove 'abbo' è latinismo alla toscana), / *non sanza tema a dicer mi conduco* (mi accingo a raccontare non senza titubanza). Infatti, descrivere il fondo del fondo di tutto l'universo non è impresa da prender sottogamba (*da pigliare a gabbo*), e temo sia impossibile venirne a capo adoperando la *lingua che chiami mamma o babbo*».

E che cos'è la 'lingua che chiami mamma o babbo'?

Riscontri incrociati con il *De Vulgari*, il *Convivio*, l'*Epistola a Cangrande* e altri passi della *Commedia* autorizzano il dubbio che si tratti del 'volgare della specie di sì' o, alternativamente, del linguaggio infantile. Ma proprio attenendoci al Dante linguista, potremmo azzardare un verdetto salomonico: in fin dei conti, linguaggio infantile e 'volgare' non tendono a coincidere nell'esperienza dei parlanti di sì? Sarà comunque meglio star contenti alla lettura: è 'la lingua che chiami mamma e babbo', cioè, proprio, 'la lingua che si sta pronunciando', 'questa lingua qui', che sigla in questo primo terzetto di terzine l'oscillazione del registro stilistico di tutto il canto fra lo stridore d'un estremo artificio tecnico e le smorfie sonore dei bambini.

Notavamo il canto scorso come capiti alla *Divina Commedia* di cancellarsi scrivendosi, di sbarazzarsi, insomma, nell'ordine morale e spirituale, delle esperienze letterarie che utilizza via via. Cominciamo a notare che può capitarle di scriversi, cioè di fondarsi stilisticamente, nell'atto di professare la propria inettitudine stilistica a scriversi.

Quanto alle rime aspre e chiocce (va da sé che qui 'rima' vale 'verso', 'componimento in versi') è d'obbligo il richiamo al piccolo manipolo di canzoni che Dante aveva dettato nel 1296 per donna refrattaria alla mutualità d'amore, e che vanno sotto il titolo canonico di «rime petrose». Infatti, non c'è dubbio che l'asprezza e chioccità qui invocate lì imperversino, esasperando lo sperimentalismo del grande laboratorio lirico provenzale.

Il richiamo, tuttavia, andrà circoscritto al modello stilistico e al repertorio d'immagini (basti pensare al tema, ossessivamente variato nelle petrose, dell'«acqua morta» che «si converte in vetro / per la freddura che di fuor la serra», ovvero che «per algente freddo [...] diventa cristallina petra»). Mentre non dà assolutamente conto – quel richiamo alle «petrose» – del progetto e del risultato di queste terzine di *Commedia*. La congruenza fra concetto e forma, che lì andava in corto circuito nell'equazione metaforica fra petrosità della donna e petrosità della strumentazione tecnica, qui, professata e contraddetta, si adopera a rendere percepibili immagini estreme, si sperimenta con disperata maestria a pronunciare cose, emozioni, nomi «allo stato di verità».

E proprio per ottenere lo scopo che sta ottenendo, cioè *che dal fatto il dir non sia diverso*, il poeta riconvoca in aiuto le muse. Come le riconvoca una pagina della *Tebaide* che forse ha ancora aperta sotto gli occhi.

L'ispirazione opera anche per contiguità e per contagio. Tant'è: a nemmeno venti esametri dall'ennesimo appello alle muse, Stazio decanta l'empietà edilizia dei giganti Aloìdi, evocata il canto passato, e dopo altri venti menziona la favola di Anfione, che col fascino inerme del canto avrebbe sedotto le pietre a staccarsi docilmente dalla montagna, e a cinger Tebe di mura: come qui, appunto, Dante ricorda di scorcio (*ma quelle donne aiutino il mio verso / ch'aiutaro Anfïone a chiuder Tebe*).

Ricorda, e poi rompe in un'invettiva secca contro la malcreata genia dei peccatori, che sono andati a cacciarsi in un luogo così duro da raccontare: i peggiori di tutti, peggio per loro!... Meglio per loro, fossero stati a questo mondo pecore o capre (*zebe*)!

Basta. Una volta deposti, maestro e discepolo, giù nel pozzo scuro più in basso dei piedoni di Anteo – anche il ghiaccio di Cocito è un po' imbarcato –, seguitando il discepolo a tener gli occhi sulla parete di roccia, si sente dire: "Guarda dove metti i piedi, tu! Fa' attenzione, camminando, a non pestare le teste *de' fratèi miseri lassi*". Chi parli e a chi alluda con quel 'fratèi', non si sa bene: l'ipotesi che preferisco si affaccerà da sé col primo dialogo-intervista di questo canto.

Così, il pellegrino Dante si gira, e se lo vede sotto, il tanto preannunciato Cocito (eccolo: *un lago che per gelo / avea di vetro e non d'acqua sembiante*); e lo impressiona la consistenza, lo spessore assoluto del ghiaccio. Così, il poeta si avventura in una similitudine visionaria e difettiva: «né d'inverno *Danoia in Osterlicchi* ('Donau in Österreich', cioè 'Danubio in Austria'), né *Tanaï* sotto i suoi cieli gelidi (proverbiale nel Medioevo la settentrionalità del Don, latino 'Tanai[m]') si sono mai velati d'un ghiaccio tanto spesso... tanto che, vi piombassero sopra *Tambernicchi* o *Pietrapana* (montagne che, sott'altro nome, pare sian sempre lì affacciate sulla Versilia), neppure all'orlo, dov'è più esile, quella banchisa infernale avrebbe *fatto cricchi*».

E da questo scricchiolio in rima si irradia a ritroso per due terzine quella tonalità dell'immaginario linguistico infantile che verifica l'inverosimile nella sfera delle percezioni minime, conferisce concretezza ad ogni iperbole, e accredita i nomi propri di segrete proprietà onomatopeiche.

Siamo dunque sull'orlo di Cocito.

La tradizione classica, che traversa l'*Eneide*, assegna una rauca irruenza a questo fiume infernale, associato etimologicamente dai chiosatori ai 'pianti' ed ai 'lamenti'; la Vulgata del *Libro di Giobbe* gli aggiudica invece una dolcezza riposante.

Che sia gelato è novità dantesca, forse suggerita da sant'Agostino, il quale, commentando Isaia, attribuisce a Lucifero l'ambizione di «farsi servire dalle tenebre e dai ghiacci», insediato «nella tramontana».

Noi, lettori della *Commedia*, ne sentiamo parlare da sempre. Ne conosciamo la localizzazione entro la topografia generale dell'inferno (canti XI e XVIII), il genere di popolazione (*qualunque trade*, canto XI), l'origine idrografica (dove confluisce il pianto fluviale del Veglio di Creta, canto XIV?), la natura e la configurazione (canto XXXI). Delle positure dei dannati verremo via via a sapere...

Però l'*ordigno*, cioè la struttura etico-giudiziaria di quest'estremo disco d'inferno, che sull'orlo di Malebolge il poeta aveva promesso di illustrarci *suo loco*, ora che siamo «in loco» non ce la illustra. E tanto meno si pronuncia Virgilio, che in questo canto non apre bocca. Tentiamo da soli.

Certo è, che anche Cocito è distribuito in sottocerchi concentrici, come il bersaglio d'un tirassegno; e che i sottocerchi sono quattro.

Il più esterno – dove siamo adesso – è la Caina (non ricordi la povera Francesca: «Caina attende...»?), e ospita i Traditori-dei-parenti, o meglio, chi ha ucciso parenti a tradimento (legittimo semplificare: chiunque abbia ucciso parenti, nel presupposto che nessuno si aspetta di essere ucciso da un parente): l'indicazione toponomastica è trasparente.

Il secondo sottocerchio è l'Antenòra, da Antènore, principe troiano e fondatore di Padova, cui chiosatori dell'*Eneide* e romanzieri medievali imputavano di aver aperto il portellone del cavallo fatale: qui sono alloggiati i Traditori politici.

Il canto presente si svolge in questi due sottocerchi. Dei due rimanenti, la Tolomea (Traditori-degli-ospiti) e la Giudecca (Traditori-dei-benefattori), diremo meglio nei due prossimi canti.

In linea di massima, la gerarchia dei tradimenti riproduce, invertendolo specularmente, l'«ordo charitatis», cioè la gerarchia dell'amore ratificata dall'enciclopedismo teologico di Tommaso d'Aquino.

Assume, dunque, Tommaso che il precetto di amare il prossimo contempla una scala di priorità, secondo la quale quanto più alto è l'oggetto d'amore, quanto più incondizionato e libero è l'amore che ci eroga (cioè, qualitativamente più affine all'amore di Dio), tanto più l'amore che gli portiamo ci rimerita.

Sotto questo profilo, sommi oggetti d'amore saranno i benefattori, che prodigano carità senza contropartita; secondi, gli ospiti (il latino 'hospes', nominando tanto l'amico che ospita quanto l'amico che è ospitato, nell'ospitalità consacra la reciprocità dell'amicizia), i quali dispensano elettivamente amore, ma in cambio d'amore; terzi, i concittadini e tutti quanti condividano con noi vincoli sociali o politici, in forza del bisogno di civile convivenza, che è connaturato all'uomo e tuttavia storicamente determinato per libera scelta; quarti, i consanguinei.

Verrebbe fatto di stupirsi: come mai l'amore tra fratelli, o tra genitori e figli, è il meno pregiato dalla giurisprudenza divina? la sua violazione proditoria, la meno – relativamente – infame? Perché quell'amore, appunto, è assolutamente naturale. Dunque non procura benemerenza alcuna; sebbene – come osserva Tommaso nella *Summa Theologiae* – padre e figlio possano perfezionarlo a discrezione, con maggiore o minor cura «in his, quae ad naturam spectant» (cioè, in ordine ai naturali processi dell'esistenza): il padre, ad esempio, nutrendo il figlio bambino e provvedendolo del necessario; il figlio, provvedendone il padre e nutrendolo vecchio... Come questo soave ciclo alimentare possa saldarsi in tragedia, vedremo prestissimo.

A conti fatti, l'«ordigno» di Cocito appare abbastanza rigoroso, e abbastanza coerente ai princìpi etico-giuridici generali enunciati da Virgilio nel famoso XI canto (12), secondo i quali, quanto più elettivi e liberi sono i vincoli che la frode recide, e perciò più radicata (e indifesa e vulnerabile) la fiducia del frodato, tanto più grave è la colpa del frodatore.

Ed evidente è, per grandi linee, la meccanica del contrapasso: il ghiaccio assoluto, che con il fuoco assoluto nega la vita organica, costituisce, col fuoco, lo strumento di morte eterna più accreditato dalla pubblicistica devozionale cristiana, ma anche, ad esempio, dalle speculazioni metascientifiche di Alberto Magno. Insomma, par giusto che i Traditori, duri e gelati alla carità, a norma dell'inflessibile carità di Dio siano quaggiù in perpetuo induriti dal gelo. Cristallizzati. Mineralizzati.

Ed eccoli qua, i dannatissimi traditori dell'infimo inferno, sbucare lividi dal ghiaccio *insin là dove appar vergogna* (fin dove si arrossisce: faccia e collo, insomma), come la rana che se ne sta a gracidare col muso fuor dall'acqua (beata lei!) sul far dell'estate, quando la contadina si ripromette copiose e frequenti spigolature... ma non gracidano beati, loro: anzi, incastrati *ne la ghiaccia*, battono i denti producendo lo schiocco secco che, sul far dell'estate, fanno i becchi delle cicogne in amore. Hanno il viso vòlto in giù: *da bocca il freddo, e da li occhi il cor tristo / tra lor testimonianza si procaccia* (in prosa prolissa: con la bocca attestano il freddo che li imprigiona, con gli occhi la disperazione che imprigionano nel cuore).

Fattosi il quadro, il pellegrino si guarda ai piedi, e vede due così stretti fra loro, petto contro petto, che le due teste chine fanno di due capigliature un'unica matassa di ghiaccio. Li interpella: "Chi siete?".

E quelli, pontando il collo all'indietro e strappando la matassa, rovesciano in sù le facce per guardarlo. Ma non ci riescono: gli occhi sgocciolano fin sulla bocca lacrime, che il vento gelato cristallizza nelle cavità degli occhi (*'l gelo strinse … tra essi*), tappandoli subito. Così, le palpebre saldate come due assi di legno da una traversa di ferro, nel ripiegare le teste all'ingiù i due cozzano furiosamente alla maniera d'una coppia di becchi. Senza aprir bocca.

Senza alzare gli occhi, parla un altro, che ha gli orecchi mangiati dal gelo, e sta sbirciando il pellegrino riflesso sulla superficie del ghiaccio. Dice: "Che hai da specchiarti tanto in noi?". E, per quanto stizzito, si diffonde in delazioni benemerite, popolando la Caina di personaggi: "Questi due caproni, come il padre loro Alberto, furono signori dell'alta valle del Bisenzio. Uscirono dallo stesso corpo di donna (e perché non pensare che i 'fratèi miseri lassi' appena pestati, siano loro?…). Irreperibile, in tutto il sottocerchio, anima che meriti d'esser ficcata *in gelatina* più di questi due… *non* – per esempio – *quelli a cui fu rotto il petto e l'ombra*: non Mordrét, per esempio, ben noto ai lettori del *Lancelot dou Lac* – il romanzo che stregherà Paolo e Francesca – come chi complottò con la fata Morgana l'assassinio di re Artù, che gli era padre (o zio), e la volta che tentò di mettere in atto il regicidio, il re gli passò il petto da parte a parte con la lancia, così che, estratta l'arma, il sole sgattaiolò per la ferita, bucandogli anche l'ombra… non Mordrét, si diceva, né il *Focaccia*; e nemmeno questo qui, che m'ingombra la visuale col suo testone, e che faceva di nome *Sassòl Mascheroni*: se sei toscano, sai bene di chi sto parlando… E perché tu non mi costringa a protrarre l'intervista, sappi ch'io fui *il Camiscion de' Pazzi*, e che son qui che aspetto *Carlin che mi scagioni*… in confronto a lui, voglio dire, sembrerò illibato".

Chiusa l'intervista.

Procedendo, il pellegrino si vede ora circondato dai visi illividiti dal gelo (*cagnazzi / fatti per freddo*) di traditori impalati nel ghiaccio, che, come un soggolo rigido, li tiene a testa ritta. «Da allora – confessa a mezza voce il poeta – le acque gelate (*gelati guazzi*) gli danno e gli daranno sempre brividi di orrore (*riprezzo*)».

A misura che si avvicinano al centro del pozzo e della Terra – centro verso cui gravita ogni grave (*ogni gravezza si rauna*) –, quel buio eternamente gelido e ventilato (*l'etterno rezzo*) aumenta il tremito del pellegrino. Il quale, sa Dio se di proposito, per caso o per disposizione celeste (*fortuna*), passeggiando tra le teste, dà un calcio in faccia a uno.

E vale la pena ricordare per inciso come le rime in '-azzo' e '-ezzo' che si incastrano in queste terzine raccapriccianti siano segnalate nel *De Vulgari Eloquentia* come il massimo della scompostezza e della sconvenienza.

Piange e urla, quello che ha preso il calcio in faccia (più o meno alla maniera di Pier della Vigna): "Perché mi pesti? Se tu non vieni a rincararmi la pena per vendicare Montaperti, perché te la prendi con me?".

Sentito quel 'Montaperti', Dante si pianta: "Maestro, aspettami un secondo, ché debbo cavarmi un dubbio sul conto di questo qua: poi mi farai tutta la fretta che vuoi".

Virgilio si ferma anche lui, e il pellegrino si indirizza a quello lì, *che bestemmiava duramente ancora*, che seguitava insomma ad imprecare: "Ma tu chi sei, *che così rampogni altrui* (per non dire: che te la prendi tanto con me)?".

Quello: "Chi sei tu, che vai a spasso per l'Antenòra, rifilando calci in faccia? Se fossi vivo, *troppo fòra* (per non dire: ti farei vedere io...)".

"Vivo son io", risponde Dante con condiscendenza pelosa, "e, anzi, ti potrebbe tornar comodo (*caro esser ti puote*) ch'io ti citi nelle mie note di viaggio, sempre che tu ci tenga a restare famoso".

E quello: "Giusto il contrario, voglio. Perciò, lèvati di torno, *e non mi dar più lagna* (diremmo noi: 'e non mi scocciare più'). Qua sotto le tue lusinghe non attaccano".

Ma Dante non molla; anzi, lo prende per la collottola o *cuticagna*: "No, tu devi dire come ti chiami, o non ti rimane un capello in testa!".

Nella concitazione del racconto ci permetteremo di sorvolare l'improbo contenzioso sulla consistenza fisica dei dannati, che questo passo e contigui sogliono riattivare: i capelli dei Traditori, d'altronde, e i Traditori interi li sappiamo in qualche modo materializzati dal ghiaccio che li cristallizza.

"Per quanto tu mi speli", urla irremovibile il dannato, "né ti dirò chi sono, né te lo lascerò capire... e neanche se *mi tómi* (cioè 'mi piombi', 'mi pesti') mille volte sulla testa".

Dante ha già strappato più d'una ciocca a quel farabutto reticente, che latra tenendo gli occhi bassi, quando un altro grida: "Che hai tu, *Bocca*: non ti basta far baccano con le mascelle? latri pure... *Che diavol ti tocca*?" ('che diavolo ti succede?': magnificamente sguaiato, in questo fondo d'inferno, l'uso fraseologico del termine 'diavolo'...).

"A questo punto", si ricompone Dante, "non ho più bisogno che tu parli, bastardo d'un traditore: so quanto basta per sanzionare la tua infamia".

"Allora vàaaattene", grida il disgraziato, "e racconta quello che ti pare. Però..." si controlla, e sogghigna (sembra norma immutabile, che il traditore smascherato si consoli tradendo lo smascheratore): "...però, quando esci di qua dentro, ricordati anche di quest'altro, che è così sciolto di lingua, e riferisci: lui sconta in eterno l'«argent» che ha preso dai Francesi. Sissignore: potrai dire di aver visto *quel da Duera* dove i dannati *stanno freschi* (cioè, 'son ficcati nel ghiaccio': più che probabile, che il valore idiomatico del nostro 'star fresco' rimonti a questo verso, comunque registrato sul gusto plebeo del doppio senso, come l'"in gelatina' di 57 versi fa, e il 'qual diavol' di 9...)". E séguita l'infame a sogghignare: "Che se poi ti domandano: 'chi c'era d'altro, in Antenòra?', guarda che proprio lì di lato hai *quel di Beccheria*, cui la tua Firenze s'è compiaciuta di segare il gozzo. Più in là, in compagnia di *Tebaldello* e di *Ganellone*, dovrebbe esserci *Gianni de' Soldanier*. Prendi nota e riferisci".

E così abbiamo chiuso la doppia rassegna dei Traditori delle prime due sottoclassi.

Fuorché Gano (o Ganellone) di Maganza (traditore da chanson de geste, come ricordavamo il canto scorso) e Mordrét (prototipo romanzesco di antieroe), tutti i personaggi menzionati sono contemporanei di Dante, e quasi tutti suoi compaesani. Ripassiamoceli.

Bocca è il famoso Bocca degli Abati, vecchia famiglia ghibellina di Firenze. Sottrattosi al bando inflitto nel '58 al patriziato filoimperiale, nella giornata di Montaperti – come leggenda vuole e Dante ratifica – Bocca cavalca sornione a fianco della bandiera biancogigliata e, al primo urto della cavalleria di Manfredi, mozza il braccio all'alfiere Iacopo del Nacca, per modo che fanti e cavalli di Firenze guelfa, «veggendo abbattuta l'insegna, e così traditi da' loro, e da' Tedeschi sì forte assaliti, in poco d'ora si misono in isconfitta». La favola guelfa, che il buon Villani raccoglie, pretende Bocca massacrato sul posto; l'amministrazione guelfa – che sull'autenticità dell'evento criminoso doveva nutrire qualche dubbio – si contenterà di associarlo al bando cumulativo della controparte, dopo la fuoruscita dei ghibellini da Firenze, improvvidamente decisa da Guido Novello (se ricordi) nel novembre '66, per paura del popolo in sommossa.

Sommossa capeggiata nell'ombra, a quanto pare, da Gianni

dei Soldanieri (eccone un altro!) il quale, ghibellino anche lui, aveva fulmineamente voltato gabbana «per montare in istato, non guardando al fine, che dovea riuscire a sconcio di parte ghibellina e suo dammaggio».

Bocca, dunque, figura traditore della patria per la parte; Gianni, della parte per ambizione personale. Che cosa abbia tradito Tesauro dei Beccheria, abate pavese e priore in Toscana del potentissimo ordine Vallombrosano, non è altrettanto chiaro: nell'autunno del '58, accusato di connivenza con i fuorusciti ghibellini, fu arrestato, e decapitato in piazza Sant'Apollinare «a grido di popolo». Tuttalpiù, disattendendo le rigide disposizioni pontificie, avrà cospirato contro il comune di residenza, questo povero Tesauro dei Beccheria...

Tipico traditore da Antenòra, viceversa, figura agli atti Tebaldello (o Tribaldello) dei Zambrasi, ghibellino romagnolo e – su mandato di Guido da Montefeltro – comandante la piazza di Faenza; il quale nell'autunno del 1280, per privati rancori, mentre la gente dorme, apre una porta della città ai guelfi di Bologna (un anno e mezzo dopo, Guido chiuderà il conto ammazzandolo nel rinomato macello di Forlì). Tipicissimo, Buoso da Duera (oggi Dovèra, a 10 km da Lodi, sulla statale per Treviglio), che nel '65, cosignore di Cremona, ricevute da Manfredi gran sovvenzioni e truppa scelta per tagliare il passo sull'Appennino parmense alla cavalleria di Carlo d'Angiò, riscuote una bella somma dai Francesi, e li lascia scorrere senza colpo ferire (nel '59, per dirne un'altra, aveva tradito a morte Ezzelino III da Romano).

Questi, gli ospiti dichiarati del secondo sottocerchio di Cocito. Ma in tempi nei quali le parti politiche si aggregavano in consorterie a base familiare, spesso era labilissimo il discrimine fra tradimento civile e tradimento di congiunti.

Il Carlino, ad esempio, che Camicion dei Pazzi aspetta ansioso perché un po' lo scagioni, non si saprebbe bene se destinarlo all'Antenòra o alla Caina. Di fatto, nel luglio 1302, questo Carlino (dei Pazzi di Valdarno pure lui) tradirà simultaneamente la parte ghibellina e la sua ghibellinissima casata, consegnando ai Neri, contro 4000 fiorini d'oro, il castello avito di Piantravigne nel Valdarno di sopra, dove suo padre aveva dato asilo al fior fiore del fuoruscitismo imperiale e bianco.

Mentre Camicione, nel suo relativo candore, si era limitato a dirimere una vertenza immobiliare con tale Ubertino (che si sospetta non gli fosse nemmeno consanguineo stretto) correndogli addosso col cavallo e finendolo a coltellate.

Strettamente privato è anche l'assassinio d'un nipotino (o cuginetto), perpetrato furtivamente da Sassòlo Mascheroni dei Toschi, che lo aveva in tutela, e contava di ramazzarne l'eredità. Tanto il delitto quanto il castigo del reo confesso, che fu introdotto in una botte chiodata, rotolato sul selciato di Firenze, «e poi gli fu mozzo il capo», fecero epoca per tutta Toscana.

Stinge invece, e parecchio, sul politico il tradimento che danna al ghiaccio della Caina Vanni dei Cancellieri, detto 'il Focaccia'. Vero, che aveva ucciso un cugino, aggredendolo alle spalle sulla pubblica via. Ma vero è anche che le ingiurie, gli schiaffi, le mutilazioni e gli ammazzamenti che animarono da sempre l'esistenza domestica dei Cancellieri – famigliona di parvenus pistoiesi –, con la celebre rissa del 1286 finirono per divampare in conflitto cronico fra due rami della consorteria; e che su quei due rami si appollaiarono subito due irriducibili fazioni guelfe, e l'una volle chiamarsi Parte Bianca, l'altra Parte Nera, ecc. ecc.; e che il nostro Focaccia, bianco, con la copertura dei Cerchi di Firenze, a tutto il 1295 «non attendea ad altro – garantiscono cronache locali – che ad uccisioni e ferite».

Altrettanto politicizzato, l'indefesso odio fraterno fra Napoleone ed Alessandro, figli del conte Alberto di Mangona, che abbiam visto incornarsi, ibernati per l'eternità. Alessandro, guelfo accanito, complotta nel '48 contro Firenze ghibellina col cardinal Ubaldini. Napoleone, ghibellino di ferro, complotta nel '51 con lo stesso cardinal Ubaldini contro il Comune guelfo; a Empoli caldeggia il disposto di Manfredi per «tòrre via Fiorenza»; della qual Fiorenza è peraltro podestà nel primo semestre del '66; penalizzato dal lascito paterno, prima si prende con la forza i castelli di Vernio e di Mangona, indi la rocca di Cerbaia. Quando poi papa Niccolò III impose ai magnati guelfi e ghibellini di far pace solenne, anche Napoleone ed Alessandro furon visti baciarsi in piazza di Santa Maria Novella (o, per dir meglio, sullo sterrato antistante la nuova chiesa dei domenicani di Santa Maria Novella, di cui all'atto non c'era che una pietra: la prima)... Comunque, non più in là del 1286, i due fratelli, che la bonomia popolare aveva ribattezzato 'i rabbiosi', «vennono a tanta ira – racconta l'anonimo cronista –, che l'uno uccise l'altro, e così insieme morirono».

Ecco un reticolo di cronaca italiana dell'epoca tardocomunale: il rovescio dell'arazzo su cui abbiam visto campeggiare Farinata e Guido da Montefeltro. Da ragazzo, Dante Alighieri aveva trasecolato a sentirne raccontare in casa. Da giovane, se ne indignò pubblicamente, rovinandosi carattere e carriera. Oltre il mezzo del cammin, gli occorrerà di scantonare terrorizzato tra fatti di sangue come questi e la minaccia di vederne l'ennesima riproduzione nelle sue stanzette di esule. Incaricando di rievocarli due traditori in ghiaccio, il poeta ha lasciato stridere di sarcasmo la loro ferocia vitrea; il pellegrino s'è consentito sacrosante villanie.

Ma s'è appena conclusa la delazione di Bocca, che il racconto si sgrana nei dettagli d'una percezione allucinata...

È che ci sono due ficcati nella stessa buca di cristallo, e la testa dell'uno fa da cappello alla testa dell'altro, e l'uno, ecco, addenta l'altro, e gli mastica la nuca, dove la materia cerebrale s'attacca (*s'aggiugne*) al midollo, come si mastica pane per fame: *non altrimenti Tidëo*...

Racconta Stazio di Tideo, re di Caledonia, che, ferito a morte sotto le mura di Tebe, reclama implorando la testa mozzata di colui che l'ha ferito (Melanippo); negli occhi di quello, sbarrati ancora dal terrore della morte, riconosce i propri, e morendo gli affonda i denti nella pappa del cervello: non altrimenti il traditore di sopra faceva col teschio del traditore di sotto…

"Tu, che mostri così ferinamente odio per colui che tu ti mangi", balbetta il pellegrino, "dimmi il perché, con questo patto (*per tal convegno*): che se hai ragione di dolerti di lui, sapendo chi siete e la sua colpa, io ti ricambi del tuo racconto (*io te ne cangi*) divulgandolo nel mondo di sù, *se quella con ch'io parlo non si secca*": in altre parole, 'sempre che la lingua con cui ti sto parlando non mi si secchi prima'; oppure, deprecativamente: 'e possa seccarmisi la lingua con cui ti parlo (se non sto ai patti)'; o magari, ottativamente: 'com'è vero che la mia lingua (cioè, quello che scriverò) tarderà a seccarsi".

E così, questo canto croccante di maldicenze in ghiaccio e sgarbato di doppi sensi plebei si affaccia, prestandosi alla promiscuità d'una tripla lettura, sugli orrori del successivo.

S'io avessi le rime aspre e chiocce,
come si converrebbe al tristo buco
sovra 'l qual pontan tutte l'altre rocce,
io premerei di mio concetto il suco
più pienamente; ma perch'io non l'abbo,
non sanza téma a dicer mi conduco:
ché non è impresa da pigliare a gabbo
discriver fondo a tutto l'universo,
né da lingua che chiami mamma o babbo.
Ma quelle donne aiutino il mio verso
ch'aiutaro Anfione a chiuder Tebe,
sì che dal fatto il dir non sia diverso.
Oh sovra tutte mal creata plebe
che stai nel loco onde parlare è duro,
mei foste state qui pecore o zebe!
Come noi fummo giù nel pozzo scuro
sotto i piè del gigante assai più bassi,
e io mirava ancora a l'alto muro,
dicere udi'mi: "Guarda come passi:
va sì, che tu non calchi con le piante
le teste de' fratèi miseri lassi".
Per ch'io mi volsi, e vidimi davante
e sotto i piedi un lago che per gelo
avea di vetro e non d'acqua sembiante.
Non fece al corso suo sì grosso velo
di verno la Danoia in Osterlicchi,
né Tanaï là sotto 'l freddo cielo,
com'era quivi; che se Tambernicchi
vi fosse sù caduto, o Pietrapana,
non avria pur da l'orlo fatto cricchi.
E come a gracidar si sta la rana
col muso fuor de l'acqua, quando sogna
di spigolar sovente la villana:

livide, insin là dove appar vergogna
eran l'ombre dolenti ne la ghiaccia,
mettendo i denti in nota di cicogna.

Ognuna in giù tenea volta la faccia;
da bocca il freddo, e da li occhi il cor tristo
tra lor testimonianza si procaccia.

Quand'io m'ebbi dintorno alquanto visto,
volsimi a' piedi, e vidi due sì stretti,
che 'l pel del capo avieno insieme misto.

"Ditemi, voi che sì strignete i petti",
diss'io, "chi siete?". E quei piegaro i colli;
e poi ch'ebber li visi a me eretti,

li occhi lor, ch'eran pria pur dentro molli,
gocciar su per le labbra, e 'l gelo strinse
le lagrime tra essi, e riserrolli.

Con legno legno spranga mai non cinse
forte così; ond'ei come due becchi
cozzaro insieme, tanta ira li vinse.

E un ch'avea perduti ambo li orecchi
per la freddura, pur col viso in giùe,
disse: "Perché cotanto in noi ti specchi?

Se vuoi saper chi son cotesti due,
la valle onde Bisenzo si dichina
del padre loro Alberto e di lor fue.

D'un corpo usciro; e tutta la Caina
potrai cercare, e non troverai ombra
degna più d'esser fitta in gelatina:

non quelli a cui fu rotto il petto e l'ombra
con esso un colpo per la man d'Artù;
non Focaccia; non questi che m'ingombra

col capo sì, ch'i' non veggio oltre più,
e fu nomato Sassòl Mascheroni:
se tosco se', ben sai omai chi fu.

E perché non mi metti in più sermoni,
sappi ch'i' fu' il Camiscion de' Pazzi;
e aspetto Carlin che mi scagioni".

Poscia vid'io mille visi cagnazzi
fatti per freddo; onde mi vien riprezzo,
e verrà sempre, de' gelati guazzi.

E mentre ch'andavamo inver' lo mezzo
al quale ogne gravezza si rauna,
e io tremava ne l'etterno rezzo,

– se voler fu o destino o fortuna,
non so –, ma, passeggiando tra le teste,
forte percossi 'l piè nel viso ad una.

Piangendo mi sgridò: "Perché mi peste?
se tu non vieni a crescer la vendetta
di Montaperti, perché mi moleste?".

E io: "Maestro mio, or qui m'aspetta,
sì ch'io esca d'un dubbio per costui;
poi mi farai, quantunque vorrai, fretta".

Lo duca stette, e io dissi a colui
che bestemmiava duramente ancora:
"Qual se' tu che così rampogni altrui?".

"Or tu chi se' che vai per l'Antenora
percotendo", rispuose, "altrui le gote,
sì che, se fossi vivo, troppo fora?".

"Vivo son io, e caro esser ti puote",
fu mia risposta, "se dimandi fama,
ch'io metta il nome tuo tra l'altre note".

Ed elli a me: "Del contrario ho io brama.
Lèvati quinci e non mi dar più lagna,
ché mal sai lusingar per questa lama!".

Allor lo presi per la cuticagna
e dissi: "El converrà che tu ti nomi,
o che capel qui sù non ti rimagna".

Ond'elli a me: "Perché tu mi dischiomi,
né ti dirò ch'io sia, né mosterrolti
se mille fiate in sul capo mi tómi".

Io avea già i capelli in mano avvolti,
e tratti glien'avea più d'una ciocca,
latrando lui con li occhi in giù raccolti,

quando un altro gridò: "Che hai tu, Bocca?
non ti basta sonar con le mascelle,
se tu non latri? qual diavol ti tocca?".

"Omai", diss'io, "non vo' che più favelle,
malvagio traditor; ch'a la tua onta
io porterò di te vere novelle".

"Va via", rispuose, "e ciò che tu vuoi conta;
ma non tacer, se tu di qua entro eschi,
di quel ch'ebbe or così la lingua pronta.

El piange qui l'argento de' Franceschi:
'Io vidi', potrai dir, 'quel da Duera
là dove i peccatori stanno freschi'.

Se fossi domandato 'Altri chi v'era?',
tu hai dallato quel di Beccheria
di cui segò Fiorenza la gorgiera.

Gianni de' Soldanier credo che sia
più là con Ganellone e Tebaldello,
ch'aprì Faenza quando si dormia".

Noi eravam partiti già da ello,
ch'io vidi due ghiacciati in una buca,
sì che l'un capo a l'altro era cappello;

e come 'l pan per fame si manduca,
così 'l sovran li denti a l'altro pose
là 've 'l cervel s'aggiugne con la nuca:

non altrimenti Tideo si rose
le tempie a Menalippo per disdegno,
che quei faceva il teschio e l'altre cose.

“O tu che mostri per sì bestial segno
odio sovra colui che tu ti mangi,
dimmi ’l perché”, diss’io, “per tal convegno:
che se tu a ragion di lui ti piangi,
sappiendo chi voi siete e la sua pecca,
nel mondo suso ancora io te ne cangi,
se quella con ch’io parlo non si secca”.

XXXIII

La bocca...

Come negare che durante l'esecuzione di un'opera assolutamente famosa e disordinatamente dimenticata, quando il violoncello introduce il tema d'una romanza indimenticabile, salta il cuore in gola? Eccola: è lei, che aspettavamo da sempre! è lei, che da sempre ci aspettava! E la romanza si investe della maestà torrentizia del coro: un coro in cui ci sembra di riconoscere, fra tante, la nostra voce.

La bocca sollevò... sì, è proprio lei! e se proprio così non fosse, proprio così non saremmo neanche noi.

La bocca sollevò dal fiero pasto / quel peccator, forbendola a' capelli / del capo ch'elli avea di retro guasto. // Poi cominciò... Cominciò?

Nelle primissime battute, la più popolare, la più straziata, la più lunga romanza dell'*Inferno* di Dante, sembra anche altre.

"Infandum, regina, iubes renovare dolorem", attaccava Enea la sua fluviale recitazione di sventure nel II dell'*Eneide*... "*Tu vuo' ch'io rinovelli*", attacca Ugolino, "*disperato dolor...*".

"Dirò come colui che piange e dice", mormorava Francesca, prima di sciogliere nel pianto il suo flusso di rimpianto... Ugolino chiude il breve preludio: "*parlare e lagrimar vedrai insieme*".

La gentildonna romagnola racconterà l'epilogo della sua storia d'amore per compiacere un pietoso ascoltatore sull'orlo delle lacrime; a suo tempo, il principe troiano con le lacrime aveva lubrificato il dolore di pronunciare un dolore impronunciabile al cospetto d'una regina splendida e turbata.

Ugolino, no. Lo strazio d'un ricordo gli schiaccia il cuore anche se sta zitto. Ma non è affatto impronunciabile, lo strazio, è letteralmente 'disperato': allucinato, mineralizzato dalla disperazione; e lui è prontissimo a darne spettacolo (le parole-lacrime di Francesca si ascoltano: le sue, cristallizzate, par di vederle)... darne spettacolo per uno che non sa chi sia, non sa come sia capitato laggiù, non gliene importa niente... purché l'esibizione frutti infamia al traditore che sta masticando.

Sia nel rapporto con l'interlocutore (gelido e ombroso), sia nella finalità della prestazione (ferinamente vendicativa), sia nell'assolutezza del dolore (perfettamente immune dai mesti sollievi della nostalgia), il racconto del traditore cannibale differisce alla radice da quelli di Francesca e di Enea. Se poi lo spettatore solitario è fiorentino, come denuncia la calata, tanto meglio: non ci sarà nemmeno bisogno di declinare l'antefatto. Basterà fare i nomi: lui è conte Ugolino; quell'altro è l'arcivescovo Ruggieri.

Lo spettatore d'oltremondo si domanderà perché mai conte Ugolino pratichi quell'efferato genere di promiscuità con l'arcivescovo Ruggieri; perché con lui eserciti in modo tanto aberrante la mansione di prossimo suo; insomma – dice il conte – "*perché i son tal vicino*".

Inutile, al proposito – taglia corto –, ripetere come, per effetto delle trame del prelato, nel quale riponeva fiducia, egli fosse stato catturato e lasciato morire in carcere: questo lo sanno tutti, e non è per questo che adesso gli mastica la nuca. Nessuno, però, può aver narrato all'incognito interlocutore l'atrocità di quella morte. Ascolti, e giudichi l'entità dell'offesa che conte Ugolino ha patito da quell'arcivescovo lì.

Controsoggetto del sogno. In una feritoia della torre dove era recluso, il vecchio nobiluomo aveva già sbirciato la vicenda di molte lunazioni, quando lo visitò il sogno premonitore: quello, il Ruggieri, è capobattuta d'una brigata che bracca un lupo e i suoi cuccioli su per la montagna; in prima fila ha disposto i cacciatori blasonati con la muta delle cagne; rapido, l'inseguimento: il lupo padre e i lupacchiotti figli han subito il fiato corto; e subito le cagne li han raggiunti e li sbranano ai fianchi coi denti aguzzi.

Nel controsoggetto affiorano due nuclei tematici: i figli e la famelicità. E abbandonandosi ora al tema principale, la voce di baritono li riprende in minore: anche nella torre carceraria – veniamo a sapere – ci sono figli; destandosi prima di giorno, Ugolino li sente piangere e chiedere pane nel dormiveglia (tutti – veniamo a sapere – han sognato lo stesso sogno).

Ma l'abbandono melodico è bruscamente interrotto da una cadenza singhiozzata: *ben se' crudel, se tu già non ti duoli / pensando ciò che 'l mio cor s'annunziava; / e se non piangi, di che pianger suoli?...* poi subito torna a spiegarsi, languido e tenebroso, irrefrenabilmente «rallentando», «fino in fondo».

E la romanza del conte Ugolino intona la sospettosa attesa del pasto – la percussione del martello che inchioda l'uscio di sotto – il padre che guarda i figli nel viso, e non apre bocca, non piange, pietrificato – i figli che piangono, invece, e Anselmuccio, il più piccolo, che, chissà, tirando su per il naso, balbetta: "*Tu guardi sì, padre! che hai?*" – il silenzio che si inarca in una interminabile «corona» sul giorno muto e sulla muta notte – il barlume d'alba che torna a filtrare nel carcere, e lui, padre, che scorge il suo proprio aspetto riflesso nei quattro visi dei figli (quattro sono), specchia il proprio dolore nella loro fame, e si morde le mani, per dolore – e loro, figli, che pensano sia per voglia di metter qualcosa sotto i denti, e gli offrono in pasto le loro misere carni, di cui lui li ha vestiti: "*Padre, assai ci fia men doglia / se tu mangi di noi...*" – e il padre che si ricompone, per non farli più tristi – e altre ventiquattr'ore, e ancora altre ventiquattro, che trascorrono nel «tremolo» incessante dei secondi... nemmeno un accordo stentoreo (*ahi dura terra, perché non t'apristi?*) altera quel martirio infinitesimo... e identico, dall'accordo, riaffiora il «tremolo» del quarto giorno – e Gaddo, il più grande, che si butta in terra, e dice, grida piano il terzo Pater: "*Padre mio, ché non m'aiuti?*", e lì muore. – "E come tu ora stai vedendo me", rantola il vecchio baritono senza tagliare il tempo, "*vid'io cascar li tre ad uno ad uno / tra 'l quinto dì e 'l sesto*" – finché il settimo giorno, la abominevole domenica di questa creazione retrograda, il padre resta solo, e si dà a brancolare cieco sui quattro corpi di figlio – e due giorni filati li chiama, *poi che fur morti...* – "*Poscia, più che 'l dolor, poté 'l digiuno*".

Penoso, sillabare sul libretto d'opera parole assunte per sempre da una memorabile partitura d'orchestra... Tiriamo il fiato, e spigoliamo un paio d'informazioni utili alla comprensione interlineare del testo.

Dunque – come ben noto – la cella in cui vennero reclusi conte e figli era nella torre dei Gualandi alle Sette Vie, detta anche torre della Muda, forse perché «vi si tenessono l'aquile del Comune a mudare», cioè a cambiare le penne. In seguito al miserando caso del conte e dei figli (e il conte pare quasi vantarsene), il popolo la intitolerà «torre della fame». Oggi, del sinistro edifizio dovrebbe conservarsi qualche pietra nel corpo del Palazzo dell'Orologio, che dal primo Seicento si affaccia sulla piazza dei Cavalieri, e dai tempi di Napoleone sbircia la Scuola Normale... di Pisa, naturalmente.

Infatti, come tutti sanno, la tragedia è tutta pisana: il monte del sogno, che ostruisce ai Pisani la visuale di Lucca, è il Monte Pisano; le cagne fameliche, anelanti ed esperte che braccano i lupi significano la plebe pisana; i Gualandi, i Sismondi e i Lanfranchi, che guidano la caccia sognata, son tre potenti famiglie ghibelline di Pisa.

E pisanissimo era lui, Ugolino della Gherardesca, conte di Donoratico.

Nato entro il secondo decennio del secolo XIII di illustre casata ghibellina, grazie ad una ben oculata strategia dinastica – suo figlio primogenito, Guelfo II, sposa una figlia di re Enzo, bastardo di Federico II; sua figlia Elena, Giovanni dei Visconti, capo della guelferia pisana –, questo tetro nobiluomo finirà per vantare diritti feudali sui due giudicati della Sardegna settentrionale, Logudoro e Gallura (quattro – ricorderai – erano le circoscrizioni, o giudicati, in cui era divisa la Sardegna sotto amministrazione pisana) e su vaste pezzature di Maremma, Versilia, Lunigiana, Garfagnana e Cinque Terre, in perpetua e durissima vertenza contro Comune e popolo pisani.

All'inizio degli anni Settanta, patteggia clandestino con Carlo d'Angiò. Bandito nel '75, fa causa comune con la Taglia Guelfa e, galvanizzando il computo degli interessi privati con l'odio civile, istiga Lucchesi e Fiorentini ad infierire sulle milizie pisane in un paio di memorabili carneficine. Nell'estate del '76 torna trionfatore nella città boccheggiante.

Nell'agosto '84 agevola la disfatta pisana nelle acque prospicienti l'attuale rada di Livorno, virando di bordo con i suoi dodici galeoni, nonappena la flotta di Genova sbuca di dietro lo scoglio della Meloria e si spiega in formazione di battaglia: protetto dalle catene del porto, presenzierà incolume alla catastrofe. Pisa piange più di cinquemila morti, novemila prigionieri e la fine inappellabile della sua egemonia sulle rotte del Mediterraneo, mentre i guelfi di Toscana stringono lega con i Genovesi per chiudere il conto, e spazzarla via.

Ormai, soltanto le benemerenze accumulate presso i nemici

dal conte di Donoratico con la pratica assidua del tradimento e del sabotaggio sembrano poter evitare la soppressione fisica della città. E nell'autunno '85 Pisa elegge Ugolino podestà per dieci anni, capitano del popolo per due; lui si associa nelle cariche il figlio del defunto genero Giovanni Visconti, Ugolino, detto Nino, che ricordiamo giudice di Gallura. La guelferia pisana si compatta; diversi patrizi ghibellini sono proscritti; diversi palazzi demoliti.

Per alleggerire la pressione della Lega, il conte negozia intese separate con Lucca e Firenze, cedendo a questa quattro castella lungo la riva destra d'Arno, a quella le piazzeforti di Bièntina, Ripafratta e Viareggio; nell'aprile '88 avvia trattative con Genova. Ma ora che il suo interesse privato coincide in tutto e per tutto con quello della repubblica, che si è praticamente infeudata, il vecchio non ha più spazio di manovra. Dovrebbe essere un tiranno vero, un autocrate, insomma (bene o male) uno statista... In lui, però, non c'è ombra dell'aristocratico patriottismo di Farinata; e alla sua astuzia stanca fa difetto la duttilità magistrale, l'ilare cinismo con cui un cardinal Ubaldini aveva giocato fino all'ultima manche le sue carte truccate. E sarà proprio il figlio d'un fratello del cardinale a intrappolare il conte come un topo.

Né faticherà troppo questo Ruggieri degli Ubaldini della Pila, arcivescovo di Pisa dal '79 e capofila della ghibellineria pisana, a convincerlo che il nipote Nino Visconti vuol fargli le scarpe: perché un della Gherardesca non coglie l'occasione per riconquistarsi l'anima ghibellina del suo popolo, potando il ramo guelfo della famiglia? Dopotutto, il prelato gli sta porgendo una estrema possibilità d'iniziativa, l'estro d'un colpo di coda... Così, nel giugno '88, data mano libera all'Ubaldini, il vecchio conte si apparta nel contado. Di lì a pochi giorni, nonappena una sommossa popolare pilotata dall'arcivescovo ha espulso dalla città il giovane Visconti e un buon troncone del patriziato guelfo, rientra in città sollevato e fidente.

Ma il 1° luglio, «faccendo intendere al popolo ch'egli avea tradito Pisa, e rendute le loro castella a' Fiorentini e a' Lucchesi», il prete ghibellino lo proclama «ribelle», spicca una taglia sulla sua testa, ordina l'assalto al palazzo dei Gherardeschi, procede all'arresto del conte e di diversi consanguinei, alla cacciata dell'intera famiglia e di «tutte l'altre case guelfe. E così – détta Giovanni Villani – fu il traditore dal traditore tradito».

Trasferito nella torre della Muda con due figli e due nipoti, Ugolino riceve l'intimazione a versare entro giorni tre la taglia ch'era stata spiccata sulla sua testa di ribelle; in difetto, gli sarebbe stata interrotta, a norma di legge, l'erogazione di viveri. La somma è considerevolissima. I pochi consorti e amici rimasti a portata raggranellano e pagano. L'estorsione si ripete con scadenza bimestrale. Alla quinta non è chi faccia fronte.

Così, ai primi di marzo dell'89, la porta della torre viene inchiodata dall'esterno. Quando, a metà mese, Guido da Montefeltro, convocato dall'arcivescovo, mette piede in città per assumere i pieni poteri (ricordi il XXVII canto?), la torre è ancora sigillata. Il 18 si schioda la porta, e si estraggono cinque cadaveri sbrindellati dalle pantegane.

Che Dante danni il conte Ugolino all'Antenòra per il presunto tradimento de le castella, non si direbbe. A parte il fatto che la cessione rientrava nella discrezionalità podestarile, il poeta ne fa cenno solo come del reato presunto che avrebbe autorizzato i Pisani, secondo giurisprudenza, a lasciar morire di fame il reo. Se egli ritenesse fondata l'accusa, non dice; anzi, affida alla masticazione del conte la nuca di chi gliel'ha contestata.

Debole, l'ipotesi che Dante imputi a Ugolino l'abbandono delle tradizioni ghibelline della casata. Più verosimile, che non gli perdoni il colpo di coda, insomma il tradimento finale della Parte Guelfa e del nipote Nino Visconti. Ma nulla autorizza ad escludere che gli metta in conto anche altro, visto che non si limita a ficcarlo nel ghiaccio dei traditori, anzi gli irroga un supplemento di pena terrificante.

Rifletti, amico: nei versi della *Commedia*, il vecchio conte ha visto morire in penombra quattro figli adolescenti... Che in realtà si trattasse di due figli (Gaddo e Uguccione) e di due nipoti (Nino di Guelfo, detto 'il Brigata', e suo fratello minore, Anselmuccio); che solo Anselmuccio fosse un ragazzo, mentre gli altri tre erano uomini fatti, e tutt'altro che innocui: son dettagli anagrafici. Importa, semmai, segnalare che Dante – ospite in più tornate fra il '07 e l'11 nel castello di Póppi dei conti Guidi di Battifolle, e fedele epistolografo della contessa Gherardesca, orfana di Ugolino – conosceva benissimo date e circostanze di fatto: e che, dunque, se le semplifica come le aveva semplificate la voce popolare, è per ridurle all'irriducibile essenzialità della tragedia.

Atteniamoci alla tragedia.

Non c'è consolazione naturale alla morte di un figlio, se non nella naturale fiducia di non sopravvivergli a lungo. E il conte Ugolino, ibernato nella dannazione, sta sopravvivendo in eterno ai suoi figli, sta presenziando per sempre, in vitro, all'evento della loro morte.

Strappato l'ultimo accordo della romanza, ora il vecchio conte traditore, *con li occhi torti* (come Tideo sotto Tebe, ma anche come Ciacco il ghiottone), riaddenta il teschio dell'arcivescovo (*misero*, come le carni che gli offrivano i figli) con denti tenaci e aguzzi come denti di cane (o denti di cagne sognate che sbranano lupicini). E nel rito antropofago torna a sperimentare l'infinita insaziabilità del dolore. La sua pietà disperata per i figli che continuano a morirgli dietro gli occhi non avrà mai pietà di lui. Dante nemmeno. Perché?

Ma passiamo oltre col pellegrino che non apre bocca, mentre il poeta rompe «in voce propria» nella memoranda invettiva contro Pisa, «*vituperio de le genti* d'Italia, nido di tradimento e di ferocia», augurandole di affogare in un Arno intasato alla foce dagli isolotti di Capraia e di Gorgona. *Che se 'l conte Ugolino aveva voce* di averla tradita cedendo al nemico le castella, mai avrebbe dovuto martirizzare, *novella Tebe*, i quattro figli di lui, «che *innocenti facea l'età novella*: segnatamente, *Uguiccione e 'l Brigata, / e li altri due che 'l canto suso appella*»... chiusa dimessamente notarile d'una delle più feroci e meticolose invettive della *Divina Commedia*...

Passiamo oltre, e transitiamo per la zona terza di Cocito, che imbraca brutalmente dannati di nuova specie, i quali non son piantati in verticale nel ghiaccio e a capo chino, ma, riversi, affiorano alla superficie solo con la mandorla del viso. Qui il pianto stesso impedisce di piangere, e il dolore, non trovando sfogo per gli occhi, si versa in dentro a moltiplicarsi atrocemente, dacché il primo fiotto di lagrime, condensandosi in cristallo, fa groppo e colma l'invaso dell'orbita.

Quantunque la faccia del pellegrino sia ormai anestetizzata, incallita dal freddo, a lui sembra di avvertire un fiato di vento, e se ne stupisce: "Maestro mio, e questo chi lo provoca? *non è qua giù ogne vapore spento?*". Ha ragione: in effetti all'inferno non c'è il sole che – a norma della meteorologia medievale – «risolve l'umidità de la terra», e la volatilizza in «vapore ventoso».

Virgilio rompe il lunghissimo silenzio, con lapidarietà dilatoria: "Quanto prima, nel vedere chi genera il vento, ti risponderai con i tuoi occhi".

Allora, impennandosi sulla crosta ghiacciata, la voce di uno interpella i viandanti per le anime di traditori che immagina siano, dato che è stata loro assegnata l'ultima stazione dell'abisso; e li supplica di levargli dalle occhiaie i duri veli che le ostruiscono, per consentire allo strazio che gli impregna il cuore un effimero drenaggio di lacrime, prima che il pianto torni a congelarsi.

"Vuoi che t'aiuti? Tu dimmi chi sei: se poi non ti sgombro gli occhi, *al fondo de la ghiaccia ir mi convegna*", sacramenta surrettiziamente il pellegrino, che al fondo della ghiaccia è comunque avviato.

Risponde il traditore: che lui è frate Alberigo, famoso come '*quel da le frutta del mal orto*', e che è qui a riscuotere dattero per figo, cioè, diciamo, pan per focaccia, anzi peggio, visto che il dattero, nel tariffario dei fruttivendoli, è assai più pregiato del figo, come la pena che questo infame patisce è – secondo lui – più sontuosa della sua colpa.

Dante trasecola: "Come sarebbe! sei morto già?" (non gli risulta).

E quello: "Di come il mio corpo se la passi sulla terra, non ho idea. Difatti, questa zona di Cocito, detta Tolomea, ha il bel privilegio che spesse volte l'anima ci piomba *innanzi ch'Atropòs mossa le déa*: prima, cioè, che Àtropos, la Parca con le forbici, le abbia dato via libera recidendola dal corpo. Anzi, per completezza d'informazione – così ti deciderai ad asportarmi queste lacrime di vetro –, sappi che nonappena un'anima consuma un tradimento del tipo e della gravità di quello che ho consumato io, il corpo le viene rilevato da un demonio, che poi lo governa per tutto l'arco di tempo che gli resta da campare; e lei, l'anima, rovina in questo fondo di cisterna. Così, a titolo d'esempio, non è escluso che circoli ancora sulla faccia della terra il corpo dell'ombra che qua dietro mi cinguetta (proprio così pare doversi intendere '*mi verna*'). Se arrivi adesso, dovresti saperlo meglio di me... Si tratta del cavalier Branca Doria, che è qui confezionato nel ghiaccio da diversi anni".

Dante ritrasecola (o fa la finta): "Mi prendi in giro! Branca Doria non è morto affatto, e mangia e beve e dorme e veste panni!".

Il frate in gelatina si prodiga nell'ennesima precisazione cronologica; poi guaiola: “Ma vuoi allungarla, quella mano, o no?... Aprimi li occhi!”.

«E io non gliel’apersi – ricorda compiaciuto il poeta, che postilla subito –, *e cortesia fu lui esser villano*, cioè, nel fatto, fu buona norma mancargli di parola».

E non s’è ancora ritirata la risacca della maledizione biblica contro Pisa, che sopraggiunge, se non a cancellarla, a trinarla di schiuma e orlare il canto, l’invettiva contro i nemici giurati di Pisa, i Genovesi, gente remota da ogni buona usanza e versata in ogni bassezza. Meriterebbero d’essere espulsi dalla crosta della terra, non foss’altro perché Dante ne trovò uno, in compagnia del peggiore dei Romagnoli, che aveva agito in modo tale da meritarsi d’esser sommerso in anima nel Cocito, mentre in corpo figurava ancora vivo qui di sopra.

Il soggetto in parola è Branca Doria, genovese quanto si può, e genero di Michel Zanche, del quale – come si premura ricordarci frate Alberigo – abbiamo avuto notizia nella bolgia dei Barattieri.

Alla morte del famoso re Enzo – se ricordi –, Michele si era appropriato del giudicato sardo di Logudoro, manovrando la vedova del re, Adelasia di Torres, che era poi la suocera di Guelfo II della Gherardesca e, dunque, consuocera di Ugolino (tant’è piccolo il mondo...). Al buon fine di usurpare il giudicato al suocero usurpatore, il genero (Branca), in combutta con un parente prossimo, lo «invitò a mangiare seco a un suo castello (...), e ivi finalmente il fe’ tagliare per pezzi lui e tutta sua compagnia». Siamo, pare, intorno al 1275. Branca Doria morrà ultranovantenne dopo il 1325.

Non dissimile, nel genere, il delitto del *peggiore spirto di Romagna*, cioè dell’interlocutore di Dante pellegrino: Alberigo dei Manfredi, frate gaudente di gran famiglia guelfa faentina, anche lui, all’atto, di là da morire.

Narrano le cronache che in un diverbio con altro Manfredi, Manfredo, Alberigo si prese uno schiaffone dal figlio di Manfredo, Alberghetto, e non glielo perdonò, né a lui né a suo padre. Per modo che, di lì a qualche mese (siamo nel maggio dell'85), finge di abbonar loro l'oltraggio; per fare festa li invita a pranzo in villa; e dopo l'ultima portata s'alza, batte le mani, e dice la memorabile battuta: "Vengano le frutta!". Era il segnale. Irrompono felpati scherani e pugnalano Alberghetto non meno di Manfredo, così «com'erano, a sedere».

E andrà detto che lo stesso Tolomeo, governatore della piana di Gerico ed eponimo della zona (molto meno persuasiva l'ipotesi che si tratti del fratello di Cleopatra, quello che fece tagliar la testa a Pompeo, dopo avergli concesso asilo politico)... lo stesso Tolomeo aveva a suo tempo fatto scannare il suocero Simone, sommo sacerdote ebreo, e due figli di lui nel corso d'una cena allestita in loro onore, come registra solennemente in chiusa il *I Libro dei Maccabei*.

Esaurita la ricognizione su questo canto immane, avanza un problema... problema la cui soluzione può forse aiutarci a far luce su altro e più tetro e più cruciale enigma, che abbiamo lasciato in sospeso: perché Dante ha escogitato questa storia che i traditori della Tolomea (non si sa se tutti, però) sarebbero dannati nel momento stesso in cui consumano il tradimento, e il loro corpo sopravviverebbe abitato da un diavolo? Dove l'ha pescata, questa storia, visto che la teodicea dei Padri e dei Dottori esclude qualsiasi deroga alla legge celeste, secondo la quale il Signore dà tempo ai peccatori di pentirsi fino in punto di morte?

I più si rassegnano all'ipotesi molto riduttiva, che si tratti dell'ennesimo espediente adottato dal poeta giustiziere per mandare all'inferno canaglie che non gli avevano usato la cortesia di morire entro l'inverno del 1300. Ma se ne possono esplorare altre. Esploriamone una.

Si sa che la Tolomea ospita i Traditori-degli-ospiti. Ora, gli unici dannati del settore di cui abbiamo gli estremi anagrafici (e anche il traditore eponimo) hanno l'infame prerogativa di aver tradito a morte i loro ospiti nel corso d'una cena.

Durante l'Ultima Cena, secondo il *Vangelo di Giovanni*, Gesù designa Giuda Iscariota come colui che lo consegnerà ai soldati, porgendogli un boccone; Giuda lo mette in bocca, «e subito dopo il boccone, entrò in lui Satana». Dunque, alla violazione della sacralità conviviale nel segno del tradimento le Scritture associano l'irrevocabilità della dannazione «ante mortem». Ma l'Ultima Cena non evoca in ogni cristiano l'istituzione dell'Eucarestia?

Sì, su tutto questo canto... e io sono radicalmente convinto che un canto della *Commedia* non è solo un segmento progressivo (la centesima parte) d'una narrazione ininterrotta, ma che dispone anche d'una unità interna, e che questa unità spesso figura tanto più tematicamente complessa e simbolicamente compatta, quanto meno è patente e professa... su tutto questo canto cadenzato di maledizioni, su questo specchio concavo di ghiaccio sembra volitare l'orrore assoluto della dissacrazione della Cena. E masticando carne (e sangue) dell'arcivescovo Ruggieri come pane (e vino), il conte Ugolino sembra officiare per l'eternità, demente d'odio, la parodia animalesca del sacramento eucaristico. E prefigurare il pasto di Satana.

La lettura antropofaga del verso con cui il conte dannato chiude la sua romanza tragica (*poscia, più che 'l dolor, poté 'l digiuno*), accreditata da dotti riscontri letterari e documenti d'epoca, salda dunque in un circuito esecrabile non solo il soave ciclo alimentare cui accennavamo sull'orlo di Cocito (ricordi il precetto di san Tommaso: «il padre nutra il figlio bambino, il figlio nutra il padre vecchio»?), ma anche ogni parola, ogni figura, ogni simbolo di questo canto inaudito.

Un gentiluomo lombardo che conosceremo in purgatorio si

dice interpellasse Ugolino all'apice della fortuna: "Non vi falla altro che l'ira di Dio". Forse quell'ira ha folgorato anche lui prima della morte – pisano fra i Pisani, tebano fra i Tebani, povero vecchio traditore –, dandogli in pasto figli crocifissi dalla fame, che lo avevano invocato come Gesù Cristo invoca il Padre sul Golgota: «Elì, Elì, lamma sabacthani».

La bocca sollevò dal fiero pasto
quel peccator, forbendola a' capelli
del capo ch'elli avea di retro guasto.

Poi cominciò: "Tu vuo' ch'io rinovelli
disperato dolor che 'l cor mi preme
già pur pensando, pria ch'io ne favelli.

Ma se le mie parole esser dien seme
che frutti infamia al traditor ch'i' rodo,
parlare e lagrimar vedrai insieme.

Io non so chi tu se' né per che modo
venuto se' qua giù, ma fiorentino
mi sembri veramente quand'io t'odo.

Tu dèi saper ch'i' fui conte Ugolino,
e questi è l'arcivescovo Ruggieri:
or ti dirò perché i son tal vicino.

Che per l'effetto de' suo' mai pensieri,
fidandomi di lui, io fossi preso
e poscia morto, dir non è mestieri;

però quel che non puoi avere inteso,
cioè come la morte mia fu cruda,
udirai, e saprai s'e' m'ha offeso.

Breve pertugio dentro da la Muda,
la qual per me ha 'l titol de la fame,
e che conviene ancor ch'altrui si chiuda,

m'avea mostrato per lo suo forame
più lune già, quand'io feci 'l mal sonno
che del futuro mi squarciò 'l velame.

Questi pareva a me maestro e donno,
cacciando il lupo e ' lupicini al monte
per che i Pisan veder Lucca non ponno.

Con cagne magre, studïose e conte
Gualandi con Sismondi e con Lanfranchi
s'avea messi dinanzi da la fronte.

In picciol corso mi parieno stanchi
lo padre e ' figli, e con l'agute scane
mi parea lor veder fender li fianchi.
Quando fui desto innanzi la dimane,
pianger senti' fra 'l sonno i miei figliuoli
ch'eran con meco, e dimandar del pane.
Ben se' crudel, se tu già non ti duoli
pensando ciò che 'l mio cor s'annunziava:
e se non piangi, di che pianger suoli?
Già eran desti, e l'ora s'appressava
che 'l cibo ne solea essere addotto,
e per suo sogno ciascun dubitava;
e io senti' chiavar l'uscio di sotto
a l'orribile torre; ond'io guardai
nel viso a' mie' figliuoi sanza far motto.
Io non piangea, sì dentro impetrai:
piangevan elli; e Anselmuccio mio
disse: 'Tu guardi sì, padre! che hai?'.
Perciò non lagrimai né rispuos'io
tutto quel giorno né la notte appresso,
infin che l'altro sol nel mondo uscìo.
Come un poco di raggio si fu messo
nel doloroso carcere, e io scorsi
per quattro visi il mio aspetto stesso,
ambo le man per lo dolor mi morsi;
ed ei, pensando ch'io 'l fessi per voglia
di manicar, di subito levorsi
e disser: 'Padre, assai ci fia men doglia
se tu mangi di noi: tu ne vestisti
queste misere carni, e tu le spoglia'.
Queta'mi allor per non farli più tristi;
lo dì e l'altro stemmo tutti muti;
ahi dura terra, perché non t'apristi?

Poscia che fummo al quarto dì venuti,
Gaddo mi si gittò disteso a' piedi,
dicendo: 'Padre mio, ché non m'aiuti?'.
Quivi morì; e come tu mi vedi,
vid'io cascar li tre ad uno ad uno
tra 'l quinto dì e 'l sesto; ond'io mi diedi,
già cieco, a brancolar sovra ciascuno,
e due dì li chiamai, poi che fur morti.
Poscia, più che 'l dolor, poté 'l digiuno".
Quand'ebbe detto ciò, con li occhi torti
riprese 'l teschio misero co' denti,
che furo a l'osso, come d'un can, forti.
Ahi Pisa, vituperio de le genti
del bel paese là dove 'l sì suona,
poi che i vicini a te punir son lenti,
muovasi la Capraia e la Gorgona,
e faccian siepe ad Arno in su la foce,
sì ch'elli annieghi in te ogne persona!
Ché se 'l conte Ugolino aveva voce
d'aver tradita te de le castella,
non dovei tu i figliuoi porre a tal croce.
Innocenti facea l'età novella,
novella Tebe, Uguiccione e 'l Brigata
e li altri due che 'l canto suso appella.
Noi passammo oltre, là 've la gelata
ruvidamente un'altra gente fascia,
non volta in giù, ma tutta riversata.
Lo pianto stesso lì pianger non lascia,
e 'l duol, che truova in su li occhi rintoppo,
si volge in entro a far crescer l'ambascia:
ché le lagrime prime fanno groppo,
e sì come visiere di cristallo,
riempion sotto 'l ciglio tutto il coppo.

E avvegna che, sì come d'un callo,
per la freddura ciascun sentimento
cessato avesse del mio viso stallo, 102
già mi parea sentire alquanto vento;
per ch'io: "Maestro mio, questo chi move?
non è qua giù ogne vapore spento?". 105
Ond'elli a me: "Avaccio sarai dove
di ciò ti farà l'occhio la risposta,
veggendo la cagion che 'l fiato piove". 108
E un de' tristi de la fredda crosta
gridò a noi: "O anime crudeli
tanto che data v'è l'ultima posta, 111
levatemi dal viso i duri veli,
sì ch'ïo sfoghi 'l duol che 'l cor m'impregna,
un poco, pria che 'l pianto si raggeli". 114
Per ch'io a lui: "Se vuo' ch'i' ti sovvegna,
dimmi chi se', e s'io non ti disbrigo,
al fondo de la ghiaccia ir mi convegna". 117
Rispuose adunque: "I' son frate Alberigo:
i' son quel da le frutta del mal orto,
che qui riprendo dattero per figo". 120
"Oh", diss'io lui, "or se' tu ancor morto?".
Ed elli a me: "Come 'l mio corpo stea
nel mondo sù, nulla scïenza porto. 123
Cotal vantaggio ha questa Tolomea,
che spesse volte l'anima ci cade
innanzi ch'Atropòs mossa le dèa. 126
E perché tu più volontier mi rade
le 'nvetriate lagrime dal volto,
sappie che, tosto che l'anima trade 129
come fec'io, il corpo suo l'è tolto
da un demonio, che poscia il governa
mentre che 'l tempo suo tutto sia vòlto. 132

Ella ruina in sì fatta cisterna;
e forse pare ancor lo corpo suso
de l'ombra che di qua dietro mi verna.
Tu 'l dei saper, se tu vien pur mo giuso:
elli è ser Branca Doria, e son più anni
poscia passati ch'el fu sì racchiuso".
"Io credo", diss'io lui, "che tu m'inganni,
ché Branca Doria non morì unquanche,
e mangia e bee e dorme e veste panni".
"Nel fosso sù", diss'el, "de' Malebranche,
là dove bolle la tenace pece,
non era ancora giunto Michel Zanche,
che questi lasciò il diavolo in sua vece
nel corpo suo, ed un suo prossimano
che 'l tradimento insieme con lui fece.
Ma distendi oggimai in qua la mano;
aprimi li occhi!". E io non gliel'apersi;
e cortesia fu lui esser villano.
Ahi Genovesi, uomini diversi
d'ogne costume e pien d'ogne magagna,
perché non siete voi del mondo spersi?
Ché col peggiore spirto di Romagna
trovai di voi un tal, che per sua opra
in anima in Cocito già si bagna,
e in corpo par vivo ancor di sopra.

XXXIV

Nell'autunno dell'anno di Cristo 569, una maestosa processione trasferisce da Tours a Poitiers una scheggia del legno della Vera Croce, offerta dall'imperatore d'Oriente Giustino II per la consacrazione del monastero di Radegonda, regina dei Franchi, vedova e santa. Alle porte di Poitiers, tra vapori di cera e d'incenso, popolo e clero accolgono la reliquia cantando un inno mai sentito prima: lo ha scritto per la circostanza un prete votatosi alla regale badessa in pio servaggio d'amore. Il prete è Venanzio Fortunato da Valdobbiadene: poco meno che un grande poeta.

L'inno è tra i più belli della Chiesa, e sarà accolto nel breviario romano per la funzione del vespro del Sabato Santo. Inizia: «*Vexilla regis prodeunt*...» («avanzano le insegne del re, / sfolgora il mistero della croce, / cui con la sua carne il fondatore della carne / fu appeso come a patibolo»...). Il re, naturalmente, è Nostro Signor Gesù Cristo. Le sue insegne, sono la croce.

Integrando e rovesciando di senso il dimetro liturgico col genitivo '*inferni*', Virgilio inaugura l'ultimo canto della prima cantica con la sinistra solennità formulare d'un esorcismo: "Avanzano le insegne del re... dell'inferno!", dice il maestro al discepolo intirizzito, rompendo il suo lungo silenzio, proprio ora – se facciamo bene i conti – al vespro del Sabato Santo: "Avanzano verso di noi: quindi tu scruta bene davanti a te, se riesci a distinguerlo (il re dell'inferno con le sue insegne)".

Dante non distingue nulla che s'avanzi. Gli sembra però d'intravedere qualcosa come un mulino a vento immerso in lontananza nella nebbia spessa o nell'ombra della notte imminente: un *dificio*, chessò, una specie di fabbrica, di impianto, di ordigno minaccioso... Intanto il vento cresce, gelido e frontale. E il povero pellegrino si ripara dietro al duca suo, perché altro ricovero (*altra grotta*) la natura del luogo non offre.

Anzi, nulla accidenta più la superficie gelata: le ombre – e a riportarlo in versi, il poeta si prende paura – sono ormai totalmente incorporate nel ghiaccio, e traspaiono come pagliuzze in una colata di vetro: orizzontali talune; altre verticali (in posizione eretta, o a testa in giù); altre ancora flesse ad arco, con la faccia rovesciata, si direbbe, verso la pianta dei piedi. Probabile, che a queste diverse positure fossili dei traditori quarti e ultimi corrispondano gradi diversi di colpa. Ma il poeta non accenna a specificarli.

Contentiamoci, amico mio, di sapere che questo disco interno di Cocito ospita i Traditori-dei-benefattori, e da Giuda Iscariota prende il nome di Giudecca. Sulla formazione di questo toponimo immaginario – sia detto per inciso – ha certamente influito il termine 'Iudaica' (veneziano: 'giudecca'; ferrarese: 'giovecca'), che designava nel Duecento i quartieri destinati agli Ebrei.

Procede sul ghiaccio controvento la minima processione di poeti. Finché il maestro non s'arresta, si defila, e ostende al discepolo l'enormità della creatura che fu, di tutte, la più bella: "*Ecco Dite!* èccoti nel *loco* dove devi armarti di tutta la tua *fortezza*!" (e ricordiamo, a norma di *Convivio*, che 'fortezza' è virtù cardinale, «la quale vertute mostra lo loco dove è da fermarsi e pugnare»).

Il poeta torna ad appellarsi a ciascuno di noi, con esibita reticenza: «*Com'io divenni allor gelato e fioco*, non domandarmelo; perché non posso scriverlo; perché non c'è parola che basti a dirlo». E mirabilmente subito lo dice: «*Io non mori' e non ri-*

masi vivo», e si rimette a te, lettore: «Se hai un filo d'ingegno, immagina per conto tuo che cosa mi avanzava di me, privo di vita e privo di morte, disanimato ma consapevole, presente solo alla mia assenza».

La puntigliosa preterizione ha infastidito diversi lettori dotati evidentemente di ingegno eccessivo. Le andrà almeno riconosciuto il merito di sgomberare il campo da sbavature e sfocature psicologiche, consentendo alla sagoma di Lucifero di impressionarsi, con la massima nettezza di contorni, sulla ricettività stupefatta e meticolosa del pellegrino-poeta e di noi, lettori di modico ingegno.

Eccolo, nitidissimo, *lo 'mperador del doloroso regno*, che sbuca a mezzobusto dalla banchisa.

È colossale. «C'è meno sproporzione – precisa il poeta – fra lui (lui Dante) e un gigante, di quanta non ve ne sia fra un gigante e le braccia di quello». E, indirizzandosi ancora a te, lettore, soggiunge: «*vedi oggimai quant'esser dee quel tutto / ch'a così fatta parte si confaccia*»; come dire: 'dati questi parametri, calcola un po' tu le dimensioni d'insieme'. Provocati, calcoliamo: se Dante, che alto pare proprio non fosse, nemmeno per un'epoca di modeste stature come la sua (facciamo un metro e 55), misura circa 1/18 d'un gigante (alto – sappiamo – 28 metri circa), e un braccio è lungo circa un terzo del corpo, a conti fatti, il tutto di Satana [(28 × 18) × 3] dovrebbe, a occhio, superare il chilometro e mezzo.

«Se un tempo costui fu bello come ora è brutto, e tuttavia *alzò le ciglia*, osò, insomma, ribellarsi sfrontatamente contro chi lo aveva creato prodigandogli tanta bellezza, è giusto – détta il poeta –, è giustissimo che da lui proceda *ogne lutto*» («omnia mala mundi», scriveva Agostino; in italiano: 'tutti i mali e i dolori del mondo').

E poteva non trasecolare il pellegrino quando si accorse che la testa del colosso aveva tre facce? Sì: tre. Quella di fronte era vermiglia; le altre due, che, in asse col crinale delle spalle (*sovr'esso 'l mezzo di ciascuna spalla*), le si sommavano (*s'aggiugnièno a questa*) saldandosi fra loro lungo l'occipite (*al loco de la cresta*), figuravano l'una giallo-paglierina (quella di destra), nera l'altra (quella di sinistra) come nere sono le popolazioni dell'alta valle del Nilo (gli Etiopi, cioè).

Sotto ogni faccia spuntavano due ali proporzionate al volume di quell'uccellaccio: più grandi delle più grandi vele di mare, e senza piume, alla maniera dei pipistrelli ('*vispistrello*' è forma latineggiante di 'pipistrello', dal nominativo 'vespertilio': 'uccello del tramonto'). E lui le sbandierava per aria (*svolazzava*, transitivo) suscitando tre venti: i tre venti, appunto, che congelano il lago di Cocito. Con sei occhi piangeva, e per tre menti gli sgocciolavano lacrime e bava di sangue. In ogni bocca sgranocchiava coi denti un peccatore, *a guisa di maciulla*. Dunque su tre traditori fra tutti esemplarmente infieriva. E per quello che sporgeva dalla bocca anteriore il supplizio della masticazione era nulla *verso 'l graffiar*, cioè rispetto allo strazio delle unghiate con cui, di quando in quando, il principe dei diavoli gli lavorava la schiena scuoiandogliela tutta.

Virgilio spiega: "Quell'anima lassù, che sgambetta col capo ficcato nella bocca diavolesca, e patisce la pena maggiore, è l'anima di Giuda Iscariota; degli altri due a testa in giù, quello che spenzola dal ceffo nero, contorcendosi senza dare un gemito, è Bruto; l'altro, corpulento, è Cassio".

Superfluo, ricordare che si tratta di M. Giunio Bruto e di C. Cassio Longino, caporioni della congiura in cui fu assassinato, le celeberrime Idi di Marzo del 44 a.C., C. Giulio Cesare, destinato dal cielo – con tanto di occhi grifagni – alla fondazione dell'impero di Roma. La forsennata dignità di Bruto è certamente suggerita a Dante dai versi del suo Lucano; la stazza del *membruto* Cassio, non si sa da che.

Il castigo eterno che equipara – appena un po' in sottordine – i traditori di Cesare al traditore di Cristo sanziona un irremovibile convincimento del poeta, cui abbiamo accennato fin dal primo canto della prima cantica, e di cui torneremo a trattare diffusamente a margine delle due cantiche che avanzano: che la monarchia universale attui sulla terra il progetto politico di Dio, e ne integri il disegno escatologico.

"Ma sta tornando a spuntare la notte", taglia Virgilio, "ed è ora di andar via: ormai abbiamo visto tutto quel che dovevamo vedere".

Non c'è da aggiungere una parola. E i due poeti itineranti partono. Di punto in bianco, lasciano l'inferno.

Più d'un dantista si è confessato deluso da questo Lucifero, che genera venti polari e un attonito terrore, ma non provoca né tempeste emotive né scariche di elettricità morale. Cerchiamo di farcelo bastare così com'è, povero diavolo!

Il fatto è che – mulino a vento che suscita le tramontane che lo azionano e produce il ghiaccio che lo incastra; istallazione militare immersa nella foschia; pipistrello tricefalo e tricolore; tripla maciulla antropovora – questo capostipite dei dannati e decano dei carnefici, infaticabilmente mosso da un moto senza movimento, non emette né rumore, né odore, né psicologia. Guardiamolo, allora.

A prima vista, il suo impianto iconografico è entro i limiti della tradizione. Ricorda, ad esempio, il Lucifero dell'ultimo registro musivo della cupola di San Giovanni a Firenze, o quello giottesco che Dante vedeva sulla parete d'ingresso della cappella degli Scrovegni a Padova. Il nostro però è meno badiale e ridicolo di quei tripponi completi di corna e coda, accovacciati a mensa su un termitaio d'anime dannate, con un diavolo per capello e un drago per orecchio. Anzi, ridicolo, lui non è per niente. Il suo ruolo simbolico nefasto non si manifesta in un campionario di orrori ornamentali. Questo demonio-principe è una macchina allegorica, o forse, meglio, una allegoria meccanizzata. L'orrore non è nei dettagli: è nel funzionamento.

Della storia di Lucifero, «helâl», la stella del mattino, le sacre scritture riportano tracce labili e controvertibili. Ma il commento di sant'Agostino a quattro versetti di Isaia – ne accennavamo, se ricordi, affacciandoci su Cocito – e l'ingente letteratura che quel commento ha sviluppato nei secoli fondano la favola cosmogonica e teologale del più bello dei Serafini, che desidera in cuor suo di eguagliare l'Altissimo, e dall'Altissimo viene scaraventato nel ventre lacustre della terra. Favola infinitamente prolifica e, perciò, tutt'altro che univoca.

Dante materializza la superbia assoluta di Lucifero in un contrapasso assoluto: se l'angelo prediletto, secondo la dottrina corrente, «appetivit esse ut Deus», sia in eterno un sé puntualmente degradato, e sfigurato dalla contraffazione puntuale delle eterne prerogative di Dio!

Le sue sei ali versicolori da serafino, che irradiando calore cauterizzavano il peccato, irradiando luce dissipavano le tenebre dell'anima (Isaia insegna), sventolino nel buio perpetuo membrane di pipistrello che cristallizzano dentro il ghiaccio anime traditrici e lui stesso!

E i tre ceffi saldati in un'unica testa? Sul frontone della porta dell'inferno – come ricorderai bene – erano iscritti i nomi delle tre persone celesti che lo hanno architettato: Divina Potestate, Somma Sapienza, Primo Amore. Nel fondo del fondo dell'abisso le tre facce di Satana riproducono, deturpandoli specularmente, i tre attributi del Dio trinitario: l'Impotenza nera è il riflesso, virato in marcio, della Potenza del Padre; l'Ignoranza gialliccia, della Sapienza del Figlio; l'Odio rosso-sangue, dell'Amore dello Spirito Santo.

Altre simmetrie sono state, beninteso, ipotizzate. Anche di recente, c'è chi ha tirato in causa con raffinata dottrina la complessa simbologia cromatica dei Padri della Chiesa. Se ho adottato uno schema relativamente semplice accodandomi a chi comunque ne sa più di me, è perché sembrano avvalorarlo una serie di riscontri ulteriori e lessicalmente calzanti tra le parole di Dante e quanto teologizza Tommaso d'Aquino sulle relazioni fondamentali che intercorrono fra le tre persone della Trinità... avvalorarlo e omologarlo ai rigori capillari della Scolastica.

Certo è che, piantato al centro della calvizie concava di Cocito, croce patibolare di se stesso, questo Satana che martirizza Giuda inalberandolo al posto di Cristo, e si fa incontro ai nostri pellegrini con la tramontana gelida dell'odio, capovolge, nell'ordine allegorico, il mistero della passione di Nostro Signore, e bestemmia il patto d'amore sacrificale fra il Dio-uomo e il genere umano; mentre, nell'ordine letterale, questo «imperador del doloroso regno», abominevolmente uno e trino, è certissimamente la caricatura ontologica dell'«imperador che là sù regna».

Il Male, allora, nella simbologia concreta di Dante, non è solo negazione: è negazione, negativo, rovescio e parodia del Bene. Il Bene lo include e lo ordina ai propri disegni, intimandogli di contraffarlo in perpetuo e di punirsi in perpetuo da sé. L'autosufficienza del Male è fittizia e subalterna: Satana è un feudatario debellato, cui l'imperatore celeste – l'unico – ha imposto di celebrare in eterno la propria sconfitta camuffato da imperatore.

Conficcato nel fondo dell'immane gradinata d'inferno, dove i dannati replicano per i secoli dei secoli la tragedia della propria dannazione, il Diavolo non è attore tragico: è – dicevamo – uno spropositato marchingegno scenico, una cosa teatrale. Il «rex inferni» è ridotto ai suoi «vexilla».

Perciò il pellegrino sa che non si può entrare in reazione con lui; il poeta, che non si può raccontarlo drammaticamente, ma solo descriverlo in didascalia.

Quante volte Virgilio ha sollecitato il discepolo! Solo ora, però, dice espressamente che per la traversata dell'inferno (come, d'altronde, per qualsiasi catabasi antica o moderna) è prescritta una durata tassativa, e che, nel caso nostro, la durata è di 24 ore. Ora, trascorse da tramonto a tramonto le 24 ore in agenda, la fretta di salvezza che incalza il pellegrino e la sua guida dal primo passo nell'oltremondo, e che il poeta mima con l'inesauribile brevità del poema, si rende drastica e precipitosa, come in occasione – vedremo – di tutti i grandi congedi.

Dunque, una volta constatato d'aver visto tutto quello che andava visto, e calcolato che s'è rifatta sera, i viandanti-poeti tagliano la corda. Come?

Caso verosimilmente unico nella storia dell'universo, Satana deve prestarsi a far da scala d'emergenza.

Virgilio *prese di tempo e loco poste*, insomma, si apposta per cogliere momento e assetto giusti, e appena le ali meccaniche da chirottero del Diavolo sono aperte a sufficienza, s'aggrappa al vello del suo torace, col discepolo appeso al collo. E i due si calano nell'interstizio fra il corpo di Lucifero e lo spessore del ghiaccio (*le gelate croste*), per quella singolarissima scala a pioli, che meglio però si direbbe «scala a peli».

Ma pervenuti *là dove la coscia / si volge, a punto in sul grosso de l'anche*, cioè all'altezza della testa del femore diabolico, Virgilio si rigira *con fatica e con angoscia*, e prende a inerpicarsi su per la villosità delle gambe.

Umiliante giunta di contrapasso: Lucifero, Satana, Dite, Belzebù, insomma lui, il Male in persona, è costretto dalla legge della gravitazione universale a prestar le zampe alla ascesa trafelata del pellegrino e della sua guida, dell'uomo e della sua ragione, verso il cielo stellato.

Al testa-coda di Virgilio, l'impressione di tornare all'inferno turba parecchio Dante escursionista. Sebbene sfinito, il capocordata lo esorta a reggersi forte: per abbandonare il baratro di tanto male, non c'è altra scala che quella... E ansimando seguita a inerpicarsi vello vello.

Poi uscì fuor per lo foro d'un sasso... finché, alla buonora, sbucò (dall'interstizio fra le zampe del Diavolo e la parete di ghiaccio) attraverso una fenditura della roccia (che, a un certo punto, di sotto il ghiaccio sarà affiorata) e, depositato Dante a sedere sull'orlo della botola naturale, molla i peli dei polpacci satanici, lo raggiunge con *accorto passo* (diciamo: con un calibrato saltello), e lì resta, in piedi. La dinamica è chiara, non chiarissima.

Ad onta del vistoso cambiamento di scena, Dante continua a non capacitarsi: levando gli occhi, è ancora convinto di trovarsi davanti il mezzobusto di Lucifero così come lo aveva lasciato, e allibisce di vederne invece le estremità inferiori torreggiare nel vano della grotta. Si renda conto dello sbalordimento del pellegrino – intercede il poeta – *la gente grossa*, cioè tutti gli ignoranti che non abbiano ancora capito quel che non aveva capito nemmeno lui, cioè – specifica – «*qual è quel punto ch'io avea passato*».

Intanto, il maestro è tornato a spronarlo da par suo: "Alzati! la via è lunga e *il cammino è malvagio* (diremmo: 'il fondo è pessimo')". Ciò detto, con una puntualizzazione cronologica del suo repertorio, gli confonde ulteriormente le idee: "...*e già il sole a mezza terza riede*", come dire: e son già le sette e mezzo circa del mattino.

Basta. Il passaggio per dove debbono inoltrarsi non è un salone da ricevimenti (a rigore '*cam[m]inata di palagio*' è la stanza, con tanto di camino, della padrona di casa), ma una *natural burella*, insomma, un'intercapedine naturale (da 'buriu[m]', basso latino per 'rosso cupo' e 'buio', 'burella' valeva 'corridoio sotterraneo' ma anche 'carcere'), mal pavimentata, questa, e scarsissima di luce. Per tacere dei problemi di pendenza, che comunque saranno stati apprezzabili.

Ma ben più impellenti ed elevati sono i problemi che sul momento assillano il pellegrino Dante. Il quale, rizzatosi appena in piedi, si prende il coraggio di enunciarli: "Prima ch'io mi estragga dall'abisso, parlami un po', maestro mio, per cavarmi dal dubbio (*a trarmi d'erro*): dov'è andato a finire il ghiaccio? E come mai questo qui è piantato per terra a testa in giù? Aggiungo: non era, poco fa, l'ora del tramonto? be', come ha fatto il sole a transitare in un batter d'occhio da sera a mattina?".

A un Dante che torna a ridursi nei panni del discepolo zelante, Virgilio risponde dispiegando tutta la sua maestria didattica: "Tu immagini ancora", esordisce, "d'esser di là dal centro del globo, dove io mi sono aggrappato ai peli di questo verme immane che fora il nocciolo della terra. Da quella parte, cioè di là dal centro, ci sei rimasto fintanto ch'io scendevo; ma quando mi sono capovolto, ecco, è allora che lo abbiamo doppiato, il *punto / al qual si traggon d'ogne parte i pesi*, insomma, il baricentro della gravitazione universale. E adesso sei (siamo) sotto l'emisfero celeste diametralmente opposto a quello che coperchia le terre emerse (la '*gran secca*' della Bibbia) sotto il culmine del quale è la città dove fu ucciso *l'uom che nacque e visse sanza pecca* (cioè Gesù, cioè Gerusalemme). Dunque", seguita il maestro, "tu, adesso, stai poggiando i piedi sul disco di roccia (*in su la picciola spera*) che costituisce la controfaccia della Giudecca. Ecco, dov'è finito il ghiaccio. Ed ecco perché – salto al terzo quesito, sulla apparente bizzarria del sole – da questa parte è l'alba quando dall'altra è il tramonto. Quanto poi a questo, che ci ha fatto scala col pelo – parlo di Lucifero, e rispondo alla seconda domanda –, sappi che è conficcato ancora nell'identica posizione di prima. Da questa parte (semplifichiamo: nell'emisfero australe) cadde giù dal cielo a capofitto, e la terra, che prima emergeva, appunto, nell'australe, inorridita di lui, si ritirò velandosi d'acqua, per riaffiorare nel nostro emisfero (semplifichiamo: il boreale). Verosimilmente per evitare il contatto col suo corpo obbrobrioso, la roccia profonda è sgusciata in fuori, creando il tunnel naturale che stiamo percorrendo e, in superficie, la montagna di riporto che adesso apparirà nel giusto mezzo dell'oceano".

Ricapitoliamo. È noto che, per officiare il rituale della sua maestà simulata, al principe delle tenebre è stato assegnato il fondo del cratere infernale, il quale a sua volta coincide col centro della terra, cioè – conforme la fisica aristotelico-tolemaica – col centro dell'universo. Dunque è ovvio che il baricentro cosmico cada lungo l'asse del corpaccio di Satana, precisamente nella regione pelvica; e che i poeti-pellegrini, per superarlo e risalire alla superficie, abbian dovuto invertire la direzione della scalata, abbiano insomma operato una «conversione a U», che – spiegano alcuni dantisti – misticamente definisce il punto di non ritorno della «conversione» di Dante peccatore.

Circa attimo e punto della caduta di Lucifero, un paio d'informazioni ragionate potrebbero far comodo.

L'attimo: non è possibile precisarlo. Il *Libro della Genesi* non ne fa parola. D'altronde – come vedremo in paradiso, trattando con Beatrice di angelologia – che l'impatto degli angeli ribelli con la crosta terrestre si sia verificato dopo la creazione della terra è sicuro ma, nel contempo, impossibile.

Il punto: lo schema tradizionale cui accennavamo in margine al canto III prevede che Lucifero, precipitando con le sue coorti nell'ammasso informe della terra, abbia prodotto il cratere dell'inferno. Prendiamo atto che Virgilio – tutto al contrario – indica il punto d'impatto dalla parte opposta del globo, esattamente agli antipodi del patibolo di Cristo. Ciò che, fra l'altro, consente di immaginare angeli ribelli tuffati negli spazi interstellari «di testa», anziché «a pennello».

Quanto poi all'ubicazione di Gerusalemme, sarà bene ripetere che la geografia dantesca – in accordo di massima con le metafore cosmogoniche dell'Antico Testamento – la situa «in medio gentium», cioè al centro delle terre emerse ed abitate, che si assieperebbero tutte nell'emisfero boreale; mentre l'emisfero contrapposto (semplifichiamo ancora: l'australe) si vorrebbe interamente coperto dalla distesa delle acque. Ma l'argomento merita precisazioni non trascurabili, che qui peraltro trascureremo, visto che, appena in purgatorio – quando dovessimo andare in purgatorio –, dovremo tornarci sù con il massimo puntiglio.

La dotta e bella dissertazione di geologia sacra ha accompagnato la marcia di maestro e discepolo nella burella per quant'è lunga, sottraendoli al metraggio della geologia profana, che misurerebbe un itinerario di quel genere in parecchie migliaia di chilometri.

Ma già canta il poeta, in un timido crescendo di dolcezze: «C'è un luogo laggiù *da Belzebù remoto* (il Beelzebub evangelico, letteralmente 'il signore delle mosche', è divinità cananea adottata dalla tradizione rabbinica come 'principe del letame' e sinonimo di Lucifero)... c'è un luogo – stava cantando il poeta – distante dal Diavolo tanto quant'è lunga la galleria sotterranea (insomma: all'estremità della burella c'è un punto), che il buio nasconde alla vista, ma che ben si riconosce dal suono d'un ruscelletto, il quale discende laggiù attraverso una fenditura che ha scavato lui stesso nella roccia col suo corso, che è tortuoso per mitezza di declivio (*poco pende*). Su quella pista occulta e arcana la guida e io ci incamminammo *a ritornar nel chiaro mondo*. Senza mai fermarci per riprendere fiato, salimmo sù, lui davanti io dietro, come sempre, finché non intravidi qualcuna *de le cose belle* (delle gioie che tempestano il cielo) *per un pertugio tondo. // E quindi* (per di qui) *uscimmo a riveder le stelle*».

Così finisce, come tutti sanno, l'*Inferno* di Dante.

In cima alla montagna del purgatorio, il fiume Letè sciacqua nell'oblio i peccati delle anime avviate alla beatitudine: è probabile che il ruscello *ascoso* derivi dal fiume Letè, e che ne convogli le scorie al centro della terra, dove, con le lacrime del Veglio di Creta, confluiscono e si congelano – come ricorderai – tutte le colpe e tutti i dolori del genere umano. E alle 'stelle', che, «emblema della conoscenza rivelata e fatta visibile», siglano la cantica prima, già rispondono le 'stelle' in rima del primo canto della successiva, e le 'stelle' che sigleranno seconda e terza cantica. L'*Inferno* finisce chiamando il *Purgatorio*, come si chiamano per rima le strofe d'una medesima canzone.

Consumata al centro della terra la propria «conversione», sbucando appena dalla fogna della smodatezza, della violenza e della frode, risorgendo – si può ben dire – dalla morte eterna, il più gran libro scritto da un cristiano già s'impenna, dolce e severo, verso il regno dove i cristiani confidano che non saremo mai morti. Trafelati, arrampichiamoci con lui, correndo il rischio, amico mio, di cambiare un po' vita.

"Vexilla regis prodeunt inferni
verso di noi; però dinanzi mira",
disse 'l maestro mio, "se tu 'l discerni".
Come quando una grossa nebbia spira,
o quando l'emisperio nostro annotta,
par di lungi un molin che 'l vento gira,
veder mi parve un tal dificio allotta;
poi per lo vento mi ristrinsi retro
al duca mio, ché non lì era altra grotta.
Già era, e con paura il metto in metro,
là dove l'ombre tutte eran coperte,
e trasparien come festuca in vetro.
Altre sono a giacere; altre stanno erte,
quella col capo e quella con le piante;
altra, com'arco, il volto a' piè rinverte.
Quando noi fummo fatti tanto avante,
ch'al mio maestro piacque di mostrarmi
la creatura ch'ebbe il bel sembiante,
d'innanzi mi si tolse e fé restarmi,
"Ecco Dite", dicendo, "ed ecco il loco
ove convien che di fortezza t'armi".
Com'io divenni allor gelato e fioco,
nol dimandar, lettor, ch'i' non lo scrivo,
però ch'ogne parlar sarebbe poco.
Io non mori' e non rimasi vivo:
pensa oggimai per te, s'hai fior d'ingegno,
qual io divenni, d'uno e d'altro privo.
Lo 'mperador del doloroso regno
da mezzo 'l petto uscia fuor de la ghiaccia;
e più con un gigante io mi convegno,
che i giganti non fan con le sue braccia:
vedi oggimai quant'esser dee quel tutto
ch'a così fatta parte si confaccia.

S'el fu sì bel com'elli è ora brutto,
e contra 'l suo fattore alzò le ciglia,
ben dee da lui procedere ogne lutto.

Oh quanto parve a me gran maraviglia
quand'io vidi tre facce a la sua testa!
L'una dinanzi, e quella era vermiglia;

l'altr'eran due, che s'aggiugnieno a questa
sovresso 'l mezzo di ciascuna spalla,
e sé giugnieno al loco de la cresta:

e la destra parea tra bianca e gialla;
la sinistra a vedere era tal, quali
vegnon di là onde 'l Nilo s'avvalla.

Sotto ciascuna uscivan due grand'ali,
quanto si convenia a tanto uccello:
vele di mar non vid'io mai cotali.

Non avean penne, ma di vispistrello
era lor modo; e quelle svolazzava,
sì che tre venti si movean da ello:

quindi Cocito tutto s'aggelava.
Con sei occhi piangea, e per tre menti
gocciava 'l pianto e sanguinosa bava.

Da ogne bocca dirompea co' denti
un peccatore, a guisa di maciulla,
sì che tre ne facea così dolenti.

A quel dinanzi il mordere era nulla
verso 'l graffiar, che tal volta la schiena
rimanea de la pelle tutta brulla.

"Quell'anima là sù c'ha maggior pena",
disse 'l maestro, "è Giuda Scarïotto,
che 'l capo ha dentro e fuor le gambe mena.

De li altri due c'hanno il capo di sotto,
quel che pende dal nero ceffo è Bruto
– vedi come si storce, e non fa motto! –

e l'altro è Cassio, che par sì membruto.
Ma la notte risurge, e oramai
è da partir, ché tutto avem veduto".
Com'a lui piacque, il collo li avvinghiai;
ed el prese di tempo e loco poste,
e quando l'ali fuoro aperte assai,
appigliò sé a le vellute coste;
di vello in vello giù discese poscia
tra 'l folto pelo e le gelate croste.
Quando noi fummo là dove la coscia
si volge, a punto in sul grosso de l'anche,
lo duca con fatica e con angoscia
volse la testa ov'elli avea le zanche,
e aggrappossi al pel com'om che sale,
sì che 'n inferno i' credea tornar anche.
"Attienti ben, ché per cotali scale",
disse 'l maestro, ansando com'uom lasso,
"conviensi dipartir da tanto male".
Poi uscì fuor per lo fóro d'un sasso
e puose me in su l'orlo a sedere;
appresso porse a me l'accorto passo.
Io levai li occhi e credetti vedere
Lucifero com'io l'avea lasciato,
e vidili le gambe in sù tenere;
e s'io divenni allora travagliato,
la gente grossa il pensi, che non vede
qual è quel punto ch'io avea passato.
"Lèvati sù", disse 'l maestro, "in piede:
la via è lunga e 'l cammino è malvagio,
e già il sole a mezza terza riede".
Non era camminata di palagio
là 'v'eravam, ma natural burella
ch'avea mal suolo e di lume disagio.

“Prima ch’io de l’abisso mi divella,
maestro mio”, diss’io quando fui dritto,
“a trarmi d’erro un poco mi favella:

ov’è la ghiaccia? e questi com’è fitto
sì sottosopra? e come, in sì poc’ora,
da sera a mane ha fatto il sol tragitto?”.

Ed elli a me: “Tu imagini ancora
d’esser di là dal centro, ov’io mi presi
al pel del vermo reo che ’l mondo fóra.

Di là fosti cotanto quant’io scesi;
quand’io mi volsi, tu passasti ’l punto
al qual si traggon d’ogne parte i pesi.

E se’ or sotto l’emisperio giunto
ch’è contraposto a quel che la gran secca
coverchia, e sotto ’l cui colmo consunto

fu l’uom che nacque e visse sanza pecca;
tu hai i piedi in su picciola spera
che l’altra faccia fa de la Giudecca.

Qui è da man, quando di là è sera;
e questi, che ne fé scala col pelo,
fitto è ancora sì come prim’era.

Da questa parte cadde giù dal cielo;
e la terra, che pria di qua si sporse,
per paura di lui fé del mar velo,

e venne a l’emisperio nostro; e forse
per fuggir lui lasciò qui loco vòto
quella ch’appar di qua, e sù ricorse”.

Luogo è là giù da Belzebù remoto
tanto quanto la tomba si distende,
che non per vista, ma per suono è noto

d’un ruscelletto che quivi discende
per la buca d’un sasso, ch’elli ha roso,
col corso ch’elli avvolge, e poco pende.

Lo duca e io per quel cammino ascoso
intrammo a ritornar nel chiaro mondo;
e sanza cura aver d'alcun riposo,
salimmo sù, el primo e io secondo,
tanto ch'i' vidi de le cose belle
che porta 'l ciel, per un pertugio tondo.
E quindi uscimmo a riveder le stelle.

INDICE